Beurtheilung

der

erſten zehn Bände Entſcheidungen

des

Königl. Geheimen Ober-Tribunals.

Von

Dr. C. F. Koch.

Berlin, 1847.
T. Trautwein'ſche Buch- und Muſikalien-Handlung.
(J. Guttentag.)
Separat-Conto.

Einleitung.

Unter dem mannichfachen Wechsel der Ansichten in der neuesten Zeit haben wir einen Wechsel erlebt, der für die Rechtssicherheit und für die organische Fortbildung unseres Rechts von den segensreichsten Folgen bereits gewesen ist und noch sein wird. Er besteht in der Änderung der Meinung unserer Gesetzgebung über die Autorität der Rechtssprüche. Die landrechtliche Gesetzgebung war der feindseligen Richtung der neueren Zeit gegen das ungeschriebene Recht gefolgt und hatte die durch Reichsgesetze anerkannte und bestätigte [1]) beide Formen: die Praxis (auctoritas rerum judicatarum, usus forensis s. fori, consuetudo judiciaria) und die Theorie (communis Doctorum opinio, auctoritas prudentum) aus der Reihe der Rechtsquellen gestrichen durch das Verbot: auf Meinungen der Rechtslehrer oder frühere Aussprüche der Gerichte bei künftigen Entscheidungen Rücksicht zu nehmen [2]). Die Folge davon war, in Hinsicht der Wissenschaftlichkeit, daß man von den Geisteserzeugnissen der Literatur so gut wie gar keine Kenntniß

1) Reichsabschied zu Mainz von 1235 c. 26 (Neue Sammlung der Bundesakte I., S. 26), lat. bei Pertz. Monum. legum. II., p. 318, aus der constitutio pacis Friedrichs II. — R. Kammergerichtsordn. I. 19. §. 1. — Kais. Hofr. Ordn. I. §. 15.

2) A. L. R., Einleitung §§. 6. und 60.

nahm und Alles mit Verachtung zurückwies, was nicht buchstäblich im Landrechte zu lesen war [3]); und in praktischer Hinsicht, daß man darum, wie ebendieselbe Rechtsfrage in gleichen Fällen früher entschieden worden, sich so wenig kümmerte, daß mitunter aus der nämlichen Sitzung ebendesselben Kollegiums, über dieselbe Rechtsfrage in gleichen Fällen, ganz widersprechende Entscheidungen hervorgingen. Die Gesetzgebung selbst hatte auch dafür gesorgt, daß frühere Rechtssprüche auf die Rechtsentwickelung und auf die Ansichten der Richter einen Einfluß nicht haben konnten, denn sie hatte für unnöthig erklärt, die Gründe der Entscheidungen letzter Instanz mitzutheilen [4]), davon ausgehend, daß die Parteien sie zu wissen nicht nöthig hätten, weil ihnen weiter kein Rechtsmittel zustehe, und daß das juristische Publikum sie entbehren könne, weil auf Ansichten und Meinungen der Richter nichts ankomme. Die eine dieser beiden Formen, die Theorie oder die wissenschaftliche Bearbeitung, ist noch bis heute nicht von dem Gesetzgeber formell wieder anerkannt; die erwachte Theilnahme des juristischen Publikums aber, und der Einfluß, welchen dasselbe dadurch der literarischen Geistesthätigkeit auf seine Meinungen und Ansichten unwillkürlich gestattet, sind Anzeichen, daß diese Form ebenso wieder zu ihrer vollen Geltung kommen wird, als solche der andern Form, der Praxis, nothwendiger Weise wieder hat zugestanden werden müssen, ja diese Anerkennung ist thatsächlich schon ausgesprochen durch die offizielle Anordnung über die Veröffentlichung der Rechtssprüche des Geheimen Obertribu-

---

3) Noch heute kann man von manchen Praktikern, wenn sie einem Standesgenossen recht wenig Werth und Brauchbarkeit zuerkennen wollen, sagen hören: „Das ist ein Theoretiker". Damit will der Dummstolz sagen: er verstehe die Sache viel besser.

4) Allg. G. O. Th. I. Tit. 15. §. 22.

nals; denn in dieser Form treten die Entscheidungen gleichfalls in die Reihe der literarischen Erzeugnisse und da Theorie und Praxis wesentlich zusammengehören, die Eine ohne die Andere nicht sein kann, so wird auch die formelle Wiederanerkennung der Autorität der Theorie nicht ausbleiben [5]).

Die erste Verwilligung, welche Seitens der Gesetzgebung dem Wesen der Rechtsgestaltung, nach jenem landrechtlichen Verbote gemacht wurde, geschah durch das Gesetz vom 21. Juni 1825 [6]), welches anordnete, daß fortan in dem Falle, daß in der Revisions-Instanz zwei gleichförmige Urtheile ganz oder zum Theil abgeändert würden, den Revisions-Erkenntnissen Entscheidungsgründe beizufügen und den Parteien bekannt zu machen seien. Einen Schritt mehr gewährte die Kabinetsordre vom 19. Juli 1832 [7]), welche unter Ziffer 8 vorschrieb: alle Revisions-Erkenntnisse sollen mit Entscheidungsgründen versehen, mit diesen ausgefertigt, und den Parteien publicirt werden. Diese Vorschrift bestätigte die Verordnung über das Rechtsmittel der Revision und der Nichtigkeitsbeschwerde, vom 14. Dezember 1833 [8]), im §. 25, wo es heißt: das auf eine Revision oder Nichtigkeitsbeschwerde mit den Entscheidungsgründen abgefaßte Erkenntniß wird für jede der Parteien und für das Gericht, bei welchem das Rechtsmittel angebracht worden, ausgefertigt. Allein bis dahin fehlte noch eine, die Gleichheit der Urtheile in letzter Instanz bedingende, Einrichtung, nämlich ein einziger höchster Gerichtshof; denn zur Ersparniß

5) Der Sache nach findet sich die Anerkennung schon in dem A. L. R. Einl. §. 49; doch ist damit freilich ein ganz anderer Sinn verbunden: die Richter sollen ihrer besten Einsicht gemäß entscheiden (wenn er kein Gesetz findet), nach den allgemeinen Grundsätzen.

6) Gesetzsammlung 1825, S. 161.

7) Gesetzsammlung 1832, S. 192.

8) Gesetzsammlung von 1833, S. 302.

waren eine große Anzahl von Sachen dem Geheimen Obertribunal abgenommen und an die Oberlandesgerichte, die wechselseitig sich zu Revisions-Gerichtshöfen bestellt waren, gewiesen. Das war der Weg zur Ausbildung von verschiedenen Provinzialrechten. Auch dieses Hinderniß räumte die zuletzt gedachte Verordnung aus dem Wege, indem sie im §. 26 vorschrieb: die Entscheidung in der Revisions-Instanz und über die Nichtigkeitsbeschwerde wird ausschließlich dem Geheimen Obertribunale beigelegt. Doch die Vortheile eines einzigen höchsten Gerichtshofes wurden wieder durch die, in Folge der Menge von Spruchsachen nothwendig gewordene, Spaltung des Geheimen Obertribunals in drei Senate vereitelt, von welchen Jeder ein selbstständiges und unabhängiges Richterkollegium bildet [9]). Um mithin eine Gleichheit im Rechtsprechen zu sichern, war erforderlich, einerseits die alte Autorität der Präjudicien wieder herzustellen, andererseits eine Einrichtung zu treffen, welche geeignet schien, ebenso das unabhängige Urtheil der Richter und damit die Möglichkeit einer Änderung der früheren fehlerhaften Ansicht nach besserer Überzeugung zu sichern, als auch jedes willkürliche Verlassen [10]) der früheren Meinung zu verhindern. Dieserhalb bedurfte es nur einer Rückkehr zu der ehemaligen reichsgerichtlichen Einrichtung. Denn die Reichsgesetze schreiben besonders dem Reichskammergerichte wiederholt vor, Ungleichheit in den Entscheidungen zu verhüten und deshalb frühere Präjudicien zu berücksichtigen [11]), im Falle aber ein wider-

---

9) K. O. v. 19. Juli 1832, Nr. 1 und 4 (G. S. S. 192).

10) Ein solches Verlassen älterer Meinungen ereignet sich gewöhnlich oder doch oft in Folge des Wechsels der Mitglieder.

11) Speyerscher Reichsabsch. v. 1570, §§. 11, 13. — Reichs-K. G. Visitationsabschied v. 1570, §. 9. — Jüngster Reichs-Absch. v. 1654, §. 136. — K. G.-Visitionsabschied v. 1713, §. 84.

sprechender Beschluß gefaßt worden, zuvörderst (vor Abfassung des Urtels) in pleno über die Frage zu berathen und „sich eines gewissen Schlusses zu vereinbaren." [12]) Ein solches Konklusum sollte an die Reichskanzlei zu Mainz geschickt werden, um eine deklaratorische Vorschrift der Reichsgesetzgebung zu veranlassen [13]). Und in der That, man hat, Dank sei es dem Gesetzgeber! den schon gebahnten alten Weg wieder betreten. Die Kabinetsordre vom 1. August 1836, die Erhaltung der Einheit der Rechtsgrundsätze in den richterlichen Entscheidungen betreffend [14]), ist ein glänzender Triumph der wissenschaftlichen Bestrebungen der neuesten Zeit. Dieses organische Gesetz bezweckt, die Einheit der Rechtsgrundsätze in den richterlichen Entscheidungen nicht bloß bei dem Geheimen Obertribunale selbst, sondern auch vermöge des Einflusses der Autorität des Höchsten Gerichtshofes bei den Übrigen möglichst zu erhalten. Dadurch ist die Autorität der Präjudicien neu begründet. Gleichwohl soll die freie Thätigkeit des richterlichen Urtheils nicht genommen und es daher immer noch möglich sein, einer gewonnenen bessern Überzeugung zu folgen, nur nicht nach Willkür, sondern in einem geregelten Wege. Um solches zu erreichen und zu sichern ist vorgeschrieben:

Falls ein Senat durch Stimmenmehrheit beschließt, von einem bisher behaupteten Rechtsgrundsatze, oder von der durch ihn selbst, oder durch einen andern Senat bis dahin befolgten Auslegung und Anwendung einer gesetzlichen Vorschrift abzugehen; so ist die dadurch zweifelhaft

12) J. R. A. v. 1654, §. 136. — K. G.-Visit.-Absch. v. 1713, §. 84. — Eine ähnliche Bestimmung trifft die loi v. 27 ventôse l'an VIII art. 78 für den französischen Kassationshof.

13) J. R. A. v. 1654, §. 135.

14) Gesetzsammlung v. 1836, S. 218.

gewordene Rechtsfrage an das Plenum des Geheimen Obertribunals zu bringen.

Das Plenum entscheidet darüber auf den Vortrag zweier neuen, aus den andern Senaten gewählten Referenten, und seine Entscheidung dient in der vorliegenden Rechtssache dem betreffenden Senate zur Norm.

Sollte dieselbe Rechtsfrage in der Folge noch einmal zweifelhaft werden und das Plenum von seinem früheren Beschlusse abweichen, so hat das Geheime Ober-Tribunal, nach vorgängiger Entscheidung der vorliegenden Rechtssache, dem Justizminister den Fall anzuzeigen und, unter Beifügung eines Gesetz-Entwurfs und der Motive, auf Einholung einer deklaratorischen Vorschrift anzutragen.

Hiernach ist einem einzelnen Senate nicht gestattet, eigenmächtig von einer frühern Rechtsansicht des Geheimen Ober-Tribunals oder eines Senats desselben abzugehen.

Ein jeder Senat hat zwar volle Freiheit, nach der eigenen Überzeugung seiner Mitglieder das Recht zu finden und Beschluß zu fassen; widerspricht aber der gefaßte Beschluß einem frühern Beschlusse desselben Senats, oder eines andern Senats, oder des Plenums: so hat das Plenum zu befinden. Es kann mithin auch von einem früheren Plenarbeschlusse wieder abgegangen werden; doch soll, wenn die nämliche Rechtsfrage zum zweiten Male an das Plenum kommt, mag der neue Plenarbeschluß ausfallen wie er will, der Zweifel durch den Gesetzgeber beseitigt werden. Bei dieser Einrichtung können widersprechende Entscheidungen ohne beabsichtigte Änderung der bisher befolgten Rechtsansicht bei dem Geheimen Ober-Tribunal nur in Folge von Versehen vorkommen, indem entweder die Repertorien nicht gehörig nachgetragen oder nicht gründlich durchgesehen werden. Aber noch vermißt man in den Anordnungen der K. O. vom 1. August 1836 das Organ, welches auf regelmäßigem Wege den Einfluß der Autorität des Höchsten Gerichtshofes bei den übrigen Gerichten vermitteln und die Fortbildung des Rechts fördern soll. Dieses nun ist gegeben in den vorliegenden Entscheidungen des Geheimen Ober-Tribunals, eine fortlaufende offizielle Sammlung, durch welche nach einem, von dem Justizminister genehmigten, Beschlusse des Geheimen Ober-Tribunals die wichtigsten bei ihm ergangenen Entscheidungen öffentlich bekannt gemacht werden. Die Auswahl geschieht durch den Chef-Präsidenten des Kollegiums und die Ausarbeitung in der Regel durch Mitglieder desselben. Dieses Tribunalsarchiv bildet also gewissermaßen den Schlußstein der Einrichtung und ist zugleich das Übergangs- oder Verbindungsglied zwischen Theorie und Praxis, oder besser die wissenschaftliche Leistung der Praktiker in der übernommenen Rolle der Theoretiker. In dieser Eigenschaft fallen denn auch die Entscheidungen der öffentlichen Beurtheilung anheim. Diese hat zur Aufgabe, den angewendeten Rechtssatz hinsichtlich seiner Wahrheit und Gültigkeit zu prüfen; wenn er für richtig anerkannt werden muß, die Beweisgründe zu würdigen oder seinen wahren organischen Zusammenhang zu zeigen; wenn er aber nicht für richtig anzuerkennen ist, das Falsche aufzudecken, um dadurch der durch Einschiebung eines unpassenden Satzes entstehenden Verunstaltung des Rechts entgegenzustreben. Bei dieser Aufgabe ist das Formelle und Äußere der Leistungen nicht in Betracht zu nehmen.

Die vorliegenden zehn Bände bieten einen würdigen und paßlichen Gegenstand einer ausführlichen Besprechung, passend deshalb, weil damit der erste Abschnitt des Ganzen geschlossen ist, indem mit dem elften Bande eine neue Folge begonnen hat. Eine ins Einzelne gehende Würdigung der darin veröffentlichten Geisteserzeugnisse mag sich gleichsam als Anhang dieser ersten Sammlung anschließen.

Alle zehn Bände sind bei demselben Verleger, Ferdinand Dümmler in Berlin, in den Jahren 1837—1845 in 8. erschienen. Die Herausgeber haben gewechselt. Die ersten vier Bände sind von Dr. Simon und von Strampff, jetzigem Kammergerichts-Präsidenten, dann ist für den Letztern der jetzige Justizrath Hinschius eingetreten; von dem achten Bande an sind die Geheimen Ober-Tribunals-Räthe Seligo und Ulrich die beauftragten Herausgeber und mit dem zehnten Bande ist noch der Geheime Ober-Tribunalsrath Rintelen, aus Veranlassung des Geheimen Ober-Tribunals-Präsidenten hinzugetreten, damit alle drei Senate bei der Herausgabe der Entscheidungen rc. vertreten würden. Die Form der Bearbeitung ist sich gleich geblieben. Allgemeine Überschriften weisen auf den Rechtsstoff hin, in welchen die Sache einschlägt, und besondere Überschriften, als Fragen oder Rechtssätze ausgedrückt, geben den rechtlichen Inhalt der Entscheidung an. Darunter sind die angewendeten oder ausgelegten Gesetzstellen angegeben und darauf folgt die Entscheidung selbst, in Form einer Relation. Unter dem Texte ist in Noten auf analoge Gesetze, Ministerial-Rescripte, und literarische Arbeiten verwiesen. Mit dem neunten Bande werden diese, den literarischen Werth der Sammlung bedeutend erhöhenden Noten sehr selten und sehr dürftig. Jedem Bande ist ein Inhaltsverzeichniß und ein Sachregister beigegeben. Zu diesen zehn Bänden ist ein Hauptregister von Dr. Seligo, in einem besondern Bande, herausgegeben.

Bei der mir vorgenommenen Arbeit werde ich die einzelnen Entscheidungen nach der Reihe vorführen, die

Überschriften wörtlich wiedergeben und meine Bemerkungen anknüpfen. Eine Anzahl von Entscheidungen hat in der Folge durch den Wechsel der Meinungen, durch Änderungen in den Einrichtungen und durch neue Gesetze, ihren praktischen Werth schon verloren. Dieser werde ich in der Reihe nur kurz gedenken.

I. Band.

Enthaltend 39 Rechtsfälle.

№ 1.

Geschiedene Ehefrau. Rang und Name einer geschiedenen Ehefrau.

I. Ist, nach erfolgter Trennung der Ehe, eine Klage des gewesenen Ehemannes gegen die geschiedene Ehefrau auf Ablegung seines Namens und Characters an sich zulässig?

II. Darf diese Klage auf Thatsachen gestützt werden, welche erst nach getrennter Ehe sich ereignet haben?

Das Geheime Ober-Tribunal bejahet die erste Frage und verneint gegen die gleichlautenden Erkenntnisse der beiden ersten Instanzen, nämlich des Civil-Senats des Oberlandesgerichts zu Königsberg und des Tribunals daselbst, die Zweite. Eine separirte Hauptmännin X, welche, ohne daß sie für den überwiegend schuldigen Theil erklärt worden war, geschieden worden, wurde später von ihrem geschiedenen Manne auf Ablegung seines Namens und Titels verklagt, weil sie nach der Scheidung Kuppelei als Gewerbe betrieben haben sollte. Das Geheime Ober-Tribunal wies die Klage in der Revisions-Instanz als unstatthaft zurück, weil sie nur in solchen Verschuldungen der Frau zu begründen sei, welche sie während der Ehe begangen und womit sie zugleich ihre eheliche Pflichten verletzt habe. Dabei wird mit Bezug auf einen ältern Fall, wo ein geschiedener Ehemann gleichfalls nachträglich dieselbe Klage angebracht hatte und damit auch bei dem Geheimen Ober-Tribunal durchgedrungen war, die wesentliche Verschiedenheit beider Fälle hervorgehoben, indem in dem ältern Falle die Klage, obschon aus dem Umstande, daß die geschiedene Ehefrau in ein Bordell ging, angebracht, doch durch den während der Ehe von ihr getriebenen Ehebruch und dadurch, daß sie deshalb für den schuldigen Theil in dem Ehescheidungs-Urtel erklärt war, begründet gewesen. Bei diesem Falle ist das Besondere, daß beide Theile für gleich schuldig erklärt worden waren, indem der Mann gleichfalls Ehebruch getrieben hatte. Das Geheime Ober-Tribunal gestattet mithin keine Kompensation der Schuld in Beziehung auf diese Art der Ehescheidungsstrafe; denn zu den Ehescheidungsstrafen muß doch wol die Entziehung des Namens und des Standes oder Ranges des Ehemannes gerechnet werden. Der Satz stimmt nun nicht mit der Regel über die Ehescheidungsstrafe; denn diese lautet, mit Bezug darauf, daß „bei wechselseitigen Verschuldungen von gleicher Art ein Uebergewicht der Schuld nur alsdann angenommen werden soll," wenn erhellet, daß der eine Ehegatte aus überlegtem Vorsatze, und der Andere aus Leichtsinn rc. sich vergangen, also:

> „Ist bei dem Scheidungsprozesse kein Uebergewicht der Schuld des einen Ehegatten ausgemittelt: so erfolgt — die Auseinandersetzung wegen des Vermögens überhaupt nach den bei der Trennung der Ehe durch den Tod vorgeschriebenen Grundsätzen (II, §§. 750, 751),"

d. h. ein Jeder nimmt sein Vermögen ohne Abzug zurück. Das Geheime Ober-Tribunal, den Widerspruch fühlend, meint zwar: bei gleicher Schuld müsse, wenigstens wie jetzt die §§. 739 und 742 gefaßt sind, der Fall angenommen werden, daß die Frau für schuldig erklärt sei. Diese §§. lauten nämlich:

„Ist sie aber ausdrücklich für den schuldigen Theil erklärt: so fällt sie in den vor der Ehe gehabten niedrigen Stand zurück." „Ist sie aber ausdrücklich für den schuldigen Theil erklärt: so darf sie den Namen des Mannes wider dessen Willen nicht ferner führen."

Das Geheime Ober-Tribunal legt also diese Bestimmung so aus, daß gleiche Schuld für jeden Theil dieselben Folgen habe wie Alleinschuld oder ein Uebergewicht der Schuld. Diese Auslegung ist jedoch nach dem Zusammenhange mit den übrigen Bestimmungen nicht für richtig zu halten. Der §. 766 a. a. O. bedient sich des nämlichen Ausdrucks, indem er verfügt:

„Ist in dem Ehescheidungsprozesse der eine Ehegatte für den schuldigen Theil erklärt worden, so erfolgt (Ehescheidungsstrafe)."

Wie das Geheime Ober-Tribunal den Ausdruck versteht, müßte hier darunter ebenfalls der Fall einer gleichen Schuld verstanden werden. Dies würde jedoch der ausdrücklichen Verordnung des §. 751 widersprechen, wonach in dem Falle, wo keinem Theil ein Uebergewicht der Schuld zur Last fällt, Ehescheidungsstrafe nicht stattfindet. Der §. 766 versteht also unter dem Ausdrucke: „ist der eine Theil für den schuldigen Theil erklärt worden," ein dem Einen zur Last gelegtes Uebergewicht der Schuld. Ferner: Unter der, von dem Gesetzgeber herkommenden Kapitelsüberschrift: „Wenn kein Theil für den schuldigen erklärt worden" (Marginale zu §. 751), wird über den Fall verordnet: wenn kein Uebergewicht der Schuld des einen Ehegatten ausgemittelt worden. Daraus erhellet, daß unter dem „für den schuldigen Theil erklärt werden“ nicht der Fall einer gleichen Schuld, sondern der, wo dem Einen ein Uebergewicht der Schuld zur Last fällt, verstanden wird. Dieß, was die Auslegung betrifft.

Der Rechtssatz selbst, daß nur aus einer causa divortii eine nachträgliche Klage noch begründet werden kann, ist aus Rechtsgründen nicht zu bezweifeln. Geschiedene Personen gehen sich nichts mehr an; Jeder hat seinen Status für sich und Keiner kann aus Gründen, welche nicht schon in dem frühern ehelichen Verhältnisse gegeben worden sind, von dem Andern noch angegriffen werden.

Eine weitere Frage aber bei dem von dem Geheimen Ober-Tribunale ausgesprochenen Satze: daß noch eine nachträgliche Klage zur Ergänzung des Ehescheidungsurtels auf Grund einer geltend gemachten Scheidungsursache zuläßig sei, ist die nach der Dauer dieses Klagerechts. Soll noch nach einer wer weiß wie langen Reihe von Jahren der ehemalige Mann auf Ablegung seines Namens gegen die geschiedene Frau klagen können? Dies ist zu bejahen. Denn die Statthaftigkeit einer solchen Klage erklärt sich nur daraus, daß der Zustand beider Theile schon durch das Ehescheidungsurtel ipso iure geordnet ist. Nicht eine neue Privation wird verlangt, sondern ein Verbot der Anmaßung gegen einen schon bestehenden Rechts-Zustand. Damit harmoniren auch die Worte des §. 739 a. a. O.: „Ist sie ausdrücklich für den schuldigen Theil erklärt: so darf sie den Namen des Mannes wider dessen Willen nicht ferner führen.“ Das genügt. Führt eine solche geschiedene Frau den Namen des Mannes länger, so ist das etwas Thatsächliches, welches sein Ende nimmt, sobald der Mann es will.

Aus gerichtlichem Standpunkte sind diese Fragen noch nicht erörtert.

№ 2.

Mäkler. Mäkler-Taschenbuch. Mäkler-Journal. Schriftlicher Vertrag. Kaufmännische Rechte.

I. Bedarf es eines schriftlichen Auftrags für den Mäkler?

Wird verneint und mit Recht.

II. Vertritt bei einem, durch einen Mäkler abgeschlossenen, Handelsgeschäfte der in das Journal des Mäklers eingetragene Vermerk die Stelle eines schriftlichen Vertrages zwischen den Kontrahenten?

Wird gegen die Ansicht des Appellationsrichters überzeugend und mit unwiderlegbaren Rechtsgründen bejahet.

III. Können nur Personen, die kaufmännische Rechte haben, Geschäfte durch einen Mäkler in der für Mäklergeschäfte vorgeschriebenen Form gültig mit einander schließen?

Wird von den Richtern aller drei Instanzen bejahet.

IV. Ist zur Gültigkeit des, durch einen Mäkler abgeschlossenen Geschäfts wesentlich erforderlich, daß die Eintragung desselben in das Taschenbuch des Mäklers, in Gegenwart beider Theile, vorgenommen sei?

Ist hier verneint, aber durch den Plenarbeschluß vom 5. Februar 1844 (Bd. IX, S. 83 flg.) bejahet, doch mit der Maßgabe, daß nicht die gleichzeitige Gegenwart beider Theile erforderlich. Diese Bestimmung enthält auch das Richtige. Es ist mit den durch Vermittelung eines Mäklers abgeschlossenen Geschäften wie bei Verträgen unter Abwesenden: der Mäkler empfängt zuerst den Antrag des Einen und darauf, nachdem er solchen dem Andern hinterbracht hat, die Annahme des Andern; jedesmal schreibt er Antrag und Annahme, in Gegenwart der Partei, in sein Taschenbuch, weil sonst, bei dem Durcheinanderlaufen mehrerer und verschiedener Geschäfte, für die Richtigkeit und Genauigkeit der Anträge gar keine Bürgschaft sein würde.

№ 3.

Vermiether. Pfandrecht. Retentionsrecht. Invecta et illata.

I. Kann ein Dritter, während der Dauer des Miethsvertrages, Eigenthumsrechte an den in die Miethswohnung von dem Miether eingebrachten Sachen, zum Schaden des dem Vermiether zustehenden Pfandrechts, durch Kauf erwerben?

Die Frage muß in ihrer Allgemeinheit bejahet werden; denn wenn Jemand eine mit einem solchen Pfandrechte behaftete Sache bona fide durch einen lästigen Vertrag erwirbt: so ist gar kein Zweifel, daß der Vermiether (der Pfandgläubiger) kein Recht hat auf unentgeltliche Auslieferung. Das Geheime Ober-Tribunal behauptet aber auch diesen Satz nicht unbedingt, vielmehr fügt es bei: „sofern nämlich die Sachen ihm (dem Käufer) nicht wirklich übergeben, und aus dem Miethslokal fortgeschafft worden, sondern im Besitze des Miethers verblieben sind.“ Das ist freilich ein Anderes:

wenn Jemand eine Sache kauft, von der er weiß, daß sie dem Vermiether für die Miethsforderungen haftet, der muß sie wieder herausgeben; um wie viel weniger kann mithin der Käufer dergleichen Sachen aus dem Besitze des Vermiethers vindiciren!

II. Ist namentlich der Eigenthumserwerb des Dritten gegen das Pfandrecht des Vermiethers alsdann von Wirkung, wenn die dem Ersteren verkauften Sachen im Besitze des Miethers und im Miethslokale verblieben sind?

Ist schon im Vorhergehenden verneint. Der Miether ist im Verhältnisse zum Vermiether ein Inhaber (Detentor); was also in Gewahrsam des Miethers ist, befindet sich auch im Pfandbesitze des Vermiethers, sofern es überhaupt dem Pfandrechte des Letzteren unterworfen ist. Die Frage ist bloß durch die Meinung des Appellationsrichters, daß das Recht des Vermiethers nur ein Titel zum Pfandrechte, nicht das Pfandrecht selbst sei, entstanden, eine Ansicht, welche das Geheime Ober-Tribunal mit Recht als eine rein willkürliche Annahme bezeichnet.

III. Wird der Vermiether seines Pfandrechts in Beziehung zu dem dritten Acquirenten dadurch verlustig, daß er der ihm bekannt gewordenen Veräußerung nicht widersprochen hat?

Wird von dem Geheimen Ober-Tribunal verneint, und mit Recht, da das Pfandrecht, nach Pr. Rechte, nicht durch Einwilligung in die Veräußerung verloren geht, wenn nur nicht der Pfandbesitz aufgegeben, d. h. hier in die Fortschaffung der Sachen aus dem Miethslokale gewilligt wird.

№ 4.

№ 4.

Unstandesmäßige Ehe.

I. Worin besteht das Wesen einer unstandesmäßigen Ehe?

In wiefern das Wesen einer solchen, dem Pr. R. eigenthümlichen Ehe in Frage kommt, ist nicht ersichtlich; eine derartige Verbindung ist nichtig. Die vorlandrechtlichen Verordnungen achteten das Ehebündniß selbst und ließen den adligen Mann nur seines Adels verlustig gehen.

II. Hat ein Verwandter und resp. Lehnsvetter desjenigen Adligen, der eine unstandesmäßige Ehe geschlossen hat, das Recht, auf Nichtigkeits-Erklärung derselben anzutragen, und diesen Antrag durch Klage zu verfolgen? oder beschränkt sich sein Recht darauf, die Rechtmäßigkeit der Lehnssuccessions-Fähigkeit eines in einer solchen Ehe erzielten Kindes anzufechten?

Das Geheime Ober-Tribunal verwirft die Meinung beider Senate des Ober-Landesgerichts zu Nauenburg und erklärt sich für die zweite Alternative, aus dem richtigen Grunde, weil die Befugniß zur Anfechtung nichtiger Ehen nur im Interesse der öffentlichen Ordnung dem Organe des Staats, nicht aber einer Privatperson zustehe.

III. Ist bei Beurtheilung der Standesverhältnisse der einem Adligen angetrauten, früher verheirathet gewesenen und geschiedenen Frau noch auf den Stand ihrer Herkunft Rücksicht zu nehmen?

Verneint, im Falle die geschiedene Frau nicht für den schuldigen Theil erklärt worden ist und daher Namen und Stand des Mannes verloren hat.

IV. Können die Grundsätze des A. L. R. über unstandesmäßige Ehen in ihren Wirkungen auch auf die Lehnssuccessions-Verhältnisse eines im Herzogthum Sachsen gelegenen Lehngutes angewendet werden?

Wird bejahet, und mit Recht, denn die Frage gehört in das Kapitel von den Zustandsrechten, die sich nicht nach den Realstatuten sondern nach den s. g. Personalstatuten bestimmen. Ausführlicher und gründlicher, als bei diesem Rechtsfalle geschehen, ist der Gegenstand, auch in Beziehung auf einen Lehnsfolgefall, später im X. Bde. S. 143 flg. behandelt.

№ 5.

Posen. Güterrecht der Eheleute.

I. Galt in den Städten Polens allgemein das Institut der Gütergemeinschaft unter Eheleuten zur Zeit der ersten Preußischen Besitznahme?

Die Frage ist mit dem Geheimen Ober-Tribunale und dem zweiten Senate des Ober-Appellationsgerichts zu Posen, gegen die Meinung des Ersten Senats des Letzteren, allerdings zu verneinen. Denn so unbekannt die ältere polnische Rechtsgeschichte auch ist, so ist doch soviel gewiß, daß nicht alle Städte einerlei Recht hatten, indem sowohl das Magdeburg'sche Recht mit seinen im Laufe der Zeit erlebten Veränderungen, als auch das Kulm'sche angetroffen wird.

II. Wie haben, nach Erwerbung der Provinz Südpreußen, die Preußischen Gesetze die Successionsfolge der Eheleute geordnet?

Nach der Declaration vom 30. April 1797 sollte das bisherige Recht beibehalten werden und das A. L. R. als subsidiarisches Recht gelten.

III. Nach welchen Grundsätzen succedirt in den Städten des Großherzogthums Posen der überlebende Ehegatte, wenn die Ehe schon zur südpreußischen Zeit geschlossen war und der Ueberlebende die Erbfolge nach den zur Zeit der geschlossenen Ehe geltend gewesenen Gesetzen wählt?

Der Rechtsfall hat sich in der Stadt Kosten zugetragen, wo kein besonderes Recht, in Beziehung auf die Güterverhältnisse unter Eheleuten, gegolten haben soll, weshalb man das A. L. R. als Subsidiarrecht angewendet hat. Daß aber Ebendasselbe von allen Städten des Großherzogthums anzunehmen sei, ist aus der mitgetheilten Entscheidung nicht ersichtlich und, nach dem Gesagten, nichts weniger als wahrscheinlich.

№ 6.

Ehemann. Paraphernal-Vermögen.

I. Ist nach Gemeinem Rechte ein Vertrag, welchen die Ehefrau ohne Zuziehung ihres Mannes über ihr Paraphernal-Vermögen mit einem Dritten geschlossen hat, rechtsbeständig?

Das Ober-Landesgericht zu Arnsberg behauptet es; das Geheime Ober-Tribunal hingegen verneint es. Die Arnsberg'sche Meinung aber ist die richtige. Der Entscheidungsgrund des Geheimen Ober-Tribunals beruhet in der Behauptung, daß die Frau, hinsichtlich des Paraphernal-Vermögens, nach deutschem Rechts- und Gerichtsgebrauch, denselben Beschränkungen und denselben ehemännischen Rechten der Verwaltung und des Nießbrauchs unterworfen sei, wie in Beziehung auf das Heirathsgut (die Dos). Allein nach deutschem Rechte giebt es kein Paraphernal-Vermögen und keine Dos: beide Begriffe sind römisch. Wo sie also vorkommen, kann nicht von deutschem Rechtsgebrauch und deutschen Rechtsgrundsätzen in Beziehung auf sie Rede sein. Den Beweis für seine Behauptung ist das Geheime Ober-Tribunal auch schuldig geblieben. Als Zeuge wird Leyser mit seiner Meditation 11 und 13, spec. 302 produzirt, und als Nebenzeuge wird Hellfeld in Jurispr. for. §. 1240 vorgeführt. Allein abgesehen davon, daß es sich fragt: welche Zeit, welche Gegend und welche Rechtszustände Leyser eigentlich vor Augen gehabt haben mag; so bezeugen eine große Anzahl Rechtsgelehrter von noch größerem Ansehen, als Leyser hat, das Gegentheil. Man sehe G. Ludw. Böhmer's auserlesene Rechtsfälle, Bd. I, № 36, S. 271; Wernher Sel. obs. P. V, obs. 136; Boehmer Consil. et Decis., Tom. II, P. 1, resp. 577, № 9 et 10; und den, von dem Geheimen Ober-Tribunale selbst vorgeführten Nebenzeugen Hellfeld, der auffallender Weise dem Produzenten gar nicht das Wort redet. Er sagt a. a. O.: „Horum (paraphernalium) intuitu marito nec dominium, nec ususfructus, imo et quidem administratio competit, sed uxori libera manet disponendi facultas, ita ut a marito qui *ejus permissu* haecce bona administravit, rationes et restitutionem ejus, quod residuum est, exigere queat. Haecce Rom. principia in quibusdam Germaniae provinciis usu servantur, ast in plerisque aliter se res habet. Nam apud nos inter conjuges communio quaedam bonorum in quibusdam obtinet provinciis." Wie also dieses Zeugniß für die Behauptung, daß, nach dem in Deutschland üblichen Rechtsgebrauch, die Ehefrau kein Verfügungsrecht über ihre nicht dem Mann als Dos verschriebene Güter habe, benutzt werden mag, das ist doch in der That nicht erfindbar. — Wo hingegen die römischen Rechtsverhältnisse nicht aufgenommen worden sind, da ist allerdings die Ehefrau über ihr dem Manne zugebrachtes Vermögen, wegen des Mundiums des Mannes, selbstständig zu verfügen nicht fähig; hier aber kann wieder nicht von Dos und Paraphernalvermögen Rede sein. Insofern nun der weitere von dem Geheimen Ober-Tribunale hingestellte Satz, es gelte als Regel: daß selbst in den Provinzen, wo keine eheliche Gütergemeinschaft herrscht, das alte deutsche Recht sich erhalten habe, für richtig anzunehmen, ist die gegen die Meinung des Civil-Senats des Ober-Landesgerichts zu Arnsberg ausgefallene Entscheidung wohl gerechtfertigt; doch scheint mir die Annahme einer solchen Regel über eine Thatsachenfrage sehr bedenklich.

II. Ist es bei den, nur von einer Gerichtsperson aufgenommenen Verträgen schreibensunfähiger Personen hinreichend, wenn nur die Kreuze der schreibensunfähigen Partei von einem glaubhaften Manne bescheinigt werden? oder ist es wesentlich erforderlich, daß die Eigenschaft des Attestirenden als Beistandes jener Partei und Unterschriftszeugen, in der Verhandlung ausdrücklich bemerkt werde?

Der Fall war, daß der zugezogene Unterschriftszeuge blos in

der Art wirkte, daß er die Kreuze bescheinigte, ohne daß seiner Anwesenheit von Anfang der Verhandlung oder doch bei deren Vorlesung und Genehmigung im Protokolle gedacht worden. Das Geheime Ober-Tribunal nimmt an, daß der Vermerk der Eigenschaft der zugezogenen Person als Beistandes ein wesentliches Erforderniß zur Giltigkeit des Protokolls sei, und daß ein nachträglicher Beweis der Anwesenheit des Zeugen bei Aufnahme oder Vorlesung des Protokolls unzulässig. Darin ist ihm beizustimmen, weil ein Act, wenn Schrift zur wesentlichen Form gehört, die ganze Handlung enthalten, d. h. in sich vollständig sein muß, da der durch Zeugenbeweis ergänzte Theil keine Schrift sein würde. Man hat sonst wohl aus der Bestimmung des §. 423 des Anhangs zur A. G. O., daß ein Protokoll deshalb allein, weil die Vorlesung unterblieben oder die geschehene Vorlesung nicht darin vermerkt worden, noch nicht ungültig sei, das Argument hergenommen, daß aus gleichem Grunde auch ein mit einem Analphabeten aufgenommenes Protokoll um deshalb, weil darin nicht der Anwesenheit des Unterschriftszeugen von Anfang oder bei der Vorlesung und Genehmigung des Protokolls gedacht worden, nicht ungültig sein könne, da ja die Vorlesung selbst, unbeschadet der Giltigkeit des Protokolls, ganz unterbleiben dürfe. Allein die Bestimmung, daß die unterbliebene Vorlesung allein den Act nicht ungültig mache, berechtigt nicht, noch weiter zu gehen und das „allein" wegstreichend anzunehmen, daß zugleich auch der Beistand von Anfang nicht zugegen zu sein brauche, wenn die Vorlesung unterbleibt. Ueberdieß aber hat das Geheime Ober-Tribunal das ganze Argument, durch den später angenommenen Satz: daß ein von einem Richter allein, ohne Zuziehung eines Actuars oder zweier Schöppen, mit einem Analphabeten aufgenommenes Protokoll nothwendig allemal vorgelesen und die geschehene Vorlesung darin vermerkt werden müsse, wenn es gelten solle (Bd. IX, S. 488), niedergeschlagen. Dieser Satz hat einen historischen Grund; denn wiewohl der §. 423 des Anhangs, wonach die Vorlesung nicht wesentlich erforderlich ist, und der §. 69 daselbst, wonach der zur Verhandlung zugezogene glaubhafte Mann der ganzen Verhandlung oder doch der Vorlesung und Genehmigung beiwohnen muß, in einem und demselben Gesetzbuche, nämlich in dem Anhange zur A. G. O. stehen, so ist die Bestimmung des §. 423 doch älter als der §. 69 und bezieht sich auf den Rechtszustand, welcher zu jeder Verhandlung ein vollständig besetztes Gericht erforderte; wogegen der §. 69 mit der späteren Bestimmung, daß auch ein Richter allein einen Act in der Regel giltig aufnehmen kann, zusammenhängt. Folgerichtig kommt daher das Geheime Ober-Tribunal zu dem Schluß, daß auch jetzt noch die mit Analphabeten aufgenommene Verhandlungen, um giltig zu sein, nicht vorgelesen zu werden brauchen oder über die geschehene Vorlesung Auskunft geben müssen, wenn das Gericht vollständig besetzt ist.

№ 7.

Ehemaliges Großherzogthum Berg. Erbpächter. Communalsteuer.

I. In den Landestheilen, welche zu dem ehemaligen Großherzogthum Berg eine Zeit lang gehört haben, liegt die Berichtigung der zur Bestreitung der Gemeinde-Bedürfnisse ausgeschriebenen Abgaben, seit dem Gesetz vom 21. April 1825, dem frühern Erbpächter als jetzigem Eigenthümer ob.

II. Dieß gilt auch von Communalsteuern, welche nach dem Repartitionsfuße der Grundsteuer ausgeschrieben worden.

Das Gesetz vom 21. April 1825 hat die erblichen Besitzrechte in den genannten Landestheilen in Eigenthum verwandelt, womit die Reallasten von selbst auf den bisherigen Besitzer als nunmehrigen Eigenthümer übergegangen sind, insofern nicht das Gesetz eine Ausnahme gemacht hat. Dieß ist hinsichtlich der Grundsteuer in den §§. 62 und 63 in der Art geschehen, daß wenn der bisherige Eigenthümer die Grundsteuer bisher wirklich getragen hat, ihm die Vergütung derselben an den neuen Eigenthümer zur Pflicht gemacht worden ist. Daraus hatten die Richter beider Instanzen in dem vorliegenden Erbpachtsfalle den Satz gezogen, daß der bisherige Erbverpächter und Eigenthümer auch die Gemeinde-Abgaben und Communalsteuern dem bisherigen Erbpächter und nunmehrigen Eigenthümer vergüten müsse. Solches erklärt das Geheime Ober-Tribunal für eine unrichtige Anwendung des Gesetzes und mit Recht. Die Gründe sind so einleuchtend und schlagend, und die Widersprüche der Richter in der ersten und in der Appellations-Instanz sind so klar, daß darüber weiter nichts zu sagen ist. Was den Appellations-Richter irre geleitet hat, ist der Modus der Aufbringung der Communalsteuer, nämlich die beliebte Repartition nach dem Grundsteuerfuße. Ganz richtig bemerkt dazu das Geheime Ober-Tribunal, daß die Art der Aufbringung die Natur einer Abgabe nicht zu ändern vermag.

№ 8.

Concurs. Brandschatzung. Kriegs-Contribution.

Gebührt den Vorschüssen, die zur Abtragung von Kriegs-Contributionen geleistet worden sind, das Vorrecht der vierten Klasse, welches im §. 425 der Concurs-Ordnung den Vorschüssen zu Brandschatzungen beigelegt worden ist?

Die Frage wird durch drei gleichlautende Urtel verneint und kann auch nicht für zweifelhaft gelten, weil Kriegs-Contributionen und Brandschatzungen nicht gleichbedeutende Bezeichnungen für eine und dieselbe Kriegssteuer sind und das Vorrecht der vierten Klasse nur den Vorschüssen zu Brandschatzungen gegeben ist, ein Vorrecht auf ähnliche Fälle oder Forderungen aber nicht ausgedehnt werden darf, wie in den Entscheidungsgründen richtig ausgeführt wird.

№ 9.

Testamente. Form der Testamente. Deputation zur Auf- oder Abnahme eines Testaments.

Ist, wenn ein Testament durch eine Deputation des Gerichts auf- oder abgenommen werden soll, die Ernennung beider Mitglieder der Deputation durch den Gerichts-Vorgesetzten so wesentlich nothwendig, daß, wenn durch eine mangelhafte Verfügung desselben nur die eine Gerichtsperson ernannt wird, dieß die Nichtigkeit des aufgenommenen letzten Willens bewirkt, selbst wenn jene richterliche Person einen Protokollführer zugezogen hat?

Das Ober-Appellationsgericht zu Posen und das Geheime Ober-Tribunal hatten die Frage durch ihre Urtel vom 11. Mai 1835 und vom 5. April 1836 bejaht und ein Testament wegen solchen Mangels für nichtig erklärt, was wohl auch nach einer richtigen Auslegung der damals geltenden Gesetze gerechtfertigt war. Indeß war damit doch das Erbrecht vieler Personen in Frage gestellt und unsicher geworden, daher das Einschreiten der Gesetzgebung Bedürfniß war. In Folge dessen ist denn der §. 88, Tit. 12, Th. I des A. L. R. durch die K. O. vom 24. März 1839 (G. S. S. 155) dahin deklarirt: daß zwar die Ernennung des vereideten Protokollführers, wie die des richterlichen Mitgliedes der Deputation, so nach wie vor durch den Gerichtsdirigenten geschehen muß, daß aber, wenn die Zuziehung eines vereideten Protokollführers, ohne vorgängige Ernennung von Seiten des Dirigenten, durch das richterliche Mitglied erfolgt ist, hieraus keine Ungültigkeit der Verhandlung entsteht.

№ 10.

Nichtigkeitsbeschwerde. Testament. Holographisches Testament. Unterschrift.

I. Zur Vollständigkeit einer auf № 10, §. 5 der Verordnung vom 14. December 1833 gegründeten Nichtigkeitsbeschwerde genügt nicht die Angabe, daß gegen den §. 5 № 10 gefehlt worden, sondern es muß auch diejenige der verschiedenen, in dieser 10ten Nummer enthaltenen Bestimmungen, auf welche im vorliegenden Falle die Nichtigkeit gegründet wird, speziell bezeichnet werden.

II. Ein dem Gerichte versiegelt übergebenes, vom Testator eigenhändig geschriebenes Testament ist nichtig, wenn demselben die Unterschrift des Testators fehlt.

Der erste Satz ist den Prozeßgesetzen völlig gemäß.

Der zweite Satz beruht auf Auslegung des §. 101, Tit. 12, Th. I des A. L. R., wonach ein schriftliches Testament von dem Testator eigenhändig ge- oder **wenigstens** unterschrieben sein muß. Die beiden Senate des Ober-Landesgerichts zu **Paderborn** hatten die Unterschrift bei einem von dem Testator eigenhändig **geschriebenen** Testamente, welches der Testator dem Gerichte, versiegelt und auf dem Umschlage mit seiner Namensunterschrift versehen, mit der Erklärung übergeben, daß darin sein letzter Wille enthalten sei, für unwesentlich erklärt, weil es nach dem Landrechte genüge, wenn die letztwillige Verfügung von dem Testator **entweder** geschrieben, oder **unterschrieben** worden. Darin steht ihnen das neue R. R. allerdings zur Seite, indem **Justinian** in der L. 28, §. 1 C. de testam. (VI, 23) bestimmt hat, daß die Unterschrift des Testators nicht erforderlich sein soll, wenn er das ganze Testament eigenhändig geschrieben und dieses im Testamente ausdrücklich gesagt hat. Indeß ist der Auslegung des Geheimen Ober-Tribunals, die sich auf das Wort „**wenigstens**" stützt, nach den Grundsätzen des A. L. R. doch Beifall zu geben, weil das A. L. R. die Schrift zur wesentlichen Testamentsform gemacht hat und nur eine mit der Unterschrift des Erklärenden vollzogene Willens-Erklärung für eine gehörig vollendete Urkunde anerkennt. I, 5, §. 116.

№ 11.

Uebernahme einer Hypothekenschuld auf Rechnung des Kaufgeldes.

Der Käufer eines Grundstücks, welcher eine darauf eingetragene Forderung auf Rechnung des Kaufgeldes übernimmt, wird schon hierdurch allein dem Verkäufer zu deren Tilgung persönlich verpflichtet, auch wenn die persönliche Verpflichtung nicht ausdrücklich im Kaufcontrakte ausgesprochen wäre.

Dieser Satz ist erst durch die Declaration des §. 54, Tit. 20, Th. I des A. L. R. vom 21. März 1835 in Frage gekommen und es ist auch nicht zu leugnen, daß die Fassung des §. 3 der Deklaration wohl geeignet ist, Zweifel zu veranlassen. Diese verlieren sich jedoch, wenn beachtet wird, daß die Deklaration sich auf das Verhältniß des Käufers zu den Hypothekengläubigern bezieht. Die Meinung, daß ein Kaufcontrakt, bezüglich auf die in partem pretii übernommenen Hypothekenschulden, keine Obligation des Käufers, im Verhältniß zu dem Verkäufer, hervorbringe, ist völlig unjuristisch und von dem Geheimen Ober-Tribunal jedes Mal verworfen worden. Die Ausführung desselben in dem hier mitgetheilten Rechtsfalle ist vortrefflich, die Beweisführung schlagend.

№ 12.

Muttererbtheil. Sicherstellung.

Ist der Vater minderjähriger Kinder befugt, das denselben bei Eingehung einer zweiten Ehe durch Eintragung auf sein Grundstück versicherte mütterliche Erbtheil, im Falle des Verkaufs des Grundstücks, ohne Genehmigung der Vormundschafts-Behörde, wieder einzuziehen und eine löschungsfähige Quittung zu ertheilen?

Das Geheime Ober-Tribunal verneint solches mit dem Land- und Stadtgerichte zu Danzig und vernichtet das entgegengesetzt lautende Appellationsurtel des Ober-Landes-Gerichts zu Marienwerder, mit Recht, weil die von Seiten des Vaters den Kindern bei der Auseinandersetzung mit ihnen bestellte Sicherheit ein vertragsmäßiges Recht ist und kein Paciszent das dem Andern bestellte Recht einseitig zurücknehmen kann. Eine sich daran anschließende Frage bezieht sich auf das Schicksal der Gelder, wenn der Käufer eines für das Muttertheil minorenner Kinder zur Hypothek eingesetzten Grundstücks das eingetragene Muttertheil abzahlen will. Der Fall kommt in der Praxis öfter vor. Manche Praktiker sind der Meinung, daß der Vater ohne Mitwirkung des Vormundschaftsgerichts die Zahlung gültig empfangen und quittiren könne. Diese Meinung ist jedoch aus eben demselben Grunde unrichtig; die Zahlung kann gültig nur nach Anweisung des Vormundschaftsgerichts geschehen, sonst würde der Vater, wollte er für die Kinder handeln und das Geld an sich nehmen, mit sich selbst verhandeln.

№ 13.

Concurs. Curator. Zugeständniß. Hypothekenwesen. Geschiedene Ehefrau. Eingebrachtes. Priorität.

I. Der Curator und die Gläubiger im Concurse können Zugeständnisse des Curators über die Richtigkeit der liquidirten Forderungen nur unter den nämlichen Umständen widerrufen, wie die Parteien ihre Zugeständnisse.

Unter dem Curator, welcher hiernach nur ebenso wie eine andere Partei ein Geständniß soll widerrufen können, wird ein neuer Curator, nach dem mitgetheilten Falle, gemeint, welcher mit dem Zugeständnisse seines Vorgängers unzufrieden ist. Von dem Curator, mag es der Zugestehende selbst oder sein Nachfolger sein, ist der Satz, welchen das Geheime Ober-Tribunal hier durch ein Revisionsurtel vom 18. August 1834 ausgesprochen hat, unbedenklich anzunehmen. Daß solcher aber auch in Beziehung auf die Gläubiger gelten kann, ist noch zu erweisen. Das Geheime Ober-Tribunal giebt zu, daß den Gläubigern, wenngleich der Curator als Contradictor die Richtigkeit der Forderung einräumt, allerdings freistehe, ihre besondern Einwendungen zu machen; doch soll dies nur in der ersten Instanz zulässig sein. Den Beweis dafür ist das Geheime Ober-Tribunal noch schuldig. In den Prozeßgesetzen ist es nirgend ausgesprochen und aus der Sache folgt es auch nicht, im Gegentheil steht es jedem Interventionsberechtigten frei, noch in zweiter Instanz zu interveniren und seine Einrede anzubringen. Überhaupt aber ist das Einräumen einer Forderung nicht ein in die Kathegorie der Beweise gehöriges Geständniß, sondern ein Anerkenntniß, welches nach Art der confessio in jure zwischen den Parteien Recht macht, daher auch nach Preuß. Prozeßrechte darauf nicht erst noch ein Urtel des Richters, sondern nur eine, das Anerkenntniß wiederholende, Agnitions-Resolution erfolgt. Zu einem solchen Anerkenntnisse ist kein Concurs-Curator so weit befugt, daß er dadurch die Gläubiger, die sich dabei nicht beruhigen wollen, verpflichten könnte; soweit geht seine gesetzliche Vollmacht nicht, wenn er auch, wie das Geheime Ober-Tribunal hervorhebt, der gesetzliche Vertreter der Gläubiger ist. Ganz mit Unrecht subsumirt das Geheime Ober-Tribunal das Anerkenntniß eines Forderungsrechts (Rechtsverhältnisses) dem Zugeständniß von Thatsachen (S. 116). Die Prozeßordnung sondert Beides.

II. Finden die Vorschriften der Verordnung vom 16. Juni 1820 auch bei einzelnen Grundstücken Anwendnng, bei welchen das Hypothekenwesen noch nicht berichtigt ist, obwohl die Berichtigung im Allgemeinen für den Gerichtsbezirk, in welchem jene Grundstücke belegen, bereits geschehen?

Die genannte Verordnung trifft Bestimmungen über Begründung und Erwerbung von Hypothekenrechten in solchen Landestheilen, wo überhaupt noch keine Hypothekenbücher existiren. In dem hier mitgetheilten Rechtsfalle hatten das Gericht erster Instanz und der Ober-Appellations-Senat des Kammergerichts die Verordnung angewendet, auf ein einzelnes, noch nicht eingetragenes Grundstück ihres Gerichtsbezirks, wo seit alten Zeiten das Hypothekenwesen eingerichtet ist. Diese Anwendung erklärt das Geheime Ober-Tribunal für ungültig. Die Deklaration vom 28. Juli 1838,

§. 1 (G. S. S. 428), hat aber den Meinungsstreit im entgegengesetzten Sinne entschieden, indem die Verordnung auf jedes einzelne Grundstück bis zu seiner Eintragung in das Hypothekenbuch für anwendbar erklärt wird, ohne Unterschied, ob andere Grundstücke des Bezirks in das Hypothekenbuch dieses Bezirks bereits eingetragen sind oder nicht.

III. In welcher Frist nach Trennung der Ehe hat eine geschiedene Ehefrau ihr Eingebrachtes zurückzufordern, um sich das Vorrecht der vierten Klasse zu erhalten?

Eine geschiedene Ehefrau soll, um sich das in Rede stehende Vorrecht zu erhalten, ihr Eingebrachtes unverzüglich nach Trennung der Ehe zurückfordern. In dem mitgetheilten Falle war die Zurückforderung drei Tage nach eingetretener Rechtskraft des Scheidungsurtels angebracht worden. Das Gericht erster Instanz hielt dies für verspätet und sprach das Vorrecht ab. Der Ober-Appellations-Senat und das Geheime Ober-Tribunal hingegen finden die Voraussetzung der Unverzüglichkeit zutreffend. Dies ist Sache des richterlichen Ermessens, da eine präclusivische Frist nicht vorgeschrieben ist.

№ 14.

Verträge. Gewährsleistung. Verjährung. Einrede. Natürliche Fehler einer Sache.

I. Zu den natürlichen Fehlern einer Sache gehört auch der, wenn der Sache und den Materialien, aus welchen sie gefertigt worden ist, die bedungene Eigenschaft und Tüchtigkeit ermangelt.

Der

Der Satz ist unzweifelhaft; andere als natürliche (physische) und rechtliche (juristische) Fehler giebt es in Beziehung auf die Gewährleistung nicht.

II. Durch Verabsäumung der gesetzlichen Frist geht dem Uebernehmer der Sache zwar das Recht verloren, welches von ihm durch Klage zu verfolgen ist, nicht aber dasjenige, welches er durch Einrede geltend machen kann.

Das Ober-Landesgericht zu Insterburg hatte als Appellationsinstanz das Gegentheil angenommen und die Exception mit der Klage zugleich für verjährt erklärt. Der bloße Wortverstand der Bestimmung im §. 343, Tit. 5, Th. I des A. L. R., wonach das Recht verloren geht, wenn der Empfänger die Frist verstreichen läßt, kann allerdings auf eine solche Auslegung führen, denn man muß, um zu dem von dem Geheimen Ober-Tribunale ausgesprochenen Satze zu gelangen, die Worte „zur Klage" suppliren und also lesen: „das Recht zur Klage geht verloren", welche Ergänzung die Anhänger jener Meinung nicht zulassen wollen. Das Geheime Ober-Tribunal zieht auch, um seinen Satz zu erweisen, eine Bestimmung aus der Lehre von der Kompensation, nämlich den §. 377, Tit. 16, Th. I des A. L. R. heran, die hier eigentlich nicht paßt; denn sie entscheidet die Frage: in wiefern eine verjährte Forderung noch zur Kompensation geschickt ist. Hier aber ist nicht Rede von Forderung und Gegenforderung aus verschiedenen Obligationen, sondern von einer und ebenderselben Obligation; und es ist nicht sachgemäß, die Frage auf die Kompensation zurückzuführen, wie das Geheime Ober-Tribunal thut. Wie die Sache anzusehen sei, zeigt sich bei dem dieselbe Rechtsfrage berührenden folgenden Fall.

№ 15.

Verträge. Gewährsleistung. Verjährung. Einrede.

Durch Versäumung der gesetzlichen Frist geht dem Uebernehmer der Sache zwar das Recht verloren, welches von ihm durch Klage zu verfolgen ist, nicht aber dasjenige, welches er durch Einrede geltend machen kann.

Seitdem die beiden Entscheidungen des Geheimen Ober-Tribunals, nämlich diese und die vorige, veröffentlicht worden sind, scheint die durch die Fassung des §. 345, Tit. 5, Th. I des A. L. R. veranlaßte und von der Unwissenschaftlichkeit lange gepflegte Controverse beseitigt zu sein, so daß die vor etwa 10 Jahren beabsichtigte Einschreitung der Gesetzgebung nicht mehr erforderlich sein wird. In dieser Entscheidung ist der Satz von dem Geheimen Ober-Tribunale anfangs besser als in der vorhergehenden Entscheidung motivirt, indem Es auf die allerdings hierher gehörige exceptio non impleti contractus hinweis't; am Schlusse kommt es aber doch wieder auf die „Retention der Gegenleistung behufs der Kompensation" zurück. Von Kompensation kann füglich nicht Rede sein, denn der Uebernehmer, der weder das Geschäft mit der actio redhibitoria aufrufen, noch das zuviel gezahlte Kaufgeld actione quanti minoris zurückfordern will noch kann, hat keine Forderung, die er seinerseits anrechnen könnte; vielmehr leugnet er, wegen der fehlerhaften Beschaffenheit der Sache, mehr schuldig zu sein als er schon bezahlt hat oder zu zahlen erbötig ist. Seine Einrede stellt sich mithin wesentlich als eine negative Litis-contestation dar, und das Ableugnen des rechtlichen Klaggrundes ist unverjährbar. Wollte man aber auch das Vorbringen des Beklagten in solchem Falle als eine eigentliche exceptio juris ansehen, so ist doch auch der alte Rechtsgrundsatz: exceptiones omnes esse perpetuas, durch das A. L. R. nicht aufgehoben. In den §§. 343—345 ist nur von „Ausübung", „Geltendmachung" der Rechte, d. h. Forderungsrechte (denn andere Rechte giebt es hier nicht), Rede; die Antwort eines Beklagten auf die Klage aber, daß er nichts oder nicht soviel wie ihm abgefordert wird, schuldig sei, ist kein Recht im juristischen Sinne. Die Klage ist insoweit nicht begründet; denn jede Forderung aus einem wesentlich zweiseitigen Rechtsgeschäfte erhält ihre rechtliche Begründung erst durch die Gegenleistung.

№ 16.

Pommern. Bauern. Bauerhöfe. Entsetzung.

I. Die Bauern auf den pommerschen Rittergütern hatten, abgesehen von contraktlichen Bestimmungen, bis zum Eintritt der neuern Gesetzgebung ein Recht auf den lebenslänglichen Besitz ihrer Höfe; der Gutsherr konnte ihnen den Besitz nicht nach bloßer Willkür aufkündigen, vielmehr sie desselben nur dann entsetzen, wenn sie den Acker nicht gehörig bestellten, die Gebäude verfallen ließen, ihren Viehstand nicht gehörig unterhielten, die Hofwehr veräußerten, Schulden contrahirten, die herrschaftlichen und gutsherrlichen Gefälle nicht gehörig abführten, und überhaupt die ihnen als Wirthen obliegenden Pflichten nicht erfüllten.

II. Die neuere Gesetzgebung hat, in Beziehung auf die zur ediktmäßigen Regulirung nicht geeigneten Stellen, hierin nichts geändert.

Der erste Satz gründet sich auf die Bauer-Ordnung für das Herzogthum Vor- und Hinterpommern, vom 30. December 1764, Tit. III., §§. 1, 11, wo in Uebereinstimmung mit dem deutschen Bauernrechte ausdrücklich gesagt ist, daß der Gutsherr den Bauer nur aus bestimmten Ursachen abmeiern dürfe, daher die entgegengesetzte Meinung des Ober-Landesgerichts zu Cöslin, welches in dem mitgetheilten Rechtsfalle als Appellationsgericht gesprochen hatte, keinen Rechtsgrund für sich hat. Der zweite Satz ist nicht zweifelhaft.

№ 17.

Vermiether. Pfandrecht. Invecta et illata.

I. Der Vermiether hat wegen seines Zinses und anderer Forderungen aus dem Miethsverhältnisse die Rechte eines Pfandgläubigers bloß auf diejenigen vom Miether eingebrachten Sachen, welche diesem eigenthümlich gehören, nicht auf die eingebrachten Sachen dritter Eigenthümer.

II. Eben so wenig auf die Sachen des Aftermiethers.

Ueber beide Sätze hat bis auf die neueste Zeit der Meinungszwiespalt fortgedauert und das Geheime Ober-Tribunal selbst hat in seiner Meinung, wenigstens über den zweiten Satz, gewechselt, so daß ein Plenarbeschluß nöthig geworden ist. S. Bd. VIII, S. 295. Die Meinung, wonach eingebrachte fremde Sachen ebenfalls dem Vermiether als Pfand haften sollten, wurde auf den §. 80, Tit. 20, Th. I des A. L. R. gegründet, welcher den redlichen Pfandbesitzer einer fremden Sache gegen den wahren Eigenthümer wegen des wirklich Gegebenen schützt. Die entgegengesetzte Meinung, der auch das Geheime Ober-Tribunal in der vorliegenden Entscheidung folgt, will hingegen diese Bestimmung nur von einer ausdrücklichen Verpfändung gelten lassen. Ganz zutreffend sagen dagegen die Gegner, daß das Einbringen der Effekten von Seiten des Pächters oder Miethers der Behändigung eines Faustpfandes gleichstehe. Darin haben sie die Rechtsgeschichte und das, von dem Geheimen Ober-Tribunal zu Hülfe genommene, obgleich wegen der Wirkungen der bona fides auf die Pr. Rechtszustände in dieser Beziehung nicht passende, R. R. für sich, indem ursprünglich, wie das Interdict de migrando zeigt, die verpfändeten Effekten namentlich bezeichnet wurden, später aber das bloße Einbringen in Folge eines Miethscontrakt für namentliche Verpfändung angenommen galt. L. 4, D. de pactis (II, 14). Damit ist denn auch die Erwägung des Tribunals: daß nicht angenommen werden könne, das Gesetz habe auch die fremden, einem Dritten gehörigen Sachen, die sich etwa zufällig mit den eigenen des Miethers bei dem Einzuge vermischt befinden, dem Pfandrechte des Vermiethers unterwerfen wollen, als ganz unstatthaft zurückgewiesen, da nur die in der Absicht, ut ibi sint, und nicht die zufällig mit untergelaufenen Sachen im Contrakte sind. Näher kommt ein anderer, von dem Geheimen Ober-Tribunal nicht erwogener Grund, welchen schon Grävell (Nießbrauch, Pacht und Miethe S. 227) hervorgehoben hat, der nämlich, daß eine verpfändete fremde Sache dem redlichen Pfandnehmer nur für das wirklich Gegebene hafte. Das Richtige ist damit getroffen, nur ist es nicht ganz genau ausgedrückt. Ein Pfandrecht erlangt nämlich der Nehmer eines fremden Pfandstücks gar nicht, der Eigenthümer kann die Sache vindiciren. Allein nach den Grundsätzen des A. L. R. kann der redliche Besitzer seine auf den Erwerb wirklich gemachten Verwendungen von dem Vindicanten verlangen und so lange die Sache zurückhalten. Das ist es, was der §. 80 a. a. O. anwendet. Der bestehenden Rechtsregel ganz zuwider ist es, die Forderung des Verpächters oder Vermiethers mit allen Accessionen demjenigen, was der Faustpfandgläubiger gegen Aushändigung des Pfandes seinem Schuldner wirklich gegeben hat, gleichzustellen, wie die Gesetzrevisoren (Motive zu dem Entwurf des 21 Tit., Th. I des A. L. R., S. 110) gethan haben. Der Vermiether erwirbt durch Uebergabe der vermietheten Sache noch keine gegenwärtige Forderung, das Pfand wird ihm für eine künftige Forderung bestellt; er verwendet mithin auf den Erwerb des Pfandrechts nichts, denn Zinsen und Interesse fallen nach §. 82 a. a. O., nicht unter den Begriff des „wirklich Gegebenen". Nach dieser Darlegung hat denn der Vermiether oder Verpächter an den von Seiten des Miethers oder Pächters eingebrachten fremden Sachen wirklich kein Recht, allein der wahre Rechtssatz ist durch den ersten Satz hier so wenig wie bei der später nochmals durch das Plenum des Tribunals (Entscheid. Bd. IV, S. 1) erfolgten Beurtheilung der Rechtsfrage richtig ausgedrückt. Denn daß der Pfandnehmer an einer fremden Sache niemals die Rechte eines Pfandgläubigers, d. h. nie ein Pfandrecht erwirbt, das ist nie bezweifelt worden, so wenig es zu bezweifeln ist, daß der Käufer einer seinem Autor nicht gehörigen Sache nicht Eigenthümer wird. Die Streitfrage bezieht sich lediglich auf das dem redlichen Besitzer beigelegte Retentionsrecht wegen seiner Verwendungen; dieses ist es, welches dem Vermiether oder Verpächter abzusprechen ist, eben weil er keine Verwendungen gemacht hat. (Vergl. m. Recension der Entsch. Bd. IV, № 1, in den krit. Jahrb. für deutsche Rechtswissenschaft, Bd. XIII, S. 515). Daraus folgt indeß noch nicht die Richtigkeit des zweiten Satzes. Im Gegentheil, wenn der Verpfänder einer fremden Sache daran irgend ein Recht hat, so erwirbt der Pfandnehmer ein Pfandrecht an diesem Rechte. A. L. R. Th. I, Tit. 20, §. 74. Der Aftervermiether hat ein Pfandrecht an den ihm eingebrachten Effekten, und kann den Aftermiether, im Verhältnisse zu dem Hauptvermiether, nicht liberiren, außer durch Befriedigung des Hauptvermiethers; mithin muß der Hauptvermiether sich auch an die Effekten des Aftermiethers halten können. Das hat denn das Geheime Ober-Tribunal später durch die Entscheidung vom 15. Oktober 1842 (Bd. VIII, S. 295), auch angenommen. Eine authentische Declaration vom 21. Juli 1846 (G. S. S. 326) hat nun bestimmt: daß die dem Vermiether und Verpächter im §. 395, Tit. 21, Th. I des A. L. R. beigelegten Rechte eines Pfandgläubigers sich nur auf solche Sachen und Effekten erstrecken, welche dem Miether oder Pächter selbst gehören, oder welche derselbe ohne Einwilligung des Eigenthümers zu verpfänden befugt ist. Die letztere Bestimmung umfaßt ohne Zweifel auch die Sachen des Aftermiethers und Afterpächters; aber die ganze Deklaration drückt wieder nicht den eigentlich gemeinten Satz aus, da es sich immer nur um die Rechte eines redlichen Besitzers handelt.

№ 18.

Blanquet. Cession. Lieferungsvertrag. Schlußzettel. Zeitkaufsgeschäft.

I. Ist der Cessionarius durch eine über ein Blanquet geschriebene Cession an und für sich zur Klage gegen den debitor cessus legitimirt?

Die Frage ist von dem Geheimen Ober-Tribunal, gegen die Meinung des Ober-Landesgerichts zu Marienwerder, durch das Revisionsurtel vom 13. August 1836 verneint, und mit Recht; denn die Cession ist in solchem Falle, den Auftrag des Cedenten zur Ueberschreibung des Blanquets vorausgesetzt, nur eine mündliche, und wenn auch der mündliche Auftrag dazu nicht gegeben worden war, gar keine Cession; mündliche Cessionen legitimiren aber den Cessionar nicht zur Klage. Den Grundsatz, daß ein bloßes Blanquet hinter einer Urkunde, in der Absicht zu cediren ertheilt, nur eine mündliche Cession sei, hat das Geheime Ober-Tribunal bisher immer, soweit dessen dahin einschlagende Entscheidungen bekannt geworden sind, gleichmäßig angewendet. Man vergleiche den im Schlesischen Archive, Bd. VI, S. 265 flg. mitgetheilten Rechtsfall.

II. Ist die Cession von Verbindlichkeiten, namentlich die Cession der Verpflichtung zur Lieferung von Staatspapieren aus einem sogenannten Zeitkaufsgeschäft statthaft?

Ein Kaufmann hatte Staatspapiere von einer bestimmten Summe, zu einem bestimmten Course, zu einer bestimmten Zeit einem andern Kaufmanne zu liefern versprochen, und Dieser hatte sich zur Abnahme verpflichtet. Ein Dritter trat als Cessionar des Lieferanten auf und klagte auf Abnahme der Papiere und Zahlung der bedungenen Geldsumme. Der erste Richter wies den Kläger ab, in der Meinung, das Verhältniß des Lieferanten sei nicht cessibel, weil derselbe kein Recht sondern eine Verbindlichkeit habe, Verbindlichkeiten aber uncessibel seien. Das Marienwerdersche Ober-Landesgericht war der entgegengesetzten Meinung und reformirte das erste Urtel. Das Geheime Ober-Tribunal hingegen war der Meinung des ersten Richters und stellte dessen Erkenntniß wieder her. Diese Entscheidung ist aber ungerechtfertigt. Zuvörderst sind die aufgestellten Rechtsregeln irrig. Nur das Eigenthum von Rechten soll cedirt werden können; das Eigenthum einer Verbindlichkeit und dessen Uebertragung soll aber undenkbar sein. Danach hat sich das Tribunal damals solche Rechte gedacht, gegen welche keine exceptio juris aus dem nämlichen Rechtsverhältnisse mehr möglich ist, also wohl unbedingte Forderungsrechte. Das ist ein Rechtsirrthum. Der Römische Procurator in rem suam, welchen das Tribunal zur Rechtfertigung seines Satzes vorführt, tritt als Vertreter des Klägers auf; eben so gut wie der Kontrahent persönlich eine durch Erfüllung seiner Verbindlichkeit bedingte Forderung einklagen kann, ist dazu auch der Procurator in rem suam legitimirt; und wenn Dieser mit dem ursprünglichen Kontrahenten ausgemacht hat, daß er für eigene Rechnung mit der Forderung auch die Verbindlichkeit desselben übernehme, so ist die Letztere wirklich auf ihn übergegangen, versteht sich im Verhältniß zu dem Cedenten, denn den Dritten ging ja diese Uebereinkunft überhaupt nichts an. Die Uebertragung einer Verbindlichkeit ist mithin durchaus nicht undenkbar; auch ist es unerfindlich, warum denn ein Schuldner, im Allgemeinen, nicht eben so gut wie ein Gläubiger sich einen Stellvertreter sollte bestellen können. Daß der

Stellvertreter für eigene Rechnung handeln darf, berührt nicht das Schuldverhältniß und giebt mithin dem andern Theil keine Exception. Vergl. L. 12 §. 2 seq. D. de procurat. (III, 3); L. 22 §. 2 u. L. 10 §. 12 D. mandati (XVII, 1); L. 66 §. 2 D. de evict. (XXI, 2). Alsdann ist auch die Anwendung des an sich unrichtigen Satzes, daß nämlich eine Verbindlichkeit nicht übertragbar sei, auf den vorliegenden Fall unrichtig; denn es war keine bloße Verbindlichkeit Gegenstand der Cession gewesen, vielmehr war es das Forderungsrecht auf Zahlung des bedungenen Kaufpreises gegen Empfangnahme der Papiere. — Die praktische Frage ist mithin: ob bedingte, namentlich durch eine Gegenleistung bedingte, Forderungsrechte cessibel seien. Diese Frage, welche durch die vorliegende Entscheidung implicite verneint worden ist, hat nunmehr das Geheime Ober-Tribunal durch Plenarbeschluß vom 16. Januar 1846 (Justiz-Ministerialblatt 1846, S. 38) bejahet, so daß der Einfluß der vorliegenden Entscheidung auf die Rechtsentwickelung wie auf die Praxis nunmehr beseitigt ist. Im Sinne dieses Plenarbeschlusses ist der Rechtsgegenstand von mir schon wiederholt dargestellt worden. Vergl. Uebergang der Forderungen, §. 11, und Schlesisches Archiv, Bd. VI, S. 320.

№ 19.

Concurs. Priorität. Verwahrer. Unverschlossen niedergelegte Gelder.

In welcher Klasse sind unverschlossen niedergelegte, vom Verwahrer verzehrte, Gelder im Concurse anzusetzen?

Jemand hatte 10000 Rthlr. bei einem Andern deponirt und ihm die Aushändigung an einen Dritten aufgetragen. Der Depositarius verbrauchte das Geld und verfiel in Concurs. Der Deponent verlangte, auf Grund des §. 456 der Concurs-Ordnung und des §. 84 Tit. 13 Th. I des A. L. R., seine Ansetzung in der sechsten Klasse. Das Stadtgericht zu Berlin locirte ihn aber in der siebenten Klasse und der Ober-Appellationssenat des Kammergerichts bestätigte solches, weil das Vorrecht der sechsten Klasse nur für den Werth solcher Sachen, welche sich vindiciren lassen, zustehe. Das Geheime Ober-Tribunal aber vernichtete dieses Urtel und erkannte auf Ansetzung in der sechsten Klasse, mit Recht, da nach der gesetzlichen Bestimmung nicht die Beschaffenheit der deponirten Sache, sondern die Untreue des Depositars das Vorrecht begründet.

№ 20.

Chur- und Neumark. Erbrecht. Ehegatten. Benefizial-Erben. Gläubiger. Theilung.

Sind nach märkischem Provinzialrechte die Benefizial-Erben des verstorbenen Ehegatten, welche mit dem Ueberlebenden nach dem Statute Theilung gehalten haben, den nicht befriedigten Gläubigern des überlebenden Ehegatten für deren am Todestage des Verstorbenen schon bestehende Forderungen nach erfolgter Theilung verhaftet, und in wie fern?

Ein neumärkischer Bauer hatte mit den Kindern seiner verstorbenen Ehefrau nach dem Statute getheilt und dabei die Schulden zu bezahlen übernommen. Ein Gläubiger des Mannes war von ihm nicht befriedigt worden und konnte auch aus dem Vermögen des Mannes nicht befriedigt werden. Er verlangte nun Zahlung von den Erben der Frau, soweit der Nachlaß ihrer Mutter reichte. Das Gericht erster Instanz und das Ober-Landesgericht zu Frankfurt als Appellationsgericht erklärten diese Erben für die Schuld des Mannes für nicht verhaftet; das Geheime Ober-Tribunal aber vernichtet das Appellationsurtel und verurtheilt die Erben der Frau auf den Belauf desjenigen, was sie über die Hälfte des reinen Nachlasses ihrer Mutter erhalten hatten. Diese Entscheidung ist auch völlig gerechtfertigt. Denn wenn der überlebende Ehegatte Erbe des Verstorbenen wird, so erhält er von dem Nachlasse desselben die Hälfte, muß aber auch von seinem eigenen Vermögen die Hälfte an die Erben abgeben, oder, was dasselbe ist, sein Vermögen einwerfen und von dem Ganzen die Hälfte den Erben überlassen. Was dadurch die Erben mehr als die Hälfte von dem Nachlasse ihres Erblassers empfangen, erhalten sie von dem Vermögensinbegriffe des Ueberlebenden, welcher Vermögensinbegriff eben mit den eigenen Schulden des Ueberlebenden behaftet ist. Daraus erhellet, daß die Gläubiger sich in soweit an die Erben des Verstorbenen halten können als diese das eigene Vermögen des Schuldners erhalten haben.

№ 21.

Hypothekenrecht. Vorbedungene Zinsen. Zinserhöhung.

I. Das Hypothekenrecht erstreckt sich auf die vorbedungenen Zinsen eines eingetragenen Kapitals, auch wenn derselben, bei der Eintragung im Hypotheken- buche, nicht ausdrücklich Erwähnung geschehen ist.

II. Im Falle einer spätern Zinsbestimmung eines ursprünglich unzinsbaren Kapitals, oder einer spätern Zinserhöhung, geht der eingetragene Gläubiger wegen der nachträglich stipulirten Zinsen
   1. nur den nach der Zinsstipulation oder Zinserhöhung eingetragenen nachstehenden Gläubigern, und auch diesen
   2. nur dann vor, wenn bei der ursprünglichen Eintragung des Kapitals nicht die Unzinsbarkeit desselben, oder der früher verabredete niedere Zinsfuß vermerkt war.

Durch die Preuß. Hypothekenbuch-Einrichtung ist die Frage: ob vorbedungene, aber nicht in das Hypothekenbuch ausdrücklich eingetragene, Zinsen eines eingetragenen Kapitals ein Hypothekenrecht haben, streitig geworden, obwohl das A. L. R. Th. I Tit. 20 §. 482 ausdrücklich bestimmt: das Recht, sich an die verschriebene Sache zu halten, gebührt dem Gläubiger, sowohl in Ansehung des Hauptstuhls seiner Forderung, als in Ansehung der davon vorbedungenen Zinsen. In dem hier mitgetheilten Rechtsfalle, wo die ursprünglich versprochenen 4 Prozent Zinsen später um $\frac{1}{3}$ Prozent erhöht worden waren, ohne daß man jedoch auch nur die Verzinslichkeit überhaupt eingetragen hatte, ist die Frage von den Richtern der beiden ersten Instanzen wieder entgegengesetzt beantwortet worden. Das Geheime Ober-Tribunal hat darauf in der Revisions-Instanz die an die Spitze gestellten Sätze ausgesprochen. Sie sind eine Falle, und darum können sie in der Allgemeinheit, in welcher sie formulirt sind, nicht geltendes Recht sein. Zwar ist nach dem Zwecke des Grundbuchs die Eintragung des Zinsfußes nicht erforderlich, vielmehr genügt die Eintragung der Zinsen-Obligation, d. i. der Verzinslichkeit der Post im Allgemeinen vollkommen; jeder Dritte, dem daran gelegen, kann dann das Nähere leicht ersehen. Aber wenn die Zinsen-Obligation gar nicht, oder gar die Unverzinslichkeit der Post notirt ist, und dennoch der später begründeten Zinsenverbindlichkeit ein dingliches Recht ohne alle Eintragung beiwohnen soll: so ist das Grundbuch trüglich und dadurch dem Eigenthume gefährlich. Zwar will das Geheime Ober-Tribunal durch den Satz II die spätere Zinsenbestimmung oder Zinsenerhöhung den später eingetragenen Gläubigern nur dann den Vorzug einräumen, wenn nicht die Unverzinsbarkeit oder der früher verabredete niedere Zinsfuß im Grundbuche vermerkt wird; allein das betrifft bloß die Rangordnung, das dingliche Recht soll doch begründet sein. Wie soll nun der Käufer eines Guts, welcher die Notiz im Grundbuche findet, daß die eingetragenen 100000 Rthlr. z. B. zehn Jahre unverzinsbar sind, sich dagegen sichern, daß der Gläubiger von ihm nicht vieljährige Zinsen, die ihm später versprochen worden sind, einfordert? Soll er bei ihm nachfragen? Vielleicht ist der Gläubiger zu der Zeit nicht zu erreichen. Oder wie? wenn er gar eine perfide Antwort giebt? Er selbst, freilich, würde in diesem Falle durch die exceptio doli ausgeschlossen werden; aber er kann ja die Post cedirt haben oder noch cediren, in welchem Falle der Käufer durch das Grundbuch ganz gewiß betrogen ist, da bei Hypothekenposten die persönlichen Exceptionen dem Cessionar nicht entgegengesetzt werden können. Wegen dieser absurden Folgen ist der nur auf Auslegung beruhende zweite Satz ganz unrichtig und der Erste muß dahin näher bestimmt werden, daß es nicht der Eintragung des Zinsfußes, wohl aber der Zinsenobligation im Allgemeinen bedarf.

№ 22.

Schlesien. Große Kanzlei-Taxe. Erbfälle.

In Schlesien sind Eheleute bei Erbschaften von Entrichtung der üblichen sogenannten großen Kanzlei-Taxe frei.

Der Satz ist richtig und in dem vorliegenden Falle auch in allen drei Instanzen übereinstimmend anerkannt. Der Grund ist, daß man bei der provinzialrechtlichen Bestimmung der Sanctio pragmatica, d. d. Wien den 10. April 1693, ad septimum und octavum, annahm, der Besitz des defuncti werde von den Erben, zu welchen auch der hinterbliebene Ehegatte gerechnet worden, fortgesetzt, daher es keines neuen Verreichs bedürfe, mithin auch nicht Gebühren dafür gefordert werden dürften.

№ 23.

Schlesische Pfandbriefe. Zins-Recognition. Pfandinhaber. Vindication.

Der Pfandinhaber eines außer Cours gesetzten schlesischen Pfandbriefs kann die bei der Außercourssetzung ausgefertigte, ihm zugestellte, dem Verpfänder aber demnächst wieder ausgehändigte Zins-Recognition gegen den dritten Inhaber nicht vindiciren.

Der Magistrat zu Breslau erhielt von einem Pächter städtischer Grundstücke 1550 Rthlr. in Schles. Pfandbriefen als Kaution, ohne daß in dem Kautionsinstrumente der Zinsen Erwähnung geschehen. Man setzte die Pfandbriefe durch die General=Landschafts=Direction außer Cours, doch nicht auf einen bestimmten Namen. Der Magistrat händigte dem Pächter die von der Landschafts=Recognition, aus welcher der Inhaber der Pfandbriefe nicht zu ersehen war, aus, und von dem Pächter kamen sie in dritte Hände. Der Magistrat wollte später die Pfandbriefe zu seiner Befriedigung verkaufen, fand jedoch ohne die Zins=Recognition keinen Abnehmer. Er vindicirte deshalb die Recognition, wurde jedoch in der Appellations= so wie in der Revisions=Instanz abgewiesen. Die Redactoren der Entscheidungen haben aus dieser Entscheidung den an die Spitze gestellten Satz gezogen; das Revisions=Erkenntniß des Geheimen Ober=Tribunals, vom 29. April 1836, stellt jedoch folgende Sätze auf:

1. Die Zinsen eines verpfändeten Pfandbriefs, wie eines jeden andern zinsbaren Activi, sind von selbst mit verpfändet, wenn derselben in der Urkunde auch keine Erwähnung geschieht.

2. Die Zins=Recognition eines außer Cours gesetzten Pfandbriefs ist kein Pertinenzstück des Pfandbriefs, sondern das Zinsenrecht ist ein Nutzungsrecht; die Zinsen sind Früchte; die auf keinen bestimmten Inhaber lautende Zins=Recognition ist eine über das abgetrennte Nutzungsrecht lautende lettre au porteur payable, welche durch die Sperrung des Pfandbriefs dem freien Verkehr nicht entzogen wird; und Beide — der Pfandbrief und die Recognition — sind nicht in jeder Beziehung als ein untrennbares Ganze zu betrachten.

3. Der

3. Der Pfandinhaber eines außer Cours gesetzten Pfandbriefs verliert sein Pfandrecht an den Zinsen, wenn er den Zinsschein aus den Händen giebt, und kann auch dann den Pfandbrief nicht veräußern.

Die Gründe sind überzeugend. Wer sich gegen den Verlust des Nutzungsrechts an Schlesischen Pfandbriefen schützen und den Kapitalswerth mit dem Zinsengenuß sichern will, wenn die Erhebung der Zinsen unter Zurückhaltung des Pfandbriefs einem Andern auf Zeit übertragen wird, muß, so lange die Schlesischen Pfandbriefe keine Zinsbogen haben, in der Zins-Recognition den Eigenthümer des Pfandbriefs und den Zinsenerheber, so wie die Beschaffenheit der Berechtigung desselben, angeben lassen. Die Landschaft zahlt zwar immer an den Vorzeiger, ohne sich mit der Prüfung der Legitimation zu befassen, aber die Veräußerung der Recognition an einen redlichen Dritten wird dann durch den Vermerk verhindert, so daß die unentgeltliche Herausgabe gefordert werden kann.

№ 24.

Beweislast. Besitz. Possessorium. Schadensersatz.

Muß die im Besitze der Sache geschützte Partei, wenn sie hiernächst bei neuer Besitzstörung durch den Gegner, gegen denselben auf Ersatz des ihr zugefügten Schadens klagen will, ihr Eigenthum an der Sache besonders nachweisen? oder findet die Schadensklage in dem voraufgegangenen Possessorien-Urtel allein schon ihre Begründung?

Beide Fragen sind zu verneinen. Bei Besitzstörungen wird nach dem Eigenthümer gar nicht gefragt, jede Possesorienklage wird durch den Besitz und die dagegen gerichtete eigenmächtige Handlung des Störers begründet, wenn auch schon früher einmal wegen Besitzstörung unter denselben Parteien prozessirt worden ist, oder auf Ersatz des durch die Störung verursachten Schadens geklagt wird; denn diese Schadenklage ist materiell eben dasselbe possessorische Interdict, obgleich ein anderes Prozeßverfahren eintritt als das ist, welches zum Zwecke des Schutzes oder der Wiederherstellung des Besitzes angewendet wird. Die Schadenforderung gehört zur causa; das Separatverfahren ändert nicht die rechtliche Natur des Klagerechts. Ein über eine frühere Besitzstörung ergangenes Urtel ist kein Beweismittel für die Erfordernisse einer neuen Klage wegen einer anderweit vorgekommenen Störung, gleich wenig wie das in einer Injuriensache ergangene Erkenntniß eine spätere Injurienklage über eine andere Injurie beweisen oder begründen kann.

Von diesem Standpunkte sieht die Beurtheilung des vorliegenden Rechtsfalles wunderbar aus. Jemand hatte im Jahre 1827 wegen Besitzstörung geklagt; er ward in den Besitz der Sache (eines Wäldchens) eingesetzt und dem Beklagten die fernere Störung bei 20 Rthlr. Strafe untersagt worden. Drei Jahre später, im Jahre 1831, fällte derselbe eine Menge Holz in dem Wäldchen. Der frühere Kläger klagte von Neuem auf Schutz im Besitze und in separato auch auf Ersatz des Schadens. Der Beklagte behauptete auf das Possessorium, daß er in der Zeit nach der Entscheidung des frühern Possessorien-Prozesses den Besitz des Wäldchens erworben habe, und auf die Entschädigungsforderung behauptete er, Eigenthümer des Holzes zu sein. Das Gericht erster Instanz, zu Siegen, hielt den Einwand für erheblich, aber nicht für bewiesen und verurtheilte deshalb den Beklagten. Das damalige Hofgericht zu Arnsberg reformirte dieses

Erkenntniß und wies den Kläger angebrachtermaßen ab, weil derselbe für seinen Anspruch kein anderes Fundament als das Possessorien-Urtel habe, dieses aber nur den Schutz des Klägers im Besitze wirke. Um Schadensersatz zu erlangen müsse er beweisen, daß er einen Schaden gehabt, daß also ein ihm zuständiges Eigenthum angegriffen worden sei. Das Geheime Ober-Tribunal hingegen änderte diese Entscheidung, unter Wiederherstellung des Erkenntnisses erster Instanz, ab, mit Vorbehalt des Anspruchs für den Beklagten auf Wiedererstattung der dem Kläger zugesprochenen Summe, in quantum de jure, für den Fall, daß er petitorisch das Eigenthum des Holzes auszuführen vermöchte. Diese Entscheidung ist die einzig richtige und auch juristisch motivirt; denn als Grund der Verbindlichkeit des Beklagten zum Ersatz des gefällten Holzes wird angesehen, daß der Schadensersatz schon an sich die unmittelbare Folge der von dem Beklagten unternommenen Besitzstörung sei, und es zur Rechtfertigung des diesfälligen Anspruchs nicht irgend eines andern Fundaments bedürfe, weil das A. L. R. Th. I, Tit. 7, §. 146 bestimme: „Ist der Besitz Jemanden mit Gewalt genommen worden, so muß ihm derselbe, ohne Rücksicht auf ein besseres Recht dessen, der die Gewalt verübt hat, wiedergegeben werden.“ So gut wie die Hauptsache wiedergegeben werden muß, muß auch das Accessorium, der Schade, erstattet werden, Beides so lange bis der Störer in petitorio sein besseres Recht nachweist. Soweit ist die Entscheidung durchaus gerechtfertigt. Allein in den Entscheidungsgründen fehlt der Beweis für die thatsächliche Voraussetzung; statt desselben wird lediglich auf das erste Possessorien-Urtel von 1827 Bezug genommen in der Behauptung: „so lange Beklagter nicht petitorisch das Eigenthum des Wäldchens — erstreitet, bleibt das erste Possessorien-Urtel mit allen seinen

Wirkungen in voller Kraft, und so lange ist der Kläger sowohl den Besitz und damit zugleich die Erstattung der ihm zugesprochenen Sache, als die Erstattung der ihm entzogenen Nutzungen, zu fordern berechtigt.“ Dabei liegt eine Vermischung von Recht und Besitz zum Grunde; das alte Urtel ist, wie gesagt, gar kein Beweisstück für eine angeblich später wieder vorgekommene Besitzstörung und Schadenszufügung. Die ganz mit Stillschweigen übergangene Behauptung des Beklagten: daß er nach jener Zeit von 1827 den Besitz des Wäldchens erworben habe, ist an sich augenscheinlich erheblich; wäre die Behauptung gegründet gewesen, so würde, abgesehen von den Folgen einer etwanigen Fehlerhaftigkeit des Besitzes, der Kläger ja nicht haben im Besitz gestört werden können, weil er zur Zeit der Handlung des Beklagten nicht mehr Besitzer war Muthmaßlich hat jedoch diese Thatfrage dem Geheimen Ober-Tribunale nicht mehr zur Beurtheilung vorgelegen, indem das Possessorium wegen der zweiten Besitzhandlung von 1831 wohl schon rechtskräftig entschieden gewesen sein wird und der Beklagte in dem ins Revisorium gegangenen Entschädigungs-Prozeß den Einwand nicht wiederholt zu haben scheint.

Diese Betrachtung führt auf eine, aus der Prozeßgesetzgebung hervorgehende, andere Frage. In dem s. g. Possessorium summarissimum wird nämlich nach Vorschrift des §. 17, Tit. 31 der Prozeßordnung bloß die Frage über den Besitzstand (über die Hauptsache) entschieden; die Nebensachen (die Schadensforderungen) werden in einem Separatverfahren nach den Regeln des ordentlichen Prozesses ausgemacht. In dem Possessorium ist gegen das erste Urtel kein ordentliches Rechtsmittel zuläßig; anders in dem Entschädigungs-Prozesse. Wenn nun der Beklagte die thatsächlichen Voraussetzungen des Interdicts in beiden Prozessen leugnet und der erste Richter den völlig ungenügenden Beweis irrig für zureichend erklärt: wie stellt sich da die Sache bei der in die zweite und dritte Instanz gehenden Entschädigungsfrage? Ist das ungerechtfertigte, aber wegen Unzuläßigkeit eines ordentlichen Rechtsmittels rechtskräftige Possessorien-Erkenntniß für die Schadensfrage präjudicirlich und dürfen die Appellations- und die Revisionsrichter die Thatsachenfrage nicht selbstständig beurtheilen? Ich meine Ja, die Hauptsache ist der Nebensache präjudicirlich, was über den Besitzstand rechtskräftig entschieden worden, ist für die Schadensfrage maßgebend, welches in dem Revisionsurtel in dieser Sache stillschweigend vorausgesetzt wird. Das Gefährliche davon verschwindet in der Erwägung, daß die Entscheidung über die Entschädigung nur eben so interimistisch ist wie die über den Besitzstand.

Die Rechtssätze, welche in dem vorliegenden Rechtsfalle angewendet worden sind, sind nach dieser Erörterung eigentlich folgende:

1. Um wegen Besitzstörung auf Schadensersatz zu klagen, hat der Kläger nicht sein Eigenthum an der Sache, sondern nur seinen Besitz und dessen Störung zu beweisen.
2. Das über den Besitzstand ergangene rechtskräftige Urtel ist auch für die in separato verhandelte Schadensfrage über den Grund der Forderung (Besitz und Störung) entscheidend.

Hinzuzufügen aber ist der bekannte Satz:

3. Ein Possessorien-Urtel ist zur Begründung einer, wegen später wieder vorgekommener Besitzhandlung des Beklagten, anzustellenden neuen Besitzklage nicht geeignet, vielmehr muß der Kläger, wenn ihm der gegenwärtige Besitz bestritten wird, denselben besonders beweisen.

Der dritte Satz gilt allgemein, also nicht bloß dann, wenn der Beklagte selbst im Besitze zu sein behauptet; der Kläger kann seinen frühern Besitz nach der Zeit des ersten Possessorien-Prozesses sehr wohl überhaupt ganz verloren haben.

№ 25.

Wechsel-Aussteller. Trassat. Ausländer. Protest. Wechselregreß. Concurs.

I. Wenn ein in Landestheilen, in welchen das Landrecht gilt, auf einen Ausländer gezogener Wechsel vom Trassaten nicht angenommen wird, so ist das Verhältniß zwischen dem Inhaber des Wechsels und dem Wechsel-Aussteller lediglich nach dem A. L. R. zu beurtheilen.

II. Verweigert der Bezogene die Annahme des ihm vom Remittenten präsentirten Wechsels, so muß der Remittent, um sich den Wechsel-Regreß gegen den Aussteller, und das Vorrecht der sechsten Klasse in einem über dessen Vermögen ausgebrochenen Concurse zu erhalten, den aufgenommenen Protest an den Aussteller, oder zur Vorzeigung an denselben, versenden.

Beide Sätze sind von dem Ober-Appellations-Senate des Kammergerichts und von dem Geheimen Ober-Tribunale, gegen die Meinung des Stadtgerichts zu Berlin, angenommen und vollkommen gerechtfertigt. Denn vor der Annahme des Wechsels Seitens des ausländischen Trassaten war ein Rechtsverhältniß zwischen ihm und den beiden inländischen

Wechsel=Interessenten gar nicht hergestellt, es blieb bei dem eingegangenen Verhältnisse zwischen beiden Inländern, für welches lediglich das A. L. R. Norm ist. Daß die Ansicht des ersten Richters: es bedürfe nur zur Erhaltung des wechselmäßigen Anspruchs gegen einen Indossanten, nicht aber zur Ausübung des Wechselregresses gegen den Aussteller eines gezogenen Wechsels, der Versendung des wegen Nicht=Annahme aufgenommenen Protestes, in einer irrigen Deutung der in den Wechselgesetzen verschiedenartig vorkommenden Benennung: „Vormänner" beruhe, ist von dem Geheimen Ober=Tribunal gut gezeigt.

№ 26.

Subhastation. Meistgebot. Acceptation. Frist für dieselbe. Rücktritt des Meistbietenden.

Bedarf es bei einer nothwendigen Subhastation der Acceptation des Meistgebots? Von wem und binnen welcher Frist muß die Acceptation erklärt werden? Kann der Meistbietende von seinem Gebote zurücktreten, wenn die Acceptation nicht auf gehörige Weise erfolgt.

In einer Berliner Subhastations=Sache vom Jahre 1833 behielten die Interessenten sich ihre Erklärung über die Annahme des Meistgebots binnen drei Wochen vor. Die Annahme erfolgte in dieser Frist nicht und nun trat der Meistbieter zurück. Man klagte gegen ihn mit dem Antrage: zu erkennen, daß der Beklagte von seinem Gebote zurückzutreten nicht berechtigt, vielmehr schuldig sei, nach dem erfolgten gerichtlichen Zuschlage des Grundstücks alle in dem

Bietungstermine übernommene Verbindlichkeiten zu erfüllen. Das Stadtgericht zu Berlin erkannte nach dem Klagantrage; der Ober-Appellations-Senat des Kammergerichts aber erkannte reformatorisch auf Abweisung, und das Geheime Ober-Tribunal bestätigte solches auf die eingelegte Revision. Diese Entscheidung beruhet auf dem Satze:

daß bei der nothwendigen Subhastation, so gut wie bei jedem andern Kaufsgeschäfte, das Gebot acceptirt und zwar von den Subhastations-Interessenten (Extrahenten, Realgläubigern, Schuldnern), nicht etwa von dem Richter, innerhalb der verabredeten oder der sonst gesetzlichen Frist, acceptirt werden müsse, und daß der Bieter zurücktreten könne, wenn die Acceptation nicht innerhalb dieser Frist von allen Interessenten erfolge.

Diesem Satze ist durchaus Beifall zu geben.

№ 27.

Purifikations-Resolution. Bagatell-Sache.

Gegen Purifikations-Resolutionen der Untergerichte in Bagatell-Sachen findet die Nichtigkeits-Beschwerde nicht Statt.

Dieser Satz ist zwar später, durch Plenarbeschluß vom 6. März 1837, als unrichtig zurückgenommen (s. unten № 39); indeß ist jetzt in Bagatell-Sachen, nach der Deklaration vom 6. April 1839 und der Kabinetsorder vom 23. November 1839 (G. S. S. 126 u. 336), überhaupt ine Nichtigkeitsbeschwerde nicht mehr zuläßig.

№ 28.

Vormaliges Großherzogthum Berg. Familien-Fideicommisse. Vergleich. Immobilien. Läsion. Minderjährigkeit. Restitution.

I. Können die französischen Gesetze über Vormundschaften auf Ausländer bezogen werden, welche während ihrer Minderjährigkeit über ihre, im Bereiche der französischen Gesetzgebung gelegenen Immobilien einen Vergleich schließen?

II. Nach welchen Gesetzen ist die Zulässigkeit der Restitution ex capite minorennitatis gegen einen solchen Vergleich zu beurtheilen?

III. Welchen Einfluß hat die Einführung der französischen Gesetzgebung auf die in dem vormaligen Großherzogthum Berg bereits bestehenden Familien-Fideicommisse gehabt?

Die Gräflich Plettenbergschen Familien-Fideicommißgüter, unter zwei Linien getheilt, wurden im Jahre 1813, durch Vergleich zwischen den damaligen beiden Fideicommißbesitzern, außer welchen in keiner Linie ein männlicher Abkömmling noch vorhanden war, allodificirt. Die Güter der einen Linie lagen im vormaligen Großherzogthume Berg, die der Andern im Hessen-Darmstädtschen (dem jetzigen Departement Arnsberg). Der Arnsberg'sche Fideicommißbesitzer war minorenn und wurde bei jenem Vergleiche durch seine Vormundschaft vertreten. Bald nach Vollziehung des Vergleichs starb der Besitzer der Berg'schen Güter mit Hinterlassung einer einzigen Tochter, die ihm im Besitze folgte. Wären die Güter noch Fideicommißgüter gewesen, so würde die Tochter durch den Arnsberg'schen Vetter ausgeschlossen worden sein. Dieser Vetter griff 1826 den Allodifikationsvertrag an, weil er dabei nicht nach den Vorschriften des damals im Bergschen geltend gewesenen Code Napoleon vormundschaftlich vertreten worden, und weil über die Aufhebung der Fideicommiß-Eigenschaft ein Vergleich ganz unzulässig gewesen; eventuell verlangte er Restitution gegen den Vergleich ex capite minorennitatis. Aus dieser Geschichte sind die an die Spitze gestellten drei Fragen gezogen. Ueber die beiden ersten Fragen ist kein Streit: der Status einer Person wird immer nach den Gesetzen seines persönlichen Gerichtsstandes beurtheilt, was auch in allen drei Instanzen übereinstimmend angenommen worden ist. Die dritte Frage ist früher widersprechend entschieden worden. Einige Gerichtshöfe hielten die bei Einführung des Code Napoleon vorhandene Fideikommisse durch die Vorschrift des Art. 896: les substitutions sont prohibées, für aufgehoben; Andere wollten das Verbot nur auf künftige Fälle anwenden. Dieser Meinungszwiespalt hat durch das Gesetz wegen der in den zum vormaligen Großherzogthume Berg gehörig gewesenen Landestheilen vor Einführung der französischen Gesetze bestandenen Fideikommisse, vom 23. März 1828 (Gesetzsammل. S. 38), und durch die Kabinets-Ordre vom 24. Juli 1832 (Gesetzsamml. S. 201), wonach die Bestimmungen des §. 2 des Gesetzes vom 23. März 1828 auch auf Erbtheilungen angewendet werden sollen, dahin Erledigung erhalten, daß jenes Verbot der Substitutionen als eine Aufhebung der bestandenen Fideicommisse nicht angesehen, was aber immittelst davon schon veräußert worden, todt und abgethan sein soll. Hiernach ist denn auch in dem vorliegenden Falle der Allodifications-Vergleich in allen drei Instanzen aufrecht erhalten worden.

№ 29.

Schenkungen. Lästige Verträge in fraudem creditorum. Zahlungsunfähige Schuldner. Vermuthung. Beweisregel.

I. Die Vorschriften der §§. 1 und 2 des Gesetzes vom 26. April 1835 über Verträge zahlungsunfähiger Schuldner zum Nachtheil der Gläubiger, wonach

a) das im Concurse den Gläubigern zustehende Recht, die von dem Gemeinschuldner gemachten Schenkungen zu widerrufen, auch außer dem Concurse einem jeden Gläubiger zustehen soll, wenn bei der Exekution gegen den Schuldner eine Vermögens-Unzulänglichkeit sich ergiebt,

b) außerdem jeder Gläubiger im Falle der Vermögens-Unzulänglichkeit seines Schuldners befugt ist, Kauf-, Tausch- und andere lästige Verträge anzufechten, welche dieser mit seinem Ehegatten, Ascendenten oder Descendenten errichtet hat, und hierbei dem Gläubiger die Vermuthung zur Seite steht, daß die Contrahenten den Vertrag in der unredlichen Absicht, die Gläubiger des Schuldners zu bevortheilen, geschlossen haben, auch, falls diese Vermuthung durch Gegenbeweis nicht entkräftet wird, das Geschäft in Beziehung auf den Gläubiger unverbindlich ist,

finden auf Verträge nicht Anwendung, welche

vor der Publikation dieses Gesetzes eingegangen sind.

II. Die Bestimmung im §. 8 a. a. O., daß Privaturkunden zum Beweise des Zeitpunktes der Errichtung solcher Verträge nicht genügen, enthält dagegen eine Beweisregel und ist deshalb auch auf frühere Fälle anwendbar.

In der Rechtssprache kommt viel auf Genauigkeit im Ausdruck an, und eine Schrift, welche, wie die Entscheidungen des Geheimen Ober-Tribunals, einen entscheidenden Einfluß auf die Rechtsbildung in Anspruch nimmt, muß vor Allem der Anforderung, genau zu sein und entsprechende Ausdrücke zu gebrauchen, nachkommen. Deshalb ist Ungenauigkeit in Formulirung der Sätze um so mehr zu rügen, als es eine der ersten Aufgaben der Wissenschaft und Literatur ist, die in der Preuß. Rechtssprache zur Gewohnheit gewordene unbestimmte und uneigentliche Ausdrucksweise durch eine feste Terminologie zu verdrängen. Aus diesem Gesichtspunkt ist die hier stattfindende Hinweisung auf die in dem Satze I Buchstab b, vorkommende Unzulänglichkeit zu betrachten, welche darin liegt, daß das Geschäft in Beziehung auf den anfechtenden Gläubiger „unverbindlich" genannt wird. Verbindlich oder unverbindlich ist ein Rechtsgeschäft nur zwischen den Contrahenten, auf einen Dritten ist das Bild des Bindens und der Begriff der Verbindlichkeit unanwendbar. Nur absolute Rechte können jeden Dritten berühren, und in dieser Hinsicht sind dieselben da oder nicht da. Braucht ein Dritter ein gewisses angebliches Recht nicht zu achten, so ist es für ihn ungültig oder nichtig; niemals sagt ein Jurist: das Eigenthum ist in Beziehung auf die bestimmte dritte Person unverbindlich. In derelben Weise ist nur von dem durch die in Rede stehenden Verträge scheinbar geschaffenen Rechte, in Beziehung auf den Gläubiger, zu sprechen: er braucht sie als rechtlich daseiend nicht zu achten, und es ist in Wahrheit nicht der Vertrag, den er anzufechten hat, vielmehr geht er mit seiner actio Pauliana geradezu auf die Sache los, wobei nur nebenher, wenn man ihm die Veräußerung und beziehliche Erwerbung entgegensetzt, die Ungültigkeit der Erwerbung in Beziehung auf ihn replicirt wird.

Was die beiden Sätze selbst betrifft, so ist ihnen Beifall zu geben. Unwissenschaftlichkeit hat das Gesetz, vom 26. April 1835, in seinen materiellen Rechtsbestimmungen auf vergangene Fälle anwenden wollen, meinend, dasselbe gründe kein neues Rechtsprinzip. Allein vor jenem Gesetze ließ das Preußische Recht die actio Pauliana außer dem Falle des formellen Concurses nicht zu. Das Gesetz giebt die Klage nun auch im Falle des bloß materiellen Concurses. Die darin gegebenen Vorschriften über den Beweis sind nach Preußischen Rechtsgrundsätzen Prozeßgesetze, welche auf jedes nach ihrer Promulgation anhängig werdende Verfahren angewendet werden, wobei auf die Zeit der Entstehung des Klagerechts nichts ankommt. Darauf gründet sich der zweite Satz, der eigentlich ganz allgemein gilt, da nach alter bekannter Beweisregel scripta propria zu Gunsten des Schreibers nichts beweisen. Uebrigens hat die Entscheidung nur ein vorübergehendes praktisches Interesse, vielleicht kommt jetzt gar kein Fall der Art mehr vor.

№ 30.

Erbe ohne Vorbehalt. Benefizial-Erbe. Inventarium.

Ein Erbe, welcher sich die Rechtswohlthat des Inventars erhalten will, muß auch in dem Falle, daß ein Erblasser nichts hinterlassen hat, ein in gesetzmäßiger Form aufgenommenes Inventarium binnen der gesetzlichen Frist gerichtlich niederlegen.

Das Ober-Appellationsgericht des Königreichs Bayern zu München hat durch Plenar-Beschluß [1]) vom 4. December 1844, nach eben denselben landrechtlichen Grundsätzen, das gerade Gegentheil angenommen [2]), weil nach dem A. L. R. zum Begriffe einer Erbschaft das Vorhandensein eines positiven Faktors gehöre, folglich Schulden ohne Sachen und Rechte eine Erbschaft nicht bildeten. Das Geheime Ober-Tribunal geht für seinen Satz auf die Gründe nicht näher ein, den Einwand des Beklagten in dem mitgetheilten Rechtsfalle: daß die dem Erbschaftsgerichte erstattete Anzeige, seine Ehefrau (die Erblasserin) habe Nichts hinterlassen, den gesetzlichen Vorschriften genüge, indem es gleichviel sei: ob ein Erbe anzeige, daß kein Nachlaß existire, oder ein vorschriftsmäßiges Inventarium einreiche, in welchem unter allen Ti-

1) In Bayern ist am 17. November 1837 ein, der Pr. Kabinetsordre vom 1. August 1836 ähnliches Gesetz, die Verhütung ungleichförmiger Erkenntnisse beim Ober-Appellationsgerichte betreffend, gegeben, wodurch den Plenarbeschlüssen des Ober-Appellationsgerichts eine noch größere Autorität beigelegt ist als den Plenarbeschlüssen des Geheimen Ober-Tribunals.

2) Schlesisches Archiv, Bd. VI, S. 173.

teln vermerkt stehe: „Nichts", — diesen Einwand widerlegt es nur damit, daß einestheils die unterlassene Einreichung des Inventariums den gesetzlichen Vorschriften, §§. 423, 434, 438 und 439 entgegen sei, und anderntheils auch das eine Verfahren dem andern keinesweges völlig gleich stehe, nicht allein weil derjenige Erbe, welcher in der vorgeschriebenen Form ein Inventarium niederschreibt, weit sorgfältiger und gewissenhafter verfahren müsse, als derjenige, welcher bloß anzeige, daß der Verstorbene nichts hinterlassen habe; sondern auch weil die Einreichung des Inventars vorzüglich deshalb von Erheblichkeit sei, um die Erbschaftsgläubiger in den Stand zu setzen, den Zustand der Nachlaßmasse zu übersehen und zu beurtheilen: ob der Erbe überhaupt etwas weggelassen habe, und bei welcher Rubrik, was sich ohne ein förmliches Inventarium nicht thun lasse. Aus diesen Gründen sei die Aufnahme eines Inventariums und dessen Einreichung ein nothwendiges Erforderniß. Der Grund des Bayern'schen Ober-Appellationsgerichts, daß nämlich in dem Falle, wenn der Erblasser kein Activvermögen hinterlassen habe, eine Erbschaft gar nicht vorhanden sei, folglich auch die nur auf eine wirklich vorhandene Erbschaft anwendbaren gesetzlichen Bestimmungen auf einen andern Fall auszudehnen keine Veranlassung sei, ist von dem Geheimen Ober-Tribunale nicht berührt und konnte auch nicht berührt werden, da er in der That ganz eigenthümlich ist. Was der Bayern'sche Gerichtshof zum Beweise seines faktischen Grundes vorbringt, daß nämlich nach den landrechtlichen Grundsätzen zum Begriffe einer Erbschaft auch das Vorhandensein eines Activvermögens gehöre, ist entschieden unrichtig. Das A. L. R. hat den Begriff einer Erbschaft nicht neu bestimmt. Nach dem bis dahin angenommenen und unverändert gebliebenen Begriffe von Erbschaft ist dieselbe ein Rechtsbegriff (juris nomen) und besteht auch ohne das Vorhandensein einzelner Sachen und Rechte [1]). Die Härte, welche man in der landrechtlichen Bestimmung, daß die unterlassene Einreichung eines vorschriftsmäßigen Inventariums den Verlust des beneficii inventarii wirkt, gefunden hat [2]), liegt darin, daß man das beneficium inventarii aus dem R. R. mit dem deutschrechtlichen Grundsatze über die ipso jure eintretende Erwerbung der Erbschaft verbunden hat, was nicht paßt.

№ 31.

(Aus einem Druckfehler steht in den Entscheidungen 30.)

Cession. Sicherheit. Gewährleistung. Aufkündigung.

Die Vorschriften des A. L. R. Th. I, Tit. 11, §§. 434 und 435 finden nicht bloß dann Anwendung, wenn die Verpflichtung zur Gewährung für die Sicherstellung der abgetretenen Forderung unmittelbar aus dem Gesetze hervorgeht, sondern auch dann, wenn diese Verpflichtung durch Vertrag begründet ist, insofern Umfang und Dauer derselben in dem Vertrage nicht anders bestimmt sind.

In den Senats-Entscheidungen, welche in den Simonschen Rechtssprüchen Bd. III, № 15, S. 159; Bd. IV, № 6, S. 63 und № 7, S. 70 mitgetheilt sind, hatte das Geheime Ober-Tribunal das Gegentheil angenommen. Schon früher habe ich wiederholt darzulegen versucht, daß der Entstehungsgrund einer Verbindlichkeit ohne Einfluß auf

1) L. 50 pr. D. de hereditatis petitione (V, 3): „Hereditas etiam sine ullo corpore juris intellectum habet.“

2) Justizministerialblatt 1840, S. 3 flg.

auf deren Wirksamkeit sei, und daß mithin ein Naturale ebenso wirksam wie ein Accidentale sei; daß folglich in dem Falle, wo nach gesetzlichen Bestimmungen die Gewährleistung für die Sicherheit einer cedirten Forderung eintritt, die Verbindlichkeit zur Gewährleistung ein Naturale des Geschäfts sei und daher ebensogut aus einem Vertrage entstehe wie in dem Falle, wo sie nach der Beschaffenheit oder dem Gegenstande des Geschäfts ausdrücklich ausbedungen werden muß; daß mithin der bei jenen Entscheidungen angenommene Unterschied zwischen diesen beiden Obligationen, in Beziehung auf ihre Wirkung oder auf den Umfang ihrer Gültigkeit, ohne rechtlichen Grund sei [1]). In dem unter dieser Nummer mitgetheilten Plenarbeschlusse vom 19. December 1836 hat nun das Geheime Ober-Tribunal den richtigen Grundsatz angenommen.

№ 32.

Schriftlich eingebrachte Nichtigkeits-Beschwerde. Unterschrift. Justizcommissar. Fatale.

I. Wird die Nichtigkeits-Beschwerde nach §. 11 der Verordnung vom 14. December 1833 von einer Privatpartei mittelst eines Schriftsatzes angebracht, so muß Letzterer nicht bloß mit der Unterschrift eines Justizcommissarius, sondern auch mit der Unterschrift der Partei versehen sein.

II. Fehlt eine dieser Unterschriften und ist solche

1) Juristische Wochenschrift, Jahrg. 1836, S. 325, und besonders Lehre von dem Uebergange der Forderungsrechte S. 214.

innerhalb der zur Einlegung der Nichtigkeitsbeschwerde bestimmten gesetzlichen Frist nicht nachgebracht worden, so ist die Beschwerde wegen Mangels der Form zurückzuweisen.

Diese Sätze gelten nicht mehr, denn der §. 11 der genannten Verordnung ist durch die Deklaration vom 6. April 1839, Artikel 7 aufgehoben; die Nichtigkeitsbeschwerde kann jetzt bloß von einem Justizcommissarius unterschrieben sein.

III. Eine von einem durch keine Vollmacht legitimirten Mandatarius eingelegte Nichtigkeitsbeschwerde ist ebenfalls zurückzuweisen, wenn die Vollmacht nicht noch intra fatale nachgebracht worden. Eine spätere Einreichung ist ohne Wirkung.

Auch dieser Satz hat durch den Artikel 7 der Deklaration vom 6. April 1839 seine Geltung verloren; nach dieser Verordnung kann die Vollmacht noch innerhalb der im Urtheil festzusetzenden Frist nachgebracht werden, und wenn es nicht geschieht, haftet der angebliche Mandatarius, an Stelle der Partei, für alle Schäden und Kosten persönlich.

№ 33.

Revisions-Anmeldung. Instruirender Richter. Präclusiv-Frist.

Eine bei einem andern als dem instruirenden Richter erfolgte Anmeldung der Revision ist nicht geeignet, den Lauf des Fatale zu unterbrechen und das Rechtsmittel zu wahren.

Dieser durch einen Plenarbeschluß vom 21. Nov. 1836 angenommene Satz wurde schon durch die K. O. vom

25. Juni 1837 (v. Kamptz Jahrbücher, Bd. XLIX, S. 451) wieder beseitigt; die Bestimmung dieser Ordre, daß die Revision von dem Revisionsrichter nicht mehr zurückgewiesen werden dürfe, es möge bei dem Richter, der das Verfahren in zweiter Instanz geleitet hat, oder bei dem Gerichte der ersten Instanz eingelegt worden sein, ist dann später in die Verordnung vom 5. Mai 1838, wegen Einführung eines gleichmäßigen Verfahrens bei der Insinuation richterlicher Erkenntnisse und bei Einlegung der Rechtsmittel, §. 10, übergegangen. Nach dieser Verordnung ist die Frist zur Einlegung jedes zulässigen Rechtsmittels gewahrt, wenn dasselbe innerhalb des dazu bestimmten Termins bei einem derjenigen Gerichte angebracht wird, zu deren Ressort die Sache in der ersten oder in einer höhern Instanz ganz oder theilweise gehört. Auch diese Bestimmung gilt nicht mehr; denn die Verordnung vom 21. Juli 1843 §. 1 und die neue Verordnung über das Verfahren in Civilprozessen, vom 21. Juli 1846, §. 30 (G. S. S. 300) schreibt vor: die Rechtsmittel gegen Erkenntnisse sind innerhalb der gesetzlich dazu bestimmten Fristen bei den Gerichtsbehörden, welche in der ersten Instanz instruirt oder erkannt haben, einzulegen. Wann wird wohl das im höchsten Grade aufgeregte hin und her wogende Preußische Prozeßrecht zur Ruhe und Ablagerung kommen?

№ 34.

Restitutio in integrum ex capite minorennitatis. Nichtigkeits-Beschwerde.

Die nach §§. 13 und flg., Tit. 16, Th. I der A. G. O. den bevormundeten Personen, dem Fiskus, den Kirchen und milden Stiftungen, überhaupt allen denjenigen, welchen in den Gesetzen die Rechte der Minderjährigen beigelegt sind, nachgelassene Wiedereinsetzung in den vorigen Stand, restitutio in integrum ex capite minorennitatis, ist auch in dem Falle zuläßig, wo es versäumt worden, gegen ein nachtheiliges Urtel die Nichtigkeits-Beschwerde innerhalb der dafür gesetzten Frist einzuwenden.

Dieser durch Plenarbeschluß vom 21. November 1836 angenommene Satz gilt nicht mehr, denn die Deklaration der Verordnung vom 14. Dezember 1833 über das Rechtsmittel der Revision und Nichtigkeits-Beschwerde, vom 6. April 1839, Artikel 13, hat für alle Diejenigen, welchen die Rechte der Minderjährigen zustehen, die sechswöchentliche Frist zur Einlegung des Rechtsmittels der Appellation, der Revision, des Recurses und der Nichtigkeits-Beschwerde verdoppelt; dagegen aber die Berufung auf die Rechtswohlthat der Wiedereinsetzung in den vorigen Stand gegen die Versäumung der Frist aufgehoben. Vergl. den Rechtsfall im Schlesischen Archive, Band VI, S. 289 flg.

№ 35.

Miethvertrag. Miether. Tod des Vermiethers. Kündigung.

I. Wird durch den Tod des Miethers der Miethvertrag nach Ablauf eines halben Jahres, von dem Ende des Sterbe-Quartals an gerechnet, für die Erben des Miethers, auch ohne Kündigung von ihrer Seite, aufgehoben?

II. Wie lange steht eventuell den Erben des Miethers das Recht zur Kündigung auf Grund des §. 371, Tit. 21, Th. I des A. L. R. zu?

Ein Kaufmann hatte von dem Fiskus Bodenraum, zur Lagerung von Wolle, auf die Zeit vom 1. April 1829 bis dahin 1835 gemiethet. Er starb den 14. März 1830; seine Erben kündigten die Miethe erst den 10. December 1830 in der Art, daß sie den 1. April 1831 das Verhältniß für beendet ansehen wollten, obwohl sie dafür hielten, daß dasselbe mit Ablaufe eines halben Jahres nach dem Sterbequartal ipso jure erloschen sei. Die fiskalische Behörde wollte solches aber nicht zugeben, in der Meinung, daß die Erben nur innerhalb sechs Monaten nach dem Tode des Miethers zu kündigen befugt gewesen wären, weil der §. 371, Tit. 21, Th. I des A. L. R vorschreibt: „Stirbt ein Miether während der contractmäßigen Zeit: so sind dessen Erben nur noch ein halbes Jahr lang, von dem Ablaufe desjenigen Quartals, in welchem der Tod erfolgt ist, an den Vertrag gebunden.“ Dieser Meinung waren auch die Gerichte der ersten und der zweiten Instanz (das Stadtgericht zu Berlin und der Ober-Appellationssenat des Kammergerichts). Das Geheime Ober-Tribunal hingegen sprach auf die eingelegte Revision die Sätze aus: daß die Erben des Miethers ebenfalls kündigen müssen, so wie solches dem Vermiether im Sterbe-Falle des Miethers nach §. 373 a. a. O. zur Bedingung gemacht worden; daß aber die Befugniß der Erben des Miethers zur Aufkündigung des Miethsvertrages nicht auf das erste halbe Jahr nach Ablauf des Sterbequartals beschränkt sei. Darin ist dem Geheimen Ober-Tribunal beizustimmen: der Tod des Miethers oder Pächters ist nichts anderes als ein Grund für jeden Theil, das Verhältniß aufzukündigen; die Erben des Miethers sind darin jedoch in sofern beschränkt, daß wenn die Kündigungsfrist kürzer ist, sie wenigstens noch ein halbes Jahr nach Ablaufe des Sterbequartals aushalten müssen. Noch später zu kündigen ist ihnen unverwehrt; nirgend ist es ihnen verboten.

№ 36.

Grundstück. Schriftlicher Vertrag. Anerkenntniß.

I. Zum gültigen Verkaufe eines Grundstücks ist ein schriftlicher Vertrag unbedingt nothwendig. Durch einen bloß mündlichen Vertrag wird der Verkäufer selbst dann nicht verpflichtet, wenn er das Grundstück dem Käufer bereits übergeben und das Kaufgeld empfangen hat.

II. Ein Anerkenntniß kann den Mangel der gesetzlich nothwendigen Form eines Vertrages nur dann ersetzen, wenn dasselbe in dieser Form abgegeben ist, und daraus zugleich der wesentliche Inhalt der Verabredung erhellt.

Die Sätze sind nicht zweifelhaft. Der Grund, warum das Gericht erster Instanz anders entschieden hatte, beruhete nicht in einer divergirenden Rechtsansicht, sondern in einer fehlerhaften Beurtheilung und Anwendung einer Thatsache. Das Gericht hatte nämlich die Eingabe, womit der Verkäufer die von ihm nicht unterschriebene Punktation zur gerichtlichen Kontraktsaufnahme eingereicht, für ein schriftliches Anerkenntniß des Kaufkontrakts angesehen.

№ 37.

Mahlsteuer. Weitzensteuer. Roggen-Defraudation.

Nicht in allen Fällen, wo Mahlgetreide, unter welchem sich Weitzenkörner befinden, nicht in dieser Qualität der Steuerbehörde deklarirt worden, ist eine Defraudation der nach §. 5 des Mahl- und Schlachtsteuer-Gesetzes vom 30. Mai 1820 zu entrichtenden Weitzensteuer vorhanden.

Jemand deklarirte Roggen zum vermahlen. Bei der Revision fand man Weitzenkörner darunter. Deshalb machte man ihm als Defraudanten der Weitzensteuer den Prozeß, auf Grund der Gesetzes-Bestimmung: „Wer Weitzen mit anderem Getreide vermischt mahlen läßt, muß von dem Gewichte der ganzen Mischung die Weitzensteuer entrichten.“ Beide Senate des Ober-Landesgerichts zu Halberstadt sprachen ihn frei, und das Geheime Ober-Tribunal bestätigte solches, aber erst in Folge eines am 19. December 1836 gefaßten Plenarbeschlusses, wodurch angenommen worden: daß es bei Anwendung dieses Gesetzes auf die Quantität des mit dem andern Getreide vermischten Weitzens ankomme, weil sonst schon eine ganz geringe Anzahl Weitzenkörner, welche ohne Veranlassung und Zweck des Steuerpflichtigen unter das andere Getreide gekommen, seine Verurtheilung würde nach sich ziehen können. Danach kommt es in jedem einzelnen Falle auf richterliches Ermessen an, welches nur nach Ansicht des Gemenges sicher sein kann, daher allemal das in Beschlag genommene Getreide oder doch eine Probe davon zum Spruch mitzusenden sein wird, wenn man nicht etwa die Feststellung des Verhältnisses beider Getreidesorten durch Zählung der Körner vorzieht. So sehr zu billigen der Satz ist, so schwierig ist die Anwendung bei unserer Justiz-Einrichtung.

№ 38.

Grafschaft Ravensberg. Colonus. Wittwen. Anerbe. Mahljahre. Schulden.

I. Ist, der Minden-Ravensberger Eigenthums-Ordnung zufolge, die im Besitze des Hofes bleibende Wittwe des Colonen, überhaupt und insbesondere auch dann noch als wirkliche erbliche Besitzerin anzusehen, wenn sie zur zweiten Ehe geschritten ist, sich mit ihren Kindern erster Ehe auseinandergesetzt hat, und bei dieser Auseinandersetzung das Recht des Anerben zur Succession festgestellt und ihrem zweiten Ehemanne Mahljahre bewilligt worden? Oder ist vielmehr das Recht des Anerben ein wirkliches, durch den Tod seines Vaters ins Leben tretendes, erbliches Besitzrecht, und nur die Erlangung des Natural-Besitzes des Hofes für die Dauer der bewilligten Mahljahre suspendirt?

Das Geheime Ober-Tribunal erklärt sich, gegen die übereinstimmende Meinung des Land- und Stadtgerichts zu Bielefeld und des zweiten Senats des Ober-Landesgerichts zu

Paderborn, für die zweite Alternative und vernichtet durch sein Erkenntniß vom 26. August 1836 das Appellationsurtel, in dem mitgetheilten Rechtsfalle, aus überzeugenden Gründen.

II. Der Anerbe ist nicht gehalten, die von seiner Mutter, während der Mahljahre, in anderweiter Ehe contrahirten Schulden, ohne Nachweis der nützlichen Verwendung, anzurechnen.

III. Wenn der Besitztitel für die Wittwe des Colonen berichtigt, in der zweiten Rubrik des Hypothekenbuchs aber das Recht des Anerben eingetragen ist, so kann die Wittwe ihrem Gläubiger das Grundstück, ohne Consens des Anerben, nicht mit rechtlicher Wirkung zur Hypothek bestellen.

Beide Sätze folgen aus der bei I angenommenen Voraussetzung.

№ 39.

Purifikations-Resolution. Bagatell-Sache. Nichtigkeits-Beschwerde.

Auch gegen Purifikations-Resolutionen der Untergerichte in Bagatell-Sachen von 20 Rthlrn. und weniger findet die Nichtigkeits-Beschwerde statt.

Dieser, die unter Ziffer 27 mitgetheilte Senats-Entscheidung abändernde, Plenarbeschluß vom 6. März 1837 gilt nach der neuern Gesetzgebung nicht mehr. S. oben № 27.

II. Band.

Enthaltend 39 Entscheidungen.

№ 1.

Grafschaft Ravensberg. Colonus. Wittwe. Anerbe. Mahljahre.

Ist, wenn u. s. w. (hier folgen wörtlich die beiden Fragen, welche vorhin, Bd. I, № 38 formulirt sind.)

Der unter dieser Nummer mitgetheilte Rechtsfall betrifft dieselben Fragen wie der, Bd. I, № 38, ist aber um acht Jahre älter. Damals hat das Geheime Ober-Tribunal dieselben in eben dem Sinne wie in dem jüngern Rechtsfalle entschieden.

№ 2.

Ehe. Gütergemeinschaft. Vertrag. Gerichtsstand. Verlautbarung. Bestätigung. Oeffentliche Bekanntmachung.

I. Bei Aufnahme eines Vertrages, durch welchen die Gütergemeinschaft unter Eheleuten an Orten, wo sie nach den Gesetzen stattfindet, ausgeschlossen werden soll, bedarf es nicht der Zuziehung eines Protokollführers.

Der Zweifel: ob zu den Verträgen, wodurch Eheleute die nach den Gesetzen ihres Wohnorts unter Eheleuten stattfindende Gütergemeinschaft ausschließen, ein Protokollführer zuzuziehen sei oder nicht, entsteht aus dem §. 421 des Anhangs zur A. G. O., wonach bei Erbverträgen und solchen Ehestiftungen, worin die künftige Erbfolge bestimmt wird, die Zuziehung eines Protokollführers nöthig. Das Geheime Ober-Tribunal gründet nun den formulirten Satz, den es nach dem Revisionsurtel vom 4. Juli 1836 in Uebereinstimmung mit dem Richter Erster Instanz, dem Ersten Senate des Ober-Landesgerichts zu Paderborn, angenommen hat (der Appellationsrichter, der Zweite Senat des Ober-Landesgerichts zu Münster, hatte sich darüber gar nicht entschieden, sondern nur die Frage für sehr controvers erklärt), darauf, daß die Ausschließung der sonst eintretenden Gütergemeinschaft eine für sich bestehende Bestimmung bilde, die mit den Festsetzungen über die Successionsrechte **in keiner nothwendigen Verbindung stehe.** Dies ist es, auf dessen thatsächlicher Wahrheit es ankommt. Das Geheime Ober-Tribunal selbst fährt fort: „Sind gleich die gesetzlichen Successions-Rechte der Ehegatten verschieden, je nachdem unter ihnen Gütergemeinschaft obwaltet oder nicht, so folgt doch daraus noch nicht, daß ein die Gütergemeinschaft ausschließender Vertrag durch diese seine Bestimmung zu einem Erbvertrag werde.“ Ein Erbvertrag ist jeder Vertrag, wodurch zwischen den Vertragschließenden eine Bestimmung in Beziehung auf die Successionsrechte unter ihnen getroffen wird. Oder in welche Cathegorie der Verträge gehört der Vertrag über die Ausschließung der Gütergemeinschaft unter Eheleuten sonst, wenn nicht unter die der Erbverträge? Ist er ein obligatorischer Vertrag? Nein, wenn die eheliche Gütergemeinschaft etwas anderes ist als die römische Societät. Ist er ein ein dingliches Recht gründender Vertrag? Nein. Ist er ein in das Familienrecht gehöriger Vertrag? Nein, denn die Familienverträge beziehen sich immer auf Zustandsverhältnisse. Was wäre denn also der in Rede stehende Vertrag anders als eine Art (oder Species) von Erbvertrag? Das Geheime Ober-Tribunal giebt ja auch ausdrücklich zu, daß die Successionsrechte unter den Eheleuten durch den Vertrag geändert werden; denn „dieselben sind verschieden, je nachdem unter ihnen Gütergemeinschaft obwaltet oder nicht." Eine andere Cathegorie von privatrechtlichen Verträgen giebt es außer den Genannten nicht. Also scheint es entschieden unwahr, daß der in Rede stehende Vertrag kein Erbvertrag im weitern Sinne sei, wenn nicht die eheliche Gütergemeinschaft eine ins Obligationenrecht gehörige Societät ist. Ist es aber ein Vertrag, wodurch in Ansehung der Erbfolge zwischen den Contrahenten, direct oder indirect, Etwas geordnet wird: so muß er auch vor einem vollständig besetzten Gerichte geschlossen werden. Der angenommene Satz würde mithin nur durch den Beweis zu begründen sein, daß das Verhältniß in das Obligationenrecht gehöre.

II. Haben der Bräutigam und die Braut einen verschiedenen ordentlichen persönlichen Richter, so kann ein solcher Vertrag, mit gleicher rechtlicher Wirkung, von dem einen oder dem andern Richter aufgenommen werden.

III. Die bei diesen Verträgen gesetzlich erforderliche Verlautbarung, Bestätigung und öffentliche Bekanntmachung kann rechtsgültig auch nach Eingehung der Ehe erfolgen.

Beide Sätze sind durch das nachher erschienene Gesetz über die Errichtung und Bekanntmachung der Verträge wegen

Einführung oder Ausschließung der ehelichen Gütergemeinschaft, vom 20. März 1837 (Gesetz-Sammlung S. 63) beseitigt. Darnach kann ein solcher Vertrag vor jedem inländischen Richter und in den Landestheilen, wo nur Notarien die Akte über Verträge aufnehmen, auch von einem Notarius aufgenommen oder auch bloß anerkannt werden. Die früher besondere gerichtliche Verlautbarung und Bestätigung fällt ganz weg. Die Bekanntmachung kann zu allen Zeiten nach Eingehung der Ehe geschehen, doch tritt die Wirksamkeit der Ausschließung gegen redliche Dritte erst von der Bekanntmachung an ein, ausgenommen, wenn die Bekanntmachung schon innerhalb 4 Wochen nach Schließung der Ehe bei dem persönlichen Richter der Eheleute in Antrag gebracht wird und binnen andern 4 Wochen auch wirklich erfolgt: in diesem Falle wird die Wirksamkeit der Ausschließung auf den Anfang der Ehe zurückbezogen.

№ 3.

Ehe. Gütergemeinschaft. Vermögens-Absonderung. Schulden. Oeffentliche Bekanntmachung.

Die nach Eintritt der Gütergemeinschaft, während der Ehe, wegen Vermögens-Insufficienz des einen Ehegatten, auf den Antrag des Andern gestattete Absonderung des gemeinschaftlichen Vermögens der Eheleute muß binnen zwei Jahren nach Vollziehung der Ehe öffentlich bekannt gemacht werden.

Das A. L. R. Th. II, Tit. 1, §§. 392 und 393 schreibt vor: „Hat ein Ehegatte mehr Schulden als Vermögen in die Gemeinschaft gebracht: so kann der Andere innerhalb zweier Jahre nach vollzogener Ehe auf die Absonderung des Vermögens antragen. Alsdann können die Gläubiger, deren Forderungen vor der Heirath entstanden sind, nur an das abgesonderte Vermögen ihres eigentlichen Schuldners sich halten.

In der Provinz Posen hatte Jemand, der mit seiner Ehefrau in Gütergemeinschaft lebte, innerhalb der ersten zwei Jahre seiner Ehe die Güterabsonderung vollzogen, aber die Bekanntmachung war unterblieben. Deshalb wurde er von einem vorehelichen Gläubiger seiner Ehefrau in Anspruch genommen, und von dem Landgerichte in Posen verurtheilt, doch von dem Ober-Appellationsgericht daselbst entbunden. Dieses Appellationsurtel wird von dem Geheimen Ober-Tribunale mit Hülfe des an die Spitze gestellten Satzes reformirt. Der Satz ist jedoch unrichtig. Die für denselben angegebenen Gründe lauten so: „Die öffentliche Bekanntmachung der Vermögensabsonderung ist zwar in den Vorschriften nicht ausdrücklich bestimmt. — Die Nothwendigkeit aber ist klar. Diese ist gegen Gläubiger gerichtet, denen ursprünglich zwar nur das Vermögen des einen Ehegatten verhaftet gewesen, deren Recht aber durch den Eintritt der Gütergemeinschaft auf das gesammte gemeinschaftliche Vermögen beider Eheleute erweitert worden ist. Die Absonderung hat die Beschränkung dieses ausgedehnteren Rechts zum Zweck; sie schließt mithin einen wirklichen Nachtheil für die Gläubiger in sich. Es muß diesen daran liegen, von jener Veränderung sobald als möglich Kenntniß zu erlangen." Der eigentliche Grund ist also, weil dem Gläubiger daran liege, von der Veränderung Kenntniß zu erlangen. Darin liegt kein juristisches Moment. Lediglich darauf kommt es an: ob der Gläubiger aus der unterbliebenen Bekanntmachung irgend welchen Vermögensnachtheil erleiden kann. Das ist nun ganz offenbar nicht der Fall. Bei bereits zur Zeit der

Eheschließung vorhandenen Schulden ist für den Gläubiger irgend eine Vorsichtsmaßregel durchaus nicht erforderlich; der Gläubiger hat auch gar kein Recht, bei der Heirath seines Schuldners und bei der Gestaltung der ehelichen Güterrechte desselben mitzureden; ihm geschicht mithin, rechtlicher Weise, gar kein Nachtheil, wenn er von dem, was unter den Eheleuten vorgeht, ohne Kenntniß bleibt: treten die Eheleute in Gütergemeinschaft, so ist es für ihn vielleicht vortheilhaft; schließen sie solche aus oder sondern sie sich ab, so ist es auch gut, denn sein Recht bleibt unverändert. Nur für Diejenigen, welche künftig noch erst in Rechtsverhältnisse treten wollen, ist es, um sich vorzusehen, nothwendig zu wissen: ob die Eheleute sich abgesondert haben. Sonach hat jener Satz, abgesehen davon, daß die Bekanntmachung der Absonderung nicht vorgeschrieben ist, gar keinen rechtlichen Grund für sich Das Geheime Ober-Tribunal hat solches später auch erkannt; denn mittelst ministerieller Circular-Verfügung vom 8. Dezember 1837 (v. Kamptz Jahrbücher, Bd. LI, S. 141; Jur. Wochenschrift 1838, S. 66) ist den Gerichtshöfen eröffnet worden, das Geheime Ober-Tribunal habe durch einen Plenarbeschluß (dessen Datum nicht angegeben wird) angenommen: 1. daß lediglich der Antrag auf Absonderung des Vermögens an die vorgeschriebene zweijährige Frist gebunden ist, und mithin auch dieser, zur Befreiung des Ehegatten von den, vor der Ehe entstandenen Schulden des andern Theils und zum Eintritt der, im §. 393 a. a. O. angegebenen Wirkung vollkommen genügt, wenn auch die Absonderung selbst erst später vollendet worden ist; und 2. daß zur Rechtsgültigkeit einer solchen Absonderung, weil sie bloß auf die vor der Ehe kontrahirten Schulden sich bezieht, die im §. 422 a. a. O. und in dem Gesetze vom 20. März 1837 §. 4, bei Aufhebung der Gütergemeinschaft für die Zukunft, vorgeschriebene Bekanntmachung nicht erforderlich ist. Eine Anwendung davon hat das Geheime Ober-Tribunal in der, Bd. VII, S. 384 mitgetheilten, Entscheidung gemacht.

№ 4.

Einkindschaft. Testament. Pflichttheil. Stiefeltern. Stiefkinder.

Darf, bei vorhandener Einkindschaft, der Stiefvater oder die Stiefmutter die Stiefkinder (Vorkinder) durch Testament auf den Pflichttheil beschränken?

Ein Mann, der bei Eingehung der Ehe mit einer Wittwe, die ihm Kinder zubrachte, Einkindschaft errichtet hatte, erzielte einen Sohn in dieser Ehe, den er zu seinem Haupterben testamentarisch berief, wogegen er die Vorkinder auf den Pflichttheil einsetzte. Die Vorkinder schlugen diese Berufung aus, griffen das Testament an und verlangten auf Grund der Einkindschaft die Intestat-Erbfolge. Der Richter I. Instanz (das Land- und Stadtgericht zu Essen) wies sie ab; das Ober-Landesgericht zu Hamm hingegen erklärte das Testament für ungültig und sprach den Klägern die Intestat-Portion zu. Dieses Urtel wird von dem Geheimen Ober-Tribunal auf die eingelegte Revision, mittelst Erkenntnisses vom 24. October 1836, bestätigt. Das Geheime Ober-Tribunal, im Einverständnisse mit dem Ober-Landesgerichte zu Hamm, verneint mithin die an die Spitze gestellte Frage. Und darin ist ihm, nach den Grundsätzen des A. L. R, beizutreten. Denn das A. L. R. Th. II, Tit. 2, §§. 747—749 hat die Grundsätze derjenigen Meinung an-

ge-

genommen, wonach die Einkindschaft nicht bloß die Wirkung einer Adoption, vermöge welcher das Kind nur den Pflichttheil fordern kann, sondern die eines Erbvertrags hat: es bestimmt in den §§. 747—749, daß die durch die Einkindschaft begründete Erbfolge durch Testament nicht aufgehoben, also an ihre Stelle nicht eine testamentarische Erbfolge gesetzt werden kann, ausgenommen wenn Vorbehalte gemacht oder Enterbungsursachen gegeben worden sind. Die gemeinrechtliche Streitfrage über die Wirkungen und Folgen der Einkindschaft in Ansehung der Erbfolge ist darnach entschieden; es giebt keinen juristischen Zweifelsgrund, aus welchem dieselbe für fortdauernd angesehen werden dürfte.

№ 5.

Hypothek. Exekution. Titel zum Pfandrechte.

Eine im Wege der Exekution gegen den eingetragenen Besitzer erfolgte Hypothekenbestellung behält ihre Kraft, wenn sich gleich in der Folge findet, daß dieser Besitzer nicht der wahre Eigenthümer ist.

Der Satz selbst ist anzuerkennen. Zwar ist er noch später, im Kollegium des Geheimen Ober-Tribunals selbst, bestritten worden, so daß ein Plenarbeschluß nöthig geworden, durch welchen er aufrecht erhalten ist (s. Bd. III, № 26 der Entscheidungen), doch ist den Gründen dieses Plenarbeschlusses, vom 18. December 1837, völlig beizustimmen. Allein die Anwendung des Satzes auf den vorliegenden Rechtsfall ist nicht passend und daher erscheint die Entscheidung nicht gerechtfertigt. Mittelst Decrets des Kammergerichts vom 17. April 1834 wurde ein Exekutionssucher in ein, auf den Namen seines Schuldners im Hypothekenbuche eingetragenes Gut immittirt, und auf Grund dieses Immissions-Decrets erfolgte die Eintragung der Forderung. Die Vorschriften der Verordnung über die Exekution in Civilsachen, vom 4. März 1834, galten damals noch nicht. Nach der Eintragung trat der Bruder des Exequendus mit einem Kaufkontrakte vom 14. October 1825, wonach er schon lange Eigenthümer des Guts zu sein behauptete, hervor und klagte gegen den Gläubiger auf Löschung und auf Zurücknahme des Antrags auf Sequestration des Guts. Beide Senate des Ober-Landesgerichts zu Stettin hielten die Klage für begründet und legten nur auf den Einwand der Simulation, auf deren Beweis durch einen zugeschobenen Eid erkannt wurde, Gewicht. Das Geheime Ober-Tribunal hingegen vernichtete das Appellationsurtel auf die eingelegte Nichtigkeitsbeschwerde und erkannte auf Abweisung der Klage, auf Grund des in Rede stehenden Satzes. Allein die Voraussetzung desselben, nämlich eine giltige Hypotheken-Bestellung fehlt, denn die Eintragung geschah ohne Titel. Nach der Geschichtserzählung war noch auf keines andern Gläubigers Andringen der Pfandbesitz für ihn von dem Richter ergriffen, d. h. die Sequestration des Guts eingeleitet, im Gegentheil, es war erst von dem Exekutionssucher der Antrag auf Einleitung der Sequestration gemacht, indem der dritte Eigenthümer auf Zurücknahme dieses Antrags klagte. Das Immissionsdecret vom 17. April 1834, auf Grund dessen die Eintragung geschehen, ist deshalb ohne alle rechtliche Wirkung und Bedeutung. Die Richter der beiden ersten Instanzen gründen ihr abweisendes Urtel darauf, daß die Eintragung auf keinem rechtsgültigen Titel beruhe, wenn die Immission in ein Grundstück geschehe, welches dem Exequendus nicht gehöre. Das Geheime Ober-Tribunal beseitigt diesen Grund damit, daß die Rechtsgültigkeit des Titels von dem Eigenthume des Schuldners an dem Grundstücke nicht abhange, daß der Titel der Hypothekenbestellung mit dem Gegenstande der Hypothek nichts gemein habe und daß der Titel, auf dem die Eintragung hier beruhe, die Hülfsvollstreckung sei. Allein dieser Titel, diese Hülfsvollstreckung fehlt eben gänzlich, denn ein Immissions-Decret ohne vorher schon auf Antrag eines Andern geschehene Abpfändung oder Einleitung der Sequestration ist gar nichts. Das ist in der Allgemeinen Gerichtsordnung Th. I, Tit. 50, §§. 447 und 448, und Tit. 24, §§. 116—120 wörtlich ausgesprochen, und der Grund davon ist, daß ein pignus praetorium, ebenso wie jedes andere Pfandrecht, auf Besitz beruhet, so daß dasselbe erst mit der Besitzergreifung anfängt. Hat der Richter — denn Dieser soll immer für den Executionssucher, nach §§. 118—120 a. a. O., den Besitz ergreifen — den Gegenstand in seine Gewahrsam genommen, und es kommt später noch ein anderer Gläubiger dazu, um sich an dieselbe Sache zu halten: so verfährt der detinirende Richter gerade so wie jeder andere Inhaber mit der Besitzeinräumung, nämlich er nimmt sich vor, für ihn mit zu besitzen (er räumt den Besitz animo ein). Das spricht er durch eine Verfügung aus, welche man Immissions-Decret nennt. Außer dem Falle eines schon ergriffenen Besitzes kann es also selbstredend keine Immission durch eine bloße Willenserklärung geben. Da sonach der Titel zur Hypothek ganz fehlte, so war auch die Eintragung ohne alle rechtliche Wirkung.

№ 6.

Nichtigkeits-Beschwerde. Prozeßvorschrift. Appellation. Summa appellabilis.

Es ist als die Verletzung einer Prozeßvorschrift und nicht als die Verletzung eines Rechtsgrundsatzes anzusehen:

wenn dem Rechtsmittel der Appellation von dem erkennenden Richter in einem Falle stattgegeben, und quoad materialia erkannt worden, in welchem dieses aus gesetzlichen Gründen nicht hätte geschehen sollen.

Dieser durch den Plenarbeschluß vom 2. Januar 1837 angenommene, damals zweifelhafte Satz ist nun, durch die Deklaration vom 6. April 1839, Art. 3, № 2 (G. S. S. 128), gesetzlich festgestellt.

№ 7.

Kaufmann. Handlungsdiener. Gesinde. Hausoffizianten.

Das Verhältniß zwischen einem Kaufmanne und seinem Handlungsdiener ist nach den allgemeinen Grundsätzen von Verträgen über Handlungen, nicht aber nach den im fünften Titel des zweiten Theils enthaltenen speziellen Vorschriften über die Rechte und Pflichten der Herrschaften und des Gesindes, — des gemeinen Gesindes, der bloßen Hausoffizianten, oder der im §. 187 daselbst bezeichneten Personen — zu beurtheilen.

Der Satz ist nicht zu bestreiten und auch schon von dem Appellationsrichter (der Deputation des zweiten Senats des Ober-Landesgerichts zu Magdeburg) in der mitgetheilten Rechtssache angenommen worden. Der Grund beruhet darin, daß die Personen, welche zum Hausgesinde im weitesten Sinne gerechnet werden, nach der Begriffsbestimmung des A. L. R. Th. II, Tit. 5, §§. 1, 177, 187, 188 solche sein müssen, die in der Haushaltung oder in der Wirthschaft Dienste leisten. Ein Handlungsdiener ist ausschließlich nur für das Gewerbe des Herrn da, er hat mit dessen Haushaltung und Wirthschaft nichts zu thun. Eine Frage könnte es sein: ob das Verhältniß eines Handlungsgehilfen dadurch, daß er in das Haus des Herrn aufgenommen und dort beköstiget wird, ein anderes wird. In dem vorliegenden Falle war der Handlungsdiener in ein solches häusliches Verhältniß getreten. In dem Prozesse war darauf kein besonderes Gewicht gelegt. Die Frage ist jedoch zu verneinen. Durch das fragliche factische Verhältniß wird der Handlungsdiener bloß ein Hausgenosse des Hausherrn. Vergl. A. L. R. Th. II, Tit. 20, §. 1137.

№ 8.

Märkisches Provinzialrecht. Geistliche Stifte. Domkapitel. Verjährung.

Die Güter der geistlichen Stifte, insbesondere der Domkapitel, sind nach märkischem Provinzialrechte nicht von der Verjährung ausgenommen. Gegen dieselben findet daher die im Landrechte verordnete vier und vierzigjährige Verjährung statt.

Der Satz ist bestritten. Der Appellationsrichter (der Instruktions-Senat des Kammergerichts) hatte die Meinung angenommen, welche nach märkischem Provinzialrechte die Ersitzung — der Kläger wollte eine Holzgerechtigkeit in dem zum vormaligen, im Jahre 1810 aufgehobenen Domkapitel zu Havelberg gehörigen Forste durch Verjährung erworben haben — gegen Domkapital nicht für zuläßig hält. Das Geheime Ober-Tribunal hingegen gründet sein abänderndes Revisionsurtel, vom 6. Mai 1836, auf die entgegengesetzte Meinung. Diese beruhet bloß auf der nicht anzuerkennenden Voraussetzung, daß die Güter der Domstifte keine Kirchengüter seien. Sie sind aber allerdings Kirchengüter, denn das Rechtssubject davon ist die Domkirche, zu deren Ausstattung und Patrimonium sie gehören, ebenso wie die Pfründen der Geistlichen überhaupt zur Ausstattung der betreffenden Kirche gehören. Pfründen und Kirchen bestehen nicht unabhängig und selbstständig nebeneinander, vielmehr gehören die Erstern immer zum Eigenthume der Letzteren.

№ 9.

Nichtigkeits-Beschwerde. Rechtsmittel. Rechtsgrundsatz. Prozeßvorschrift.

Die Zurückweisung eines gesetzlich zuläßigen und rechtzeitig eingelegten Rechtsmittels verletzt nicht einen Rechtsgrundsatz, sondern eine, in der Verordnung vom 14. Dezember 1833 nicht als wesentlich bezeichnete Prozeßvorschrift. Eine Nichtigkeits-Beschwerde ist deshalb nicht begründet.

Der Satz gilt nicht mehr. Die Deklaration vom 6. April 1839, Art 3, № 2 erklärt es für Verletzung einer wesentlichen Prozeßvorschrift, wenn ein rechtzeitig, gesetzlich zulässiges Rechtsmittel zurückgewiesen wird. (Gesetz-S. 1839, S. 128.)

№ 10.

Subhastation. Meistgebot. Extrahent.

Kann der Extrahent einer nothwendigen Subhastation den Antrag auf Subhastation auch dann noch zurücknehmen, und dadurch das Zuschlagsurtel abwenden, wenn der Bietungstermin bereits abgehalten, und ein Gebot in demselben abgegeben worden?

Das Geheime Ober-Tribunal bejahet die Frage, mit dem Ersten Senate des Ober-Landesgerichts zu Breslau, durch ein Revisionsurtel, dessen Datum nicht angegeben ist. Der Extrahent war in dem Lizitationstermine ausgeblieben und hatte später in einer Eingabe vom 28. Februar 1835 erklärt, daß er die durch ihn extrahirte Subhastation zurücknehme und gegen den Zuschlag protestire. Das Geheime Ober-Tribunal erwägt ganz mit Recht, daß zwar der Extrahent, wie jeder Contrahent, das Gebot nach Belieben annehmen oder zurückweisen, mithin den Antrag auf Subhastation allerdings auch zurücknehmen könne, daß er dieses jedoch im Bietungstermine thun müsse, widrigenfalls er, nach §. 12 der Verordnung über den Subhastations-Prozeß, vom

4. März 1834, für einwilligend zu erachten. Dadurch ist das frühere Recht wesentlich abgeändert worden.

№ 11.

Münster. Colonat. Colonus. Leibzucht. Anerbe. Gutsherr.

I. Der im §. 1, Tit. 10, Th. III der münsterschen Eigenthums-Ordnung vorgesehene Fall, daß die Colonen, welche dem Erbe nicht mehr vorzustehen vermögen, dasselbe mit Bewilligung des Gutsherrn ihren Nachfolgern abtreten, und sich auf die Leibzucht begeben, schließt eine Art der Succession in das Erbe in sich. Diejenigen sind zur Nachfolge berufen, welche dem auf die Leibzucht sich begebenden Anerben im Falle seines Todes succediren würden.

II. Dem Gutsherrn steht nicht die Befugniß zu, das Colonat, mit Ausschließung des zur Succession berufenen minorennen Anerben, einem Dritten zu übertragen.

III. Es fragt sich aber, ob der Gutsherr, unter Zustimmung des zeitigen Colonen, das Colonat rechtsgültig einem Fremden übertragen und den zur Succession berechtigten Anerben übergehen könne?

Die Frage wird in den mitgetheilten Rechtssprüchen nicht entschieden; vielmehr wird nur gesagt, daß dieselbe keiner Prüfung bedürfe, weil die Zustimmung des Colonen fehle.

Sie scheint übrigens zu bejahen zu sein, weil die Kinder bei dem Leben der Eltern kein Recht auf das Colonat haben, mithin die Eltern in ihrer Verfügung über dasselbe unter Lebendigen nicht hindern können. Doch erfordert sie wohl noch eine gründlichere Untersuchung.

IV. In wiefern ist es eventuell hierbei von Einfluß, ob der übergangene Anerbe des Colonen Erbe geworden ist?

Der zweite Senat des Ober-Landesgerichts zu Münster hält den Erben für gebunden. Das Geheime Ober-Tribunal hingegen erklärt sich in dem Revisionserkenntnisse vom 3. Februar 1837 darüber nicht, weil es an einer anzuerkennenden Handlung des Erblassers fehle; Es hält aber die Anwendbarkeit des von dem Ober-Landesgericht zu Münster ausgesprochenen, aus dem römischen Rechte entnommenen Grundsatzes auf einen Nachfolger in ein deutsches Bauergut in der hingestellten Allgemeinheit für zweifelhaft, weil ein solcher Nachfolger nicht selten Singular-Successor sei.

№ 12.

Schade. Landstraßen. Staat. Wege-Aufsichts-Beamte.

Muß für den Schaden, welcher daraus entstanden ist, daß der Staat die ihm obliegende Pflicht unterlassen hat, für die Unterhaltung, Sicherheit und Bequemlichkeit der Landstraßen zu sorgen, der Staat selbst dem Beschädigten gerecht werden, oder muß sich dieser lediglich an die vom Staate bestellten Wege-Aufsichts-Beamten halten?

Ein Postwagen verfehlte auf der Landstraße eine mit keinem Geländer versehene Brücke und stürzte in den Graben. Ein dadurch beschädigter Passagier klagte gegen den Fiskus als denjenigen, dem dort die Unterhaltung und Sicherung der Landstraße obliegt, auf Entschädigung, weil derselbe seine Obliegenheit vernachläßigt habe. Das Landgericht zu Posen und das Ober-Appellationsgericht daselbst fanden die Klage begründet. Das Geheime Ober-Tribunal vernichtete, auf eingelegte Nichtigkeits-Beschwerde, das Appellationsurtel und wies die Klage als an sich unbegründet zurück. Die Entscheidung beruht auf dem Satze, daß der Staat (womit der Fiskus gemeint wird, der von dem Staat als solchem wohl zu unterscheiden ist) für die unerlaubten Handlungen oder Unterlassungen seiner Beamten bei Ausrichtung ihres Amtes nicht hafte, und er dadurch, daß er, abgesehen von kontraktlichen Verhältnissen, Beamte mit den erforderlichen Eigenschaften versehen anstelle und ihnen die zur Amtsverwaltung erforderlichen Mittel gebe, seinen Obliegenheiten völlig genüge. Darin ist ihm vollkommen beizustimmen. Der Fiskus, als eine juristische Person, kann in keiner Weise durch unerlaubte Handlungen oder Unterlassungen seiner Verwalter verbindlich gemacht werden. In Anwendung dieses Grundsatzes bestimmt daher ganz folgerichtig das A. L. R. Th. II, Tit. 15, §. 12 in Beziehung auf Landstraßen: „Für den aus Unterlassung dieser Pflicht (zur Instandhaltung derselben) entstandenen Schaden sind diejenigen, welche bei der vom Staate ihnen aufgetragenen Sorge dafür sich eines groben oder mäßigen Versehens schuldig gemacht haben, verantwortlich.“ Die Wegebau-Beamten sind mithin in solchem Falle als Beschädiger in Anspruch zu nehmen. Wird ermittelt, daß es nicht an ihnen sondern an dem Mangel der erforderlichen Mittel zur Instandsetzung liege, so trifft die Verantwortlichkeit denjenigen, der die Anweisung oder Anschaffung der geforderten Mittel unterlassen hat.

№ 13.

Classen-Lotterie. Loos. Gewinn. Gesellschafts-Vertrag. Gemeinschaftliches Eigenthum.

Wenn mehrere mündlich verabreden, ein Loos in der Classen-Lotterie gemeinschaftlich zu spielen, und demgemäß ein Loos zur ersten Classe gemeinschaftlich kaufen und bezahlen, so wird dasselbe Loos in den folgenden Classen, und der etwa darauf fallende Gewinn ihr gemeinschaftliches Eigenthum, sofern auch nur Einer von ihnen, obschon ohne einen Beitrag von den Uebrigen, das Loos in der planmäßig festgesetzten Zeit erneuert hat.

Der Grund davon ist, daß bei der Classen-Lotterie unter den einzelnen Classen einer bestimmten, in fünf auf einander folgenden Classen vertheilten Ziehung eine Verbindung besteht, und daß der Inhaber des Looses zur ersten Classe ein durch Erneuerung des Looses zu den spätern Classen bedingtes Anrecht auf dasselbe Loos zu den folgenden Classen hat. Haben also Mehrere gemeinschaftlich ein Loos zur ersten Classe erworben, so gehört ihnen auch das Anrecht auf dasselbe Loos zu den folgenden Classen gemeinschaftlich. Dieses schon erworbene Recht geht durch bloße Unterlassung einer Zahlung des Beitrags an denjenigen Gemeinschafter, der das gemeinschaftliche Loos erneuert, nicht verloren. Die Gründe sind so überzeugend, daß ihnen die Anerkennung nicht fehlen kann. Sie sind von dem Zweiten Senate des Ober-Landesgerichts zu Breslau in einem ganz gleichen Rechtsfalle wörtlich angenommen worden. S. Schlesisches Archiv Bd. IV, S. 32 flg. In beiden Rechtsfällen hatten die ersten Richter das Rechtsverhältniß verkannt; das Ober-Landesgericht zu Frankfurt hatte es als einen von den Spielern gemeinschaftlich mit der Lotterie-Direction errichteten Vertrag, im Sinne der §§. 172 u. 173, Th. I, Tit. 17 des A. L. R., und das Verhältniß zwischen den Spielern für eine Societät angesehen; das Loos war ihm der, zur Errichtung einer Societät wesentlich erforderliche, schriftliche Vertrag. Diese Ansicht aber erklärt das Geheime Ober-Tribunal mit Recht für irrig.

№ 14.

Wechsel. Wechselkraft. Ort der Ausstellung.

Ist die Richtigkeit des in einem Wechsel angegebenen Orts seiner Ausstellung ein wesentliches Erforderniß zu dessen Rechtsgültigkeit als Wechsel?

Das Geheime Ober-Tribunal verneint es, gegen die Meinung des Ober-Appellationsgerichts zu Posen, ganz mit Recht, weil die Mängel, wenn sie der Wechselkraft Eintrag thun sollen, äußerlich erkennbar sein müssen. Nur die Unechtheit der Unterschrift des Wechselbeklagten macht davon eine Ausnahme.

№ 15.

Chur- und Neumark. Erbrecht. Ehegatten. Dispositions-Befugniß. Grundstück-Theilung.

Der überlebende märkische Ehegatte ist, auch wenn er sich für Beneficial-Erben des Erstverstorbenen erklärt hat, oder wegen unterlassener Erklärung dafür angenommen worden, doch bis zu dem Zeitpunkt, daß er nach dem Statute Theilung mit seinen Miterben halten zu wollen erklärt, oder durch Erkenntniß für statutarischen Erben gehalten wird, wohl befugt, über sein eigenthümliches Vermögen ohne Zuziehung der Miterben zu disponiren, namentlich ein ihm gehöriges Grundstück zu veräußern. Indeß ist er verpflichtet, bei einer künftigen Theilung nach dem Statute den Werth eines jeden veräußerten Stücks zur Berechnung und Einwerfung zu bringen.

Angenommen von dem Geheimen Ober-Tribunale in Uebereinstimmung mit dem Ober-Appellationssenate des Kammergerichts. Die widersprechende Meinung, auf welche man öfter stößt und nach welcher auch der Richter erster Instanz (ein Patrimonialgericht) den mitgetheilten Rechtsfall entschieden, nämlich einen, von einem Wittwer vor der Auseinandersetzung mit seinen Miterben nach seiner Ehefrau, ohne deren Zuziehung, über sein eigenes Grundstück geschlossenen, Verkauf für nichtig erklärt hatte, beruhet auf der irrigen Vorstellung von einer Gütergemeinschaft, welche mit dem Tode eines märkischen Ehegatten eintreten soll. S. Entscheidungen, Bd. I, S. 197. Das ganze Erbschaftsverhältniß der märkischen Eheleute besteht wesentlich darin, daß der Hinterbleibende, wenn er Erbe sein will, die Hälfte des Nachlasses des Erstverstorbenen erhält unter der Verbindlichkeit (nicht Berechtigung), dagegen auch die Hälfte von seinem eigenen Vermögen an die Miterben herauszugeben, wenn diese es verlangen. Vergl. oben zu Bd. I, № 20. Daraus folgt nicht im Entferntesten ein Miteigenthum der Miterben an dem eigenen Vermögen des hinterbliebenen Ehegatten, vor der beiderseitigen Erklärung, folglich auch nicht eine Beschränkung in seiner Dispositionsbefugniß, um so weniger, als er nur den Taxwerth einzuwerfen verpflichtet ist.

№ 16.

Gemeines Recht. Verjährung. Klagen. Städte.

Klagen der Städte verjähren nach Gemeinem Rechte in dreißig Jahren.

Durch die Novelle 111 (J. 541) ist der Satz gerechtfertigt; denn durch dieses Gesetz hebt Justinian das Privilegium der 100jährigen Verjährung, welches er in der L. 23 C. de sacrosanctis eccles. (I, 2) den Kirchen und den Stadtgemeinden gegeben hatte, wieder auf und giebt dafür den Kirchen eine 40jährige Verjährungszeit, wogegen für alle andere Personen (also auch für die Stadtgemeinden) und Rechtssachen die 30jährige Verjährung gelten sollte. Irrigerweise wird von Manchen angenommen, den Städten komme gleichfalls eine 40jährige Zeit, oder wohl gar die 100jährige, zu, weil die Städte in der Novelle 131 nicht besonders genannt sind. Die Aufhebung der L. 23 all. durch diese Novelle ist aber entscheidend. Wem nun in dem neuen Gesetze nicht eine außerordentliche Verjährung ausdrücklich beigelegt worden ist, dem kann eine andere als die ordentliche 30jährige nicht zu Statten kommen. Die Novelle 131 ist hierin klar und ausdrücklich, wie das Geheime Ober-Tribunal ganz richtig hervorhebt.

№ 17.

Juden. Schreibens- und Lesensunkundige Personen. Verträge. Namensunterschrift. Mündliche Verabredung.

I. Juden, welche nur in jüdischen Schriftzügen zu schreiben verstehen, deutsch aber weder lesen noch schreiben können, sind in Beziehung auf einen, in deutscher Sprache abgefaßten, von ihnen unterschriebenen Vertrag, denjenigen gleichzustellen, welche Lesens und Schreibens unkundig sind.

II. Ein Contrahent, welcher bloß seinen Namen schreiben kann, muß den von ihm unterschriebenen und von der andern Seite erfüllten Vertrag, sofern er nicht, wie ihm freisteht, von demselben zurücktreten will, — den Fall des Betruges ausgenommen, – seinem ganzen Inhalte nach gegen sich gelten lassen, und kann mit dem Einwande, daß mündlich andere Bedingungen verabredet worden, nicht gehört werden.

Ein Handelsmann hatte von einem Gutsbesitzer für 1850 Rthlr. Eichen erkauft und übergeben erhalten, und war mit dem Reste des Kaufgeldes über den, in dem schriftlichen Kontrakte festgesetzten Zahltag in Rückstand geblieben. Der dieserhalb angestellten Verkaufsklage machte er die Einrede, daß er den Kontrakt mit jüdischen Schriftzeichen unterschrieben habe und daß er deutsch weder lesen noch schreiben könne, mithin der Vertrag für ihn nicht verbindlich sei und das Schriftstück gegen ihn nicht beweise. Nach dem mündlichen Uebereinkommen sei ein späterer Zahltag bestimmt. Das Ober-Appellationsgericht zu Posen verurtheilte den Beklagten nach dem Klageantrage, indem es annahm, daß der Beklagte, wenn er auch nicht deutsch lesen und schreiben könne, deshalb nicht den Analphabeten gleichzustellen sei; denn er könne schreiben, spreche deutsch und habe den deutschen Kontrakt wirklich unterschrieben. Hierin findet das Geheime Ober-Tribunal auf die eingelegte Nichtigkeits-Beschwerde eine Verletzung von Rechtsgrundsätzen, vernichtet deshalb das Appellationsurtel, verurtheilt aber in der Hauptsache doch den Beklagten nach dem Klageantrage. Es nimmt an, daß derjenige als Schreibens und Lesens kundig nicht angesehen werden könne, der die Schrift, in welcher das Instrument verfaßt ist, nicht lesen und schreiben kann. Darin ist ihm beizutreten, denn nach den darüber gegebenen Vorschriften des A. L. R. ist die Schrift in diesem Falle nicht bloß wesentliche Form, sondern zugleich Beweismittel. Aus der letztern Bedeutung allein hat daher das Geheime Ober-Tribunal auch nur den Beweis für seinen Satz schöpfen können. In der Entwickelung der Gründe aber, welche die Verurtheilung des Verklagten rechtfertigen sollen, ist Dasselbe nicht konsequent, wenn es die Schrift dennoch für beweisend gegen den Beklagten erklärt, deshalb, weil er vor der Uebergabe des Holzes ein Exemplar des Kontrakts erhalten habe, den er sich hätte können vorlesen lassen.

№ 18.

№ 18.

Münster. Colonat. Mahljahre. Peculium. Leibzucht. Aussteuer.

Der mahljährige Besitzer eines im Fürstenthum Münster belegenen Colonats, welcher entweder selbst, oder dessen vorverstorbener Ehegatte, schon zur Zeit der Aufhebung des Leibeigenthums durch das Bergische Decret vom 12. December 1808 sich im Colonatsbesitze befunden, wird, in Beziehung auf das Colonat und die Auseinandersetzung mit dem Anerben nach Ablauf der Mahljahre, noch nach der Münsterschen Leibeigenthums-Ordnung vom 10. Mai 1770 beurtheilt, muß daher das, beim Ablaufe der Mahljahre vorhandene Peculium zurücklassen, und kann seinerseits nur die Leibzucht und die Aussteuer für seine Kinder fordern.

Der Satz ist streitig und wird damit gerechtfertigt, daß das bergische Decret vertragsmäßig bereits begründete Rechtsverhältnisse nicht aufgehoben, also das Verhältniß des mahljährigen Besitzers nicht geändert habe. Das Geheime Ober-Tribunal setzt solches in den Entscheidungsgründen des hier mitgetheilten Revisions-Erkenntnisses vom 13. März 1837 erschöpfend auseinander und hat danach in allen vor dasselbe gebrachten Sachen gleichmäßig erkannt. Durch einen spätern Plenarbeschluß, vom 12. November 1838, ist jedoch der Satz in Ansehung desjenigen Vermögens, welches nach Aufhebung der Leibeigenschaft erworben worden, abgeändert. S. u. zu Bd. IV, № 37.

№ 19.

Hypothekenzinsen. Subhastations-Ordnung. Kaufgelder-Liquidations-Prozeß. Zurückwirkende Kraft.

Die Bestimmungen des §. 18. der Verordnung über den Subhastations- und Kaufgelder-Liquidations-Prozeß vom 4. März 1834, und des §. 25 der Verordnung über die Exekution in Civilsachen vom nämlichen Tage, wegen des Zeitpunkts, nach welchem die rückständigen und laufenden Hypothekenzinsen zu berechnen sind, finden auch auf frühere, noch streitige Fälle Anwendung, selbst wenn der Liquidations-Prozeß über die Kaufgelder des verpfändeten, vor dem 1. Mai 1834 adjudicirten, Grundstücks eröffnet gewesen ist.

Der Satz ist streitig und sehr zweifelhaft. In dem mitgetheilten Rechtsfalle hat ihn das Geheime Ober-Tribunal und der Zweite Senat des Ober-Landesgerichts zu Stettin für richtig erklärt, wogegen das Ober-Landesgericht zu Cöslin, mit dem Justiz-Ministerium (v. Kamptz Jahrbücher, Bd. XLIV, S. 377), der entgegengesetzten Meinung ist. Diese hat auch die besten Gründe für sich, doch hat der Satz, wegen seiner transitorischen Natur, keinen praktischen Werth mehr, daher seine Richtigkeit auf sich beruhen bleiben kann. Ein späterer Plenarbeschluß vom 5. Juni 1838 (Bd. III, № 42) hat ihn noch bestätigen müssen, um ihn zu halten.

№ 20.

Ehemann. Ehefrau. Gläubiger. Execution. Eingebrachte Mobilien.

Ist der Gläubiger eines Ehemannes berechtigt, sich im Wege der Exekution an die eingebrachten Mobilien der Ehefrau zu halten?

Der lange geführte Streit über diese Frage ist nun durch den Gesetzgeber entschieden. Die Verordnung vom 7. April 1838 (G. S. S. 255) verneint die Frage, mit dem Geheimen Ober-Tribunal.

№ 21.

Gemeines Recht. Verjährung. Forderungsrecht. Unvordenkliche Verjährung.

I. Nach Gemeinem Rechte kann durch die bestimmte Verjährung (praescriptio definita) eine Forderung nicht erworben, noch weniger aber die dingliche Beschaffenheit derselben begründet werden.

II. Auch durch die unvordenkliche Verjährung kann dieß nicht geschehen.

Der erste Satz kann nicht als zweifelhaft angesehen werden. Ueber den Zweiten ist Meinungsverschiedenheit. Ob die unvordenkliche Zeit geeignet sei, durch sie ein Forderungsrecht zu erlangen, hängt zunächst davon ab, für was man sie nach ihrer rechtlichen Natur hält. Einige halten sie für eine wahre Verjährung, weil sie im canonischen Rechte praescriptio genannt wird. Nach dieser Meinung kann ein Forderungsrecht allerdings nicht durch sie begründet werden. Andere nehmen an, sie sei gar keine Verjährung, sondern begründe nur eine durch Gegenbeweis zu widerlegende Vermuthung, daß der fragliche Rechtszustand ehemals rechtmäßig und giltig begründet worden sei. In dieser Beschaffenheit halten Viele die unvordenkliche Zeit zum Beweise einer Begründung auch solcher Rechte geschickt, die durch Acquisitivverjährung nicht begründet oder erworben werden können. Gestützt auf diese Meinung war der zweite Satz in dem Zweiten Senate des Geheimen Ober-Tribunals von Neuem in Frage gestellt worden und es mußte die Rechtsfrage an das Plenum gebracht werden. Dieses hat nun durch Beschluß vom 17. Juni 1844 (Entscheidungen Bd. X, S. 1) den bezweifelten Satz, also die alte Meinung bestätigt. Gründlich wird gezeigt, daß die Rechte, welche durch die Immemorial-Präscription sollten erlangt werden können, immer dinglicher Natur und des Besitzes fähig sein müßten. Ohne Dasein eines wahrnehmbaren Besitzstandes kann nicht von der Vermuthung einer in früherer Zeit geschehenen rechtlichen Begründung desselben Rede sein.

№ 22.

Ehemaliges Großherzogthum Berg. Erbverpächter. Erbpächter. Communalsteuer.

I. In den Landestheilen, welche zu dem ehemaligen Großherzogthum Berg eine Zeit lang gehört haben, liegt die Berichtigung der, zur Bestreitung der Gemein-Bedürfnisse ausgeschriebenen Abgaben, seit dem Gesetze vom 21. April 1825, dem früheren Erbpächter als jetzigem Eigenthümer ob, wenn gleich derselbe diese Abgaben nach dem Erbpacht-Contracte zu tragen nicht verpflichtet war.

II. Dieß gilt auch von Communalsteuern, welche nach dem Repartitionsfuße der Grundsteuer ausgeschrieben worden.

Dieselben Sätze hat das Geheime Ober-Tribunal schon bei Entscheidung des, Bd. I, № 7 mitgetheilten, Rechtsfalles ausgesprochen und angewendet. S. oben zu Bd. I, № 7.

№ 23.

Adjudications-Bescheid. Nullitätsklage. Nichtigkeits-Beschwerde.

I. Die Nullitätsklage findet nicht gegen Adjudications-Bescheide statt.

II. Die Nichtigkeits-Beschwerde ist auch gegen die auf Nullitätsklagen ergangenen Erkenntnisse zuläßig.

In einem, vor Emanirung des Gesetzes über den Subhastations- und Kaufgelder-Liquidations-Prozeß vom 4. März 1834, noch nach den Vorschriften der A. G. O. Th. I, Tit. 52 verhandelten Subhastations-Prozesse hatte der Extrahent mit Zustimmung der Realgläubiger, nach Abhaltung des Bietungstermins, in welchem die erschienenen Gläubiger den Zuschlag für das gethane Meistgebot bewilligt hatten, den Subhastations=Antrag zurückgenommen. Der Richter faßte jedoch, in der Meinung, daß die Zurücknahme des Antrags gegen den Willen des Meistbietenden unstatthaft sei, den Adjudications=Bescheid ab, publizirte ihn und übergab das Grundstück dem Adjudicatar. Der vorige Eigenthümer griff nun den Zuschlag mit der Nullitätsklage (das Rechtsmittel der Nichtigkeits=Beschwerde war damals noch nicht gegeben) an, die er auf die Verletzung eines klaren Gesetzes (A. G. O. Th. I, Tit. 16, §. 2, № 2) gründete, weil der Antrag auf Subhastation zurückgenommen worden, also der Consens des Verkäufers fehlen sollte. Beide Senate des Ober=Landesgerichts zu Glogau hielten die Nullitätsklage aus diesem Grunde gegen einen Adjudikations=Bescheid für zuläßig und in dem vorliegenden Falle auch für begründet. Der Beklagte gebrauchte mit Erfolg die Nichtigkeits=Beschwerde. Die Zuläßigkeit derselben gegen die auf Nullitätsklagen ergangenen Erkenntnisse wurde bei dem Geheimen Ober=Tribunale in Frage gestellt, jedoch durch Annahme des zweiten Satzes anerkannt. Seit dem 1. März 1834 findet zwar aus dem Grunde, weil gegen ein klares Gesetz erkannt worden, die Nullitätsklage überhaupt nicht mehr, sondern nur die Nichtigkeits=Beschwerde statt, aber in Beziehung auf die Nullitätsgründe № 1, 3, 4 und 5, §. 2, Tit. 16 der Prozeß=Ordnung bleibt der Grundsatz praktisch wichtig, da aus einem dieser Gründe die alte Nullitätsklage nach wie vor stattfindet.

Der erste Satz fällt Anfangs auf, allein bei näherer Erwägung muß ihm beigetreten werden. Das Geheime Ober=Tribunal zeigt, daß ein Adjudikations=Bescheid aus einem in der A. G. O. Th. I, Tit. 16, §. 2 angegebenen Nullitätsgrunde, mit der 31 Jahre dauernden Nullitätsklage, überhaupt gar nicht angefochten werden kann; vielmehr nur aus einem der, im §. 348, Tit. 11, Th. I des

A. L. R. bezeichneten, formellen Fehler angreifbar ist, und zwar auch nur binnen Jahresfrist. Wenn die Förmlichkeiten der Subhastation beobachtet sind, so wird der redliche Käufer geschützt. Außerdem, und zumal wenn der Adjudikations-Bescheid 30 Jahre hindurch sollte angefochten werden können, würde das durch richterlichen Zuschlag in öffentlicher Subhastation erworbene Eigenthum unsicher sein.

№ 24.

Zahlung. Zurückforderung. Irrthum. Condictio indebiti.

Ein Schuldner, welcher seine Schuld an Einen von mehreren Erben seines Gläubigers in der Absicht berichtigt hat, daß sich derselbe deshalb mit seinen Miterben berechne und ausgleiche, kann, wenn dieß nicht geschieht, die gezahlte Summe nicht als aus Irrthum gezahlt zurückfordern, sondern nur verlangen, daß er von der Verbindlichkeit gegen die Erben seines ursprünglichen Gläubigers befreit, oder daß ihm das Empfangene, in sofern der Empfänger nicht selbst darauf einen Anspruch hat, von demselben zurückgegeben werde.

Jemand, der in der gedachten Absicht seine Schuld an Einen der mehreren Erben seines Gläubigers gezahlt hatte, und von den Uebrigen bedroht wurde, weil der Empfänger den Zweck der angenommenen Zahlung nicht erfüllt hatte, klagte mit der condictio in debiti auf Zurückzahlung. Die Richter beider Instanzen erkannten auch nach dem Antrage; das Geheime Ober-Tribunal hingegen wies den Kläger angebrachtermaßen zurück. Dabei ist nicht das mindeste Bedenken. Bei der Klage war offenbar fehl gegriffen; nicht die condictio indebiti sondern die condictio ob causam datorum war die richtige. Doch braucht der Zahler nicht, wie es der Schluß des Satzes anzudeuten scheint, alternative zu klagen, d. h. die actio praescriptis verbis auf Erfüllung mit der condictio ob causam auf eventuelle Zurückzahlung zu cumuliren.

№ 25.

Schlesien. Brieg. Wenzeslaussches Kirchenrecht. Gewohnheitsrechte. Observanzen. Gütergemeinschaft. Eheleute. Juden. Erbe ohne Vorbehalt. Genehmigung des Ehemannes.

I. In den Provinzen, in welchen das Provinzial-Gesetzbuch noch nicht vollendet ist, sind auch jetzt noch die von den Vorschriften des A. L. R. abweichenden Gewohnheitsrechte und Observanzen in gesetzlicher Kraft.

Der Satz ist schon oft ausgesprochen und angewendet worden, hat auch keinen Zweifel.

II. In Brieg besteht unter beerbten, nicht eximirten Eheleuten allgemeine, in dem dort geltenden Wenzeslausschen Kirchenrechte begründete Gütergemeinschaft.

Auch dieß ist von Alters her von dem Ober-Landesgerichte zu Breslau und von dem Geheimen Ober-Tribunale übereinstimmend angenommen worden und wird von den Schriftstellern bezeugt. Aber durch das Gesetz vom 30. Juni 1841,

§. 1 (G. S. S. 127) ist das in dem gegenwärtigen Jurisdiktions-Bezirk des Land- und Stadtgerichts zu Brieg geltende Wenceslaussche Kirchenrecht vom Jahre 1416, nebst allen auf die ehelichen Güterverhältnisse, die Erbfolge der Ehegatten und Verwandten und die Erbauseinandersetzung sich beziehenden besondern Observanzen mit dem 1. Januar 1842 außer Kraft gesetzt worden, und an die Stelle dieser aufgehobenen Rechte ist das A. L. R. getreten.

III. An Orten, wo die Gemeinschaft der Güter unter Eheleuten durch Provinzial-Gesetze oder Statuten eingeführt ist, sind derselben auch Eheleute jüdischer Religion unterworfen; insbesondere müssen alle von ihnen vorgenommenen Handlungen, in Beziehung auf einen Dritten, nach den Regeln der Gütergemeinschaft beurtheilt werden, selbst wenn die Ehe vor Publikation des Edicts vom 11. März 1812 vollzogen worden, in so fern nicht die Gütergemeinschaft nach Publikation dieses Edicts durch Vertrag ausgeschlossen worden ist.

Hierin herrscht Gleichförmigkeit in den Richtersprüchen. Wegen Westpreußen vergleiche man meine Schrift: Die Juden im Preußischen Staat, Marienwerder 1833, S. 193. Der Satz ist vollkommen folgerichtig.

IV. Ist der Eintritt der Gütergemeinschaft dadurch bedingt, daß die Ehe beerbt ist, so kommt es bei Eheleuten jüdischer Religion nicht darauf an, ob die Kinder vor oder nach Publikation des Edicts vom 11. März 1812 geboren sind.

Der Fall der jüdischen Eheleute, welche zur Zeit der Publikation jenes Edicts schon beerbt waren, ist hinsichtlich des

Eintritts der Gütergemeinschaft analog dem Falle solcher Eheleute, welche schon vor der Trauung gemeinschaftliche Kinder hatten: die Voraussetzung der Gütergemeinschaft ist hier von Anfang der Ehe, dort von Anfang der Gesetzeskraft des Edicts vom 11. März 1812 schon vorhanden.

V. Eine in Gütergemeinschaft lebende Ehefrau, welche in Folge der unterbliebenen rechtzeitigen Einreichung des Inventariums einer ihr angefallenen Erbschaft Erbin ohne Vorbehalt geworden ist, kann sich gegen die hieraus entstehenden Nachtheile nicht durch die Behauptung schützen, daß sie zur unbedingten Erbschaftsantretung der Genehmigung ihres Ehemannes bedurft habe.

Bei einer Unterlassung kann von der Zustimmung und Einwilligung des Mannes nicht Rede sein, bei Versäumung der Zeit zur Einreichung des Inventariums um so weniger, als, wie das Geheime Ober-Tribunal zutreffend hervorhebt, die Schuld davon hauptsächlich den Mann selbst trifft, der als Verwalter des gemeinschaftlichen Vermögens das Erforderliche zu thun hat.

Der Rechtsfall ist übrigens in dem Schlesischen Archive, Bd. I, № 40, ausführlicher mitgetheilt; er berührt noch andere praktisch wichtige Rechtsfragen.

№ 26.

Schadensersatz. Verjährung.

Das Recht auf Vergütigung eines, durch den Bergbau entstandenen Schadens ist der dreijährigen Verjährung nicht unterworfen.

Das Geheime Ober-Tribunal bezog den §. 54, Tit. 6, Th. I des A. L. R., wonach die Klage wegen eines außerhalb dem Falle eines Contracts erlittenen Schadens in drei Jahren verjährt, auf unerlaubte Handlungen. Soviel juristische Gründe für die Richtigkeit dieser Meinung auch sprechen, so ist sie doch durch authentische Auslegung verworfen worden; denn die Declaration vom 31. März 1838 (G. S. S. 252) schreibt vor, daß der §. 54 a. a. O. auf alle, außer dem Falle eines Contracts entstandene Beschädigungen, sie mögen durch eine erlaubte oder unerlaubte Handlung veranlaßt sein, zu beziehen, mithin auch auf Ansprüche wegen Beschädigungen, die bei dem Bergbau zugefügt sind, doch mit Unterscheidung anzuwenden ist. Der Satz gilt daher nicht mehr unbedingt. Das Nähere sehe man unten zu Bd. IV, № 36.

№ 27.

Schenkung. Schuldforderung. Cession. Uebergabe.

Wenn Jemand eine verbriefte Schuldforderung durch Cession erwirbt, das Cessions-Instrument nicht auf seinen Namen, sondern auf den eines Dritten in der Absicht ausstellen läßt, diesem Dritten die Schuldforderung zu schenken, sodann das Schuld- und Cessions-Instrument in seiner Gewahrsam behält, und, wenn auch mündlich, doch nicht schriftlich erklärt, daß er die Documente für den Dritten besitze; so ist durch diese Handlungen eine rechtsgültige Schenkung noch nicht zu Stande gekommen.

Es ist gut, daß dieser Satz, den in dem mitgetheilten Rechtsfalle die Richter aller drei Instanzen übereinstimmend angenommen haben, unter einer solchen Autorität ausgesprochen und publizirt ist; aber zweifelhaft ist er gar nicht.

№ 28.

Landgut. Unbewegliche Pertinenzstücke. Bäuerliche Dienste und Leistungen. Ablösungs-Capitalien. Hypothekengläubiger.

I. Unbewegliche Pertinenzstücke eines Landgutes und die ihnen gleich zu achtenden Rechte, z. B. Dienste und Leistungen der Bauern, welche nicht ausdrücklich im Hypothekenbuche vermerkt sind, haften, sofern sie sich zur Zeit der Eintragung der Hypothek nicht mehr bei dem verpfändeten Gute befunden haben, dem Gläubiger nicht, wenn gleich ihre Abschreibung im Hypothekenbuche nicht erfolgt sein sollte.

Der §. 443, Tit. 20, Th. I des A. L. R. bestimmt, daß das Hypothekenrecht sich auf das Grundstück, und alle zur Zeit der Eintragung dabei befindlichen Pertinenzstücke erstrecke. Pertinenzstücke, welche ein besonderes Folium nicht haben, bedürfen keiner Aufzählung auf dem Folium des Hauptgrundstücks (Hypotheken-Ordnung Tit. 1, §. 34); durch das Hypothekenbuch kann mithin Niemand über das Dasein von Pertinenzstücken getäuscht werden. Daß keine Abschreibung von Pertinenzstücken im Hypothekenbuche sich findet, berechtigt nicht anzunehmen: es müßten dergleichen vorhanden sein. Darauf beruhet es, daß ein Hypothekengläubiger an Sachen, welche ehemals Pertinenzstücke des ihm verpfändeten Grundstücks, aber zur Zeit der Eintragung schon davon getrennt waren, kein Recht hat. Eine andere Frage ist es, ob bäuerliche Dienste den Character von Pertinenzstücken und nicht vielmehr den von Bestandtheilen des Gutes haben. Darüber s. unten zu Bd. V, № 1.

II. Kann sich ein Hypothekengläubiger, wegen des bei der Subhastation des Gutes und im Concurse seines Schuldners erlittenen Ausfalls, an die Bauern, welche die von ihnen dem Gute zu leistenden, dem Hypothekengläubiger mit verhafteten, Dienste in baarem Gelde abgelöst haben, auf Höhe der gezahlten Ablösungs-Capitalien halten, wenn die das Ablösungsgeschäft dirigirende richterliche Behörde das Abkommen der Dienstpflichtigen und des Gutsherrn nicht dem Hypotheken-Gläubiger zur Wahrnehmung seiner Gerechtsame bekannt gemacht hat, und die Ablösungs-Capitalien weder zur Wiederherstellung der durch die Ablösung geschmälerten Sicherheit der Gläubiger, noch zur Abstoßung der zuerst eingetragenen Capitalsposten verwandt sind?

Der Appellationsrichter (der Erste Senat des Ober-Landesgerichts zu Glogau) hatte es für ausreichend erklärt, daß der bei der Subhastation ausgefallene Gläubiger von der Ablösung der Dienste und Zahlung des Ablösungs-Capitals an den Besitzer des verpfändeten Gutes zufällig außergerichtlich Kenntniß erhalten hatte. Ganz mit Recht verwirft das Geheime Ober-Tribunal diese Ansicht und fordert, daß eine Bekanntmachung der Dienstablösung durch die das Verfahren leitende Behörde erfolge; denn es muß den

Real=Interessenten bei dem Verfahren Gelegenheit gegeben werden, ihre Gerechtsame wahrzunehmen, welche darin besteht, entweder die Ablösungssumme auf Abschlag ihrer Forderungen zu nehmen oder auf die Verwendung derselben in das Gut zu halten.

№ 29.

Bauergut. Gutsherr. Veräußerung. Heimfallsrecht.

Welche Wirkung hat eine mit Genehmigung des Gutsherrn vorgenommene Veräußerung eines, dem Heimfallsrechte unterworfenen Bauerguts, nach allgemeinen, beim Mangel specieller Vorschriften anzuwendenden Grundsätzen, auf die Ausübung dieses Heimfallsrechts, wenn der neue Erwerber, ohne zur Nachfolge geeignete Erben zu hinterlassen, stirbt, dergleichen Erben aber noch aus der Familie desjenigen vorhanden sind, welchem früher das Gut verliehen gewesen?

Das Geheime Ober=Tribunal führt in dem Revisionsurtel vom 26. Juni 1837, gegen die Meinung der Richter der beiden ersten Instanzen, mit überzeugenden Gründen aus, daß das Heimfallsrecht, nach seiner Natur, so lange ausgeschlossen ist, als aus dem Geschlechte des ursprünglichen Erwerbers noch successionsfähige Personen vorhanden sind, daß eine mit Genehmigung des Gutsherrn eingetretene Veräußerung, die sonst nicht zuläßig sein würde, nur den Uebergang des nutzbaren Eigenthums auf den neuen Erwerber wirke und das Aussterben der Familie desselben gar keinen Einfluß auf die ursprünglich verabredete Dauer der Verleihung habe, mithin den Rückfall des Guts an den Verleiher nicht bewirke.

№ 30.

Ehe. Kinder. Vermuthung. Praesumtio juris et de jure.

Die im §. 1, Tit. 2, Th. II des A. L. R. ausgesprochene gesetzliche Vermuthung, daß in der Ehe erzeugte oder geborene Kinder von dem Ehemanne erzeugt sind, ist eine unumstößliche (praesumtio juris et de jure), nur ausnahmsweise von dem Ehemanne und den Lehns- und Fideicommißanwartern anzufechtende. Es steht daher namentlich dem Kinde gegen seinen präsumtiven Vater nicht zu, das Gegentheil derselben zu beweisen.

Der Satz ist von der höchsten praktischen Wichtigkeit und kann nicht ohne überzeugende Gründe für wahr angenommen werden. Wäre er eine Rechtswahrheit, so würde darin eine der allermerkwürdigsten Abänderungen des bis dahin geltend gewesenen Rechtszustandes liegen. Bei näherer Betrachtung findet sich aber, daß sein einziger Grund darin besteht, daß in dem A. L. R. der negativen Filiationsklage keiner ausdrücklichen Erwähnung geschehen ist, ohne daß aus dem Zusammenhange oder aus sonstigen Umständen auf eine beabsichtigt gewesene Abschaffung zu schließen. Die Berathungen wie die Fassung lassen erkennen, daß man an diese Klage gar nicht gedacht hat. Auf diese Grundlage hin läßt sich ein so tief in die Familien- und Zustandsrechte eingreifender Satz nicht anerkennen. Der Rechtsfall, welcher zur Hinstellung desselben Anlaß gegeben hat, ist höchst merkwürdig; er führt auf mehrere, in dem A. L. R. gar nicht berührte und bisher auch sonst nicht gründlich erörterte Rechtsfragen.

Im Jahre 1799 trennten sich faktisch ein Paar Eheleute. Der Mann geht in die Welt und ist verschollen. Die Frau zieht als Wirthin zu einem Kaufmanne nach Breslau. In diesem Verhältnisse bringt sie 1803 einen Knaben zur Welt, der auf den Namen des verschollenen Ehemanns seiner Mutter getauft wird. Drei Jahre später läßt sich die Frau von ihrem Manne scheiden, bleibt nach wie vor bei dem Kaufmanne und heirathet diesen endlich im Jahre 1828. Bald darauf stirbt derselbe und hinterläßt ein bedeutendes Vermögen. Seitenverwandte treten als Erbprätendenten auf. Der Sohn der Wittwe aber machte es ihnen streitig, behauptend: er sei nicht der Sohn des verschollenen ersten Ehemannes seiner Mutter, sondern von dem Erblasser außer der Ehe erzeugt und durch die nachfolgende Ehe seiner natürlichen Eltern legitimirt worden. Er klagte zunächst gegen den abwesenden geschiedenen Mann seiner Mutter mit dem Antrag:

> zu erkennen, daß er nicht der eheliche Sohn des Beklagten, sondern von seiner Mutter außer der Ehe mit (von) dem Kaufmann S. erzeugt (geboren) sei.

Der zweite Theil des Antrags gehörte freilich gar nicht in diese Klage und konnte mit dem Verklagten auch überhaupt nicht ausgemacht werden; indeß wurde die Klage von dem Richter in dieser Art angenommen. Der ediktaliter vorgeladene Beklagte blieb aus; es meldeten sich aber die gedachten Erbprätendenten als accessorische Intervenienten und wendeten ein, daß eine Klage, wie die angebrachte, an sich unstatthaft sei. Das Gericht erster Instanz wies die Intervenienten zurück und erkannte gegen den Beklagten in contumaciam:

daß

daß anzunehmen, der Beklagte wolle und könne auf den Kläger keine Paternitätsrechte geltend machen, und habe nichts dagegen zu erinnern, daß Letzterer sich für den natürlichen Sohn des Kaufmanns S. ansehe.

Die Intervenienten appellirten und das Appellationsgericht zu Breslau erkannte reformatorisch auf Abweisung der Klage. Das Geheime Ober-Tribunal hingegen erkannte auf die eingelegte Revision des Klägers:

daß die Intervenienten mit der angebrachten accessorischen Intervention abzuweisen, und dahin das erste Urtel wieder herzustellen.

Nun trat der Kläger mit der affirmativen Filiationsklage gegen die Erbprätendenten des Kaufmanns S. auf. Die Gerichte der beiden ersten Instanzen, nämlich das Landgericht zu Breslau und der Erste Senat des Ober-Landesgerichts daselbst, erkannten gleichförmig: daß die Beklagten schuldig, den Kläger als einen durch nachfolgende Ehe legitimirten Sohn des Kaufmanns S. anzuerkennen. Diese Entscheidung reformirte das Geheime Ober-Tribunal durch das Revisionsurtel vom 26. Juni 1837 dahin, daß der Kläger lediglich abzuweisen.

Diese Geschichte bietet drei Rechtsfragen:

1. Hat das Preußische Recht die negative Filiationsklage?
2. Wirkt die rechtskräftige Entscheidung einer Präjudicialklage gegen Dritte?
3. Wer ist in einer Präjudicial-Sache als rechtmäßiger Widersprecher aufzutreten berechtigt?

Die erste Frage hat das Geheime Ober-Tribunal in dem Vorprozesse bejaht und in dem folgenden Prozesse verneint. Es steht solchergestalt mit sich selbst in Widerspruch. Dieser wird durch die Entscheidungsgründe durchaus nicht genügend aufgelöst. Das Geheime Ober-Tribunal drückt darin nicht klar aus: ob es die negative Filiationsklage an sich für unstatthaft hält, etwa in der Weise, wie das französische Recht den unehelichen Kindern die affirmative Filiationsklage versagt; oder ob es nur den Beweis gegen die eheliche Zeugung in dem Falle nicht zulassen will, wenn das klagende Kind von einer Ehefrau geboren worden ist. Es sagt: „Nun beruhet aber ihr (der Beklagten) Widerspruch auf der Behauptung: daß es dem Kläger überhaupt gesetzlich nicht freigestanden habe, seine eheliche Geburt, seinem präsumtiven Vater gegenüber, anzufechten; und diese Behauptung ist vollkommen begründet.“ Was nun folgt, soll die Unzulässigkeit des Beweises darthun. Daß die negative Filiationsklage an sich nicht stattfinde, d. h. überhaupt gar nicht gekannt und gar nicht gegeben sei, wird zu beweisen gar nicht unternommen. Man muß indeß wohl annehmen, daß solches das Geheime Ober-Tribunal behaupten will, sonst könnte es von der Unzuläßigkeit des Beweises nicht reden. Wenn eine gewisse Klage nicht zuläßig ist, so kann der Beweis der thatsächlichen Voraussetzung ganz auf sich beruhen. Soll die Behauptung nun in der That das rechtliche Dasein, die Statthaftigkeit der negativen Filiationsklage überhaupt, leugnen, so ist die Behauptung ohne rechtlichen Grund. Soll ein geborner Fürst, welchen ein umherziehender Zigeuner factisch in seiner angeblich väterlichen Gewalt hat, gegen diesen Besitzstand nicht auftreten und beweisen dürfen, daß er geschenkt oder gefunden worden, daß also der Zigeuner nicht sein Vater sei? Kein Gesetz verbietet es, kein Rechtssatz steht im Wege. Wohlan, steht ihm das frei, so ist das ihm zustehende Klagrecht eben kein anderes als die negative Filiationsklage, wohlverstanden wenn keine unerlaubte Handlung des angeblichen Vaters behauptet werden kann; sonst würde die Klage eine andere sein. Läßt sich für solchen Fall die Zuläßigkeit der negativen Kindschaftsklage gar nicht bestreiten, weil sie nicht abgeschafft worden ist und ein Jeder Anspruch auf Schutz seiner wirklichen Standesrechte hat: so könnte die Behauptung des Geheimen Ober-Tribunals nur dahin gehen, daß dieses Klagrecht nur in gewissen Fällen, namentlich in dem Falle, wenn erweislich eine Ehefrau das negirende Kind geboren hat, ausgeschlossen sei. Damit würde eine Ausnahme von der Regel behauptet werden; Ausnahmen von einer Rechtsregel können aber nicht willkürlich gemacht werden, sondern müssen in einer ausdrücklichen Bestimmung ihren Grund haben. An einer solchen Bestimmung fehlt es gänzlich. Noch einen andern Sinn könnte die in Rede stehende Behauptung des Tribunals haben, nämlich den: daß zwar auch in diesem Falle die Klage an sich zuläßig sei, daß jedoch die Vermuthungen und die Beweisgründe, welche zur Widerlegung der affirmativen Filiationsklage oder zur Beweisführung für die negative Paternitätsklage dienen, ausgeschlossen seien. Aber auch dafür fehlt jeder juristische Grund; eine solche Singularität bei einer einzelnen Anwendung der Präjudicialklage ist ohne positive Satzung unannehmbar. Nach dieser Erörterung muß die Zuläßigkeit der negativen Filiationsklage, sowohl überhaupt als insbesondere auch in dem fraglichen Falle, nach Preußischem Rechte, entschieden behauptet werden.

Die zweite Frage, betreffend die Wirkung der Präjudicialklagen, wird wie folgt abgefertigt: „Zwar muß nachgegeben werden, daß durch die Entscheidung in dem früheren Rechtsstreite, so unvollkommen auch deren Fassung in Betreff des Hauptverklagten erscheint, dennoch dessen Nichtvaterschaft rechtskräftig festgestellt hat. — Nun scheint sich zwar hieraus unmittelbar die Folgerung zu ergeben, daß, da sonach über den Rechtszustand, den status. des Klägers, mit

Bezug auf seine Erzeugung und seine dadurch bedingte Stellung im Leben, rechtskräftig erkannt worden, diese Entscheidung nicht allein zwischen seinem präsumtiven Vater und ihm, sondern auch ganz allgemein bindende Kraft haben müsse. — (Warum scheint es? Die Gründe sind nicht überflüßig, die Kontrole der Folgerichtigkeit der weitern Schlüsse ist dadurch bedingt.) Allein in dem vorliegenden Falle erscheint diese Folgerung aus einem doppelten Grunde nicht statthaft. Einmal, weil jene Entscheidung eine nichtige ist (es ist anzuerkennen, daß das Geheime Ober-Tribunal seine eigene Entscheidung für nichtig erklärt) und mithin, wenn sie gleich, als unangefochten, der Form nach aufrecht erhalten werden muß, doch einer strengen (warum strengen?), nicht über die Rechte Derjenigen hinaus sich erstreckenden Deutung unterliegt, zwischen denen sie erging (das geht niemals an); sodann aber vornämlich deshalb, weil den gegenwärtigen Beklagten ihre Rechte auch außerdem bestimmt vorbehalten geblieben sind" (das ist ganz bedeutungslos, auch ohnedies schadet ihnen die res judicata nicht, wenn sie nicht in rem wirkt, worüber der Verfasser sich nicht ausläßt). Machen wir uns zuvor klar, welche juristische Gedanken in diesen Worten liegen. Die Phrase: daß, wenn gleich das rechtskräftige Urtel „der Form nach aufrecht erhalten werden muß," dasselbe als nichtig doch nicht gegen die jetzigen Beklagten wirke, heißt: das Urtel ist gegen die Beklagten ipso jure nichtig. Das ist zwar eine uneigentliche Bezeichnung, aber in gewisser Hinsicht im Erfolge richtig. Jenes Urtel weiset zuerst die Intervenienten rechtskräftig zurück. Das können sie sich gefallen lassen, denn von ihnen wird in jenem Prozesse nichts verlangt. Dann spricht es gegen den Beklagten aus:

daß anzunehmen, er wolle und könne auf den Kläger keine Paternitätsrechte geltend machen.

Das kann den Intervenienten gleichviel gelten. Weiter bestimmt das Urtel:

daß anzunehmen, der Beklagte habe nichts dagegen zu erinnern, daß der Kläger sich für den natürlichen Sohn des Kaufmanns S. ansehe.

Auch das kann den Intervenienten gleichgültig sein. Was kümmert es sie: ob der Beklagte bei der Ansicht des Klägers etwas zu erinnern habe oder nicht? Es ist aber, um der Sache näher zu treten, eine keinen Dritten berührende Entscheidung, daß der Kläger kein Sohn des Beklagten sei. Wessen Sohn er sonst sei, ist damit noch immer nicht entschieden, und dieses wäre es doch nur, was den Betroffenen interessiren könnte. Doch der zweite Theil der Entscheidung:

daß der Kläger sich für den natürlichen Sohn des Kaufmanns S. ansehe,

könnte dahin zielen. Aber es ist ja bloß erkannt: daß anzunehmen: „der Beklagte habe nichts dagegen zu erinnern." Daß noch Andere, und namentlich der Kaufmann S. selbst und seine Erben und Familie, Etwas dagegen zu erinnern haben, ist ganz unverwehrt. Nur wenn dieses erkannt worden wäre, würde die Entscheidung rücksichtlich der Erbprätendenten nichtig gewesen sein, weil es gegen Jemand ergangen, den man nicht gehört hätte. Betrachtet man die in Rede stehende Entscheidung auf diese Weise, so ergiebt sich, daß sie gar nicht über eine Präjudicial-Sache ergangen ist, bei welcher die spätern Beklagten (die S.schen Seitenverwandten) irgend ein Interesse haben. Dieses also allein ist der Grund, warum jene Entscheidung den Rechten der S.-schen Verwandten gar nicht präjudicirlich ist und nicht präjudicirlich sein kann. Deshalb aber kann man sie nicht nichtig nennen. Aus dieser Betrachtung erhellet, daß die Frage: welche Wirkung die rechtskräftige Entscheidung einer

Präjudicial-Klage gegen Dritte habe? hier ganz bei Seite bleibt.

In Beziehung auf die dritte Frage verneint das Geheime Ober-Tribunal die Zulassung der Erbprätendenten als accessorische Intervenienten in dem Vorprozesse, „weil die accessorische Intervention zwei Hauptpersonen voraussetze, in dem gedachten Prozesse aber der edictaliter vorgeladene Verklagte, da er gegen sich in contumaciam verfahren lassen, ausgeschieden sei, obwohl nur er diejenige Person sein könne, welcher die Intervenienten zu assistiren beabsichtigten." Also, weil der Beklagte die der Klage zum Grunde gelegten Thatsachen geständig ist oder wegen seines Stillschweigens oder Ausbleibens für geständig erachtet wird und sich gefallen läßt, was nach den Rechten daraus folgt, — darum soll er aus dem Prozesse ausgeschieden sein?! Mit wem hätte denn da noch der Kläger Prozeß gehabt? Der Grund ist thatsächlich nicht richtig und rechtlich nicht gültig. Ein ausbleibender Beklagter steht dem Erschienenen, welcher zugesteht (aber das jus nicht anerkennt) völlig gleich. Wenn gleich er selbst keine Exception zu machen weiß, so ist darum doch dem accessorischen Intervenienten unbenommen, auf seine eigene Hand rechtliche Einwendungen vorzubringen, dazu hat er die Zustimmung der Hauptpartei nicht nöthig; denn es „steht ihm frei, sich bei dem Prozesse zu melden und dieses sein Recht oder Interesse als Intervenient auszuführen." A. G. O. Th. I, Tit. 18, §. 1. Darum kann ja auch ein accessorischer Intervenient ganz allein für sich, ohne die Hauptpartei, appelliren. Der angegebene Grund rechtfertigt also die Abweisung der Intervention gar nicht. Allein aus einem materiellen Grunde kann sie gerechtfertigt sein. Man kann nämlich nicht aus bloßem Einfalle bei dem ersten besten Prozesse sich als accessorischer Intervenient melden, weil nach der Regel keine Partei sich einen andern Gegner aufdringen zu lassen schuldig ist. Nur in zwei Fällen wird von dieser Regel eine Ausnahme gestattet: wenn ein Dritter der einen Partei, falls sie unterläge, gerecht werden müßte, oder wenn sein Recht oder Anspruch durch den Ausfall des Prozesses **bedingt** ist. Dieses ist es, was die A. G. O. a. a. O. mit den Worten sagen will: „wenn Jemand an eine Sache oder Befugniß, worüber zwei Parteien mit einander im Prozesse befangen sind, ein Recht oder ein Interesse **dabei** zu haben glaubt." Vergl. L. 29 pr. D. de inoff. testam. (V, 2); L. 4 §§. 2—4, L. 5 §. 1, L. 14 pr. D. de appell. (XLX, 1); Nov. 112, c. 1. Also das Recht oder Interesse, welches der Dritte zu haben glaubt, muß so beschaffen sein, daß es, als thatsächlich richtig vorausgesetzt, durch den Ausfall des Prozesses irgend wie bedingt oder bedroht ist. Das „zu haben glaubt" bezieht sich nicht auf den, vielleicht nur in der Vorstellung des Dritten vorhandenen, rechtlichen Zusammenhang seines Interesses mit der streitigen Rechtssache, nicht auf das „dabei"; sondern auf die Richtigkeit seines angeblichen Rechts: das „**dabei**" muß ersichtlich sein. Aus diesem Grunde läßt sich die Abweisung der Intervention bei der in Rede stehenden Präjudizial-Sache sehr wohl rechtfertigen, denn das Recht der Seitenverwandten des Kaufmanns S. blieb ungefährdet und unberührt, mochte der Streit des Sohns der Wittwe mit deren geschiedenem Ehemanne ausfallen wie er wollte.

Nach dieser Betrachtung ist dem Revisions-Erkenntnisse des Geheimen Ober-Tribunals in dieser Sache in keiner Beziehung Beifall zu geben, weder hinsichtlich der Entscheidung noch in Ansehung der Begründung: die Rechtsentwickelung hat dabei nichts gewonnen.

№ 31.

Legat. Geldvermächtniß. Concurs. Priorität. Separationsrecht. Titel zum Pfandrecht.

I. Steht dem Legatar, wegen eines Geldvermächtnisses, ein Vorzugsrecht in dem Vermögen des Erben zu?

Wird in allen drei Instanzen verneint und ist auch nicht zweifelhaft, da den Vermächtnissen nur in der Erbschaft ein Vorzug vor den eigenen Schulden des Erben gebührt.

II. Begründet jeder Titel zum Pfandrechte das Vorzugsrecht der vierten oder fünften Klasse?

Auch diese Frage wird verneint, indem ausgeführt ist, daß nur die in der Klassifikations-Ordnung namhaft gemachten Vorzugsrechte im Konkurse Geltung haben.

№ 32.

Pacht. Vorausbezahlung. Quartal. Hypothekengläubiger.

Für welches Quartal darf ein Pächter die im Hypothekenbuche nicht vermerkte Vorausbezahlung der Pacht den Hypothekengläubigern entgegensetzen?

In einem Pachtkontrakte war ausbedungen, daß die Caution in Hinsicht der Contrahenten als ein Pachtvorschuß angesehen werde, der in dem letzten Pachtjahre von der Pacht in Abzug komme; in Hinsicht der Hypothekengläubiger wurde aber von dieser Caution nur ein vierteljährliches Pachtquantum von 700 Rthlr. als Pachtvorschuß angesehen und im letzten Pachtjahre in Abzug gebracht. Der Verpächter starb mehrere Jahre vor Beendigung der Pacht und über seinen Nachlaß entstand der erbschaftliche Liquidationsprozeß. Dabei verlangte der Pächter die Zuerkennung der Befugniß, die erst im letzten Pachtjahre abzurechnenden 700 Rthlr. Pachtvorschuß auch rücksichtlich der Hypothekengläubiger in Anrechnung zu bringen. Das geschah auch in dem Klassifikations-Erkenntnisse. Das Appellationsgericht (zweite Senat des Ober-Landesgerichts in Stettin) jedoch, und das Geheime Ober-Tribunal erklärten ihn für nicht berechtigt zu solcher Anrechnung, weil nach §. 324, Tit. 16, Th. I des A. L. R. der Pächter im Concurse des Verpächters von seinem Compensationsrechte aus der Caution, zum Nachtheile der eingetragenen Gläubiger, nur in sofern Gebrauch machen kann, als er — was nicht geschehen war — seine Caution, und das derselben beigelegte Compensationsrecht früher, als diese Gläubiger, hat eintragen lassen. Das Gericht erster Instanz (der erste Senat desselben Ober-Landesgerichts) war der Meinung gewesen, diese Bestimmung finde nur im Concurse, nicht auch im erbschaftlichen Liquidationsprozesse Anwendung. Das Geheime Ober-Tribunal verwirft solche Meinung mit Recht und führt aus, daß bei dem erbschaftlichen Liquidationsprozesse in Betreff der Passivmasse, und namentlich der Classificirung der Gläubiger, ganz allgemein, mit geringen, hier nicht zutreffenden Ausnahmen, die Vorschriften des Tit. 50, §§. 116 flg. der Prozeßordnung gelten. Dieser Satz hätte ebenfalls an die Spitze gestellt werden mögen. Sodann weiset das Geheime Ober-Tribunal nach, daß das eine Quartal, auf welches der Pächter den Hypothekengläubigern die Vorausbezahlung der Pacht entgegensetzen könne, dasjenige ist, in dessen Laufe die gerichtliche Beschlagnahme erfolgt.

№ 33.

Pachtvertrag. Pacht in Pausch und Bogen. Oeffentliche Abgaben. Grundsteuer. Nutzungsrecht. Gewährleistung.

I. Eine Pacht in Pausch und Bogen ist, wenn dieß auch nicht ausdrücklich bestimmt worden, stets dann als vorhanden anzunehmen, wenn der Pachtung nicht ein Anschlag zum Grunde gelegt ist.

II. Oeffentliche Abgaben, welche einem Pachtgrundstücke nach geschlossenem Pachtvertrage auferlegt worden sind, sind als Schmälerung des Nutzungsrechts anzusehen, die dem Pächter einen Anspruch auf Vergütigung geben.

Gegen beide Sätze ist nichts zu erinnern. Den Ersten hatte zwar der Appellationsrichter (der Zweite Senat des Ober-Landesgerichts zu Paderborn) geleugnet, allein das Geheime Ober-Tribunal zeigt in dem Nichtigkeitsurtel vom 24. Juli 1837 sehr richtig, daß sich der Pachtkontrakt, bei welchem ein Anschlag nicht zum Grunde liegt, von selbst als ein solcher darstellt, welcher in Pausch und Bogen geschlossen worden, ohne daß es dazu der ausdrücklichen Erklärung bedarf.

№ 34.

Partial-Cession. Cessionarius. Document. Forderung.

Das Eigenthum einer cedirten Forderung, worüber briefliche Urkunden vorhanden sind, geht auch bei Partial-Cessionen auf den Cessionar durch die bloße schriftliche Erklärung des Cedenten, ohne Uebergabe des betreffenden Documents, oder der davon abzuzweigenden Urkunde, über. Ob die Forderung eine bloß persönliche oder eine hypothekarische ist, macht dabei keinen Unterschied.

Was von der Cession überhaupt, das gilt auch von der Partial-Cession in Hinsicht auf die Erfordernisse zur Vollziehung des Rechtsgeschäfts. Zur Cession einer gewöhnlichen Personalforderung ist die Aushändigung der Schuldurkunde allerdings nicht erforderlich, denn diese ist nur ein Beweismittel und kann, wenn sie verloren gegangen, durch die bloße Erklärung (Mortifikationsschein) des Gläubigers vernichtet werden. Daß solches aber von allen persönlichen Forderungen gelte, ist nicht gegründet. Wechsel, kaufmännische Assignationen und auf den Inhaber lautende Schuldscheine machen davon eine Ausnahme: hierbei ist die Urkunde der Träger des Rechts und gilt als Waare. Aehnlich ist es mit den Hypothekenforderungen. Der Satz ist daher in seiner Allgemeinheit unrichtig. Man muß die bei der Cession eintretenden verschiedenen Verhältnisse unterscheiden. Im Verhältnisse des Cedenten zum Cessionarius genügt die schriftliche Erklärung des Cedenten vollkommen; das Geschäft wird dadurch gültig vollzogen und der Cedent ist schuldig, dem Cessionarius das Instrument zu verschaffen. Ganz anders stellt sich die Sache in dem Verhältnisse des Cessionarius zu dem Schuldner und zu dem Dritten. Der Schuldner braucht Denjenigen, der bloß eine schriftliche Erklärung des Cedenten hat, für seinen Gläubiger nicht anzunehmen; er kann nur an den Inhaber des Instruments in Folge der Erklärung des bisherigen Gläubigers sicher zahlen. Hat also der Gläubiger die Post an Mehrere nach einander cedirt, so hat, die Redlichkeit vorausgesetzt, Derjenige von ihnen, dem zugleich das Document ausgehändigt worden ist, das Forderungsrecht erworben, wenngleich seine Cession die jüngste wäre. Nur in dieser Beschränkung ist der an die Spitze gestellte Satz wahr. Das hat das Geheime Ober-Tribunal selbst auch später bereits ausgesprochen. S. unten zu Bd. IV, № 7.

№ 35.

Alimente. Solidarische Verpflichtung. Unvermögen. Nichtigkeits-Beschwerde.

I. Die subsidiarische Verpflichtung zur Ernährung eines hülfsbedürftigen Verwandten tritt ein, sobald bei dem zunächst Verpflichteten kein Vermögen vorhanden ist, sollte derselbe auch bei größerer Anstrengung seiner Kräfte seiner Pflicht zu genügen im Stande sein.

II. Es ist kein Grund der Nichtigkeit eines Erkenntnisses, wenn der Richter aus dem wörtlich richtig aufgefaßten Inhalte einer Erklärung oder eines Beweismittels unrichtige Schlüsse, selbst über factische Verhältnisse, herleitet.

Der erste Satz drückt ganz richtig ein wesentliches Erforderniß zur Begründung eines gesetzlichen Alimentations-Anspruchs aus, denn die Alimentations-Verbindlichkeit ist wesentlich bedingt durch Ueberfluß auf der Seite des Verpflichteten, d. h. durch einen überflüssigen Güterbesitz. Mangelt es daran, so ist die Obligation nicht vorhanden; sind mehrere nacheinander Verpflichtete, so ist Derjenige unter ihnen, bei welchem zunächst die Voraussetzung zutrifft, verbunden. Eine Frage ist: ob es zur Begründung der Klage (ad fundandam intentionem) gegen einen Nachstehenden gehört, zu behaupten und mithin zu beweisen, daß der Nähere, wegen eignen Mangels, nicht verbunden sei, oder ob der in Anspruch Genommene das Dasein eines ihm vorgehenden Verpflichteten excipiren muß. Ich glaube das Erstere, weil nach den Grundsätzen des A. L. R. die Verbindlichkeiten mehrerer nach einander folgender Verpflichteten als bedingte behandelt werden, so daß nicht, wie nach R. R., die exceptio ordinis zur Abwehrung der an sich zulässigen Klage gegeben ist, sondern der Eintritt der Bedingung von dem Kläger behauptet werden muß. A. L. R. Th. I, Tit. 14, §. 283.

Der zweite Satz ist eine nicht zu bezweifelnde Prozeßregel.

№ 36.

Auseinandersetzungen. Revision. Summa revisibilis.

Bei der Prüfung, ob die Größe des Gegenstandes das Rechtsmittel der Revision gestatte, sind in allen, den General-Commissionen und Regierungen übertragenen, Auseinandersetzungen die Interessen der mehreren Betheiligten, welche das Rechtsmittel ergreifen, zusammenzurechnen, ohne Unterschied, ob es sich von Leistungen im engeren Sinne (bäuerlichen Leistungen) handelt, oder nicht.

Die Kabinetsordre vom 7. Mai 1838 (Jahrb. Bd. LI, S. 374) schreibt vor, daß wenn es sich von gleichartigen, auf demselben rechtlichen Verhältnisse beruhenden Leistungen mehrerer Personen handelt, die Verhandlung in einem Prozesse zugelassen werden soll. Wenn dieses geschehen, findet bei der Prüfung der Appellabilität oder Revisibilität des Gegenstandes eine Zusammenrechnung statt. Vergl. auch §. 32 der Verordnung über das Verfahren in Civilprozessen, vom 21. Juli 1846 (G. S. S. 300).

№ 37.

Darlehn. Creditiren. Subaltern-Officier. Fiskus.

Wenn, außer dem Falle des §. 690, Tit. 11, Th. I des A. L. R., einem Subaltern-Officier ohne Einwilligung des Chefs oder Commandeurs Sachen auf Credit gegeben worden sind; so hat zwar der Gläubiger kein Klagerecht, allein die creditirte Summe verfällt nicht dem Fiskus.

Ist übereinstimmend von den beiden Senaten des Ober-Landesgerichts zu Frankfurt, und auf die angebrachte Nichtigkeits-Beschwerde auch von dem Geheimen Ober-Tribunale angenommen worden. Das Letztere führt überzeugend aus, daß die Vorschrift des §. 690, Tit. 11, Th. I des A. L. R., wonach wegen Zurückforderung des zum Darlehn „Gegebenen" der Fiskus an die Stelle des Gebers treten soll, nicht auf andere Rechtsgeschäfte, namentlich nicht auf Forderungen aus Käufen auf Credit anzuwenden.

№ 38.

Herzogthum Westphalen. Suspension des Allgemeinen Landrechts. Ehegelöbniß. Rücktritt. Repudium.

I. Genügt im Herzogthume Westphalen zur gültigen Abschließung eines Ehegelöbnisses die mündliche Form, oder ist die gerichtliche, oder notarielle, oder doch wenigstens die schriftliche Form erforderlich?

In den Erkenntnissen aller drei Instanzen wird ausgeführt, daß wegen Suspension der bezüglichen Titel des A. L. R., bei dem Mangel besonderer provinzialrechtlicher Bestimmungen, das canonische Recht zur Anwendung kommt, wonach die mündliche Form genügt.

II. Es gewährt einen rechtlichen Grund zum Rücktritte von einem Ehegelöbnisse, wenn der eine Verlobte bei Schließung desselben nicht gewußt hat, daß der Andere damals noch in einem früher eingegangenen Verlöbniß gestanden, ohne Unterschied, ob Letzteres nachträglich aufgelöst worden ist oder nicht.

Die Richter der beiden ersten Instanzen hatten das Gegentheil angenommen. Das Geheime Ober-Tribunal findet, abgesehen davon, daß gemeinrechtlich ein geschlossenes Ehegelöbniß der Eingehung eines späteren im Wege ist, in dem bezeichneten Umstande eine causa rationabilis, wegen welcher Sponsalien einseitig aufgelöst werden können. Darin ist beizustimmen.

№ 39.

Pertinenzstücke. Hauptsache. Hypothekenrecht.

Unter den Worten: „getrennt worden," im §. 445, Tit. 20, Th. I des A. L. R. ist ein wirkliches Fortschaffen oder Wegnehmen des Pertinenzstückes von der Hauptsache, und nicht die bloße Veränderung des Eigenthümers, zu verstehen.

Regel ist, daß das dingliche Recht des Hypothekengläubigers sich auf das ganze Grundstück und alle zur Zeit der Eintragung dabei befindlichen Pertinenzstücke erstreckt. Eine Ausnahme ist mit beweglichen Pertinenzstücken gemacht, indem der §. 445 a. a. O. bestimmt:

„In sofern jedoch bewegliche Pertinenzstücke, in der Zwischenzeit von der Eintragung bis zur wirklichen Vollstreckung der richterlichen Execution, von der Hauptsache getrennt worden, geht die darauf gehaftete dingliche Verpflichtung auf den dritten Besitzer nicht mit über"

Diese Bestimmung ist verschieden ausgelegt worden und es sind, in Folge dessen, bei dem Geheimen Ober-Tribunale selbst, widersprechende Entscheidungen ergangen. Nach einer Ansicht soll nur eine Trennung in rechtlicher Beziehung gemeint sein, so daß namentlich durch Uebertragung des Eigenthums des Pertinenzstücks von dem Hypotheken-Schuldner auf einen Dritten das dingliche Recht des Hypothekar-

gläu-

gläubigers aufgehoben werde. Die andere Ansicht verbindet eine solche Wirkung erst mit der **örtlichen** Trennung, nämlich mit der Wegnahme oder Fortschaffung aus dem Grundstücke. Bei diesem Stande der Meinungen kam wieder folgender Rechtsfall zur letzten Entscheidung an das Tribunal:

Ein Zuckersieder hatte aus seiner Fabrik eingemauerte Geräthschaften, Pfannen, Kessel und Schraubepressen verkauft, und darauf zugleich, in derselben Urkunde, dieselben Gegenstände wieder auf so lange, als in dem Lokale die Zuckersiederei noch würde betrieben werden, von dem Käufer gemiethet. Behufs Uebergabe der verkauften Sachen wurden dieselben aus den Umfassungsmauern herausgenommen und dem Käufer überliefert; sie blieben aber zum Gebrauch von Seiten des Verkäufers und nunmehrigen Miethers in dem Locale und wurden auch wieder eingemauert. Später entstand darüber ein Rechtsstreit: ob die Hypothekengläubiger sich daran halten dürften, die Richter der beiden ersten Instanzen hatten zu deren Gunsten entschieden. Der Käufer legte die Nichtigkeits-Beschwerde ein, und in Folge derselben kam jene Auslegung von Neuem zur Berathung im Pleno des Geheimen Ober-Tribunals, wobei der an die Spitze gestellte Satz durch Beschluß vom 10. Juli 1837 angenommen worden ist. Die Gründe sind so überzeugend und erschöpfend, daß nichts hinzuzufügen ist.

III. Band.

Enthaltend 42 Rechtsfälle.

№ 1.

Ehegelöbniß. Väterliche Gewalt. Väterliche Einwilligung.

Nach gemeinem römischen und kanonischen Rechte ist ein Ehegelöbniß eines in väterlicher Gewalt befindlichen Kindes wegen Mangels der väterlichen Einwilligung nichtig.

Der Rechtsfall ist, wie der kurz vorhin (Bd. II, № 38) vorgekommene, aus dem Herzogthum Westphalen (Bezirk des Ober-Landesgerichts zu Arnsberg). Die Frage: ob das Verlöbniß eines in väterlicher Gewalt befindlichen Kindes, ohne Genehmigung des Vaters, gültig sei, ist schon in jenem Falle von dem Geheimen Ober-Tribunale nebenher verneint worden, und bildet in diesem Rechtsfalle den Hauptgegenstand des Streits. Die Richter der beiden ersten Instanzen hatten sie bejahet, der Appellationsrichter auf Grund einer churkölnischen Verordnung vom 16. September 1755. Das Geheime Ober-Tribunal verneint sie wiederholt und zeigt, daß diese Verordnung nichts Neues vorschreibt, vielmehr bei den Bestimmungen des Gemeinen Rechts stehen bleibt, nach welchen der Satz unzweifelhaft richtig ist.

№ 2.

Miethsvertrag. Vermiether. Miether. Hauptbau. Kündigung.

I. Wenn an einem Hause ein Hauptbau nothwendig wird, welcher nicht geführt werden kann, so lange ein im Hause wohnender Miether die gemiethete Wohnung in Besitz hat, so ist der Miether nicht bloß zur Räumung der Wohnung während des Baues verpflichtet, vielmehr ist sowohl der Vermiether als der Miether berechtigt, den Miethsvertrag aufzuheben, und Keiner kann den Andern nach Vollendung des Baues zur Fortsetzung des Contracts anhalten.

II. Hat in einem solchen Falle, wegen plötzlich eingetretener Gefahr, die Räumung von Seiten des Miethers geschehen müssen, so ist die Aufhebung des Miethsvertrags nicht von einer besonderen Kündigung abhängig.

Der zweite Satz kann ohne alles Bedenken für wahr angenommen werden, da bei plötzlich eintretender Gefahr keine Bedenkzeit ist. Was aber den Ersten betrifft, so ist eine nähere Betrachtung der Gründe nicht ohne Anziehung.

Jemand hatte sein ganzes Haus, mit Vorbehalt einiger Böden und Kellerräume, auf 17 Jahre vermiethet. Nach 12 Jahren zeigten sich am Hause plötzlich Risse und Senkungen, und es wurde von Polizei wegen die sofortige Räumung angeordnet. Die Bewohner zogen aus, doch blieb ein Theil der Localitäten ungeräumt. Der Eigenthümer führte den nothwendig gewordenen Hauptbau aus, wodurch das Haus zum Theil eine veränderte Gestalt und Einrichtung erhielt. Als nach einem halben Jahre der Bau vollendet war, wollte der Miether wieder einziehen. Der Vermiether verweigerte jedoch die Wiedereinräumung des Hauses und klagte gegen den Miether mit dem Antrage:

> das bestehende Miethsverhältniß für aufgehoben und den Miether für schuldig zu erachten, den noch nicht geräumten Theil des Hauses sofort zu räumen.

Der Richter erster Instanz (das Land- und Stadtgericht zu Magdeburg) wies den Kläger ab; der Appellationsrichter (der zweite Senat des Ober-Landesgerichts daselbst) erkannte nach dem Antrage und das Geheime Ober-Tribunal bestätigte dies in der Revision, indem Es die Bestimmung des §. 363, Tit. 21, Th. I des A. L. R.:

> „Wegen eines an der gemietheten Sache vorfallenden nothwendigen Hauptbaues, welcher, so lange der Miether die Sache im Besitze hat, nicht geführt werden kann, muß sich derselbe, auch vor der contractmäßigen Zeit, zur Räumung verstehen,“

so auslegt, wie der erste Satz sagt. Diese Auslegung ist auch die richtige, weil nach dem A. L. R. Th. I, Tit. 5, §. 364 der Zufall den Contract aufhebt. Aber dies ist auch der einzige juristische Grund, wodurch der Satz gerechfertigt wird; alle übrigen, aus der Sache noch hergenommenen Gründe tragen dazu nichts bei. Dahin gehört zuerst die Deutung des Ausdrucks „Räumen.“ Es sei klar, heißt es, daß damit nicht eine Räumung während der Zeit des Baues verstanden werden könne, da nicht abzusehen, wie der Miether, wenn er doch einmal sein Wohnungsrecht für vielleicht unbestimmte Zeit aufgeben müsse, sollte genöthigt werden können, nach vollendetem Bau den Contract wieder fortzusetzen. — Freilich, es ist nicht bloß nicht abzusehen, wie der Miether dazu sollte genöthigt werden können, sondern es ist sogar mit Sicherheit zu sehen, daß der Miether nicht genöthigt werden kann. Davon ist aber auch nicht Rede, denn es handelt sich nicht um die Verbindlichkeit sondern um die Berechtigung des Miethers. Wird der Vermiether durch Zufall vorübergehend verhindert, dem Miether die Wohnung ununterbrochen zu gewähren und verschafft er ihm unterdessen auch nicht eine andere, so ist der Miether nicht verpflichtet, bei dem Kontrakte zu bleiben: er kann sich eine andere Wohnung suchen, wenn er nicht die Beseitigung des Hindernisses abwarten will. Dieses ist es, was aus der Natur der Sache, abgesehen von positiven Satzungen, folgt und was auch das Römische Recht in der L. 60 pr. D. locati conducti (XIX, 2) annimmt. Dort wird, nachdem vorher gesagt worden, der Vermiether müsse dafür stehen, daß der Miether das Haus von Anfang contractmäßig gebrauchen könne, gefolgert: „Itaque si ea domus, ex Kalendis Januariis fulta in Kalendis Juniis permansisset, ita ut nec habitare quisquam — posset, nihil locatori conductorem praestaturum, adeo ut nec cogi quidem posset, ex Kalendis Juliis defecta domo habitare, *nisi si paratus fuisset locator commodam domum ei ad habitandum dare.*" Weiter wird als Grund hervorgehoben: „es wäre in der That völlig überflüssig gewesen, festzusetzen, daß bei vorfallendem nothwendigen, während des Besitzes des Miethers nicht ausführbaren, Hauptbaue der Miether zu einer interimistischen Räumung verpflichtet sei; denn eine solche führte die vorausgesetzte Nothwendigkeit des Baues von selbst mit sich." Wäre auch die Bestimmung überflüssig gewesen, so würde daraus die Beendigung des ganzen Miethsverhältnisses doch noch nicht folgen.

Das R. R. bestimmt gleichfalls, daß der Miether, im Falle einer Ausbesserung des Hauses, ausgetrieben werden könne (L. 3 C. de locato et conducto. IV, 65), und doch wird dadurch allein das ganze Kontraktsverhältniß noch nicht aufgehoben, vielmehr ist die vorzunehmende Reparatur nur ein Grund für den Miether, vor der Zeit einseitig abzugehen (L. 27 pr., L. 60 pr. D locati conducti), woraus von selbst folgt, daß er, falls er davon keinen Gebrauch macht, nach ausgeführter Reparatur, wenn die Miethszeit noch nicht abgelaufen, wieder einzuziehen berechtigt ist, was die gemeinrechtlichen Schriftsteller in der That auch behaupten. In dem A L. R. ist nicht bestimmt, daß eine nothwendige Reparatur jeden Theil zum einseitigen Rücktritte berechtige, vielmehr wird nur, so wie in der L. 3 C. de locato conducto, gesagt, daß der Miether räumen müsse. Diese Bestimmung ist aber doch auch nicht überflüssig Denn da ein der Reparatur bedürftiges Haus nicht immer plötzlich gefährlich wird, sondern in sehr vielen, vielleicht in den meisten Fällen, zur Noth wohl noch so lange aushält, daß der Miether seine Zeit aussitzen kann, wenn gleich die Kosten der später erfolgenden Reparatur, zum Schaden des Eigenthümers, sich sehr vergrößern, so war es allerdings nöthig, den Satz, daß der Miether zur zeitgemäßen Ausbesserung Raum zu geben schuldig, auszusprechen und dabei zugleich die Entschädigung des Miethers zu bestimmen. Hierin wiederholt das Landrecht Th. I, Tit. 21, §. 363—365 im Wesentlichen die Bestimmungen des R. R. L. 30 pr., L. 35 D. locati conducti. Also aus diesen Bestimmungen folgt nichts für die Auslegung des §. 363 im Sinne des Geheimen Ober-Tribunals. Das Gleiche ist zu behaupten von dem Umstande, auf welchen das Tribunal zuletzt Gewicht legt, nämlich daß ein Hauptbau in den meisten Fällen eine wesentliche Veränderung des gemietheten Gegenstandes herbeiführe. Diese liege schon, wird gesagt, in der Erneuerung und Verbesserung der Lokalitäten. Aber warum soll darum der Vermiether, zum Nachtheil des Miethers, von dem Kontrakt zurücktreten dürfen? Auch stehe, heißt es weiter, es ganz in der Willkür des Vermiethers, als Eigenthümers, die Eintheilung der Räume des neu zu bauenden Hauses anders als bisher anzuordnen, Säle in Stuben, Stuben in Kammern umzuschaffen u. s. w., wie häufig bei abgebrannten, wieder aufgebauten Häusern geschehe. Wohl. Aber nach welchem Rechtssatze darf ein Kontrahent in Folge seiner Willkür einseitig zurücktreten? Ueberdies ist in dieser Betrachtung des Geheimen Ober-Tribunals dreierlei vermischt, was zu unterscheiden ist: Erneuerung und Verbesserung der alten Localitäten; Erbauung eines neuen Hauses, an Stelle des alten, aus Willkür des Eigenthümers; Wiederaufbau eines abgebrannten Hauses. Die Erneuerung und Verbesserung der alten Localitäten ist keine wesentliche Veränderung des Gegenstandes im rechtlichen Sinne; Erbauung eines neuen Hauses an Stelle des alten setzt den Untergang des Alten voraus, wobei es auf die Ursache davon ankommt. Ist der Eigenthümer daran schuld, so kann der Miether dadurch an seinem Rechte nicht leiden; ist Zufall die Ursache, so kommen die Grundsätze über den zufälligen Untergang des Gegenstandes in Anwendung. Das Gleiche gilt bei einem abgebrannten Hause.

Aus dieser Betrachtung erhellet, daß die, außer der Wirkung des Zufalles, noch geltend gemachten Gründe die getroffene Entscheidung nicht rechtfertigen.

№ 3.

Nichtigkeits=Beschwerde. Nichtigkeitsgrund. Aktenwidrigkeit.

Sofern die Nichtigkeits=Beschwerde in eine begangene Aktenwidrigkeit gesetzt wird, ist es hinreichend, wenn der Nichtigkeitsgrund von dem Imploranten ausdrücklich angegeben wird, wenn dieses auch nicht mit den Worten des Gesetzes geschieht.

Nach einer früheren Meinung des Zweiten Senats des Geheimen Ober=Tribunals war angenommen worden: zur Begründung einer Nichtigkeits=Beschwerde auf den Grund der behaupteten Verletzung einer wesentlichen Prozeßvorschrift reiche es nicht hin, daß in allgemeinen Ausdrücken die Behauptung aufgestellt werde: daß das Urtheil Thatsachen mit Stillschweigen übergangen habe, die, wenn sie richtig wären, eine andere Entscheidung begründen würden; vielmehr müsse 1. die betroffene Stelle der Akten und 2. auch diejenige Bestimmung der Verordnung vom 14. December 1833 §. 5 angeführt werden, auf welche die Nichtigkeits=Beschwerde gegründet werde. Unter diesem Anführen verstand man die Angabe desjenigen der vier Sätze in dem §. 5, № 10, welchen der Beschwerdeführer meine, nach der litera (ob a, b, c oder d). Diese Auslegung des Gesetzes fand der Dritte Senat für zu beschränkend und brachte deshalb an das Plenum die Frage:

ob zur Substantiirung des auf den Vorwurf der Aktenwidrigkeit, gemäß §. 5, № 10 der Verordnung vom 14. December 1833, gestützten Nichtigkeitsgrundes die specielle Bezeichnung einer der unter litera a bis d a. a. O.

gedachten vier Fälle unerläßlich, oder ob es hinreichend sei, wenn nur aus dem Inhalt der Beschwerde unzweifelhaft erhelle, welche der vier im §. 5, № 10 enthaltenen Bestimmungen als Nichtigkeitsgrund geltend gemacht werden solle.

Darauf ist der an die Spitze gestellte Plenarbeschluß ergangen.

Die neuere Gesetzgebung (Ministerial-Instruktion vom 7. April 1839 № 27, Ges.-Samml. S. 144) hat den Satz durch die Bestimmung bestätigt: „Zur bestimmten Angabe des Gesetzes, dessen Nichtbeachtung oder unrichtige Anwendung behauptet wird, gehört nicht die Allegation der betreffenden Gesetzstelle. Die Angabe des verletzten Rechtsgrundsatzes oder der verletzten gesetzlichen Vorschrift reicht vielmehr vollkommen aus.

№ 4.

Agnaten. Mitbelehnte. Gesammthänder. Lehns-Erbfolgerechte.

Der §. 2 der Verordnung vom 11. März 1818 hat in denjenigen, jenseits der Elbe gelegenen Provinzen, in welchen die französische Gesetzgebung eingeführt war, gegenwärtig aber das A. L. R. eingeführt ist, nur die Erbfolgerechte der Agnaten von Neuem bestätigt, und ist auf Gesammthänder und Mitbelehnte nicht zu beziehen.

Das Westphälische Decret vom 28. (nicht 20.) März 1809, und das französische Gesetz vom 9. December 1811 hoben die Lehnssuccession mit Vorbehalt eines noch ein Mal, zu Gunsten der zunächst berechtigten Person zuzulassenden Eintritts derselben, auf. Darauf erschien die Preußische Verordnung vom 11. März 1818 (G. S. S. 17) und schrieb im § 2 vor:

„Wenn nach dem Inhalte jener fremden Verordnungen die Verwandlung in freies Eigenthum erst bei einem künftigen Successionsfalle eintreten sollte, und wenn dieser vorbehaltene Successionsfall zur Zeit der Einführung Unsers A L. R. noch nicht eingetreten, wohl aber stets möglich geblieben war, so sollen die vor der fremden Gesetzgebung geltend gewesenen Erbfolgerechte der Agnaten hierdurch von Neuem bestätigt sein."

Gesetzt, zur Zeit der Erscheinung jener fremden Verordnungen wäre ein Lehnsbesitzer ohne Abkömmlinge gewesen und darauf auch, ohne dergleichen nachzulassen, verstorben: wäre alsdann der in die gesammte Hand aufgenommene Mitbelehnte zur Lehnssuccession berechtigt gewesen? Ich glaube Ja, denn die fremden Verordnungen unterscheiden nicht zwischen den verschiedenen Lehnfolge-Berechtigten, sondern gestatten noch ein Mal den Eintritt der Lehnfolge zu Gunsten des zunächst Berechtigten. Weiter wird gefragt: Hat die Preußische Verordnung in dem §. 2 dieses Successionsrecht dem Mitbelehnten genommen? Nein, sie hebt nichts auf, sondern bestätigt die vor jenen fremden Verordnungen geltend gewesenen Erbfolgerechte der Agnaten von Neuem. Das Geheime Ober-Tribunal hat die Verordnungen anders ausgelegt. Der Fall war folgender:

Nach dem Lehnbriefe war ein Gut dem Johann v. Bessel und dessen männlichen Leibes-Lehnserben, „im Mitbehufe seines Bruders Christoph Söhne und Lehnserben, auf den Fall diese Linie etwa verfallen würde, und nicht eher," verliehen worden. Die Linie des Johann blüht noch und ist im Lehnsbesitze. In der Zeit zwischen der fremden Gesetzgebung und der Verordnung vom 11. März 1818 war kein Successionsfall vorgekommen. Im Jahre 1828 traten die Nachkommen des in die gesammte Hand aufgenommenen Christoph gegen die Lehnsbesitzer mit dem Antrage auf: daß ihre Successionsrechte in das Hypothekenbuch eingetragen würden. Der Erste Senat des Ober-Landesgerichts zu Paderborn erkannte nach dem Antrage. Der Zweite Senat wies die Klage zurück und das Geheime Ober-Tribunal bestätigte dies, aus zwei Gründen:

1. weil der Anspruch der Kläger durch das Edict vom 4. August 1763 (N. C. C Tom. III S. 255; v. Rabe's Sammlung, Bd. I, Abth. 2, S. 547 flg.) für präcludirt zu achten, da die Successionsrechte der Kläger vor dem 1. Januar 1765 bei dem Landbuche nicht angemeldet worden.

Dieser Grund ist durch spätern Plenarbeschluß vom 30. Januar 1843 (Bd. VIII, S. 26) verworfen. S. unten zu Bd. VIII, № IV. Dann

2. weil, auch wenn die Präclusion zweifelhaft scheinen könnte, jedes Recht der Kläger auf das fragliche Lehn dadurch erloschen sei, daß Dieses in dem, im Jahre 1807 mit dem Königreiche Westphalen und nachher mit Frankreich vorübergehend vereinigten Theile des Fürstenthums Minden liege, und dort das westphälische Decret vom 28. März 1809 und das französische Gesetz vom 9. December 1811 die Lehnssuccession mit Vorbehalt eines noch einmal zuzulassenden Eintritts derselben, aufgehoben sei.

Durch die Verordnung vom 11. März 1811, sagt das Geheime Ober-Tribunal, seien nur die Erbfolgerechte der Agnaten im eigentlichen Sinne wiederhergestellt; auf Gesammthänder könne dies nicht bezogen werden, wenngleich diese Miteigenthum an dem nutzbaren Eigenthume des Lehns haben, weil die Gleichheit der Rechte der Mitbelehnten und Agnaten nicht zu der Schlußfolge berechtige, daß auch die Herstellung der aufgehobenen Rechte, die wörtlich bloß auf die Agnaten gehe, zugleich auf die Mitbelehnten ausgedehnt werden müsse. Diese Auslegung hat gegen sich, daß die Gesammthänder, zur Zeit der Erscheinung der Verordnung vom 11. März 1811, ihr Recht wegen des Vorbehalts in den fremden Verordnungen noch nicht verloren hatten, und diese Verordnung ihnen solches nicht genommen hat. Deshalb hätten die Abkömmlinge des Gesammthänders zur Succession gelangen müssen, wenn nach Publikation der Verordnung die besitzende Linie erloschen wäre. Gleichwohl hätte die Verordnung wörtlich auf den Fall gepaßt, denn es wären immer Agnaten gewesen, welche succedirt hätten, nämlich Agnaten in Beziehung auf den ersten Mitbelehnten und Gesammthänder, der ja sein Miteigenthum auf gleiche Weise vererbt wie der Lehnsbesitzer. Daß die Verordnung den Gesammthändern ihr Recht habe nehmen sollen, ist nicht wahrscheinlich.

№ 5.

Fiskus. Beamte. Schade. Staat. Entschädigung.

Kann derjenige, welcher den Fiskus beschädigt hat, sich auf die miteintretende Verschuldung der das Staatsvermögen verwaltenden Beamten, zur Aufhebung seiner Entschädigungspflicht gegen den Fiskus, berufen?

Ein Legatarius cedirte die ihm legirte Forderung und der instrumentirende Notar hatte übersehen sich die Berichtigung des Erbschaftsstempels nachweisen zu lassen. Später konnte die Abgabe von dem Legatarius und dem Cedenten nicht mehr erlangt werden. Deshalb nahm der Fiskus den Notarius auf Vertretung der Stempelsteuer in Anspruch, aus dem §. 18 des Stempelgesetzes vom 7. März 1822 (G. S. S. 57), wo es heißt:

„Kein Gericht oder Notar darf, bei eigener Vertretung der Stempelsteuer, eine Handlung für Erben, Legatarien oder Donatarien, in Bezug auf ihnen zugefallene Erbschaften, Vermächtnisse oder Schenkungen vornehmen, bevor nicht nachgewiesen worden, daß entweder der Erbschaftsstempel bereits berichtigt, oder doch wenigstens die Behörde, welcher die Aufsicht über die Ausmittelung und Berichtigung des gedachten Stempels zunächst obliegt, von der vorzunehmenden Handlung unterrichtet sei."

Die Richter der ersten und zweiten Instanz wiesen den Fiskus ab, weil die Beamten des Fiskus selbst die Einziehung versäumt hätten und der Schade nur ein mittelbarer sei, welcher im Falle der Concurrenz des eigenen Versehens des Beschädigten, nach §. 19, Tit. 6, Th. I des A. L. R., nicht zu ersetzen ist. Das Geheime Ober-Tribunal vernichtete aber diese Entscheidung, indem es annahm, daß der Fiskus als Rechtssubject nicht vollkommen Eins mit seinen Beamten (Vertretern) sei und kein Versehen begehen könne; daß aber aus dem Versehen der fiskalischen Beamten bei ihrer Dienstverrichtung kein Dritter ein Recht gegen den Fiskus erwerbe. Daß und inwiefern dieser Satz richtig sei, habe ich bereits oben zu Bd. II, № 12 gezeigt.

№ 6.

Eheliche Gütergemeinschaft. Wohnsitz. Ueberlebender Ehegatte. Erbrecht. Wahl.

Hat in dem Falle, daß in stehender Ehe die Eheleute ihren ersten Wohnsitz von einem Ort, wo die eheliche Gütergemeinschaft gilt, verlegt haben, der überlebende Ehegatte die Wahl, ob er nach den Gesetzen des letzten persönlichen Gerichtsstandes, oder nach den Grundsätzen der Gütergemeinschaft erben wolle?

Eine Ehefrau starb mit Hinterlassung ihres Mannes und einer Tochter. In dem letzten Wohnorte galt nicht Gütergemeinschaft. Der Wittwer entsagte der Erbschaft. Die Tochter war damit aber nicht zufrieden, behauptend, daß zwischen ihren Eltern Gütergemeinschaft bestanden habe, weil sie nach der Trauung ihren ersten Wohnsitz an einem Orte genommen hätten, wo unter Eheleuten die Gütergemeinschaft provinzialrechtlich gilt. Sie forderte daher die Hälfte des ganzen gemeinschaftlichen Vermögens. Das A. L. R. Th. II, Tit. 1, §. 495 und 496, bestimmt unter der Ueberschrift (dem Marginale): „III. Erbfolge aus Provinzial-Gesetzen und Statuten:"

„Haben die Eheleute die Erbfolge weder durch Verträge, noch durch letzte Willensverordnungen bestimmt: so wird nach den Statuten oder Provinzialgesetzen des letzten persönlichen Gerichtsstandes des Verstorbenen verfahren.

Haben die Eheleute während der Ehe ihren Wohnsitz verändert: so hat der Uberlebende die Wahl: ob er nach den Gesetzen des letzten persönlichen Gerichtsstandes des

Verstorbenen, oder nach den Gesetzen desjenigen Orts, wo die Eheleute zur Zeit der vollzogenen Heirath ihren ersten Wohnsitz genommen haben, erben wolle."

Auf Grund dieser Bestimmung vermeinte der Wittwer das Wahlrecht zu haben: ob er bei der Gütergemeinschaft stehen bleiben oder davon abgehen wolle. Dieser Meinung war auch der Richter erster Instanz und der Erste Senat des Ober-Landesgerichts zu Glogau als Appellationsrichter. Das Geheime Ober-Tribunal vernichtete das Appellations-Urtel und sprach dem Wittwer ein solches Wahlrecht ab. Dabei ist gar keine Frage. In den §§. 495 und 496 ist von der Erbfolge, nicht von der Gütergemeinschaft Rede. Nach den Gesetzen der Gütergemeinschaft kann man nicht „erben" wollen; die an die Spitze gestellte Frage ist daher schon an sich unstatthaft. Von der Theilung bei bestehender Gütergemeinschaft wird erst unter dem Marginale V gehandelt, mithin bezieht sich das was unter III bestimmt ist nicht auf die Gütergemeinschaft. Ueberhaupt widerspricht es, wie auch das Geheime Ober-Tribunal ausführt, der rechtlichen Natur der Gütergemeinschaft und den davon geltenden Grundsätzen, daß ein Ehegatte einseitig sollte zurücktreten und die einmal entstandene Gütergemeinschaft, außer dem gestatteten Ausnahmefalle, für welchen aber auch noch eine bestimmte Form vorgeschrieben ist (§§. 392, 410 a. a. O.), willkührlich ohne alle Façon sollte wieder aufheben können.

№ 7.

Schriftlich angebrachte Nichtigkeits-Beschwerde. Unterschrift. Justizcommissar.

Der im §. 11 der Verordnung vom 14. December 1833 enthaltenen Vorschrift über die Mitunterzeichnung der von einer Privatpartei eingereichten Nichtigkeits-Beschwerde von Seiten eines Justiz-Commissars wird nicht genügt, wenn derselbe seine Unterschrift bloß als Bescheinigung beifügt, daß die Nichtigkeits-Beschwerde vom Imploranten unterschrieben, oder daß sie von ihm geschrieben, unterschrieben und genehmigt worden sei.

Der §. 11 der Verordnung vom 14. December 1833 ist zwar durch die Deklaration vom 6. April 1839, Art. 6, aufgehoben, damit fällt jedoch dieser durch Plenarbeschluß vom 10. Juli 1837 angenommene Satz nicht weg, denn der an die Stelle des §. 11 getretene Artikel 7 der Deklaration wiederholt die Vorschrift, daß die Beschwerdeschrift von einem Justizkommissar unterzeichnet werden muß. Also nicht die Unterschrift der Privatpartei oder die Genehmigung der Beschwerdeschrift von Seiten der Partei soll der Justizkommissar bescheinigen, sondern er selbst soll den Inhalt der Beschwerdeschrift genehmigen und dadurch die Schrift für gehörig substantiirt erklären,. was eine Prüfung seiner Seits voraussetzt.

№ 8.

Cumulation. Appellation. Revision. Nichtigkeits-Beschwerde.

Durch eventuelle Anwendung des außerordentlichen Rechtsmittels der Nichtigkeits-Beschwerde, neben dem hauptsächlich eingelegten ordentlichen Rechtsmittel der Appellation oder Revision, wird die Nichtigkeits-Beschwerde für den Fall der Unzulässigkeit des ordentlichen Rechtsmittels nicht erhalten.

Dieser durch den Plenarbeschluß vom 10. October 1837 angenommene und mit überzeugenden Gründen motivirte Satz ist durch die Deklaration vom 6. April 1839, Art. 16, ganz beseitigt, indem dort nach der entgegengesetzten Meinung der Minderheit des Kollegiums bestimmt worden ist, daß eine Parthei, welche darüber in Zweifel, welches Rechtsmittel stattfinde, befugt sei, die mehreren Rechtsmittel gleichzeitig einzulegen. Der prozeßleitende Richter soll dann darüber vorläufigen Beschluß fassen: welches dieser Rechtsmittel für zulässig zu halten und zu instruiren sei. Das andere Rechtsmittel soll dann vor der Hand keinen Einfluß auf die Vollstreckbarkeit haben. Ist der erkennende Richter dann einer andern Ansicht, so hat er durch Resolut die Instruktion des andern Rechtsmittels anzuordnen. Nun soll also der Richter für die Partei das passende Rechtsmittel wählen; und wenn der prozeßleitende Richter falsch gewählt hat, kann ein vollstreckbares Urtel nicht vollstreckt werden, je nachdem die Revision für zulässig erachtet ist oder nicht. Wenn dann, nach Verlauf eines Jahres, der erkennende

Richter anders befindet und die Instruktion der Nichtigkeits-Beschwerde verordnet: so gelangt der siegende Implorat zum Genusse seines Rechts um so viel später; denn der Implorant kann nun durch Sicherheitsbestellung noch die Vollstreckung des Urtels abwenden, bis über die so verspätete Nichtigkeitsbeschwerde erkannt ist.

№ 9.

Schlesien. Wenceslaussches Kirchenrecht. Vollbürtige und halbbürtige Geschwister. Erbrecht.

Nach dem in einigen Theilen Schlesiens zur Anwendung kommenden Wenceslausschen Kirchenrechte werden Halbgeschwister und deren Kinder ersten Grades, diese jure repraesentationis, mit den vollbürtigen Geschwistern und deren Kinder ersten Grades in soweit zugleich zur Erbschaft berufen, daß sie die eine Hälfte des Nachlasses, welche auf die Linie des ihnen mit den vollbürtigen Geschwistern gemeinschaftlichen Parens fällt, mit den vollbürtigen Geschwistern theilen; wogegen die andere Hälfte des gesammten Nachlasses den vollbürtigen Geschwistern ausschließlich verbleibt.

Das Wenceslaussche Kirchenrecht von 1416 hat das Gradual-Lineal-System, gleich dem französischen Code civil, Art. 733 und 752, und dem österreichischen Gesetzbuche §§. 735 und 736, in Verbindung mit dem erst später gesetzlich anerkannten Repräsentationsrechte der Geschwister-Kinder ersten Grades. Danach ist der Satz nicht zweifelhaft. Er hat indeß nur noch für vergangene Fälle praktische Geltung, nachdem durch das Gesetz vom 11. Juli 1845 (G. S. S. 471) alle in Schlesien geltenden besonderen Rechte über die gesetzliche Erbfolge aufgehoben und in Stelle derselben die Vorschriften des A. L. R. getreten sind.

№ 10.

Löschung. Adjudikatar. Parcele. Verjährung. Hypothekengläubiger.

I. Die auf den Antrag des Adjudikatars, nach geschehener Einzahlung des Kaufgeldes, erfolgte Löschung der Ingrossate erscheint in Beziehung auf solche Parcellen, welche von dem adjudicirten Grundstücke früher veräußert, jedoch nicht abgeschrieben, und in dem Adjudikations-Bescheide als nicht mit verkauft ausdrücklich bezeichnet worden, als ungehörig, und befreit diese Parcellen nicht von dem Realrechte der Hypothekengläubiger.

Der Satz ist vollkommen richtig, gilt jedoch nur so lange der Besitzer nicht gewechselt hat, falls der neue Besitzer nicht etwa in Kenntniß von der Sache ist. In dem mitgetheilten Rechtsfalle war die fragliche Hypothekenpost, wovon 628 Rthlr. rückständige Zinsen ausgefallen waren, nach Bezahlung der Kaufgelder im Hypothekenbuche gelöscht, und das Instrument nebst Hypothekenschein war kassirt worden. Hinterdrein war eine früher verkaufte aber bis dahin noch nicht abgeschriebene Parcelle abgeschrieben worden und ohne

Uebertragung des ausgefallenen Theils der Post in das Rustikal-Hypothekenbuch übergegangen. Der Besitzer dieses Ackerstücks setzte dann der Hypothekenklage die Erlöschung des dinglichen Rechts durch die stattgefundene Löschung und Kassation des Instruments entgegen. Auf diesen Fall ist jener Satz durchaus richtig angewendet; der Besitzer war seit der ungehörigen Löschung noch derselbe, hatte mithin durch das Versehen des Gerichts bei Löschung und Kassation des Instruments nichts verloren.

II. Der dritte Besitzer eines verpfändeten Grundstückes kann dem Hypothekengläubiger den Einwand der Verjährung nicht entgegensetzen, wenn derselbe sein Recht, innerhalb der Verjährungsfrist, gegen den persönlichen Schuldner ordnungsmäßig verfolgt hat, und nicht seit der Feststellung seines Ausfalls in diesem Prozesse die Verjährungsfrist abgelaufen ist.

Der Satz ist ungenau gefaßt. Daß das Hypothekenrecht, so lange die eingetragene Forderung nicht wieder gelöscht worden, zu verjähren überhaupt nicht anfängt, bestimmt der §. 534, Tit. 20, Th. I des A. L. R. wörtlich; die Verfolgung des Rechts gegen den persönlichen Schuldner trägt dazu nichts bei. Allein der Satz bezieht sich auf rückständige Zinsen, welche in einer kurzen Zeit, troß des Hypothekenrechts, verjähren, wenn sie nicht innerhalb der Verjährungsfrist eingefordert werden. §§. 535 und 248 a. a. O. Das Hypothekenrecht hat hier keinen Einfluß auf die Verjährung, vielmehr finden in Ansehung der versessenen Zinsentermine die gewöhnlichen Regeln von der Verjährung Statt. §. 248 das. Der Satz ist zwar richtig, aber in den Entscheidungsgründen von dem Geheimen Ober-Tribunale nicht bewiesen. Die §§. 48 und 495 sollen ihn rechtfertigen. Diese lauten:

„Hat der Schuldner, zwischen der Zeit der Verpfändung und des Verfalltages, das Eigenthum der verpfändeten Sache an einen Andern übertragen: so kann der Gläubiger mit Vorbehalt seines Pfandrechts gegen den Dritten, zuerst auf Vollstreckung der Exekution gegen den Schuldner antragen."

„Auch hat der Gläubiger, wenngleich die Sache sich in den Händen eines dritten Besitzers befindet, dennoch freie Wahl: ob er sogleich an diese, oder zuerst an die Person seines Schuldners sich halten wolle. Auch wenn er Letzteres wählt, bleibt ihm dennoch sein Recht auf die Sache, so lange er von dem Schuldner noch nicht vollständig befriedigt worden, vorbehalten."

Diese Bestimmungen beziehen sich gar nicht auf die Verjährung sondern auf die dem Gläubiger freistehende Wahl zwischen der persönlichen und der dinglichen Klage. Ist der persönliche Schuldner Eigenthümer und Besitzer der verpfändeten Sache, so soll der Gläubiger keine solche Wahl haben, vielmehr soll er, wenn er sich an die Person halten will, seinem dinglichen Rechte entsagen. Anders soll es sein, wenn die dingliche Klage gegen einen Dritten gebraucht werden muß: in diesem Falle soll der Gebrauch der persönlichen Klage keinen Einfluß auf die dingliche Klage haben; ob aber die dingliche Klage verjähre oder nicht, bleibt unentschieden, eine Bestimmung darüber gehört auch in ein anderes Fach. Der juristische Rechtfertigungsgrund ist in der Lehre von der Correal-Verbindlichkeit zu finden. Wenn der persönliche Schuldner und der Hypothekarschuldner zwei verschiedene Personen sind: so stehen Beide, dem Gläubiger gegenüber, in dem Verhältnisse von Correalschuldnern, und der Gläubiger hat darin freie Wahl, an welchen von ihnen er sich zunächst halten will. Die Anmeldung der Klage wird ausdrücklich als Unterbrechung der Verjährung gegen den Andern, im A. L. R Th. I, Tit. 5, §. 440, anerkannt. In dem vorliegenden Falle war die rückständige Zinsenforderung, noch vor Ablauf der Verjährungsfrist, gegen den persönlichen Schuldner verfolgt worden, womit denn auch die Verjährung gegen den andern Solidarschuldner folgerichtig unterbrochen worden war. Für den umgekehrten Fall, wo nämlich dinglich geklagt worden war und es sich um die Verjährung der persönlichen Klage handelte, hat das Geheime Ober-Tribunal bei Entscheidung des Bd. IX, № 11, sub III, mitgetheilten Rechtsfalles die Unterbrechung nicht angenommen. Die Entscheidung kann richtig sein, wenn, wie es scheint, erst nach Ablauf der Verjährung der persönlichen Klage dinglich geklagt worden. Doch ist auf diesen erheblichen Umstand keine Rücksicht genommen, wie denn überhaupt, auch bei jener Entscheidung sowenig wie bei dieser hier, der so eben angedeutete Gesichtspunkt genommen worden ist.

№ 11.

Nichtigkeits-Beschwerde. Fatale. Gericht.

Eine Nichtigkeits-Beschwerde, die der Implorant bei einem andern als dem competenten Gerichte erster Instanz, vor dem Ablaufe der Nothfrist mündlich zu Protokoll nehmen läßt, und die noch innerhalb dieser Frist an das competente Gericht gelangt, ist für genügend, und den Lauf der gesetzlichen Frist zu unterbrechen für geeignet zu erachten, wenn das competente Gericht diese Nichtigkeits-Beschwerde als vollständig und genügend annimmt.

Dieser Satz ist mittelst Plenar-Beschlusses vom 6. November 1837 gegen die Meinung, daß das Gericht erster Instanz das Protokoll über die Nichtigkeits-Beschwerde auch schreiben müsse, bestätigt, hat jedoch, nachdem die Deklaration vom 6. April 1839, Art. 7, die mündliche Anbringung der Nichtigkeits-Beschwerde abgeschafft, keine praktische Anwendbarkeit mehr. Das Rechtsmittel muß jetzt immer bei dem Richter erster Instanz, innerhalb der gesetzlich dazu bestimmten Frist, eingelegt werden. S. zu Bd. I, № 33.

№ 12.

Mündlicher Vertrag. Immobile. Verjährung. Titel.

Ein über ein Grundstück mündlich geschlossener Kaufvertrag ist kein Titel, welcher an sich zur Erlangung des Eigenthums geschickt und zur Begründung der gewöhnlichen Verjährung durch Besitz geeignet ist.

Hierüber war lange eine Verschiedenheit der Meinungen. Auch in dem mitgetheilten Rechtsfalle hatten die Gerichte beider Instanzen, das Land- und Stadtgericht zu Mühlhausen und der Zweite Senat des Ober-Landesgerichts zu Halberstadt, den Rechtsstreit nach der entgegengesetzten Ansicht entschieden. Seitdem das Geheime Ober-Tribunal diese Entscheidung vernichtet hat, scheint der Meinungsstreit beigelegt zu sein. Die zur Rechtfertigung des hingestellten Satzes entwickelten Gründe sind überzeugend.

№ 13.

Testament. Dorfgerichte. Einhändigung. Zusendung. Nullität.

Ein vor einem Dorfgerichte aufgenommenes Testament muß von den Mitgliedern des Dorfgerichts dem ordentlichen Richter persönlich eingehändigt werden, und ist nichtig, wenn es dem Richter nur zugesandt worden ist.

Die Auslegung des §. 95, Tit. 12, Th. I des A. L. R. war streitig. Nach einer Deutung des darin gebrauchten Ausdrucks „einhändigen" sollte es genügen, wenn das Dorfgericht das aufgenommene Testament dem Richter überschickte. Dadurch wäre die Identität zweifelhaft geworden. Eine andere Ansicht verlangte, daß das gesammte Dorfgerichts-Personal sogleich persönlich das Testament dem Richter überliefere, sonst dasselbe nichtig sein solle. Diese Meinung ist durch die hier mitgetheilte Entscheidung von dem Geheimen Ober-Tribunale gebilligt. Darin war schon ein Hof-Reskript vom 27. März 1805 (v. Rabe, Sammlung, Bd. VIII, S. 266) vorangegangen. In diesem Sinne wurde die Vorschrift höchst selten befolgt und die meisten dorfgerichtlichen Testamente waren null. Deshalb waren mehrfache Anträge um Abänderung der Bestimmung gemacht worden. In Folge dessen ist der an die Spitze gestellte Satz durch die Deklaration des §. 95, Tit. 12, Theil I des A. L. R., betreffend die Beförderung eines dorfgerichtlichen

Testaments oder Kodizills an den Gerichtshalter, vom 10. Juli 1846 (G. S. S. 263), beseitigt. Dieselbe schreibt vor: daß zwar den Dorfgerichten die Verpflichtung obliegt, ein von ihnen auf- oder angenommenes Testament oder Kodizill dem Gerichtshalter, wenigstens durch eines ihrer Mitglieder, persönlich einzuhändigen, jedoch die Rechtsbeständigkeit des Testaments oder Kodizills von dieser persönlichen Einhändigung desselben an den Gerichtshalter nicht abhängig ist. Die Bestimmung wird auch auf vergangene Fälle zurückwirken, sowohl deshalb, weil sie sich als eine bloße Deklaration darstellt, als auch, weil sie die Form betrifft.

№ 14.

Posen. Zinsen.

I. Auch in dem Theile des Großherzogthums Posen, welcher vormals zu Westpreußen, und zwar zum Netzdistrict, gehört hat, können für den Zeitraum nach dem 1. März 1817, wenngleich in einem früheren Vertrage höhere, nach den damaligen Gesetzen zulässige, Zinsen versprochen sein sollten, nur die nach den jetzigen preußischen Gesetzen erlaubten, niedrigern Zinsen gefordert werden.

II. In Ansehung des Zeitraums bis zum 1. März 1817 treten für die Höhe des Zinsfußes die zur Zeit des Abschlusses des Vertrages gültig gewesenen früheren Gesetze ein.

Im Netz-Distrikt hatte im Jahre 1803 ein Darlehnsnehmer Sechs Prozent Zinsen, welche nach der damals dort geltenden Westpreußischen Regierungs-Instruktion vom 21. September 1773 erlaubt waren, versprochen. Nachdem der Netz-District an Warschau gekommen war, wurde das bisherige Recht durch die Einführung des Code Napoleon verdrängt. Nach der Wiedereroberung wurde der Netz-District zur Provinz Posen geschlagen, in welche mit dem 1. März 1817 das Preußische Recht eingeführt wurde. Das Einführungs-Patent vom 9. November 1816 (G. S. S. 225) bestimmt über die Zinsen im §. 17:

„In Absicht der Höhe der erlaubten Zinsen treten nach dem 1. März 1817 die Bestimmungen des A. L. R. und der darauf Bezug habenden späteren Verordnungen dergestalt ein, daß, wenn in einem früheren Vertrage höhere Zinsen verabredet worden, als die Preußischen Gesetze gestatten, von dem Tage der Wirksamkeit der letztern, der Schuldner nur zur Zahlung der erlaubten niedrigen Zinsen verpflichtet ist."

Der Schuldner fuhr bis Johannis 1835 fort, sechs Prozent Zinsen zu zahlen. Als nun die Rückzahlung des Kapitals gefordert wurde, wollte er das bisher gezahlte sechste Prozent von dem Kapitale abrechnen, auf Grund des §. 1272, Tit. 20, Th. II des A. L. R.:

„Was über die gesetzmäßigen Zinsen gezahlt ist, kann binnen sechs Jahren nach völlig abgetragener Schuld annoch zurückgefordert werden."

Das Ober-Landesgericht zu Bromberg und das Ober-Appellationsgericht zu Posen verwarfen die Abrechnung und verurtheilten den Schuldner zur Zahlung des ganzen Kapitals mit ferneren Zinsen zu sechs Prozent. Das Geheime Ober-Tribunal vernichtete unterm 21. Juli 1837 diese Entscheidung und erklärte den Schuldner zur Abrechnung befugt. Die von Demselben für irrthümlich erklärten Gründe des Ober-Appellationsgerichts zu Posen sind die nämlichen, welche das Justizministerium in einem Erlasse vom 4 November 1818 (v. Kamptz Jahrb., Bd. XII, S. 258) für seine Meinung, daß die in jenen Landestheilen vor dem 1. März 1817 ausbedungenen sechs Prozent Zinsen fortbeständen, angegeben hat. Diese sind: der §. 3 des Publikationspatents vom 9. November 1816 erhalte Jedermann in dem bisherigen zu Recht beständig gewesenen Besitze seiner Rechte; der §. 7 daselbst bestimme, daß alle, vor dem 1. März 1817 errichteten Verträge nach den Gesetzen beurtheilt werden sollten, welche zur Zeit der Abschließung gegolten; und unter den im §. 17, bezüglich auf die Höhe der Zinsen, gedachten „Preußischen Gesetzen" müßten die zur Zeit des geschlossenen Vertrages geltend gewesenen Gesetze verstanden werden. Das Geheime Ober-Tribunal beseitigt solche Gründe zutreffend durch die Bemerkung, daß auf die allgemeinen Bestimmungen in den §§. 3 und 7 nichts ankomme, weil über die Zinsen im §. 17 eine besondere Bestimmung gegeben worden sei; und daß aus dem Wortsinne klar erhelle, daß unter den „Preußischen Gesetzen" im §. 17 nicht die durch den Code Napoleon abgeschafften alten Provinzialrechte, sondern das unmittelbar vorhergenannte Preußische „Allgemeine Landrecht und die darauf Bezug habenden späteren Verordnungen" gemeint seien, wie schon die nachfolgenden Worte: „von dem Tage der Wirksamkeit der Letzteren", welche sonst keinen Sinn hätten, ergäben. Das ist sehr klar. Soweit ist der Fall nicht eben zweifelhaft. Aber er berührt eine andere gemeinrechtliche Controverse, die das A. L. R. nicht entschieden und auf welche sich auch das Geheime Ober-Tribunal nicht eingelassen hat. Nach der Meinung Einiger soll die Abrechnung übermäßig gezahlter Zinsen alle Jahre geschehen dürfen (nach der Staffelrechnung), nach der Meinung Anderer sollen solche Zinsen in Einer Summe erst bei der Zurückzahlung des Kapitals abgerechnet werden. Welche Methode nach Preußischem Rechte anzuwenden sei, ist in der Entscheidung nicht ausgesprochen, doch ist erkannt, daß der Schuldner befugt, auf die dem Gläubiger verschriebenen Kapitalien Ein Prozent Zinsen anzurechnen, und nur verbunden, die Beträge jener Kapitalien, welche übrig bleiben, nach Abzug des durch die zuviel gezahlten Zinsen nach und nach getilgten Betrags, nebst 5 Prozent Zinsen von Johannis 1835, dem Gläubiger zu bezahlen. Nach den Worten „nach und nach getilgten Betrags," scheint die Staffelrechnung gemeint zu sein, welche wohl allerdings für die richtige zu halten, weil mit der Zahlung zugleich die Tilgung der Schuld in tantum eingetreten ist.

№ 15.

Posen. Südpreußen. Provinzialgesetze. Pfandgeld. Austreiben des Viehes.

Die für Südpreußen ergangene Verordnung wider das Austreiben des Viehes ohne Begleitung eines Hirten und wegen des Pfandgeldes, vom 18. Mai 1804, ist in ihren civilrechtlichen Bestimmungen durch die Einführung des Code Napoleon in das vormalige Herzogthum Warschau für aufgehoben und bei Wiedereinführung der Preußischen Gesetze in die Provinz Posen für nicht wieder eingeführt zu erachten. Die Frage über die Zulässigkeit der in dieser Verordnung enthaltenen polizeilichen Bestimmungen liegt außer den Grenzen der richterlichen Cognition.

Der Satz ist durch einen Plenarbeschluß vom 10. October 1837 angenommen worden, nachdem im Jahre 1834 ein Senat auf eine an ihn gebrachte Nichtigkeits-Beschwerde das Gegentheil erkannt hatte und im Jahre 1837 ein anderer Senat in einer ihm vorgelegten Revisions-Sache widersprechend zu entscheiden beschlossen hatte. Der Plenarbeschluß ist durch überzeugende Gründe gerechtfertigt.

№ 16.

Alimente. Uneheliches Kind. Soldaten. Unteroffiziere. Großeltern. Subsidiarische Verpflichtung.

Die subsidiarische Verpflichtung der Eltern, für den Unterhalt eines von ihrem Sohne erzeugten unehelichen Kindes zu sorgen, tritt, wenn der Sohn Soldat oder Unteroffizier ist, sofort ein.

Das A. L. R. bestimmt in dem Abschnitte von unehelichen Kindern, §. 628, Tit. 2, Th. II:

„Ist der (uneheliche) Vater für den Unterhalt und die Erziehung des Kindes solchergestalt zu sorgen nicht vermögend: so geht diese Pflicht auf die Großeltern von väterlicher Seite über."

In dem Abschnitte von den Folgen des unehelichen Beschlafs ist im §. 83 des Anhangs (zu Th. II, Tit. 1, §. 1015) unter Ziffer 3 verordnet:

„Wegen der Alimente des Kindes soll von dem Traktement eines Unteroffiziers oder gemeinen Soldaten kein

Abzug Statt finden. Wenn also ein solcher Schwängerer außer seinem Solde weiter kein Vermögen oder Erwerb hat, so muß inzwischen die Mutter für die Ernährung des Kindes sorgen, und bis zu verbesserten Vermögensumständen des unehelichen Vaters sich gedulden."

Nach der Meinung Einiger soll durch diesen §. 83 jene Bestimmung des §. 628, Tit. 2 für den Fall, wenn der Schwängerer Unteroffizier oder gemeiner Soldat ist, aufgehoben sein. Dieser Meinung war, in dem mitgetheilten Rechtsfalle, auch der Zweite Senat des Ober-Landesgerichts zu Magdeburg gewesen und hatte in der Appellation die Kläger abgewiesen. Darin fand das Geheime Ober-Tribunal eine Rechtsverletzung und vernichtete das Appellationsurtel. In dem Erkenntnisse vom 31. Juli 1837 wird ausgeführt, daß der §. 83 des Anhangs sich auf das Verhältniß der Geschwächten und des Kindes zu dem Schwängerer, nicht aber auf das des Kindes zu den übrigen Alimentations-Verpflichteten beziehe. Darauf weiset auch schon die Stellung der beiden Bestimmungen hin. In diesem Sinne hat das Geheime Ober-Tribunal dieselben schon früher angewendet. Vergl. Mathis juristische Monatsschrift Bd. IX, S. 581. Man s. jedoch den spätern Plenarbeschluß vom 14. October 1839 und unten zu Bd. V, № 2.

№ 17.

Unfähigkeit. Anerkenntniß. Darlehn.

Das vom Schuldner nach aufgehobener Unfähigkeit erklärte Anerkenntniß eines während derselben empfangenen Darlehns von mehr als 50 Rthlr. erfordert zu seiner Rechtsverbindlichkeit die schriftliche Form.

Das Ober-Landesgericht zu Cöslin hatte durch Bestätigung des Urtels erster Instanz einen Darlehnsnehmer, welcher in seiner Minderjährigkeit 100 Rthlr. als Darlehn empfangen hatte, auf Grund eines nach erlangter Großjährigkeit mündlich erklärten Anerkenntnisses zur Wiederbezahlung verurtheilt. Das Geheime Ober-Tribunal vernichtete dieses Erkenntniß und wies den Kläger ab, indem es den obigen Satz hinstellte. Dabei ist nicht das mindeste Bedenken. Das Darlehnsgeschäft (der Realkontrakt) war unverbindlich, folglich war der Beklagte nicht aus dem Empfange (re) verpflichtet, die condictio ex mutuo war mithin unbegründet. Das Klagrecht (die actio) mußte eine andere causa, das Anerkenntniß (constitutum), d. i. eine bloße Willenserklärung, haben. Diese erfordert diejenige Form, welche für Verträge vorgeschrieben ist, die keine Realkontrakte sind. Nur diese begründen durch das Geben und Nehmen eine Obligation.

№ 18.

Schriftlich angebrachte Nichtigkeits-Beschwerde. Justizkommissarius. Unterschrift.

Ein Justizkommissarius muß die in seiner eigenen Sache schriftlich angebrachte Nichtigkeits-Beschwerde, gleich jeder andern Privatpartei, von einem andern Justizkommissarius mit vollziehen lassen.

Dieser durch den Plenarbeschluß vom 8. Januar 1838 ausgesprochene Satz ist durch die Declaration vom 6. April

1839, Art. 7 (G. S. S. 129), wonach die schriftliche Einreichung einer Nichtigkeits-Beschwerde, ohne Mitwirkung eines Justizkommissarius den öffentlichen Behörden und solchen Privatpersonen, welche die zum Richteramte erforderliche Fähigkeit haben, gestattet, beseitigt.

№ 19.

Wechsel. Tratte für Rechnung eines Dritten. Wechsel-Regreß.

Der Wechsel-Inhaber hat zwar wider den Wechsel-Aussteller auch dann den Wechsel-Regreß, wenn die Tratte mit seinem Wissen und Willen für Rechnung eines Dritten gezogen ist; im ordentlichen Prozesse muß indeß in diesem Falle das Verhältniß zwischen dem Inhaber und Aussteller nach Beschaffenheit des unter ihnen vorgefallenen Geschäftes, welches der Tratte zum Grunde liegt, beurtheilt werden.

Damit soll gesagt werden: der Wechsel-Inhaber hat gegen den Aussteller auch in dem gedachten Falle Wechselrecht und ein aus dem erwähnten Umstande hergenommener Einwand ist gegen die Wechselklage nicht statthaft; der Aussteller kann aber sein Recht aus dem, dem Wechsel zum Grunde liegenden, Geschäfte mit der geeigneten Klage besonders verfolgen. Denn nicht weil im ordentlichen Prozesse verhandelt wird, muß das Rechtsverhältniß zwischen den Parteien nach seiner Beschaffenheit beurtheilt werden, sondern weil mit der daraus entstandenen Klage geklagt wird, mag das

Ver-

Verfahren in dem **ordentlichen** oder in einem schleunigen **summarischen** Prozesse vor sich gehen. Bei einem Wechselverhältnisse pflegen zwei verschiedene Rechtsgeschäfte vorzukommen: der **Wechsel**, d. i. ein **formeller** Kontrakt, bei dem es bloß auf die Form ankommt und gegen dessen ihm eigenthümliche Klage nur solche Einwendungen, welche in ihm oder in seinen rechtlichen Erfordernissen und Voraussetzungen ihren Grund haben, zuläßig sind; dann das dem Wechsel vorausgegangene Geschäft, welches wieder seine eigenthümliche Klage hat. Die Prozeßart gehört nicht zum Wesen irgend eines Geschäfts, sondern ist das Mittel zur Geltendmachung des aus dem Rechtsgeschäfte bereits entstandenen Klagrechts und muß sich danach accomodiren. Der Rechtsfall war dieser: A zieht im Auftrage des B einen Wechsel an fremde Ordre auf C und bittet den C, den Wechsel für Rechnung des B zu acceptiren (um dem B Geld zu verschaffen). C acceptirt und zahlt. C soll nun gedeckt werden. Zu diesem Zwecke zieht A einen Wechsel auf B zahlbar an C. B acceptirt, zahlt aber nicht. C geht nun auf den Trassanten A zurück und Dieser wird wechselmäßig verurtheilt. Nach dem dem Wechsel zum Grunde liegenden Geschäfte war B der Schuldner, ihm war auf sein Verlangen Geld dadurch angeschafft worden, daß A den C zur Zahlung an ihn anwies. C kannte den Zusammenhang und es fragt sich, ob er sich deshalb an B (den Herrn des ganzen Geschäfts, Auftraggeber) halten muß oder ob er seinen unmittelbaren Contrahenten, den von B beauftragten A, in Anspruch nehmen darf. A bestritt ihm das Letztere. In dem Wechselprozesse war er mit dem Einwande, daß er aus Auftrag eines Dritten (des B) gehandelt habe, nicht gehört worden, doch hatte er die Summe, welche er zu zahlen wechselmäßig verurtheilt worden war, deponiren dürfen. Er klagte nun gegen C aus dem Auftragsverhältnisse auf Herauszahlung der deponirten Summe. Das Gericht erster Instanz (das Commerz- und Admiralitätsgericht zu Danzig) ging auf das ursprüngliche Mandatsverhältniß nicht ein, nahm den Kläger für einen Assignanten und den Beklagten für einen Assignatar (in eigenen Geschäften) und wies die Klage zurück. Der zweite Senat des Ober-Landesgerichts zu Marienwerder hingegen erkannte auf Grund des Rechtssatzes: wer mit einem Bevollmächtigten contrahirt hat, muß sich wegen Erfüllung des Vertrags in der Regel an den Machtgeber halten (A. L. R. Th. I, Tit. 13, §. 153) — nach dem Klageantrage. Diese Entscheidung bestätigte das Geheime Ober-Tribunal, auf die eingelegte Revision; sie ist auch völlig gerechtfertigt, vorausgesetzt, daß der Beauftragte A auf Grund eines schriftlichen Auftrags des B bei dem C Bestellung gemacht hat (§§. 8 u. 9 a. a. O.), was aus der Geschichtserzählung nicht zu ersehen, also wohl von beiden Theilen angenommen worden ist.

№ 20.

Schuldforderung. Kündigung. Verjährung durch Nichtgebrauch.

Eine Schuldforderung, die auf Kündigung lautet, ist nicht erst von dem Tage an, wo die Kündigung wirklich erfolgt ist, der Verjährung unterworfen, es kommt vielmehr auf den Tag an, wo zuerst die Kündigung möglich war, und mit dem Ablaufe der Kündigungsfrist, von diesem Tage an berechnet, läuft die Verjährung der Forderung durch Nichtgebrauch.

Die Verschiedenheit der Meinungen über die Frage: an welchem Tage die Verjährung gegen eine auf Kündigung ausstehende Forderung beginne, ist noch nicht aufgelöst. Die Gesetzgebung hat sie ganz unentschieden gelassen, man hat daher die Antwort aus den allgemeinen Grundsätzen und aus der rechtlichen Beschaffenheit und Bedeutung der Verjährung und der Kündigungsfrist zu schöpfen. Zwei Ansichten stehen sich schnurstracks entgegen. Nach der Einen soll die Verjährung einer auf Kündigung stehenden Forderung erst nach erfolgter Aufkündigung (nach einer Fraktion dieser Ansicht auch erst nach Ablauf der Kündigungsfrist) anfangen. Im Sinne dieser Ansicht war auch bei der Abfassung des Allgemeinen Landrechts eine Bestimmung vorgeschlagen, denn der Kircheisen'sche Entwurf hat §. 914 den Satz: „Nur nach geschehener Aufkündigung nimmt die Verjährungszeit ihren Anfang.“ Simon und v. Strampff Zeitschrift für wissenschaftliche Bearbeitung des Preuß. Rechts, Bd. III, S. 442. In den spätern Entwürfen findet sich darüber nichts; man scheint die Frage ganz übersehen zu haben. Der Hauptgrund dieser Ansicht ist, daß die Kündigung eine res merae facultatis sei. Die neuen Gesetzrevisoren, die sich zu derselben Ansicht bekennen, sagen in den Motiven ihres Entwurfs des A. L. R. Th. I, Tit. 9, Abschnitt 9, S. 130: — „Dadurch tritt hinreichend hervor, in wiefern man die Verfolgung eines Anspruchs als res merae facultatis, oder unverjährbar betrachten könne. Sofern nämlich das Klagrecht erst entstehen soll, wie z. B. bei kündigungsfähigen Forderungen durch die Kündigung, — kann von einer Verjährung nicht die Rede sein.“ Die Voraussetzung jedoch, daß das Klagrecht erst durch die Kündigung entstehe, ist irrig; klagen kann man, ohne daß vorher die Kündigung abgelaufen. A. G. O. Th. I, Tit. 28, §. 16. Am gründlichsten vertheidigt ist diese Ansicht von dem Herrn Landgerichts-Director Grothe zu Kupp, zuletzt im Schlesischen Archive, Bd. VI, S. 113 flg. Seine hauptsächlichen Gründe sind, daß nach R. R. die Klagverjährung eine Rechtsverletzung voraussetze, der Darlehnsgeber aber vor erfolgter Aufkündigung des Darlehns und vor Ablauf der Kündigungsfrist nicht in seinem Rechte verletzt werde, mithin nach den Grundsätzen des R. R., wiewohl dasselbe die Frage nicht bestimmt entscheide, die Klage vor Ablauf der Kündigung nicht statthaft, folglich auch nicht der Verjährung unterworfen sei; sodann, daß auch nach dem A. L. R. Th. I, Tit. 9, §. 545 die Verjährung erst von dem Tage anfange, wo die Erfüllung der Verbindlichkeit — bei Darlehnen also die Rückzahlung — zuerst gefordert werden kann. Diese Gründe lassen sich auf die Meinung der Gesetzrevisoren zurückführen, daß erst durch die Kündigung das Klagrecht entstehe, die Kündigung selbst aber in der freien Willkür des Gläubigers stehe (res merae facultatis sei) und wie eine Bedingung wirke; ein bedingtes Recht verjähre erst von Eintritt der Bedingung an.

Die andere Ansicht läßt die Klageverjährung mit dem Tage, an welchem die Kündigung zuläßig war, beginnen, weil toties praescribitur actioni nondum natae, quoties nativitas est in potestate actoris; doch soll nach einer Fraktion die Kündigungsfrist der Verjährungszeit hinzugerechnet werden. Diese Verlängerung der Zeit gründet sich auf dieselbe Meinung, daß das Klagrecht erst durch die Kündigung entstehe. Dieser Fraktion gehört auch das Geheime Ober-Tribunal an; dasselbe hat die Gründe dafür in der unter dieser Nummer mitgetheilten Entscheidung ausführlich entwickelt und später, Bd. VII, S. 203, wiederholt. S. u. zu B. VII, № 22.

Die zweite Ansicht halte ich für die allein richtige, und zwar auf Grund des §. 545, Tit. 9, Th. I des A. L. R., welcher bestimmt:

„Gegen andere Rechte (nämlich solche, welche zu allen Zeiten ausgeübt werden können) fängt die Verjährung von dem Tage an, wo die Erfüllung der Verbindlichkeit zuerst gefordert werden konnte.“

Man sagt in Beziehung auf ein unverzinsliches Darlehn, wenn es ohne Verabredung über die Art der Rückzahlung gegeben ist: hier habe der Gläubiger nach der Natur des Rechtsverhältnisses nächstens die Rückgabe durchaus nicht zu erwarten, da mit seinem ausgesprochenen Willen der Schuldner das geliehene Geld auf unbestimmte Zeit habe. Fehle es an dieser Erwartung, so gebe es auch noch keine Klage zu deren Unterstützung, also sei auch der Anfang einer Klagverjährung unmöglich; diese setze Nachläßigkeit voraus, und wo wäre hier eine solche zu finden? Allein der Gläubiger ist ganz unbehindert, schon am nächsten Tage, schon in der nächsten Stunde sein Geld zurückzufordern und wenn der Schuldner stillschweigt, so verletzt er das Recht des Gläubigers; denn erkennt er seine Schuld an, so ist eben dadurch die Verjährung schon unterbrochen. Was die Nachläßigkeit auf Seiten des Gläubigers betrifft, so ist diese kein Erforderniß zum Anfange der Verjährung; die Nachläßigkeit ist nur unter andern vielen Gründen auch als ein Grund zur Rechtfertigung der Verjährung überhaupt angegeben: auf diese Rechtfertigungsgründe für die Einführung eines positiven Instituts kommt es in der Anwendung auf einen bestimmten Fall nicht an; sie treffen auch selten oder nie alle zusammen, und dennoch ist deshalb kein Zweifel an der Wirksamkeit der

Verjährung. (Vergl. z. E. die Entscheidung Bd. III, № 37.) Im Grunde aber fehlt es im Allgemeinen auch an der Nachläßigkeit nicht, wenn Jemand ein unverzinsliches Darlehn ganz unbestimmt hingiebt und sich ein Menschenalter darum nicht wieder bekümmert. Die Verjährung hat hauptsächlich den Zweck, alte Rechtsverhältnisse zu verlöschen, um das Aufrühren von Vorkommnissen abzuschneiden, deren man sich wegen Länge der Zeit oder Abganges der unmittelbar Betheiligten nicht mehr mit Bestimmtheit erinnert. Seit dreißig Jahren kann mancherlei vorgefallen sein, wodurch das einstmals gegebene Darlehn getilgt worden ist, ohne daß davon noch Etwas bekannt oder erweislich zu machen ist. Eine Schwierigkeit macht nun die in dem modernen Rechte vorkommende Kündigungsfrist. Vor Ablauf der Kündigungsfrist, sagt man, kann man nicht klagen, folglich kann auch die Verjährung nicht eher anfangen. Daß dabei ein Irrthum zum Grunde liege, ist schon vorhin gesagt worden. In der Wirklichkeit ist es aber auch nicht nöthig, in allen Fällen sogleich zum Richter zu laufen. Meistens wird der Schuldner auf die Einforderung des Geldes erklären, daß er nach Ablaufe der Kündigungsfrist zahlen werde, und wenn der Gläubiger damit einverstanden ist, so ist schon dadurch die Verjährung bis zum Eintritte des Termins unterbrochen. Läßt sich aber der Schuldner auf nichts ein, so ist ja der Gläubiger nicht gehindert auf der Stelle zu klagen; nur wird er nachgeben, daß der Schuldner mit der gesetzlichen Fristbestimmung verurtheilt werde. Denn die heutige Kündigungsfrist, welche im R. R. nicht vorkommt, ist nichts anderes als das alte legitimum tempus, d. i. eine Vorbereitungs- oder Anschaffungsfrist, welche der Richter in seinem Urtel dem Schuldner bewilligen durfte, L. 9 C. de execut. rei jud. (VII, 53); L. 1, 2 C. de usuris rei jud. (VII, 54);

sie hat durchaus nicht die Bedeutung einer Potestativ-Bedingung. Aus diesen Gründen ist es nicht zu rechtfertigen, die Kündigungsfrist noch der Verjährungszeit hinzurechnen.

№ 21.

Verjährung. Fiskus. Fiskalische Sache. Miteigenthum.

Zur erwerbenden Verjährung von Eigenthums- oder andern Realrechten an Grundstücken, welche sich im Miteigenthume des Fiskus befinden, ist ohne Rücksicht darauf, ob die übrigen Miteigenthümer, in Beziehung auf die Verjährung, mit dem Fiskus gleiche Rechte haben oder nicht, nach dem römischen Rechte ein vierzigjähriger, und nach den Vorschriften des A. L. R. ein vier und vierzigjähriger Besitz der Sache oder des Rechts erforderlich.

An einer Gemarkung in Westphalen, welche dem Fiskus und mehreren Markbeerbten gemeinschaftlich gehörte, wollte ein Dritter die Holzungsgerechtigkeit durch Verjährung erworben haben. Eine dreißigjährige Ausübung war nachgewiesen, und da das R. R. zur Anwendung kommen mußte, behauptete der Kläger, die Usucapion vollendet zu haben. Die General-Commission zu Münster und das Revisions-Collegium daselbst traten ihm bei und sprachen ihm das prätendirte Recht zu. Das Geheime Ober-Tribunal vernichtete diese Entscheidung und wies den Kläger ab, weil der Umstand, daß das Recht eines jeden einzelnen Theilhabers sich auf die ganze gemeinschaftliche Sache erstreckt, mithin die Erwerbung einer Servitut gegen einzelne Theilnehmer unmöglich macht, die Folge habe, daß die Vorrechte des Fiskus den übrigen Theilnehmern mit zu statten kommen. Dieser Grund ist richtig und zutreffend; er gilt auch von der erlöschenden Verjährung bei untheilbaren Rechten, nach L. 10 D. quemadmodum servitutes amittantur (VIII, 6), wo gesagt wird: „si communem fundum ego et pupillus haberemus, licet uterque non uteretur, tamen propter pupillum et ego viam retineo."

№ 22.

Große Haverei. Befrachter. Frachtcontract.

Der Eigenthümer der Ladung, muß den zur großen Haverei gehörigen Schaden am Schiffe auch in dem Falle mit übertragen, wenn das beschädigte Schiff an den Einladungsort zurückläuft, und die Ladung gelost wird. Diese Verbindlichkeit ist von dem Fortbestehen des Frachtscontracts unabhängig.

Ein von Danzig nach England befrachtetes Schiff konnte die angetretene Reise, wegen großer Haverei, nicht fortsetzen; es mußte umkehren und die Ladung losen. Rheder und Befrachter kamen über die Erfüllung des Frachtcontracts in Streit, der damit endigte, daß der Contract rechtskräftig für aufgehoben erklärt wurde. Nun verlangte der Rheder von den Befrachtern den gesetzlichen Beitrag zur Deckung des Schadens am Schiffe. Die Befrachter hielten sich zur Uebertragung dieses Schadens nicht schuldig, weil das Schiff zurückgekehrt und der Frachtcontract aufgehoben worden sei, mithin auf keiner Seite eine Verbindlichkeit mehr bestehe. Das Commerz- und Admiralitäts-Collegium zu Danzig fand den Einwand erheblich und wies den Kläger ab. Das Appellationsgericht (das Tribunal zu Königsberg) hingegen verurtheilte die Beklagten nach dem Klageantrage und das Geheime Ober-Tribunal bestätigte das Appellationsurtel auf die eingelegte Revision. Diese Entscheidung ist unzweifelhaft richtig, doch sind die Gründe nicht entsprechend. Der Kläger war Rheder und Schiffer zugleich. In der letztern Eigenschaft hatte er seine Contractsklage aus dem Frachtcontracte und bedurfte der s. g. condictio ex lege Rhodia de jactu nicht. Der Umstand, daß der Frachtcontract durch Zufall wieder aufgelöst worden war, hat auf die dadurch bereits entstandenen Rechtsverhältnisse keinen Einfluß; die Auflösung versteht sich nur für die Zukunft, wie bei allen Miethsverträgen. In Folge des Frachtcontracts war die Ladung eingenommen und die Reise bereits angetreten worden: dieser Anfang der Erfüllung mit allen ihren rechtlichen Folgen konnte durch die Auflösung des Contracts nicht ungeschehen gemacht werden. Zu diesen Folgen gehörte auch die Entstehung der Gemeinschaft der Seegefahr für Schiff und Ladung. Dem Schiffer als solchem stand mithin die Contractsklage wegen des Vergangenen allerdings zu. Doch das Geheime Ober-Tribunal geht von der Ansicht der Beklagten und der Richter der vorigen Instanzen aus und nimmt an, daß wegen der Auflösung des Kontrakts keine Klage mehr daraus stattfinde. Dasselbe mußte daher ein anderes Klagerecht suchen, das es in der s. g. condictio ex lege Rhodia de jactu auch findet. Auffallend ist nun die Erklärung: warum dem Kläger dieses Klagerecht zustehe. „Es liegen ihm die Rechtsgrundsätze über die nützliche Verwendung zum Grunde", wird gesagt. Das ist wenigstens nach den Grundsätzen des R. R. über die nützliche Verwendung und über die lex Rhodia de jactu entschieden unrichtig. Der Eigenthümer der geworfenen Sachen hat dieselben durchaus nicht zur Verwendung für Andere hergegeben, er weiß meistens davon vorher nichts, denn selten wird er dabei sein; ihm ist also, von diesem Gesichtspunkte die Sache angesehen, dadurch, daß man sich eigenmächtig an seinem Eigenthume vergriffen hat, Unrecht zugefügt, und es würde jede Delictsklage weit eher als die actio de in rem verso begründet sein, was den Eigenthümer betrifft. Der Schiffer hingegen, der die Sachen hat vernichten lassen, würde seinerseits kaum ein Klagrecht gegen irgend Jemand haben. Das Rechtsverhältniß ist aber eine Gemeinschaft und zwar eine Gemeinschaft der Gefahr, in welche alle Diejenigen, welche ihre Person oder Sachen einem Schiffe anvertrauen, unter sich und mit dem Rheder treten. Diese Gemeinschaft ist eine zufällige (communio incidens), denn die Passagiere und Befrachter kontrahiren nicht miteinander; sie hat auch das Besondere, daß sie die gemeinschaftliche Uebertragung des Verlustes zur Folge hat, der aus der gemeinsamen Gefahr entstehen möchte. Daraus erhellet, daß ein Jeder gegen Jeden von ihnen die Theilungsklage auf Ausgleichung des wirklich entstandenen Schadens hat, und daß dabei der mit dem Schiffer oder Rheder abgeschlossene Frachtkontrakt oder die verschiedenen Frachtkontrakte, als fremdartige Rechtsgeschäfte, gar nicht in Betracht kommen. Der Schiffer für seine Person, wenn er die Ausgleichung des gemeinschaftlichen Verlustes besorgen will, was ihm freisteht, hat zu diesem Zwecke zunächst seine Kontraktsklage gegen jeden Aufgenommenen, er kann mithin auf Grund der Kontrakte klagen und es hätte auch in dem vorliegenden Rechtsfalle die Kontraktsklage für begründet gelten müssen, da wie gesagt die Aufhebung eines Rechtsverhältnisses niemals rückwärts die daraus schon entstandenen Obligationen tilgt. Aber der Schiffer gehört, in sofern er beitragspflichtige Sachen hat, auch für seine Person zur Gemeinschaft und kann folglich von der Theilungsklage gleichfalls gegen Alle und Jeden Gebrauch machen. Hält man mit dieser Beschaffenheit des Rechtsverhältnisses die Entscheidungsgründe des Geheimen Ober-Tribunals zusammen, so kann man derselben nicht Beifall geben. „Es liegen, heißt es, ihr (der actio ex lege Rhodia) die Rechtsgrundsätze über die nützliche Verwendung zum Grunde. Diese wirkt im Allgemeinen unabhängig von einem Kontraktsverhältnisse; sie setzt sogar den Mangel eines rechtlichen Vertrages unter den Parteien voraus.“ Wie wenig hier von den Erfordernissen der versio in rem vorhanden und wie wenig eine darauf gegründete Klage hier Bedürfniß ist, erhellet schon aus dem Vorhingesagten. Im weitern Verlaufe der Gedanken-Entwickelung kommt der Verfasser auf das Rechte, nämlich auf die Gemeinschaft, wie folgt: „Die unter dem Schiffe und der Ladung bestehende natürliche Gemeinschaft begründet unter den Eigenthümern eine gesetzliche Gemeinschaft. — Das gemeinschaftliche Rechtsverhältniß entsteht zwar in Folge der Befrachtung, es entspringt aber nicht aus dem, zwischen dem Schiffer und Befrachter zu Stande gekommenen Frachtkontrakte, sondern, unabhängig von ihm, aus dem Gesetze.“ Daraus wird dann gefolgert, daß auf die Rechtsbeständigkeit und die Aufhebung des Frachtkontrakts hier nichts ankomme. Diese Erwägung ist zutreffend, die Vorstellung aber, nach welcher zwischen einer natürlichen und einer gesetzlichen Gemeinschaft unterschieden wird, entspricht nicht dem Rechtszustande: jede zufällige Gemeinschaft ist eine natürliche, nämlich eine nicht durch rechtsgültigen Vertrag zwischen den Gemeinschaftern ausdrücklich gegründete, und jede zufällige Gemeinschaft, also jede s. g. natürliche, hat immer rechtliche Folgen. Der Begriff einer gesetzlichen Gemeinschaft ist nicht bekannt und auch nicht Bedürfniß, so wenig wie es der nützlichen Verwendung als eines Vermittelungsgliedes hier bedarf.

№ 23.

Priorität. Vorzugsrecht. Gläubiger.

Versteht die Verordnung über die Execution in Civilsachen vom 4. März 1834, im §. 17, № 1, unter den Worten: „Forderungen, denen ein besseres Vorrecht, als das im §. 447, Tit. 50 der Prozeß-Ordnung bestimmte, zusteht", nur solche Forderungen, welche gesetzlich zu einer der vier ersten Klassen gehören? oder auch solche, welchen in der fünften Klasse selbst, in Gemäßheit des §. 451 a. a. O., ein besseres Recht, als das durch Immission erlangte, gebührt?

Der §. 447 der Concurs-Ordnung weiset denjenigen Gläubigern, welche wegen der wider den Gemeinschuldner rechtskräftig erstrittenen Forderungen in dessen Grundstück immittirt worden, oder die Versiegelung oder Auspfändung seines Mobiliarvermögens auf den Werth dieser Gegenstände ausgebracht haben, einen Platz in der fünften Klasse an, und der §. 451 regelt die Ordnung der Gläubiger dieser Klasse unter sich nach dem Alter ihres Vorzugsrechts mit der Bestimmung, daß ein gleiches Alter, wie auch die gleichzeitige Immission, verhältnißmäßige Befriedigung zur Folge habe. Die Verordnung über die Execution in Civilsachen bestimmt nun zusätzlich im §. 17, № 1:

„Unter mehrere immittirte Gläubiger geschieht die Vertheilung nach folgenden Grundsätzen: 1. Forderungen, denen ein besseres Vorrecht, als das im §. 447, Tit. 50 der Prozeß-Ordnung bestimmte, zusteht, werden vorzugsweise befriedigt."

Bei einem Gehaltsabzugsverfahren meldete sich auch die Kämmereikasse zu Breslau, der nach §. 444 der Concurs-Ordnung die fünfte Klasse an sich zustand, mit einer rechtskräftigen Forderung, welche älter war als die Immission der übrigen Gläubiger, die erst durch die Immission das Vorrecht der fünften Klasse erlangt hatten, und prätendirte auf Grund ihres Alters den Vorrang vor den bei ihrer Dazwischenkunft bereits immittirten Gläubigern. Die beiden Senate des Ober-Landesgerichts zu Breslau wiesen jedoch diese Forderung zurück, in der Meinung, das Vorrecht des Alters in der nämlichen Klasse sei kein eigentliches Vorrecht, ein solches liege nur in der Berechtigung zu einer höhern Klasse. Wäre dieses richtig, so hätte die Verordnung vom 4. März 1834 die bis dahin bestandenen, durch das Alter begründeten Vorrechte abgeschafft haben müssen, während sie doch die besser als erst durch das pignus praetorium gegründeten Vorrechte ganz ausdrücklich vorbehält. Das ist selbstredend, so lange juristische Begriffe und Gründe anerkannt werden. Ganz mit Recht hat das Geheime Ober-Tribunal die Entscheidung des Ober-Landesgerichts zu Breslau vernichtet.

№ 24.

Magdeburg. Zehnten-Remission.

I. Die Remissions-Bestimmungen in der für das Herzogthum Magdeburg ergangenen Declaration, vom 5. December 1776, sind auf alle Prästations-Berechtigten ohne Unterschied anwendbar, auch wenn dieselben sich nicht in guts- oder gerichtsherrlichem Verhältnisse zu dem Pflichtigen befinden.

II. Dagegen können die Beneficien derselben nur von solchen Pflichtigen in Anspruch genommen werden, welche selbst gutsherrlichen Rechten unterworfen sind.

Der erste Satz ist von dem Geheimen Ober-Tribunale, in Uebereinstimmung mit den Richtern beider Instanzen, bei Entscheidung der Sache einer Kirche angenommen worden. Ein abgebrannter Bauer, welcher an die Kirche zu Wusterhausen einen Kornzins zu entrichten hatte, verlangte auf Grund der Declaration vom 5. December 1776 Remission, und die sich weigernde Kirche wurde dazu rechtskräftig verurtheilt. Der Weigerungsgrund beruhete hauptsächlich darin, daß nach der Meinung der Kirche das Remissions-Edict vom 12. August 1721, das Edict vom 25. October 1725 und die Declaration vom 5. December 1776 sich auf andere Zinsberechtigte als Guts- und Gerichtsherren nicht beziehen soll. Allerdings kommt man zu dem angenommenen Satze nur durch Auslegung der Declaration. Denn die beiden Edicte sprechen nur von „Gerichts-Obrigkeiten", von „Immediat-Obrigkeiten", und von deren „Unterthanen." Die

Declaration sagt nun: „Wir haben nunmehro — als einen allgemeinen Grundsatz festzustellen — resolvirt, daß Wir zuvörderst in Ansehung dero Praestandorum, so Unterthanen an ihre Obrigkeiten abführen, mit denen Remissionen es nach denen Edicten vom 12. August 1721 und 25. October 1725 gehalten wird, sonsten, wo nicht Gerichts-Obrigkeiten, sondern andere Herrschaften Pacht- oder Zinskorn, Zehnden und Dienste, von fremden Unterthanen zu fordern haben, die Remissiones dahin bestimmt werden sollen, daß u. s. w. der vierte Theil an den herrschaftlichen Praestandis denen Unterthanen erlassen werden soll, — dergestalt, daß, wenn dem Unterthan die Contribution — ein Jahr erlassen wird, der Pacht-, Zehnt-, Zins- oder Dienstherr — die Hälfte — schwinden lassen müsse —." Es ist also auch hierin nur von „Herrschaften" und „Unterthanen" Rede. Das Hauptgewicht legt das Geheime Ober-Tribunal auf die Worte: „wo nicht Gerichts-Obrigkeiten, sondern andere Herrschaften Pacht- oder Zinskorn, Zehenden und Dienste von fremden Unterthanen zu fordern haben." Doch giebt diese Stelle keine Ueberzeugung für die Richtigkeit der Auslegung des Geheimen Ober-Tribunals. Denn wenngleich durch diese Bestimmung die Remissionen auf Präftanda, welche Andern als Gerichts-Obrigkeiten zustehen, ausgedehnt werden: so werden unter diesen Andern doch „andere Herrschaften" verstanden, also immer Herrschaften, d. h. solche Berechtigten, welche irgend ein herrliches, d. i. obrigkeitliches Ansehen haben. Ob dazu ein Jeder, welcher einen Zins zu erheben hat, oder, wie es in dem an die Spitze gestellten Satze heißt, „alle Prästations-Berechtigten ohne Unterschied" zu rechnen, scheint doch sehr zweifelhaft; und nicht ohne juristischen Werth ist die Bemerkung des Advokaten der Kirche, daß die Declaration auf andere Prästations-Berechtigte, deren Forderungen auf irgend einem Unterwürfigkeits-Verhältnisse nicht beruheten, vielmehr, wie die der Kirche, in einem Gülten- oder Rentenkaufe ihren Ursprung hätten, nicht angewendet werden könne. Entscheidend für die Auslegung ist jedoch der Ausdruck der Declaration in ihrem weitern Verlaufe, wo sie den Prästations-Berechtigten schlechthin „Pacht-, Zehnt-, Zins- oder Dienstherrn" nennt, ein juristischer Ausdruck, womit jeder Berechtigte zu solchen Leistungen bezeichnet wird.

Der zweite Satz soll eigentlich eine Bestimmung der Klasse derjenigen Prästations-Pflichtigen ausdrücken, welche nach den genannten Gesetzen auf Remission Anspruch haben. Es wird ganz richtig ausgeführt, daß darnach nur der Klasse der ehemaligen „Unterthanen", nicht aber den freien Landbewohnern Remission zugestanden worden sei.

Nebenbei ist die Frage: ob diese Remissions-Gesetze durch Einführung des Code Napoleon und die westphälische Gesetzgebung aufgehoben worden seien, verneint.

№ 25.

Code civil. Form des Vertrages. Vergleich. Beweis.

Ein Vergleich kann, ohne Unterschied der Höhe des Gegenstandes, in denjenigen Theilen der Rhein-Provinz, in welchem der Code civil gilt, auch mündlich rechtsgültig geschlossen werden. Die Vorschrift des Code civil, Artikel 2044: ce contrat doit être rédigé par écrit, enthält keine Fest-

setzung

setzung in Bezug auf die, zur Rechtsbeständigkeit des Vertrages erforderliche Form, sondern bezieht sich auf die Art des, bei einem Streite über die Richtigkeit des Vergleichs, zu führenden Beweises.

Der Satz kann jetzt als zweifelhaft nicht mehr angesehen werden, da die französische Jurisprudenz sich darüber schon lange festgestellt hat. Der Ober-Appellations-Senat des Kammergerichts hatte den Artikel 2044 im Sinne des A. L. R. so ausgelegt, als wenn die schriftliche Form ein Erforderniß zur Gültigkeit sei. Das Geheime Ober-Tribunal entschied jedoch im entgegengesetzten Sinne und stellte das Erkenntniß erster Instanz, des Stadtgerichts zu Berlin, wieder her.

№ 26.

Hypothek. Execution. Titel zum Pfandrechte.

Die Vorschrift des §. 410, Tit. 20, Th. I des A. L. R.:

> daß jede, auf dem Grunde eines an sich rechtsgültigen Titels, gegen den eingetragenen Besitzer erfolgte Hypotheken-Bestellung ihre Kraft behält, wenn sich gleich in der Folge findet, daß dieser Besitzer nicht der wahre Eigenthümer gewesen sei,

kommt auch bei den im Wege der Execution eingetragenen Hypotheken zur Anwendung.

Der Satz ist schon bei der Senats-Entscheidung vom 23. December 1836, Bd. II, № 5 der Entscheidungen ausgesprochen, nachher aber streitig geworden und in Folge dessen zur Beurtheilung vor das Plenum gebracht worden welches denselben durch Beschluß vom 18. December 1837 bestätigt hat, und zwar aus den nämlichen Gründen, auf welchen jene Entscheidung beruhet. S. oben zu Bd. II, № 5. Die Gründe des Plenar-Beschlusses beschäftigen sich nur mit der Widerlegung der Zweifelsgründe. Diese sind, daß ein großer Unterschied sei zwischen einem conventionellen und einem gesetzlichen oder prätorischen Titel zur Eintragung; und daß bei Abfassung des §. 410, Tit. 20, Th. I des A. L. R. die Hypotheken-Bestellung für eine executorische persönliche Forderung noch nicht als denkbar vorausgesehen worden, mithin dieselbe darunter nicht mitbegriffen sei. Der erste Grund erledige sich durch die Bemerkung, daß der §. 410 von jeder Hypotheken-Bestellung spreche und daß daher aus gleichem Grunde auch bei allen gesetzlichen Hypotheken die Bestimmung unanwendbar sein müßte, was nicht der Fall sei. Das andere Bedenken wird für unbegründet in seiner thatsächlichen Voraussetzung erklärt. Der §. 5, Tit. 20, Th. I des A. L. R. setze die Entstehung eines Pfandrechts im Wege der Execution voraus, diese Bestimmung beziehe sich auf beide Arten des Pfandrechts (Faustpfand und Hypothek), auch sei die Entstehung eines Titels zur Eintragung durch die Execution von den Gerichtshöfen jederzeit angenommen und von der Gesetz-Commission durch ihre Entscheidung vom 29. April 1808 (Mathis juristische Monatsschrift, Bd. VII, S. 245) bekräftigt worden. Das ist richtig und genügt zur Beseitigung des Bedenkens, wiewohl dabei doch noch immer der Rückstand bleibt, daß vor der neuen Executions-Ordnung vom 4. März 1834 der Weg, auf welchem der Titel zur Hypothek (Eintragung) entstehen konnte, ein ganz anderer war als er jetzt ist. Damals nämlich konnte der Exekutionssucher nur durch wirkliche Besitzergreifung (Sequestration oder Immission) dazu gelangen, und dabei war der uneingetragene dritte Besitzer gegen unvorhergesehene Eintragung fremder Schulden auf sein Grundstück vollkommen gesichert, indem er die Besitzergreifung durch Intervention abwehren konnte. Jetzt ist das ganz anders, jetzt geschieht die Eintragung auf Grund des rechtskräftigen Urtels, ohne daß irgend Etwas geschieht, woran der dritte Besitzer die im Werke seiende Belastung seines Grundstücks merken könnte. Das ist allerdings zu erwägen. Indeß kann dieser Umstand die Anwendung des §. 410 auf den heutzutage entstehenden prätorischen Titel doch nicht ausschließen, weil, wie auch das Geheime Ober-Tribunal hervorhebt, diese Unmerklichkeit mit der Entstehung eines jeden gesetzlichen Titels zur Hypothek verbunden und dem eingetragenen Besitzer unbenommen ist, jeden Augenblick eine Schuld zu kontrahiren, welche einen gesetzlichen Titel hat. Der dritte Eigenthümer hat ein sicheres Mittel, sich gegen derartige heimliche Belastungen seines Eigenthums zu schützen: er hat nur nöthig seinen Besitztitel bei dem Hypotheken-Buche sogleich nach der Erwerbung vorzulegen. So lange bis er die gegen sein Grundstück verhängten exekutivischen Maßregeln in Erfahrung bringt, darf er freilich nicht warten, sonst möchte er meistens zu spät kommen. Daher ist die von dem Geheimen Ober-Tribunale in seiner Betrachtung aufgeworfene Frage: warum sich der dritte Eigenthümer des Grundstücks nicht melde, wenn er die gegen dasselbe verhängten executivischen Maßregeln in Erfahrung bringe, warum er namentlich nicht durch zeitigen Einspruch die Eintragung der Hypothek für den Gläubiger hindere? unstatthaft, mithin läßt sich auf dieselbe nicht fortbauen; denn die Eintragung gilt, wenn auch der dritte Eigenthümer von den executivischen Maßregeln vorher nichts erfahren hat, also gar nicht in den Stand gekommen ist, Einspruch gegen die Eintragung zu thun; er wird davon nicht in Kenntniß gesetzt, weil man ihn nicht kennt, sonst würde die Eintragung an sich nicht zuläßig sein.

№ 27.

Gemeinschaftliche Sache. Theilnehmer.

Wenn ein Theilnehmer, ohne Beistimmung der übrigen, über die gemeinschaftliche Sache, deren Besitz oder Benutzung, verfügt hat, so ist das eingegangene Geschäft nur rücksichtlich des widersprechenden Theilnehmers ungültig. Der Verfügende selbst ist das Geschäft anzufechten nicht befugt.

Jemand, der außer dem Falle der ehelichen Gütergemeinschaft ein Grundstück mit seiner Ehefrau gemeinschaftlich besaß, hatte ein Stück davon ohne Zuziehung seiner Frau verkauft und übergeben. Nachdem derselbe verstorben, verklagte der Käufer dessen Erben auf Freimachung von den nicht mit übernommenen Hypotheken. Die Beklagten leugneten ihre desfallsige Verbindlichkeit, behauptend, daß der Kauf wegen mangelnder Beistimmung der Miteigenthümerin ungültig sei. Die Deputation des Ersten Senats des Ober-Landesgerichts zu Frankfurt verurtheilte jedoch die Beklagten nach dem Antrage; die Deputation des Zweiten Senats dagegen reformirte das Urtel und wies den Kläger ab, indem sie den Einwand der Beklagten für begründet erkannte. Dieses Appellationsurtel vernichtete das Geheime Ober-Tribunal auf die eingelegte Nichtigkeitsbeschwerde.

Man trifft öfter auf die Meinung, daß wenn ein Gemeinschafter allein, ohne Beistimmung der Theilhaber, über die gemeinschaftliche Sache, sei es über das Ganze oder einen Theil, verfüge, das Geschäft an sich nichtig sei, so daß der Verfügende selbst den veräußerten Gegenstand wieder abfordern dürfe. Die Meinung wird jedoch nicht immer mit denselben Gründen gerechtfertigt. In dem unter dieser Ziffer mitgetheilten Rechtsfalle hatte der Appellationsrichter seinen Grund aus dem §. 10, Tit. 17, Th. I des A. L. R. geschöpft, wo verordnet ist:

„Kein Theilnehmer kann, ohne Beistimmung der übrigen, über die gemeinschaftliche Sache, deren Besitz oder Benutzung, gültige Verfügungen treffen."

Sehr wahr zeigt das Geheime Ober-Tribunal, daß diese Bestimmung sich lediglich auf das Verhältniß der Kontrahenten zu den nicht zugezogenen Mitberechtigten beziehe, keinesweges aber das kontraktliche Verhältniß zwischen dem Veräußerer und dem Abnehmer berühre.

In andern Fällen wird auf die Regeln über den Verkauf einer fremden Sache zurückgegangen, indem man den Fall voraussetzt, wo beide Theile wissentlich in böser Absicht über eine fremde Sache kontrahiren, in welchem Falle das Geschäft null ist. A. L. R. Th. I, Tit. 5, §. 47 und Tit. 11, §§. 159, 160. Diese Voraussetzung ist jedoch willkürlich und bei der Verfügung eines Miteigenthümers über das Ganze den Umständen widersprechend, indem dabei meistens stillschweigend vorausgesetzt wird, der Verfügende werde den Mangel an seiner Legitimation nachträglich heben. Dieses hat auch das Geheime Ober-Tribunal bei der letzten Entscheidung eines Rechtsfalles angenommen, welcher im

Schlesischen Archive, Bd. VI, S. 347 flg. mitgetheilt ist. In diesem Falle hatte der Zweite Senat des Ober-Landesgerichts zu **Ratibor** ein solches Kaufsgeschäft für absolut null und nichtig erklärt. Die Gründe sind aber wieder ganz andere und passen überhaupt, unter keiner Voraussetzung, auf die Frage. Sie bestehen nämlich in der Behauptung, daß die Kaufshandlung, bei Ermangelung der Dispositionsbefugniß des Verkäufers, von Anfang unverbindlich sei, und dafür ist der §. 42 und 43, Tit. 3, Th. I des A. L. R. angegeben. Diese bestimmen im Allgemeinen, unter der Rubrik: Form der Handlungen, daß die Rechtmäßigkeit und Giltigkeit eine Handlung nach der Zeit, wo sie vollzogen worden, beurtheilt werden soll, und daß eine Handlung, die wegen Verabsäumung der gesetzmäßigen Form vom Anfange an nichtig war, in der Folge niemals giltig werden kann. Zutreffend sagt dazu das Geheime Ober-Tribunal, daß bei der vorliegenden Frage **von der Form der Handlung** gar nicht Rede sei.

Der an die Spitze gestellte Satz ist unbedingt wahr und von dem Geheimen Ober-Tribunale immer gleichförmig angewendet worden.

№ 28.

Nichtigkeits-Beschwerde. Legitimation zur Prozeßführung.

Im Nichtigkeits-Verfahren bedarf es nicht der Prüfung der Legitimation der Prozeßführung von Seiten des auf die Nichtigkeits-Beschwerde erkennenden Richters, wenn diese Legitimation vom vorigen Richter für berichtigt angenommen worden ist.

Die Frage war streitig geworden und ist von dem Plenum durch Beschluß vom 12. März 1838 in der angegebenen Weise entschieden worden. Der anzuerkennende Grund ist, daß der auf die eingelegte Nichtigkeits-Beschwerde erkennende Richter das von dem vorigen Richter angenommene Sachverhältniß seiner Entscheidung zum Grunde legen müsse, in sofern es nicht selbst der Gegenstand der Nichtigkeits-Beschwerde sei, daß aber wegen ungehöriger Vertretung im Prozesse überhaupt die Nichtigkeits-Beschwerde nicht stattfinde, sondern es bei der früheren Nullitätsklage sein Bewenden behalten habe.

№ 29.

Nichtigkeits-Beschwerde. Unterschrift. Justiz-Commissarius.

Die fehlende Unterschrift einer, von einem Justiz-Commissarius gefertigten und vollzogenen, Nichtigkeits-Beschwerde wird dadurch ergänzt, daß die Partei selbst die Beschwerde dem Richter überreicht, und zum Protokoll genehmigt.

Auch über diese Frage war eine Meinungsverschiedenheit unter den Senaten des Geheimen Ober-Tribunals entstanden, in Folge welcher das Plenum, unterm 30. April 1838, diesen Beschluß gefaßt hat. Damit ist der Plenarbeschluß Bd. I, № 32, Satz I zu vergleichen. S. oben zu Bd. I, № 32. Der hier mitgetheilte Plenarbeschluß beruhet auf der Erwägung, daß ein Mehreres nicht gefordert werden könne, als daß dem Richter die Ueberzeugung gewährt werde, die Partei sei mit der Nichtigkeits-Beschwerde einverstanden.

№ 30.

Richter. Urtheil. Versehen. Vertretungs-Verbindlichkeit. Schadensersatz.

I. Die allgemeinen gesetzlichen Vorschriften über die Verbindlichkeit der Beamten, die bei der Verwaltung ihres Amts begangenen Versehen zu vertreten, finden auf die von einem Richter in streitigen Sachen gesprochenen Urtheile nicht Anwendung.

II. Die unterliegende Partei ist nicht berechtigt, den Spruchrichter, wegen eines bei Abfassung des rechtskräftig gewordenen Erkenntnisses von ihm angeblich begangenen Versehens, auf Schadensersatz in Anspruch zu nehmen.

Ein Gericht ertheilte in einer nothwendigen Subhastation den Zuschlag, obgleich der Extrahent, im Einverständniß mit den übrigen Realgläubigern, doch erst nach geschlossener Licitation, den Antrag zurückgezogen hatte. Der Fall ist schon Bd. II, № 23, aus Anlaß der gegen den Adjudikations-Bescheid angestellten Nullitätsklage, mitgetheilt. S. oben zu Bd. II, № 23. Da die Nullitätsklage nicht den beabsichtigten Erfolg gehabt hatte, so nahm der Subhastat die Mitglieder des Gerichts mit der Syndikatsklage auf Schadloshaltung in Anspruch. Dieser Rechtsfall wird unter dieser Ziffer mitgetheilt. Das Gericht erster Instanz und das Appellationsgericht wiesen den Kläger zurück, weil sie wegen Mangels absoluter Gewißheit, daß die Entscheidung eines erkennenden Richters unrichtig sei, die Syndikatsklage gegen den Recht sprechenden Richter an sich für unzuläßig hielten. Das Geheime Ober-Tribunal verwarf die eingelegte Nichtigkeits-Beschwerde, davon ausgehend, daß es mit der Wirkung eines rechtskräftigen Urtels unvereinbar sei, einer Partei das Recht beizulegen, den unter den Parteien selbst unumstößliches Recht darstellenden Urtelsspruch gegen den Richter für unrichtig zu erklären und das zwischen ihr und der Gegenpartei vorhandene materielle Recht, mittelst eines Angriffs gegen den Spruchrichter, einer neuen, einem andern Richter zustehenden, rechtlichen Beurtheilung unterwerfen zu dürfen. Eine solche Befugniß würde, wenn sie nicht einen Widerspruch in sich enthalten sollte, der Partei dann auch gegen den zweiten und fernern Richter zustehen, womit die Unmöglichkeit, das streitig gewordene materielle Recht auf dem allein denkbaren Wege der Form zu finden, gegeben sein würde. Das Geheime Ober-Tribunal scheint danach gleichfalls die absolute Unzuläßigkeit der s. g. Syndikatsklage gegen einen erkennenden Richter anzunehmen. Das würde nicht anzuerkennen sein. Eine positive Bestimmung für eine solche Annahme ist nicht vorhanden. Eine Einrichtung oder ein allgemeiner Grundsatz des Preußischen Rechts, wovon die Abschaffung der bis zur Emanirung des A. L. R. statthaft gewesenen Klage gegen einen judex, qui litem suam fecit, eine nothwendige Voraussetzung oder Folge wäre, giebt es gleichfalls nicht, und die Erwägung des Geheimen Ober-Tribunals paßt nur auf einen irrthümlichen, fehlgehenden Richterspruch, nicht aber auf den Rechtsgrund der Syndikatsklage, d. i. ein ungerechtes Urtel oder ein Richterspruch, welcher aus Vorsatz oder aus grober Fahrläßigkeit des Richters Unrecht für Recht erkennt. Die geordneten Rechtsmittel helfen gegen ein solches Urtel nur wenn sie zuläßig sind; aber wenn der Richter in letzter Instanz ein solches Urtel fällt, da muß die beschädigte Partei doch wohl ein Recht auf Schadloshaltung gegen den ungerechten Richter haben. Ob der Rechtsgrund (der Dolus) vorhanden sei, ist eine Thatsachenfrage, welche nicht mit dem Rechtsgrundsatze vermengt werden darf. Die bestehende Gesetzgebung hat hierin das frühere Recht, nämlich das durch die Reichsgesetzgebung (R. A. v. 1532, §. 17; Kammergerichts-Ordnung v. 1555, P. III, Tit. 53, §§. 5, 6, 10; Reichshofraths-Ordnung Tit. 5, §. 7; Reichsabsch. v. 1654, §. 157) bestätigte R. R. nicht abgeschafft. Die darauf bezüglichen Bestimmungen finden sich in der A. G. O. Th. III, Tit. 1. Dort wird im §. 12 unterschieden zwischen solchen Beschwerden gegen den Inhalt von richterlichen Verfügungen, welche dem Beschwerdeführer vermeintlich zu nahe treten, und solchen, welche zugleich persönliche Anschuldigungen wegen verletzter oder vernachläßigter Amtspflichten enthalten. Die Beschwerden der ersten Art sollen im Wege der zuläßigen Rechtsmittel ausgeführt werden, nach §. 13. Bezüglich auf die zweite Art hingegen wird §§. 22 und 23 eine besondere Untersuchung vorgeschrieben und verordnet: „Wenn bei diesen Untersuchungen sich veroffenbaret, daß ein solcher Justizbedienter wirklich seine Pflicht vernachlässigt, oder aus den Augen gesetzt, eine Ungerechtigkeit verübt, den Vorschriften der Gesetze und den Obliegenheiten seines Amts zuwider gehandelt habe, so soll derselbe zuvörderst allen der Partei dadurch verursachten Schaden sofort zu ersetzen — mittelst Execution angehalten werden.“ Hiedurch ist die Syndikatsklage ausdrücklich anerkannt. Die angeordnete Untersuchung ist das in den jedesmal geltenden Prozeßgesetzen vorgeschriebene Verfahren. Der Erste der beiden an die Spitze gestellten Sätze ist sonach ganz unzweifelhaft wahr; der Andere aber ist in seiner Allgemeinheit nicht richtig und auch ungenau, ungenau in der Hinsicht, als er ausdrücken sollte, daß die Klage einer unterliegenden Partei, auf Schadloshaltung wegen widergesetzlichen Richterspruchs, gegen den erkennenden Richter, durch ein von ihm angeblich begangenes Versehen, nicht begründet werde. Unrichtig ist der Satz aber noch darin, daß er ein jedes Versehen für ungeeignet zur Begründung der Klage erklärt. Nach dem vorlandrechtlichen Rechte stand in dieser Hinsicht die grobe Fahrläßigkeit dem bösen Vorsatze gleich, und die vorhin angegebenen Bestimmungen der A. G. O. heben dieß nicht nur nicht auf, sondern bestätigen es, indem die Vernachläßigung der Amtspflicht der Ungerechtigkeit (Dolus) an die Seite gestellt ist. Man wird mithin die Fortdauer der actio in factum gegen einen Richter, qui litem suam facit, in solchen Fällen, wo kein Rechtsmittel gegen den Richterspruch mehr zuläßig ist, auch nach den Grundsätzen des Preußischen Rechts behaupten dürfen. Das nimmt das Geheime Ober-Tribunal auch in Wahrheit an, indem es erwägt, daß wenn ein Richter auf strafbare Weise (also auch aus grober Fahrläßigkeit) ein Urtheil zum Nachtheil einer Partei gesprochen habe, ein aus solchem Grunde gegen ihn erhobener Entschädigungsanspruch einer ganz eigenthümlichen Beurtheilung unterliege, dessen Zuläßigkeit (er ist also zuläßig) die allgemeine Regel über die Wirkung der richterlichen Entscheidungen nicht entkräfte.

№ 31.

Allgemeine Wittwen-Verpflegungsanstalt. Antrittsgeld. Selbstmord. Wahnsinn.

Das vom Ehemann zur Kasse der Königl. Allgemeinen Wittwen-Verpflegungsanstalt gezahlte Antrittsgeld fällt, wenn derselbe sich selbst entleibt hat, auch in dem Falle der Wittwenkasse anheim, daß die Selbstentleibung im Wahnsinne, oder in einem sonstigen unzurechnungsfähigen geistigen Zustande erfolgt ist. Sofern das Antrittsgeld nicht baar berichtigt, sondern gegen einen Wechsel creditirt worden, ist dasselbe, in einem solchen Falle, aus dem Nachlasse, oder von den Erben, an die Kasse zu zahlen.

Jemand, der seine Ehefrau bei der Allgemeinen Wittwen-Verpflegungsanstalt versichert hatte, entleibte sich. Die Direction forderte auf Grund des Selbstmordes von dem Erben die Bezahlung des creditirten Antrittsgeldes. Der Beklagte wandte ein, daß der Entleibte wahnsinnig gewesen sei und willenlos gehandelt habe, und daß die gesetzliche Bestimmung im Reglement v. 28. December 1778, §. 28, lit. c und d, wegen des Verlustes des Eintrittsgeldes im Falle der Selbstentleibung, nur das baar eingezahlte, nicht das creditirte Eintrittsgeld treffe. Das Gericht erster Instanz erkannte nach dem Antrage; das Appellationsgericht hingegen wies den Kläger ab, aus dem Grunde, weil der Verlust des Eintrittsgeldes eine Strafe, ein willenlos (im Wahnsinne) Handelnder aber nicht strafbar sei. Dieses Appellationsurtel wurde von dem Geheimen Ober-Tribunal, durch das Erkenntniß vom 9. September 1837, vernichtet. Die Entscheidung beruhet auf Auslegung des Reglements, welches lex contractus ist. Darin wird nicht der Ausdruck „Selbstmord“ sondern das Wort „Selbstentleibung“ gebraucht. Zutreffend sagt das Geheime Ober-Tribunal, daß der Begriff der Strafe und deren Voraussetzung hier gar nicht in Betracht komme, vielmehr es sich lediglich um Privatrechte aus einem Vertragsverhältniß handele. Was also unter den Parteien erlaubter Weise ausbedungen sei, entscheide. Sodann wird gezeigt, daß der Verlust des Eintrittsgeldes, ohne Unterschied: ob es schon bezahlt sei oder nicht, auf den Fall der Selbstentleibung des Versicherten ausbedungen, und daß die Selbstentleibung als eine bloße Thatsache angesehen worden sei. Dieser Auslegung ist Beifall zu geben; die Selbstentleibung ist als Bedingung behandelt, so daß es bloß auf das Eintreffen oder Ausbleiben des Ereignisses ankommt.

№ 32.

Execution. Executivprozeß. Klage ex judicato.

Aus Erkenntnissen ausländischer Gerichte findet die Judikatklage nicht statt. Eben so wenig ist eine, lediglich auf ein solches Erkenntniß, nicht auf das ursprüngliche Sachverhältniß, gegründete Klage in einem andern summarischen Verfahren, oder im gewöhnlichen Prozesse zuzulassen.

Aus einem rechtskräftig gewordenen Urtel des Civil-Tribunals zu Warschau, vom 14. Juli 1826, klagte die obsiegende Partei, im Jahre 1830, gegen die zur Zahlung einer Summe Geldes verurtheilte Partei, bei dem Kammergericht zu Berlin, mit der Judikatklage auf Zahlung. Der Beklagte erklärte diese Klage auf Grund eines ausländischen Urtels für unstatthaft. Der Instructions-Senat des Kammergerichts war jedoch anderer Meinung und verurtheilte den Beklagten. Das Appellationsgericht (das Ober-Landesgericht zu Stettin auf Grund besonderer Delegation) trat dem Beklagten bei und wies den Kläger angebrachtermaßen ab. Dieses Urtel bestätigte das Geheime Ober-Tribunal in der Revisions-Instanz. Der dabei ausgesprochene Satz ist wichtig und zweifelhaft. Ueber die Frage, betreffend die Wirksamkeit der von ausländischen Gerichten gesprochenen rechtskräftigen Urtel, sind die Publicisten nicht einerlei Meinung. Die Preußische Gesetzgebung hat darüber keine klare Bestimmung; sie scheint sich derjenigen Meinung anzuschließen, nach welcher die Rechtskraft der Urtel ausländischer Gerichte anerkannt werden soll, wenn der gehörige Richter erkannt hat. Der §. 30, Tit. 24 der Prozeß-Ordnung bestimmt nämlich, daß die von ausländischen Gerichten nachgesuchte Execution der bei ihnen ergangenen Urtel in den Königlichen Landen vollstreckt werden solle, es wäre denn, daß sich bei der Competenz des requirirenden Gerichts, oder sonst bei der Sache selbst, ein Anstand ereigne. Die Competenz muß also jedenfalls begründet gewesen sein. Ob aber mit dem „oder sonst bei der Sache selbst" eine nochmalige Verhandlung und Entscheidung der Sache gemeint sei, ist unklar. Wäre sie gemeint, so hätte man besser schlechtweg die Execution verbieten sollen, statt sie scheinbar zu gestatten. Wäre sie nicht gemeint, so würde der Grund, womit das Geheime Ober-Tribunal den ausgesprochenen Satz beweisen will, nicht gelten; denn er besteht darin, daß der §. 30, Tit. 24 der Prozeß-Ordnung, bloß von der Execution handele und in seinem Prinzip nicht auf die Judikatklage passe. „Ist hiernach, heißt es, die Zulässigkeit einer Judikatklage aus Erkenntnissen ausländischer Gerichte weder ausdrücklich in den Gesetzen ausgesprochen, noch aus denselben herzuleiten; so kann auch die Wiederherstellung des Urtels erster Instanz, welches den Verklagten bloß auf Grund der beigebrachten Erkenntnisse polnischer Gerichte verurtheilt hat, nicht stattfinden." Dabei ist jedoch das Wesen des Executionsgesuchs und der s. g. Judikatklage gar nicht beachtet: Beide sind materiell ein und dasselbe Rechtsmittel, der Unterschied ist nur äußerlich, im richterlichen Verfahren. Mit der actio judicati dringt die obsiegende Partei auf die Vollstreckung des Urtels und der angegangene Richter hat dabei weiter nichts zu prüfen, als: ob res judicata. Sind die Voraussetzungen der res judicata vorhanden, so besteht zwischen den Parteien formelles Recht, der Richter darf nicht mehr auf den Grund der Sache sehen, sondern muß das formelle Recht vollstrecken. Dabei schreibt ihm die Preußische Prozeß-Ordnung je nach der Zeit, wo das Amt des Richters angegangen wird, ein zwiefaches Verfahren vor. Wird das Gesuch innerhalb des ersten Jahres nach Eintritt der Rechtskraft angebracht, so verfügt er ohne weiteres die Execution, d. h. er erläßt den Zahlungsbefehl mit der Drohung daß nach fruchtlosem Verlaufe der gesetzten Zahlungszeit Gewalt folgen werde. Diese tritt ein, wenn auf den Zahlungsbefehl nichts folgt; macht aber der Bedrohte eine der privilegirten Einwendungen, so untersucht solche der Richter im Wege des vorgeschriebenen Verfahrens und befindet darüber. Geht hingegen das Gesuch der obsiegenden Partei erst nach Ablaufe eines Jahres ein, so ist das Verfahren des Richters umgekehrt: er will nicht erst die Opposition des Exequenden abwarten, wie in dem ersten Falle, sondern er erklärt sich ihm bereit, ihn vorerst zu hören: ob er vielleicht eine jener privilegirten Einwendungen vorzubringen habe. Auf etwas Anderes jedoch läßt sich der Richter auch hierbei nicht ein, denn auch in diesem Falle liegt wesentlich ein Gesuch um Vollstreckung des zwischen den Partheien bereits ausgemachten und festgestellten Rechts vor. Darum handelt auch die Prozeß-Ordnung von der Judikatklage in dem Titel von der Execution. Gelten sonach von der Judikatklage dieselben Rechtsgrundsätze und Voraussetzungen wie von dem Executions-Gesuche: so ist klar, daß der Grund, aus welchem das Geheime Ober-Tribunal die Judikatklage aus dem Urtel eines ausländischen Gerichts für unzulässig erklärt, nicht paßt. Die Entscheidung selbst halte ich jedoch für rechtfertig, deshalb, weil nach der Fassung der Bestimmung im §. 30, Tit. 24 der Prozeß-Ordnung, die Execution aus einem fremdrichterlichen Urtel, gegen eine in hiesigen Landen sich aufhaltende Person, überhaupt nicht unbedingt stattfindet. Denn es wird nicht bloß die Competenz des requirirenden Gerichts, sondern überdieß auch vorausgesetzt, daß sonst bei der Sache selbst kein Anstand sei. Hat also der Exequendus gegen die Competenz oder in der Sache selbst Einwendungen, so muß er damit gehört, und die Sache vor dem inländischen Gerichte verhandelt werden. Dies um so mehr, wenn nicht das ausländische Prozeßgericht, sondern die Partei selbst die Execution verlangt; denn die Vorschrift der Prozeßordnung beruhet auf der Voraussetzung, daß der erkennende Richter auch das Executionsgesuch (die Judikatklage) prüfe und darauf die Execution erkenne.

№ 33.

№ 33.

Nichtigkeits-Beschwerde. Nichtigkeit. Urtheil.

Wenn der Richter auf den Grund der, von der einen Partei eingelegten, Nichtigkeits-Beschwerde die Nichtigkeit eines Erkenntnisses ausspricht, so kann dadurch bei der Beurtheilung der Hauptsache für den Imploranten nie eine Entscheidung herbeigeführt werden, die für ihn noch nachtheiliger wäre, als das angefochtene Urtheil.

Von zwei Senaten des Geheimen Ober-Tribunals war der Eine der Ansicht gewesen, daß, nach ausgesprochener Vernichtung eines Erkenntnisses, nur die Beschwerden des Imploranten Gegenstand der Entscheidung in der Hauptsache sein könnten und daß zum größern Nachtheile des Imploranten nicht erkannt werden dürfe; nach der Ansicht des Andern sollte jedoch lediglich nach Lage der Sache erkannt, folglich auch ein dem Imploranten ungünstigeres Urtel abgefaßt werden können. Das Plenum hat sich, nach dem Beschlusse vom 30. April 1838, für die erstere Meinung entschieden. Darin ist ihm Beifall zu geben. Der Grund ist zutreffend, daß der Implorant das angefochtene Urtel nur soweit, als ihm dasselbe nachtheilig ist, angreift und vernichtet wissen will; über den Antrag hinaus kann der Richter auf die Nichtigkeits-Beschwerde nicht erkennen, sonst würde er selbst eine Nichtigkeit begehen. Dann folgt der Satz auch aus der Natur eines Rechtsmittels, und ein bloßes Rechtsmittel ist die Nichtigkeits-Beschwerde. Kein Rechtsmittel überhaupt kann rechtlicher Weise für diejenige Partei, welche es gebraucht, einen schlimmern Ausgang nehmen als daß das Mittel fehlschlägt und ihr nutzlose Kosten verursacht.

№ 34.

Westpreußen. Provinzialrecht. Gemeines Recht. Erbschaftsschulden. Solidarität. Verhaftung pro rata.

I. Bestimmungen des Gemeinen Rechts, welche in ein, als Gesetzbuch publicirtes Provinzialrecht herüber genommen worden, sind als Provinzial-Gesetze zu betrachten und kommen vor dem Allgemeinen Landrechte zur Anwendung.

II. In denjenigen Landestheilen, in welchen das Preußische Landrecht von 1721 als Provinzialrecht gilt, haften die Erben für die Erbschaftsschulden nicht solidarisch, sondern nur nach Verhältniß ihrer Erbantheile.

Beide Sätze sind anzuerkennen. Nach dem Preußischen Landrechte sind die Schulden wie die Forderungen einer Erbschaft ipso jure getheilt. Die Anwendung dieser Rechtssätze auf den mitgetheilten Rechtsfall ist jedoch nicht richtig. Einer von mehreren Erben war von einem Erbschaftsgläubiger auf das Ganze in Anspruch genommen, während er doch nur auf den Theil seiner Erbquote hätte belangt werden können. Er wendet ein, daß er Miterben habe. Wieviel? ist nicht zu ersehen, auch ergiebt der Vortrag nicht, welche Folge mit dem Einwande verknüpft und welcher Antrag darauf gestützt worden ist. Das Appellationsgericht (Ober-Landesgericht zu Marienwerder) hatte den Einwand für unerheblich (unstatthaft) erklärt und den Beklagten verurtheilt. Das Geheime Ober-Tribunal hingegen erkennt mit Recht den Einwand für statthaft, aber die darauf gegründete Entscheidung ist nicht gerechtfertigt; denn es weiset die ganze Klage angebrachtermaßen ab. Die Abweisung angebrachtermaßen bezieht sich nur auf das Fundament (die causa) und versteht sich schon von selbst, ist also an sich von untergeordneter Bedeutung. Hat der Kläger aber nur zuviel gefordert (plus petitio), so muß ihm das was ihm gebührt zugesprochen und das Zuvielgeforderte aberkannt werden. Ein Erbschaftsschuldner, welcher Einen von mehreren Erben unrichtig auf das Ganze in Anspruch nimmt, klagt gar nicht mit einer unrichtigen Klage (aus einem unrichtigen Fundamente), vielmehr fordert er mit der rechten Klage zuviel. Mit Unrecht weiset der Richter einen solchen Kläger ganz ab. Aus gleichem Grunde müßte jeder Kläger, der auch nur einen Denar zuviel fordert, mit der ganzen Klage abgewiesen werden. — Uebrigens ist die Entscheidung für die Zukunft in praktischer Hinsicht durch das neue Westpreußische Provinzialrecht werthlos geworden. Vgl. u. zu Bd. IV, № 41.

№ 35.

Erbtheil. Kauf. Cession. Erbschaftskauf.

Die von einem Erben an einen Dritten geleistete Cession des Erbtheils, ohne nähere Bestimmung des Gegenstandes, bloß auf Höhe einer gewissen Summe, überträgt kein Eigenthum an den einzelnen, den Erbtheil bildenden Gegenständen der Erbschaft. Der

Cessionar erlangt vielmehr durch eine solche Abtretung nur einen persönlichen Anspruch an den Erben.

Der Satz ist eben so wenig entsprechend ausgedrückt als die Entscheidungsgründe juristisch genau sind. Der Fall war dieser: Ein Miterbe cedirte vor der Erbtheilung einem seiner Gläubiger, zur Tilgung seiner Schuld an denselben, „bis zur Höhe derselben sein Erbrecht, und von seiner dereinstigen Erbquote soviel, als zu seiner Befriedigung erforderlich." Der Erbtheil des Cedenten wurde bei der Erbtheilung auf 1250 Rthlr. ermittelt. Diese nahm ein anderer Gläubiger des Cedenten im Wege der Execution in Beschlag. Der Cessionarius trat als Intervenient auf und klagte gegen den Arrestanten auf Freilassung der 1250 Rthlr., soweit diese zu seiner Befriedigung erforderlich sein würden. In erster Instanz wurde er abgewiesen; der Appellations-Richter (die Deputation des Zweiten Senats des Ober-Landesgerichts zu Breslau) sprach ihm seine Forderung zu, und das Geheime Ober-Tribunal stellte das Erkenntniß erster Instanz wieder her. Diese Entscheidung ist gerechtfertigt dadurch, daß die Erklärung des Miterben, wodurch er seinem Gläubiger eine Summe von seiner Erbquote überweisen wollte, Nichts ist und also auch nichts wirken kann. Denn sie ist weder eine Cession, weil dazu ein Forderungsrecht als Gegenstand gehört, eine Erbquote aber kein Forderungsrecht ist wovon man eine bestimmte Summe abtreten könnte, noch ist sie ein Erbschaftskauf, weil dieser nur über eine Quote des Ganzen, gegen ein bestimmtes Pretium, nicht über eine Summe aus der Erbschaft, möglich ist. Der angewendete, aus den Entscheidungsgründen sich ergebende

Satz ist also dieser: Ein Erbtheil ist kein Forderungsrecht, folglich kann eine bestimmte Summe davon nicht cedirt werden; es kann als ein Inbegriff von Sachen und Rechten (universitas juris) Gegenstand nur eines Kaufs sein. — Was einzelne, in den Entscheidungsgründen verlautbarte juristische Gedanken betrifft, so muß die Kritik sie ausscheiden. Es heißt unter Anderm, mit Beziehung auf die Erfordernisse einer Cession: „Dagegen fehlt es an der Bestimmung des Gegenstandes, des abgetretenen Rechts. — Ein Erbtheil bildet aber kein für sich bestehendes Recht." — Das ist nicht anzuerkennen. Eine Erbschaft, ganz oder theilweise, ist ein durchaus selbstständiges Recht, nur ist es kein Forderungsrecht. Weiter wird gesagt: „ein Erbtheil bezeichnet vielmehr nur — als ein Rechtsbegriff, als eine Benennung — das dem Erben — zustehende alleinige oder Miteigenthum an den einzelnen Sachen und Rechten der Verlassenschaft." — Auch das ist keine Rechtswahrheit, die daran geknüpfte Folgerung, nämlich „die Abtretung des Erbtheils, als eines solchen, ganz allgemein, ohne nähere Bestimmung des Gegenstandes (nämlich der einzelnen Stücke), ist daher unwirksam — die Uebertragung muß, wenn sie gültig erfolgen soll, auf die Gegenstände des Erbtheils gerichtet werden" — ist mithin gleichfalls unwahr. Ein Theil, wie das Ganze einer Erbschaft, ist ganz eigentlich „als ein solcher, ganz allgemein, ohne nähere Bestimmung des Gegenstandes" übertragbar und sogar der wesentliche Gegenstand eines Erbschaftskaufs; die einzelnen Gegenstände einer Erbschaft sind gar nicht Gegenstand eines solchen, machen vielmehr den Kauf zu einem bloßen Sachkauf, der, wenn er von einem Miterben über einzelne bestimmte Sachen oder Theile davon, vor der Theilung, geschlossen wird, nicht einmal gültig ist und dem Käufer gegen die übrigen Erben kein Recht giebt. A. L. R. Th I, Tit. 2, §§. 447—449. Diese Grundsätze hat das Geh. Ober-Tribunal in dem jüngern Nichtigkeitsurtel vom 17. December 1841 (Bd. VII, № 30) auch selbst ausgesprochen. S. u. zu Bd. VII, № 30.

№ 36.

Nichtigkeits-Beschwerde. Prozeßvorschrift. Thatsache. Urtelsgründe. Geschichtserzählung.

Es genügt zur Beseitigung des, im §. 5, № 10, lit. a der Verordnung vom 14. December 1833 aufgestellten Nichtigkeitsgrundes, wenn eine, in den Prozeßschriften enthaltene, oder zu Protokoll erklärte Thatsache, welche eine entgegengesetzte Entscheidung begründen würde, in der, den Entscheidungsgründen vorangeschickten Geschichtserzählung des Urtheils erwähnt, wenn auch dieselbe nach ihrer Erheblichkeit und ihrem Einflusse auf die Entscheidung nicht besonders beurtheilt worden ist.

Nach der bezeichneten Bestimmung ist es ein Nichtigkeitsgrund, wenn eine, in den Prozeßschriften angegebene oder zu Protokoll erklärte und mit Angabe der Beweismittel unterstützte Thatsache, welche eine entgegengesetzte Entscheidung begründen würde, in den Urtheilsgründen gar nicht erwähnt ist. Was als Erwähnung gelten könne, darüber hatten sich unter den verschiedenen Senaten des Geheimen Ober-Tribunals entgegengesetzte Ansichten hervorgethan. Der eine Senat sah es dafür an, wenn die Thatsache auch nur in der Geschichtserzählung mit erzählt worden war; ein Anderer verlangte zu einer genügenden Erwähnung die Beurtheilung der Thatsache nach ihrer Erheblichkeit und ihrem Einflusse auf die Entscheidung. Diese Meinungsverschiedenheit ist von dem Plenum, durch den Beschluß vom 5. Juni 1838, nach der ersten Ansicht entschieden. Die Gründe sind überzeugend.

№ 37.

Wechsel. Verjährung durch Nichtgebrauch.

Die im Tit. 9, Th. I des A. L. R. enthaltenen allgemeinen Vorschriften über die Verjährung durch Nichtgebrauch finden, soweit dieselben nicht in das Wechselrecht aufgenommen sind, auf die Verjährung der Wechselverbindlichkeit keine Anwendung.

Der Verfalltag eines Wechsels war erst nach dem Tode des Gläubigers, welcher minderjährige Erben hinterließ, eingetreten. Das Wechselrecht wurde später als ein Jahr nach dem Verfalltage geltend gemacht, und es wurde der Einwand der Verjährung entgegengesetzt. Die Kläger replicirten, daß die Verjährung durch Nichtgebrauch, nach A. L. R. Th. I, Tit. 9, §. 535, gegen Minderjährige, während der Minderjährigkeit, nicht anfangen könne. Diese Replik wird von dem Ober-Landesgerichte und dem Tribunale zu Königsberg, in Beziehung auf die Wechselverjährung, für unstatthaft erklärt, was von dem Geheimen Ober-Tribunale durch die Entscheidung auf die eingelegte Nichtigkeits-Beschwerde bestätigt wird. Mehr als die Unzulässigkeit der gedachten Replik, in Beziehung auf die Wechsel-Verjährung, folgt aus den Gründen nicht; der an die Spitze gestellte Satz ist zu allgemein.

№ 38.

Cession. Witthum. Gewagter Vertrag. Gewährleistung.

I. Eine Wittwe kann das, von ihrem Wittwenstande abhängige, nicht ausdrücklich an ihre Person gebundene, Witthum cediren.

Der Satz ist nicht zweifelhaft und auch nicht bestritten worden.

II. Die Cedentin ist dem Cessionar zur Gewährleistung, für den Fall indeß, daß sie nach der Cession den Wittwenstuhl verrückt, und hierdurch dem Cessionar den fernern Genuß des Rechts vereitelt, bloß zur Erstattung des Empfangenen verpflichtet.

Eine Wittwe hatte von ihrer Schwester eine jährliche Rente in Geld und in Naturalien auf ihre Lebenszeit und so lange sie im Wittwenstande sein würde, vermacht erhalten. Das Grundstück, auf welches die Rente angewiesen war, wurde nach Jahren subhastirt und bei der Kaufgelder-Vertheilung wurde die Rente auf 215 Rthlr. jährlich angeschlagen und auf ein entsprechendes Kapital angewiesen. Diese Rente cedirte die Wittwe für 1500 Rthlr., im Jahre 1832; seitdem erhielt der Cessionar die jährlich zu zahlenden 215 Rthlr. — Im Jahre 1835 heirathete die Wittwe und von da an hörte die Rentenzahlung auf. Ueber den Fall der Wiederverheirathung war nichts verabredet worden. Der Cessionar klagte gegen die Cedentin mit dem Antrage, sie zu verurtheilen, ihm bis zu ihrem Tode jährlich 215 Rthlr. zu zahlen, weil sie ihm durch ihre willkührliche Handlung das ihm abgetretene Recht entzogen habe.

Ueber die Frage sind drei Meinungen denkbar. Nach der Einen kann der Anspruch für ganz unbegründet angesehen werden, weil der Cessionar die Beschaffenheit des ihm abgetretenen Rechts gekannt und gewußt hat, daß ein Versprechen, ehelos zu bleiben, ungültig, er also mit Rücksicht auf den möglichen Fall, daß die Cedentin eine sich ihr zur Wiederverheirathung darbietende Gelegenheit wahrnehmen werde, sein Gebot werde eingerichtet haben. Diese Ansicht hat der Richter erster Instanz in der That gehabt.

Eine andere Meinung kann die Cedentin für verpflichtet halten, ehelos zu bleiben, um das verkaufte Recht nicht zu vereiteln. Von dieser Seite hat der Appellationsrichter (der Zweite Senat des Ober-Landesgerichts zu Frankfurt) die Sache angesehen, indem er die Cedentin verurtheilt, dem Kläger jährlich 215 Rthlr. so lange bis er im Ganzen die entsprechende Kapitalsumme erhoben habe, falls sie so lange lebe, zu zahlen.

Drittens kann die Verpflichtung, ehelos zu bleiben, zwar für stillschweigend übernommen gleichfalls angesehen, aber an sich für unverbindlich und in Folge dessen das ganze Cessionsgeschäft für ungültig gehalten werden. Auf diese Meinung gründet sich die Entscheidung des Geheimen Ober-Tribunals in der Revisions-Instanz, wodurch die Beklagte verurtheilt worden, nur soviel an den Kläger zu bezahlen als noch fehlte um ihm die Cessions-Valuta (das Gegebene) zurückzuerstatten. Es kommt dabei, und auch nach der zweiten Ansicht, auf eine thatsächliche Voraussetzung an, nämlich: ob es sich verstehe, daß die Cedentin, nach der Absicht der Parteien, sich habe verpflichten wollen, ehelos zu bleiben. Nur unter dieser Voraussetzung ist das Geschäft nichtig. Wäre im Gegentheil anzunehmen, die Parteien hätten das Eintreffen der Bedingung als einen Zufall dahin gestellt sein lassen; oder hätten sie gar ausdrücklich verabredet, daß die Cedentin nicht verpflichtet sein solle, durch Beibehaltung des ehelosen Standes die Dauer des cedirten Rechts möglichst zu verlängern: so würde das Geschäft gültig, d. h. die Cedentin nicht schuldig gewesen sein, Etwas wieder zurückzugeben. Welche von beiden thatsächlichen Voraussetzungen die wahre sei, ist mit Gewißheit nicht zu sagen; aus den Umständen kann auf jede von Beiden geschlossen werden. Nimmt man mit dem Ober-Landesgerichte zu Frankfurt und dem Geheimen Ober-Tribunale jene an, so ist die Entscheidung des Letztern die allein folgerichtige.

№ 39.

Großherzogthum Posen. Juden. Naturalisation der Juden. Darlehn.

Ein, nach Publication der vorläufigen Verordnung wegen des Judenthums in dem Großherzogthum Posen, vom 1. Juni 1833, wenngleich vor beendigtem Naturalisations-Verfahren, von einem nicht naturalisirten Juden ohne gerichtlichen Schuldschein gegebenes Darlehn ist ungültig, auch wenn die Naturalisation des Darlehnsgebers späterhin erfolgt ist.

Die vorläufige Verordnung wegen des Judenwesens im Großherzogthum Posen, vom 1. Juni 1833 (G. S. S. 66), unterscheidet zwischen naturalisirten und nicht naturalisirten Juden. §. 16 enthält die Zeitbestimmung für die angeordnete Regulirung der jüdischen Korporations-Angelegenheiten und schließt mit dem Versprechen, daß, sobald diese Angelegenheiten geordnet sein würden, die sich dazu eignenden Juden naturalisirt werden sollten. Die nicht naturalisirten werden, im §. 25, mancherlei Rechtsnachtheilen unterworfen, unter diesen auch dem (lit. f), daß sie Darlehnsgeschäfte nur gegen gerichtlich aufgenommene Schuldurkunden gültig abschließen können. Ueber die Anwendung dieser Bestimmung entstand Meinungsverschiedenheit bei den Gerichten. Einige nahmen an, daß alle Juden im Großherzogthume Posen, von der Erscheinung dieser vorläufigen Verordnung an, als nicht naturalisirte zu behandeln seien. Andere meinten: die für die nichtnaturalisirten bestimmten Rechtsausnahmen und beziehlich Rechtsveränderungen könnten erst nach Vollendung der im §. 16 verordneten Regulirung der Juden-Angelegenheiten eintreten. Eine dritte Meinung wollte nur einige dieser Rechtsveränderungen, namentlich die Aufhebung der den Juden im Allgemeinen beigelegten Wechselfähigkeit und die des höheren Zinsfußes sogleich eintreten lassen; die Uebrigen aber gleichfalls bis nach jener Regulirung ausgesetzt wissen. Von der Beantwortung dieser Frage hing die Entscheidung des hier mitgetheilten Rechtsfalles ab. Ein Jude im Posen'schen hatte wegen eines, erst nach Publikation der vorläufigen Verordnung vom 1. Juni 1833, aber vor erlangter Naturalisation, contrahirten Darlehns auf Grund eines außergerichtlichen Schuldscheins geklagt. Das Gericht erster Instanz, der ersten Ansicht folgend, wies den Kläger ab. Das Ober-Appellationsgericht zu Posen war der andern Meinung und reformirte das Urtel erster Instanz. Das Geheime Ober-Tribunal vernichtete das Appellations-Erkenntniß, die erste

Meinung für die richtige erklärend. Der schlagende Entscheidungsgrund ist der, daß jedes Gesetz von seiner Publikation an in Wirksamkeit tritt, wenn der Eintritt der Gesetzeskraft nicht ausdrücklich auf einen spätern Zeitpunkt verschoben ist. Indeß ist die Anwendung, welche das Geheime Ober-Tribunal von der Rechtsbestimmung des § 25, lit. f, macht, nicht juristisch. Es erkennt nämlich, nach der Vernichtung des Appellationsurtels, in der Hauptsache: daß das Urtel erster Instanz (des Land- und Stadtgerichts zu Wreschen) — dahin zu bestätigen: daß der Kläger mit seiner Forderung von 100 Rthlr. Kapital und Zinsen, in so weit dasselbe auf den Schuldschein vom 8. August gegründet worden, gegen den Verklagten abzuweisen. Das Land- und Stadtgericht zu Wreschen hatte den Kläger unbedingt abgewiesen. Darin ist dessen Urtel richtiger als das des Geheimen Ober-Tribunals. Denn ein Schuldschein begründet keine Klage, er erweist nur den Grund der Klage. In der Maßgabe des Geheimen Ober-Tribunals liegt also der juristische Sinn, daß der Kläger dieselbe Klage, nämlich die Darlehnsklage, noch ein Mal anbringen dürfe, wenn er sie anders beweisen wolle. Das aber ist ein Rechtsirrthum. Außergerichtliche Darlehnsgeschäfte sind nach §. 25, lit. f, ungültig, folglich hatte der Kläger aus dem Darlehne als solchem, wenn er auch einen andern Beweis antreten wollte, gar keine Klage. Welches Klagrecht er sonst noch haben konnte, kann hier übergangen werden. Die Entscheidung gehört übrigens dem transitorischen Rechte an.

№ 40.

Mündlicher Vertrag. Erfüllung. Rücktritt.

Von einem, nach den Gesetzen schriftlich zu errichtenden, aber nur mündlich abgeschlossenen, und noch nicht von beiden Seiten erfüllten Vertrage kann auch derjenige Contrahent, welcher denselben seinerseits bereits theilweise oder vollständig erfüllt hat, zurücktreten und das Gegebene zurückfordern.

Die Fassung der landrechtlichen Bestimmungen hat mancherlei Zweifel über die Folgen eines mündlich abgeschlossenen und erst von der einen Seite, vollständig oder unvollständig erfüllten, zweiseitigen Vertrages, welcher schriftlich hätte abgeschlossen werden sollen, veranlaßt, die noch nicht alle erledigt sind. Der hier mitgetheilte Fall war so, daß derjenige, welcher seinerseits vollständig erfüllt hatte, von dem Vertrage zurücktreten wollte. Der Andere hatte erst zum Theil erfüllt. Der Appellationsrichter (der Civil-Senat des Ober-Landesgerichts zu Hamm) hatte dem Kläger die Befugniß zum Rücktritte, wegen der vollständigen Erfüllung von seiner Seite, gegen die Ansicht des ersten Richters, abgesprochen, in der Meinung, daß diese Befugniß nur dem Andern zustehe, weil der §. 156, Tit. 5, Th. I des A. L. R. bestimmt: „Hat (aber) ein Contrahent von dem Andern die Erfüllung ganz oder zum Theil angenommen, so ist er verpflichtet, entweder den Vertrag auch von seiner Seite zu erfüllen, oder das Erhaltene zurückzugeben oder zu vergüten." Das Geheime Ober-Tribunal führt aus, daß beide

Theile gleiche Rechte haben. Die Gründe sind überzeugend. Eine andere Frage ist noch: ob der zurücktretende Geber gegen den Empfänger nicht alternative entweder auf Erfüllung oder auf Zurückgabe klagen muß. Viele sind dieser Meinung, wegen der Fassung des §. 156: — „so ist er verpflichtet, entweder den Vertrag auch von seiner Seite zu erfüllen, oder das Erhaltene zurückzugeben." Man sieht hierin eine ausdrücklich alternativ bestimmte Verpflichtung des Empfängers, welcher entsprechend auch nur geklagt werden könne. Dieser Meinung war auch ich früher, ohne zu unterscheiden (Recht der Forderungen, Bd. II, S. 86, № III, 7, S. 176); ich halte jedoch dafür, daß die Bestimmung des §. 156 und der darauf zu gründende alternative Klagantrag auf den Fall zu beschränken, wenn der Geber bei dem Vertrage stehen bleiben will und der Empfänger seiner Seits zur Erfüllung keine Anstalten macht. In diesem Falle kann der Geber nicht unbedingt auf Erfüllung klagen, sondern muß dem Empfänger noch die Wahl lassen: ob er das Empfangene zurückgeben wolle; tritt der Geber selbst zurück: so kann er das Gegebene condictione ob causam unbedingt zurückfordern. So hat das Geheime Ober-Tribunal in einem neuern Falle (mitgetheilt im Schlesischen Archive, Bd. VI, S. 265 flg.), gegen die Ansicht der Deputation des Zweiten Senats des Königl. Ober-Landesgerichts zu Breslau, entschieden. In den Gründen wird auszuführen gesucht, daß eine völlige Uebereinstimmung des A. L. R. mit dem Römischen Innominat-Contracte (L. 3 §. 2 D. de condictione causa data, XII, 4) bestehe. Diese Uebereinstimmung kann für den Fall, daß der Geber zurücktritt, zugestanden werden; für den entgegengesetzten Fall aber ist sie zu leugnen: der Empfänger hat nach Römischen Rechtsgrundsätzen und nach der Natur der condictio ob causam keine Befugniß abzugehen; er muß unbedingt erfüllen wenn der Geber Erfüllung verlangt. Das A. L. R. hingegen hat den Grundsatz, daß die Annahme der Leistung nicht zur Gegenleistung verpflichte. Darauf bezieht sich der §. 156, wonach der Geber, wenn er bei dem Vertrage stehen bleiben will, den Empfänger nur bedingt auf Gegenleistung belangen kann. Darin liegt eine sehr große Abweichung des A. L. R. von dem Römischen Innominat-Contracte.

№ 41.

Heimliches Ehegelöbniß. Sponsalia clandestina. Großjährige Tochter. Heirathsconsens. Ehehinderniß. Ungültige Ehe.

I. Nur solche, von Kindern ohne Einwilligung der Eltern geschlossene Ehegelöbnisse — sponsalia clandestina, — welche unter Beobachtung der gesetzlichen Form errichtet, oder durch das Aufgebot gültig geworden sind, berechtigen die Eltern und Großeltern zur Versagung ihrer Einwilligung in die beabsichtigte Ehe.

II. Auch eine großjährige Tochter bedarf der Einwilligung des Vaters in die von ihr zu schließende Ehe; wenngleich der Mangel dieser Einwilligung keine Ungültigkeit einer schon vollzogenen Ehe bewirkt.

Der zweite Satz ist unzweifelhaft und auch, soviel bekannt, noch nicht bestritten worden. Das A. L. R. spricht ihn klar aus.

Der erste Satz soll eigentlich den landrechtlichen Begriff eines heimlichen Ehegelöbnisses bestimmen. Eine großjährige Tochter versprach sich mündlich mit einem Manne ohne Einwilligung ihres Vaters. Beide machten ihm ihre Verlobung bekannt und klagten dann gegen den Vater auf Ergänzung der Einwilligung zur Vollziehung der Ehe, ließen sich vor Entscheidung des Prozesses auch aufbieten. Der Vater machte, auf Grund des §. 67, Tit. 1, Th. II des A. L. R., den Einwand, daß seine Tochter sich heimlich verlobt habe, und er darum mit Grund seine Einwilligung versage. Dieser §. bestimmt:

> „Eltern versagen ihre Einwilligung in die Verheirathung ihrer Kinder mit Grund, wenn die Kinder die — verweigerte Einwilligung durch heimliche Ehegelöbnisse zu erzwingen gesucht haben."

Man stritt nun über den Begriff eines heimlichen Ehegelöbnisses. Der Instructions-Senat des Kammergerichts und der Ober-Appellations-Senat desselben erklärten das zwischen den Klägern, ohne Einwilligung des Vaters der Braut, erfolgte Eheversprechen für ein heimliches Verlöbniß und wiesen aus diesem Grunde die Kläger ab. Das Geheime Ober-Tribunal hingegen versteht unter einem heimlichen Verlöbnisse, im Sinne des A. L. R., ein von Kindern ohne Einwilligung der Eltern, jedoch unter Beobachtung der gesetzlichen Form, errichtetes Ehegelöbniß. Schlagend ist der dafür beigebrachte Grund, daß das A. L. R. den Kindern eine Klage gegen die Eltern auf Ergänzung der verweigerten Einwilligung giebt, wenn sie ihren Consens ohne rechtmäßigen Grund versagen; daß diese Klage auch der andere Theil der Verlobten, doch nur im Einverständniß mit dem Kinde, anstellen darf (A. L. R. Th. II, Tit. 1, §§. 68, 69; A. G. O. Th. I, Tit. 40, §. 13); daß folglich in die-

diesem Falle ein wechselseitiges Eheversprechen zwischen dem Kinde und dem Andern, zur Begründung der Klage, ausdrücklich vorausgesetzt wird. Daraus ist sonnenklar, daß das Einverständniß beider Theile, also das wechselseitige Eheversprechen oder das unförmliche Verlöbniß, da es zur Begründung der Klage erfordert wird, nicht zugleich ein Grund sein kann, die Klage zurückzuweisen. — Das Geheime Ober-Tribunal würde hiernach dem Antrage der Kläger gemäß auf die Revision erkannt haben. Allein da die Kläger, während des Prozesses, sich hatten aufbieten lassen, so war dadurch die Form des Ehegelöbnisses ergänzt worden. A. L. R. §. 92 a. a. O. Aus diesem Grunde erfolgte die Bestätigung des abweisenden Appellations-Erkenntnisses.

№ 42.

Hypothekenzinsen. Subhastations-Ordnung. Kaufgelder-Liquidationsprozeß. Kaufgelder-Vertheilungsverfahren. Beschlagnahme. Sequestration. Rückwirkende Kraft.

Die Bestimmungen des §. 18 der Verordnung über den Subhastations- und Kaufgelder-Liquidations-Prozeß, vom 4. März 1834, und des §. 25 der Verordnung über die Execution in Civilsachen, von demselben Tage, wegen des Termines, von wo ab die laufenden Hypothekenzinsen zu berechnen sind, finden auch auf solche frühere Fälle Anwendung, in denen der Kaufgelder-Liquidationsprozeß schon vor dem 1. Mai 1834 eröffnet worden ist.

Ein Senat des Geheimen Ober-Tribunals hatte schon in einem früheren Rechtsfalle diesen Satz ausgesprochen (Bd. II, № 19 der Entscheidungen), war aber in dem hier mitgetheilten jüngern Falle wieder anderer Meinung geworden, und brachte deshalb die Frage zur Entscheidung des Plenums. Durch dessen Beschluß vom 5. Juni 1838 wurde die ältere Meinung bestätigt. Dessenungeachtet ist, wie gesagt (s. oben zu Bd. II, № 19), der Satz irrig; denn die in Frage stehende Bestimmung ist kein Prozeßgesetz, vielmehr modificirt sie einen materiellen Rechtssatz, kann also, ohne ganz ausdrückliche Vorschrift, nicht rückwirkende Kraft haben. Indeß ist die Frage jetzt durch die Zeit abgethan und mag ganz auf sich beruhen bleiben, da sie in der Praxis nicht mehr vorkommen kann.

IV. Band.

Enthaltend 41 Entscheidungen.

№ 1.

Vermiether. Pfandrecht. Invecta et illata.

Der Vermiether hat wegen seines Zinses und anderer Forderungen aus dem Miethsverhältnisse die Rechte eines Pfandgläubigers bloß auf diejenigen, vom Miether eingebrachten Sachen, welche diesem eigenthümlich gehören, nicht auf die eingebrachten Sachen dritter Eigenthümer.

Vergl. Bd. I, № 17 und Bd. VIII, Abth. 2, № 9, S. 292. Bereits oben zu Bd. I, № 17, S. 36 ist die nun durch die Deklaration vom 21. Juli 1846 (G. S. S. 326) entschiedene Controverse besprochen.

№ 2.

Pupillar=Substitution. Eltern. Großeltern. Ascendenten.

Die Befugniß zur Anordnung einer Pupillar=Substitution steht den Eltern, nicht den Großeltern und entfernteren Verwandten in der aufsteigenden geraden Linie, zu.

Eine nähere Prüfung führt nicht bloß zu Zweifeln gegen die Wahrheit dieses Satzes, sondern selbst zu der Ueberzeugung, daß er in seiner Allgemeinheit nicht richtig. Die Frage ist in dem vorliegenden Rechtsfalle bei weitem nicht erschöpfend behandelt. Eine Frau hatte in ihrem Testamente ihre Kinder und ihren Enkel von einem verstorbenen Sohne zu Erben berufen, den Enkel nur auf eine bestimmte Summe und mit der Bestimmung, daß ihm für den Fall, wenn er in der Minderjährigkeit versterben sollte, ihre Kinder substituirt sein sollten. Der Fall trat ein. Nun machte aber die Mutter des Enkels ihr Intestat=Erbrecht geltend, griff die testamentarische Bestimmung an und forderte aus dem großmütterlichen Nachlasse den Pflichttheil ihres Kindes. Das Gericht erster Instanz erklärte die Bestimmung für eine zuläßige Pupillar=Substitution und wies die Klägerin ab. Das Appellationsgericht (der zweite Senat des Ober=Landesgerichts zu Breslau) und das Geheime Ober=Tribunal erkannten sie für eine fideicommissarische Substitution und sprachen der Klägerin den Pflichttheil aus dem Nachlasse ihres Kindes zu. Die Frage: ob und in wiefern den entfernteren Ascendenten die Befugniß zustehe, ihren Abkömmlingen pupillariter zu substituiren, blieb also ohne Einfluß auf die Entscheidung des Rechtsfalles. Das Geheime Ober-Tribunal findet jedoch in der Verneinung der Frage den Grund, „die Substitution im vorliegenden Falle demgemäß für eine fideicommissarische zu erklären." Ich glaube nicht, daß dieses die Verneinung jener Frage voraussetzt: die Pupillar-Substitution könnte den Großeltern immerhin zustehen und die Substitution in dem vorliegenden Falle könnte doch eine fideicommissarische sein. Die Gründe des Geheimen Ober-Tribunals, den Großeltern die Befugniß zur Pupillar-Substitution nebenher zu versagen, bestehen in der Betrachtung, daß diese Substitution ihre Quelle im Römischen Rechte und zwar in dem Verhältnisse der väterlichen Gewalt habe. Zwar sei diese Grundlage der Pupillar-Substitution im heutigen Rechte, der Strenge nach, für weggefallen zu achten, und auch im A. L. R. trete diese, nicht mehr auf den Vater beschränkte, sondern zugleich der Mutter eingeräumte Befugniß zur Anordnung einer solchen Substitution im erweiterten Umfange hervor. Allein die Gesetze enthielten keine Andeutung darüber, daß nicht bloß den Eltern, sondern auch den entfernteren Verwandten in der aufsteigenden geraden Linie eine derartige Befugniß zustehen solle; der Richter durfte daher, wenn er nicht von dem rechtlichen Wesen der Pupillar-Substitution sich ganz entfernen wolle, deren gesetzlich bestimmte Grenzen durch Hülfe der Auslegung und der Analogie nicht erweitern. — Also: das Institut der Pupillar-Substitution ist Römischen Ursprungs und beruhet auf der väterlichen Gewalt; es ist im A. L. R. beibehalten worden und sogar über seine Grundlage hinaus erweitert, indem es zugleich der Mutter eingeräumt ist. Eingeschränkt ist es mithin nicht. Damit stimmen auch die Akten über die Abfassung des A. L. R. überein. Man hatte monirt, daß die Befugniß zur Pupillar-Substitution der Mutter und auch dem Großvater beizulegen sei. Gegen diese Erweiterung erklärte sich Grolman und Suarez, der Erstere mit der Bemerkung: „der Großvater kann nach Römischen Rechten nur substituiren, wenn die Kinder in seine Gewalt zurückfallen." (Entscheidungen Bd. IV, S. 15). Was mit dem „Zurückfallen" gemeint sei, ist unklar. Vielleicht ist der Fall gedacht, wo ein selbstständiger Sohn mit Hinterlassung von unmündigen Kindern stirbt und sein Vater noch lebt. Hätte man hier dem Großvater die Befugniß zu substituiren beigelegt, so würde das freilich eine sehr bedeutende Erweiterung des Instituts gewesen sein; denn das Römische Recht kennt kein Zurückfallen der Enkel in die Gewalt des Großvaters und giebt dem Großvater die Befugniß zu substituiren nicht, wenn seine väterliche Gewalt über Sohn und Enkel nicht noch unverändert vorhanden ist. Aber eben weil diese Befugniß ein Ausfluß der väterlichen Gewalt ist, muß der Großvater seinen unmündigen Enkeln substituiren können, wenn sie noch in seiner Gewalt sind, wogegen der Vater diese Befugniß nicht haben kann, weil er selbst in väterlicher Gewalt steht und über seine Kinder keine Gewalt hat. So finden wir es auch ausdrücklich bestimmt in der L. 2 pr. D. de vulgari et pupillari (XXVIII, 6). — Die Erweiterung wurde jedoch gleichwohl beliebt und, ohne Rücksicht auf die Grolman'schen und Suarez'schen Einwendungen dagegen, in das A. L. R. aufgenommen. In den amtlichen Vorträgen bei der Schlußrevision berichtet Suarez, man habe rathsamer gefunden, die Pupillar-Substition, da sie auch bei uns einmal recipirt sei, beizubehalten; und er giebt als hauptsächliche Abweichungen des A. L. R. vom jure Romano dabei an: 1. daß der Vater nur unter den Verwandten des Kindes disponiren dürfe; 2. daß de jure Romano nur der Vater, nach §. 544 aber auch die Mutter solchergestalt substituiren könne. Daraus erhellet, daß man erstens das Institut, welches nach R. R. auf der väterlichen Gewalt beruhete, beibehalten und beizubehalten beabsichtigt hat; und zweitens, daß es über seine wesentliche Grundlage erweitert worden ist. Beides, die auf der väterlichen Gewalt beruhende und die außer dem Falle derselben positiv beigelegte Befugniß, ist zu unterscheiden. Nur die Erstere berechtigt zur Erbeseinsetzung für ein unmündiges Kind, in Ansehung des ganzen Vermögens ohne Unterschied des Ursprungs; die Andere nicht: diese besteht bloß in der Befugniß, über dasjenige Vermögen, welches das Kind von dem Verfügenden erhält, Bestimmung zu treffen, mithin also nur eine Singularsuccession anzuordnen. §§. 523, 544. Daß die Erstere die väterliche Gewalt zu ihrer wesentlichen Grundlage behalten hat, erhellet daraus, daß sie mit dem Aufhören der väterlichen Gewalt erlischt (§. 542), was in Ansehung der Andern nicht vorgeschrieben ist. Nach dieser Darlegung ist zu behaupten, daß die positive Erweiterung allerdings durchaus keine analoge Anwendung leidet, mithin auf die Großeltern und weitern Ascendenten nicht ausgedehnt werden darf; daß aber das auf der väterlichen Gewalt beruhende Institut auch nicht eingeschränkt worden und noch jetzt wie früher ein Ausfluß der Gewalt ist, mithin die Befugniß zu substituiren, wie nach L. 2 pr. D. de vulgari et pupillari, einem Großvater, welcher seinen Sohn sammt dessen Kindern noch in seiner väterlichen Gewalt hat, vermöge dieser Gewalt zusteht.

№ 3.

Altentheil. Leibzucht. Heirath. Ehefrau. Kind. Persönliches Gebrauchsrecht.

Ein Altsitzer, welcher eine anderweitige Ehe eingeht, ist berechtigt, seine Ehefrau und demnächst die, mit ihr erzeugten Kinder in den Altensitz aufzunehmen, sofern ihm eine abgesonderte Wohnung eingeräumt und zu seinem Unterhalte besondere Prästationen oder Ländereien überwiesen worden.

Ein Bauer in Pommern hatte, in Gemeinschaft mit seiner Ehefrau, sich bei der Abtretung seines Bauerguts einen Altentheil vorbehalten, mit der Bestimmung, daß ihnen eine freie Wohnung im Thorspeicher und die Benutzung der dazu gehörigen Ställe überlassen bleiben und nach dem Tode des Einen dem Ueberlebenden ganz verbleiben, von den übrigen Leistungen aber dann die Hälfte wegfallen solle. Der Ausgedinger wurde von seiner Frau geschieden. Beide gewesene Eheleute verheiratheten sich anderweitig. Der Mann blieb in der Auszüger-Wohnung und nahm darin auch seine zweite Ehefrau auf, mit welcher er Kinder erzeugte. Diese Frau und Familie wollte der Wirth nicht dulden und es kam darüber zum Prozesse. — Die Frage: ob ein Auszügler auf den Auszug heirathen dürfe oder nicht, ist von der Preußischen Gesetzgebung unentschieden gelassen. Das A. L. R. verweiset auf die Provinzialrechte, die meisten Provinzialrechte enthalten jedoch darüber nichts. — Das Gericht erster Instanz und das der Appellations-Instanz (das Ober-Landesgericht zu Cöslin) sprachen dem Auszüger das Recht, seine Frau und Kinder bei sich aufzunehmen, ab. Diese Entscheidung gründete sich auf den §. 22, Tit. 19, Th. I des A. L. R., welcher den Röm. Rechtssatz wiedergiebt, daß ein Gebrauchsrecht (der Usus) auf Andere nicht übertragen werden könne. Die Frage: ob, ein Altsitzer auf den Auszug heirathen könne, blieb ganz unberührt. Das Geheime Ober-Tribunal erklärt diese Anwendung des §. 22 für eine Rechtsverletzung und vernichtet das Appellations-Erkenntniß. Es handele sich gar nicht von der Uebertragung des Auszugsrechts auf eine andere Person, vielmehr wolle der Auszüger selbst sein Recht benutzen und nur eine andere Person an seinem Genusse Theil nehmen lassen. Dieses sei unverboten. Hierin ist dem Geheimen Ober-Tribunale unbedingt beizustimmen. Die Sache selbst entscheidet Dasselbe nach „allgemeinen Rechtsgrundsätzen und der Natur der Leibzucht.“ Dabei geht es die verschiedenen Meinungen der Rechtsgelehrten durch, und erklärt diejenige Meinung für die richtige, welche die Entscheidung der Frage davon abhängig macht: ob die Last des Verpflichteten durch die Theilnahme Anderer an den Vortheilen des Auszügers vergrößert wird oder nicht. In dem letzteren Falle soll dem Auszüger unverwehrt sein, seinen Genuß mit Andern zu theilen; namentlich soll ihm die Aufnahme Anderer in der Regel alsdann gestattet sein, wenn er eine abgesonderte ausschließliche Wohnung hat und bestimmte Reichungen in Naturalien oder Gelde erhält oder bestimmte Aecker ꝛc. zu nutzen hat. Dieser gemeinrechtliche Satz ist es, welcher auch für das Preußische Recht als giltig anerkannt wird. Dagegen ist kein Bedenken. Er findet sich auch in den westphälischen Provinzialgesetzen, namentlich in der Münster'schen Eigenthums-Ordnung vom 10. Mai 1770, Th. II, Tit. 10, §§. 10, 11; in der Münster'schen Erbpachts-Ordnung vom 21. September 1783, §§. 158, 160; in der Minden-Ravensberg'schen Eigenthums-Ordnung vom 26. November 1741, Kap. 12, §. 12; in der Osnabrück'schen Eigenthums-Ordnung von 1722, Kap. 7, §. 16, wie auch in den Entscheidungsgründen angegeben ist. — Es versteht sich, daß das Gleiche von dem Falle gilt, wenn der Auszügler mit Hinterlassung einer zum Auszuge gleichfalls berechtigten Wittwe stirbt und diese wieder heirathet. In neuester Zeit ist mir der Fall vorgekommen, wo das Appellationsgericht einer solchen wiederverheiratheten Wittwe das Recht zur Aufnahme ihres Mannes abgesprochen hatte.

№ 4.

Posen. Erbrecht. Intestaterbfolge. Ascendenten. Altpolnisches Recht.

Nach altpolnischen Rechten haben Ascendenten keinen Erbanspruch auf den Nachlaß ihrer kinderlos und ohne Testament verstorbenen Descendenten.

Polen hat aus früherer Zeit kein geschriebenes Recht in Beziehung auf die Erbfolge; das geltend gewesene Gewohnheitsrecht beruhet auf dem Grundsatze: successio non ascendit, sed descendit, und: successio refluit unde defluit. Nach diesem unstreitigen Grundsatze ist auch der hier mitgetheilte Rechtsfall entschieden, in welchem der Vater mit den mütterlichen Seitenverwandten eines im September 1807 bei Samter Verstorbenen um das Erbrecht stritt. Der Fall gewährt ein statistisches Interesse; denn es handelte sich hauptsächlich um die Ausmittelung der zur Anwendung kommenden Rechtsnorm.

№ 5.

Ehemaliges Herzogthum Berg. Kurmudsgut. Eigenthumsverleihung. Vererbliches Besitzrecht. Zeitpacht. Kurmud. Realabgabe. Gewinnbrief. Vorbehalt des Heimfalls.

I. In den Landestheilen, welche zum ehemaligen Großherzogthum Berg eine Zeit lang gehört haben, gebührt den Besitzern der, im §. 11 des Decrets vom 13. September 1811 wegen der abgeschafften Rechte und Abgaben erwähnten Kurmudsgüter ein Anspruch auf das volle Eigenthum nach §. 15 des Gesetzes vom 21. April 1825 nur dann, wenn die, in jedem einzelnen Falle besonders vorzunehmende Prüfung ergiebt, daß ihnen bereits zur Zeit, wo das gedachte Decret Gesetzeskraft erhielt, ein vererbliches Besitzrecht zustand.

II. Ein erbliches Besitzrecht ist bei einem Kurmudsgut anzunehmen, wenn die Kurmud als Realabgabe von dem Gute entrichtet worden.

III. Der, bei Kurmudsgütern in den Gewinnbriefen, sich findende Vorbehalt:

„daß der Hof nach dem Absterben der Pächter los und ledig zur freien Disposition wieder anheimfallen, und ihre Kinder oder sonstige Erben kein weiteres Recht daran haben sollen, als dasjenige, welches sie auf's Neue wieder gewinnen und ihnen alsdann gestattet wird," schließt ein vererbliches Besitzrecht an dem Grundstücke nicht aus.

Der erste Satz entscheidet den Meinungsstreit darüber: ob in den genannten Landestheilen das Kaiserliche Decret vom 13. September 1811 und dessen §. 11 noch gilt, oder durch das Gesetz vom 21. April 1825 außer Kraft gesetzt worden. Daß das Letztere geschehen, sagt der §. 1 dieses Gesetzes ausdrücklich, und die Bestimmung des §. 11 des Decrets ist dann in das Gesetz (§. 15) nicht wieder aufgenommen Danach kommt es denn in jedem einzelnen Falle auf die Beschaffenheit des streitig gewordenen Besitzrechtes zur Zeit der Erscheinung des gedachten Kaiserlichen Decrets an. In dem vorliegenden Falle forderte der Gutsherr von der Wittwe eines verstorbenen Hofbesitzers den Hof, der seit undenklichen Zeiten im Besitze des Verstorbenen und seiner Vorfahren, die sich nach dem Hofe genannt hatten, gewesen war, ab, behauptend, daß die Besitzer nur Zeitpächter gewesen seien. Ueber das ursprüngliche Rechtsverhältniß fehlte es an allen Nachrichten. Das Geheime Ober-Tribunal fand jedoch bewiesen, daß die von dem Hofe unter dem Namen „Kurmed" an den Gutsherrn entrichtete Abgabe eine dingliche Abgabe sei, und zog daraus den folgerichtigen Schluß, daß das Besitzrecht des Bauern ein vererbliches sein müsse, wie der zweite Satz besagt. Der Gutsherr berief sich dagegen auf die in dem jüngsten Gewinnbriefe enthaltene, im dritten Satze angegebene Klausel. Es wird jedoch erwogen, daß dieselbe, da sie in einem beigebrachten älteren Gewinnbriefe nicht enthalten, das bei der Ertheilung des jüngsten Gewinnbriefes (von 1796) schon bestandene Recht nicht habe ändern können und auch an sich bedeutungslos sei, da zugleich eine Bestimmung vorkomme, welche ergebe, daß dem Erben der Wiedergewinn, wenn er gesucht werde, nicht verweigert werden solle. Die Ausführung ist vortrefflich.

№ 6.

Münzsorte. Groschen. Courant. Silbergeld.

I. Die Allerhöchste Cabinetsordre vom 25. October 1825, nach welcher bei künftigen Verträgen und Rechnungen unter der Bezeichnung von Groschen nur Silbergroschen verstanden sein sollen, bezieht sich nur auf den Fall, wenn in Verträgen die Bezeichnung „Groschen" ohne nähere Angabe der Münzsorte gebraucht ist.

II. Haben die Parteien mündlich contrahirt, so muß bei entstehendem Streite durch Beweisaufnahme ermittelt werden, über welche Art von Groschen sie einig geworden.

Die Praxis sieht die Sätze nicht für zweifelhaft an.

№ 7.

Cession. Forderung. Schuldurkunde. Besitz. Guter Glaube.

I. Zur Gültigkeit der gänzlichen oder theilweisen Cession einer Forderung ist die Uebergabe der, über die Letztere sprechende Urkunde nicht nothwendig.

II. Wenn jedoch ein Activum, ganz oder theilweise, Mehreren cedirt worden, und diese ihren Titel insgesammt von einem und demselben Autor herleiten, so schließt derjenige, welcher den Besitz der Schuldurkunde in gutem Glauben eingeräumt erhalten hat, auch die, durch frühere Cessionen erworbenen Ansprüche der Uebrigen aus.

Der zweite Satz hebt den ersten in Beziehung auf das Verhältniß des Cessionars zu dem Schuldner und zu dritten Personen wieder auf, und diese Beziehung ist eine Hauptseite der Cession. Der Gegenstand ist schon oben zu Bd. II, № 34, besprochen.

№ 8.

Testament. Dorfgericht. Schöppen. Vertretung. Regreß.

I. Ein Dorfgericht ist zur Aufnahme eines Testaments hinreichend besetzt, wenn dasselbe, außer dem Gerichtsschreiber, von dem Schulzen und zweien vereideten Schöppen gebildet wird, obgleich bei dem Dorfgerichte noch mehrere Schöppen vorhanden sind.

II. Die Vertretungsverbindlichkeit der Mitglieder eines Dorfgerichts, welche bei Aufnahme eines Testaments die gesetzlichen Förmlichkeiten verabsäumen, beschränkt sich auf den Fall, wenn sie unterlassen, das aufgenommene Testament dem Gerichtshalter ohne Zeitverlust einzuhändigen.

Der erste Satz ist unstreitig und der zweite ist in seiner Allgemeinheit, wie er hier hingestellt erscheint, zwar auf den ersten Blick zweifelhaft, aber, gründlich angesehen, doch ganz richtig.

Eine Bauersfrau hatte ihr Testament vor dem Dorfgerichte gemacht. Das Dorfgericht war zusammengesetzt aus dem Schulzen, zweien vereideten Schöppen und dem Prediger als Gerichtsschreiber. Der eine Schöppe verweigerte seine Unterschrift. Dagegen unterschrieben die beiden noch vorhandenen Schöppen, die nicht gegenwärtig gewesen waren, nachträglich. Das Testament übergab man dem Manne der Testatrix, der es dem Richter überlieferte. Ehe die Frau von dem Richter noch vernommen worden, verstarb sie. Der Mann war zum Erben eingesetzt. Die Verwandten der Erblasserin griffen aber das Testament mit Erfolg an und gelangten zur Intestat-Erbfolge. Der Testamentserbe nahm nun die sämmtlichen Mitglieder des Dorfgerichts (den Schulzen und vier Schöppen) auf Schadloshaltung in Anspruch und stützte die Klage darauf, daß sie bei Aufnahme des Testaments die gesetzlichen Vorschriften nicht beobachtet (nicht persönlich das Testament dem Richter eingehändigt) und dadurch die Ungültigkeit des Testaments verursacht hätten. Das Gericht erster Instanz (das Land- und Stadtgericht zu Sandau) wies den Kläger ab; das Appellationsgericht (der Zweite Senat des Ober-Landesgerichts zu Magdeburg) hingegen verurtheilte die handelnd gewesenen drei Personen nach dem Klageantrage, hinsichtlich der andern, nicht zugezogenen beiden Schöppen bestätigte es das erste Urtel. Das Geheime Ober-Tribunal stellte auf die eingelegte Revision das erste Urtel wieder her. Es verwirft die Ansicht des Appellationsrichters, daß die Mitglieder eines Dorfgerichts den allgemeinen Gesetzen über Versehen und Verantwortlichkeit der Beamten und besonders der Richter bei Aufnahme eines Testaments unterworfen seien und weist darauf hin, daß die Verantwortlichkeit der Dorfgerichtspersonen, im §. 83 und 84, Tit. 7, Th. II des A. L. R., ausdrücklich nur auf den Fall beschränkt worden, wenn sie unterlassen, die aufgenommene Verhandlung zur Beurtheilung vorzulegen. Das ist vollkommen richtig. Aber auch in dem vorliegenden Falle findet das Geheime Ober-Tribunal die Wirkung dieser Verantwortlichkeit dadurch ausgeschlossen, daß, wegen Mangels der Unterschrift des einen Gerichtsmannes, das Testament schon in seiner Entstehung nichtig war, mithin nicht durch die unterlassene vorschriftsmäßige Einhändigung an den Richter erst noch hat ungültig werden können. Also dadurch, daß das Dorfgericht die vorschriftsmäßige Ueberbringung des Testaments unterließ, war kein Schade geschehen; und bloß auf diese Unterlassung war die Klage gegründet. In Folge der Declaration vom 10. Juli 1846 (G. S. S. 263) ist dieser Nichtigkeitsgrund weggefallen. S. oben zu Bd. III, № 13. Darnach würde denn eine Vertretungsverbindlichkeit der Mitglieder eines Dorfgerichts, wegen Verabsäumung der Förmlichkeiten bei Aufnahme von Testamenten, jetzt gar nicht mehr eintreten können, wenn solche Verantwortlichkeit sich, wie der zweite Satz besagt, bis dahin auf den Fall der versäumten oder vorschriftswidrigen Ablieferung des aufgenommenen Testaments beschränkt hat. Das könnte bezweifelt werden, indem es scheint als wenn die ungegründete Verweigerung einer Amtshandlung, wie z. B. in dem vorliegenden Falle die Verweigerung der Unterschrift des einen Schöppen, oder auch die Unterlassung der Aufnahme eines Acts vor besetztem Gerichte, wie z. B. in dem vorliegenden Falle durch die unterlassene Zuziehung eines andern Schöppen in Stelle des unwillfährigen, für den dadurch entstandenen Schaden doch verantwortlich machen müßte. Indeß ist dies doch nicht der Fall, deshalb, weil die Dorfgerichte dergleichen Gerichtshandlungen zwar aufnehmen können, aber aufzunehmen nicht verpflichtet sind. A. L. R. Th. II, Tit. 7, §. 82. Wenn sie also die Aufnahme unterlassen oder versagen, so sind sie deshalb gar nicht verantwortlich. Der zweite Satz ist mithin doch richtig und es stellt sich jetzt in der That so, daß alle Vertretungsverbindlichkeit der Dorfgerichts-Mitglieder, wegen Versäumung der Förmlichkeiten bei gerichtlichen Handlungen, ganz wegfällt.

№ 9.

Creditiren. Militairperson. Portepeefähnrich. Speisewirth. Nützliche Verwendung. Vater. Kind in väterlicher Gewalt.

I. Soweit Militairpersonen ohne Consens ihrer Vorgesetzten keine Darlehne aufnehmen können, dürfen ihnen auch Forderungen der Speisewirthe mit rechtlicher Wirkung nicht creditirt werden.

Ein Portepeefähnrich hatte bei einem Speisewirthe gegessen und nicht bezahlt. Der Speisewirth nahm den Vater des Fähnrichs wegen 27 Rthlr. 15 Sgr. rückständiges Speisegeld in Anspruch, wurde aber von dem Appellationsrichter abgewiesen. Die dagegen eingelegte Nichtigkeitsbeschwerde

er-

erklärte das Geheime Ober-Tribunal für unbegründet. Gegen die Gründe der Entscheidung des hier vorliegenden Rechtsfalles ist mancherlei zu sagen. Zuerst widerspricht der hiehergestellte Satz den Voraussetzungen des geselligen Zusammenlebens und des friedlichen Begegnens in der bürgerlichen Gesellschaft ganz und gar; er verlangt eine injuriöse Behandlung der Militairpersonen von Seiten der Gastgeber, denn er verlangt daß der Gastgeber der bei ihm einkehrenden Militairperson Vorausbezahlung abfordere, wenn er nicht seine Dienste und Auslagen, im Falle der Gast ohne zu bezahlen abgeht, verlieren will. Schon wegen dieser Ungereimtheit, zu welcher der Satz führt, kann er nicht für wahr angenommen werden. Er erweist sich aber auch nicht als wahr, wenn man auf den Grund sieht. Das A. L. R. bestimmt, in Beziehung auf die Frage, im Tit. 2, Th. I:

§. 861. Wann anzunehmen sei, daß Sachen auf Credit gegeben worden, ist gehörigen Orts bestimmt. (§. 224—227.)

§. 862. Soweit Jemand unfähig ist, eigentliche Darlehne aufzunehmen, soweit dürfen ihm auch Sachen nicht auf Credit gegeben werden.

In den allegirten §§. 224—227 wird von dem Falle gehandelt, wenn der Verkäufer dem Käufer eine Sache auf Borg verkauft und übergeben hat. Das Geheime Ober-Tribunal meint, daß man sich durch die Bezugnahme auf diese Bestimmungen nicht zu der Annahme verleiten lassen dürfe, als sei in dem §. 861 u. flg. nur von dem in dem Allegat bezeichneten Falle die Rede. Das Gegentheil beweisen die sich unmittelbar anreihenden §§. 863 und 864, welche lauten:

„Creditirtes Lohn für wirklich gelieferte Arbeit, oder geleistete Dienste, sind auch solche Personen zu entrichten verbunden."

„Ein gleiches gilt wegen der, bei solchen Gelegenheiten von dem Arbeiter gemachten baaren Auslagen, insofern die Sachen zum eigenen Gebrauche des Schuldners erforderlich waren."

Daraus soll erhellen, daß nicht von dem Falle des §. 224—227 Rede sei, wo auf Credit gehandelt worden; vielmehr vom Creditiren im Allgemeinen. Allein das A. L. R. sagt im §. 861 ausdrücklich, daß es unter „Creditiren" im Allgemeinen einen Kauf verstehe, wobei die Uebergabe der Sache geschehen, aber die Stundung des Kaufgeldes vorbedungen. Soll also der Fall, wenn Jemand bei einem Speisewirthe ißt, ohne zu bezahlen, unter den Begriff des Creditirens gebracht werden, so wird erfordert, daß das Essen auf Credit ausbedungen worden. Aber auch in diesem Falle gelten noch die in den §§. 863, 864 gesetzten Ausnahmen. Ob das Essen ohne Bezahlung unter diese Ausnahmen falle, könnte dahin gestellt bleiben, wenn nicht ein wirkliches Creditiren stattgefunden hat; in der That gehört es aber auch zu den Ausnahmen. Das Geheime Ober-Tribunal leugnet es, „denn auf Credit verabreichte Speisen sind weder gelieferte Arbeiten, noch geleistete Dienste." Warum soll ein gebackenes Brod, ein bereitetes Gericht Essen nicht eben so gut eine gelieferte Arbeit sein wie ein Paar gestrickte Strümpfe oder ein auf Bestellung gemachter Hut? Ein in einer Gahrküche bestelltes und dort verzehrtes Gericht Essen ist nicht bloß eine gelieferte Arbeit, dem Esser werden auch zugleich Dienste (die Bedienung) geleistet und überdieß noch dazu Geräthschaften und Lokal vermiethet: Alles dieses muß dem Wirthe mit bezahlt werden. Allen Zweifel dagegen, daß das Verzehren von Speisen bei einem

Gastwirthe nicht unter die Ausnahmen der §§. 863, 864 falle, vermeint das Geheime Ober-Tribunal endlich durch die, den landrechtlichen Bestimmungen zum Grunde liegende Entscheidung der Gesetz-Commission vom 8. Juli 1788 (v. Rabe, Sammlung, Bd. XIII, S. 158), niederzuschlagen, welche sagt:

„Daß die Edicte wegen des verbotenen Schuldenmachens der Officiere zwar auf creditirte Waaren, es mögen Consumtibilien oder Kleidungsstücke oder andere Sachen sein, nicht aber auf Handwerks- und Arbeitslohn für Schneider, Fahnenschmiede und dergleichen anzuwenden."

Doch weicht davon das A. L. R. schon sehr bedeutend darin ab, daß es das erlaubte Creditiren nicht auf Handwerks- und Arbeitslohn für Schneider ꝛc. einschränkt, sondern noch auf die „von dem Arbeiter gemachten baaren Auslagen, insofern die Sachen zum eigenen Gebrauche des Schuldners erforderlich waren," ausdehnt (§. 864), so daß man kein Bedenken trägt, die Forderung eines Schneiders für einen gelieferten Rock, wozu er den Stoff gegeben, also die creditirte Forderung für ein Kleidungsstück, nach dem A. L. R. für gültig anzuerkennen. Außerdem versteht der gemeine Sprachgebrauch unter dem Gattungsbegriffe „Waare" und dem Artenbegriffe „Consumtibilien" nicht eine, zum augenblicklichen Genusse zubereitete menschliche Speise, so daß der Ausdruck „Consumtibilien" in jener Entscheidung der Gesetz-Commission auf einfache, rohe Genußmittel, womit Handel getrieben wird, zu beziehen ist. In dieser Bedeutung entspricht die Entscheidung den Gesetzen über das unerlaubte Creditiren, weil das Entnehmen solcher Handelsartikel auf Credit dem Schuldner Mittel giebt sich durch weitern Verkauf der geborgten Waare Geld zu verschaffen.

Jene Entscheidung ist sonach der Deutung, welche das Geheime Ober-Tribunal den landrechtlichen Bestimmungen giebt, nicht zur Seite.

II. Portepeefähnriche sind in Rücksicht der Fähigkeit, Darlehne aufzunehmen, den Unterofficieren gleich zu achten.

Durch die neue Militairverfassung sind die ehemaligen „adligen Fahnen- und Standartenjunker", welche zum Officierstande gehörten, weggefallen; die jetzigen Portepeefähnriche gehören zur Klasse der Unterofficiere, welche zur Contrahirung von Schulden den Consens ihres Compagnie- oder Escadron-Chefs haben müssen.

III. Darlehnsforderungen, welche gegen eine Militairperson selbst, auf den Grund nützlicher Verwendung, nicht geltend gemacht werden können, geben aus diesem Fundamente auch gegen den Vater des Schuldners kein Klagrecht. Das Nämliche gilt von Forderungen für creditirte Sachen.

Gegen beide Sätze muß die Rechtswissenschaft protestiren; sie sind nicht in ihr begründet, sie wurzeln in der, von mir schon oftmals bemerklich gemachten Verworrenheit des Begriffs, von der nützlichen Verwendung, in der vaterländischen Jurisprudenz. Die Zerlegung der Voraussetzungen und Schlüsse in den Entscheidungsgründen übergehe ich, ich kann mich auf eine Verweisung auf meine verschiedene Erörterungen über die nützliche Verwendung, insbesondere auf den Aufsatz im Schlesischen Archive, Bd. IV, S. 128 flg., beschränken. Aber einen praktischen Fall will ich hier vorführen. Ein Unterofficier kauft, im eigenen Namen, aber ohne Consens seines Chefs, von einem Getreidehändler einen

Wispel Korn auf Kredit, um damit, wie er dem Verkäufer eröffnet, das Feld seines Vaters zu bestellen, und er besäet damit den Acker seines Vaters, dem es an Saamenkorn fehlt, wirklich. Hat der Verkäufer wegen des Kaufgeldes eine gültige Forderung an seinen Abkäufer? Bewahre. Die Kaufsobligation ist null und nichtig. Folgesatz nach dem von dem Geheimen Ober-Tribunale ausgesprochenen Rechtssatze: der Kornhändler hat auch gegen den Vater des Unterofficiers durchaus kein Forderungsrecht; denn, sagt das Geheime Ober-Tribunal, „steht ihm solches gegen den Sohn nicht zu, so kann in Beziehung auf den Vater nur ein Gleiches stattfinden." Aber hat der Kornhändler nach den von der in rem versio geltenden unbestrittenen Grundsätzen denn wirklich kein klagbares Forderungsrecht gegen den Vater? Gewiß leugnet das kein Rechtsverständiger. Ist dieses, so ist der Satz des Geheimen Ober-Tribunals unrichtig.

№ 10.

Schwängerung. Eheversprechen. Beischlaf. Ehegelöbniß.

I. Kann eine, unter dem Versprechen der Ehe Geschwächte auch dann die Vollziehung der Ehe oder, falls der Schwängerer diese verweigert, alle Rechte einer geschiedenen, für den unschuldigen Theil erklärten Ehefrau verlangen, wenn das Eheversprechen mehrere Jahre vor erfolgter Schwängerung abgegeben worden ist?

In dem hier mitgetheilten Falle war das Eheversprechen der

Schwängerung drei Jahre vorausgegangen, und es entstand das Bedenken: ob ein soweit zurückliegendes Eheversprechen die Klage noch begründe, da zwischen dem Versprechen und der Gestattung des Beischlafs ein ursachlicher Zusammenhang nicht zu erkennen, und das Gesetz (§. 1035) voraussetzt, daß das Eheversprechen von dem Verführer als Mittel gebraucht worden, die Gestattung des Beischlafs zu erlangen, nach so langer Zeit aber kein zureichender Grund anscheinend mehr zu erkennen sei, das Versprechen noch ferner für ein ernstliches anzusehen. Doch findet das Geheime Ober-Tribunal das Bedenken schwinden, wenn man erwägt, daß für die Erfüllung eines zum Zweck der Erlangung des Beischlafs abgegebenen Eheversprechens gewöhnlich keine bestimmte Zeit verabredet werde, und die Frauensperson bei fortgesetztem Umgange berechtigt sei, auf die Erfüllung zu rechnen. Diese Denkweise ist in dem in Rede stehenden Verhältnisse wohl völlig begründet, und die Entscheidung dadurch gerechtfertigt.

In einem jüngern Falle, wo das Eheversprechen erst nach mehrmaligem aber nicht befruchtendem Beischlafe gegeben worden, wo aber nachher erst, bei fortgesetztem Beischlafe, die Schwängerung eingetreten war, hatte die Voraussetzung des Gesetzes, daß das Eheversprechen als Mittel zur Erlangung des Beischlafs gebraucht worden sein müsse, zu einer abweisenden Entscheidung des Appellationsrichters geführt, indem dieser annahm, das Eheversprechen müsse der muthmaßliche Beweggrund zur ersten Beischlafsbewilligung sein. Allein das Gesetz (§. 1047) verlangt, daß die Geschwächte nach erhaltenem Eheversprechen geschwängert worden. Aus diesem Grunde änderte auch das Geheime Ober-Tribunal das Appellationsurtel in jenem Falle ab. S. Bd. X, Abth. 2, № 27, S. 382.

II. Verliert die Geschwächte die gedachten Ansprüche an den Schwängerer durch eine spätere Verlobung mit einem Andern?

Der Appellations-Richter (das Ober-Appellationsgericht zu Posen) bejahet, das Geheime Ober-Tribunal verneint die Frage. Die Meinung des Ober-Appellationsgerichts zu Posen scheint zwar sehr gute Gründe für sich zu haben. Denn ein unförmliches Eheversprechen wird durch den darauf folgenden befruchtenden Beischlaf ein, den Mann bürgerlich bindendes, Verlöbniß. Die Frage ist also: welche Gründe den einseitigen Rücktritt von einem Verlöbniß rechtfertigen? Das Ober-Appellationsgericht bezieht sich auf den §. 135, Tit. 1, Th. II des A. L. R., welcher bestimmt, daß jede spätere Verlobung des einen Theils dem Erstverlobten ein Recht zum Rücktritte gebe. Das Geheime Ober-Tribunal ist der Meinung, daß diese Bestimmung nur auf förmliche Eheverlöbnisse, nicht aber auf die durch den Beischlaf bekräftigte Verlöbnisse Anwendung finde. Dafür beruft es sich auf den §. 1080 a. a. O., welcher bestimmt, daß die Geschwächte ihres Rechts aus dem Eheversprechen auch dann (nicht: nur dann, wie das Tribunal sagt) verlustig wird, wenn sie sich vor angestellter Klage mit einem Andern wirklich verheirathet. Durch diese Bestimmung sind zwar die Gründe, welche zum einseitigen Rücktritte von einem Verlöbnisse berechtigen, in Beziehung auf ein durch den Beischlaf gültig gewordenes Verlöbniß, nicht aufgehoben und konnten, folgerichtig aus Rechtsgrundsätzen, auch nicht aufgehoben werden; vielmehr bestimmt der vorhergehende §. 1079: „Hat die Geschwächte sich nach dem Beischlafe solcher Handlungen schuldig gemacht, die nach den Gesetzen die Trennung, selbst einer gültigen Ehe, begründen können: so verliert sie dadurch ihr Recht, auf Ehelichung oder Ausstattung zu klagen." Das ist eine fast wörtliche Wiederholung des Prinzips über den Rücktritt von Ehegelöbnissen überhaupt, welches der §. 100 a. a. O. so ausdrückt: „Gründe, aus welchen eine schon vollzogene Ehe getrennt werden könnte, rechtfertigen den Rücktritt von einem Ehegelöbnisse." Allein außerdem hängt der Gesetzgeber in den §§. 101—108 a. a. O. noch andere Gründe an, die, wenigstens theilweise, auf ein durch den Beischlaf bekräftigtes Verlöbniß nicht passen, und folglich auf dasselbe nicht angewendet werden können, insofern sie nicht gleichfalls noch neben dem Prinzip (§. 1079) anerkannt worden sind. Das ist nicht der Fall, es erscheint mithin der von dem Geheimen Ober-Tribunale ausgesprochene Satz wohlbegründet.

№ 11.

Hausofficiant. Gesinde.

Die Rechte und Pflichten der Hausofficianten sind, soweit die §§. 177 — 185, Tit. 5, Th. II des A. L. R., nicht besondere Bestimmungen für dieselben enthalten, seit Emanation der Gesinde-Ordnung vom 8. November 1810 nach den Vorschriften dieser letzteren, nicht nach den §§. 1—176 des A. L. R. a. a. O. zu beurtheilen.

Den Satz hatte das Geheime Ober-Tribunal schon im Jahre 1832 angenommen. Im Jahre 1838 wollte derselbe Senat von seiner früheren Meinung wieder abgehen und die Frage kam deshalb an das Plenum. Dieses bestätigte durch Beschluß vom 12. November 1838 die ältere Meinung. Der hervorgehobene Grund, daß die Hausofficianten dem gemeinen Gesinde, in Ansehung ihres Verhältnisses zur Herrschaft, zufolge des §. 186 des A. L. R. a. a. O., gleichgestellt sein sollen, insofern für sie in den §§. 177—185 nichts besonderes vorgeschrieben, ist entscheidend. Was mithin durch die neue Redaction der Gesinde-Ordnung, hinsichtlich des gemeinen Gesindes, angeordnet worden ist, gilt jetzt eben so für die Hausofficianten, als die alte Gesinde-Ordnung zugleich auch für sie galt. Die neue Redaction ist ganz ausdrücklich an die Stelle der alten gesetzt; die §§. 1 — 176 des A. L. R. a. a. O. sind als nicht mehr vorhanden zu betrachten; sie haben den neu redigirten 176 Paragraphen weichen müssen.

№ 12.

Pachtvertrag. Landgut. Uebergabe.

Wenn über ein Landgut ein Pachtvertrag, in welchem ein jährlicher Pachtzins von 200 Rthlr. oder mehr vorbedungen ist, nicht gerichtlich oder notariell, sondern nur schriftlich errichtet worden, so gilt die Pacht auch auf Ein Jahr nur dann, wenn die Uebergabe des verpachteten Landgutes an den Pächter erfolgt ist.

Ohne diese Uebergabe kann weder die Erfüllung auf Ein Jahr, noch Entschädigung gefordert werden. Ein Gutsbesitzer verpachtete sein Gut auf drei Jahre für mehr als 200 Rthlr. jährlich. Der Kontrakt wurde schriftlich gemacht und enthielt die Bestimmung, daß derselbe bis zur gerichtlichen Errichtung volle Gültigkeit behalten solle. Der Verpächter wollte jedoch nicht übergeben, weil er das Gut verkauft habe. Der Pächter verlangte sein Interesse wegen der Nichterfüllung des schriftlichen Kontrakts. Das Ober-Landesgericht zu Marienwerder sprach dem Kläger seine Forderung für die Dauer eines Pachtjahres zu, meinend, daß der Kontrakt auf diese Zeit, nach §. 406, Tit. 21, Th. I des A. L. R., bindend sei, indem dort vorgeschrieben ist: „Ist ein solcher Kontrakt nicht auf die §. 403 vorgeschriebene Art (gerichtlich) errichtet, so gilt die Pacht nur auf Ein Jahr, und kann mit dem Ablaufe jedes Jahres, nach vorhergegangener gesetzmäßiger Aufkündigung, wieder aufgehoben werden.“ Das Tribunal zu Königsberg hingegen, so wie das Geheime Ober-Tribunal zeigen, was ganz unzweifelhaft ist und aus den landrechtlichen Bestimmungen klar hervorgeht, daß ein bloß schriftlicher Pachtkontrakt in Fällen, wo die gerichtliche Form vorgeschrieben ist, gar keine rechtliche Wirkung hat, wenn nicht die Uebergabe hinzugekommen ist, gleichwie ein mündlicher Kontrakt in Fällen wo ein schriftlicher Kontrakt erfordert wird.

№ 13.

Fideicommissarische Substitution. Erbe. Legatar. Transmission.

Bei der fideicommissarischen Substitution tritt der Erbe des Substituten an dessen Stelle, auch wenn der Substitut den Substitutionsfall nicht erlebt hat.

Ueber den Satz ist kein Streit, in dem mitgetheilten Rechtsfalle sind auch die Gerichte aller Instanzen einerlei Meinung gewesen. Derselbe Rechtsfall findet sich auch im Schlesischen Archiv, Bd. III, S. 563 flg., wegen einer in erster und zweiter Instanz behandelten Nebenfrage ausführlicher. Die Nichtigkeits-Beschwerde hat sich darauf nicht eingelassen, daher auch die Entscheidung des Geheimen Ober-Tribunals darüber hinweggeht.

№ 14.

Hypothekenforderung. Concurs. Erbschaftlicher Liquidationsprozeß.

Im Concurse und, bei Unzulänglichkeit der Masse, im erbschaftlichen Liquidations-Prozesse, ist auch ein hypothekarischer Gläubiger befugt, die Gültigkeit eines ihm vorstehenden Hypothekenrechts anzufechten.

Daß einem Hypothekar-Gläubiger, außer dem Falle eines Concurses, die Befugniß zustehe, eine ihm vorstehende Post als rechtlich nicht daseiend zu behandeln und den Grund ihrer Nichtigkeit zu zeigen, wenn ihm der Gegenstand seiner Befriedigung durch eine solche Post verkümmert werden soll, war schon früher von dem Zweiten Senate des Geheimen Ober-Tribunals geleugnet worden; nur der Schuldner sollte eine ungültige Hypothek anfechten dürfen. Der dritte Senat wollte in einer jüngern Sache auch im Falle des Concurses eine solche Befugniß nicht anerkennen. Die Frage wurde vor das Plenum gebracht und dieses sprach mittelst Beschlusses vom 12. November 1838 den obigen Satz aus, doch mit dem Zusatze: daß die Frage, welche Wirkung der Wegfall der vorstehenden Forderung auf die Forderung des nachstehenden Gläubigers habe, und ob namentlich letzterer in die Stelle des Erstern einrücke? als nicht aufgestellt, durch diese Entscheidung nicht berührt werde. Daß jeder Gläubiger, und also auch ein Hypothekengläubiger, im Concurse befugt (legitimirt) sei, gegen die Richtigkeit und den Betrag einer ihm vorgehenden oder gleichstehenden Post Einwendungen zu machen, beweist das Plenum aus den wörtlichen Bestimmungen der Concurs-Ordnung, §§. 126, 127, 169, 178. Dagegen ist gar kein Bedenken. Auf den Grund der Rechtsverhältnisse tiefer einzugehen, hält das Plenum nicht für angethan, namentlich findet es keine Veranlassung, den gegen den angenommenen Grundsatz erhobenen Einwurf, daß jeder Hypothekengläubiger mit der einmal im Hypothekenbuche eingenommenen Stelle sich begnügen müsse, und daher keinen Anspruch auf denjenigen Kaufgelderbetrag habe, welcher auf die voreingetragene Forderung gefallen sein würde, wenn sie sich als rechtsgültig erwiesen hätte, — zu erörtern. Zwar wird anerkannt, daß nur ein solcher Gläubiger, welcher dabei ein rechtliches Interesse hat, d. h. einen Vortheil davon erwarten darf, zur Sache legitimirt sei, daß folglich ein Hypothekargläubiger, der nicht zugleich persönlicher Gläubiger des Gemeinschuldners ist und folglich wegen seines Ausfalls an die Gemeinmasse keinen Anspruch hat, gar keine Sachlegitimation hätte, wenn man jenen Einwurf als begründet anerkennen müßte. Indeß läßt es gleichwohl die Frage: wem der auf die wegfallende Post fallende Kaufgeldertheil zufalle, dahin gestellt bleiben, weil darüber eine Entscheidung zu treffen kein Grund vorliege. Unter diesen Umständen ist der Plenarbeschluß vom 12. November 1838 für das heutige Recht ohne allen praktischen Werth;

denn die Hypothekargläubiger konkurriren jetzt nicht mehr bei dem Concurse oder erbschaftlichen Liquidations-Prozesse, mithin kann die ihnen zugestandene Sachlegitimation nicht mehr aus der Concurs-Ordnung bewiesen werden. Der Satz paßt überhaupt nicht in das heutige Recht. Der lebhafte Fortschritt des Entwickelungsprozesses hat nicht lange nachher doch zur Eingehung auf die Sache selbst und zur Entscheidung der bei Seite gestellten Frage gedrängt. Das Plenum hat zuerst in einem Gutachten vom 11. März 1839 (Min.-Bl. S. 169), dann ausführlicher in den Gründen des Plenarbeschlusses vom 19. Sept. 1843 (Bd. XI, neue Folge Bd. I, S. 47 flg.) dargethan, daß der auf die wegfallende Post fallende Kaufgeldertheil allerdings dem postlocirten Gläubiger zufalle, weil seine Hypothek auf dem Ganzen hafte und er Jeden, der mit ihm in Kollision trete, insoweit verdrängen dürfe, als dessen angebliches Recht nur scheinbar sei. Daraus ist weiter die Berechtigung jedes Hypothekengläubigers hergeleitet, in allen Kollisionsfällen, also auch bei dem heutigen Kaufgelderbelegungs-Verfahren und bei den executorischen Revenüen-Vertheilungen, die Gültigkeit einer vorstehenden Hypothek anzufechten. Die Gründe sind durchaus juristisch und beweisend; die Entwickelung derselben lichtvoll.

№ 15.

Kirchenpatron. Kirchenvorsteher. Geistliche Obern. Staatsoberaufsichtsrecht. Prozeßlegitimation.

I. Kirchenpatrone sind nicht ermächtigt, Processe wegen des Kirchen- und Pfarrvermögens für sich allein zu führen, wenn die Kirchenvorsteher unter Zustimmung der geistlichen Obern ihren Beitritt zu denselben verweigern.

II. Im Fall einer solchen Weigerung haben die Königlichen Regierungen, vermöge des Oberaufsichtsrechtes des Staats über das Kirchen- und Pfarrvermögen, bloß die Befugniß, die geistlichen Obern zur Wahrnehmung der Rechte der betheiligten Kirchengemeinde im Verwaltungswege zu veranlassen, nicht aber den Prozeß selbst zu führen.

Eine Provinzial-Regierung hatte als Vertreterin des Fiskus in dessen Eigenschaft als Kirchenpatron gegen den Pfarrer derselben Kirche, auf Zahlung einer von Erbpächtern an ihn gezahlten Summe Geldes für die Kirchenkasse, geklagt. Das Gericht erster Instanz hatte ohne Bedenken nach dem Klageantrage erkannt; der Appellations-Richter (das Ober-Appellationsgericht zu Posen) verlangte den Beitritt der Kirchenvorsteher, der auch erfolgte. Diese beruhigten sich bei dem darauf ergangenen Appellationsurtel; die Regierung aber, für den Patron, revidirte und verlangte, nachdem das Geheime Ober-Tribunal die Erklärung der geistlichen Obern einzuholen und eventuell die Sache mit einem der Kirche zu bestellenden Anwalte weiter zu verhandeln befohlen hatte, die geistlichen Obern aber der Erklärung der Kirchenvorsteher beigetreten waren, — dessenungeachtet „von landesherrlicher Oberaufsicht wegen" die Entscheidung in dritter Instanz. Das Geheime Ober-Tribunal erkannte nun die eingelegte Revision für nicht devolvirt. Es weist zuvörderst nach, daß der Patron allein, im Widerspruch mit den Kirchenvorstehern, nach den Grundsätzen des Kirchenrechts, nicht befugt sei, wegen des Kirchen- und Pfarrvermögens Prozesse zu führen. Darin ist ihm unbedingt beizustimmen. Wollen die Kirchenvorsteher nicht handeln, so müssen die Kirchenobern sie dazu anhalten, und schlimmstenfalls der

Kirche einen Anwalt bestellen; sind aber die Obern mit den Vorstehern einverstanden, so bleibt die Sache auf sich beruhen. Ein Einzelner der Vertreter kann Namens des Ganzen nicht auftreten. Sodann würdigt das Geheime Ober-Tribunal sehr gut den neuen Legitimationsgrund „von landesherrlicher Oberaufsicht wegen." Das sei ein neuer Klagegrund, der nicht erst in der dritten Instanz geltend gemacht werden könne. Ueberdieß stehe dem Staate von Oberaufsichtswegen keine Klage zu. Auch dieses wird aus dem Kirchenrechte nachgewiesen, und man kann der Ausführung nur beipflichten. Der Rechtsfall dient zur Aufhellung der unklaren, verworrenen Vorstellungen über den Staat als Fiskus, Patron, Kirchenaufsichtsbehörde, welche Begriffe nicht selten mit einander vermengt oder verwechselt werden. Die Kirchenhoheit des Staats (jus majestaticum circa sacra) steht nie dem Fiskus als solchem zu und kann sich nie in Parteiverhandlungen vor dem Richter äußern, und hat auch mit der Kirchengewalt oder dem Kirchenregiment, welche oder welches den geistlichen Obern zusteht, nichts gemein, was Alles hinlänglich bekannt ist aber von den Praktikern oft nicht gehörig beachtet wird. Ich verweise in dieser Hinsicht auf das Schlesische Archiv, Bd. III, S. 532 flg.

№ 16.

Münster. Gütergemeinschaft. Ehegatte. Veräußerung.

Im Fürstenthum Münster ist ein, in der dort geltenden Gütergemeinschaft lebender Ehegatte nicht berechtigt, den ganzen Inbegriff des gemeinschaftlichen Vermögens ohne Zustimmung des Andern zu veräußern.

Eine, mit ihrem Manne in der provinziellen Gütergemeinschaft des Fürstenthums Münster lebende Ehefrau übertrug, ohne Zuziehung ihres Mannes, den ganzen Vermögensinbegriff auf ihren Sohn erster Ehe, gegen das Versprechen sie zu ernähren. Dieses Geschäft erklärte das Land- und Stadtgericht zu Warendorf in erster Instanz, mit Rücksicht auf die Bestimmungen des Münsterschen Provinzialrechts, für gültig. Der Appellationsrichter (der Zweite Senat des Ober-Landesgerichts zu Münster) änderte zwar dieses Urtel ab, doch nur mit Rücksicht auf den bösen Glauben des Erwerbers. Auf die eingelegte Revision bestätigte das Geheime Ober-Tribunal das Appellationsurtel, aber unter gänzlicher Verwerfung der Entscheidungsgründe. Es wird überzeugend nachgewiesen, daß das Münstersche Provinzialrecht durchaus den von dem ersten und zweiten Richter angenommenen Satz, daß Jeder der beiden Ehegatten, ohne den Andern, über den ganzen Inbegriff des gemeinschaftlichen Vermögens verfügen könne, gar nicht enthält. In der That würde ein solcher Satz das Wesen der Gütergemeinschaft ganz vernichten; denn eine derartige Befugniß des Einzelnen widerspricht demselben vollkommen; Jeder von Beiden würde willkührlich jeden Augenblick die Gütergemeinschaft aufheben und den Vortheil dafür ausschließlich seiner Person zuwenden können, wenn er sich z. B. eine Naturalverpflegung dafür versichern ließe.

№ 17.

Subhastation. Kauflustiger. Caution.

Die Befugniß, im Bietungstermine von Kauflustigen,

deren

deren Zahlungsfähigkeit nicht für genügend erachtet wird, Cautionsbestellung zu verlangen, bevor sie zum Mitbieten zugelassen werden, steht nur den Subhastations-Interessenten zu. Der Richter ist nicht befugt, von Amtswegen einen Kauflustigen, welcher keine Caution bestellt, vom Mitbieten auszuschließen.

Das Geheime Ober-Tribunal kassirt mit Recht einen Adjudikations-Bescheid und verordnet die Fortsetzung der Subhastation nach den Anträgen der Interessenten, weil der Gerichts-Deputirte einen Bietlustigen, der keine Caution bestellen konnte, ohne Antrag eines Interessenten zurückgewiesen hatte. Der durch die alte Gerichtsordnung eingeschulte Preußische Richter kann sich schwer abgewöhnen, für die Parteien vormundschaftliche Sorge zu tragen und Parteihandlungen vorzunehmen, die kein Interessent verlangt hat.

№ 18.

Verjährung. Besitz. Grundgerechtigkeit.

Die Vorschrift des §. 14, Tit. 22, Th. I des A. L. R., daß bei der Erwerbung einer Grundgerechtigkeit durch Verjährung nachgewiesen sein muß, daß der Besitzer des berechtigten Grundstücks die streitige Befugniß als ein wirkliches Recht, und nicht vermöge einer bloßen Vergünstigung in Besitz genommen habe, enthält keine Abweichungen von den allgemeinen gesetzlichen Bestimmungen über den Besitz und die Verjährung von Rechten, und findet daher auch auf die dreißigjährige Verjährung Anwendung.

Ueber die Auslegung des §. 14, Tit. 22 a. a. O. giebt es eine so große Meinungsverschiedenheit, daß eine besondere Forschung dazu gehört, um sie in allen bisher zu Tage geförderten Schattirungen zu verfolgen. Eine solche Schattirung war die von dem Zweiten Senate des Geheimen Ober-Tribunals, in früheren Fällen, angenommene Meinung: das Erforderniß des §. 14, daß der Besitzer des berechtigten Grundstücks die Servitut als ein wirkliches Recht in Besitz genommen haben müsse, beziehe sich nur auf die ordentliche zehnjährige Verjährung, nicht auf die dreißigjährige. In einer spätern Sache wollte die Mehrheit diese Meinung verlassen und deshalb wurde die Frage an das Plenum gebracht, welches dieselbe durch Beschluß vom 27. August 1838 dahin entschied wie der obige Satz besagt. Diese Entscheidung fördert die Entwickelung des Preußischen Rechts um ein Großes. In den Gründen wird überzeugend nachgewiesen, daß der §. 14 in den Erfordernissen über die Besitznahme und Ausübung eines Rechts nichts Besonderes für einen gewissen Fall bestimme, und daher sowohl auf die ordentliche als auf die außerordentliche Verjährung Anwendung finde. Einen großen Anstoß haben die Ausleger des §. 14 immer an der Bestimmung gefunden: daß der Besitzer besonders nachweisen müsse, daß er die streitige Befugniß als ein wirkliches Recht und nicht vermöge einer bloßen Vergünstigung in Besitz genommen und durch rechtsverjährte Zeit ununterbrochen ausgeübt habe. Man hat dem Besitzer die Last des besondern Beweises, sowohl der Fehlerfreiheit seiner Besitzhandlungen als des Mangels einer Unterbrechung, aufbürden wollen. Aber über die Beweisregeln hier Etwas zu bestimmen, ist gar nicht beabsichtigt worden, und es ist, wie auch das Geheime Ober-Tribunal darlegt, gar kein Grund, in Ansehung des Rechtsbesitzes (quasi juris possessio) von den allgemeinen Beweisregeln und Vermuthungen abzugehen. Daraus folgt, daß der Besitzer die Besitznahme des Rechts als eines Rechts freilich beweisen muß; allein wenn nicht der Fall einer Uebergabe oder doch einer vorausgegangenen Verabredung vorliegt, so ist klar, daß die Gesinnung, in welcher die Besitzhandlung ausgeübt worden, nicht vor Augen gelegt werden kann: es muß aus den wahrnehmbaren Handlungen und Umständen auf die Absicht geschlossen werden. Daher sagt das Geheime Ober-Tribunal zutreffend: wie könnte auch der Verjährende die Besitznahme der Servitut als die eines wirklichen Rechts und den Ausschluß des Precariums anders darthun, als durch den Beweis der ungestörten (ersten) Ausübung, der Wiederholung der nämlichen Besitzhandlungen mit Vorwissen und Duldung des Andern? — Die Besitzfehler begründen eine Exception, die der Andere behaupten und beweisen muß. Das Precarium ist es nicht allein, welches den Besitz fehlerhaft und zur Verjährung untüchtig macht, und es fehlt jeder Grund anzunehmen, der Gesetzgeber habe just nur über den einen Grund der Fehlerhaftigkeit, nämlich über das Precarium, hier eine besondere Beweisregel geben wollen. Das Gleiche gilt von der Unterbrechung. Ist der Anfang und das Ende des Besitzes bewiesen, so steht dem Besitzer die bekannte Präsumtion über den Zusammenhang beider Endpunkte zur Seite und eine stattgefundene Unterbrechung muß der Gegner behaupten und nachweisen. Eine Ausnahme bei dem Rechtsbesitz ist nicht angeordnet, vielmehr ist auf die allgemeinen Bestimmungen ausdrücklich Bezug genommen, zum deutlichen Beweise, daß der §. 14 nichts Anderes habe festsetzen wollen, als was nach allgemeinen Grundsätzen zur Besitznahme und Verjährung eines Rechts erforderlich ist.

№ 19.

Kurmark. Altmark. Neumark. Lehn. Allodification. Allodialgläubiger. Consens. Agnat. Priorität.

Wenn bei Märkischen Lehen in dem Hypothekenbuche keine Agnaten vermerkt sind, so hat auch ein Allodialgläubiger, dessen Forderung ohne Consens der Agnaten eingetragen ist, bei der Concurrenz mit gesetzlichen Lehnsschulden auf Befriedigung aus der Substanz des Lehns, nach der, durch die Zeit der Eintragung bestimmten Ordnung, Anspruch.

Ein ehemaliges Altmärkisches Lehngut wurde in nothwendiger Subhastation verkauft, und bei der Kaufgelder-Belegung kamen zwei Realgläubiger über die Theilnahme-Berechtigung an der Kaufgelder-Vertheilung in Streit. Beide waren auf die Substanz eingetragen. Der jüngere Gläubiger wollte den ältern ausschließen, weil derselbe Allodialgläubiger, nicht Lehnsgläubiger sein sollte. Der erste Richter (die Deputation des Ersten Senats des Ober-Landesgerichts zu Magdeburg) fand in dem Widerspruchsgrunde eine exceptio de jure tertii, da nur den Agnaten, wenn dergleichen im Hypothekenbuche eingetragen gewesen wären (hinsichtlich des Lehnsherrn sind die Lehen in den Marken allodificirt), nicht aber einem später eingetragenen Gläubiger die Anfechtung der Hypothek zustände. Die Deputation des Zweiten Senats dieses Ober-Landesgerichts war hingegen der Meinung, daß für Allodial-Schulden auch durch deren Eintragung eine Hypothek auf die Substanz des Lehns nicht erworben werden könne, mithin solche auch bei der Vertheilung der

Kaufgelder ausscheiden, insofern es sich um die Befriedigung aus der Substanz und nicht bloß aus den Früchten (Revenüen) handele. Das Geheime Ober-Tribunal stellte auf die eingelegte Revision das Urtel erster Instanz wieder her. Es zeigt, daß die Lehen, welche in Beziehung auf den Ober-Lehnsherrn allodificirt, von dem Besitzer, ohne weiteren Consens, in Ansehung der Substanz auch für Allodialschulden gültig verpfändet werden können. Das leuchtet ein. Was aber die Agnaten betrifft, deren Rechte unverändert geblieben sind, so würden nur solche Agnaten, welche ihr Recht im Hypothekenbuche zur Zeit der Eintragung der streitigen Post bereits hätten vermerken lassen, die Hypothek anfechten können; die sonst noch eingetragenen Gläubiger könnten nach der Natur der Sache zu einem solchen Widerspruche nicht berechtigt sein. Das Geheime Ober-Tribunal ist also mit dem Richter erster Instanz einerlei Meinung. Diese ist vollkommen begründet. Es ist lediglich ein Recht des Agnaten: ob er die Verfügung des Lehnsbesitzers genehmigen will oder nicht; ein Dritter hat dabei nicht mitzureden.

№ 20.

Vertrag. Subscriptionsliste. Verleger. Firma.

In welcher Art ist in einer Subscriptionsliste der Verleger zu bezeichnen, damit zwischen ihm und den Subscribenten ein rechtsgültiger Vertrag zu Stande komme? Genügt dazu — außer dem Falle einer Handlungsfirma — eine, mit dem

Namen des Verlegers nicht zusammentreffende Bezeichnung?

Die Antwort auf diese etwas unbestimmte Fragen soll der Satz sein: der Verleger muß sich mit seinem Namen oder mit seiner Firma, wenn er eine führt, nennen. Ein Buchhändler hatte ein in Verlag genommenes Werk, betitelt: „Der Erzähler, ein Tagesblatt mit ausgezeichneten Bilderbeilagen", auf Subscription ausgeboten, und die Einladung zur Subscription mit der Unterschrift versehen: „Die Expedition des Erzählers in Berlin." Ein Unterzeichner nahm die Druckschrift nicht an und wurde deshalb von einem, auf dem Einladungs-Prospect nicht genannten, Buchhändler auf Erfüllung des Vertrags verklagt. Der Richter erster Instanz wies den Kläger ab, weil es an den Erfordernissen eines Vertrags, nämlich an zwei Personen, fehle; die als Contrahent unterzeichnete „Expedition des Erzählers in Berlin" sei keine Person. Der Appellations-Richter (der Zweite Senat des Ober-Landesgerichts zu Frankfurt) fand die Klage begründet, weil der Mangel der schriftlichen Form eines Vertrages in den Fällen, wo das Gesetz solche als nothwendig vorschreibt, von demjenigen nicht vorgeschützt werden könne, welcher selbst unterzeichnet hat. Das Geheime Ober-Tribunal findet, auf die eingelegte Nichtigkeits-Beschwerde, den Entscheidungsgrund des ersten Richters zutreffend und das Appellations-Erkenntniß ganz ungerechtfertigt. Es zeigt, wie der Grund des zweiten Richters gar keine Beziehung zu dem Abweisungsgrunde des ersten Richters habe und Etwas berühre, wovon hier gar nicht Rede gewesen; nicht der Mangel der Form, sondern der Mangel der Person des einen Contrahenten sei der Gegenstand der Erwägung. Gleichwohl wird die Nichtigkeits-Beschwerde als unbegründet zurückgewiesen, weil der als verletzt bezeichnete Rechtssatz nicht verletzt worden. In der That muß man hierin beistimmen. Der Verfasser der Nichtigkeits-Beschwerde hatte den Mangel des wesentlichen Erfordernisses in Ansehung der Personen nicht gesehen und vermeinte, der Appellations-Richter habe gegen den Satz gefehlt: daß aus einem schriftlichen Vertrage die Bedingungen des Geschäfts erhellen müßten. Das aber hatte der Appellations-Richter vorausgesetzt, folglich, sagt das Geheime Ober-Tribunal, kann er diesen Rechtssatz nicht verletzt haben; vielmehr hätte hervorgehoben werden müssen, daß der Appellations-Richter einen gültigen Vertrag angenommen habe, obwohl eine zweite Person gar nicht genannt worden.

№ 21.

Erbunterthänigkeit. Grundzins. Schlesien.

Ein Grundzins, welcher vor Publication des Edicts vom 9. October 1807 dem Gutsherrn für die Aufhebung des Unterthänigkeitsverbandes versprochen worden, ist nicht in Folge des gedachten Edicts und des Publikandums vom 8. April 1809 für aufgehoben zu erachten.

Im Jahre 1789 hatte ein Gutsherr seinen erbunterthänigen Müller, mittelst gerichtlichen Vertrages, aus der Erbunterthänigkeit, gegen eine Summe von 500 Rthlr. und Erhöhung des Mühlen-Grundzinses um 5 Rthlr., entlassen. Diesen Mehrbetrag wollte der derzeitige Besitzer der Mühle, im Jahre 1837, nicht weiter entrichten, behauptend, daß derselbe als ein Ausfluß der Erbunterthänigkeit mit dieser durch das Edict vom 8. April 1809 aufgehoben sei. Das Gerichts-Amt verurtheilte ihn zur Entrichtung; der Erste Senat des Ober-Landesgerichts zu Glogau fand den Einwand erheblich und sprach den Beklagten von dem Zinse frei. Das Geheime Ober-Tribunal vernichtete das Appellations-Urtel und stellte das Erkenntniß erster Instanz wieder her. Diese Entscheidung beruhet auf dem Satze: daß die Rechtszustände und Verhältnisse, welche durch Ablösung oder Umwandlung solcher Rechte und Zustände, die später durch die Gesetzgebung allgemein aufgehoben worden, begründet, von dieser Aufhebung nicht betroffen sind. Aus demselben Grunde sagt das Ober-Landesgericht zu Breslau, daß die Ablösung eines Mühlenzwanges durch die später eingetretene Aufhebung aller Zwangs- und Bannrechte nicht wirkungslos geworden und das dadurch gegründete neue Rechtsverhältniß nicht aufgehoben sei. Schlesisches Archiv, Bd. I, S. 175 flg. Dem Geheimen Ober-Tribunal ist darin beizustimmen, daß der Gesetzgeber nicht bezweckt habe, eine Auflösung und Zerrüttung der, unter dem Schutze der Gesetze giltig entstandenen, Vertragsverhältnisse herbeizuführen.

№ 22.

Compensation. Appellations-Instanz.

Der Einwand der Compensation ist in zweiter Instanz noch zulässig, und der Appellations-Richter über denselben materiell zu erkennen verpflichtet.

Die Controverse: ob die Compensation noch in der Appellations-Instanz statthaft sei, ist aus dem Gemeinen Rechte in das Preußische übergegangen und hatte sich auch im Geheimen Ober-Tribunale gezeigt. Das Plenum hat die Frage, nach dem Beschlusse vom 8. April 1839, bejahet. Schon vorher hatte ich denselben Satz behauptet und zu begründen gesucht. (Recht der Forderungen, Bd. II, S. 678.) Nach der Preußischen Gesetzgebung ist er weniger zweifelhaft als nach Gemeinem Rechte; denn nach jener ist die Vorbringung neuer Einreden in der Appellations-Instanz ganz unbeschränkt und der Appellations-Richter soll unter dem Vorwande, daß die Parteien eine Instanz verlieren würden, sich nicht weigern dürfen, über einen erst in zweiter Instanz angebrachten Einwand zu erkennen. Die Compensation wird ausdrücklich zu den Einwänden gezählt und nirgend ist vorgeschrieben oder zu befinden, daß der Einwand der Compensation eine Ausnahme von der eben gedachten Rechtsregel machen solle. Nur müssen die Voraussetzungen da sein.

№ 23.

Schriftlicher Vertrag. Analphabet.

Wenn ein Vertrag, welcher zu seiner Rechtsgültigkeit der schriftlichen Abfassung bedarf, nur von dem einen Contrahenten gehörig unterschrieben, von dem andern, des Schreibens und Lesens unkundigen Contrahenten, dagegen bloß mit Kreuzen unterzeichnet ist und deshalb für den Letzteren keine verbindliche Kraft hat, so kann der Erstere sich auf diese mangelhafte Vollziehung des Vertrags nicht berufen und von demselben ohne Weiteres nicht zurücktreten. Er hat nur das Recht, von dem andern Contrahenten zu verlangen, daß dieser entweder ebenfalls den Vertrag in rechtsgültiger Form vollziehe, oder sich die gänzliche Aufhebung gefallen lasse.

Ein Gutsbesitzer hatte mittelst außergerichtlich niedergeschriebenen, von ihm unterschriebenen, von der andern Partei aber nur unterkreuzten, Kontrakts eine Rustikalstelle in Erbpacht ausgethan und übergeben. Die gerichtliche Vollziehung unterblieb und es trat ein Wechsel in der Person des Gutsbesitzers ein. Der neue Besitzer wollte den Kontrakt nicht halten, und erklärte denselben für ungültig, weil er auf der Seite des Erbpächters nur mündlich zu Stande gekommen. Beide Deputationen des Ober-Landesgerichts zu Cöslin gaben ihm Beifall und verurtheilten den Erbpächter zur Zurückgabe der Stelle. Das Geheime Ober-Tribunal dagegen kassirte das Appellations-Urtel, erklärte den Kontrakt für rechtsverbindlich (der Erbpächter hatte ihn inzwischen notariell anerkannt), und wies den Gutsherrn mit der Klage auf Herausgabe der Stelle ab. Diese Entscheidung ist unzweifelhaft richtig. Für das praktische Interesse entsteht die Frage: wie Jemand, der seinerseits einen schriftlich zu errichtenden Vertrag unterschrieben, und sich dadurch verbindlich gemacht hat (§. 185, Tit. 5, Th. I des A. L. R.), sich gegen den Andern, der nur mit Kreuzen unterzeichnet hat, helfen könne, um den Andern gleichfalls verbindlich zu machen oder sich wieder zu befreien. Das Geheime Ober-Tribunal spricht in dieser Beziehung eben Das aus, was ich (Recht der Forderungen, Bd. II, S. 155) gesagt habe, daß nämlich dem Andern eine Frist bestimmt werden müsse, dem Mangel seinerseits abzuhelfen. In Beziehung auf ein anderes pactum claudicans ist dies im

A. L. R. Th. I, Tit. 5, §. 13 ausdrücklich ausgesprochen; die analoge Anwendung dieser Bestimmung auf das hier in Rede stehende pactum claudicans ist unbedenklich. Erklärt der Andere sich über seine Genehmigung in der bestimmten Frist gar nicht oder nicht in der vorgeschriebenen Form, so steht das Verhältniß so wie bei einem gemachten Anerbieten, über dessen Annahme der Andere sich erklären soll. Wird der Antrag nicht angenommen, so ist der Antragende weiter nicht gebunden.

№ 24.

Execution. Activum. Assignation. Cession.

Der Gläubiger, welcher im Wege der Execution durch richterliche Verfügung ermächtigt worden, eine Forderung des Schuldners mit den Rechten eines Assignatars selbst einzuklagen, und bis zum Betrage seiner Forderung einzuziehen, ist berechtigt, die aus der gerichtlichen Ueberweisungs-Verfügung erworbenen Rechte zu cediren.

Jemand, welcher sich im Executionswege eine Forderung seines Schuldners mit den Wirkungen einer Assignation von dem Richter zur Einziehung hatte anweisen lassen, cedirte seine rechtskräftige Forderung mit den Rechten aus dieser Anweisung. Der Cessionar klagte aus der Anweisung gegen den angewiesenen Schuldner auf Zahlung der assignirten Post, wurde aber von dem Richter erster Instanz abgewiesen, weil derselbe eine Assignation für nicht cessibel hielt. Der Appellationsrichter änderte dieses Urtel ab und das Geheime Ober-Tribunal bestätigte in der Revision das

Appellations-Erkenntniß. Der dabei zum Grunde gelegte Satz entscheidet also die Frage: ob eine Assignation cessibel sei. Denn in Hinsicht des Wesens ist der Modus der Assignation gleichgültig; es muß gleichviel gelten: ob der Assignant persönlich, oder ein dazu legitimirter Anderer, wie z. B. der Richter, in dessen Namen die Anweisung gegeben hat. Die Cessibilität einer Assignation ist nun aber eigentlich nicht streitig; ein Grund, warum dem Assignatar verwehrt sein könnte, die Assignation auf einen Andern zu übertragen, anstatt sich persönlich mit der Einziehung der angewiesenen Post zu befassen, ist ganz unerfindbar. So wenig der Assignat einen gehörig legitimirten gewöhnlichen Beauftragten zurückweisen darf, so wenig und noch weniger darf er einen solchen Beauftragten zurückweisen, der im Verhältniß zu dem Auftraggeber berechtigt ist, das in Folge des erhaltenen Auftrags eingezogene Geld für sich zu behalten. Das Verhältniß zwischen dem Assignaten und dem Assignatarius wird dadurch nicht berührt; der Assignat hat mithin bei der zwischen dem Assignatarius und dem von ihm Beauftragten getroffenen Uebereinkunft gar kein rechtliches Interesse; es kann ihm gleichviel gelten, ob die zur Erhebung des Geldes legitimirte Person ein bloßer Mandatarius oder ein Cessionarius sei.

№ 25.

Vormaliges Königreich Westphalen. Apotheker. Privilegium. Real-Gewerbeberechtigung. Erbzins.

In denjenigen Landestheilen, welche zu dem vormaligen Königreiche Westphalen eine Zeit lang gehört haben, ist die Vererblichkeit der Apotheker-Privilegien auch da, wo sie früher bestand, so wie die Pflicht zur Entrichtung von Abgaben für die Ausübung solcher Privilegien aufgehoben, selbst wenn diese Abgaben als Erbzins für die Verleihung des Privilegiums vorbedungen waren.

Die Aufhebung der Vererblichkeit der Apotheker-Privilegien in den bezeichneten Landestheilen ist noch immer streitig und auch keinesweges zweifellos. Weniger zweifelhaft ist die Aufhebung der für das Privilegium früher gezahlten jährlichen Abgaben, da die alten Gewerbeabgaben ausdrücklich aufgehoben worden sind; indeß ist die Aufhebung eines Erbzinses für ein bloß ausgethanes Privilegium, wenn dieses nicht wirklich erloschen ist, doch noch sehr in Zweifel zu ziehen. Der hier mitgetheilte Rechtsfall und dessen Entscheidung ist schon mehrfach Gegenstand der Kritik gewesen. Der Magistrat zu Osterwiek bei Halberstadt hatte eine ihm zustehende Apothekergerechtigkeit, mit einem Garten, zu Erbzins verliehen, gegen einen jährlichen Kanon von 85 Rthlr. für die Concession und 1 Rthlr. für den Garten. Bis 1832 war der Kanon entrichtet worden; 1833 verkaufte der Apotheker sein Haus, worin die Apotheke sich befand, mit allen Apothekergeräthschaften und Medicinalwaaren, und entsagte zum Vortheil des Käufers der Fortsetzung des Apothekergewerbes. Der Käufer verschaffte sich von der Regierung zu Magdeburg eine neue Concession. Der Erbzins-Kanon wurde nicht weiter entrichtet. Der Magistrat verklagte seinen Erbzinsmann auf fortwährende Entrichtung. Das Land- und Stadtgericht zu Osterwiek wies die Klage zurück, indem es den Einwand des Beklagten für begründet hielt, daß das von dem Magistrate verliehene Apotheker-Privilegium durch die fremdherrliche Gesetzgebung aufgehoben und durch die neuern Preußischen Gesetze nicht wieder hergestellt worden sei. Der Zweite Senat des Ober-Landesgerichts zu Halberstadt war anderer Meinung, änderte das erste Urtel ab und erkannte nach dem Klageantrage. In den Gründen wird geleugnet, daß die fremde oder die Preußische Gesetzgebung in jenen Landestheilen alle Privilegien zum ausschließlichen Betriebe eines Gewerbes, namentlich die Apothekergerechtigkeiten, aufgehoben habe. Nur die Gewerbefreiheit sei eingeführt und der Betrieb eines Gewerbes von der Zahlung einer Patentsteuer abhängig gemacht worden. Die Bewilligung oder Versagung des Patents sei nicht blos von dem Ermessen der Behörden abhängig, vielmehr seien die alten Privilegien bei den Apotheken fortwährend die Rechtstitel zu den Patenten gewesen. Das Geheime Ober-Tribunal erkannte auf Wiederherstellung des ersten Erkenntnisses. In den Gründen wird zugegeben, daß in den Westphälischen Gesetzen vom 5. August 1808 über die Einführung einer Patentsteuer, und vom 12. Februar 1810 über die Erhebung derselben, allerdings keine ausdrückliche Bestimmung enthalten, daß die dingliche Qualität der bisherigen Realprivilegien im Allgemeinen, und der Apothekerprivilegien insbesondere aufgehoben werde, oder fortan wegfalle. „Sobald man indeß," heißt es weiter, „in Uebereinstimmung mit Art. 10, 12 und 16 der Westphälischen Constitution vom 7. December 1807 annimmt (annimmt! warum annehmen?), daß das Gesetz die bisher bestandenen ältern Privilegien überhaupt als nicht weiter existirend betrachtet habe, und die neuen Einrichtungen, als in deren Stelle tretend, angesehen wissen wolle: so fällt mit dem aufgehobenen Privilegium (wodurch ist es denn aufgehoben?) selbst auch die bisherige

Realqualität desselben hinweg, da sich nicht das erstere als solches aufgehoben, die Realqualität als fortdauernd ansehen läßt." Dieser Grund ist sehr schwach. Ausdrücklich aufgehoben sind die Realprivilegien nicht; aber „sobald man annimmt, daß sie als nicht weiter existirend betrachtet worden" ꝛc. Sobald man dies aber nicht annimmt? — „Daß es aber wirklich die Absicht gewesen, durch die neuen Anordnungen die älteren Gewerbeberechtigungen gänzlich zu beseitigen, kann nicht bezweifelt werden", sagt das Geheime Ober-Tribunal. Das kann man ihm ganz gut zugeben; aber die Absicht allein thut es nicht. Was hilft es, wenn man die ernstlichste Absicht hat, seinen Feind todt zu schlagen, und ihn doch nicht wirklich todtschlägt! — Was also das Geheime Ober-Tribunal vorbringt, um die Absicht zu beweisen, ist unerheblich, wenn auch dabei gar kein Aber weiter wäre, was noch nicht zugestanden werden kann. Der Schluß des Geheimen Ober-Tribunals: „muß nach diesem Allen angenommen werden, daß die ältern Realprivilegien der Apotheker durch die, unter der Fremdherrschaft ergangenen Gesetze aufgehoben sind", kann jener Absicht wegen, die auch noch ungewiß ist, gar nicht für richtig angenommen werden. Alles was aus den Anordnungen der Westphälischen Regierung über die Gewerbefreiheit und die Patentsteuer folgt, ist nur Das, daß sich der Realberechtigte allen den Lasten und Beschränkungen unterwerfen muß, welche aus diesen Anordnungen folgen, daß er und seine Nachfolger also ein Patent lösen müssen und nicht hindern können, daß noch andere Apotheken angelegt werden. Mehr folgt nicht; das Recht selbst lebt noch immer, wenngleich es an seinem Werthe verloren hat. Daß sich die Fortdauer der Vererblichkeit und Veräußerlichkeit der Realprivilegien mit der Gewerbefreiheit und der Gewerbesteuer sehr wohl verträgt, zeigt der Rechtszustand in den alten Landestheilen. Man vergl. übrigens hierzu die Bemerkungen unten zu Bd. V, № 22, und meinen Aufsatz über die Brau- und Brennerei-Gerechtigkeit (sogenannte Urbare) der Gutsbesitzer in Schlesien, im Schles. Arch. Bd. V, S. 256 flg.

№ 26.

Münster. Ehemaliges Großherzogthum Berg. Colonat. Mahljähriger Wirth.

Das Eigenthum eines, in dem zum ehemaligen Großherzogthum Berg gehörigen Theile des Fürstenthums Münster belegenen, sonst eigenbehörigen, zur Zeit der Verkündigung des Decrets vom 12. December 1808 von einem Mahlzähler besessenen Colonats, ist schon mit Eintritt der Gesetzeskraft dieser Verordnung, nicht erst mit dem Ablaufe der später beendigten Mahljahre des Mahlzählers, den Erben des früheren Colonen anheimgefallen.

Der Satz ist durch Plenarbeschluß vom 17. December 1838 angenommen worden und durch die angegebenen Gründe völlig gerechtfertigt. Bei der Entscheidung einer am 30. April 1835 vorgekommenen Sache hatte das Geheime Ober-Tribunal das Gegentheil angenommen.

№ 27.

№ 27.

Prozeß-Vollmacht. Revision. Nichtigkeits-Beschwerde.

Es bedarf in Revisionssachen nicht der Aussetzung der Publikation des Urtels bis nach erfolgter Ergänzung der mangelhaften Prozeß-Vollmacht, wenn die Mängel von der Art sind, daß sie nach Vorschrift der Prozeß-Ordnung die Zulassung des Bevollmächtigten, mit Vorbehalt der nöthigen Ergänzung, nicht hindern.

Wegen solcher Mängel der Vollmacht kann auch eine Nichtigkeits-Beschwerde, als nicht gehörig angebracht, nicht zurückgewiesen werden.

In Ansehung der Nichtigkeits-Beschwerde kann aus dem Mangel der Vollmacht nach der neuern Gesetzgebung überhaupt kein Zurückweisungsgrund mehr hergenommen werden, indem der Legitimationsmangel nur die Folge hat, daß der Justiz-Commissarius in Stelle der Partei für alle Schäden und Kosten persönlich haftet. Declaration vom 6. April 1839, Artikel 7 (G. S. S. 129). Das ist das Natürliche.

In Revisionssachen wird es wohl noch nach der alten Gerichts-Ordnung gehen und der Satz also noch praktischen Werth haben. Es wäre zu wünschen, daß die unbestimmten und bloß vorsorgerlichen Vorschriften der Prozeß-Ordnung endlich beseitigt würden, um den daraus entstehenden Zweifeln eine Ende zu machen. Eine Menge von Handlungen und Erfordernissen wird vorgeschrieben, die man für wesentlich halten könnte, welche hinterdrein aber doch nicht nothwendig sind. So ist es auch mit der Prozeßvollmacht. Diese soll nach §. 30, Tit. 3, Th. I der A. G. O. sechs Erfordernisse haben und bei № 6 ist beigefügt, daß dagegen die Beidrückung des Petschafts zur Gültigkeit der Vollmacht nicht nothwendig sei. Ganz natürlich ist der Schluß, daß alles Uebrige nothwendig sei. Der §. 54 bestimmt indeß weiter: daß, wenn bei einer Vollmacht eines der festgesetzten Erfordernisse nicht gehörig beobachtet worden, daraus jedoch ersehen werden kann, wer sie ausgestellt hat, auf wen sie gerichtet ist, und zu welcher Sache sie gebraucht werden soll, der Bevollmächtigte zugelassen werden und eine andere vorschriftsmäßig eingerichtete Vollmacht nachbringen muß. In Folge dieser Bestimmungen ist auch bei dem Geheimen Ober-Tribunal eine Meinungsverschiedenheit über die wesentlichen Erfordernisse einer Prozeß-Vollmacht zum Vorschein gekommen und die Entscheidung des Plenums darüber nothwendig geworden. Der am 12. November 1838 gefaßte Beschluß spricht aus, daß nur die im §. 54 angegebenen Erfordernisse für nothwendige zu halten. Das kann unbedenklich für wahr angenommen werden. Deshalb sollte aber die Nachforderung einer andern Vollmacht wegfallen.

№ 28.

Wechsel. Anweisung. Annahme. Eigene Ordre. Bevollmächtigter.

I. Ein, an die Ordre des Ausstellers gezogener, von einem Nichtwechselfähigen acceptirter Wechsel gilt als Anweisung.

II. Der Acceptant wird dem Indossatar aus der Annahme eines solchen Wechsels selbst dann verhaftet, wenn zur Zeit der letzteren das Giro noch nicht erfolgt war.

III. Doch muß auch in diesem Falle der Indossatar, wenn der Aussteller das Geschäft in seinem Auftrage gemacht hat, sich diejenigen Einwendungen gefallen lassen, welche dem Acceptanten gegen den Aussteller zustehen.

Nachdem man diese Sätze in vier Sachen, welche in den Jahren 1838, 1840 und 1842 bei dem dritten Senate des Geheimen Ober-Tribunals zur Entscheidung gekommen, angewendet hat, ist der Erste und Zweite im Jahre 1844 streitig geworden und durch einen Plenar-Beschluß vom 9. September 1844 (Bd. X, S. 52) dahin abgeändert worden:

daß ein von einem Nichtwechselfähigen acceptirter, an die Ordre des Ausstellers gezogener, Wechsel auch nicht als Anweisung gilt, wenn zur Zeit des Accepts noch kein Indossament des Wechsels erfolgt war.

Damit ist auch der dritte Satz folgerecht weggefallen.

Diese Meinungsänderung halte ich nicht für rechtfertig. Der Hauptgrund für die neue Ansicht wird in der Wortfassung des §. 943 des Wechselrechts, wonach ein gezogener Wechsel, dem eines der gesetzlichen Erfordernisse ermangelt, allenfalls nur als Assignation gelten soll, gefunden. Allenfalls nur bedeute soviel als äußersten Falls oder höchstens nur, insofern nämlich wenigstens die Erfordernisse einer Assignation darin anzutreffen. Soweit kann man beistimmen. Nach dieser Einleitung werden die wesentlichen Erfordernisse einer Anweisung aufgesucht. Dabei wird von der im §. 251, Tit. 16, Th. I des A. L. R. angegebenen Begriffsbestimmung ausgegangen, wonach es eine Anweisung ist,

> wenn Jemand einem Andern den Auftrag macht, Etwas, was der Auftragende von einem Dritten zu fordern hat, bei demselben für seine eigene Rechnung zu erheben.

Das ist zwar freilich gleichfalls eine Anweisung, aber es ist nicht der einzige Fall der Anweisung: daß der Anweisende von dem Dritten Etwas zu fordern habe, ist kein wesentliches Erforderniß einer Anweisung. Deswegen fällt die Betrachtung weg, daß die Benennung des Assignatars auch aus dem Grunde nothwendig sei, weil der Bezogene müsse beurtheilen können: ob ihm durch die Anweisung in Ansehung der Zeit, des Orts, der Münzsorte, oder wie sonst, eine lästigere Verbindlichkeit auferlegt werden solle, als er gegen den Anweisenden zu erfüllen haben würde. Die Benennung des Angewiesenen (Assignatars) oder richtiger eine andere Person, welche zur Erhebung einer Summe für sich selbst an einen Dritten von Jemand gewiesen wird (der Assignatar), ist aber allerdings ein wesentliches Erforderniß, eben so wie bei einem gezogenen Wechsel ein Remittent vorkommen muß. Allein daraus folgt nur, daß das Geschäft, was eine Assignation werden soll, noch keine Assignation ist, so lange kein Assignatar vorhanden, gleichwie eine Tratte auf eigene Ordre noch keine Tratte ist, so lange die dritte Person fehlt; daß der Dritte vor dem Accept der Assignation dazukommen müsse, folgt gar nicht. Darauf aber beruhet der von dem Plenum des Geheimen Ober-Tribunals angenommene Satz wesentlich; er muß mithin zusammenfallen, wenn die vorausgesetzte Grundlage mangelt. Der Satz entbehrt nun seines Grundes in dem Maße, daß sogar das Accept des Assignaten *ganz und gar fehlen kann*, ohne daß die Anweisung aufhört eine Anweisung zu sein; zum Werden der Anweisung ist das Accept niemals erforderlich. Nur auf das Verhältniß zwischen dem Angewiesenen und dem Assignaten hat das Accept des Letzteren Einfluß, wenn es auf Verlangen des Ersteren geschehen ist; denn dadurch wird zwischen diesen Beiden eine besondere Verbindlichkeit contrahirt. Fehlt dieselbe, so macht der Angewiesene lediglich die Forderung des Anweisenden geltend, wenn er will. Von zwei Fällen muß nämlich immer einer vorhanden sein: entweder ist die Anweisung auf eine Schuld des Assignaten gegründet, oder der Assignat ist bis dahin nicht Schuldner des Anweisenden. Beide Fälle werden auch in den Entscheidungsgründen (Bd. X, S. 57) erwogen, indem gesagt wird: „eine solche Aufforderung kann aber nur entweder eine Mahnung (falls der Aufgeforderte dem Auffordernden etwas schuldig ist), oder eine Bitte um ein Darlehen sein." Der erste Fall macht keine Schwierigkeiten: der Angewiesene, der von dem Assignaten kein Accept erhalten hat, klagt mit der dem Anweisenden zustehenden Klage, gleich einem Beauftragten. Der andere Fall hat die Bedenken veranlaßt; diese verschwinden aber bei näherer Betrachtung. Der Anweisende hat sich entweder das Accept des Assignaten verschafft oder nicht. Hat er kein solches Versprechen und giebt er gleichwohl eine Anweisung, so muß der Angewiesene wie der Anweisende sich bei der Zurückweisung der Assignation beruhigen. Ist hingegen ein Versprechen (das Accept) des Assignaten vorhanden, so steht die Sache anders; es ist dann nicht mehr bloß „eine Bitte um ein Darlehn", sondern ein Darlehnsversprechen. Wie der Darlehnssucher selbst das ihm versprochene Darlehn fordern kann (A. L. R. Th. I, Tit. 11, §§. 654—657), in gleicher Weise kann es der dazu von ihm Beauftragte. In diesem

Falle befindet sich ein solcher Angewiesene, dessen Namen von dem Anweisenden erst nach dem Accept des Assignaten auf die Anweisung gesetzt worden ist. Unzutreffend ist, was gegen die Erwägung der ältern Meinung, daß nämlich die Kenntniß der Person, an welche der Bezogene zur Verfallzeit zahlen solle, ihm völlig entbehrlich sei, S. 59 a. a. O., gesagt wird. Darum, heißt es, könne man nicht so sagen, weil in der unbedingten Annahme einer vollständigen Anweisung zugleich eine, Seitens des Bezogenen gegen den genannten Assignatar übernommene, Verpflichtung enthalten ist, diesem die überwiesene Zahlung zu leisten. Dieser Fall ist jedoch nicht vorausgesetzt; der Assignatar will sich mit dem bloßen Forderungsrechte des Anweisenden begnügen, wenn der Bezogene nicht acceptiren mag. Daraus folgt nur soviel, daß der Angewiesene sich alle die Einwendungen gefallen lassen muß, welche dem Anweisenden selbst würden haben entgegengesetzt werden können wenn er geklagt hätte. Sonach ist die ältere Meinung die richtige.

Uebrigens ist nach diesem Plenarbeschluß auch der, bei der Entscheidung (Bd. IX, № 19) angenommene Satz, daß das Erlöschen der Wechselverbindlichkeit als solcher nur zur Folge habe, daß das Instrument nicht mehr als Wechsel gilt und von denjenigen Wirkungen entkleidet wird, die ihm als Wechsel anhingen, nicht aber daß es auch seine sonstigen Wirkungen verliere, daß vielmehr der gezogene Wechsel als Anweisung gelte, — nicht mehr richtig. Denn er sagt allgemein: jeder gezogene Wechsel, dessen Wechselkraft erloschen (oder welcher nicht in Wechselkraft getreten) ist, gilt als Anweisung; der Plenarbeschluß vom 9. September 1844 verneint es in Beziehung auf eine Klasse gezogener Wechsel.

№ 29.

Nichtigkeits = Beschwerde. Justiz = Commissarius. Unterschrift. Städtische Deputation. Städtische Commission. Behörde.

Städtische Deputationen und Commissionen, welche zur Verwaltung einzelner Geschäftszweige des Gemeinwesens aus Mitgliedern des Magistrats und der Bürgerschaft gebildet sind, gehören zu den öffentlichen Behörden und sind daher befugt, Nichtigkeits = Beschwerden ohne Zuziehung eines Justiz-Commissarius einzureichen.

Ob dergleichen städtische Deputationen und Commissionen als solche öffentliche Behörden zu betrachten seien, bei deren Nichtigkeits = Beschwerden es der Mitunterschrift eines Justiz-Commissarius nicht bedarf: diese Frage war von dem Zweiten und Dritten Senate des Geheimen Ober-Tribunals verschieden beantwortet worden. Das Plenum hat sie durch Beschluß vom 27. Mai 1839 bejaht. Diese Meinung ist für die richtige anzuerkennen, wenn, wie es allerdings der Fall, dergleichen Deputationen und Commissionen eine juristische Person für sich vorstellen. Denn als solche ist sie keine Privatperson, und in den ihr zur Verwaltung gegebenen Angelegenheiten nicht Privatpartei.

№ 30.

Verzugszinsen. Verjährung.

Verzugszinsen sind der zehnjährigen Verjährung nicht unterworfen.

„Wer die gerichtliche Einklagung rückständig verbleibender Zinsen länger als zehn Jahre verabsäumt, der kann einen, über zehn Jahre hinausgehenden Rückstand nicht ferner verlangen", bestimmt das A. L. R. Th. I, Tit. 11, §. 849. Ob dieser Satz sich auch auf Verzugszinsen beziehe oder auf vorbedungene Zinsen zu beschränken: darüber war eine Meinungsverschiedenheit, die eine große Anzahl von Aufsätzen und Erörterungen veranlaßt hat. Die Meinung, nach welcher auch Verzugszinsen dieser kurzen Verjährung unterliegen sollten, gründete sich hauptsächlich auf den Gemeinplatz: wo das Gesetz nicht unterscheidet, darf auch der Richter nicht unterscheiden. Das Geheime Ober-Tribunal hatte in früher entschiedenen Fällen die Bestimmung nicht auf Verzugszinsen anwendbar gehalten; im Jahre 1839 that sich jedoch in dem Dritten Senate die entgegengesetzte Meinung hervor und die Frage wurde vor das Plenum gebracht. Dieses hat durch Beschluß vom 11. März 1839 die ältere Meinung bestätigt. Nur sie allein beruhet auf rechtswissenschaftlichen Gründen. Die Gründe des Plenar-Beschlusses sind in Erwägung der Entscheidungs- wie der Zweifelsgründe erschöpfend und lichtvoll.

№ 31.

Erbpacht. Gewährleistung.

Die gesetzlichen Vorschriften über die Verjährung des Rechts, Gewährleistung zu fordern, finden in dem Falle keine Anwendung, wenn eine, in Erbpacht verliehene Sache zwar vollständig dem Vertrag gemäß übergeben ist, aber späterhin durch irgend ein Ereigniß einen Nachtheil erleidet, für welchen der Erbpächter von dem Verleiher auf den Grund des Vertrages Entschädigung fordert.

Der Fiskus hatte einen Gasthof zu Wolmirstädt im Jahre 1778 vererbpachtet, und dabei nicht allein die damals auf dem Grundstücke haftenden Lasten übernommen, sondern auch versprochen, dafür zu haften, daß der Erbpächter mit allen erst künftig aufzulegenden Lasten verschont werde. Seit dem Jahre 1808, während der Fremdherrschaft, war das Grundstück nach und nach dennoch mit verschiedenen neuen Lasten belegt worden. Im Jahre 1835 trat der Erbpächter gegen den Fiskus klagend auf mit dem Antrage: den Beklagten zur Erstattung aller bereits entrichteten und künftig noch zu entrichtenden Lasten und Abgaben zu verurtheilen. Der Fiskus machte den Einwand der Verjährung aus dem §. 343, Tit. 5, Th. I des A. L. R., meinend, daß der Anspruch eine Gewährleistungsklage sei. Beide Senate des Ober-Landesgerichts zu Magdeburg fanden den Einwand unstatthaft. Bei dem Geheimen Ober-Tribunale aber zeigte sich darüber eine Meinungsverschiedenheit, weshalb die Sache an das Plenum gebracht wurde, welches die Frage, durch den Beschluß vom 27. Mai 1839, nach der Meinung des

Ober-Landesgerichts zu Magdeburg, entschied. Die Richtigkeit dieser Entscheidung ist aus juristischen Gründen gar nicht zu bezweifeln. Denn von Gewährleistung kann, grundsätzlich, nur wegen solcher Mängel, womit die Sache schon zur Zeit der Uebergabe behaftet war, Rede sein, mögen die Mängel juristische oder physische sein. Außerdem giebt es keinen Gewährleistungsfall. Die vorliegende Verabredung ist eine Abänderung eines Naturale des Kontrakts. Denn es verstand sich von selbst, daß ohne besondere Kontraktsbestimmung der Erbpächter alle auf der Sache bereits haftenden, sowie die derselben künftig noch aufzulegenden Lasten zu tragen hatte. Die Verabredung ist mithin ein Accidentale des Kontrakts und begründet die Kontraktsklage. Der kurzen Verjährung sind nur die besondern Gewährleistungsklagen unterworfen. Ein wirklich juristischer Zweifelsgrund hiergegen ist nicht erfindbar und in der Sache auch nicht vorgebracht.

№ 32.

Erbschaft. Miterbe. Erbe ohne Vorbehalt. Beneficial-Erbe. Erbschaftsgläubiger. Solidarität.

I. Vor erfolgter Theilung der Erbschaft haften mehrere Miterben den Erbschaftsgläubigern nicht solidarisch, sondern bloß nach Verhältniß ihrer Erbtheile; sie können jedoch nur gemeinschaftlich, d. h. zusammen, nicht einzeln, belangt werden.

II. Es ändert hierin nichts, wenn auch die mehreren Miterben für Erben ohne Vorbehalt zu achten sind, letztere mögen mit Beneficial-Erben konkurriren oder nicht.

III. Die Erben ohne Vorbehalt haften aber für denjenigen Betrag der Nachlaßschulden, für den sie nach Verhältniß ihres Erbtheils aufkommen müssen, nicht nur mit diesem Erbtheile, sondern auch über denselben hinaus mit ihrem eigenen Vermögen und ihrer Person.

Die Sätze sind nicht von dem Geheimen Ober-Tribunale selbst aufgestellt, sondern von dem Verfasser aus einem Plenar-Beschlusse vom 1. Mai 1837 gefolgert. Die Frage: ob ein einzelner Miterbe, vor erfolgter Theilung, dem Erbschaftsgläubiger für dessen ganze Forderung solidarisch hafte oder nicht? war streitig und wurde von verschiedenen Senaten des Geheimen Ober-Tribunals verschieden beantwortet. Man legte deshalb dem Plenum die Frage vor:

In welcher Art haften die mehreren Miterben, namentlich auch diejenigen, die für Erben ohne Vorbehalt zu achten sind, in Folge der, in dem A. L. R. Th. I, Tit. 9, §§. 418, 419, 427 und Th. I, Tit. 17, §§. 127 u. flg. enthaltenen Grundsätze, vor erfolgter Theilung der Erbschaft, den Erbschaftsgläubigern? Müssen sie denselben solidarisch oder ohne Solidarität gerecht werden?

Die darauf, durch den gedachten Beschluß, ertheilte Antwort lautet:

Mehrere Miterben, namentlich auch diejenigen, die für Erben ohne Vorbehalt zu achten sind, letztere mögen mit Erben, welche die Erbschaft mit der Rechtswohlthat des Inventars angetreten haben, konkurriren oder nicht, haften den Erbschaftsgläubigern vor erfolgter Theilung der

Erbschaft nicht solidarisch, sondern nur nach Verhältniß ihres Erbantheils.

Der Grundsatz, worauf diese Antwort beruhet, ist der, daß die Erbschaftsschulden, im Verhältniß zum Gläubiger, ipso jure getheilt sind, ein Grundsatz der zwar von Denjenigen nicht anerkannt wird, welche den Grundsatz, daß die Erbschafts**forderungen** (die nomina) unter mehreren Miterben nicht ipso jure getheilt sind, auch auf die Schulden stillschweigend übertragen. Das aber ist ein Irrthum, denn es ist ausdrücklich ausgesprochen, daß die zwischen den Erben beliebte Theilung der Schulden die Rechte der Gläubiger niemals schmälern kann (A. L. R. Th. I, Tit. 17, §. 130). Können also die Miterben sich in die Schulden nicht theilen wie sie wollen, so muß ein Theilungsprinzip unabhängig von deren Willkühr bestehen, was kein anderes sein kann als dasjenige ist, nach welchem die Erbschaft als Ganzes vertheilt wird; sonst würden die Rechte der Gläubiger geschmälert werden. So wahr also die Grundlage der Entscheidung ist, und so groß der Fortschritt in der Rechtsentwicklung dadurch wird, daß das in dem A. L. R. stillschweigend vorausgesetzte Prinzip Ausdruck erhält, so ist doch weder die Fassung der Antwort, noch der in Entwickelung der Gründe eingeschlagene Weg, die Antwort zu suchen, der Fortbildung des Rechts förderlich. Was die Fassung des Beschlusses (von den an die Spitze gestellten Sätzen wird hier vorerst ganz abgesehen) betrifft: so ist nicht ohne Wenn und Aber anzuerkennen, daß die Beneficial = Erben **vor** der Theilung, sei es solidarisch oder für einen Theil, haften. Dies wird nämlich behauptet, indem gesagt wird, daß mehrere Miterben, namentlich **auch** die ohne Vorbehalt, — haften; also die Andern recht eigentlich und die ohne Vorbehalt **auch**. Unter dem „haften" kann doch wohl nur eine persönliche

Verbindlichkeit verstanden werden. Um nun zu finden, daß ein Beneficial-Erbe, vor der Theilung der Erbschaft, für seine Person den Erbschaftsgläubigern — abgesehen von einem besondern Grunde — gar nicht haftet, kann man nicht den Weg gehen, welchen das Geheime Ober-Tribunal in den Entscheidungsgründen genommen hat. „Wenn entschieden werden soll: in wie weit mehrere, als Erben betheiligte Personen verpflichtet sind, zur Bezahlung der Schulden ihres Erblassers aufzukommen, so müssen zwei Fragen, deren Vermischung die richtige Beurtheilung der Verhältnisse wesentlich erschwert, streng von einander gesondert werden. Es kommt nämlich bei Feststellung der Grundsätze über die Verhaftung mehrerer Erben in Betracht: 1. in welchem Maße (ob solidarisch oder pro rata) ein Jeder haftet, und 2. in wiefern die mehreren Erben sich auf die Rechtswohlthat des Inventariums berufen können oder nicht.“ Allein auf diese beiden Fragen kommt es vor der Theilung der Erbschaft so lange gar nicht an als nicht ausgemacht ist, daß der Gläubiger sich an die Person der Erben und nicht an die ungetheilte Erbschaft halten will. Diese beiden Wechselfälle sind vorweg zu unterscheiden, wenn eine richtige Antwort soll können gefunden werden. Will der Gläubiger aus der Erbschaft befriedigt werden, so kommt die Frage: in welchem Verhältnisse ein Jeder der mehreren Miterben hafte, gar nicht in Betracht, vielmehr müssen sie Alle zusammen, als gemeinschaftliche Eigenthümer des Ganzen, auf das Ganze belangt werden; die Einzelnen werden hier weder in solidum noch pro rata verurtheilt. Will aber dagegen der Gläubiger, mit Vorbeigehung der ungetheilten Erbschaft, sich an die Person der Erben halten: so kommt es zuvörderst darauf an: ob der Angegriffene Beneficial-Erbe oder Erbe ohne Vorbehalt ist. Ist er Beneficial-Erbe, so haftet er vor der

Hand, so lange er seinen Theil von der Erbschaft noch nicht hat, gar nicht, also weder solidarisch noch pro rata; denn er ist mit der Person des Erblassers nicht Eins und die Erbschaftsschulden sind obligationes rei. Zwar kann es kommen, daß ein Beneficial-Erbe pro rata in Anspruch genommen und auch wirklich verurtheilt wird. Allein dem Gläubiger hilft ein solches Urtel nicht; denn gegen den Beneficial-Erben, der die Erbschaft nicht besitzt, kann er es nicht vollstrecken lassen und in die ungetheilte Erbschaft kann er es auch nicht, weil das Urtel gegen die Miterben nicht wirksam ist. Wird dagegen ein Miterbe ohne Vorbehalt für seine Person vor der Theilung angegriffen, so kann dies, vermöge des Prinzips, daß die Schulden ipso jure getheilt sind, nur nach Verhältniß der auf ihn fallenden Erbquote geschehen. Dies darf aber auch geschehen, da ein solcher Erbe in die persönlichen Verbindlichkeiten des Erblassers getreten ist. Der Plenar-Beschluß sollte also lauten:

> Von mehreren Erben haftet persönlich für die Erbschaftsschulden — abgesehen von einem besonderen Grunde — ein Jeder nur nach Verhältniß seiner Erbquote; vor der Theilung kann aber ein Beneficial-Erbe nicht für seine Person mit Erfolg in Anspruch genommen werden.

Nach dieser Darlegung ergiebt sich die Unangemessenheit der drei an die Spitze gestellten Sätze von selbst. Der Erste paßt auf keinen von beiden Fällen; weder darauf: wenn der Gläubiger aus der Erbschaft Befriedigung verlangt, denn alsdann kommt es auf Solidarität oder auf Getheiltheit nicht an; noch darauf: wenn der Erbe für seine Person belangt wird, denn alsdann haftet Jeder nur seinen Theil und überdies ist auf den Unterschied zwischen einem Beneficial-Erben und einem Erben ohne Vorbehalt zu sehen. Der Zweite ist bedeutungslos, wenn Befriedigung aus der Erbschaft verlangt wird; und wenn Jeder für seine Person in Anspruch genommen wird, so brauchen sie nicht Alle zusammen belangt zu werden. Beide Sätze enthalten einen Widerspruch in sich. Der dritte Satz setzt voraus, daß der Erbe für seine Person auf seine Quote belangt wird.

№ 33.

Erbe. Activum. Nachlaßtheilung. Schuldurkunde. Cession.

Nach getheilter Erbschaft kann der Schuldner an denjenigen Erben, welcher sich im Besitze der, über eine Nachlaßforderung sprechenden Schuldurkunde befindet, sicher zahlen, wenngleich von demselben eine Cession oder Ueberweisung Seitens der übrigen Miterben nicht vorgelegt wird.

Daß nach getheilter Erbschaft der Schuldner eines Verstorbenen an denjenigen Erben, welcher das Instrument in Händen hat, sicher zahlen kann, bestimmt der §. 152, Tit. 17, Th. I des A. L. R. wörtlich; aber ob zur Legitimation des Zahlungsnehmers nicht noch eine besondere Anweisung oder Cession von Seiten der Miterben erforderlich sei oder nicht, darüber waren die Praktiker lange in Zweifel. Die Veröffentlichung der Materialien zum A. L. R. in Betreff dieser Materie hat die Meinung, wonach eine dergleichen Ueberweisung nicht für erforderlich zu halten, bestätigt, und in der That wäre auch die Bestimmung des §. 152 völlig übrig, wenn eine Uebereignung oder Cession von Seiten der Miterben beigebracht werden müßte, da sich alsdann die Berechtigung zur Einziehung der cedirten Forderung auch ohne den §. 152 verstehen würde. In dem unter dieser Ziffer mitgetheilten Rechtsfalle wird der Satz von dem Appellations-Richter (dem Ober-Landesgericht zu Insterburg) richtig angewendet und die dagegen eingelegte Nichtigkeits-Beschwerde wird von dem Geheimen Ober-Tribunale als ungegründet verworfen. Der Rechtsstand in Ansehung der auf den Namen eines Verstorbenen ausstehenden Forderungen (nomina) ist also dieser: 1. Nachlaßactiva sind nicht ipso jure getheilt und können vor der Erbtheilung an einen Einzelnen von mehreren Miterben weder ganz noch theilweise mit rechtlicher Wirkung, in Ansehung der Miterben, abgetragen werden. 2. Nach der Theilung kann derjenige der Miterben, welcher die Schuldurkunde in Händen hat, den Schuldner liberiren. 3. Um sich dazu zu legitimiren, muß er, außer der Vorlegung des Schuldinstruments, seine Erbesqualität, die Thatsache der Theilung und auch, daß dazu sämmtliche Erben zugezogen worden sind, nachweisen; er muß mithin ein Erbeslegitimations-Attest, das Testament oder den Erbvertrag zur Legitimation seiner selbst und der übrigen Miterben als Erben, und den Auseinandersetzungs-Receß in beglaubter Form oder doch ein Attest der Theilungs-Behörde, daß die Erbschaft unter den sämmtlichen Erben getheilt worden sei, vorlegen. Nichtverbriefte Forderungen machen eine Ueberweisung nöthig.

№ 34.

Vorbedungene Zinsen. Quittung. Zahlung. Vermuthung.

Die, über die Zahlung eines Kapitals ohne Vorbehalt ausgestellte Quittung begründet zu Gunsten des Schuldners nur die Vermuthung, daß die vorbedungenen Zinsen bezahlt oder erlassen sind; der Nachweis des Gegentheils wird durch diese Vermuthung nicht ausgeschlossen.

Das A. L. R. Th. I, Tit. 11, §. 843, schreibt vor: „Ist über das Kapital selbst ohne Vorbehalt quittirt worden, so sind die vorbedungenen Zinsen für bezahlt oder erlassen zu achten.“ Hierin findet das Geheime Ober-Tribunal eine bloße Vermuthung angeordnet, welche durch Gegenbeweis widerlegt werden kann. Denn „es wird keinesweges gesagt, daß dergleichen Zinsen nicht nachgefordert werden können, welchen Ausdruck das Gesetz in den §§. 846 und 847 gebraucht; es wird vielmehr nur ausgesprochen, daß die Zinsen für bezahlt oder erlassen zu erachten seien; es soll also (?) vermuthet werden, daß die Zinsen bezahlt oder erlassen sind.“ Diese Deutung entspricht weder der der Bestimmung zum Grunde liegenden Rechtsansicht, noch dem gemeinen Wortverstande. Wenn ein Gesetz anordnet, daß Etwas für Dieses oder Jenes „gehalten“, „erachtet“ oder „angesehen“ werden soll, so gilt es dafür, d. h. es wird so behandelt als wenn es Dieses oder Jenes wirklich wäre. So verordnet z. B. der §. 73, Tit. 9, Th. I des A. L. R.: „Wer auf Befragen des Richters den Fund ganz oder zum Theil ableugnet, ist als ein Dieb zu betrachten.“

Wer das so verstehen wollte, daß man vermuthen solle, der Finder sei ein Dieb, er könne aber beweisen, daß er die Sache nicht gestohlen sondern gefunden habe, von dem würde man sagen: er verstehe nicht deutsch; denn es wird ja vorausgesetzt, daß der Inhaber der Sache nicht ein Dieb sondern wirklich ein Finder sei; er soll aber wie ein Dieb behandelt werden. Auf gleiche Weise ist der §. 843, Tit. 11, Th. I a. a. O. zu verstehen: wer ohne Vorbehalt über das Kapital quittirt, wird rechtlich so behandelt als wenn er die vorbedungenen Zinsen bezahlt erhalten oder erlassen hätte. Denn das ganze Schuldverhältniß wird durch eine solche Quittung — gleichwie nach R. R. durch Acceptilation — solvirt, es ist davon nichts mehr übrig. Das ist die dabei zum Grunde liegende Rechtsansicht. Daß diese Wirkung mit einer solchen Quittung verbunden sein solle, erhellet noch aus dem §. 847, welcher bestimmt:

> „Hat aber der Gläubiger die vorbedungenen Zinsen nicht mit eingeklagt, so können dieselben, so lange noch nicht ohne Vorbehalt über das Kapital quittirt ist, nachgefordert werden."

Die Nachforderung ist also ausdrücklich ausgeschlossen, sobald ohne Vorbehalt über das Kapital quittirt ist. Die bloße Thatsache: ob vor der Quittungsleistung geklagt worden oder nicht, hat auf die rechtliche Wirkung einer Quittung gar keinen Einfluß, weil kein Kausalzusammenhang besteht. Die rechtliche Wirkung der Quittung muß mithin nothwendig in beiden Fällen dieselbe sein. Hiergegen kann nicht mit den Herausgebern der Entscheidungen (Note 1, S. 339) als Beweis für die Begründung einer bloßen Vermuthung die Fassung des §. 844 als der eines Gegensatzes zum §. 843 in ihrem Sinne angenommen werden. Dieser §. 844 lautet:

„Dagegen folgt aus einer ohne Vorbehalt ausgestellten Quittung über das Kapital so wenig, als aus der Rückgabe des Schuldscheins, die erfolgte Zahlung oder Erlassung der von dem Richter zuerkannten Verzugszinsen.“

Verzugszinsen haben an sich eine andere rechtliche Natur als vorbedungene Zinsen: sie sind eine Entschädigung für den widerrechtlich entzogenen Gebrauch des Kapitals Entschädigungen und Kosten sind eine bloße Erweiterung der Haupt-Obligation. So lange sie mithin nicht eine Selbstständigkeit erlangt haben, gehen sie mit der Hauptobligation, auf welcher sie beruhen, unter; sind sie eine selbstständige Obligation geworden, können sie auch nicht mehr durch die Tilgung einer andern Obligation, von der sie nicht abhangen, erlöschen. Dieser Unterschied liegt dem §. 844 zum Grunde. Sind Verzugszinsen rechtskräftig zuerkannt, so sind sie eine selbstständige Judikatforderung, und der §. 844 sagt nichts anderes als daß aus der Bezahlung der einen Forderung von zweien gar nichts zu entnehmen sei in Beziehung auf die Tilgung der andern. Der Gegensatz zwischen den §§. 843 und 844 liegt also nicht darin, daß in dem Falle 843 Etwas gefolgert und in dem §. 844 nicht gefolgert wird; sondern darin, daß in dem Falle des §. 843 die ganze Schuld für getilgt gilt und in dem Falle des §. 844 aus der Bezahlung der einen Schuld nicht einmal eine Berichtigung auch der andern Schuld gefolgert werden kann, geschweige daß die Tilgung der Einen zugleich die Tilgung der Andern in sich schlösse. Sind aber die Schäden (die Verzugszinsen) noch keine selbstständige Judikatforderung geworden, so gilt von ihnen das Gleiche was von andern Erweiterungen einer Forderung, namentlich was von vorbedungenen Zinsen: die Verzugszinsen gelten gleichfalls für getilgt und können mithin nicht mehr nachgefordert werden, sobald über das Kapital ohne Vorbehalt quittirt worden ist. §. 845 a. a. O. Das hat das Geheime Ober = Tribunal in der Entscheidung eines jüngern Rechtsfalles (Bd. IX, Abth. I, № 6, S. 225) ausdrücklich anerkannt. Es wäre unjuristisch, die beiden Fälle der §§. 843 und 844 als specifisch verschieden zu behandeln.

Muß nach dieser Darlegung in beiden Fällen eine über das Kapital ohne Vorbehalt ertheilte Quittung eine gleiche Wirkung haben, so kommt die Frage auf die Form des Vorbehalts. In dem unter dieser Ziffer mitgetheilten Rechtsfalle war ein Vorbehalt mündlich gemacht worden und der Schuldner hatte den Zinsenrückstand anerkannt und nachträglich zu zahlen versprochen. Der Richter erster Instanz (das Ober-Landesgericht zu Bromberg) hatte, bei richtiger Deutung des §. 843, in der mündlichen Abrede den Vorbehalt gefunden und von der Ergänzung des Beweises derselben seine Entscheidung abhängig gemacht. Das Ober-Appellationsgericht zu Posen und das Geheime Ober-Tribunal aber hatten den Beweis der mündlichen Abrede nur als Gegenbeweis gegen eine Vermuthung für erheblich gehalten. Die Erörterung der Frage: ob ein mündlicher Vorbehalt bei der Quittungsleistung genüge, muß indeß hier auf sich beruhen bleiben, da die Entscheidung des Geheimen Ober-Tribunals dazu keinen Anlaß giebt.

№ 35.

Rechnungslegung. Verwalter. Bevollmächtigter. Verjährung durch Nichtgebrauch.

I. Die fünfjährige Frist, binnen welcher von einem Verwalter Rechnungslegung zu fordern ist, widrigenfalls dieselbe für erlassen erachtet werden soll, ist als eine Art der Verjährung durch Nichtgebrauch anzusehen.

II. Diese Art der Verjährung durch Nichtgebrauch wird auch durch außergerichtliches Abfordern der Rechnung unterbrochen.

Ebenso, wie in dem vorigen Rechtsfalle den §. 843, Tit. 11, deutet das Geheime Ober-Tribunal auch den §. 158, Tit. 14, Th. I des A. L. R., welcher bestimmt, bezüglich auf Rechnungslegung:

> Einer ausdrücklichen Erlassung ist es gleich zu achten, wenn der Prinzipal dem Verwalter eine Rechnung abzufordern durch fünf Jahre vernachlässigt hat.

Man ist darüber in Zweifel: was diese Bestimmung verordne, ob eine Verjährung durch Nichtgebrauch (Präscription), oder eine Präclusiv-Frist. Das Geheime Ober-Tribunal hält es für eine Verjährung; das Gesetz habe aber nur diejenige Art der Aufhebung der Verbindlichkeit, deren Vorhandensein vermuthet werden solle, nämlich Erlaß, speciell genannt. Der Erlaß soll also nach der Bestimmung des §. 158 vermuthet werden. Davon enthält die Bestimmung nicht eine Silbe; es heißt ausdrücklich: das fünfjährige Schweigen des Prinzipals „ist einer ausdrücklichen

Erlassung gleichzuachten." Der Erlaß soll nicht vermuthet, sondern für wirklich bewilligt angenommen werden, wenn auch der Prinzipal auf das Vollständigste beweisen wollte und könnte, daß er an eine Erlassung der Rechnung nie gedacht habe. (Praesumtio juris et de jure.) Bei der Zeitbestimmung des §. 158 ist, außer dem Ablaufe einer bestimmten Frist, kein einziges Merkmal der Verjährung anzutreffen Das Geheime Ober-Tribunal behauptet zwar, es seien alle Merkmale einer wirklichen Verjährung vorhanden, doch ist der Beweis nicht gelungen. „Das wesentliche Merkmal der Verjährung durch Nichtgebrauch besteht, heißt es, darin, daß durch dieselbe ein bestimmter Verpflichteter, einem bestimmten Berechtigten gegenüber, von einem Dulden, Geben oder Leisten dergestalt befreit wird, daß der bisherige Berechtigte die Befugniß, sein Recht gegen den Verpflichteten gerichtlich zu verfolgen, verliert, oder vielmehr dem bisherigen Verpflichteten die Einrede gestattet wird, wie die Verpflichtung inzwischen aufgehoben worden, diese Einrede aber nur beseitigt werden kann, wenn der Berechtigte den vollständigen Beweis führt, daß nicht nur die Verbindlichkeit fortdauert, sondern auch der Verpflichtete unredlicher Weise und gegen besseres Wissen von der noch fortdauernden Verbindlichkeit sich der Erfüllung derselben entziehen wolle." Das Alles soll nun in unserm Falle zutreffen. Denn erstens stehe dem Prinzipal, einem bestimmten Berechtigten, das Recht zu, von dem Verwalter, einem bestimmten Verpflichteten, — eine Leistung zu fordern; und zweitens sei die Ausübung dieses Rechts an eine bestimmte Frist gebunden. — Soweit ist die Sache richtig; aber nun fehlt noch das Uebrige: dem Verpflichteten soll durch den Ablauf der Zeit die Einrede erworben werden, daß die Verpflichtung inzwischen aufgehoben worden, und dem Berechtigten soll der

Gegenbeweis der Fortdauer der Verbindlichkeit und des bösen Glaubens des Schuldners freistehen. Diese Einrede und den Gegenbeweis gestattet der §. 158 nicht; er bestimmt: „es ist einer ausdrücklichen Erlassung gleichzuachten", wenn die Rechnung durch fünf Jahre nicht eingefordert wird. Beide Theile können also recht wohl wissen, daß die Rechnung nicht gelegt worden, ja der Verpflichtete kann sogar die Absicht gehabt haben, sie nicht zu legen und dies auch zugestehen: dennoch ist er von der Verbindlichkeit befreit, denn die Rechnung ist erlassen. Weiter. Die Verjährung durch Nichtgebrauch wird durch bloße Mahnung nicht unterbrochen; hier aber genügt die außergerichtliche Einforderung der Rechnung. Die Erklärung des Geheimen Ober-Tribunals: warum bei der Zeitbestimmung des §. 158 eine außergerichtliche Mahnung genüge, obwohl diese bei der Verjährung nicht wirksam sei, weil nämlich die Verpflichtung zur Rechnungslegung dem Verwalter schon durch das Gesetz auferlegt sei, — diese Erklärung erklärt nichts, denn andere Verpflichtungen, z. B. daß der Borger die geliehene Summe zurückzahle, der Leiher die geliehene Sache zurückgebe u. s. w., sind auch durch das Gesetz auferlegt und doch unterbricht nicht die außergerichtliche Mahnung den Lauf der Verjährung. Die Merkmale, Voraussetzungen und Wirkungen der Verjährung fehlen sonach bei der Fristbestimmung des §. 158; deshalb ist diese Frist für eine Verjährung nicht anzuerkennen. In welche Klasse von Fristen sie gehört, findet sich, wenn man auf die Natur der Leistung sieht, welche in der Rechnungslegung liegt. Diese ist nicht der eigentliche Inhalt der Verbindlichkeit eines Verwalters; vielmehr hat er die ihm anvertraute Sache zu verwalten, die gezogenen Nutzungen und Früchte abzuführen und am Ende die verwaltete Sache zurückzugeben. Das Alles läßt sich ohne

Rechnungslegung thun; die Rechnung ist bloß eine Rechtfertigung des Verwalters in seiner Dienstführung. Verlangt der Prinzipal eine solche Rechtfertigung nicht, so giebt er dadurch seine Zufriedenheit mit der Verwaltung zu erkennen. Es wäre aber hinterlistig, wenn er nach langer Zeit, wo der Verwalter nicht mehr im Stande ist, seine Rechtfertigung aufzulegen, noch den ins Einzelne gehenden Nachweis fordern wollte. Deshalb muß es eine Grenze geben, innerhalb welcher der Prinzipal sich darüber zu erklären hat: ob er mit der Verwaltung zufrieden sei oder nicht. Diese Frist nun hat das A L. R. auf fünf Jahre bestimmt. Sie gehört danach in die Klasse der Bedenk- oder Erklärungsfristen (s. Lehrbuch des Preuß. gemeinen Privatrechts, §. 149, Note 12), mit deren Ablaufe diejenige Erklärung angenommen wird, welche das Gesetz für den Fall des Stillschweigens vorgeschrieben hat. Wird die im §. 158 a. a. O. bestimmte Frist für eine Erklärungsfrist genommen, so ist Alles, was nach dem vorhin Gesagten zu ihr als Verjährungsfrist durchaus nicht passen würde, vollkommen sachgemäß: es paßt der Ausdruck, daß die vernachlässigte Abforderung der Rechnung „einer ausdrücklichen Erlassung gleichzuachten;" es paßt, daß hierdurch nicht eine Vermuthung begründet ist, gegen welche ein Gegenbeweis stattfände, und daß nicht nach dem guten oder bösen Glauben des Verwalters gefragt wird, daß vielmehr das Stillschweigen des Prinzipals für eine bestimmte Erklärung gilt; es paßt endlich, daß bloß das Stillschweigen durch eine ausdrückliche Erklärung gebrochen zu werden braucht, und nicht eine förmliche Klage zur Unterbrechung des Fristenlaufs erforderlich ist. Ganz von derselben Natur ist auch die fünfjährige Frist zur Monirung der gelegten Rechnung.

III. Die Befugniß eines Machtgebers, von seinem Bevollmächtigten über die Ausführung des Auftrags Rechenschaft zu fordern, unterliegt dieser Verjährung nicht.

Aus der soeben entwickelten Natur der fünfjährigen Frist in Rede erhellet von selbst, daß sie nicht der auf den Hauptinhalt der Verbindlichkeit gerichteten Auftragsklage (actio mandati) entgegengesetzt werden kann. Der hier mitgetheilte Fall war der, daß Jemand einen Andern beauftragt hatte, gewisse Pachtgelder zu erheben und damit Gläubiger des Auftraggebers zu befriedigen. Als später der Auftraggeber Rechenschaft von dem Bevollmächtigten forderte, setzte dieser der Klage den Einwand der fünfjährigen Verjährung aus dem §. 158, Tit. 14 (die Lehre vom Vollmachtsauftrage steht im Titel 13), Th. I des A. L. R. entgegen. Selbstredend war dieser Einwand ganz unstatthaft, denn die Rechnungslegung des Verwalters ist, wie oben gezeigt ist, etwas ganz Anderes als die Rechenschaft, welche der Bevollmächtigte dem Auftraggeber über die Ausrichtung des Mandats zu geben hat: die Forderung dieser Rechenschaft ist gerade die durch das Mandat begründete Hauptobligation, deren wesentlicher Inhalt in der Auslieferung alles Dessen, was der Bevollmächtigte vermöge des übernommenen Auftrags erworben und empfangen hat, besteht. In dem vorliegenden Falle mußte also der Beauftragte die erhobenen Pachtgelder, oder wenn er solche dem Auftrage gemäß verwendet hatte, die von den bezahlten Gläubigern empfangenen Quittungen, Liberations- und Schuldurkunden an den Machtgeber ausliefern. Der Gegenstand der Klage war also der Hauptinhalt der actio mandati. Der Richter erster Instanz (das Land- und Stadtgericht zu Iserlohn) hatte den Einwand für unstatthaft erklärt; doch das Ober-Landesgericht zu Hamm hielt ihn für begründet und wies die Klage zurück. Dieses Appellationsurtel wird von dem Geheimen Ober-Tribunal mit Recht vernichtet, indem es die Bestimmung des §. 158, Tit. 14, Th. I des A. L. R. auf das Vollmachtsauftrags-Verhältniß für unanwendbar erklärt.

№ 36.

Bergbau. Schade. Grundeigenthum.

Die Bergbauenden sind verpflichtet, den Grundeigenthümern allen, an ihren Grundstücken durch den Betrieb des Bergbaues unmittelbar verursachten Schaden zu ersetzen.

Diese Verbindlichkeit wird auch alsdann nicht ausgeschlossen:

1. wenn die Anlagen, wodurch die Beschädigung herbeigeführt worden, nicht unter den beschädigten Grundstücken selbst gemacht sind, noch
2. die Beschädigung bei gehöriger Aufmerksamkeit sich vorhersehen ließ, und eben so wenig
3. aus dem Schaden des Grundeigenthümers ein Vortheil für den Bergbauenden erwächst.

Ein auf einer Zeche getriebener Querschlag bewirkte das Versiegen einer Quelle, aus welcher ein unterhalb liegender Grundbesitzer das zum Bewässern seiner Wiese erforderliche Wasser zugeführt erhalten hatte. Der Grundbesitzer klagte gegen die Bergbauenden auf Schadloshaltung. Das Berggericht zu Bochum und das Ober-Landesgericht zu Hamm verurtheilten die Gewerkschaft unter Anwendung der an die Spitze gestellten Sätze, und das Geheime Ober-Tribunal verwarf die dagegen eingelegte Nichtigkeits-Beschwerde als unbegründet. Diese Entscheidung ist in einem, in der Juristischen Wochenschrift von 1841, Spalte 389—416, „als Kritik eines Urtels des Königl. Geheimen Ober-Tribunals" abgedruckten Aufsatze „über die Pflicht des Bergbauenden zur Entschädigung der Grundeigenthümer", vom Herrn Regierungsrathe Kuh in Breslau, heftig angegriffen worden. Doch kann ich nicht umhin, auf die Gefahr, daß die vielen Vorwürfe von unrichtiger Auffassung des Begriffs, von Hauptirrthümern und andern Irrthümern, welche dem Urtelsfasser (nicht dieser sondern das Kollegium entscheidet und giebt die Gründe) gemacht werden, mich gleichfalls treffen, die Entscheidung für durchaus gerechtfertigt, und die Gründe für juristisch gültig und sehr wissenschaftlich entwickelt zu erklären. Bin ich mit dem an die Spitze gestellten Satze nicht ganz einverstanden, so weiche ich nur darin ab, daß ich die Verbindlichkeit der Bergbauenden nicht auf den unmittelbaren Schaden beschränke und auch dasjenige, was der Bergbauende den Boden-Interessenten wegen dessen, was ihnen aus dem Bergbau Nachtheiliges erwächst, leisten muß, nicht als Schadensersatz im eigentlichen Sinne ansehe; denn der Bergbauende ist kein Beschädiger, er ist ein Berechtigter, und wer sein Recht ausübt, der beschädigt nicht, wenngleich ein Anderer Nachtheil davon hat. Aber der Bergbauende hat sein Recht überhaupt nur unter der Bedingung erworben, daß er Alles was den Boden-Interessenten durch den Bergbau an ihrem Eigenthume oder Nutzungsrechte entzogen wird, vollständig vergelte. Die Natur des Verhältnisses ist die eines Vertragsverhältnisses. Denn um auf oder unter fremdem Grunde und Boden Bergbau zu treiben, muß —

abgesehen von positiven Verordnungen — von dem Grundeigenthümer vorher dazu die Befugniß erworben werden; der Bergbauende hat sich also mit ihm zu vereinbaren. Da an sich Niemand zum Contrahiren gezwungen werden kann, so würde es von der Willkühr des Grundeigenthümers abhangen: ob der Bergbau stattfinden sollte oder nicht. In dieser Hinsicht ist jedoch aus publicistischen Gründen dem Grundbesitzer seine Willensfreiheit genommen: er muß kontrahiren und dem Bergbauenden Alles überlassen was zum Betriebe des Bergbaues erforderlich ist. Findet über die Vergütung keine Vereinigung statt, so tritt das Ermessen dritter Personen ein. Es entsteht mithin ganz das nämliche Verhältniß wie in den Fällen, wo Jemand gezwungen wird, seine Sache an den Staat käuflich oder miethsweise zu überlassen: es ist seiner Natur nach ein Vertragsverhältniß, und zwar ein wechselseitiges, wie es durch jeden zweiseitigen Vertrag begründet wird und wonach jeder Theil nur unter der Voraussetzung oder Bedingung der Gegenleistung ein Forderungsrecht an den Andern hat. So ist das Verhältniß auch von dem Geheimen Ober-Tribunale aufgefaßt, denn es sagt S. 366: es ist zwar alles fremde Grundeigenthum dem Rechte des Bergbauenden zur Benutzung desselben, Behufs des Bergbaubetriebes, unterworfen, aber dieses Recht ist beständig von der Verbindlichkeit zur Entschädigung des Grundeigenthümers bedingt. Und ebenso schreibt das A. L. R. Th. II, Tit. 16, §. 112 vor: „Dagegen muß für Alles, was der Grundeigenthümer — verloren hat, demselben vollständige Entschädigung — geleistet werden.“ Als Vertragsverhältniß ist dasselbe auch in der Declaration des §. 54, Tit. 6, Th. I des A. L. R., vom 31. März 1838, wenn schon nicht ganz rein, aufgefaßt, indem Ziffer 1 bestimmt wird: „Sie (die dreijährige Verjährung) findet hiernach Anwendung auf Ansprüche wegen Beschädigungen, die bei Gelegenheit öffentlicher Anlagen, sowie bei dem Bergbau zugefügt sind. Die Vergütung für das zu solchen Anlagen abzutretende Eigenthums- oder Nutzungsrecht ist hierunter nicht begriffen, sondern der ordentlichen Verjährung unterworfen." Daß der Begriff von Beschädigungen, genau gesprochen, unanwendbar sei auf die Handlungen eines Berechtigten, ist schon oben gesagt; es läßt sich Alles auf Leistung und Gegenleistung zurückführen Denn der allgemeinste Inhalt des Vertrags, auf Seite des Grundeigenthümers, ist, daß er Alles überlassen, leiden und dulden wolle, was der Bergbauende, Behufs des Bergbaubetriebes, verlangen, thun und unternehmen werde; und auf der Seite des Bergbauenden das Versprechen: für das Alles dem Grundbesitzer vollständige Vergütung zu leisten. Daraus erhellet, daß hierbei von einer Schadenszufügung aus Versehen oder Zufall ganz und gar nicht Rede sein kann; ferner, daß es gleichgültig ist, ob der Bergbauende gewinnt oder Einbuße leidet; endlich, daß später entstehende Berechtigungen nicht mehr in Betracht kommen. Der einfachste Fall der Anwendung dieser Grundsätze ist der, wenn es der Bergbauende bloß mit dem Besitzer des Bodens, auf oder unter welchem der Bergbau betrieben wird, zu thun hat. Dieß ist aber nicht der einzige Fall: der Bergbauende muß sich mit Allen, welche bei der willkührlichen Veränderung auf oder unter der Erdoberfläche ein rechtliches Interesse haben, absinden. Dergleichen Interessenten sind bei (künstlichen oder natürlichen) Wasserleitungen auch alle Diejenigen, welche ein Gebrauchsrecht an dem Wasser haben. Darüber ist kein Streit. Ein solcher Fall ist nun der vorliegende. Die Entscheidung ist daher nicht nach „den Grundsätzen der Billigkeit", sondern schon nach den Grundsätzen des strengen Rechts vollkommen gerechtfertigt.

In der vorhin gedachten Kritik vom Herrn Regierungsrathe Kuh wird als ein Hauptfehlgriff der Richter hervorgehoben: daß in den Entscheidungsgründen nirgend behauptet, und eben sowenig vorausgesetzt sei, „der Wiesenbesitzer habe außer dem, aus seinem Eigenthume entspringenden Rechte, sich des durch sein Grundstück fließenden Quellwassers zu bedienen, ein besonderes dingliches Recht, eine Servitut, gegen das Quell-Grundstück auf Gewähr dieses Wassers erworben." Daraus wird dann gefolgert, daß mit dem Mangel eines solchen besonders dinglichen Rechts (Servitut) ein Anspruch des Wiesenbesitzers von selbst wegfalle. Der Vorwurf ist unbegründet: das Geheime Ober-Tribunal setzt allerdings ein wirkliches Recht des Wiesenbesitzers, an welchem ihm Abbruch geschehen, voraus, denn dasselbe sagt: „den Grundsätzen der Billigkeit dürfte es — unzweifelhaft gemäß sein, wenn derjenige, der sich um seines Vortheils willen zu einem Unternehmen entschließt, bei welchem er die Folgen daraus nicht in seiner Gewalt hat, und der es darauf ankommen läßt, durch seine Handlungen — das Eigenthum Dritter in Gefahr zu bringen, für verpflichtet erachtet wird, diesen Dritten für den ihnen solchergestalt verursachten Schaden aufzukommen." Zwar ist nach meiner Rechtsanschauung das Rechtsverhältniß anders als es hier vorgestellt wird; denn der Wiesenbesitzer, der in seinem Eigenthume von dem Bergbauenden hat leiden müssen, ist dem Bergbauenden gegenüber nicht ein Dritter, sondern der andere Theil, welcher nach dem Vertragsverhältniß für sein Dulden als Gegenleistung Vergütung zu fordern hat. Doch kommt hierauf nichts an, es ist nur in Frage: ob der Wiesenbesitzer wegen des durch sein Grundstück fließenden Wassers, sobald die Wasserleitung verändert oder gar vernichtet werden soll, ein Mitberechtigter ist. Das Geheime Ober-Tribunal hat ihn dafür ohne Bedenken gelten lassen, und dessen „Eigenthum" vorausgesetzt. Der Herr Regierungsrath verlangt jedoch, daß in den Entscheidungsgründen hätte nachgewiesen werden sollen: der Wiesenbesitzer habe eine Servitut gegen das Quellgrundstück auf Gewähr des Wassers. Zu einem solchen Nachweise war jedoch, nach der Geschichte des Falles, kein Anlaß, denn das Recht des Wiesenbesitzers auf das Wasser war unstreitig. Man weiß also nicht, ob nicht, wenn darüber eine Entscheidung zu treffen gewesen wäre, das Geheime Ober-Tribunal der Meinung des Herrn Regierungsraths Kuh gewesen und den Nachweis einer Servitut des Wiesengrundstücks gegen das Quellgrundstück gefordert haben würde. Doch ist das freilich nicht anzunehmen; denn die Rechtsansicht des Herrn Regierungsraths ist den in Beziehung auf Wasserleitungen und Privatflüsse unstreitig geltenden Grundsätzen widersprechend: um als Uferbesitzer an Privatflüssen ein selbstständiges Recht zum Gebrauche des Wassers zu haben und wider den Willen eines oberhalb anliegenden Grundbesitzers, mit Einschluß des Quellgrundbesitzers, auch zu behalten, bedarf es nicht der Erwerbung einer Servitut gegen das Quellgrundstück. Alle Uferbesitzer an Privatflüssen, wozu man ausdrücklich auch Quellen rechnet, werden als Mitberechtigte, als Gemeinschafter, angesehen, Keiner darf willkührlich irgend eine Veränderung an dem Wasserlaufe verursachen. Diese schon lange anerkannten Grundsätze des Wasserleitungsrechts sind auch von der vaterländischen Gesetzgebung bestätigt. A. L. R. Th. I, Tit. 8, §. 99. — Gesetz über die Benutzung der Privatflüsse, vom 28. Februar 1843, §§. 1 und 8. (Ges.-S., S. 41.)

№ 37.

Münster. Minden. Ravensberg. Colonat. Mahljahre. Peculium.

Der mahljährige Besitzer eines, in den Fürstenthümern Münster und Minden, oder in der Grafschaft Ravensberg belegenen Colonats, welcher entweder selbst, oder dessen verstorbener Ehegatte schon zur Zeit der Aufhebung des Leibeigenthums durch das Bergische Decret vom 23. December 1808, und beziehungsweise durch das Westphälische Decret vom 23. Januar desselben Jahres, sich im Colonatsbesitze befunden hat, ist nicht verpflichtet, das, beim Ablaufe der Mahljahre vorhandene, aus den Mitteln der Stätte erworbene Peculium zurückzulassen.

Bisher hatte das Geheime Ober-Tribunal gleichförmig den entgegengesetzten Grundsatz befolgt (S. Bd. II, № 18), indem man davon ausging, daß die fremdherrliche Gesetzgebung solche Verhältnisse, die vertragsmäßig bereits begründet worden, also auch das bereits begründete Verhältniß des mahljährigen Besitzers, nicht geändert habe. Bei einem im Jahre 1838 zur Entscheidung gekommenen Falle wurde jedoch streitig: ob eben, nach demselben Grunde, der mahljährige Besitzer, dessen Mahljahre vor Publication der fremden Eigenthumsverleihungs-Decrete angefangen haben, nicht

das,

das, nach diesem Zeitpunkte erworbene Peculium bei Abtretung der Stätte behalten dürfe. Das Plenum, an welches die Frage gebracht wurde, entschied durch Beschluß vom 12. December (soll heißen November, nach Bd. X, S. 304) 1838:

> Ein mahljähriger Wirth, welcher auf den Grund der Minden-Ravensberg'schen Eigenthums-Ordnung vom 26. November 1741, oder der Münster'schen Eigenthums-Ordnung vom 10. Mai 1770, noch vor dem Eintritt der fremden Gesetze über die Aufhebung der Leibeigenschaft zum mahljährigen Besitze des Guts gelangt ist, und dessen Mahljahre erst nach erfolgter Aufhebung des Leibeigenthums ablaufen, ist nicht verpflichtet, das in dem Zeitraume zwischen dieser Aufhebung und dem Ablauf der Mahljahre aus den Mitteln der Stätte erworbene Peculium an den Anerben herauszugeben.

Der an die Spitze gestellte Satz ist danach nicht richtig; die Abänderung der ältern Meinung, nach welcher der mahljährige Wirth verpflichtet sein sollte, das erworbene Peculium allerdings zurückzulassen (Bd. II, № 18, s. o. S. 97), bezieht sich nur auf dasjenige, was erst nach der Aufhebung des Leibeigenthums aus den Mitteln der Stelle erworben worden ist. Ueber das vor dieser Aufhebung erworbene Vermögen enthält der Plenarbeschluß keine widersprechende Entscheidung. In einer neuern, bei dem Ersten Senate des Geheimen Ober-Tribunals zur Entscheidung gekommenen Sache wollte man aber auch auf dieses Vermögen den Grundsatz des Beschlusses vom 12. November 1838 anwenden, weshalb die Frage wieder an das Plenum gebracht werden mußte. Dieses hat denn die ältere Meinung durch den am 30. September 1844 gefaßten Beschluß:

daß nach der Münster'schen Eigenthums-Ordnung der mahljährige Wirth schuldig, das vor der durch die fremde Gesetzgebung erfolgten Aufhebung der Leibeigenschaft aus den Mitteln der Stätte erworbene Vermögen, bei dem Ablaufe der Mahljahre, auf dem Colonat zurückzulassen und an den Anerben herauszugeben,

bestätigt. Bd. X, S. 300 flg. der Entscheidungen. Der Grund ist eben derselbe auf welchem die Entscheidung № 18, Bd. II (s. o. S. 97) beruhet, daß nämlich die fremde Gesetzgebung schon bestehende Vertragsverhältnisse nicht aufgehoben habe. Dieser Grund wird jetzt richtiger so ausgedrückt, daß die fremdherrliche Gesetzgebung keine rückwirkende Kraft habe. Daraus folgt denn die Scheidung des aus den Mitteln der Stätte erworbenen Vermögens in zwei Theile: das vor der Aufhebung der Leibeigenschaft bereits Erworbene wird nach dem alten Rechte behandelt, das nachher Erworbene gehört dem Mahlzähler. Diese beiden Plenarbeschlüsse würden, wenn sie nicht dem transitorischen Rechte angehörten, vielerlei Schwierigkeiten und Streit verursachen. Einestheils erfordert die Anwendung eine Ausmittelung des Vermögens zur Zeit der Verkündigung der fremden Decrete, die in den allermeisten Fällen, nach so langer Zeit, sehr schwierig wo nicht unmöglich sein möchte, da man sicher zu jener Zeit nicht daran dachte, den Vermögenszustand durch ein Verzeichniß festzustellen. Dann fragt sich: ob der Mahlzähler nicht berechtigt ist, von dem Vermögen, was er zurücklassen soll, die in der Zeit nach Publication der Decrete gemachte Einbuße abzurechnen. Endlich macht die Leibzucht und die Aussteuer, welche der mit Zurücklassung des ganzen aus den Mitteln der Stätte erworbenen Vermögens abgehende Mahlzähler seinerseits für sich und seine Kinder zu fordern hat (s. o. S. 97), Bedenken. Soll der Mahlzähler an Leibzucht und Aussteuer Nichts, oder das Ganze wie sonst, oder nur einen Theil erhalten? Daß er ohne Etwas abziehen soll, wird nicht angehen, wenn nicht die Ungereimtheit angenommen wird, daß z. B. ein 25jähriger Mahlzähler, der bei Verkündigung der Decrete schon über 24 Jahre zurückgelegt hatte, das in dieser Zeit erworbene bedeutende Peculium zurücklassen und, weil das letzte halbe oder viertel Jahr nichts mehr eingebracht hat, mit ganz leeren Händen davon gehen und hülflos bleiben soll. Daß er das Ganze erhalte, wird aus derselben Rücksicht im umgekehrten Falle nicht thunlich sein. Also müßte wohl Etwas gegeben werden. Doch ist da noch wieder über das Theilungsprinzip zu streiten: man könnte nach Verhältniß der diesseits und jenseits des Scheidungspunkts liegenden Jahre, man könnte auch nach Verhältniß des dem Anerben zurückgelassenen oder auch des mitgenommenen eigenen, aus den Mitteln der Stätte erworbenen, Vermögens messen, wobei dann noch wieder die untheilbaren Rechte, z. E. Wohnung, in der Anrechnung Schwierigkeit machen.

№ 38.

Stromschiffer. Fracht.

Der Stromschiffer ist ebenso wie der Seeschiffer die Zahlung der Fracht sogleich nach Ablieferung sämmtlicher Waaren von dem im Connoissement bestimmten Empfänger derselben zu fordern berechtigt.

Das A. L. R. Th. II, Tit. 8, §. 1722 bestimmt in Beziehung auf Seeschiffer:

„Die Zahlung der Fracht ist der Schiffer, sogleich nach Ablieferung sämmtlicher Waaren, von dem im Connoissement bestimmten Empfänger derselben zu fordern berechtigt.“

Ob dieser Satz auch auf Stromschiffer anzuwenden sei, fand man sonst zweifelhaft. Das Geheime Ober-Tribunal hatte in frühern Fällen die Frage bejahet. (Simon und v. Strampff, Rechtssprüche, Bd. IV, S. 263, 264.) Dann erschien die K. O. vom 23. September 1835, wegen des Rechtsverhältnisses der Eigenthümer von Stromfahrzeugen zu den Führern derselben und der Schiffsführer zu den Schiffsknechten (G. S. S. 222), welche bestimmt, daß über das Verhältniß zwischen Stromschiffern und den Schiffsknechten, so wie über das der Schiffsrheder zu den Schiffern, die in Beziehung auf die Seeschiffe geltenden Regeln Anwendung finden, daß dagegen das Verhältniß zwischen den Stromschiffern und den Befrachtern nach den Vorschriften des A. L. R., Th. I, Tit. 11, §§. 869—920, von Verträgen über Handlungen, zu beurtheilen. Dadurch wurde die Frage wieder zweifelhaft; denn in der Lehre von Verträgen über Handlungen kommt ein solches Verhältniß, wie es zwischen Frachtfahrern und Ladungsempfängern besteht, nicht vor. Der dritte Senat des Geheimen Ober-Tribunals wollte deshalb, bei einem im Jahre 1839 zur Entscheidung gekommenen Falle, von der ältern Meinung abgehen. Doch das Plenum, vor welches die Frage gebracht wurde, entschied am 26. August 1839 nach der früheren Ansicht für die Anwendbarkeit des §. 1722. Die dafür angegebenen Gründe sind diese: „Der Stromschiffer erhält nicht minder als der Seeschiffer in dem, ihm von dem Befrachter ausgehändigten Frachtbriefe eine Anweisung über den Betrag der Fracht auf den Empfänger der Ladung, und tritt dadurch zu dem Befrachter in das Rechtsverhältniß eines Bevollmächtigten, dem die Ausübung derjenigen Rechte zusteht, welche der Befrachter selbst, wenn er an dem Bestimmungsorte der Waaren gegenwärtig wäre, auszuüben haben würde. — Etwas Anderes bestimmt der §. 1722 a. a. O. auch nicht." — Wenn nun aber die Voraussetzung, daß der Befrachter noch eine Forderung an den Empfänger der Ladung habe, nicht zutrifft, wenn der Befrachter nichts mehr zu fordern hat und folglich, wenn er an dem Bestimmungsorte der Waaren gegenwärtig wäre, nichts zu empfangen haben würde, soll da der Schiffer oder Frachtfuhrmann seine Fracht nicht fordern können? Der §. 1722 a. a. O., für dessen unbedingte Anwendbarkeit das Geheime Ober-Tribunal entschieden hat, macht einen solchen Unterschied nicht; die Bestimmung muß daher wohl auf anderen Gründen beruhen. Das ist allerdings der Fall. Diese Gründe sind von der Art, daß sie nicht allein bei dem Seeschiffer, sondern bei jedem Frachtfahrer, also auch bei dem Stromschiffer und bei dem Frachtfuhrmann, gelten. Jeder Frachtfahrer hat wegen seines Frachtlohns und seiner gemachten baaren Auslagen ein eigenes Recht gegen den Empfänger, denn er hat, nach Preußischem Rechte (nach Gemeinem ist es streitig), ein Pfandrecht an dem überbrachten Frachtgute. A. G. O. Th. I, Tit. 50, §. 383. Ueberliefert er die Waaren, so geschieht das in der stillschweigenden Voraussetzung, daß ihm der Pfandschilling werde bezahlt werden, also mit Vorbehalt und in Erwartung sofortiger Zahlung nach richtiger Ablieferung; denn vorher kann er nichts fordern, weil seine Forderung durch die vollständige und richtige Ablieferung der Waare in unverdorbenem Zustande bedingt ist. Er muß mithin vorleisten. Erfolgt nicht sogleich Gegenleistung (Zahlung der Fracht), so hindert rechtlich nichts, das Frachtgut oder soviel davon zur Deckung erforderlich ist, wieder zu nehmen oder mit seiner Pfandklage zu verfolgen. Tritt aber ein thatsächliches Hinderniß, z. E. unerwartete Wegschaffung, dazwischen, so hat der Frachtfahrer nach der Form der Realkontrakte do (das Pfandstück) ut des (den Pfandschilling) eine persönliche Klage gegen den Empfänger, aus eigenem Rechte. Das ihm freilich von selbst auch mit übertragene Recht des Absenders ist ihm zur Einforderung des Frachtlohns und der Auslagen nicht nothwendig, aber es macht ihn gegen den Absender verantwortlich, nach den Regeln eines Geschäftsbesorgers, wenn er das Frachtgut abliefert ohne die Fracht einzuziehen. Nach dieser Darlegung bedarf es nicht erst einer Anwendung des §. 1722 a. a. O. auf den Stromschiffer und Frachtfuhrmann; diese beiden Frachtfahrer können ohne diese Bestimmung, in Folge ihres Pfandrechts, ihre Forderung einheben und klagend geltend machen; im Gegentheil, der §. 1722 ist nur eine Anwendung von diesem bei jedem Frachtkontrakte geltenden Grundsatze.

№ 39.

Hausiren. Gewerbeschein. Kaufmann. Reisender Handlungsdiener.

Kaufleute und Handlungsgehülfen derselben, welche im Umherreisen Waarenbestellungen suchen, ohne sich über die Befugniß dazu durch einen Gewerbeschein ausweisen zu können, haben, wenn ihnen auch bei gehöriger Meldung der Gewerbeschein steuerfrei zu ertheilen war, doch den vierfachen Betrag des

Steuersatzes von zwei Thalern als Strafe zu entrichten, und überdies die Confiscation derjenigen Gegenstände verwirkt, die sie wegen ihres Gewerbes bei sich führen.

So lange für den Gewerbeschein zum Suchen von Waarenbestellungen im Umherreisen eine Gewerbesteuer entrichtet werden mußte, war die Steuerdefraudations-Strafe zweifellos, wenn der Gewerbeschein nicht gelöst worden. Nachdem aber die Kabinetsordre vom 12. Februar 1831 (G. S. S. 5) verordnet hat, daß von Kaufleuten und den ihnen gleichstehenden Fabrikanten, neben der Gewerbesteuer, welche sie für ihr kaufmännisches Gewerbe überhaupt entrichten, eine besondere Steuer für den Gewerbeschein künftig nicht erhoben werden soll, deren sie für ihre Person oder ihre Gehülfen zum Umherreisen bedürfen, wurde es streitig: ob ein Handelsreisender, der nicht im Besitze des erforderlichen, wenngleich steuerfrei zu erlangenden, Gewerbescheins, mit dem vierfachen Betrage des niedrigsten Steuersatzes, oder nur mit der, im §. 30 des Regulativs über den Gewerbebetrieb im Umherziehen, vom 21. Mai 1824, verordneten Geldstrafe von 10 Sgr. bis 10 Rthlr. zu bestrafen sei. Diesen Konflikt hat das Plenum des Geheimen Ober-Tribunals, durch Beschluß vom 26. August 1839, nach der ersten Ansicht, wie oben gesagt ist, entschieden. Der Entscheidungsgrund ist, daß durch die Kabinetsordre vom 12. Februar 1831 nur die Steuerfreiheit gegeben, in Ansehung der Strafen aber nichts verändert worden. Die andere Meinung sagt dagegen, daß mit dem Wegfall der Steuer auch von einer Steuer-Defraudation nicht mehr Rede sein könne. Diese Voraussetzung jedoch, daß die im Vierfachen eines Steuersatzes bestehenden Strafen immer Steuer-

Defraudations-Strafen seien, wird für irrig erklärt, indem der Fall, wo ein Gewerbeschein steuerfrei hätte ertheilt werden müssen, ausdrücklich als ein solcher bezeichnet sei, in welchem die Strafe nach dem niedrigsten Satz der Steuer, die ohne die Steuerfreiheit zu entrichten gewesen sein würde, festgesetzt werden solle. Das ist allerdings richtig. Denn eine spätere Kabinetsordre vom 31. December 1836 (G. S. 1837, S. 13), wodurch die Strafen der Contraventionen beim Gewerbebetriebe im Umherziehen modificirt werden, verordnet zugleich:

„Hätte den Contravenienten bei gehöriger Meldung der Gewerbeschein steuerfrei ertheilt werden können, so ist zur Abmessung der Strafe ein Steuersatz von 2 Rthlr. anzunehmen."

Daraus erhellet freilich, daß die Strafe des Vierfachen von der Entrichtung einer Steuer unabhängig ist und daß der Steuersatz nur als Strafmaß dienen soll. Es widerstrebt zwar dem juristischen Denken, daß Etwas maßgebend sein soll was nicht da ist; doch kommt darauf wenig an, wenn man nur über das Maß einig ist. Die Kabinetsordre vom 31. December 1831, in Verbindung mit dem Umstande, daß die Kabinetsordre vom 12. Februar 1831 nur die Steuer erläßt, in den Contraventions-Strafen aber nichts ändert, redet der Deutung des Plenums das Wort.

№ 40.

Nichtigkeits-Beschwerde. Appellationsrichter.

Wenn auf eine, bei dem Gerichte zweiter Instanz angebrachte Nichtigkeits-Beschwerde das weitere Verfahren bei demselben Richter veranlaßt worden, so ist dies allein kein Grund, um die definitive Entscheidung auszusetzen und die Akten dem Gericht erster Instanz zur Berichtigung des Verfahrens zuzufertigen.

Der Satz, der durch einen Plenar-Beschluß vom 26. August 1839 ausgesprochen worden ist, kann nicht mehr angewendet werden, seitdem die Verordnung, betreffend die Einlegung der Rechtsmittel, vom 21. Juli 1843 (G. S. S. 294), Gesetzeskraft hat; denn er beruhet auf dem §. 10 der Verordnung wegen Einführung eines gleichmäßigen Verfahrens bei der Insinuation der richterlichen Entscheidungen und bei Einlegung der Rechtsmittel, vom 5. Mai 1838 (G. S. S. 275), wonach die Frist zur Einlegung jedes zuläſſigen Rechtsmittels gewahrt sein sollte, wenn daſſelbe innerhalb des gesetzlich dazu bestimmten Termins bei einer derjenigen Gerichtsbehörden angebracht worden, zu deren Ressort die Sache in der ersten oder in einer höhern Instanz ganz oder theilweise gehörte. Das ist schon durch die Verordnung vom 21. Juli 1843 wieder abgeändert, denn der §. 1 derselben verordnet, daß die Frist zur Einlegung jedes zuläſſigen Rechtsmittels nur dann gewahrt ist, wenn daſſelbe innerhalb der gesetzlich dazu bestimmten Zeit bei demjenigen Gerichte angebracht wird, welches das Erkenntniß erster Instanz abgefaßt hat. Dieselbe Bestimmung ist auch in die Verordnung über das neue Verfahren in Civilprozessen, vom 21. Juli 1846, §. 30 (G. S. S. 300), aufgenommen. Darnach kann es nicht mehr vorkommen, daß das Gericht einer höhern Instanz auf eine bei ihm angebrachte Beschwerde das weitere Verfahren bei sich veranlaßte, so lange nämlich, bis der Gesetzgeber seine Meinung über den Gegenstand wieder wechselt. Mehrere Male ist es kurz nach einander geschehen.

№ 41.

Westpreußen. Provinzialrecht. Gemeines Recht.

Bestimmungen des Gemeinen Rechts, welche in ein, als Gesetzbuch publicirtes Provincialrecht herüber genommen worden, sind als Provincialgesetze zu betrachten, und kommen vor dem Allgemeinen Landrechte zur Anwendung.

Namentlich gilt dies von denjenigen Bestimmungen des Gemeinen Rechts, die in das Preußische Landrecht vom Jahre 1721 herüber genommen sind.

Die Wiederholung dieser, bereits bei der Bd. III, № 34, mitgetheilten Senats-Entscheidung angewendeten, und seit der Verkündigung des A. L. R., namentlich in Westpreußen, als unzweifelhaft angesehenen, Sätze ist dadurch veranlaßt worden, daß sie bei einem später zur Entscheidung gekommenen Falle streitig wurden, daher das Plenum entscheiden mußte. Dessen Plenarbeschluß vom 8. April

1839 hat denn die ältere Meinung bestätigt, was schon deshalb gerechtfertigt ist, um nicht einer erst zum Vorschein gekommenen, vermeintlich bessern aber bisher verkannten Meinung zu Lieb einen so langjährigen ruhigen Rechtszustand plötzlich umzuwälzen. In Beziehung auf Westpreußen hat die Frage durch das, mittelst Patents vom 19. April 1844 (G. S. S. 103) publicirte Provinzialrecht für Westpreußen, für die Zukunft ihren praktischen Werth verloren. Vergl. oben zu Bd. III, № 34, S. 194. Die dem Plenarbeschlusse angehängten Entscheidungsgründe sind höchst lehrreich über die Begriffe von Provinzialrecht und Provinzialgesetzgebung im Sinne des A. L. R., und geben auch eine Uebersicht der Schicksale des Preußischen Landrechts von 1721 und einer äußern Rechtsgeschichte der Provinz Preußen, so wie von deren verschiedenen Bestandtheilen.

V. Band.

Enthaltend 39 Rechtsfälle.

№ 1.

Pertinenzstück. Substanz. Bäuerliche Dienste und Leistungen. Landgut.

Dienste und Leistungen der Bauern, namentlich auch der früheren Laßbauern, sind als bloße Pertinenzstücke, nicht als Theile der Substanz des berechtigten Hauptguts zu betrachten.

Derselbe Satz ist schon bei der, Bd. II, № 28, mitgetheilten Senats-Entscheidung ausgesprochen, und nunmehr, in Folge der bei Entscheidung einer neuern Sache dagegen erhobenen Bedenken, durch einen Plenarbeschluß vom 29. April 1839, bekräftigt.

Das Erste was dabei Wichtiges begegnet, ist die Anerkennung des Unterschiedes zwischen Theilen und Pertinenzstücken eines Gutes, ein Unterschied, auf welchem die Preußische Grundbuch-Einrichtung wie auf ihrer Grundveste ruhet und mit dessen Wegleugnung der ganze Realkredit zusammenstürzt. Gleichwohl ist dieser Unterschied durch mehrere Erlasse des Justizministeriums für ungerechtfertigt, und wenn er zugestanden würde, für unerheblich erklärt. Erlaß vom 19. Oktober 1840 (Min.-Bl. S. 352); Verfügung vom 2. Februar 1840 (Min.-Bl. S. 48); Verfügung vom 14. Mai 1844 (Min.-Bl. S. 113). Welche auflösenden und vernichtenden Folgen diese Ansicht, wenn sie zur Herrschaft kommen könnte, haben müßte; wie grundlos sie sei; welche rechtliche Bedeutung und Wichtigkeit der Unterschied habe; und daß er von der Gesetzgebung wohl gekannt, vorausgesetzt und auch anerkannt werde: das bin ich bemüht gewesen, in einem besondern Aufsatze (Schlesisches Archiv, Bd. V, S. 300 u. flg.) ausführlich nachzuweisen, weshalb ich darauf Bezug nehmen kann. Der hier vorliegende Plenarbeschluß nun hat seine Entstehung eben auch nur von diesem rechtlichen Unterschiede, der daher nicht allein nothwendig vorausgesetzt, sondern als Anlaß zu der dadurch aufgelösten Meinungsverschiedenheit ausdrücklich anerkannt wird. „Bei dem Vortrage der Sache, heißt es, äußerte sich — eine Meinungsverschiedenheit darüber: ob die Dienste eines Bauergutes, namentlich eines ursprünglich lassitischen, als Theile oder als Pertinenzstücke des Hauptguts anzusehen seien. Sieht man die Dienste als Theile des Hauptgutes an, so muß eine Abschreibung derselben erfolgen, wenn sie einem Pfandgläubiger nicht haften sollen, selbst wenn die Verpfändung nach Verwandlung der Dienste in Rente und nach Ablösung der letztern in Kapital erfolgt ist. Als bloße Pertinenzstücke betrachtet können dagegen Dienste und Leistungen der Bauern, welche nicht ausdrücklich im Hypothekenbuche des Hauptgutes vermerkt sind, dem Hypothekengläubiger, insofern sie sich zur Zeit der Eintragung der Hypothek nicht mehr bei dem verpfändeten Gute befinden, nicht verhaftet sein, wenngleich ihre Abschreibung im Hypothekenbuche nicht geschehen sein sollte." So ist es.

Ob jedoch die Dienste und Leistungen der Bauern, besonders der lassitischen Bauern, Bestandstheile oder bloße Pertinenzien des Gutes seien, das ist die Frage. Bei Entscheidung des, Bd. II, № 28, veröffentlichten Rechtsfalles, hatte sie das Geheime Ober-Tribunal für Pertinenzstücke angesehen. In der spätern, hier mitgetheilten, Sache aber gab sich eine widersprechende Meinung kund und die Frage kam an das Plenum. Dieses erklärte die Dienste, durch den Beschluß vom 29. April 1839, in Uebereinstimmung mit der ältern Meinung, aber in Widerspruch mit beiden Senaten des Ober-Landesgerichts zu Frankfurt, für bloße Pertinenzstücke. Im Zweifel muß die Rücksicht auf die Gleichförmigkeit der richterlichen Erkenntnisse für die bisher befolgte Meinung entscheiden, denn man soll nicht ohne überwiegende Gründe die einmal angenommenen Grundsätze wechseln. Die vorliegende Frage ist aber nicht zweifellos, und wenn auch der Verfasser des Plenarbeschlusses in den Entscheidungsgründen erklärt, daß die in Rede stehenden Dienste unstreitig zu den Pertinenzien zu zählen, so muß doch behauptet werden, daß sehr gute juristische Gründe für das Gegentheil streiten, die durch diejenigen Gründe, aus welchen sich die vermeintliche Unstreitigkeit ergeben soll, gar nicht widerlegt sind. Gerechtfertigt ist der Beschluß zwar, aber aus ganz andern Gründen.

Der Hauptbeweis soll aus dem Begriffe und der rechtlichen Natur der Reallasten geführt werden. Als Entstehungsgeschichte der Dienste wird zuvörderst erzählt, die Besitzer der Haupthöfe hätten ihre überflüssigen Ländereien in kleinen Loosen an andere Personen unter der Bedingung vertheilt, daß Letztere dafür gewisse Prästationen, Zinsen und Dienste (Frohnen), insbesondere landwirthschaftliche Arbeiten, übernehmen mußten. Daran schließt sich die Behauptung, daß auf diese Weise in Deutschland die ältesten privatrechtlichen Reallasten entstanden, und „ebenso wie im Gemeinen Rechte sind auch im Sinne der Preußischen Gesetzgebung die Dienste und Prästanda eines Bauerngutes für Reallasten und der dem berechtigten Gute darauf zustehende Anspruch für ein Realrecht zu achten.“ Daraus wird folgender Schluß gezogen: „Erwägt man nun, was vorher über die Entstehung und den Begriff der Reallasten gesagt worden, so leuchtet ein, daß dieselben, namentlich auch die Dienste und Prästanda eines ursprünglich lassitischen Bauerngutes, nur als bloße Pertinenzstücke, nicht als Theile der Substanz des berechtigten Hauptgutes zu betrachten sind.“ — Das leuchtet aus der Entstehung und aus dem Begriffe der Reallasten gar nicht ein; denn die Hauptsache fehlt noch, nämlich daß die Dienste der lassitischen Bauern Reallasten seien. Das wird stillschweigend vorausgesetzt, ist aber thatsächlich unrichtig; denn die lassitischen Höfe sind Eigenthum des Gutsherrn und ein Eigenthümer kann gegen seine eigene Sache nicht Realberechtigungen haben; dazu gehört wenigstens ein vererbliches Nutzungsrecht des Bauers, und ein solches steht den lassitischen Bauern in der Mark (der Rechtsfall ist aus der Neumark) nicht zu, meistens steht oder stand ihnen nur ein bloß zeitliches Besitzrecht, oft nur ein zeitpachtrechtliches, zu. Ein solches zeitliches und rein persönliches Recht ist bekanntlich ganz ungeeignet, der Träger einer Reallast, zumal zum Besten des Eigenthümers, zu sein. Das soll jedoch in der Meinung des Geheimen Ober-Tribunals kein Hinderniß sein. Denn „wenn auch die Höfe der Laßbauern und die Hofwehr Eigenthum der Gutsherrschaft, so bestand doch dieses Eigenthum getrennt von dem Hauptgute." Das will, wenn ich es recht verstehe, sagen: ein Gutsbesitzer, welcher zum Hofgesinde Laßbauern hat, die statt des Lohnes die ihnen angewiesene Stelle nutzen, ist Rittergutsbesitzer und zugleich auf seinem eigenen Rittergute soviel mal Bauergutsbesitzer als Arbeitsstellen von ihm eingerichtet sind. Einen andern Sinn kann ich damit nicht verbinden. Die Ansicht ist neu, aber in der Rechtswissenschaft nicht begründet. Die Arbeiterstellen, welche ein Gutsherr auf sein Gut eingerichtet und statt des Gesindelohns geliehen hat, sind kein von dem Rittergute im rechtlichen Sinne getrenntes Eigenthum; sie haben kein besonderes Folium im Grundbuche und der Besitztitel des Gutsherrn ist kein besonderer und wird auch nicht besonders für ihn von den Bauerstellen berichtigt. Doch die Getrenntheit zugestanden: wie soll es juristisch gedacht werden können, daß ein Eigenthümer ein Stück von seinem Gute abtrenne und für sich selbst und mit sich selbst eine Reallast darauf lege? Kann Jemand mit sich selbst kontrahiren, ein Rechtsgeschäft schließen? Oder soll der Pächter, an den er die Stelle leihet, dieselbe mit Reallasten für den Eigenthümer belegen können? Was soll man dazu sagen? Jedermann weiß, daß unmöglich auf ein Grundstück eine Reallast zum Besten eines andern Grundstücks gelegt worden sein kann, wenn diese beiden Grundstücke seit ihrer faktischen

Trennung von einander noch niemals im Eigenthume zweier verschiedenen Personen gewesen sind. Dieses ist der Fall mit den lassitischen Höfen: solche sind noch niemals im Eigenthume eines Andern als des Gutsherrn gewesen, folglich haben auch nicht Reallasten zum Besten des Gutes auf die Höfe gelegt werden können. Sonach folgt aus der Natur der Reallasten und der lassitischen Bauerhöfe nicht, daß die Dienste der lassitischen Bauern Reallasten und mithin bloße Pertinenzien des Hauptgutes seien. Nicht die Dienste und Leistungen des Lassiten, vielmehr die dem Lassiten als Pächter verliehenen Grundstücke und die dazu gezieheue Hofwehr sind der Gegenstand der rechtlichen Erörterung. Diese Grundstücke nun sind, abgesehen von positiven Bestimmungen, Theile der gutsherrlichen Markung; sie sind in rechtlichem Sinne durchaus nicht andere, davon getrennte Grundstücke, gleichwenig, wie ein thatsächlich abgegrenztes Ackerstück, welches ein Gutsherr von seinem, ein Ganzes ausmachenden, Besitzthume in Pacht gegeben hat. In vielen Gegenden, namentlich in der Provinz Preußen, ist es noch jetzt ein sehr gewöhnliches Mittel der Gutsherren, sich ständige Arbeiter zu halten, daß sie Dienstfamilien auf Kündigung und eine bestimmte Anzahl Jahre annehmen und ihnen eine gewisse Acker- und Wiesenfläche in der Feldmark zur Bebauung, statt des Lohnes, anweisen. Dadurch wird dieser Acker nicht ein „besonderes" Eigenthum des Gutsherrn, sondern er bleibt ein Bestandtheil des Guts. Auf dergleichen Theile der Gutsfeldmark ist mithin der Hauptentscheidungsgrund: „es läßt sich nicht behaupten, daß die lassitischen Grundstücke nur um der Hauptgüter willen vorhanden und wesentliche Theile der letzteren gewesen seien; sie konnten vielmehr ihrer Natur nach sehr wohl selbstständig bestehen", nicht passend. Sie, diese Grundstücke, sind aller-

allerdings augenscheinlich Theile der Gutsfeldmark. Selbstständig bestehen könnten sie freilich sehr wohl, wie jeder gleichartige Theil eines Ganzen, wenn er abgetrennt ist; aber sie bestehen nicht selbstständig, weil sie rechtlich nicht abgetrennt sind. Auch muß allerdings behauptet werden, daß die Grundstücke in Rede nur um der Hauptgüter willen da sind. Die weitere Erwägung: „wenn dessen ungeachtet (daß sie nicht Bestandstheile seien) zwischen beiden eine fortwährende Verbindung obwaltete, so findet hier recht eigentlich die Vorschrift des §. 42, Tit. 2, Th. I des A. L. R. Anwendung, wonach Sachen, die zwar für sich bestehen können, jedoch mit andern Sachen in eine fortwährende Verbindung gesetzt worden, für Zubehör oder Pertinenzstücke erachtet werden sollen", — entbehrt der thatsächlichen Voraussetzung, daß die bäuerlichen Grundstücke mit dem Rittergute in Verbindung gesetzt worden. Das ist nicht der Fall, die Höfe sind nicht dazu gebracht und damit in Verbindung gesetzt worden; vielmehr sind sie solche „unbewegliche Sachen, die mit einer andern unbeweglichen Sache durch die Natur verbunden worden und mit ihr nur Eine Substanz ausmachen." A. L. R. §. 43 a. a. O. In den Entscheidungsgründen selbst wird anfangs auch behauptet, daß die Gründe der Höfe von der Gutsgemarkung entnommen und um der Hauptgüter willen ausgesetzt worden seien, um dadurch bei der Seltenheit des baaren Geldes dem Gutsherrn die erforderlichen Arbeitskräfte und seinen Bedarf zu verschaffen. Wäre also kein anderer Grund als was an sich aus der rechtlichen Beschaffenheit der lassitischen Höfe und aus dem Begriff der Reallasten folgt, so müßten die bäuerlichen Höfe als Gutstheile und die dafür zu leistenden Dienste und Abgaben oder die dafür zu entrichtende Ablösungssumme als Kaufpretium für Bestandstheile angesehen werden. Indeß treten hier positive Bestimmungen dazwischen. Aus publicistischen Gründen sind die Bauerhöfe im Verlaufe der Zeit für selbstständige Besitzthümer erklärt worden, die nicht wieder in die Hände ihres Eigenthümers zurückkehren durften, vielmehr immer mit Dienstfamilien besetzt erhalten werden mußten. Das war auch hinsichtlich der lassitischen Höfe in der Mark durch das Edict vom 12. August 1749 geschehen. Dadurch war aus der Thatsache ein Recht geworden und eine juristische Trennung der bäuerlichen Grundstücke von der herrschaftlichen Gemarkung bewirkt worden; ein Theil der Gutsfeldmark war gleichsam in bewegliche Inventarienstücke durch die Gesetzgebung verwandelt worden, indem die Inhaber der Höfe das Gesinde, Zugvieh und Ackergeräth dem Gute anschaffen und vorhalten mußten: in die Stelle der von der Gutsfeldmark rechtlich abgetrennten Theile waren die instrumenta fundi für das Hauptgut getreten. Diese aber sind bekanntlich nur Pertinenzstücke, woraus denn folgt, daß die Dienste und die dafür zu entrichtenden Ablösungssummen nach den von Pertinenzstücken geltenden Rechtsregeln behandelt und beurtheilt werden müssen.

№ 2.

Alimente. Uneheliches Kind. Soldaten. Unterofficiere. Großeltern. Subsidiarische Verpflichtung.

Die Eltern eines Unterofficiers oder gemeinen Soldaten sind an Alimenten für das uneheliche Kind ihres Sohnes ein Mehreres, als der Vater des

Kindes selbst schuldig ist, zu zahlen nicht verbunden.

Einem Unterofficiere oder gemeinen Soldaten darf von seinem Traktamente auf Alimente für sein uneheliches Kind nach §. 83, № 3 des Anhangs zum A. L. R., nichts abgezogen werden. Hat er keine anderen Mittel, so tritt der Fall ein, wo die Großeltern väterlicher Seits mit ihrer Alimentations-Verbindlichkeit an die Reihe kommen. Das Geheime Ober-Tribunal hat dies bei der Entscheidung des Bd. III, № 16 mitgetheilten Rechtsfalles auch anerkannt. Dabei ist zugleich angenommen worden, daß auch in Beziehung auf den Umfang der Alimentations-Verbindlichkeit der Großeltern das Militair-Privilegium des Vaters, weniger als nothwendig ist an Alimenten entrichten zu dürfen, keinen Einfluß habe. Diese Meinung beruhet darauf, daß die Großeltern für sich selbst den Unterhalt ihres Enkels zu bestreiten schuldig sind und nicht bloß die Obligation ihres Sohnes übernehmen. Nach derselben hat das Geheime Ober-Tribunal auch in früheren Fällen, namentlich in einer Revisions-Sache von 1807, erkannt (Mathis juristische Monatsschrift, Bd. IX, S. 581 flg.). Derselbe Senat, welcher danach den Bd. III, № 16 abgedruckten Fall entschieden hat, ging bei einer später zu seiner Entscheidung gekommenen Sache von seiner Meinung wieder ab und das Plenum entschied den Konflikt, durch Beschluß vom 14. Oktober 1839, nach der neuern, entgegengesetzten Meinung.

Diese Entscheidung ist nicht gerechtfertigt. Sie gründet sich wesentlich auf die Voraussetzung, daß der Großvater, gleich einem accessorischen Schuldner, in die Obligation seines Sohnes trete. Mit dieser irrigen Voraussetzung fällt der ganze Schluß zusammen: die gesetzliche Alimentations-

Obligation der Verwandten untereinander ist für Jeden von ihnen eine völlig selbstständige und nur dadurch bedingt, daß der Pflegling seinen Unterhalt nicht schon von einem ihm näher stehenden Verwandten erhält; es ist damit wie mit dem Erbrechte, was auch nicht von dem entsagenden Erstberechtigten auf den Nächstfolgenden übergeht, vielmehr bei Jedem eigenthümlich schon vorhanden ist. Der Hauptbeweisgrund für die neue Meinung wird aus der Deutung des Wortes „solchergestalt“ im §. 628, Tit. 2, Th. II des A. L. R., entnommen, wo es heißt:

> Ist der Vater für den Unterhalt und die Erziehung des Kindes solchergestalt zu sorgen nicht vermögend, so geht diese Pflicht auf die Großeltern von väterlicher Seite über.

Unmittelbar vorher nämlich ist der Umfang der Verbindlichkeit dahin bestimmt, daß soviel gegeben werden soll als zur Erziehung eines ehelichen Kindes aus dem Bauer- oder gemeinen Bürgerstande, nebst dem Schul- und Lehrgelde, nach den ortsgewöhnlichen Preisen, erforderlich ist. Da nun der §. 83 des Anhangs zum A. L. R., Th. II, Tit. 1, wo von dem Verhältnisse des Schwängerers zur Geschwächten, nicht von dem Verhältnisse des Kindes zu seinen Ernährern, Rede ist, bestimmt:

> „Der Betrag der, für ein uneheliches Kind zu bezahlenden Verpflegungs- und Erziehungskosten, welchen das Landrecht Th. II, Tit. 2, §. 626, 627, der richterlichen Bestimmung, nach Unterschied der Fälle, überlassen hat, wird, wenn der Vater ein gemeiner Soldat ist, auf 16 Gr., wenn er ein Unterofficier ist, auf 20 Gr. — monatlich festgesetzt.“
>
> „Wegen der Alimente des Kindes soll von dem Traktament eines Unterofficiers oder gemeinen Soldaten kein

Abzug stattfinden. Wenn also ein solcher Schwängerer außer seinem Solde weiter kein Vermögen oder Erwerb hat, so muß inzwischen die Mutter für die Ernährung des Kindes sorgen, und bis zu verbesserten Vermögensumständen des unehelichen Vaters sich gedulden;"

so wird geschlossen, daß der Großvater auch nur 16 oder 20 Gr. Alimente dem unehelichen Enkel zu zahlen habe, wenn der Sohn Unteroffizier oder gemeiner Soldat ist. Der Schluß ist bei Annahme der Voraussetzung, daß die Bestimmung sich auch auf die Obligation der Großeltern beziehe, unlogisch; denn alsdann folgt nicht, daß der Großvater nur 16 oder 20 Gr. zu bezahlen habe, wenn der Vater zahlungsunfähig ist, vielmehr folgt, daß die Großeltern von väterlicher Seite gar nichts schuldig sind, was von Einigen auch wirklich behauptet wird (s. o. S. 158); denn „inzwischen muß die Mutter für die Ernährung des Kindes sorgen, und bis zu verbesserten Vermögensumständen des unehelichen Vaters sich gedulden." Wie also nicht Dieses, was wörtlich vorgeschrieben ist, sondern Jenes, was nicht vorgeschrieben ist, aus der vorausgesetzten Anwendbarkeit auf das Verhältniß des Großvaters folgen soll, das ist ganz unerfindbar. Allein die Bestimmung bezieht sich, wie das Geheime Ober-Tribunal selbst Bd. III, № 16 ausgeführt hat (s. o. S. 158), überhaupt nicht auf das Verhältniß des Kindes zu seinen übrigen Ernährern. Sie ist aus dem Publikandum vom 14. März 1797 wegen Einführung des A. L. R. bei den Militair-Gerichten (v. Rabe Sammlung, Bd. IV, S. 41 u. flg.) entnommen, und hat folgende Einleitung:

„Ad Part. II, Tit. 1, §§. 1027—1088 (d. i. der Abschnitt von dem Verhältnisse zwischen dem Schwängerer und der Geschwächten) finden Wir nöthig, die darin enthaltenen Vorschriften wegen Abfindung außer der Ehe geschwängerter Weibspersonen und Ernährung unehelicher Kinder in Ansehung der Militairpersonen folgendermaßen zu bestimmen."

Von unehelichen Kindern und seinen Versorgungs-Verpflichteten wird in dem folgenden Titel 2 gehandelt. Die Bestimmung des Anhangs §. 83 und des gedachten Publikandums setzt voraus, daß das uneheliche Kind keine anderen Alimenten-Schuldner habe als den Vater und die Mutter. Wenn in diesem Falle der Vater ein Soldat ist und die Mutter das Fehlende nicht aufbringen kann, so muß das Kind als Ortsarmer von der Gemeinde verpflegt und erzogen werden; denn ein Urtheil auf den Hungertod ist der §. 83 des Anhangs nicht, was der Fall sein würde, wenn das Kind mit 16 Gr. durch den Monat abgefunden sein sollte. Dahin führt aber der Schluß des Geheimen Ober-Tribunals, daß, weil das Kind von dem Vater ein Mehreres nicht zu fordern habe, und weil nur diese Pflicht auf den Großvater übergehen solle, ein größeres Recht desselben, wenn der Vater seine Verbindlichkeit im gesetzlichen Umfange zu sorgen außer Stande, gegen seinen Großvater nicht anzunehmen sei. Denn nicht bloß auf den Großvater soll die Alimentationspflicht solchergestalt übergehen, sondern auch auf die Mutter und auf die mütterlichen Großeltern. Die §§. 628 und 629 a. a. O. bestimmen nämlich:

„Ist der Vater für den Unterhalt und die Erziehung des Kindes solchergestalt zu sorgen nicht vermögend: so geht diese Pflicht auf die Großeltern von väterlicher Seite über."

„Erst in deren Ermangelung, oder bei deren Unvermögen, sind die Mütter und die mütterlichen Großeltern dazu verpflichtet."

Also die Mutter und die mütterlichen Großeltern sind nur in demselben Umfange dazu, nämlich für den Unterhalt rc. des Kindes solchergestalt zu sorgen, verpflichtet. Was hat also das Geheime Ober-Tribunal durch seinen Beschluß vom 14. Oktober 1839 folgerichtig ausgesprochen? Es hat ausgesprochen, daß ein uneheliches Kind, dessen Vater ein gemeiner Soldat ist, monatlich nicht mehr als 20 Sgr. auf Ernährung, Erziehung, Bekleidung, Schul- und Lehrgeld erhalten soll; daß, wenn der Vater diese nicht zahlen kann, auch die Großeltern von väterlicher Seite mehr nicht schuldig sind; desgleichen auch die Mutter und die mütterlichen Großeltern nicht mehr. Nun kann aber ein Mensch von 20 Sgr. einen Monat lang nicht leben und noch weniger erzogen und unterrichtet werden, woher soll das Fehlende genommen werden, wenn das Kind nicht von Rechts wegen umkommen soll? Es müßte dann wohl die Ortsgemeinde dafür aufkommen! Dahin also führt folgerichtig die neue Meinung des Ober-Tribunals mit ihren Gründen, daß ein uneheliches Kind, dessen Vater, Mutter und beiderseitige Großeltern im Wohlstande sind, von der Ortsgemeinde erhalten und erzogen werden muß, weil sein Vater als gemeiner Soldat nur 20 Sgr. auf den Monat zu geben schuldig ist und alle übrigen Alimentations-Verpflichteten nur solchergestalt für das Kind zu sorgen schuldig sind. Eigentlich muß man, wenn man ganz folgerichtig den Grundsatz des Geheimen Ober-Tribunals anwenden will, auch die Ortsgemeinde von jeder Mehrleistung freisprechen, denn sie tritt ja, nach der Theorie des Geheimen Ober-Tribunals, doch auch nur in die Pflicht des ursprünglich Verpflichteten; und da käme denn wirklich von Rechts wegen die Tödtung des Kindes durch allmähliges Verhungern heraus! Das ist nach der Meinung des Geheimen Ober-Tribunals unerheblich, denn es sagt: „Der fernere Einwand, daß jedenfalls das Bedürfniß des Kindes habe gesichert werden sollen, ist gleichfalls nicht erheblich. Nur die Bedürfnisse des Kindes in dem Umfange, welchen das Gesetz bestimmt, sollen befriedigt werden." Um Vergebung, man wird nicht glauben, daß, wenn das Kind doch mehr essen muß als man für 20 Sgr. kaufen kann, diejenigen, welche es verhungern lassen, in ihrem Rechte sind, weil das Gesetz die Bedürfnisse des Kindes nicht umfangreicher bestimmt hat. Das Geheime Ober-Tribunal würde sie nicht schützen können. Glücklicher Weise ist die Theorie irrig, und es gilt nicht der Schluß, daß, weil der Umfang der Alimentationspflicht des Großvaters (und aller übrigen nach einander Verpflichteten) nur mit Beziehung auf die Verbindlichkeit des Vaters bestimmt worden, das jüngere Militair-Privilegium auch den Umfang der Verbindlichkeit solcher Alimentations-Verpflichteten, welche nicht Soldaten sind, bestimme. Das A. L. R. Th. II, Tit. 2, §§. 626, 627 bestimmt, nicht eben positiv, sondern weil es das Verhältniß so mit sich bringt, den Umfang der Verbindlichkeit nach dem Bedürfniß, denn weniger als zur Leibesnahrung nothwendig ist darf nicht gereicht werden. Daran ändert der §. 83 des Anhangs nichts, er sagt nicht, daß der Pflegling weniger als zum Lebensunterhalt nothwendig ist erhalten soll; sondern er sagt: ein Soldat (mag er Vater oder Großvater sein, denn auch als Großvater würde der Soldat nicht mehr zu bezahlen haben) ist nicht schuldig, mehr auf Alimente für ein uneheliches Kind monatlich zu zahlen als 20 Sgr. Daß damit das Kind, wenn es noch mehr zu essen haben muß, abgefunden sein solle, ist nicht befohlen. Soll nun wirklich das Kind gesättigt werden, so bleibt mal nichts weiter übrig, als daß das Fehlende von den Nächstverpflichteten angeschafft werde. Da auch die Rangordnung unter diesen durchaus unverändert geblieben ist, so folgt weiter, daß der väterliche Großvater vor der Mutter an die Reihe kommt.

Die Folgerungen, welche das Geheime Ober-Tribunal aus dem von der entgegengesetzten Meinung behaupteten Satz, zu dessen Widerlegung, zieht, sind völlig entsprechend, und widerlegen also gar nichts. Wollte man, sagt Dasselbe, den Großvater für verpflichtet halten, mehr als der Sohn, welcher gemeiner Soldat ist, auf Alimente zu leisten, so würde ja der Großvater, wenn der Sohn seine 20 Sgr. zahlte, sogar auf Zuschüsse belangt werden können. Ja, in der That, das muß er auch. Aus dem, was vorhin dargelegt worden, ist das durchaus nothwendig; denn schlechterdings muß erschafft werden, was nöthig ist, um zu leben; Einer also muß aufkommen, und da frägt sich nur wer der nächste sei. Das Militair-Privilegium wirkt nichts weiter, als daß es dem Soldaten einen Theil seiner Verbindlichkeit abnimmt und die nächst ihm Verpflichteten dafür aufkommen läßt. Das ist Alles. „Dies kann aber das Gesetz nicht beabsichtigt haben. Sollte der Großvater für das uneheliche Kind seines Sohnes, der Soldat ist, nach dem Willen des Gesetzgebers höhere als die im §. 83 des Anhangs zum A. L. R. bestimmte Alimente zu entrichten und beziehungsweise das in einzelnen Fällen zum wirklichen Bedarf des unehelichen Kindes Erforderliche zuzuschießen verpflichtet sein, so hätte solches in dem gedachten Publikandum und Anhang ausdrücklich bestimmt werden müssen." Nicht doch. Ausdrücklich bestimmt werden muß nur Das, was sich nicht von selbst versteht. Daß ein Mensch satt zu essen haben muß, wenn er leben soll, versteht sich von selbst, braucht also nicht durch ein Gesetz bestimmt zu werden; das Gegentheil ist es was ausdrücklich vorgeschrieben werden muß, wenn es geschehen soll.

№ 3.

Zwangs- und Bannrecht. Schankgerechtigkeit.

Wenn eine Schankgerechtigkeit durch den Verleihungsvertrag selbst nicht als eine ausschließliche Befugniß eingeräumt ist, kann allein aus der während eines noch so langen Zeitraums unterlassenen Mitausübung des Ausschankes Seitens des Verleihers ein Verzicht auf das Recht zur Mitausübung nicht gefolgert werden.

Der Satz beruhet auf dem §. 7, Tit. 23 und §§. 505—507, Tit. 9, Th. I des A. L. R., und ist durch einen Plenar-Beschluß vom 2. September 1839 ausgesprochen. Er ist nicht zweifelhaft und war auch eigentlich nicht streitig, vielmehr hatte nur ein Nebensatz in den Gründen einer früheren Entscheidung, vom Jahre 1833, Anlaß gegeben, die Frage zur Berathung des Plenums zu bringen. Diese Entscheidung beruhete nämlich hauptsächlich darauf, daß man in dem Vertrage selbst die Verleihung eines Exclusiv-Rechts gefunden hatte, und nebenbei war noch gesagt worden: nach den Gesetzen solle bloß aus der Verleihung nicht folgen, daß der Verleihende sich der Mitausübung begeben habe. Das Gesetz schneide nicht den Gegenbeweis wider die gedachte Folgerung ab, und dieser liege wohl klar darin, daß das verleihende Dominium fast hundert Jahre hindurch von dem Mitausübungsrechte keinen Gebrauch gemacht und dadurch selbst zu erkennen gegeben, daß es sein ganzes Schankrecht ohne Vorbehalt abgetreten habe. Diese Ansicht theilte der dritte Senat bei einer, im Jahre 1839, zu seiner Entscheidung gelangten Sache nicht und es kam darauf zu dem gedachten Plenar-Beschlusse. Dabei ist kein Bedenken.

№ 4.

Vertrag. Unterschrift. Stempelsteuer. Schlußschein. Kauf- und Lieferungsvertrag.

Es reicht zur Gültigkeit eines zweiseitigen schriftlichen, in zwei Exemplaren ausgefertigten Vertrages hin, wenn jeder Kontrahent nur dasjenige Exemplar unterschreibt, welches der andere Theil übergeben erhält.

Doppelt ausgestellte sogenannte Schlußscheine über die Lieferung von Staatsschuldpapieren, von denen das eine, Seitens des Käufers unterschriebene Exemplar, dem Verkäufer, das andere, Seitens des Letzteren unterschriebene Exemplar, dem Käufer eingehändigt worden, unterliegen der für Lieferungs- und Kaufverträge über bewegliche Sachen vorgeschriebenen Stempelsteuer von einem Drittheil Prozent des vertragsmäßigen Kaufpreises.

Ein Plenarbeschluß vom 2. September 1839 hat diese Sätze aus Anlaß eingetretener Meinungsverschiedenheit bekräftigt. Zwei Kaufleute hatten nämlich zwei, von jedem

Theile allein unterschriebene Exemplare eines s. g. Schlußzettels über die Lieferung von Staatsschuldscheinen mit einander ausgetauscht und wurden wegen Stempel-Defraudation zur Untersuchung gezogen. Das Stadtgericht zu Berlin verurtheilte sie in die ordentliche Strafe. Der Instructions-Senat des Kammergerichts sprach sie dagegen völlig frei und die Nichtigkeits-Beschwerde wurde als unbegründet zurückgewiesen, indem man annahm, daß über das Lieferungsgeschäft nicht „ein besonderer schriftlicher Vertrag abgeschlossen" sei, und der Stempeltarif nur insofern dieses geschehen, den Kaufstempel erhoben wissen wolle; die einseitig von jedem Theile unterschriebenen beiden Zettel seien nur einseitige, schriftliche Anerkenntnisse eines mündlich geschlossenen Vertrages. Dieselben Personen standen, wegen eines ganz gleichen Falles, noch in einer zweiten Untersuchung, welche zur Entscheidung an denselben Ersten Senat des Geheimen Ober-Tribunals gelangte. Dabei fand sich, daß eine 1826 entschiedene gleichartige Sache einen entgegengesetzten Ausfall gehabt hatte; es waren also widersprechende Entscheidungen über dieselbe Rechtsfrage ergangen. Das Plenum entschied sich für die ältere Meinung und diese ist auch die einzig richtige. Es wird zutreffend hervorgehoben, daß ein schriftlicher Vertrag eben durch die Unterschrift beider Theile vollendet wird oder zum Schluß kommt, und daß es gleichviel ist, ob beiderseitige Unterschriften auf dem nämlichen Exemplar oder auf verschiedenen Exemplaren geschehen sind. Die Praxis, daß jeder Theil ein anderes Exemplar unterschreibt und mit dem anderen Theile auswechselt, ist uralt und bei Völker-Verträgen ganz gewöhnlich, entspricht auch dem Wesen eines zweiseitigen Vertrages als eines solchen, welcher aus zwei einseitigen zusammengesetzt ist, vollkommen.

№ 5.

Münster. Leibzucht. Colonat. Mahlzähler. Ehefrau.

Der zweiten Ehefrau eines mahljährigen Kolonatbesitzers im Fürstenthum Münster gebührt nach der Eigenthums-Ordnung vom 10. Mai 1770 ein Anspruch auf die halbe Leibzucht auch nach dem Tode ihres Ehemannes. Ist jedoch die Ehe nach Aufhebung der Leibeigenschaft durch die fremdherrliche Gesetzgebung geschlossen: so kann ein solcher Anspruch nur aus einer vertragsmäßigen Zusicherung, nicht aber aus der Eigenthums-Ordnung hergeleitet werden.

Der Fall berührt in gewisser Hinsicht die oben, zu Bd. IV, № 37 a. E., S. 291 angedeuteten Rechtsfragen. Die Wittwe eines 1806 verstorbenen Kolonus verheirathete sich in demselben Jahre wieder und ihr Ehemann erhielt fünf und zwanzig Mahljahre mit der Bestimmung, daß der Tochter seiner Ehefrau aus der vorigen Ehe das nächste Anerben-Recht zustehe. Sie, die gewesene Wittwe und Frau des Mahlzählers, starb und der Mahlzähler nahm 1819 die zweite Frau, ohne daß über die Rechte derselben auf den mahljährigen Besitz oder eine Leibzucht, eine Verabredung getroffen wurde. Als nach Ablauf der Mahljahre die Leibzucht für den abgehenden Mahlzähler und dessen Ehefrau regulirt werden sollte, entstand Streit darüber: ob die Letztere eine selbstständige Leibzucht fordern und zwar, falls der Ehemann vor der Frau versterben sollte, die lebenslängliche halbe Leibzucht in Anspruch nehmen könne. Das Gericht erster Instanz (zu Koesfeld) sprach der Ehefrau des abgehenden Mahlzählers die für sich prätendirte Leibzucht zu; das Appellationsgericht (der Zweite Senat des Ober-Landesgerichts zu Münster) wies den Anspruch zurück, davon ausgehend, daß die Münster'sche Eigenthums-Ordnung der zweiten Ehefrau eines Mahlzählers keine Leibzucht einräume. Das Geheime Ober-Tribunal bestätigte zwar diese Entscheidung, aber aus anderen Gründen. Es weist überzeugend nach, daß dem zweiten Ehegatten eines Mahlzählers, nach den Grundsätzen der Münster'schen Eigenthums-Ordnung, in Folge der Leibeigenschaft, allerdings eine Leibzucht gebühre, weil er sich zu eigen gegeben hatte und folglich Lebensunterhalt haben mußte. Allein diese Folge ist mit der Voraussetzung weggefallen: nach Aufhebung der Leibeigenschaft konnten dergleichen Berechtigungen nicht mehr erworben werden. Zur Zeit der zweiten Verheirathung des Mahlzählers gab es eine Leibeigenschaft mit ihren Folgen nicht mehr.

Die Leibzucht des abgehenden Mahlzählers für seine Person hätte aus denselben Gründen, wenigstens zum Theil, in Frage gestellt werden können (s. oben S. 291, zu Bd. IV, № 37 a. E.); sie wurde aber nicht bestritten.

№ 6.

Konsolidation. Hypothek. Eigenthümer.

Der Eigenthümer eines Grundstücks, welcher eine auf demselben eingetragene Forderung durch Cession, Zahlung oder auf andere Weise erworben hat, ist, so lange nicht ihre Löschung erfolgt, auch nach dem Verkaufe des Grundstücks über die Forderung zu verfügen berechtigt.

Der Satz ist durch einen Plenarbeschluß vom 27. Mai 1839 angenommen worden. Kein Rechtsverhältniß hat soviel Meinungsstreit über seine rechtliche Natur, seitdem ich zuerst vor etwa zehn Jahren mich über dieselbe öffentlich ausgesprochen habe, veranlaßt, als dasjenige, in welches ein Gutsbesitzer dadurch tritt, daß er eine auf sein Grundstück eingetragene Forderung bezahlt oder erwirbt. Ueber die verschiedenen Meinungen, deren Gründe und Folgen allein ließe sich ein dickes Buch schreiben. Der Plenarbeschluß vom 27. Mai 1839 erkennt die wahre Beschaffenheit an, in spätern Entscheidungen sind jedoch davon nicht immer folgerichtige Anwendungen gemacht worden. Ich versuche, das Rechtsverhältniß in Kürze darzulegen.

Das A. L. R. hat den römischrechtlichen Grundsatz aufgenommen, daß auch dingliche Rechte durch Confusion, d. i. dadurch, daß die Berechtigung und die entsprechende Belastung in einer Person zusammenkommen, sei es dadurch, daß die Berechtigung an die Person des Belasteten, oder umgekehrt die Last auf die Person des Berechtigten übergeht, erlöschen. Th. I, Tit. 16, §§. 482, 483. Dieser Grundsatz setzt die natürlichen Erwerbungsarten des neuern Römischen Rechts voraus; auf bloß formelle, wie sie im alten R. R. vorkommen, paßt er nicht. Insofern nun das Preußische Recht eine Erwerbungs- oder Begründungsart für ein oder anderes dingliches Recht kennt, welche wesentlich in einer vorgeschriebenen Form besteht, ist auf diese jener Grundsatz gleichfalls unanwendbar. Eine solche förmliche Begründungsart findet sich nun wirklich im Preußischen Rechte bei der Hypothek: diese kann ohne Eintragung in das Grundbuch gar nicht entstehen. Daran war bei der Abfassung des A. L. R. nicht gedacht worden. Deshalb entstand bald die Frage: ob denn jener Grundsatz auch auf Hypothekenrechte anzuwenden sei. Die Gesetz-Kommission entschied, obwohl aus anderen Gründen, durch das Gutachten vom 10. Juni 1802 (Amelang, Neues Archiv, Bd. II, S. 457 flg.), verneinend und daraus ist der §. 52 des Anhangs zum A. L. R. entstanden:

> daß Hypothekenrechte nicht durch die bloße Vereinigung ihres Eigenthums mit dem Eigenthümer des verpflichteten Grundstücks in einer Person aufgehoben werden, so lange nicht eine, von dem Antrag des Besitzers abhängende Löschung erfolgt ist, und daß der Besitzer bis dahin ein solches ungelöschtes Hypothekenrecht gültig an einen Andern abtreten könne.

Der Satz ist folgenrichtig. Da die Erlöschung der Hypothek, wie deren Entstehung, wesentlich wieder von einer Form, von der Löschung nämlich, abhängt: so wäre nothwendige Folge, daß die natürlichen Tilgungsweisen, wie Zahlung, Compensation, Erlaß u. dgl., gar keinen Einfluß auf die Hypothek hätten haben können und daß der befriedigte Gläubiger Hypothekargläubiger hätte bleiben müssen; denn eine Uebertragung der Post war nicht vorgekommen und die Zahlung ist keine Erlöschungsart. Hierin traf nun die Gesetzgebung durch die Deklaration vom 3. April 1824 (G. S. S. 77) die Aenderung:

> daß der Eigenthümer (sollte heißen: eingetragene Besitzer) eines Grundstücks, welcher eine auf dasselbe hypothekarisch versicherte Geldsumme auszahlt, und die Forderung in dem Hypothekenbuch nicht hat löschen lassen, alle Rechte eines Cessionars dieser Hypothek genießen soll, ohne

ohne Unterschied, ob ihm bei der Auszahlung eine förmliche Cession oder nur eine Quittung ertheilt worden, indem für diesen Fall die bloße Quittung so ausgelegt werden soll, als ob darin eine ausdrückliche Cession enthalten wäre.

Die Quittung über Zahlung wirkt also für den eingetragenen Besitzer wie eine Cession. Wie es in Ansehung der übrigen Tilgungsarten, die nicht, wie die Konfusion, auf vorausgegangenen Uebergang der Forderung oder der entsprechenden Schuld beruhen, gehalten werden soll, ist dadurch wieder nicht bestimmt. Folge davon müßte sein, daß es damit wie vorher stehe, daß nämlich die Hypothekenpost vor wie nach dem Gläubiger gebührte, weil nicht die allein wirksame Erlöschungsart vorgekommen ist. Sieht man aber auf die Absicht des Gesetzgebers, daß der bisherige Hypothekargläubiger nach seiner Befriedigung kein Recht mehr in Händen behalten soll, so ist dabei nichts gewagt, die Wirkung einer Cession für den eingetragenen Besitzer mit jeder Erklärung des Hypothekargläubigers, daß seine Forderung getilgt sei, sei es mit oder ohne seine Befriedigung, zu verbinden. Diesen Gang scheint die Rechtsentwickelung in der That nehmen zu wollen, da das Geheime Ober-Tribunal bei einer spätern Senats-Entscheidung (Bd. VI, S. 127) den Satz angenommen hat, daß, wenn die Zahlung einer Hypothekenforderung nicht von dem Eigenthümer (soll heißen: eingetragenen Besitzer) des verpflichteten Grundstücks, noch in dessen Auftrag oder Namen, sondern von einem Dritten, auf Grund einer persönlichen Verbindlichkeit oder aus Irrthum im eigenen Namen, geleistet und das mit der Forderung verbundene Hypothekenrecht dem Zahlenden nicht ausdrücklich abgetreten worden, der eingetragene Besitzer des Grundstücks dennoch über die Post verfügen könne. Folgerichtig muß das Gleiche auch dann noch gelten, wenn der Hypothekargläubiger, mit Vorbehalt seiner Forderung an die Person, auf die Hypothek verzichtet, indem beide Fälle darin gleich sind, daß die Personalforderung fortbesteht, hier in den Händen des bisherigen Gläubigers, dort in den Händen des dritten Zahlers, der ohne Cession (ipso jure) in die persönlichen Rechte des bezahlten Gläubigers tritt. Der vorliegende Plenarbeschluß geht nicht soweit, er fordert Zahlung oder einen zur Uebertragung des Eigenthums geeigneten Titel, um den Besitzer in die rechtliche Lage zu setzen, über die bezahlte oder auf ihn übergangene Post wie ein Gläubiger zu verfügen. Doch sind die Fälle, wo kein zur Uebertragung des Eigenthums geeigneter Titel vorhanden und keine Zahlung vorgekommen ist, nicht Gegenstand der Berathung und des Beschlusses gewesen, und es steht noch zu erwarten, wie einmal darüber entschieden werden wird. Geht man von einem etwas allgemeinern Standpunkte aus und nimmt an, daß der Gesetzgeber in der Deklaration vom 3. April 1824 mit der „Zahlung" die Arten, wie Forderungsrechte erlöschen, zu bezeichnen gemeint gewesen, und allen Erlöschungsarten eine gleiche Wirkung habe beilegen wollen, so ist weiter nicht zweifelhaft, daß der Erlaß ohne Vorbehalt den Besitzer des Grundstücks in dieselbe rechtliche Lage bringt wie die Zahlung. Nicht so unbedenklich ist der Fall der Verzichtleistung auf die Hypothek mit Vorbehalt der persönlichen Forderung. Denn die Voraussetzung der Gesetz-Kommission bei der Entscheidung vom 10. Juni 1802, auf welche auch der Plenarbeschluß hauptsächlich beruhet, daß nämlich die der Hypothek zum Grunde liegende Forderung auf den Besitzer des verpfändeten Grundstücks übergegangen sein müsse, — diese Voraussetzung trifft in diesem Falle hinsichtlich der persönlichen Forderung nicht zu, mithin kann, wenn die Befugniß zur weiteren Disposition über die Hypothekenpost nur aus dem „Gläubigerrecht" des Besitzers abzuleiten ist und unter dem „Gläubigerrecht" das persönliche Schuldverhältniß gemeint wird, der Besitzer nicht über eine Hypothekenpost zu verfügen berechtigt sein, von welcher der Gläubiger nur das accessorische Hypothekenrecht aufgegeben und das Forderungsrecht behalten hat. Um also eine Dispositions-Befugniß für den Besitzer zu finden, müßte ein noch allgemeinerer Grund vorhanden sein, aus welchem solche Befugniß folgte. Dieser Grund ist vorhanden, er ist derselbe, durch welchen die Confusion an sich ausgeschlossen wird, nämlich die rein formelle Natur der Begründungs- und Erlöschungsart; und sobald der allgemeinere Satz angenommen wird, daß jeder Titel zur Löschung dem Besitzer zugleich auch die Befugniß giebt, über die Post weiter zu verfügen statt sie löschen zu lassen, ist jedes Bedenken beseitigt. Die Praxis treibt zur Annahme des Satzes mit logischer Consequenz, so lange die Löschung die einzige Erlöschungsart für Hypotheken ist. Wer von einem Grundbesitzer das Hypotheken-Instrument über eine Post cedirt erhalten hätte, hinsichtlich welcher von dem Gläubiger Verzicht auf die Hypothek geleistet worden, würde bei dem Subhastations-Verfahren und bei der Kaufgelder-Vertheilung doch wohl schwerlich ausgeschlossen werden können. Diese Erscheinung in ihrem rechtlichen Zusammenhange zu erklären, und viele andere aus der Dispositions-Befugniß des Grundbesitzers über dergleichen Hypothekenrechte entspringende Rechtsfragen folgerichtig zu entscheiden: das hängt von der Auffassung des ganzen Rechtsverhältnisses ab.

Zwei verschiedene Rechtsansichten, die auch in dem Geheimen Ober-Tribunale ihre Vertreter gefunden haben und durch den vorliegenden Plenarbeschluß zur Auflösung gekommen sind, stehen sich hierin entgegen; in vielen Stücken kommen sie zu demselben Ergebniß, in vielen andern aber führen sie zu einem verschiedenen Erfolge.

Die eine Ansicht erkennt in dem Gutsbesitzer einen wirklichen Gläubiger von seinem eigenen Grundstücke und schreibt ihm eine, aus dem auf ihn übergegangenen besonderen Gläubigerrechte fließende Befugniß, über die Post zu verfügen, zu. Nach der andern Ansicht soll die Hypothekenstelle, der Platz im Grundbuche, der Gegenstand des Verfügungsrechts sein; das Verfügungsrecht über die leer gewordene und offen stehende Stelle soll in dem Eigenthumsrechte des Besitzers wurzeln. Nach dieser Vorstellung wären die einzelnen Ingrossate im Grundbuche wie eben so viele abgegrenzte Räume oder Fächer zu denken, in welche der Gutsbesitzer, wenn sie von dem Inhaber verlassen worden, Andere einsetzen könnte, in ähnlicher Art wie bei mehreren vermietheten Wohnungen in einem Hause; die Löschung wäre die Vernichtung eines solchen Faches.

Das Plenum des Geheimen Ober-Tribunals erklärt die erste Ansicht für die richtige und den Rechtsbestimmungen allein entsprechende. Das ist meine ursprüngliche und unveränderte Meinung. Aus diesem Gesichtspunkte folgt nothwendig, was der Plenarbeschluß entschieden hat, daß, wenn einmal der Besitzer des verpfändeten Grundstücks eine Post an sich gebracht hat, sein Gläubigerrecht (sein Verfügungsrecht) nicht durch die Uebertragung seines Eigenthums- oder Besitzrechts an dem Grundstücke erlöschen kann, im Gegentheil nun erst recht in Wirksamkeit treten muß, — eine Fortdauer und Wirksamkeit, welche von dem Gesichtspunkte der anderen Meinung gänzlich geleugnet wird. Es folgt weiter, was das Geheime Ober-Tribunal in dem unten, Bd. VI, № 15, mitgetheilten Rechtsfalle entschieden hat, nämlich 1. daß die Hypothekenrechte nicht erlöschen, vielmehr von dem Grundbesitzer auch dann abgetreten werden können, wenn die hypothekarische Forderung nur theilweise bezahlt, auch die Abschlagszahlungen ohne Vorbehalt geleistet und ohne Aushändigung einer besonderen Quittung an den Zahlenden nur auf der in den Händen des Gläubigers verbleibenden Schuldurkunde vermerkt ist; und 2. daß bei einer nur theilweise erfolgten Zahlung einer Hypothekenforderung dem Eigenthümer des nicht bezahlten Theils vor dem Dritten, welchem das mit dem bezahlten Betrage verbundene Hypothekenrecht von dem Eigenthümer des verpflichteten Grundstücks abgetreten worden, kein Vorzugsrecht gebührt. Nach der der anderen Ansicht zum Grunde liegenden Vorstellung müßte das Gegentheil wahr sein, da durch die Zahlung nur ein bestimmter Theil des Raumes (oben oder unten) leer geworden, in welchen der neue Gläubiger (der Dritte) placirt werden konnte. Gleichfalls folgt aus der hier für richtig erklärten Ansicht, was das Geheime Ober-Tribunal in demselben Rechtsfalle noch entschieden hat (Bd. VI, S. 127), daß nämlich auch dann keine Erlöschung des Hypothekenrechts eingetreten sei, vielmehr dasselbe von dem Grundbesitzer weiter abgetreten werden könne, wenn die Zahlung einer Hypothekenforderung nicht von dem Eigenthümer des verpflichteten Grundstücks, noch in dessen Auftrag oder Namen, sondern von einem Dritten, auf Grund einer persönlichen Verbindlichkeit oder aus Irrthum aber im eigenen Namen geleistet, und das mit der Forderung verbundene Hypothekenrecht dem Zahlenden nicht ausdrücklich abgetreten worden. Doch erfordert dieser Satz eine andere Begründung als er in jener Entscheidung erhalten hat. Des Zusammenhangs wegen muß ich hier auf dieselbe näher eingehen und außer der Ordnung den Rechtsfall Bd. VI, № 15 hierher ziehen.

Eine Wittwe von N. bezahlte einem Hypothekargläubiger eines Dritten die Forderung in der Absicht, die Post an sich zu bringen, weil sie das verpflichtete Grundstück mittelst mündlich geschlossenen Kontrakts, der sich wieder zerschlug, gekauft hatte. Der Gläubiger quittirte und willigte in die Löschung. Der Grundbesitzer cedirte dann die Post auf Grund der Quittung und dem Cessionarius wurde die Forderung von andern Gläubigern des Grundbesitzers streitig gemacht. Dieser Streit wurde in beiden Instanzen, und auch von dem Geheimen Ober-Tribunale auf die eingelegte Nichtigkeits-Beschwerde, zu Gunsten des Cessionarius entschieden, indem man annahm, daß durch die von der Wittwe von N., wenngleich ohne Auftrag und nicht im Namen des Grundbesitzers, vielmehr für sich selbst, geleistete Zahlung die bezahlte Hypothekenpost auf den Grundbesitzer übergegangen sei, folglich auch von ihm habe cedirt werden können. Dieser Uebergang und die daraus hervorgehende Vereinigung (Konfusion) ist jedoch nicht bewiesen. In den Entscheidungsgründen des Geheimen Ober-Tribunals (Bd. VI, S. 137) wird gesagt: „Wenngleich die gerügte Annahme des Appellationsrichters (er war von der faktisch unrichtigen Voraussetzung ausgegangen, daß der bezahlte Gläubiger in der Quittung bekenne, von der Wittwe von N. für den Schuldner und mit dessen Genehmigung Zahlung erhalten zu haben) dem wörtlichen Inhalte der Quittung entgegenläuft, so ist diese Unrichtigkeit doch nach dem — der Entscheidung zum Grunde gelegten Sachverhältniß (der Appellationsrichter hatte Geschäftsführung ohne Auftrag angenommen und seine Entscheidung auf §. 239, Tit. 13, Th. I des A. L. R. gestützt) ganz einflußlos, da hiernach der Schuhmacher

Marausche (der Grundbesitzer) in seiner Cession — die von der Wittwe von N. geleistete Zahlung — als für ihn geschehen anerkannt und genehmigt hat, unter dieser Voraussetzung aber der §. 239 a. a. O. nicht unrichtig angewendet worden ist." Diese Beurtheilung verfehlt jedoch den Rechtsgrund gänzlich. Dadurch daß Jemand ungerufen herbei kommt und das Geschäft eines Andern als für ihn gemacht anerkennt und genehmigt, erwirbt er für sich gar kein Recht und kann auch keins erwerben; dieses setzt vielmehr, wie der vorhergehende §. 238 a. a. O. auch ausdrücklich ausspricht und sich ohnedies ganz von selbst versteht, voraus, daß der Andere nicht sein eigenes Geschäft, sondern ein fremdes habe besorgen wollen. Das war nun in dem vorliegenden Falle ganz und gar nicht geschehen, im Gegentheil, die Wittwe von N. hatte, in Erwartung, daß der mündliche Kauf werde gehalten werden, in ihrem Namen und für sich selbst die Schuld bezahlt. Ihre Verwendungen konnte sie, nachdem der mündliche Kontrakt rückgängig geworden war, niemals mit der Geschäftsführungsklage (actio negotiorum gestorum contraria), sondern allein mit der condictio causa data causa non secuta von dem Grundbesitzer wieder fordern. Daraus ist sonnenklar, daß durch die Zahlung der Wittwe von N. die bezahlte Forderung nicht auf den Grundbesitzer übergehen konnte, vielmehr auf den Zahler übergegangen war, doch ohne die Hypothek, bloß als Personalforderung. Die Vereinigung hinsichtlich der letztern war mithin nicht zu Stande gekommen. Weiter wird erwogen: „Ueberdies wurde der Schuldner Marausche durch die von der Wittwe von N., zwar nicht in seinem Namen geleistete, von ihm aber auch nicht mißbilligte Zahlung, nach §. 43, Tit. 16 a. a. O., auf Höhe der bezahlten Summe von seiner Schuldverbindlichkeit gegen den Gläubiger befreit, und es trat mithin (?), da nach §. 48 ebendaselbst das mit der gezahlten (?) Summe verbundene Hypothekenrecht ohne Cession auf die Wittwe von R. nicht überging, die im §. 52 des Anhangs zum A. L. R. vorausgesetzte Vereinigung des Eigenthums der Hypothek mit dem Eigenthümer des verpflichteten Grundstücks in einer Person wirklich ein." Diese Erwägung hat einen Kern, der nicht bloßgelegt wird. Denn es ist nicht richtig, daß der Schuldner durch die von der Wittwe von R. geleistete Zahlung befreit worden, weil sie nicht die Absicht hatte ihn zu liberiren (sein Geschäft zu besorgen), und gerade diesen Fall setzt der §. 43 a. a. O. voraus. Wer eine fremde Schuld zahlt um für sich zu erwerben, der tilgt die Schuld nicht sondern tritt in der Regel, auch ohne ausdrückliche Cession, in die Rechte des bezahlten Gläubigers. §. 46 ebend. Nur die Vorrechte erlangt der Zahlende nicht ohne ausdrückliche Cession und „eben so erlangt der Zahlende, auf eine für die Forderung durch Bürgen oder Pfand bestellte Sicherheit, die Rechte des Gläubigers in der Regel nur durch die ausdrückliche Cession desselben." §. 48 daselbst. Die Forderung war also zwar wohl auf die Wittwe von R. übergegangen, aber nicht die dafür bestellte Sicherheit, die Hypothek. Das mithin ist darnach nicht zu finden und kann als Beweis der Vereinigung nicht gelten. Selbst nach der Vorstellung des Verfassers der Entscheidungsgründe wäre die Vereinigung noch immer zu demonstriren gewesen. Denn wenn der Schuldner von seiner Schuldverbindlichkeit durch die Zahlung der von R. befreit worden wäre, könnte immer nicht eine Vereinigung möglich gewesen sein, da eine bereits erloschene Forderung nicht mehr auf den Schuldner übergehen kann, um erst noch den Wirkungen der Konfusion zu unterliegen. Von dem Gesichtspunkte der anderen Meinung, die bloß die Räumlichkeit auf dem Hypothekenblatte als Gegenstand des Rechts ansieht, — von diesem Gesichtspunkte aus ist freilich die Erklärung leicht: der Schuldner kontrahirt eine neue persönliche Schuld und läßt sie in den leer gewordenen Raum einschieben. Allein die Auffassungsweise der anderen Meinung, wonach der Grundbesitzer als wirklicher Cessionarius der Gläubigerrechte, d. h. des Forderungsrechts, betrachtet wird, muß nothwendig eine Vereinigung eines Forderungsrechts in dem vorliegenden Falle voraussetzen, um zu dem angenommenen Satze, daß auch die Zahlung eines Dritten ohne Auftrag oder Geschäftsführung den Grundbesitzer zur Disposition über die bezahlte Hypothekenpost berechtige, zu gelangen. Ob das der Fall sei, ist unklar, denn es wird von einer vorausgesetzten Vereinigung des Eigenthums der Hypothek mit dem Eigenthümer des verpflichteten Grundstücks gesprochen, worunter auch die s. g. Hypothekenstelle verstanden sein kann. Da jedoch das Geheime Ober-Tribunal in dem ältern Plenarbeschlusse diese Vorstellungsweise verworfen hat, so muß man annehmen, es sei hier unter dem „Eigenthume der Hypothek" die Hypothekenforderung gemeint, welche mit dem Eigenthume des verpflichteten Grundstücks in einer Person vereinigt worden. Das ist nun eben der Kern in jener Erwägung. Wie man sich aber die Vereinigung zu denken habe, d. h. was als der Gegenstand der Vereinigung anzusehen sei, da doch die Personalforderung, ohne das Hypothenkenrecht, auf den Zahlenden ipso jure übergegangen, das bleibt noch zu erklären. Hierauf komme ich wieder zurück, wenn ich eines noch viel jüngern Rechtsfalles Erwähnung gethan, bei dessen Entscheidung das Geheime Ober-Tribunal wieder in die Consequenzen der durch den Plenarbeschluß verworfenen Ansicht verfallen und mit seiner Meinung in Widerspruch gekommen ist.

Bei der, im XI. Bande (Bd. I der neuen Folge), № 19, S. 303 mitgetheilten Entscheidung ist der Satz angenommen worden:

„Wenn der Besitzer eines Grundstücks eine auf demselben haftende Forderung, für die er selbst als der persönliche Schuldner verpflichtet ist, durch Cession erwirbt, und dieselbe, ohne löschen zu lassen, weiter cedirt, so dauert die persönliche Verbindlichkeit des Cedenten in der Eigenschaft als des ursprünglichen Schuldners gegen den neuen Inhaber der Forderung unverändert fort. Die Konfusion bleibt völlig ausgeschlossen.“

Wenn es wahr ist, daß, wie in dem so eben besprochenen Falle № 15, Bd. VI, von dem Geheimen Ober-Tribunale angenommen worden ist, der Grundbesitzer die Rechte eines Cessionarius auch durch die Zahlung eines Dritten, der für sich selbst das Rechtsgeschäft macht, erwirbt, obwohl dadurch, wie gezeigt worden, die persönliche Forderung auf den Grundbesitzer gar nicht übergehen kann; wenn es wahr ist, daß die Folgerichtigkeit der für wahr erkannten Ansicht dahin führt, daß der Grundbesitzer sogar dadurch, daß ein Hypothekengläubiger auf sein Hypothekenrecht, unter Zurückgabe seines Instruments, verzichtet, aber sich die Personalforderung vorbehält, die Rechte eines Cessionarius über die Post erwirbt: so ist der Satz nicht echt; denn alsdann stehen die Gründe, auf welche der Satz gebauet ist, mit diesen Consequenzen in Widerspruch, und überdies ist es nicht juristisch erklärbar, wie Jemand als Cedent (aus dem Cessionsvertrage) und zugleich auch als persönlicher Schuldner der cedirten Forderung soll verhaftet sein können. Die Gründe sind hergenommen aus der accessorischen Natur des Unterpfandsrechts: die persönliche Schuld sei die Hauptverbindkeit, das Pfandrecht, als das zur Sicherheit des Darlehns eingeräumte dingliche Recht, sei der Hauptverbindlichkeit nur hinzugetreten, es sei ein rein accessorisches Recht, und als ein solches, in seinem Bestehen, von der Dauer des ursprünglichen persönlichen Rechts des Gläubigers aus dem Darlehnsgeschäfte abhängig. Das letztere, als das Hauptrecht, könne fortdauern, wenn auch das Pfandrecht, als das accessorische Recht, aufgehoben würde. Das letztere dagegen müsse mit dem persönlichen Rechte, als nur zu dessen Verstärkung bestellt, zugleich erlöschen, denn sonst würde das accessorische Recht, als ohne ein Hauptrecht bestehend gedacht, selbst ein Hauptrecht sein. — Alles recht schön römisch, aber nach Preußischem Rechte nicht wahr. Keinesweges ist das einmal bestellte Hypothekenrecht in seinem Bestehen von der Dauer des ursprünglichen persönlichen Rechts des Gläubigers abhängig; keineswegs muß das Hypothekenrecht mit dem persönlichen Rechte zugleich erlöschen; allerdings kann das Hypothekenrecht ohne ein Hauptrecht fortbestehen. Wenn ein Hypothekargläubiger erklärt, daß er den Grundbesitzer aus dessen persönlicher Schuldverbindlichkeit entlasse, daß er sich aber wegen seiner Forderung sein Hypothekenrecht und die Hypothekenklage vorbehalte und seine Befriedigung lediglich aus dem Unterpfande suchen werde: so fällt die persönliche Schuldverbindlichkeit, also das Hauptrecht, weg und der Gläubiger hat seine Forderung doch nicht verloren, die Hypothekenforderung besteht doch fort. Das Geheime Ober-Tribunal, welches das Fortbestehen der Hypothekenforderung unter diesen Umständen, weiter unten № 36, selbst behauptet, hier aber leugnet, würde, ungeachtet der in ihm überwiegenden Jugendfrische, den Mann gewiß nicht seines Forderungsrechts verlustig erklären. — Oder wenn der

Käufer eines Gutes, der eine Hypothekenpost übernimmt und den Verkäufer von dieser Schuld frei zu machen verspricht, diese Post wirklich bezahlt, damit der Verkäufer von der persönlichen Schuld wirklich befreit werde, dieses auch ausdrücklich Alles in der Quittung verschrieben wird, soll da die persönliche Schuld nicht getilgt sein? Dennoch wird der Besitzer zur Cession der ungelöscht bleibenden Hypothekenpost wohl befugt sein und der Cessionarius nicht abgewiesen werden. Das erklärt sich freilich aus der formellen Natur der Begründungs- und Erlöschungsart für Hypothekenrechte; aus dem Römischen Rechte kann es nicht gefunden oder widerlegt werden. Bei einer andern Gelegenheit (Neue Folge, Bd. I, S. 6) erklärt das Geheime Ober-Tribunal selbst, der Grundsatz: cessante causa cessat accessorium, gelte im Preußischen Rechte nicht allgemein. Noch mehr. Es ist gar nicht undenkbar, daß von Anfang eine persönliche Verbindlichkeit ganz fehlt, so wenig, daß die Pfandbriefe in den Händen der Gläubiger, und der Danziger Pfennigszins (die erste Hypothek) redende Beispiele davon sind. Durch die Form der Eintragung wird die Hypothekenforderung zu einer selbstständigen subjektiv-dinglichen Schuld, welche, gleich den Reallasten, ohne einen persönlichen Schuldner fortbestehen kann. Da sonach die Erlöschung der persönlichen Schuld ganz und gar nicht von der Löschung der Hypothekenpost abhängig ist, so hindert nichts, daß die persönliche Schuld ebenso gut durch alle anderen Tilgungsarten erlösche wie sie durch eine ausdrückliche Exneruation des persönlichen Schuldners aus der Verbindlichkeit erlischt. Die Vereinigung ist eine Erlöschungsart, welche bei den persönlichen Obligationen niemals ihre Wirkung verfehlt; es ist juristisch undenkbar, daß ein persönliches Schuldverhältniß, sobald die beiderseitigen Persönlichkeiten in Einer Person zusammenkommen, fortdauern: mit dem Augenblicke des Zusammentreffens fällt das Band der Verbindlichkeit für immer zusammen, es kann nie wieder von selbst werden und es ist alle Mal ein neues Band was mit Bezug auf das untergegangene geknüpft würde. Nur bei dinglichen Rechten läßt sich, *vermittelst der Form*, die Wirkung der Vereinigung dadurch ausschließen, daß der Verpflichtete, wenn er zum Besitze der berechtigten Sache gelangt, gegen die Vereinigung sich erklärt und solches im Grundbuche vermerken läßt. Eben dasselbe gilt von Hypothekenrechten, nur mit der unwesentlichen Aenderung in der Form, daß dabei nicht erst noch die Eintragung eines Vermerks gegen die Vereinigung erforderlich ist, weil das Hypothekenrecht nothwendig von selbst so lange fortbesteht als es ungelöscht bleibt, denn bei Hypotheken ist die *Vereinigung* nicht die Erlöschungsart selbst, sondern nur ein Titel zur Löschung. Diese Ausnahme bei *dinglichen* Rechten hat gar keinen Einfluß auf die persönlichen; das Grundbuch wird nicht über persönliche Rechtsverhältnisse geführt. Wer also eine Hypothekenforderung an sich kauft, ist nicht berechtigt einen persönlichen Schuldner vorauszusetzen; dieser kann sehr wohl in der Zwischenzeit aus der Verbindlichkeit entlassen worden sein oder auch von Anfang gefehlt haben. Die Löschung der persönlichen Schuld im Grundbuche ist, eben deshalb weil über persönliche Schulden das Buch nicht geführt wird, nicht erforderlich und auch nicht einmal anzubringen. Deshalb ist der Schluß des Geheimen Ober-Tribunals, S. 311, daß die *persönliche* Verbindlichkeit des Verklagten durch die Konfusion nicht erloschen sei, *weil keine Löschung stattgefunden habe*, irrig. Es muß im Gegentheil behauptet werden, daß die Erlöschung der *persönlichen* Schuld von der Löschung der Hypothek ganz und gar unabhängig ist, daß *beide* Schuldverhältnisse selbstständig, Jedes ohne das Andere, wie vorhin gezeigt worden ist, fortbestehen kann, und daß folglich die Fortdauer des Hypothekenrechts gar kein Hinderniß in der Erlöschung der persönlichen Schuld bietet. Deshalb muß die persönliche Schuld ohne Unterschied, ob ein Hypothekenrecht daneben besteht oder nicht, durch Konfusion nothwendig ganz und gar erlöschen. Der Grundbesitzer, in dessen Person die Vereinigung sich zuträgt, kann nur noch über die fortbestehende Hypothekenpost verfügen und gegen seinen Cessionarius keine andere persönliche Verbindlichkeit haben als welche durch das Cessionsgeschäft als solches begründet worden.

Nach dieser Betrachtung kehre ich zurück zu dem oben verlassenen Satze (Bd. VI, S. 127), dessen Begründung noch vorbehalten ist. Dieselbe ergiebt sich jetzt von selbst, nachdem sich ergeben, daß die Hypothekenforderung für sich, ohne eine persönliche Schuldverbindlichkeit, fortbestehen kann. Das Fortbestehen setzt das Vorhandensein voraus, folglich müssen beide Schuldverbindlichkeiten, die subjektiv-dingliche und die persönliche, nebeneinander bestehen und sich nicht bedingen. Beide stellen sich mithin als ein vollkommenes Correal-Verhältniß, dem Gläubiger gegenüber, dar: der Gläubiger kann entlassen welches von beiden Schuldsubjekten er will, er kann sich gleichwohl an das andere wegen des Ganzen halten; desgleichen kann das Verhältniß zu dem persönlichen Schuldner auf andere dafür wirksame Weise, wie Konfusion und Zahlung, oder Das zu dem dinglichen Subjekt durch Löschung im Hypothekenbuche, erlöschen und das andere kann fortbestehen. Daraus erklärt sich nun, wie das Hypothekenrecht (das dingliche Schuldverhältniß) aktiv auf den Grundbesitzer übergehen kann, ohne daß das persönliche Forderungsrecht auf ihn übergeht, wie namentlich in dem

Falle, wenn ein Dritter für sich selbst, im eigenen Namen, den Gläubiger bezahlt; oder wenn der Grundbesitzer selbst dem Gläubiger zu dem erklärten Zwecke, daß der persönliche Schuldner von der Verbindlichkeit frei werde, bezahlt; oder wenn der Gläubiger, mit Vorbehalt der Forderung an den persönlichen Schuldner, auf die Hypothek verzichtet oder auch das Hypothekenrecht dem Grundbesitzer ausdrücklich zur freien Verfügung cedirt. Daß aber der Uebergang folgerecht wirklich gerechtfertigt sei, dazu ist die Anerkennung des oben gedachten allgemeinern Satzes erforderlich: daß jeder Titel zur Löschung, gleich der Zahlung, den Grundbesitzer berechtige, nicht allein die Hypothekenpost löschen zu lassen, sondern auch, wenn er die Löschung nicht will, weiter zu cediren.

№ 7.

Windmühle. Nachbar. Gebäude. Einschränkung des Eigenthums.

Der Besitzer einer Windmühle, auch wenn dieselbe vor Verkündigung der Verordnung vom 18. November 1819 entstanden ist, hat nicht das Recht, den Nachbaren die Errichtung von Gebäuden, die der Mühle den nöthigen Wind benehmen, zu untersagen.

Hierher gehört, der bessern Vergleichung wegen, auch die, Bd. VI, № 1 mitgetheilte Entscheidung, wobei ausgesprochen worden:

die gesetzliche Vorschrift, daß Niemand berechtigt ist, einer

Windmühle durch Anpflanzung hoher Bäume, wo dergleichen vorher nicht gewesen sind, den nöthigen Wind zu benehmen, kann die Kultur der an Windmühlen grenzenden Forstreviere durch Ansäen von Holz nicht hindern.

Das A. L. R. Th. II, Tit. 15, §. 247, bestimmt:

„Auch ist Niemand berechtigt, einer Windmühle, durch Anpflanzung hoher Bäume da, wo dergleichen vorher nicht gewesen sind, den nöthigen Wind zu benehmen."

Durch die beiden hier vorliegenden Entscheidungen erklärt das Geheime Ober-Tribunal den Satz auf die Errichtung von Gebäuden und auf das Ansäen von Holz für unanwendbar. Das ist bedenklich.

I. Die erste Entscheidung, bezüglich auf Gebäude, ist ein Plenarbeschluß vom 26. August 1839. Früher war das Geh. Ober-Tribunal in mehreren vorgekommenen Fällen der Meinung gewesen, daß der Besitzer einer Windmühle auch die Errichtung von Gebäuden, die der Mühle den nöthigen Wind benehmen, untersagen dürfe, was auch das Konklusum der Gesetz-Kommission, vom 15. Juli 1791 (Klein, Annalen, Bd. VIII, S. 352, und Rabe, Sammlung rc., Bd. II, S. 145), ausspricht. Bei einem im Jahre 1839 zur Entscheidung gekommenen Falle war der betroffene Senat der entgegengesetzten Meinung, worauf der vorliegende Plenarbeschluß erfolgte. Derselbe gründet sich auf die Ansicht, daß jenes Konklusum der Gesetz-Kommission auch indirekt (denn in das A. L. R. ist es ohnehin nicht aufgenommen) seine Bedeutung verloren habe, seit durch die neuere Gesetzgebung die Umstände sich geändert und namentlich die Erfindungen in der Gewerbekunde die Wichtigkeit der Windmühlen so verändert hätten, daß die den ehemaligen Verhältnissen angemessene Begünstigung der Windmühlen jetzt als eine schädliche

liche Beschränkung des Privat-Eigenthums erscheinen würde. Die Bestimmung des A. L. R., §. 247 a. a. O., beruhe in den Verhältnissen der Vergangenheit, und sei durch die Veränderung aller Umstände in ihrer Grundlage völlig aufgehoben und, obschon sie noch Gesetzeskraft habe, dennoch möglichst eingeschränkt zu deuten. Alles dieses ist, wenn es sich um Recht handelt, gewichtlos. Die Grundlage des Rechts und der sittlichen Ordnung ist Schutz des schon bestehenden Eigenthums. Wenn ein Wassermüller das zum Betriebe seiner schon von alten Zeiten her bestehenden Mühle erforderliche Wasser aus einer entfernten Quelle herleitet und in neuerer Zeit Jemand an der Quelle eine gemeinnützliche Töpferei oder Ziegelei anlegte, durch Förderung des Thons die Quelle austrocknete und dadurch die Wassermühle ganz unbrauchbar machte: würde der Wassermüller nicht Schutz oder Ersatz seines Eigenthums zu fordern haben? Wenn nun einer alten Windmühle dadurch, daß man ringsum in ihrer Nähe hohe Gebäude aufführte, von allen Seiten die benöthigte Luftströmung abgeschnitten würde: warum sollte der Eigenthümer der Windmühle nicht einen gleichen Anspruch auf Rechtsschutz haben? Sein Recht ist qualitativ um keinen Gran schlechter als das jenes Wassermüllers und jedes andern Eigenthümers. Eine zwangsweise Abtretung bereits bestehender Rechte kann der Umschwung der gewerblichen und gesellschaftlichen Verhältnisse, nach dem landrechtlichen Grundsatze, daß der Einzelne dem gemeinen Besten weichen soll, rechtfertigen, um für neue Anlagen Platz zu gewinnen; aber eine rücksichtslose Behandlung des bereits vorhandenen Eigenthums kann keine Veränderung der Umstände jemals rechtfertigen. Die Ansicht, von welcher das Geheime Ober-Tribunal ausgeht, hat die Verhältnisse in umgekehrter Perspektive. Nicht von der Einschränkung des

Eigenthums, was erst jetzt neu geschaffen werden soll, durch das alte bereits vorhandene, ist Rede, sondern umgekehrt von der Einschränkung des schon lange vorhandenen Eigenthums der Müller durch neue Ankömmlinge und Anlagen. Die Frage ist: sollen Diese sich in die Umstände schicken und sich so placiren, daß die schon Vorhandenen nicht beeinträchtigt werden, oder brauchen sie auf das schon Bestehende gar keine Rücksicht zu nehmen? Sie ist in der L. ultima §. 1 C. de servitut. et aqua (III, 34), welche das Geheime Ober-Tribunal ebenfalls vorführt, für die erste Alternative entschieden, denn diese Lex verbietet, den schon erworbenen Gebrauch des Luftstroms zum Reinigen (nicht zum Trocknen, wie das Geheime Ober-Tribunal sagt) der trocknen Feldfrüchte auf seiner Tenne durch einen Bau dem Nachbar zu benehmen. Dieses Verbot ist keine Singularität, sondern eine Anwendung des allgemeinen Grundsatzes, daß Niemand in seinem schon bestehenden Rechte und Eigenthume durch neue Anlagen und Erwerbungen eines Andern beeinträchtigt werden darf. Nicht anzuerkennen ist daher die Meinung des Geheimen Ober-Tribunals, daß die Anwendung dieser Vorschrift auf Windmühlen eine analoge sei; ebenso wenig die Meinung, daß „offenbar dabei die Ansicht zum Grunde lag, daß der Müller besonderen Schutz verdiene." Von dem Gesichtspunkte aus, daß die schon bestehenden Eigenthumsrechte gegen neue Beeinträchtigungen geschützt werden müssen, ist auch die Anwendung, welche das Geheime Ober-Tribunal von der einschränkenden Auslegung des §. 247 macht, auf den Fall nicht passend. „Die Vorschrift des §. 247, wird gesagt, begründet die in Frage stehende Berechtigung (die Errichtung von Gebäuden zu untersagen) nicht. Sie enthält nur eine Beschränkung in der Anpflanzung von Bäumen, nicht ein Verbot zur Errichtung von Gebäuden. Die Beschränkung eines Grundbesitzers in der Freiheit, Bäume anzupflanzen, ist offenbar eine weit geringere, als die Beschränkung, auf dem eigenen Grund und Boden Gebäude zu errichten.“ Aber die Beschränkung ist ja auf der Seite des Müllers. Wenn der Eigenthümer einer kahlen Fläche einem Müller ein Stück ausdrücklich zum Aufbau einer Windmühle gegen Zahlung eines Kapitals und Uebernahme eines schweren Zinses verkauft, oder besser, wenn ein solcher Grundbesitzer eine Windmühle aufbauet und sie gegen Kapitalszahlung und Vorbehalt eines Zinses einem Müller überträgt: so hat der Müller doch wohl unzweifelhaft das Recht mit erworben, die über die Fläche gehenden Luftströmungen zum Betriebe seiner Mühle zu gebrauchen. Würde darauf von der einen oder der andern Seite die Strömung abgeschnitten, so wäre das handgreiflich eine Einschränkung des Rechts des Müllers, und wenn der Verleiher der Mühle damit soweit vorschritte, daß er von allen Seiten den Luftzug hemmte, so wäre der Müller auf Nichts gesetzt und sollte doch für das ihm verkaufte Recht den Zins und das Kaufgeld zahlen. Die Frage ist also nicht: wie weit ist der Besitzer der ringsum liegenden Fläche eingeschränkt, denn er hat den freien Luftstrom schon eingeräumt; sondern: in wieweit soll sich der Müller die Beschränkung seines Rechts und Eigenthums gefallen lassen. Der Müller ist der Einzuschränkende. Nun verordnet das A. L. R. §. 247 a. a. O.: Niemand darf Bäume, welche einer Windmühle den nöthigen Wind benehmen, da, wo dergleichen vorher nicht gewesen sind (wohl zu bemerken: wo dergleichen vorher nicht gewesen sind; das A. L. R. erkennt also die Priorität des Alters ausdrücklich an), anpflanzen. Das Geheime Ober-Tribunal sagt: das Anpflanzen der Bäume ist weniger als die Errichtung von Gebäuden. Wohl. Daraus folgt aber, von unserm Gesichtspunkte aus, nicht, daß der anliegende Grundbesitzer zwar nicht Bäume anpflanzen, wohl aber Gebäude errichten dürfe; vielmehr folgt: daß, wenn der Anliegende dem Müller nicht einmal Bäume vor die Mühle setzen darf, er noch viel weniger hohe Gebäude zu errichten befugt ist, da diese in einem viel höhern Grade als die Bäume den Luftstrom hemmen. II. Der zweite Satz, bezüglich auf die Forstkultur, gründet sich auf dieselben Voraussetzungen. Bei einer Windmühle war auf der einen Seite seit 22 — 24 Jahren ein Holzanwuchs durch natürliche Besamung in einer Entfernung von 926 Fuß entstanden und auf der anderen Seite hatte man im Jahre 1832, 960 Fuß von der Mühle, Kiefern angesäet. Der Müller, behauptend, daß diese Waldungen seiner Mühle den Wind benähmen, verlangte die Wegschaffung der Bäume bis auf 1000 Schritte von der Mühle. Der Richter erster Instanz (der Erste Senat des Ober-Landesgerichts zu Magdeburg) wies den Kläger ab, der Zweite Senat erkannte hinsichtlich der ältern Waldstrecke nach dem Klageantrage; in Betreff der jüngern Schonung wies er ihn zur Zeit ab. Das Geheime Ober-Tribunal stellte auf die eingelegte Revision das Erkenntniß erster Instanz wieder her. Die Entscheidung beruhet auf der Wortauslegung des §. 247, daß nur das Einsetzen schon herangewachsener hoher Stämme in den Erdboden verboten sei. Das soll auch aus dem Grunde des Gesetzes zu entnehmen sein. Welches dieser Grund sei, wird nicht angegeben; was ich als Grund gefunden habe, widerspricht dieser Auslegung; denn danach ist das Verbot der Anpflanzung von Bäumen nur eine Anwendung des allgemeinern Grundsatzes, daß der Müller in seinem Rechte, nämlich in dem ungestörten Gebrauche der Luftströmungen, geschützt werden muß, auf einen zweifelhaften Fall. Werden einzelne hohe Bäume, deren Kronen die Mühle überragen, eingesetzt, so wird der Luftzug noch nicht abgeschnitten; der Wind kann noch immer an den Stämmen durchstreifen und es kann sich fragen, ob solche Anpflanzung verboten sei. Aber es sollen auch hohe Bäume nicht angepflanzt werden; von niedrigen Bäumen und dichtem Buschwerk versteht es sich von selbst. Wird rings um die Mühle ein Kiefernwald angelegt, so ist die Mühle, sobald die Anpflanzung die Höhe der Mühle erreicht hat, ganz und gar unbrauchbar; dergleichen Gebüsch darf also noch viel weniger angelegt werden als eine Anpflanzung von einzelnen hochgewachsenen Stämmen, deren Kronen über die die Mühle treffende Luftströmung hinausreichen. Die Betrachtung des Geheimen Ober-Tribunals, daß die Anpflanzung hoher Bäume in der Regel nur zur Verschönerung von Wegen, Plätzen u. s. w. geschehe, welche auch ohne Bäume ihren Zweck erfüllen; daß es sich aber von Holzrevieren ganz anders verhalte, indem hier der Grund und Boden den größten Theil seines Werths verlieren, ja unter Umständen ganz unbrauchbar werden würde (wie so? man kann etwas Anderes als Kiehnbäume darauf anbauen), wenn die Beschränkung des §. 247 auf Holzreviere Anwendung finden sollte, — diese Betrachtung ist danach nicht zutreffend. Auch die weitere Rücksicht, daß der Fall, daß Windmühlen in der Nähe von Forsten angelegt würden, nicht so häufig sei um annehmen zu können, der Gesetzgeber habe daran gedacht, durch das Verbot des Anpflanzens hoher Bäume in der Nähe von Windmühlen auch die Forstkultur zu hindern, ist nicht erheblich. Giebt man auch die Seltenheit des gesetzten Falles zu, so kann dafür der umgekehrte Fall desto öfter vorkommen: ist ja in dem vorliegenden Rechtsfalle die Waldung um die Mühle auch erst später als die Mühle entstanden. Freilich, wenn

Jemand eine Windmühle in der Nähe eines Waldes anlegt, so kann er aus demselben Rechtsgrunde, aus welchem die schon vorhandene Mühle gegen Entziehung des Windes geschützt werden muß, nicht verlangen, daß man den Wald wegschaffe. Ueberhaupt ist es gleichviel: ob der Gesetzgeber sich einen oder keinen bestimmten Fall der Anwendung gedacht habe; es genügt, daß er einen allgemein gültigen Rechtssatz anerkennt, von welchem eben eine Anwendung auf einen an sich zweifelhaften Fall gemacht worden ist. Als letzter Grund für die Unanwendbarkeit des Verbots auf die Forstkultur wird hervorgehoben, daß „eine Ausdehnung (nach unserm Gesichtspunkte läßt sich nicht von einer Ausdehnung sprechen) der Vorschrift des §. 247 auf Holzreviere zu den auffallendsten Resultaten führen würde.“ Es wird nun berechnet, daß, wenn auf einer Quadratmeile neun Mühlen regelmäßig vertheilt würden, die von Bäumen freizulassenden Kreise derselben sich berühren und für Forstanlagen nur unbedeutende Zwischenräume übrig lassen würde; eine solche Einschränkung des Eigenthums könne aber durch das Gesetz nicht beabsichtigt worden sein. Wenn der höhere Grad des Auffälligen im Resultate entscheidend wäre, so würde das Recht der Müller über allen Zweifel erhaben sein. Denn wenn man den gesetzten seltenen Fall annimmt, so hätte der Besitzer der Qudratmeile doch noch immer „unbedeutende Zwischenräume“, wo er Kiehnbäume ziehen könnte, und überdies könnte er die ganze Quadratmeile ganz nach Gefallen benutzen. Eine Windmühle aber, ringsum welche ein Kiefernwald angelegt wird, ist zu gar nichts nütze, es ist hier also noch weit mehr Grund vorauszusetzen, daß eine solche Einschränkung des Eigenthums — bis zur Vernichtung — durch das Gesetz nicht beabsichtigt worden sein könne.

№ 8.

Konkurs. Erbschaftlicher Liquidationsprozeß. Kaufgelder. Vertheilungsverfahren. Priorität. Hypothekenforderung. Kapital. Zinsen. Immobiliarmasse. Distribution.

Wenn bei einem Konkurse, erbschaftlichen Liquidationsprozesse oder Kaufgelder-Vertheilungsverfahren die Haupt-Immobiliarmasse nicht hinreicht, das Kapital und die in der dritten Klasse anzusetzenden Zinsen einer hypothekarischen Forderung vollständig zu berichtigen, so wird die Masse zuerst auf die während des Konkurses laufenden Zinsen, welche aus den kurrenten Revenüen nicht getilgt sind, hiernächst auf die privilegirten zweijährigen Zinsenrückstände und zuletzt auf den Hauptstuhl vertheilt.

In dieser Folgeordnung ist auch durch die Deklaration der Vorschriften der A. G. O. wegen Berichtigung der während des Konkurses laufenden Hypothekenzinsen aus der Immobiliarmasse, vom 20. Januar 1820, nichts geändert.

Die Sätze sind aus einem am 14. Oktober 1839 gefaßten Plenarbeschluß genommen und sollen eine Controverse entscheiden, drücken aber solche nicht aus. Wie sie gefaßt sind, sind sie nicht streitig; vielmehr ist die Frage: wie es zu halten, wenn die Forderungen an Kapital und Zinsen von verschiedenen Personen geltend gemacht werden, dergestalt, daß der Einen das Kapital, der Andern die Zinsen davon gebühren. Der Plenarbeschluß hat diese Frage auch wirklich entschieden. Der Fall tritt sehr oft durch den einer Person bestellten Nießbrauch eines Kapitals ein. Ob der Zinsengläubiger vor dem Kapitalsgläubiger, oder ob Beide verhältnißmäßig, bei eintretender Unzulänglichkeit des Gegenstandes, zu befriedigen, darüber ist Meinungsstreit. Das Geheime Ober-Tribunal hat im Jahre 1830 den Zinsen den Vorzug zuerkannt. Im Jahre 1839 kam dieselbe Frage mit einer Nichtigkeits-Beschwerde zur Entscheidung bei dem Dritten Senate, und dieser wollte auf verhältnißmäßige Befriedigung erkennen, was auch die Richter erster und zweiter Instanz gleichförmig gethan hatten. Der darauf gefaßte Plenarbeschluß hat dann die ältere Meinung bestätigt. Die andere Meinung aber hat bessere Gründe für sich.

Die angenommene Meinung gründet sich auf die Vorschriften über die Rangordnung der einzelnen Bestandtheile einer Forderung, im Verhältniß zum Schuldner und zu andern Gläubigern. Jeder Gläubiger ist befugt, zuerst auf Zinsen und Kosten und dann auf das Kapital Theilzahlungen zu rechnen. Das Prinzip ist auch auf den Konkurs und auf die Vertheilung der Kaufgelder des zur Hypothek eingesetzten Grundstücks angewendet. Allein diese Art der Anrechnung ist eine Befugniß des Gläubigers, denn sie ist ihm vortheilhaft, indem das zinsbare Kapital unvermindert bleibt. Niemand ist schuldig von seiner Befugniß Gebrauch zu machen; will ein Gläubiger die Zahlungen aus den Revenüen des verpflichteten Grundstücks, statt auf Kosten und Zinsen, auf das Kapital abrechnen, so kann ihm das nicht verwehrt werden, es ist sein Recht aber nicht seine Pflicht. Damit fällt die ganze Beweisführung zusammen; denn das Geheime Ober-Tribunal macht aus der Berechtigung des

Gläubigers ein Muß für ihn, es will ihn zwingen, zu seinem Vortheile in dem Verhältnisse zwischen ihm und dem Schuldner zuerst auf die Zinsen abzurechnen, weil der §. 153, Tit. 16, Th. I des A. L. R. sagt: Ist kein Uebereinkommen unter den Parteien vorhanden: so muß die geleistete Zahlung zuvörderst auf die damals verfallenen Zinsen gerechnet werden.

Die andere Meinung beruhet auf der Ansicht, daß eine Forderung mit ihren Accessorien ein Ganzes ist und die darauf fallende unzulängliche Zahlung auf die verschiedenen Theilhaber verhältnißmäßig zu vertheilen sei, wenn nicht dem Einen vor dem Andern ein Vorzug vertragsmäßig eingeräumt worden ist, was nach den Umständen wohl auch als stillschweigend vorausgesetzt angenommen werden kann.

№ 9.

Pommern. Revocationsrecht. Agnat. Provocation. Lehen.

Die nach Pommerschem Lehnrechte zulässige Provocation der Agnaten zur Ausübung des Revocationsrechts begründet für den sich meldenden Agnaten, auf welchen die Succession noch nicht verfallen ist, kein Recht, das Lehn zu revociren.

Die Frage war streitig und ist durch einen am 9. December 1839 gefaßten Plenarbeschluß so entschieden wie der Satz sagt. Der Zweifel war aus der Hinterpommerschen Lehns-Konstitution vom 8. December 1694 entstanden, welche einem nicht zur beliehenen Familie gehörigen Erwerber eines Lehnguts gestattet, die Agnaten, welchen, wenn sie zur Lehnsfolge gelangten, das Revocationsrecht zustehen würde, zur Revocation öffentlich aufzurufen, und wenn sie sich nicht melden, präkludiren zu lassen. Nun entstand die Frage: ob derjenige, welcher sich darauf meldet, sogleich revociren könne, wenn er auch noch nicht zur Folge in das Lehn kommt. Nach einer Meinung sollte dies allerdings der Fall sein, weil der Lehnsbesitzer die Agnaten zur Ausübung ihrer Lehnrechte, um sich mit ihnen auseinander zu setzen, einmal habe auffordern lassen, daher jeder Agnat, er sei in der Lehnfolge so entfernt wie er wolle, nun auch seinerseits die Befugniß haben müsse, sein nach den Regeln der Lehnfolge künftig erst zur Wirklichkeit gelangendes Recht sofort auszuüben. Die andere Meinung will hingegen die Revocatorienklage, nach der lehnrechtlichen Regel, erst alsdann zulassen, wenn die Succession an den Agnaten gefallen ist, und legt der Anmeldung auf den öffentlichen Aufruf nur die Wirkung bei, daß der sich Meldende nicht präkludirt werden kann und ihm seine Rechte vorbehalten bleiben. Nach dieser Meinung hat das Geheime Ober-Tribunal auch in früheren Fällen gleichförmig entschieden und erst in neuester Zeit hat sich die entgegengesetzte Meinung hervorgethan, gegen welche das Plenum die alte Meinung in Schutz genommen hat. Die Gründe sind völlig erschöpfend und überzeugend.

№ 10.

Rietberg. Osnabrück. Kolonat. Anerbenrecht. Erbfolge. Seitenverwandte. Heimfallsrecht. Abgüterung. Verzicht. Freilassung. Eigenbehörigkeit.

I. Nach der in der Grafschaft Rietberg als Provinzialrecht geltenden Osnabrückschen Eigenthums-Ordnung vom 25. April 1722 sind die Seitenverwandten des Wehrfesters von der Succession in vormals eigenbehörige Kolonate nicht ausgeschlossen.

II. Bei Erbfällen, die sich nach Abschaffung des Leibeigenthums ereignet haben, heben Abgüterung vom Erbe, Verzicht oder Annahme eines andern Erbes und Gutes, sie mögen vor oder nach Abschaffung des Leibeigenthums erfolgt sein, das Anerbenrecht auf ein Kolonat zu Gunsten des Heimfallsberechtigten nicht auf. Dasselbe gilt von einer, zur Zeit der fortdauernden Leibeigenschaft erkauften Freilassung.

Ein Wehrfester starb unverheirathet und seine Geschwister nahmen als Erben mit dem ganzen Nachlasse auch das Kolonat in Besitz. Der Gutsherr revocirte dasselbe, behauptend, daß das Heimfallsrecht eingetreten sei, weil nach der zur Anwendung kommenden Eigenthums-Ordnung nur den Descendenten, nicht aber auch den Seitenverwandten ein Successionsrecht auf das Kolonat zustehe, und weil überdies auch das Anerbenrecht durch Ausgüterung und Ausheirathung, überhaupt durch anderweitige Etablirung, sowie durch Freikauf verloren gehe. Die Gerichte beider Instanzen (das Land- und Stadtgericht zu Halle in Westphalen und der Zweite Senat des Ober-Landesgerichts zu Paderborn) erkannten nach dem Antrage des Klägers. Das Geheime Ober-Tribunal vernichtet diese Entscheidung und weist den Kläger ab. Daß in der Eigenthums-Ordnung eines Erbrechts der Seitenverwandten des Kolonen nicht gedacht sei, wird zugegeben, aber nicht als eine Ausschließung der Seitenverwandten von der Erbfolge in das Kolonat anerkannt. Das Geheime Ober-Tribunal führt überzeugend aus, daß eine solche Beiseitesetzung nicht nur des Prinzips des gemeinen Erbrechts, wonach Blutsverwandtschaft der allgemeine Rechtsgrund des Erbrechts ist, sondern auch des Prinzips der Deutschen Erbleihe und des Lehnrechts, nach welchem alle Descendenten des ersten Erwerbers zur Nachfolge gerufen sind (vgl. o. S. 110 zu Bd. II, № 29), einer ausdrücklichen Bestimmung bedurft hätte. Dagegen ist der zweite Klagegrund in der Eigenthums-Ordnung ausdrücklich anerkannt. Ob aber die darin gedachten Ausschließungsgründe nach Aufhebung der Leibeigenschaft noch gelten, ist durch den §. 37 des Gesetzes vom 21. April 1825 zweifelhaft geworden. Bei der Entscheidung des vorliegenden Falles nahm man an, daß dieselben, nach dem Gesetze vom 21. April 1825, mit der Leibeigenschaft hinweggefallen seien. Dadurch trat man jedoch in Widerspruch mit der ältern Meinung des Geheimen Ober-Tribunals (Ulrich 2c., Neues Archiv, Bd. I, S. 230), weshalb die Frage zur Berathung des Plenums gebracht wurde. Dieses erkannte die jüngere Meinung für die richtige und bestätigte sie durch Plenarbeschluß vom 29. April 1839. Die Gründe dieses Beschlusses sind erschöpfend und lehrreich.

№ 11.

Mühlenzwang. Zwangsrecht. Bannrecht.

Auch die vertragsmäßig übernommene Verpflichtung des Verkäufers einer Mühle, auf derselben mahlen zu lassen, ist durch das Edikt vom 28. Oktober 1810 aufgehoben.

Der Satz ist durch einen Plenarbeschluß vom 14. Oktober 1839 angenommen, denn es war darüber Meinungsverschiedenheit. Das Geheime Ober-Tribunal war sonst der andern Meinung gewesen. Die nun angenommene neue Meinung ist die richtige, wenn schon die Gründe nicht präcis ausgedrückt sind. In einer höchst langweiligen Betrachtung wird die landrechtliche Definition vom Mühlenzwang, was er wirke und daß er zu den Zwangsrechten gehöre, vorgetragen; dann erzählt, daß ein Zwangsrecht theils gegen eine einzelne Person, theils gegen mehrere gerichtet sei und in welchem Falle es Bannrecht heiße. „Beide (Zwangsrechte und Bannrechte) waren, wird fortgefahren, früher Gegenstände des Verkehrs; sie wurden, wie andere Rechte, erworben und übertragen. Ein Recht kann aus verschiedenen Rechtsgründen entspringen, und dies war auch bei Zwangs- und Bannrechten früher der Fall. Titel zur Erwerbung der letzteren waren Gesetz, Herkommen und namentlich auch Verträge. Der Titel begründet indeß nur die Erwerbung eines Rechts, bedingt aber nicht die Natur desselben. Dies gilt insbesondere auch für die Zwangs- und Bannrechte." Dann wird nochmals gesagt, worin dergleichen Rechte bestehen, und in dieser Weise geht es fünf Seiten lang fort, wobei denn auch der §. 1 des Edikts vom 28. Oktober 1810, welcher vorschreibt, daß der Mühlenzwang überall — „ohne Unterschied der Qualität der Besitzrechte", aufhören soll, vorgeführt wird mit folgender Erläuterung: „Auf den Rechtsgrund, den Titel der Befugniß, soll also nach der bestimmten Vorschrift des Gesetzes nichts ankommen. Diese Festsetzung war nothwendig, weil nur dadurch eine allgemeine Aufhebung des auf verschiedenen Rechtstiteln beruhenden Mühlenzwanges sich erreichen ließ. Sie war auch richtig, weil der Titel das Wesen der Berechtigung nicht bestimmt." Dies wird denn wohl als der Kern der Entscheidungsgründe anzusehen sein, indem der Schluß daran geknüpft wird, daß, „weil das Edikt zwischen dem durch Gesetz oder Herkommen begründeten, und dem, aus einem Vertrage abgeleiteten, Mühlenzwange nicht unterscheidet", auch die vertragsmäßige Verpflichtung, auf einer Mühle mahlen zu lassen, für aufgehoben zu erachten. Dies ist der alleinige und unwiderlegbare Grund. Die vorhergehende Betrachtung über Begriff, Natur und Erwerbungsarten, und der noch folgende Bericht, daß die vertragsmäßigen Zwangsrechte sehr häufig vorgekommen seien, ist völlig unerheblich. Die Gesetzgebung erkennt ein solches Recht nicht mehr an und versagt dessen Schutz, ohne Unterschied der Erwerbungsart. Das ist entscheidend.

№ 12.

Revision. Nichtigkeits-Beschwerde. Gutsherrlich-bäuerliche Regulirung. Gemeinheitstheilung. Ablösung. Vergleich.

Das Rechtsmittel der Revision und das der Nichtigkeits-Beschwerde ist in den zum Ressort der General-Kommissionen gehörigen Sachen unzulässig, wenn die Existenz oder Gültigkeit eines Vergleichs streitig wird, über dessen Gegenstand nach der Allerhöchsten Kabinetsordre vom 15. März 1834 die Revision oder die Nichtigkeits-Beschwerde nicht stattfindet.

Ueber den Satz war schon früher einmal Meinungsverschiedenheit gewesen, welche in dem Sinne des Geheimen Ober-Tribunals durch eine Ministerial-Verfügung vom 16. Januar 1832 (Jahrbücher Bd. XXXIX, S. 144) beseitigt worden war. Auch im Jahre 1839, am 2. August und am 17. September, hatte der Zweite Senat des Geheimen Ober-Tribunals den Satz angewendet. Am 5. Oktober desselben Jahres aber wollte derselbe Senat davon abgehen. Darauf ist durch Plenarbeschluß vom 16. Dezember 1839 die ältere Meinung bestätigt worden. Bei der Begründung derselben läßt sich nichts sagen.

№ 13.

Gewerbeschein. Gewerbebetrieb im Umherziehen. Hausiren.

Personen, welche ein stehendes Gewerbe treiben, sind nicht gewerbescheinpflichtig, wenn sie zwar im Umherziehen Beschäftigung suchen, jedoch die ihnen dabei aufgetragene Arbeit, nach der Natur des Gewerbes, an ihrem Wohnorte verrichten.

Der §. 6 des Regulativs über das Hausiren, vom 28. April 1824, spricht solche Personen, welche ein stehendes Gewerbe treiben, dessen Betriebart nach Landesgebrauch es mit sich bringt, unbestellte Arbeit in der Umgegend ihres Wohnorts zu suchen, als: Glaser, Schornsteinfeger u. s. w., von der Gewerbesteuer frei, und fügt hinzu: „Andere Personen, welche Dienste oder Arbeiten im Umherziehen anbieten, — sind gewerbescheinpflichtig." Wegen dieser Bestimmung wurden die Müller, die ohne Gewerbeschein Mahlgäste gesucht, von ihnen das Getreide zur Mühle geholt und ihnen das Gemahl zurückgebracht hatten, von den Steuer-Behörden wie Steuer-Defraudanten behandelt, und die Gerichte erkannten in diesen Sachen ungleichförmig. Das Geheime Ober-Tribunal hatte bis 1838 dergleichen Müller immer verurtheilt. In der Sitzung des Ersten Senats, vom 17. September 1838, machte sich jedoch die entgegengesetzte Ansicht geltend; das Plenum verließ durch Beschluß vom 18. Februar 1839 die ältere Meinung und nahm den an die Spitze gestellten Satz an. Dabei ist nichts zu erinnern.

№ 14.

Verjährung. Weideberechtigung. Forstberechtigung. Plaggen-, Heide- und Bültenhieb. Gemeinheitstheilungs-Ordnung.

Die vor der Publikation der Gemeinheitstheilungs-Ordnung vom 7. Juni 1821 angefangene, jedoch nicht vollendete Verjährung von Weideberechtigungen auf Aeckern, Wiesen, Angern, Forsten und sonstigen Weideplätzen, von Forstberechtigungen zur Mast, zum Mitgenusse des Holzes und zum Streueholen, so wie von Berechtigungen zum Plaggen-, Heide- und Bültenhieb, ist durch die Verkündigung der gedachten Gemeinheitstheilungs-Ordnung unterbrochen worden und ihre Fortsetzung deshalb nicht zulässig.

Dieser durch Plenarbeschluß vom 9. December 1839 ausgesprochene Satz ist in der Folge durch die Deklaration des §. 164 der Gemeinheitstheilungs-Ordnung vom 7. Juni 1821, d. d. Berlin den 31. März 1841 (Ges.-S. von 1841, S. 75), anerkannt worden.

№ 15.

Fenster. Licht. Bau. Nachbar. Einschränkung des Eigenthums.

Wenn die Fenster des Nachbarn, vor welchen gebaut werden soll, schon seit zehn Jahren oder länger vorhanden sind: so genügt es, daß der neue Bau drei Werkschue zurücktritt, und es dem Nachbar auf irgend eine Weise und in irgend einer Stellung möglich ist, falls seine Behältnisse nur von dieser Seite her Licht haben, aus den ungeöffneten Fenstern des untern Stockwerks, sonst aber aus den ungeöffneten Fenstern des zweiten Stockwerks, in vertikaler Richtung den Himmel zu sehen.

Angenommen von dem Plenum des Geheimen Ober-Tribunals, durch Beschluß vom 9. December 1839. Ein neu zu errichtendes Gebäude soll von einem schon vorhandenen Gebäude des Nachbarn drei Werkschue zurückbleiben. Hat aber das schon vorhandene Gebäude, schon zehn Jahre oder länger, Fenster an der Seite, so muß der Neubau weiter zurückbleiben. Eine bestimmte Zahl von Werkschuen ist nicht angegeben, sondern der neue Bau soll so entfernt sein, daß der Nachbar noch aus den ungeöffneten Fenstern — den Himmel erblicken könne. Nach einer Meinung ist das so zu verstehen, daß der Nachbar in gerader Stellung durch sein ungeöffnetes Fenster über den Neubau hinweg noch müsse den Himmel sehen können. (Schles. Archiv, Bd. I, S. 359.) Im Sinne dieser Meinung hat der Zweite Senat des Geheimen Ober-Tribunals früher erkannt. Bei einer später zur Entscheidung gekommenen Sache entschied sich derselbe Senat für die Meinung, nach welcher es genügen soll, wenn der Nachbar nur in irgend einer Stellung (gebückt, liegend oder das Gesicht unten an das Fenster gedrückt) und auf irgend eine Weise (was unter der Weise zu verstehen, ist unbekannt) den Himmel sehen kann; und diese Auslegung ist denn auch von dem Plenum gutgeheißen. Mir erscheint sie unrichtig, aus dem Grunde, weil sie das Eigenthumsrecht des Nachbarn an dem rechtmäßig erworbenen Lichte verletzt, was eben geschützt werden soll. Das Geheime Ober-Tribunal geht aus von dem Gemeinen Rechte, welches die Erwerbung eines Lichtrechts über das benachbarte Grundstück bloß durch den Aufbau eines Hauses nicht kennt. Darauf kommt nichts an. Auch das A. L. R. erklärt eben so wenig den Bau eines Hauses an der Grenze für die Erwerbungsart eines Lichtrechts; aber der zehnjährige ruhige Besitz ist dafür anerkannt, es muß mithin ein solchergestalt erworbenes Recht ebenso respektirt werden wie ein vertragsmäßig begründetes. Das Gesetz bestimmt den Umfang dieses Rechts beziehungsweise: der Nachbar soll noch durch sein ungeöffnetes Fenster den Himmel sehen können. Daß er dazu sich bücken oder auf die Erde legen oder auf die Fensterbrüstung steigen soll, ist eine Zumuthung, welcher zu entsprechen er gar keine Verpflichtung hat. Die Erwägung, daß, wenn die Entfernung des Neubaues nach der ungezwungenen Stellung des Sehenden bestimmt werden sollte, der Nachtheil, welchen der Neubau der Helligkeit der Behältnisse in dem Nachbarhause bringe, doch sehr verschieden sein könne, je nach der Gesichtslinie des Sehenden, nach der Tiefe der Zimmer, nach der Höhe und Breite der Fenster, nach der Stärke der Mauer und nach der Größe der Person, — diese Erwägung ist unerheblich. Es kommt nicht auf einen in allen Fällen gleichen

Grad des Nachtheils, den der Nachbar durch den Neubau haben wird, an, sondern es fragt sich: in welchem Umfange das Lichtrecht, welches der Nachbar durch zehnjährigen Besitz erworben hat, geschützt werden soll. Er soll aus seinem ungeöffneten Fenster noch den Himmel sehen können. Daß er sich dabei zu seinem Nachtheile und zum Besten des Bauenden, bücken und legen solle, ist nicht vorgeschrieben.

№ 16.

Ehescheidung. Widerwille. Unüberwindliche Abneigung.

Widerwille, welcher so heftig und tief eingewurzelt ist, daß zu einer Aussöhnung und zur Erreichung der Zwecke des Ehestandes gar keine Hoffnung mehr übrig bleibt, reicht für sich allein zur Begründung einer Ehescheidungsklage hin, sobald derselbe durch erhebliche Thatsachen unterstützt wird, wenn diese auch keine gesetzmäßigen Gründe zur Ehetrennung enthalten.

Der §. 717, Tit. 1, Th. II des A. L. R. verordnet, daß wegen behaupteter Abneigung, sobald sie mit keinen gesetzmäßigen Gründen unterstützt ist, die Trennung der Ehe in der Regel nicht stattfinde. Der §. 718 a fügt hinzu: „Doch soll dem Richter erlaubt sein, in besondern Fällen, wo nach den Akten der Widerwille so heftig und tief eingewurzelt ist, daß zu einer Aussöhnung und zur Erreichung der Zwecke des Ehestandes gar keine Hoffnung mehr übrig bleibt, eine solche unglückliche Ehe zu trennen.“ Ueber die Auslegung dieser Bestimmung war unter den Gerichten Meinungsverschiedenheit. Eine Meinung verlangte Thatsachen, die an sich einen Scheidungsgrund darstellten aber nicht hinlänglich bewiesen worden waren, jedoch als Ursach des sich gezeigten Widerwillens anzusehen seien; eine andere Meinung sah den Widerwillen für eine selbstständige Scheidungsursache an, insofern er sich auf Thatsachen gründete, wenngleich diese an sich keinen Scheidungsgrund gegeben haben würden. Das Geheime Ober-Tribunal hatte sonst immer nach der ersten Ansicht erkannt. Im Jahre 1839 wollte jedoch der Erste Senat diese Ansicht verlassen und ein im Sinne der andern Auslegung ergangenes Appellations-Erkenntniß bestätigen. Dieser Meinung trat das Plenum, durch Beschluß vom 16. December 1839, bei. Die Gründe sind vollkommen überzeugend und gut entwickelt.

Hieran reihet sich eine zweite Controverse. Der §. 718 b schreibt vor: „Es muß aber in diesem Falle derjenige Ehegatte, welcher solchergestalt ohne eigentlichen gesetzmäßigen Grund, wider den Willen des andern, auf der Scheidung beharrt, für den schuldigen Theil erklärt und in die Scheidungsstrafe nach §. 786 verurtheilt werden.“ Das Geheime Ober-Tribunal hatte früher, wenn auf Grund des §. 718 a die Scheidung einseitig verlangt wurde, angenommen, daß derjenige Theil, welcher solchergestalt ohne rechtmäßige Ursache auf die Scheidung bestand, sich den damit nach §. 718 b verbundenen nachtheiligen Folgen ausdrücklich unterwerfen müsse. In neuerer Zeit wollte der betroffene Senat diese Ansicht verlassen und annehmen, daß es keiner ausdrücklichen Unterwerfung des klagenden Theils unter die Ehescheidungsstrafe bedürfe, indem die Unterwerfung schon in der Berufung auf den §. 718 a liege. Diese

Aenderung der Ansicht erhielt die Billigung des Plenums, welches am 17. Juni 1844 den Beschluß faßte, daß, wenn ein Ehegatte die Trennung der Ehe wegen unüberwindlicher Abneigung nachgesucht hat, die Ehescheidung ausgesprochen werden kann, obgleich sich der, auf diesen Scheidungsgrund sich berufende Theil den im §. 718 b bezeichneten Folgen nicht ausdrücklich unterworfen hat. Bd. X, № IV. Auch hierin ist dem Geheimen Ober-Tribunale unbedingt beizustimmen.

№ 17.

Westpreußen. Verjährung. Fiskus.

In Westpreußen findet gegen den Fiskus (contra rempublicam) die erwerbende Verjährung von ein und dreißig Jahren, sechs Monaten (soll heißen: Wochen; der Fehler ist nicht angezeigt) und drei Tagen statt.

Der Satz war streitig. Das Preußische Landrecht von 1721 bestimmt im §. 7, Art. 2, Tit. 4, Buch III: „gleichergestalt soll auch die Verjährung und Präscription in 30 Jahren, Jahr und Tag wider eine Stadt, ganze Gemeine, und rempublicam Statt haben.“ Sonst hatte das Geheime Ober-Tribunal angenommen, das Landrecht enthalte keine Bestimmung über die Verjährung gegen den Fiskus und der Ausdruck „respublica“ bezeichne ein Gemeinwesen. In neuerer Zeit ging der Zweite Senat des Geheimen Ober-Tribunals ab, und verstand unter dem Ausdrucke „respublica“ den Staat — Fiskus. Das Plenum erklärte sich durch Beschluß vom 18. Mai 1840 mit dieser neuen

Auslegung einverstanden, was durchaus gerechtfertigt erscheint. Der Satz hat jedoch nur noch für vergangene Fälle praktischen Werth, denn seit der Einführung des Provinzialrechts für Westpreußen (vom 1. Juli 1844) gilt in der Lehre von der Verjährung das A. L. R. Publikationspatent vom 19. April 1819, §. 8. (G.-S. S. 104.)

№ 18.

Schlesien. Wüste Bauerhöfe. Rustikal-Onera. Herrschaftliche Dienste. Normaljahr. Verjährung.

Die Pflicht der Schlesischen Gutsbesitzer:

> die auf eingezogenen wüsten Bauergütern haftenden Rustikal-Onera zu vertreten, sofern nicht bei den Kriegs- und Domainenkammern (den Provinzial-Verwaltungsbehörden) nachgewiesen ist, daß die bei einem herrschaftlichen Vorwerke befindlichen Bauerhöfe schon im Jahre 1633 eingezogen gewesen,

bezieht sich auch auf die der Herrschaft zu leistenden Dienste. Eine Verjährung hiegegen findet nicht statt.

Die s. g. Constitution vom 14. Juli 1749, durch welche im Herzogthum Schlesien ꝛc. die gutsherrlich-bäuerlichen Verhältnisse zum Theil geregelt werden, verbietet in Beziehung auf die wüste gewordenen und von den Gutsherren eingezogenen Bauerhöfe im §. 6 auch, daß diejenigen herrschaftlichen Prästanda, welche auf den damals bereits wirklich in Kultur der Dominien befindlichen wüsten Bauergüter ehedem gehaftet haben, auf die übrigen besetzt gebliebenen Wirthschaften eingetheilt und denselben zur Last gelegt würden, insofern nicht die Einziehung schon vor 1633 geschehen und solches bei den damaligen Kriegs- und Domainenkammern nachgewiesen sei. Gleichwohl legten manche Gutsherren die Leistung der herrschaftlichen Dienste und Zinsen von den eingezogenen Bauergütern auf die besetzt gebliebenen Höfe, indem sie die Constitution auf die Dienste nicht bezogen wissen wollten oder das vermeintliche Recht durch Verjährung erworben zu haben behaupteten. In den darüber schon in den Jahren 1767 und 1768 entstandenen Prozessen entschied das Geheime Ober = Tribunal im Sinne dieser Auslegung der Constitution. (Behmer, novum jus controversum, observ. 130, pag. 639.) Bei einer im Jahre 1839 an den Zweiten Senat des Geheimen Ober-Tribunals zur Entscheidung gekommenen Schlesischen Dienstablösungs-Sache wurde die Frage: ob sich die Bestimmung auf die herrschaftlichen Dienste beziehe oder nicht, und ob die Verjährung stattfinde oder nicht, streitig, und das Plenum nahm mittelst Beschlusses vom 24. Februar 1840 den an die Spitze gestellten Satz an. Dieser Plenarbeschluß ist von dem Herrn Regierungs-Rath Kuh zu Breslau scharf kritisirt worden. (Schles. Archiv, Bd. VI, S. 128 flg.) Die Kritik beschäftigt sich damit, nachzuweisen: daß die Bestimmung der Constitution im §. 6 sich nur auf öffentliche Lasten, nicht auf die an die Herrschaft zu leistenden Dienste und Zinsen beziehe; daß die Erwerbung von Diensten und Zinsen nicht unzulässig sei; und daß die weitere Bestimmung der Constitution wegen des über die Zeit der Einziehung der wüsten Stellen bei der damaligen Kriegs- und Domainen-Kammer zu führenden Beweises sich eben auch nur auf die öffentlichen Lasten beziehe und der Beweisführung über Privatrechte den ordentlichen Rechtsweg nicht verschließe. Der Scharfsinn des Herrn Recensenten nimmt für sich ein und drängt den Leser zur Zustimmung; indeß kann er bei wiederholter Erwägung der Gründe des Plenarbeschlusses und der Gegengründe der Kritik den Plenarbeschluß doch nicht verwerfen. Das Hauptargument, daß die Dienste durch die Einziehung der Höfe erloschen seien und folglich von der Gutsherrschaft nicht „vertreten" werden könnten (es heißt nämlich im weitern Verlaufe der Bestimmung des §. 6, daß die Dominien nicht nur die Steuern, sondern auch alle darauf haftende Prästanda und Rustikal-Onera — zu vertreten verbunden); — dieses Argument ist doch nicht entscheidend, wenn es sich um ungemessene Dienste oder um solche handelt, welche sämmtliche Dienstpflichtige gemeinschaftlich (ungetheilt) verrichten müssen. Sollen dabei die eingezogenen Dienststellen nicht vertreten werden, so sind den Uebrigen die „erloschenen" Dienste der eingezogenen Stellen doch in der That aufgebürdet. Näher auf das Für und Wider hier einzugehen, gestattet der dem Ganzen bewilligte äußere Umfang nicht.

№ 19.

Nichtigkeits-Beschwerde. Prozeßvorschrift. Zeugen-Aussage. Beweismittel.

Die im §. 5, № 10 lit. c der Verordnung vom 14. December 1833 bezeichnete Verletzung einer wesentlichen Prozeßvorschrift ist nicht vorhanden, wenn der Aussage eines Zeugen auch da Beweiskraft beigelegt worden, wo sie keine Thatsachen, sondern nur Urtheile enthält.

Der Richter kann bei Beurtheilung eines Beweismittels in zweifacher Hinsicht fehlen: entweder darin, daß er die nicht vorhandenen nothwendigen äußern Erfordernisse eines beweiskräftigen Mittels voraussetzt, oder darin, daß er in dem Inhalte Dasjenige zu finden vermeint was er sucht, obwohl es doch nicht darin ist. In beiden Fällen begeht er eine Nichtigkeit. Der §. 10 der Verordnung vom 14. December 1833 erkennt unter lit. b den zweiten und unter c den ersten Umstand als Nichtigkeitsgrund an. Der Zweite Senat des Geheimen Ober-Tribunals hatte bei Entscheidung einer Sache im Jahre 1838 den Nichtigkeitsgrund c in einer unrichtigen Würdigung des Inhalts eines Beweismittels gefunden, während daraus doch nur der Nichtigkeitsgrund b möglicherweise entstehen konnte. Als 1840 ein gleicher Fall wieder bei demselben Senate zur Entscheidung kam, beschloß er, seine offenbar unrichtige Ansicht von 1838 zu verlassen, weshalb die Frage zur Berathung des Plenums gebracht wurde, woraus der obige Satz als Beschluß vom 27. April 1840 hervorging.

№ 20.

Pension. Städtische Beamten. Vergehen.

Ein pensionirter städtischer Beamter verliert durch ein nach erfolgter Pensionirung verübtes Vergehen nicht seine Pension.

Der Satz ist durch einen Plenarbeschluß vom 2. Juni 1840 angenommen worden. Er hat seine Bedenken. Das Gesetz sagt: „Die Pension eines ausgeschiedenen Magistrats-Mitgliedes oder Unterbeamten fällt ganz weg, wenn derselbe gerichtlich eines Verbrechens überführt wird, weshalb er seines Amtes entsetzt werden müßte.“ (Zusätze zur Städte-Ordnung, vom 4. Juli 1832. G.-S. S. 188.) Ueber die Zeit, wann das Verbrechen begangen sein müsse, ist nichts bestimmt. Die Worte des Gesetzes machen darin keinen Unterschied. Der Erste Senat des Geheimen Ober-Tribunals hatte deshalb einen städtischen Pensionair wegen eines erst nach der Pensionirung begangenen Verbrechens der Pension für verlustig erklärt. Bei einer spätern ähnlichen Rechtssache hatte sich in demselben Senate die Ansicht geltend gemacht, daß der Verlust der Pension nur dann eintreten könne, wenn das Verbrechen während der Amtsverwaltung verübt worden. Diese Ansicht hat denn das Plenum durch den gedachten Plenarbeschluß bestätigt. Abgesehen von positiven Vorschriften ist dem Beschlusse nicht beizustimmen. Einem pensionirten Beamten wird nur die Dienstleistung erlassen, das Einkommen aber, nach Abzug eines verhältnißmäßigen Theils, weiter gezahlt. Daraus folgt, daß, wenn der Pensionair sich zu seiner amtlichen Stellung ganz unwürdig macht, er gänzlich ausscheiden muß. Wie sollte auch eine Dienstbehörde dazu kommen, einem Züchtlinge das Amtsgehalt oder einen Theil davon zu zahlen: das Verhältniß ist durch ihn zerrissen. Hier tritt nun aber eine positive Bestimmung dazwischen. Die Kabinetsordre vom 21. Mai 1835 (G.-S. S. 147) ordnet, bezüglich auf die Staatsbeamten, an: wenn der pensionirte Beamte, während des Pensionsgenusses, ein gemeines Verbrechen begeht, welches, wenn es während des Dienstes verübt worden wäre, außer der

Kriminalstrafe auch die Kassation zur Folge gehabt haben würde, soll derselbe auf die Dauer der Strafzeit der Pension verlustig sein und das Erkenntniß darauf gerichtet werden." Diese Bestimmung wendet das Geheime Ober-Tribunal analog auch auf städtische Beamte an, weil dieselben für mittelbare Staatsdiener erklärt sind. Doch meine ich, daß diese Kabinetsordre nichts anderes als eine gnädige Bewilligung des Dienstherrn ist, welche anderen Dienstherren keine Verpflichtung auflegen kann. Mögen die städtischen Beamten, wie auch die Patrimonial-Richter, im Verhältniß zum Publikum mittelbare Staatsdiener sein, ihr Verhältniß zum Dienstherrn in Beziehung auf das Mein und Dein wird dadurch nicht verändert.

№ 21.

Vormaliges Königreich Westphalen. Fünftel-Abzug. Grundsteuer. Steuerfreiheit.

Wenn in den zum vormaligen Königreich Westphalen gehörigen Landestheilen ein, vor Einführung der fremden Gesetze steuerfrei gewesenes, mit Reallasten beschwertes Grundstück dem Verpflichteten erweislich durch den Berechtigten verliehen worden, so kann ein Anspruch auf den Fünftel-Abzug durch die Bezugnahme auf den §. 89 des Gesetzes (№ 938) vom 21. April 1825 nicht begründet werden; der Verpflichtete, welcher gänzliche oder theilweise Erstattung der Grundsteuer fordert, hat vielmehr den besondern Rechtsgrund hierzu nachzuweisen, folglich darzuthun, daß nach dem Inhalte des Verleihungs-Vertrages der Berechtigte die Grundsteuer ganz oder zum Theil vergüten muß.

Hat dagegen eine Verleihung des Grundstücks Seitens des Berechtigten nicht stattgefunden oder nicht nachgewiesen werden können, so braucht der Verpflichtete zur Begründung des Anspruchs auf den Fünftel-Abzug nach §. 89 a. a. O. nur die Steuerfreiheit des Grundstücks vor Einführung der fremden Gesetze darzuthun; behauptet der Berechtigte, daß einer der in den §§. 79 und 81 ebenda gedachten Fälle, in denen der Verpflichtete die Grundsteuer allein zu tragen hat, vorhanden sei, so liegt der Beweis dieser Behauptung dem Berechtigten ob.

In dem Königreiche Westphalen war mit Aufhebung der Steuerfreiheit Einzelner eine allgemeine Grundsteuer eingeführt worden, die von dem Reinertrage der Grundstücke entrichtet wurde und von dem Besitzer gezahlt werden mußte. Wenn aber ein Besitzer, vermöge der Beschaffenheit seines Besitzrechts, von dem Ertrage seines Grundstücks an einen Andern Etwas abzugeben hatte, so war ihm gestattet, einen verhältnißmäßigen Theil der bezahlten Steuer dem Abgabe-Berechtigten abzuziehen. Dieser Abzug heißt der Fünftel-Abzug. Er war, nach der Westphälischen Gesetzgebung, die Regel, welche einige Ausnahmen hatte. Die Preußische Gesetzgebung hat mit der Zeit die westphälischen Bestimmungen so modificirt, daß der Fünftel-Abzug die Ausnahme geworden ist. Daraus sind eine Menge Rechtsstreite entstanden, in welchen über die Erfordernisse zur Begründung der Klage Meinungsverschiedenheit war. Nach dem Rechtszustande können drei Fälle vorkommen: entweder der Besitzer hat die ganze Steuer allein zu tragen, oder der Verleiher (Abgabe-Berechtigter) muß sie allein tragen, oder der Besitzer hat den Fünftel-Abzug zu fordern. Die Meinungsverschiedenheit betraf die Begründung der Klage in dem dritten Falle. Nach einer Ansicht sollte der Besitzer, welcher den Fünftel-Abzug in Anspruch nahm, behaupten und beweisen: 1. die Voraussetzung des Fünftel-Abzugs überhaupt, nämlich die ursprüngliche Steuerfreiheit, und 2. auch den Mangel der Bedingungen, unter welchen der Eine von beiden Theilen allein die ganze Steuer zu tragen haben würde. Nach dieser Ansicht war von dem Geheimen Ober-Tribunale in mehreren Sachen erkannt worden. In einer, im Jahre 1840 zur Entscheidung gekommenen, Sache ging jedoch der Zweite Senat davon ab, und das Plenum, zu dessen Berathung die Sache gestellt wurde, nahm durch Beschluß vom 18. Mai 1840 die obigen Sätze an, wodurch die ältere Meinung verworfen wird. Die Gründe überzeugen.

Weiter ist die Frage entstanden: ob ein Besitzer, welcher den Fünftel-Abzug hätte machen dürfen, aber dennoch die ganze Realabgabe, ohne Abzug, an den Abgabe-Berechtigten entrichtet hat, das Zuvielgezahlte condictione indebiti zurückfordern könne? Der Zweifelsgrund liegt darin, daß der Irrthum in der angeblichen Unkenntniß der Gesetze beruhen soll, was sich nicht direkt beweisen läßt. Das Geheime Ober-Tribunal hat in einem solchen Rechtsfalle, nach einer, Bd. VI, № 2 mitgetheilten, Entscheidung die condictio indebiti für begründet und auch den im Nichtkennen des Gesetzes beruhenden Irrthum durch die Umstände für bewiesen angenommen. S. 18. Gegen dieses richterliche Ermessen ist nichts zu sagen.

№ 22.

Gewerbefreiheit. Brennereigerechtigkeit. Gewerbe-Abgabe.

I. Die durch das Edikt vom 2. November 1810 eingeführte allgemeine Gewerbefreiheit ist hinsichtlich des Branntweinbrennens auf dem Lande durch die §§. 52 und 53 des Gesetzes vom 7. September 1811 nicht wieder aufgehoben, sondern nur beschränkt worden.

II. Die für die Berechtigung zum Branntweinbrennen auf dem Lande früher entrichteten, durch Einführung der allgemeinen Gewerbefreiheit aufgehobenen Abgaben sind durch die vorgedachten §§. 52 und 53 auch dann nicht wieder hergestellt, wenn die bisherigen Verpflichteten das Branntweinbrennen betreiben, obgleich sie kein Grundvermögen besitzen, welches nach landschaftlicher Taxe einen Werth von 15,000 Rthlr. hat.

Diese Sätze sind die durch Plenarbeschluß vom 2. Juni 1840 erfolgte Entscheidung eines Meinungsstreits, in welchem die Gutsherren, ich glaube mit Unrecht, unterlegen sind.

Was den ersten Satz betrifft, so ist nachzutragen, daß der §. 53 des Gesetzes vom 7. September 1811 nicht mehr gilt, mithin die darin sein sollende Beschränkung der allgemeinen Gewerbefreiheit jetzt wegfällt. Das Edikt über die Einführung einer allgemeinen Gewerbesteuer, vom 2. November 1810, hebt im §. 30 alle bisherigen Abgaben von den Gewerben, insofern sie die Berechtigung zum Betriebe derselben betreffen, auf. Das jüngere Gesetz über die polizeilichen Verhältnisse der Gewerbe, vom 7. November 1811 (G.-S. S. 263), bestimmt ergänzend im §. 52: daß das Recht, zum Absatze an Andere zu brauen, und das Recht, Branntwein zu brennen überhaupt, auf dem Lande den bisherigen Besitzern desselben verbleibe; und im §. 53: daß es jedoch auch von Grundbesitzern solle ausgeübt werden dürfen, die nachweisen, daß sie, als Eigenthümer oder Erbpächter, ein Grundvermögen von 15,000 Rthlr. an Werth besitzen. Die Gewerbe-Ordnung vom 17. Januar 1845 verordnet nun im §. 39: „Die in einzelnen Landestheilen bestehenden Vorschriften, wonach die Genehmigung zur Anlage neuer Branntweinbrennereien und Bierbrauereien bei ländlichen Grundstücken nur dann ertheilt werden darf, wenn diese Grundstücke nach landschaftlicher Taxe einen Werth von 15,000 Rthlr. haben, werden hiermit aufgehoben." Danach ist der Rechtsstand wieder so wie in der Zeit zwischen dem Edikt vom 2. November 1810 und dem Gesetze vom 7. September 1811, wonach zwar die Realberechtigungen zur Getränkebereitung noch bestehen und selbstständig veräußerlich sind, aber die Landespolizei-Behörde nicht hindern, nach Gutbefinden persönliche Concessionen zu solchen Anlagen zu geben: es ist damit wie mit dem Apothekergewerbe und den dabei vorkommenden Realprivilegien, und den Concessionen; die erstern haben ihre Geltung behalten. Bei der Bd. VIII, № 10 mitgetheilten Entscheidung hat das Geh. Ober-Tribunal zwar das Gegentheil ausgesprochen, doch ohne zureichenden Grund. S. unten dazu.

Der

Der zweite Satz besagt, daß die für die Berechtigung zum Branntweinbrennen auf dem Lande früher entrichteten Abgaben durch den §. 30 des Gewerbesteuer-Edikts vom 2. November 1810 aufgehoben worden seien. Dieses bezieht sich auf die Veräußerung der s. g. Brau- und Brenn-Urbare von Seiten der Gutsherren gegen einen vorbehaltenen Zins. Nach der ältern Meinung des Geheimen Ober-Tribunals war dieser Zins durch die Aufhebung der alten Gewerbesteuer-Abgaben nicht mitbetroffen; durch den hier vorliegenden Plenarbeschluß ist das Gegentheil angenommen worden. Doch halte ich diese Meinung nicht für rechtfertig vielmehr die ältere Ansicht für die alleinig richtige. Der §. 30 des Edikts vom 2. November 1810 hebt nur die gewerbe-steuerartigen Abgaben auf, namentlich die Abgaben für die von den Gutsherren an Einzelne ertheilte Erlaubniß (Concession) zum Betriebe eines Gewerbes im Dorfe. In Folge solcher gutsherrlichen Concessionen fanden sich sehr häufig auf dem Lande Handwerker, wie Schlächter, Bäcker, Schuster, Schneider, die sonst nur in Städten ihr Gewerbe treiben durften. Das mit einem schlesischen Rittergute verbundene Brau- und Brenn-Urbar ist von ganz anderer Natur, es ist eine Realberechtigung, und die Abtrennung und Veräußerung ist nicht Ertheilung einer Gewerbe-Concession. Was dafür ausbedungen worden, sei es ein Kapital oder ein Zins, ist ein Preis, nicht aber eine steuerartige Abgabe, „als: Concessionsgeld, Nahrungsgeld von katastrirten Stellen ꝛc.", wie der §. 30 sich ausdrückt. Der veräußerte Gegenstand ist noch jetzt vorhanden und kann noch heute gültig auf Andere übertragen werden. (Gewerbe-Ordnung vom 17. Januar 1845, §. 65.) Die freie Vereinigung über den Preis ist unverwehrt und es würde Gewalt sein, den Erwerber von der Verbindlichkeit zur Entrichtung des bedungenen Preises freizusprechen, ihn aber in der Ausübung der erworbenen Realberechtigung zu schützen. Aus gleichen Gründen ist es ungerechtfertigt, den Gutsherren den Preis für die vor 1810 veräußerten Realberechtigungen abzusprechen und die Erwerber und deren Nachfolger im Besitze zu schützen; diese werden dadurch auf Kosten der ursprünglichen Veräußerer bereichert, indem ihre Berechtigung um soviel im Werthe gestiegen ist als man dem Vermögensrechte der Gutsherrn abgeschnitten hat. Ausführlicher über den Gegenstand und über den Plenarbeschluß ist meine Abhandlung im Schles. Archive, Bd. V, S. 256 flg., auf welche ich verweisen muß.

№ 23.

Entsagung. Erlaß. Schenkung.

Unentgeltliche Entsagungen eines bereits erworbenen, ingleichen eines zwar noch künftigen, aber doch so beschaffenen Rechts, daß der Anfall desselben dem Entsagenden gewiß war, sind nur in Rücksicht auf ihre rechtlichen Wirkungen, nicht aber in Rücksicht auf ihre Form den Schenkungen gleich zu achten.

Die streitige Auslegung des §. 393, Tit. 16, Th. I des A. L. R., welcher bestimmt:

„Eine unentgeltlich geschehene Entsagung eines bereits erworbenen, ingleichen eines zwar noch künftigen, aber doch so beschaffenen Rechts, daß der Anfall desselben dem Entsagenden gewiß war, ist einer Schenkung gleich zu achten“, war auch bei dem Geheimen Ober-Tribunal zweifelhaft geworden, indem der Dritte Senat die Form der Schenkungen (der Schenkungsversprechen) beobachtet wissen wollte, wogegen der Zweite Senat vorher eine Sache im Sinne derjenigen Meinung, welche diese Form nicht für erforderlich hält, entschieden hatte. Durch einen Plenarbeschluß vom 24. Februar 1840 ist dieser Zweifel in der oben gedachten Art beigelegt worden. Die dadurch für richtig erklärte Meinung war schon früher von mir zu begründen unternommen worden. (Recht der Forderungen, Bd. II, S. 695.) Doch ist der Fassung des Satzes nicht beizustimmen. Die Rede ist nämlich vom Erlasse (pactum remissorium). Was man sich bei den Erlassen „in Rücksicht auf ihre rechtlichen Wirkungen", worin sie den Schenkungen gleich zu achten sein sollen, zu denken habe, ist nicht klar. Der Erlaß wirkt nicht anders und nicht besser oder schlechter als die Zahlung oder eine andere Tilgungsart; besondere Wirkungen einer unentgeltlichen Entsagung sind nicht bekannt. Muthmaßlich ist damit die rechtliche Natur, die Wesenheit des Geschäfts gemeint; denn danach gehört der unentgeltliche Erlaß in die Klasse der Schenkungen, und unterliegt auch gleichen Schicksalen.

In den Entscheidungsgründen wird noch die Nebenfrage berührt: ob der Gläubiger, wenn er nicht zugleich die Schuld-Urkunde zurückgegeben hat, und auf Herausgabe belangt wird, der Klage nicht die Einrede der mangelnden gerichtlichen Form entgegensetzen könne. Dafür spreche: daß eine Klage auf Erfüllung aus bloß außergerichtlichen Schenkungsverträgen, nach §. 1064, Tit. 11, Th. I des A. L. R., nicht stattfinde; dawider: daß der Gegner auf den Besitz der Urkunde gar kein Recht habe, da der Anspruch selbst, worüber die Urkunde laute, erloschen sei, und daß die Herausgabe der Letztern, sowie selbst die gerichtliche oder notarielle Anerkennung der Entsagung zum Zweck der Löschung kein eigentliches Erfüllen einer selbstständigen Obligation im rechtlichen Sinne sei. Auf Hypothekenforderungen würde dieser Grund nicht ganz passen, weil die Hypothekenrechte nicht schon durch die Willenserklärung, sondern erst durch die Löschung erlöschen und der Gläubiger sehr wohl den Personalschuldner entlassen und gleichwohl seine Hypothekenforderung behalten kann. Die Frage wird unentschieden gelassen, weil sie dem Plenum nicht vorgelegt worden. In Beziehung auf Personalschulden zeigen sich keine juristische Schwierigkeiten; denn der Erlaß hat die Schuld getilgt und der Schuldschein ist ohne Rechtsgrund in den Händen des gewesenen Gläubigers. Die Klage auf Zurückgabe desselben ist mithin nicht eine Klage aus der Schenkung auf Erfüllung, sondern die selbstständige condictio sine causa. Bei Hypothekenposten ist die Sache nicht so einfach. In keinem Falle wird der Gläubiger zu irgend welcher Handlung, namentlich zur gerichtlichen oder notariellen Anerkennung seines Erlasses, genöthigt werden können, weil ein Schenker durch seine Schenkung nicht verbunden wird, noch mehr zu thun oder zu geben. Er hat nicht mehr geschenkt; wenn damit der Beschenkte nicht zufrieden ist, so mag er es ausschlagen, aber mehr zu fordern fehlt ihm jeder Vorwand: er hat umsonst gar nichts zu fordern. Hat also ein Hypothekengläubiger seinen Rechten nicht in der Art entsagt, daß zugleich die Löschung des Hypothekenrechts ohne Weiteres erfolgen kann: so wird sich der Schuldner mit dem Erlaß der persönlichen Schuld begnügen müssen.

№ 24.

Legitimation. Vollmacht. Konkurskurator. Schenkungen. Pacta fraudatoria.

Der Konkurskurator ist auf Grund seiner Bestallung und ohne Vollmacht der einzelnen berechtigten Gläubiger nicht befugt, Namens derselben die vom Gemeinschuldner innerhalb des zweiten und dritten Jahres vor eröffnetem Konkurse gemachten Schenkungen oder die von demselben mit seinem Ehegatten oder einem seiner oder seines Ehegatten Verwandten in auf- oder absteigender Linie geschlossenen lästigen Verträge zu widerrufen.

Darüber war Meinungsverschiedenheit bei dem Geheimen Ober-Tribunal, weshalb ein Plenarbeschluß nothwendig wurde, welcher am 2. Juni 1840 gefaßt und den Satz bestätigt hat. Schon vorher habe ich denselben zu begründen versucht. (Recht der Forderungen, Bd. II, S. 767, 768.)

№ 25.

Verzugszinsen. Fiskus. Condictio indebiti.

Wenn der Fiskus eine ihm aus Irrthum geleistete oder von ihm dem Geber widerrechtlicher Weise abgenöthigte Zahlung, welche er in gutem Glauben angenommen hat, zurückzuzahlen verpflichtet ist: so entrichtet er Verzugszinsen nur von dem

Tage der im rechtskräftigen Erkenntnisse bestimmten Zahlungsfrist.

Der Satz gilt nicht mehr; denn er beruhet auf dem Gesetze vom 7. Juli 1833, welches im §. 3 bestimmt: „Eigentliche Zögerungszinsen — ist der Fiskus nur von dem Tage der in dem rechtskräftigen Erkenntniß bestimmten Zahlungsfrist mit Fünf vom Hundert zu entrichten verbunden.“ Das Gesetz vom 7. März 1845 (G.=S. S. 158) verordnet dagegen, daß in Ansehung der Zögerungszinsen der Fiskus in Friedenszeiten gleichfalls den Privatpersonen völlig gleich gestellt sein solle, und er nur während der Dauer eines Krieges von den vorher noch festgesetzten oder während des Krieges fällig werdenden Forderungen erst von dem Tage der Rechtskraft des Erkenntnisses Zögerungszinsen mit Fünf vom Hundert zu entrichten verbunden.

№ 26.

Schärfgetreide. Schmied. Dorfschmied. Dingliches Recht.

Das dem Besitzer einer Schmiede von der Gutsherrschaft vertragsmäßig eingeräumte, und im Hypothekenbuche der Schmiede, nicht aber in demjenigen des herrschaftlichen Guts eingetragene Recht, gegen die von ihm zu leistende Schmiedearbeit von dem Gutsherrn das Schärfgetreide zu fordern, nimmt dadurch allein, daß die Kontrahenten gegenseitig die Erfüllung des Vertrages angefangen und hierdurch ihre Befugnisse in Ausübung gebracht haben, nicht die Natur eines dinglichen Rechts an.

Nach der ältern Ansicht des Tribunals wurde das Verhältniß zwischen den Landschmieden und den Gutsherrschaften, wenn die Schmiedewerkstätten ursprünglich von der Gutsherrschaft errichtet und erblich besetzt worden waren, auf beiden Seiten für subjektiv-dinglich gehalten, ohne daß nach der Eintragung in das Grundbuch gefragt wurde, indem man die mit der Uebereinkunft verbundene Besitzausübung für genügend ansah. (Schles. Arch., Bd. III, S. 238.) Von dieser Ansicht ging der Zweite Senat des Geheimen Ober-Tribunals im Jahre 1840 ab, und das Plenum gab die ältere Meinung des Kollegiums auf, indem es am 27. April 1840 den oben ausgedrückten Plenarbeschluß faßte. Die Gründe beruhen auf der landrechtlichen Theorie von der Erwerbung dinglicher Rechte, wonach Rechte, welche mit dem Besitze der Sache, die ihren Gegenstand ausmacht, nicht verbunden sind — wozu das Recht des Besitzers einer Schmiede auf das ausgesetzte Schmiedelohn unbedenklich nicht gehöre — die Eigenschaft eines dinglichen Rechts nur alsdann haben, wenn ihnen dieselbe durch ein besonderes Gesetz beigelegt sei. A. L. R. Th. I, Tit. 2, §. 136. Nirgends habe nun ein besonderes Gesetz bei einem solchen Rechte, wie das in Rede stehende, der bloßen Ausübung desselben die Wirkung beigelegt, das Recht zu einem dinglichen zu erheben. Allein die ältere Meinung ist nicht ohne Raison und wird durch diese Betrachtung gar nicht widerlegt; denn es besteht allerdings ein Gesetz, wonach Verhältnisse, wie das in Rede, subjektiv-dingliche Rechtsverhältnisse sind. Dergleichen Schmiedegrundstücke gehören nämlich, in der Regel, zu den ausgesetzten Dienststellen. (Vergl. meinen

Aufsatz im Schles. Archiv, Bd. III, S. 228.) Die Rechte und Pflichten zwischen Herrschaften und Dienstleuten werden, nach ausdrücklicher Bestimmung des A. L. R. Th. II, Tit. 7, §§. 137 und 419, auch in Ansehung dessen, was die Dienstleute ihrer Seits von der Herrschaft zu fordern haben, hauptsächlich nach den Kauf- oder Annahmebriefen, Erb- und Dienstregistern und den Ortsverfassungen beurtheilt. Die Ortsverfassungen gehören nicht in das Grundbuch, so wenig in das über das Hauptgut, als in das über die Dienststellen (Hyp.-Ordnung, Tit. 1, §. 48); deshalb findet sich schwerlich ein Rittergut, auf dessen Hypothekenfolium vermerkt stände: wieviel Dienststellen dazu vorhanden und was die Herrschaft den Dienstleuten zu leisten verpflichtet. Dennoch hat Niemand je bezweifelt, noch wird Jemand je bezweifeln, daß das Verhältniß zwischen der Gutsherrschaft und den Dienstfamilien ein beständig fortdauerndes, nicht an die Person des Gutsherrn geknüpftes sei und daß jeder neue Gutsherr gehalten, die Dienstverträge zu erfüllen. Muß ja aus gleichem Grunde der Erwerber eines Ritterguts ja auch die Dienstkontrakte mit dem Gutsgesinde, mit dem Justitiarius und dergleichen Gutsangehörige ebenfalls halten, wenngleich sie im Hypothekenbuche nicht eingetragen und dem neuen Erwerber ihrem Inhalte nach nicht bekannt sind. Nach der Theorie des Geheimen Ober-Tribunals müßte jeder neue Erwerber eines Ritterguts berechtigt sein, den Justitiarius und das Hofgesinde zu entlassen; denn kein besonderes Gesetz, außer der Verfassung, legt diesen Dienstverhältnissen die Eigenschaft eines subjektiv-dinglichen Rechts ausdrücklich bei, und der ausgesprochene Grundsatz, daß die Justitiarien unabsetzbar sein sollen, ist ebenso auch in Hinsicht der Hofes-Dienstleute anerkannt: auch diese dürfen nicht willkührlich von der Herrschaft entlassen werden. A. L. R. Th. II, Tit. 7, §§. 287 flg. und 307. Der Gutsherr kontrahirt in Vertretung des Dominiums, welches, wie die Gemeinde im Verhältniß zu dem angenommenen Dorfschmied, eine juristische Person vorstellt, woraus sich die Fortdauer des Verhältnisses erklärt, wenn auch die physischen Personen andere werden. Auffallend ist es, daß das Geheime Ober-Tribunal selbst diesen Zustand und eine dadurch begründete beständige Gerechtigkeit, in einem spätern Plenarbeschlusse vom 14. Mai 1842 (Bd. VII, S. 345), als die Regel anerkennt und dadurch mit sich selbst in Widerspruch tritt. Dieser Plenarbeschluß beseitigt eine andere Meinungsverschiedenheit bezüglich auf die Landschmiede. Man hat nämlich den Schmieden, welchen von Seiten der Gutsherren und Gemeinden die Fortdauer ihres Rechts streitig gemacht worden, auch den Einwand, daß dasselbe durch Einführung der allgemeinen Gewerbefreiheit aufgehoben sei, gemacht und das Geheime Ober-Tribunal erachtete ihn in einer Revisionssache vom Jahre 1842 für begründet, während in früher entschiedenen Fällen das Gegentheil angenommen worden war. Das Plenum hat in Folge dieser Meinungsänderung, durch den gedachten Plenarbeschluß (Bd. VII, № 36), die ältere Meinung aufrecht erhalten, worin ihm durchaus Beifall zu geben ist. Die Entscheidungsgründe, gründlich und klar entwickelt, befriedigen vollkommen. In einem andern Plenarbeschluß vom 9. Januar 1843 schreibt das Geheime Ober-Tribunal ebenfalls solchen dauernden Verhältnissen und Zuständen, welche ohne Eintragung für Jeden erkennbar sind, einen dinglichen Charakter auch ohne Eintragung in das Grundbuch zu. Bd. VIII, № XIII, S. 174.

№ 27.

Posen. Erbfolge. Eheleute. Gütergemeinschaft.

Wenn in dem Großherzogthum Posen von Ehegatten, die sich vor dem 1. März 1817 verheirathet haben, der eine nach diesem Tage stirbt, und der Überlebende, auf Grund des ihm gesetzlich zustehenden Wahlrechts, nach den Vorschriften des A. L. R. über die Erbfolge bei vorhandener ehelicher Gütergemeinschaft, erben zu wollen, erklärt; so ist auch die Frage: was zu dem, der ehelichen Gütergemeinschaft unterworfenen Vermögen gehöre, nicht nach den zur Zeit der Eingehung der Ehe hinsichts der Gütergemeinschaft geltend gewesenen Grundsätzen, sondern nach den Vorschriften des A. L. R. zu beurtheilen.

Das Geheime Ober = Tribunal hatte bei Entscheidung eines Falles das Gegentheil angenommen. Ein Erblasser hatte 1816 ein Gut erworben und sich im Januar 1817 verheirathet. Die Eheleute waren dadurch in die Gütergemeinschaft des französischen Rechts getreten, nach welchem eingebrachte Grundstücke nicht in die Gemeinschaft fallen. Er starb 1829 und die Wittwe wählte die Auseinandersetzung und Erbfolge nach den Grundsätzen des A. L. R. bei vorhandener Gütergemeinschaft. Danach gehören Grundstücke zur Gemeinschaft. Es entstand Streit zwischen der Wittwe und den Miterben darüber: ob das eingebrachte Grundstück nun mit zur Gemeinschaft zu rechnen sei oder nicht. Das Geheime Ober = Tribunal entschied, wie gesagt, zum Nachtheil der Wittwe. Bei der Entscheidung eines später vorkommenden Falles nahm der Erste Senat das Gegentheil an, und das Plenum erklärte die neue Meinung, durch Plenarbeschluß vom 2. Juni 1840, für richtig. Diese ist allerdings rechtfertig. Denn die Wahl geht auf das Rechtssystem und man darf nicht durch Zusammenwerfung einzelner Sätze aus verschiedenen Rechten ein neues Recht zusammensetzen und anwenden.

№ 28.

Nichtigkeits-Beschwerde. Prozeßvorschrift. Privilegirte Einwendungen. Zahlung. Kompensation. Erlaß. Vergleich. Exekution.

Die Bestimmung des §. 6 der Verordnung über die Exekution in Civilsachen, vom 4. März 1834, daß die Einwendungen der Zahlung, der Kompensation, des Erlasses und des Vergleichs die Exekution nur alsdann hemmen, wenn sie liquid sind, und die Thatsachen, auf welche sie gegründet werden, sich erst nach geschlossener Instruction der Sache ereignet haben, oder erst nach diesem Zeitpunkt zur Kenntniß des Schuldners gelangt sind, ist für eine Prozeßvorschrift zu achten, deren Verletzung die Nichtigkeits-Beschwerde nicht begründet.

Der Dritte Senat hatte die Bestimmung des §. 6 einige Male für einen Rechtssatz gehalten und darauf wieder für eine Prozeßvorschrift erachtet, worauf das Plenum durch Beschluß vom 19. Oktober 1819 der letztern Meinung beitrat. Es ist aber keine von beiden Meinungen wissenschaftlich zu begründen. Das Exekutionsgesuch ist wesentlich die Judikatklage, also ein materielles Klagerecht (S. oben S. 191), und der Richter hat darauf zu erkennen: ob die Exekution zu vollstrecken sei oder nicht. Die Bestimmungen, wodurch dieses richterliche Urtel geleitet und bestimmt wird, sind materielle Rechtssätze, wie bei jedem andern Klagrechte; diejenigen Vorschriften hingegen, welche ihm die Handlungen und Schritte angeben, die er thun muß um die Sache zur Findung des Urtels vorzubereiten (spruchreif zu machen), sind Prozeßvorschriften. Die gegen eine Klage vorgebrachten Rechtseinwendungen (Exceptionen) veranlassen, wie das Klagrecht selbst, zwei wesentlich durchaus verschiedene Fragen, die nämlich: ob sie rechtlich statthaft (erheblich), und die: ob die thatsächlichen Voraussetzungen wahr seien. Die erste Frage kann nur durch einen Rechtsatz entschieden werden; sie wird bejahet oder verneint, je nachdem das materielle Recht die Exceptionen gestattet oder nicht, ganz so wie bei einem Klagrecht. Die andere Frage kann wieder auf Rechtssätze führen, aber auch die Anwendung von Prozeßvorschriften erfordern. Wird dem Richter bei seinem Verfahren, welches er von der Annahme der Klage an bis zu dem Augenblicke, wo er sein Urtel ausspricht, geboten, nach einem gewissen Stadium inne zu halten und nach der Lage, in welcher sich die Verhandlungen alsdann befinden, zu erkennen, d. h. die Thatsachen, welche bis dahin noch nicht ausgemittelt sind, als unerwiesen zu behandeln und keinen Beweis mehr anzunehmen, so ist das eine Prozeßvorschrift. Geht man mit dieser Unterscheidung an die Auslegung der Bestimmung des §. 6, so sieht man klar, daß Beiderlei darin zusammengefaßt ist und zweierlei Vorschriften gegeben werden. Man findet: 1. den Satz, daß die schon vor rechtskräftig entschiedener Sache vorhanden und bekannt gewesene Exception der Kompensation u. s. w. gegen die Judikatklage nicht stattfindet. Das ist ein Rechtssatz. Man findet 2. die Vorschrift, daß die erst nach rechtskräftiger Entscheidung entstandene oder bekannt gewordene Exception gegen die actio judicati stattfindet, wenn sie liquide ist. Das ist ein Rechtssatz mit einer angehängten Prozeßvorschrift. Daß die Exception statthaft sei, ist der Rechtssatz; daß sie liquide sein müsse, ist die Prozeßvorschrift. Ob die Exception liquide, d. h. thatsächlich klar oder bewiesen, diese Frage bezieht sich auf ein gewisses Stadium im Verfahren, nach dessen Zurücklegung der Richter sein Urtheil fällen soll, die Lage der Sache möge sein wie sie wolle. Wird nun auf die, auf eine Judikatklage ergehende, einleitende Verfügung des Richters, d. i. nach Preußischem Prozeßrechte der Zahlungsbefehl, die erst nach Entscheidung der Sache entstandene oder bekannt gewordene Exception vorgebracht, so muß der Richter darauf hören, denn der Rechtssatz lautet: die Exception ist statthaft. Er ladet beide Theile vor, und erkennt erst nach deren Anhörung: ob die Execution zu vollstrecken sei oder nicht. Dabei richtet er sich nach der Prozeßvorschrift: „wenn sie liquide", indem er auf die Exception Rücksicht nimmt oder nicht, je nachdem er sie bewiesen oder nicht bewiesen findet. Hört der Richter auf die vorgebrachte Exception nicht und erkennt deshalb, weil er sie für unstatthaft erklärt, auf die Vollstreckung des Mandats, oder nimmt er eine schon vor dem Judikat vorhanden und bekannt gewesene Exception an und weiset den Executionsantrag zurück: so verletzt der Richter einen Rechtssatz. Findet er aber die Exception noch nicht bewiesen und setzt das Beweisverfahren fort, so verletzt er eine Prozeßvorschrift. — Die Gründe, wodurch der

Plenarbeschluß gerechtfertigt werden soll, berühren weder das Wesen der gedachten verschiedenen Rechtsinstitute, noch beschäftigen sie sich mit Rechtsbegriffen.

№ 29.

Waldeigenthümer. Forstbeamter. Schießgewehr. Jagdgerechtigkeit.

Dem Waldeigenthümer ist nicht verwehrt, den ihm zugehörigen Wald, wenngleich das ausschließliche Jagdrecht darin einem Dritten zusteht, mit Schießgewehr zu betreten oder durch seine Forstbeamten betreten zu lassen.

Dem Fiskus steht das Jagdrecht in dem Walde der Stadt Arnsberg zu. Er wollte nicht dulden, daß die städtischen Forstschutzbeamten mit Schießgewehr bewaffnet seien. In beiden Instanzen wurde die Anmaßung des Fiskus verworfen, und die dagegen angebrachte Nichtigkeits-Beschwerde als unbegründet zurückgewiesen. In den Entscheidungsgründen wird der richtige Satz gerechtfertigt, daß Keinem verboten sei, auf seinem eigenen Grunde und Boden Schießgewehr zu führen, wenn er auch nicht zur Jagd berechtigt sei. Der an die Spitze gestellte Satz ist ungenau und deshalb nicht ganz richtig; er sollte lauten: dem Waldeigenthümer ist nicht verwehrt, den ihm zugehörigen Wald mit Schießgewehr zu betreten oder durch seine Forstbeamten betreten zu lassen, wenngleich ihm gar kein Jagdrecht darin zusteht. Die beliebte Fassung: „wenngleich das ausschließliche Jagdrecht darin einem Dritten zusteht“, schließt den

Fall aus, wo der zugleich jagdberechtigte Waldeigenthümer die Jagd verpachtet hat; denn in diesem Falle ist Derjenige, welchem das ausschließliche Jagdrecht zusteht, ein „Anderer" und kein „Dritter." Das ist praktisch wichtig, da es vorkommt, daß Jagdpächter den Grundeigenthümer, welcher Schießgewehr führt, als Jagd-Kontravenienten ansehen wollen.

№ 30.

Ehescheidung. Ehrenkränkungen. Schimpfreden.

Bloße Schimpfreden, welche ein Ehegatte gegen den Andern sich erlaubt, sind für sich allein als grobe und widerrechtliche Kränkungen der Ehre, welche nach §. 700, Tit. 1, Th. II des A. L. R. die Scheidung rechtfertigen, selbst dann nicht anzusehen, wenn sie in Beschuldigung solcher Verbrechen bestehen, die, falls sie gegründet wären, dem Beleidigten die Ahnung der Gesetze oder die besondere Verachtung seiner Standesgenossen zuziehen würden. Dergleichen Schimpfreden fallen vielmehr unter die Vorschriften der §§. 701 und 702 a. a. O.

Ein Lehrer klagte wider seine Frau auf Scheidung, weil er von der Beklagten wiederholentlich „Hurenkerl, Schweinehund, verrückter Schulmeister" geschimpft worden. Das Gericht erster Instanz fand darin keinen Scheidungsgrund; der Zweite Senat des Ober-Landesgerichts zu Frankfurt hingegen war der entgegengesetzten Meinung. Er rechnete die Beleidigungen zu den groben und widerrechtlichen Kränkungen der Ehre, welche der §. 700 für unbedingte Scheidungsursachen erklärt. Das Geheime Ober-Tribunal aber war der Meinung des ersten Richters. Die §§. 701 und 702 bestimmen, im Gegensatze von §. 700, daß mündliche Beleidigungen und geringe Thätlichkeiten auch unter Personen mittlern oder höhern Standes nur dann die Scheidung begründen, wenn sie ohne dringende Veranlassung, muthwillig wiederholt werden. Da nun selbst Thätlichkeiten nur bedingungsweise ein Scheidungsgrund sein können, die doch strafbarer zu sein scheinen als grobe mündliche Beleidigungen, welche nach §. 700 unbedingt die Ehe trennen: so kann man schließen, daß auch grobe Beleidigungen nur unter die bedingten Scheidungsgründe gehören, und daß mithin unter „groben und widerrechtlichen Kränkungen der Ehre", im Sinne des §. 700, noch etwas anderes als grobe Beleidigungen gemeint sein müsse. Dieses ist es, was in den Gründen des Revisionsurtels scharfsinnig erklärt wird: der §. 700 setzt voraus, daß der beleidigende Theil die Absicht habe, dem Andern die ihm nach seinen Verhältnissen zustehende Achtung im Publikum zu entziehen und dadurch einen bleibenden Nachtheil zuzufügen. Dahin würde also eine überlegte planmäßig verbreitete Verläumdung gehören, z. B. wenn die Ehefrau eines Geistlichen boshaft ausbreitet, ihr Mann sei ein Ehebrecher und verführe die ihm anvertraute weibliche Jugend; oder wenn die Frau eines Kaufmanns geflissentlich und wahrheitswidrig ausbringt, daß ihr Mann seine Waaren mit schädlichen Substanzen vermische und falsches Maß und Gewicht führe. Die §§. 701 und 702 hingegen setzen bloßen Muthwillen oder leidenschaftliche Aufregung voraus.

№ 31.

№ 31.

Bürgschaft. Selbstschuldner.

Auch wenn der Bürge sich als Selbstschuldner verpflichtet hat, wird der Gläubiger, welcher während der Bürgschaft der ihm noch außer derselben von dem Hauptschuldner bestellten Hypothek ohne Genehmigung des Bürgen sich begiebt, seines Rechts an den Letzteren verlustig.

Jemand hatte sich für eine Hypothekenschuld als Selbstschuldner verbürgt. Das zum Unterpfande bestellte Grundstück wurde subhastirt; der Gläubiger meldete sich bei dem Kaufgelder-Liquidations-Prozesse nicht und wurde, nach damaligem Rechte, präkludirt. Die Forderung würde, gehörig liquidirt, zur Hebung gekommen sein. Der Gläubiger belangte dann den Bürgen, wurde jedoch durch zwei gleichförmige Erkenntnisse und darauf auch mit der Nichtigkeits-Beschwerde abgewiesen, weil er sich außer Stand gesetzt habe, dem Bürgen die ihm Kraft des beneficii cedendarum actionum zustehenden Rechte zu gewähren. Der §. 332, Tit. 14, Th. I des A. L. R. bestimmt überdies ausdrücklich, daß der Gläubiger, welcher während der Bürgschaft der ihm, noch außer selbiger, von dem Hauptschuldner bestellten Sicherheit, ohne Genehmigung des Bürgen sich begiebt, seines Rechtes an den Bürgen verlustig wird. Soweit von einer einfachen Bürgschaft Rede ist, findet sich kein Zweifel. Allein wenn der Bürge als Selbstschuldner eintritt und neben dem Hauptschuldner als Korrealschuldner haftet, so ist die Frage nicht so unbedenklich; denn ein Korrealschuldner hat nicht das beneficium cedendarum actionum, er kann mithin von dem Gläubiger gar nichts, auch nicht Abtretung der Rechte gegen den andern Schuldner, fordern, er erfüllt nur seine eigene Verbindlichkeit gegen den Gläubiger. Dem Korreal-Schuldverhältnisse widerspricht es von Grund aus, dem angegriffenen Korreus aus der Freilassung des andern Schuldners einen Einwand gegen die Klage des Gläubigers zu geben. Gerade darin besteht das Recht eines Gläubigers von mehreren Korrealschuldnern, daß er freilassen oder angreifen kann welchen er will; er kann sie Alle bis auf Einen entlassen und gerade von diesem Einen allein das Ganze fordern. Diesen Rechtsgrundsatz hat das Geheime Ober-Tribunal auch ganz richtig bei der Entscheidung des später vorgekommenen Rechtsfalles, welcher Bd. IX, № 11, S. 257 flg. mitgetheilt ist, angewendet. Der Fall war dem hier vorliegenden darin ähnlich, daß ein Hypothekengläubiger sich hatte präkludiren lassen mit einer Hypothekenforderung, welche der Käufer des verpflichteten Grundstücks in partem pretii übernommen hatte, und welche zur Hebung gelangt sein würde, wenn sie liquidirt worden wäre. Der Gläubiger nahm darauf den persönlichen Schuldner in Anspruch, der den Einwand der Erlöschung der persönlichen Schuld, durch Versäumung der möglich gewesenen Einziehung aus dem Unterpfande, entgegensetzte. Zutreffend sagt dazu das Geheime Ober-Tribunal, daß es einen solchen Einwand für den Korrealschuldner nicht gebe, weil der Gläubiger eben das Recht habe, sich zu halten an welchen Korrealschuldner er wolle. (Bd. IX, S. 260 und 264.) Noch mehr. Das Geheime Ober-Tribunal hat eben diesen Rechtssatz im Jahre 1810 auch auf einen Bürgen angewendet, welcher als Selbstschuldner eingetreten war. „Aber sie (die vorigen Richter), sagt das Geheime Ober-Tribunal bei dieser Gelegenheit, haben hierbei die Hauptsache vergessen, nämlich daß hier nicht eine bloße simple

Bürgschaft, sondern eine Bürgschaft mit Uebernahme der Verbindlichkeit als Selbstschuldner vorliegt, ein Umstand, der die Ansicht der Sache sehr erheblich verändert, und alle, von den vorigen Richtern allegirten, bei bloßen Bürgschaften stattfindenden, gesetzlichen Vorschriften unanwendbar macht. Wer sich bei einer Bürgschaft als Selbstschuldner verpflichtet, der entsagt dadurch eo ipso dem beneficium ordinis seu excussionis. — Eben deswegen kann es dem Kläger nicht zum Nachtheil gereichen, daß er nicht sofort gegen den Hauptschuldner klagte und sich auch bei dessen Konkursmasse nicht meldete. Dies hatte er nicht nöthig; Beklagter war ihm als Selbstschuldner verhaftet, an diesen konnte er sich also — mit gänzlicher Uebergehung des Hauptschuldners, sofort halten. Damit stimmt auch der §. 393 ib., woselbst verordnet ist, daß, wenn der Bürge sich als Selbstschuldner verpflichtet, — er sich mit einer bloß in Ansehung des Hauptschuldners abgelaufenen Verjährung, gegen den Gläubiger nicht schützen könne.“ (Simon, Rechtssprüche, Bd. I, S. 180.) Eben dieselben Gründe hatte der Kläger in dem unter dieser Ziffer mitgetheilten Rechtsfalle dem Geheimen Ober-Tribunale vorgeführt, ohne Zweifel in der Erwartung, daß dasselbe seine eigene Meinung nicht verlassen werde. Allein das Geheime Ober-Tribunal läßt die in jenem Falle zu Gunsten des Gläubigers entschiedene Frage: ob der als Selbstschuldner eintretende Bürge die Gewährung der ungeschmälerten Rechte des Gläubigers gegen den Hauptschuldner (cessio actionum) fordern könne, hier dahin gestellt, weil es sich im vorliegenden Falle nicht bloß um Geltendmachung einer persönlichen Schuld, sondern zugleich um die Verfolgung eines damit verbundenen Hypothekenrechts handele, und aus diesem Grunde nicht sowohl das beneficium ordinis, als vielmehr das beneficium cedendarum actionum in Betracht komme, der §. 332 a. a. O. aber den Gläubiger seines Rechts an den Bürgen verlustig erkläre, wenn er die Sicherheit aufgebe und deshalb nicht mit abtreten könne. Dieser Ausweichung ungeachtet ist ein Widerspruch zwischen beiden Entscheidungen. Der §. 332 ist nur eine Anwendung des beneficii cedendarum actionum; es ist aber just die Frage: ob ein als Selbstschuldner eintretender Bürge das beneficium habe. In jenem Falle von 1810 wird es virtualiter verneint, wenn auch das beneficium ordinis genannt wird. Denn daß nicht dieses sondern das beneficium cedendarum actionum gemeint ist, erhellt daraus, daß der §. 393 als eine folgerechte Uebereinstimmung mit dem Grundsatze (als eine Folge des Mangels des beneficii) vorgeführt wird. Das ist auch richtig; aus dem Mangel des beneficii cedendarum actionum folgt, daß der als Selbstschuldner haftende Bürge nicht den Einwand haben kann: es sei das Klagrecht des Gläubigers gegen den Hauptschuldner durch Verjährung erloschen. Denn wenn er dessen Abtretung nicht fordern kann, so hat er dabei kein rechtliches Interesse. Also in jenem Falle wird es verneint und in dem hier vorliegenden wird es bejahet. Was ist nun nach Preußischem Rechte wirklich Rechtens? Die alte Meinung hat die rechtliche Natur des Korrealschuldverhältnisses und die landrechtliche Auffassung der Bürgschaft mit ihren Beneficien, sowie den Wortlaut für sich, sie müßte also für die richtige angesehen werden; dennoch hat man der jüngeren Meinung beizustimmen, weil man sonst einen Grundsatz des R. R. annehmen müßte, welcher im A. L. R. nicht ausgesprochen und auch nicht vorausgesetzt ist. Dieser Grundsatz nämlich ist der, daß die Uebernahme einer Schuld als Selbstschuldner keine Bürgschaft mehr ist und daher auch einem solchen Selbstschuldner die Beneficien eines Bürgen niemals zustehen. Darin hat nun die alte Meinung von 1810 zwar einen guten juristischen Grund; doch setzt er voraus, daß das A. L. R. einen solchen Schuldner wirklich nicht mehr als Bürgen betrachte, vielmehr schlechthin als Korrealschuldner behandele. Dem widerspricht die Fassung des §. 297 und des §. 393 a. a. O., wo ein solcher Bürge als wirklicher Bürge angesehen und von einem Hauptschuldner gesprochen wird, an dem es doch in einem Korrealverhältnisse, wo Alle gleichmäßig verpflichtet sind, fehlt; die Verpflichtung als Selbstschuldner soll nur den Verlust des beneficii ordinis wirken. Der im §. 393 bestimmte Rechtssatz des R. R., daß der sich als Selbstschuldner verpflichtende oder auf die Vorausklage verzichtende Bürge sich auf die Verjährung der Klage gegen den Hauptschuldner nicht berufen könne, paßt zwar nur auf das Korrealverhältniß, worauf er auch im R. R. allein beruhet, er hätte mithin folgerecht wegbleiben müssen; doch ist dieser innere Zusammenhang bei der Herübernahme des Satzes in das A. L. R. wohl nicht im Bewußtsein gewesen. Nimmt aber die Verpflichtung als Selbstschuldner einem Intercedenten, nach landrechtlichen Rechtsansichten, nicht die Eigenschaft eines Bürgen und versetzt sie nicht in ein wirkliches Korrealverhältniß, so fällt durch eine solche Verpflichtung auch das beneficium cedendarum actionum mit seinen weitern Folgen und Voraussetzungen nicht weg.

Im Grunde ist es eine Unvollkommenheit des Preußischen Rechts, daß die Konsequenzen der Verpflichtung als Selbstschuldner durch die landrechtliche Verzäunung ausgeschlossen sind.

№ 32.

Zinsen. Verzugszinsen.

Die gesetzliche Befugniß des Gläubigers, von einem Zinsenrückstande, zu dessen Bezahlung der Schuldner verurtheilt worden, Zögerungszinsen seit dem Tage der Rechtskraft des Erkenntnisses zu fordern, sobald der Schuldner vor Ablauf der im Urtel bestimmten Frist die Zahlung nicht leistet, erstreckt sich nur auf rückständig verbliebene vorbedungene, nicht auf Zögerungszinsen.

Jemand war verurtheilt worden, eine Summe mit Zögerungszinsen zu bezahlen. Er zahlte zu spät und der Gläubiger klagte von Neuem auf Entrichtung der Zögerungszinsen von den zu spät gezahlten Verzugszinsen. Der Instructions-Senat des Kammergerichts sprach die Forderung zu; der Ober-Appellations-Senat wies den Kläger ab, und das Geheime Ober-Tribunal verwarf die dagegen angebrachte Nichtigkeits-Beschwerde als unbegründet. Diese Entscheidung beruhet auf der rechtlichen Verschiedenheit zwischen Zögerungszinsen und wirklichen Zinsen (usurae). „Zögerungszinsen, heißt es, haben keinen bestimmten Verfalltag; sie können vielmehr in der Regel nur mit dem Kapitale zugleich eingeklagt werden. Sie sind ein Ersatz des Schadens, den der Gläubiger durch die verzögerte Zahlung des Kapitals erleidet. — Nach §. 833 ebend. kann der Gläubiger außer den Zögerungszinsen für den, durch den Verzug des Schuldners ihm entstandenen Schaden keine weitere Vergütigung fordern. — Zinsen von den bis zur Zahlung laufenden Zinsen können dem Gläubiger nicht zuerkannt werden, denn derselbe würde alsdann, wenigstens für die Zeit von der Rechtskraft des Erkenntnisses an, eine doppelte Entschädigung erhalten.“ Diese Gründe sind nicht zutreffend. Zinsen von den bis zur Zahlung laufenden Zinsen sind nicht in Frage; sondern nur Zinsen von den bis zur rechtskräftigen Verurtheilung aufgelaufenen Zinsen. Der §. 833 sagt: „Außer den Zögerungszinsen kann der Gläubiger für den durch den Verzug des Schuldners ihm entstandenen Schaden keine weitere Vergütung fordern.“ Dadurch ist über die Frage nichts entschieden; es ist nur anerkannt, daß Zögerungszinsen und Schadensersatz nicht zugleich gefordert werden können, weil die Zögerungszinsen die Entschädigungssumme sind. Daß aber von einer für eine bestimmte Zeit schon festgestellten Entschädigungssumme nicht Verzugszinsen sollen gefordert werden dürfen, ist damit noch nicht ausgesprochen. Wenn eine Beschädigung fortgesetzt wird, und die Summe des Ersatzes für eine gewisse Zeit ausgemittelt ist, so muß der Beschädiger davon ohne Zweifel Verzugszinsen zahlen, gemäß §. 66, Tit. 16, Th. I des A. L. R.:

„Wer aus einer unerlaubten Handlung zur Entschädigung verpflichtet ist, muß den nach Gelde festgesetzten Betrag derselben, von dem Tage des ergangenen Urtels an, verzinsen.“

Setzt der Beschädiger nach dem Tage, bis wohin der Betrag des Schadens durch das Urtel bestimmt worden ist, fort, so muß er dafür wieder Ersatz leisten bis dahin, wo die Beschädigung aufhört. Dadurch erhält der Beschädigte keinesweges eine doppelte Entschädigung für dieselbe Schadenszufügung. Denn die Nichtzahlung des festgesetzten Betrags des Schadens verursacht einen andern Schaden als die fortgesetzte Hauptbeschädigung. Der Hauptentscheidungsgrund ist der Satz, daß Zögerungszinsen in der Regel nur mit dem Kapitale zugleich eingeklagt werden können. Allein er paßt auf den vorliegenden Fall doch nicht: denn es werden Zögerungszinsen in der That nicht ohne das Kapital eingeklagt. Die Klage nämlich ist nach rechtskräftig entschiedener Sache die Judikatklage. Deren Hauptgegenstand ist das was das Urtel bis dahin, wo es ergangen, zuspricht. Die bis dahin entstandenen Zögerungszinsen und das mit der ursprünglichen Klage geforderte Kapital machen zusammengerechnet die Hauptsumme aus, welche dem obsiegenden Theile gezahlt werden muß. Diese Hauptsumme ist das Kapital ex judicato und dazu treten die Judikatzinsen vom Tage des Urtels an. Klarer tritt dies hervor, wo in einem Ausnahmefalle rückständig verbliebene Verzugszinsen allein Gegenstand der Klage gewesen und dem Kläger in einer bestimmten Summe zugesprochen worden sind. Der Ausdruck: Zinsenrückstand oder rückständig verbliebene Zinsen soll, wie man sagt, auf Verzugszinsen nicht passen. „Zögerungszinsen haben keinen bestimmten Verfalltag, an dem sie zahlbar und von welchem ab sie rückständig sind", sagt das Geheime Ober-Tribunal in seinen Gründen. Die Behauptung ist, in dieser Allgemeinheit, ungegründet. Im Verkehr kommt es oft vor, daß man bei einer verzögerten Zahlung das was gezahlt wird auf das Kapital giebt und nimmt, und die bis dahin aufgelaufenen Verzugszinsen vorbehält. Warum wäre denn hier der Rückstand kein Zinsenrückstand, und warum wäre denn der stattgefundene Zahltag nicht der Tag, an dem die Zögerungszinsen gleichfalls zahlbar gewesen und von welchem ab sie rückständig geblieben wären. Auf diesen Fall, zumal wenn die unbezahlt bleibenden Zinsen Judikatzinsen sind, paßt der Satz: daß Zögerungszinsen nur mit dem Kapitale zugleich eingeklagt werden können, — gar nicht. Judikatzinsen sind in dieser Hinsicht nicht für bloße Zögerungszinsen anzusehen, und das Kapital kann nicht mehr eingeklagt werden. Nach allem Diesen ist die Entscheidung nicht rechtfertig.

№ 33.

Erbschaftsantretung. Erbschaftsentsagung. Beneficial-Erbe. Konkurs. Inventarium.

Wer eine ihm angefallene Erbschaft ausschlagen oder nur mit Vorbehalt antreten will, hat auch dann, wenn der Konkurs über das Vermögen des Erblassers eröffnet und bei dessen Ableben noch nicht beendigt war, der Erbschaft rechtzeitig zu entsagen oder beziehungsweise ein vollständiges Inventarium über den Nachlaß innerhalb der gesetzlichen Frist niederzulegen.

Nach dem landrechtlichen Prinzip über die Erwerbung einer Erbschaft, und nach dem damit verbundenen Institut des Inventariums, von dessen Einreichung der Einwand des mangelnden Aktiv-Vermögens nicht befreiet (Bd. I, № 30, u. o. S. 62), ist der Satz unzweifelhaft richtig; das Geheime Ober-Tribunal hat diesen Einwand des Unvermögens hier wieder für unstatthaft erklärt. Vergl. o. S. 62 flg. Aber der mitgetheilte Rechtsfall legt klar vor Augen, daß die Verbindung zweier fremdartiger Dinge, nämlich die Verbindung des deutschrechtlichen Prinzips über Erwerbung der Erbschaft mit dem römischen Institute des Inventariums, für Ungelehrte eine Falle ist. Im Jahre 1810 starb ein Gemeinschuldner, über dessen Vermögen schon 1810 Konkurs eröffnet worden, der bei Eintritt des Todes des Schuldners noch nicht beendet war. Die Kinder des Gemeinschuldners, in der Meinung, daß, weil das Vermögen ihres Vaters zur Konkursmasse eingezogen und seit der Konkurs-Eröffnung neues Vermögen nicht erworben worden sei, sie hinsichtlich der Erbschafts-Angelegenheiten nichts zu thun hätten, entsagen nicht der Erbschaft und reichen auch kein Inventarium rechtzeitig ein; werden darauf aber von einem ausgefallenen Gläubiger mit Erfolg in Anspruch genommen. So geht es Vielen. Das deutschrechtliche Prinzip ist nur mit der ihr von jeher zugehörigen specificatio jurata ohne Zeitbestimmung vereinbar; das Institut des Inventariums setzt voraus, daß die Erwerbung der Erbschaft von der Willenserklärung des Berufenen abhange.

№ 34.

Krugverlag. Zwangsrecht.

Der §. 54 des Gesetzes über die polizeilichen Verhältnisse der Gewerbe, vom 7. September 1811, welcher den auf Verjährung oder ausdrücklichen Vertrag beruhenden Krugverlag aufrecht erhält, ist nicht auf städtische Berechtigungen dieser Art zu beziehen.

Der Satz ist nach dem Zusammenhange des Gesetzes und nach dem Marginale zu den §§. 52—55 nicht zu bezweifeln. Dennoch hatte der Civil-Senat des Ober-Landesgerichts zu Königsberg, in der Appellations-Instanz, unter Abänderung des ersten Erkenntnisses, den Pächter eines städtischen Kruges zu Mehlsack, auf Grund seines Pachtkontrakts, verurtheilt, das auszuschenkende Bier aus den städtischen Brauereien zu entnehmen. Dieses Erkenntniß ändert das Geheime Ober-Tribunal in der Revisions-Instanz wieder ab.

№ 35.

Nichtigkeits-Beschwerde. Revision. Sukkumbenzstrafe.

Wenn bei dem Zusammentreffen der Rechtsmittel der Revision und der Nichtigkeits-Beschwerde in einem Prozesse die Revision die Nichtigkeits-Beschwerde nach sich zieht, und letztere daher als eine eigentliche Revision behandelt werden muß, so fällt die für den Fall der Zurückweisung einer Nichtigkeits-Beschwerde gesetzlich bestimmte Sukkumbenzstrafe weg. Wird in einem solchen Fall auf die als Revision zu behandelnde Nichtigkeits-Beschwerde die Bestätigung zweier gleichförmigen Erkenntnisse beschlossen, so ist die Sukkumbenzstrafe nach den allgemeinen, für die Revisions-Instanz geltenden Grundsätzen zu ermessen.

Angenommen durch Plenarbeschluß vom 24. August 1840. Die Gründe sind überzeugend.

№ 36.

Hypothek. Cession. Einwendungen. Gegenforderungen. Löschung.

Der Grundsatz, daß dem Dritten, welcher eine Hypothekenforderung nach deren Eintragung durch einen lästigen Vertrag erworben hat, solche Einwendungen und Gegenforderungen nicht entgegengesetzt werden dürfen, welche binnen vier Wochen nach Eintragung der Post im Hypothekenbuche nicht vermerkt sind, findet nur Anwendung, wenn das Hypothekenrecht selbst verfolgt wird. Macht dagegen der dritte Inhaber das persönliche Forderungsrecht, zu dessen Sicherheit die Hypothek bestellt ist, vor oder nach Löschung der letztern, geltend: so ist das Rechtsverhältniß zwischen dem Schuldner und dem Cessionar lediglich nach den von Cessionen nicht eingetragener Forderungen geltenden Grundsätzen zu beurtheilen.

Diesen dem Nichtigkeits-Urtel vom 22. Februar 1840 zum Grunde liegenden Satz habe ich schon drei Jahre früher, in meiner Lehre von dem Uebergange der Forderungsrechte, zu begründen gesucht. Die Herausgeber der Entscheidungen zeigen aber in der Note 1, S. 373 an: „Anderer Meinung sind: II, Koch, die Lehre vom Uebergang der Forderungsrechte, S. 192 bis 196.“ Dort aber heißt es: „Diese Ausnahme (daß Einwendungen aus der Person des Cedenten unstatthaft) bezieht sich jedoch wohlverstanden nur auf das Hypothekenrecht oder die subjektiv-dingliche Schuld. (Vgl.

§. 18.) Die Erlöschung der persönlichen Schuld ist durch Vermerke nicht bedingt, sondern nur die der dinglichen. Dies gilt für zweifelhaft." Nun folgt bis S. 196 die Begründung. Die Herren Herausgeber haben daher in ihrer Anzeige geirrt. Noch etwas Anderes macht sich bemerklich. Es wird nämlich der Satz behauptet, daß, wenn das persönliche Forderungsrecht verfolgt werde, das Rechtsverhältniß zwischen dem Schuldner und dem Cessionar lediglich nach den von Cessionen nicht eingetragener Forderungen geltenden Grundsätzen, auch vor der Löschung des Hypothekenrechts, zu beurtheilen. Dabei kann sich, wie auch in dem hier mitgetheilten Rechtsfalle geschah, ergeben, daß die persönliche Schuld auf irgend eine Weise getilgt und erloschen ist. Dennoch nimmt das Geh. Ober-Tribunal, mit Recht, das Fortbestehen der Hypothekenpost an, denn auf diese sollen Tilgungsarten, welche nicht im Hypothekenbuche notirt sind, keinen Einfluß haben. Damit in Widerspruch hat dasselbe später behauptet, das Hypothekenrecht könne ohne Fortdauer des persönlichen Forderungsrechts nicht fortbestehen. Daß diese neuere Ansicht irrig, habe ich oben zu № 6, S. 319 flg. gezeigt.

№ 37.

Alimente. Uneheliches Kind. Unterofficiere. Soldaten. Erben.

Das Vorrecht der Unterofficiere und gemeinen Soldaten, für ihre unehelichen Kinder nur die, durch das Gesetz bestimmten geringeren Alimentenbeträge zahlen zu dürfen, kömmt ihren Erben nicht zu Statten.

Der Rechtsfall war, daß der Schwängerer, ein Unterofficier, schon vor Anstellung der Klage gestorben war. Für das Kind wurde, auf Grund des §. 647, Tit. 2, Th. II des A. L. R., die Aussetzung der Erziehungskosten mit 3 Rthlr. monatlich aus dem Nachlasse gefordert. Die Erben wollten nur 25 Sgr. bewilligen, welchen Betrag das Ober-Landesgericht zu Marienwerder, in Uebereinstimmung mit dem Gerichte erster Instanz, nur zuerkannt hatte. Diese Entscheidung vernichtet das Geheime Ober-Tribunal und spricht den geforderten Betrag zu. Ginge die Alimentations-Verbindlichkeit als solche auf die Erben über, so würde die Entscheidung nicht rechtfertig sein. S. o. zu № 2, S. 307. Aber als eine Schuld ist in diesem Falle das Gebührniß des unehelichen Kindes überhaupt nicht anzusehen, sondern als ein Gebührniß von Todes wegen, vermöge eines unvollkommenen Erbrechts.

№ 38.

Nichtigkeits-Beschwerde. Justizkommissarius. Ober-Gerichts-Departement.

Zur Unterzeichnung einer Nichtigkeits-Beschwerdeschrift sind nur diejenigen Justizkommissarien befähigt, welche in demjenigen Ober-Gerichts-Departement, in dem der Prozeß in erster Instanz geschwebt hat, recipirt sind.

Dieser durch Plenarbeschluß vom 24. August 1840 angenommene Rechtssatz ist durch die Verordnung vom 21. Juli 1843, §. 1 und 2 (G.-S. S. 295), wonach ein jeder Justizkommissarius, ohne Einschränkung auf einen Gerichtsbezirk, Schriften in Prozessen und anderen Rechts-Angelegenheiten anfertigen darf, beseitigt.

№ 39.

Handlungsbücher. Kaufleute. Schriftliche Verträge. Beweis. Gewagte Verträge. Lieferungsverträge. Zeitkaufsgeschäfte. Staatspapiere.

I. Die Eintragung in die Handlungsbücher vertritt unter Kaufleuten bei kaufmännischen Geschäften die Stelle des schriftlichen Vertrages.

II. Ueber Gegenstände des kaufmännischen Verkehrs zwischen Kaufleuten geschlossene Verträge, deren Erfüllung von beiden Seiten erst an einem noch bevorstehendem Termine erfolgen soll — namentlich Verträge über künftige Waarenlieferungen oder gewagte Verträge, insbesondere über den Kauf von Staatspapieren auf Zeit — eignen sich zur Eintragung in die Handlungsbücher nicht. Ist die Eintragung dennoch erfolgt, so kann sie weder einen Beweis liefern, noch die mangelnde schriftliche Form ersetzen.

Der erste Satz ist unbestritten, es handelt sich nur um seine Anwendung. Ein Kaufmann hatte von einem andern

Kaufmanne, mittelst mündlich geschlossenen Kontrakts, am 23. Januar 1830, eine Summe Staatsschuldpapiere zu einem bestimmten Kurse gekauft, welche am 31. August desselben Jahres abgenommen werden sollten, doch sollte dem Käufer auch gestattet sein, gegen ein Reugeld von 5 Rthlr. vom Hundert zurückzutreten. Der Käufer berief sich auf die Unverbindlichkeit des Geschäfts, wegen Mangels der schriftlichen Form; der Verkäufer hingegen meinte, daß die Form durch den Vermerk, welchen er in seine Bücher gesetzt habe, ersetzt werde. Doch der Appellations-Richter (der Ober-Appellations-Senat des Kammergerichts) und das Geheime Ober-Tribunal verwarfen diese Ansicht, und erklärten ein solches Geschäft, welches noch auf keiner Seite ein Resultat für Kredit oder Debet giebt, zur Eintragung in kaufmännische Handlungsbücher für ungeeignet, deshalb auch die geschehene Eintragung für wirkungslos. Darin ist unbedingt beizustimmen.

VI. Band.

Enthaltend 44 Rechtsfälle.

№ 1.

Windmühle. Bäume. Forstrevier. Holzkultur.

Die gesetzliche Vorschrift, daß Niemand berechtigt ist, einer Windmühle durch Anpflanzung hoher Bäume, wo dergleichen vorher nicht gewesen sind, den nöthigen Wind zu benehmen, kann die Kultur der an Wind-

Windmühlen grenzenden Forstreviere durch Ansäen von Holz nicht hindern.

Ist oben zu Bd. V, № 7 beurtheilt.

№ 2.

Zahlung. Condictio indebiti. Reallasten. Pächter. Fünftel-Abzug. Vormaliges Königreich Westphalen.

I. Nicht bloß Geld oder geldgleiche, auf jeden Inhaber lautende Papiere, sondern auch Sachen können mit der condictio indebiti, sofern deren gesetzliche Erfordernisse vorhanden sind, zurückgefordert werden.

Wenn unter den Sachen solche gemeint sind, welche aus Mangel der Unterscheidbarkeit oder wegen einer Bedingung nicht Gegenstand einer Vindication sein können, so ist der Satz richtig; auf andere Sachen ist die condictio indebiti nicht anwendbar.

II. Wenn ein Grundstück mit einer demselben gebührenden Realleistung verpachtet worden: so ist der Verpflichtete einen an den Pächter indebite abgeführten Theil der Prästation oder dessen Werth von dem Verpächter zurückzuverlangen befugt.

An ein Domainen-Amt hatte ein Gutsherr von seinem Gute

den Natural-Garbenzehent zu entrichten, wovon er den, in den ehemals westphälischen Landestheilen üblichen Fünftel-Abzug machen durfte. In den Jahren 1825 bis 1829 hatte er den Zehnten an den Domainen-Pächter, dem solcher von dem Fiskus mit überwiesen worden war, abgeführt, ohne den Fünftel-Abzug zu machen. Er condicirte später den Werth desselben, nicht von dem Empfänger sondern von dem Fiskus. Dabei könnte die Person des Beklagten Bedenken veranlassen, indem nicht der Fiskus, sondern der Pächter den Decem empfangen hatte. Dieses Bedenken wird durch die Betrachtung beseitigt, daß es die Rechte des Zahlers nicht ändere, ob der Empfänger die Zahlung in Person, oder durch einen Verwalter, oder durch einen Pächter erheben lasse; auch der zur Erhebung angewiesene Pächter sei ein Stellvertreter des Anweisenden. Dagegen ist nichts zu sagen. Ein anderes Bedenken macht die Forderung des Werths der indebite gegebenen Feldfrüchte, da die Condictionen nur auf Rückgabe des Gegebenen gehen. Der Grund des Geheimen Ober-Tribunals für die Zuerkennung des geforderten Werths besteht bloß darin, daß „der verklagte Fiskus nichts dagegen eingewendet hat, daß die Rückerstattung nicht in Natur, sondern dem Werthe nach verlangt wird." Der daraus abgeleitete Satz (II) drückt sich sogar so aus, als wenn dem Kläger unbedingt die Wahl zustände. Darin ist nicht beizustimmen. Wenn ein Kläger etwas anderes fordert als der Inhalt seines Klagrechts ursprünglich mit sich bringt, so muß er den Grund der Umwandlung angeben, sonst ist die Klage nicht fundirt (nicht annehmbar, actio non datur). Der Beklagte hat nicht nöthig, sich dagegen erst noch zu vertheidigen; er kann, selbst wenn in contumaciam gegen ihn verfahren wird, auf eine unfundirte Klage nicht verurtheilt werden. In dem vorliegenden Falle wird wohl die Mora des Beklagten der Rechtsgrund gewesen sein; denn die Condiction wegen Irrthums ist der Condiction aus einem Darlehn analog, und bei uneigentlichen Darlehnen hat der Kläger, im Falle des Verzugs des Schuldners, die Wahl, entweder die Sachen mit Zinsen, oder den Werth der Sachen zu fordern.

III. Der zum Fünftel-Abzug berechtigte Besitzer eines mit Reallasten beschwerten Grundstücks in den Landestheilen, welche zu dem vormaligen Königreich Westphalen gehört haben, darf, wenn er aus Irrthum den fünften Theil der Reallasten abzuziehen unterlassen hat, dieses Fünftel oder dessen Werth mit der condictio indebiti zurückverlangen.

Der Beklagte hatte eingewendet, der Kläger habe nur das Recht, den fünften Theil der Realleistungen abzuziehen oder zu behalten, nicht aber zurückzufordern, wenn er den Abzug unterlassen habe. Die Behauptung ist ohne jeden Rechtsgrund, wie auch das Geheime Ober-Tribunal zeigt. Im Uebrigen s. m. o. zu Bd. V, № 21, S. 365.

№ 3.

Vormaliges Herzogthum Berg. Münster. Heimfall. Letztwillige Verordnung. Erbfolge.

I. Die Besitzer der dem Heimfall unterworfenen Güter in den Landestheilen, welche zu dem ehemaligen Großherzogthum Berg eine Zeit lang gehört haben, sind, seitdem sie durch die fremdherrlichen Gesetze das volle Eigenthum erlangt haben, über dieselben letztwillig zu verfügen berechtigt.

II. Güter der gedachten Art werden daher nach den Grundsätzen, welche vor der Einführung der fremden Gesetze bestanden haben, nur vererbt, falls von dem Besitzer keine letztwilligen Anordnungen getroffen worden.

III. Dies gilt auch dann, wenn die ältern Vererbungsgrundsätze in dem Verleihungs- oder Erbpachtsvertrage wegen des betreffenden Guts festgesetzt sind.

Diese, von dem Geheimen Ober-Tribunal gegen die Auslegung des Appellations-Richters (des zweiten Senats des Ober-Landesgerichts zu Paderborn) sehr gut begründeten Sätze gelten doch nur in den Landestheilen, welche vor der Fremdherrschaft zu den Preußischen Landen gehört haben; denn nur in diesen ist wegen der stattgefundenen friedensvertragsmäßigen Abtretung die fremde Gesetzgebung für rechtmäßig anerkannt worden. In den vormals Hannöverschen und Braunschweigischen Landestheilen, welche später an Preußen gekommen sind, wie z. B. das Amt Reckenberg, ist dies nicht der Fall; dort waren schon vor der Abtretung an Preußen die fremden Gesetze, durch die Hannöversche Verordnung vom 23. August 1814, für null und nichtig erklärt. v. Kamptz Jahrbücher, Bd. III, S. 213 flg.

№ 4.

Vormalige französische Departements. Minden. Ravensberg. Heimfall. Letztwillige Verordnung. Erbfolge.

Der Besitzer eines dem Heimfall noch unterworfenen Kolonats in den Landestheilen, welche vormals zu den französischen Departements eine Zeit lang gehört haben, ist seit Aufhebung der Leibeigenschaft zu Verfügungen über die Stätte unter Lebenden und von Todes wegen, mit Vorbehalt der Rechte des Heimfallsberechtigten beim Eintritte des Heimfalls, befugt.

Dabei ist kein Bedenken. S. o. zu Bd. II, № 29, S. 110.

№ 5.

Kurmark. Neumark. Pommern. Armenverpflegung. Gesinde. Tagelöhner. Dorfgemeine. Gutsherrschaft.

Die Dorfgemeinen in der Kur- und Neumark, sowie in Pommern, haben in Ansehung derjenigen Personen, welche als herrschaftliche Dienstboten oder Tagelöhner in den zum Rittergute gehörigen Häusern wohnen, nicht die Pflicht der Armenverpflegung.

Der Satz ist in zwei mitgetheilten Rechtsfällen, auf Grund des Patents vom 8. September 1804, wegen näherer Bestimmung der Grundsätze über die Verpflichtung zur Verpflegung der Ortsarmen in der Kurmark, Neumark und Pommern, angewendet. In diesem Patente ist er jedoch nicht ausgesprochen. In dem zweiten Rechtsfalle wird er auch für allgemein gültig ausgegeben, nach einem Erlaß des Ministeriums des Innern und der Polizei, vom 25. Mai 1835 (von Kamptz Annalen, Bd. XIX, S. 506), und aus dem geschichtlichen Grunde, weil „das bei einem Dorfe befindliche, meistens nach demselben benannte Rittergut in keinem Gemeindeverbande mit der Dorfgemeine steht." Die Entstehungsgeschichte der Rittergüter mit ihrem Dorfe hat zwar einen umgekehrten Verlauf genommen und das später entstandene Dorf ist wohl nach dem Rittersitze (der arx), aber nicht dieser nach den jüngern Ansiedelungen genannt worden; das thut jedoch der Wahrheit des Satzes, daß das Rittergut in der Regel nicht in einem Gemeindeverbande mit seinen Bauern oder Dienstleuten steht, keinen Abbruch. Der Satz ist sowohl im A. L. R. Th. II, Tit. 7, §. 18 anerkannt, als auch in dem neuen Gesetze über die Verpflichtung zur Armenpflege, vom 31. December 1842, §§. 5—7 (G.-S. 1843, S. 8), vorausgesetzt.

№ 6.

Vertrag. Erfüllung.

Wenn aus einem, in den Hauptpunkten bereits erfüllten Vertrage, später fällig gewordene, wechselseitige, jedoch von einander unabhängige Nebenleistun-

gen oder fortlaufende Verbindlichkeiten gefordert werden: so ist jeder Kontrahent, bis der andere Theil erfüllt hat, bei gleichartigen Leistungen nur zur Kompensation, bei ungleichartigen nur zu dem Antrag auf Erfüllung Zug um Zug, nicht zu einer gänzlichen Weigerung der Erfüllung von seiner Seite berechtigt.

Der Satz ist unfruchtbar. Der Rechtsfall, welcher ihn hinzustellen Anlaß gegeben hat, ist aus einem Erbpachtverhältnisse, dessen Gegenstand eine Wassermühle ist, entstanden. Der Erbpächter ist schuldig, bei jedem auf seiner Seite vorkommenden Sterbefall an den Erbverpächter eine Abgabe zu entrichten; und der Erbverpächter soll den Wasserlauf im Baustande halten. Der Erbverpächter hatte die Reparaturen unterlassen und ward von dem Müller auf Instandsetzung und Schadensersatz in Anspruch genommen. Von Seiten des Erbpächters sollte in zwei Sterbefällen das Mortuarium nicht entrichtet worden sein, und darauf gründete der verklagte Erbverpächter den Einwand des nicht erfüllten Kontrakts von Seiten des Klägers. Diesen Einwand erklärt das Geheime Ober-Tribunal für „nichtsubstantiirt", weil die Weigerung, einen Vertrag wegen mangelnder Erfüllung von Seiten des andern Kontrahenten zu erfüllen, überhaupt nicht weiter gehen dürfe, als das Interesse des sich Weigernden sich erstrecke. Dies ist der eigentliche Rechtssatz, welcher zu der Verurtheilung des Erbverpächters nach dem Klageantrage geführt hat. Er soll, wenn man die Bestimmung des §. 271, Tit. 5, Th. I des A. L. R., wonach der, welcher die Erfüllung eines Vertrags fordert, nachweisen muß, daß er demselben von seiner Seite ein Genüge geleistet habe, oder warum er dazu erst in der Folge verbunden sei, auf einen in den Hauptpunkten bereits erfüllten Vertrag anwende, daraus folgen, „daß bei späteren, bereits fälligen, aber unerfüllt gelassenen gegenseitigen kontraktlichen Leistungen dieselben jedenfalls Zug um Zug geschehen müssen, da keiner von beiden Theilen behaupten kann, daß er dazu erst in der Folge verbunden sei;“ — denn „es würde sonst derjenige, dessen Interesse das größere ist, und der deshalb den andern Kontrahenten im Wege der Klage zur Erfüllung anzuhalten genöthigt ist, gezwungen sein, gegen die ausdrückliche gesetzliche Bestimmung des §. 271 (dieser Paragraph bestimmt durchaus nicht, daß derjenige, welcher das größere Interesse hat, später als der Andere soll erfüllen dürfen) früher als der Andere seiner Verbindlichkeit zu genügen, weil ihm anderen Falls der Einwand ꝛc. würde entgegengesetzt werden.“ Warum aber sollte denn das nicht auch wirklich geschehen können? Eine rechtliche Nothwendigkeit, welche das verhinderte, wird ja nicht gezeigt. Ganz ebenso läßt sich raisonniren bei Verträgen, welche noch nicht in den Hauptpunkten (welche sind überhaupt Nebenpunkte und welche nicht?) erfüllt sind. Denn es werden viele Fälle vorkommen, wo das materielle Interesse des Einen nachweislich sehr viel größer ist als das des Andern; es müßte also in allen diesen Fällen der Eine auf Erfüllung klagen dürfen, ohne selbst erfüllt zu haben oder rechtlichen Grund zu haben, erst später zu erfüllen. Durch die Erwägung und Betrachtung des Geheimen Ober-Tribunals wird mithin jener Satz nicht bewiesen, er ist auch unächt, wenigstens nicht so ausgedrückt, daß sich erkennen ließe, was daran Wahres sei. Denn eine wirklich zweiseitige Obligation hat zu allen Zeiten immer dieselbe Wirkung und Eigenschaft, mag sie vor Erfüllung des Vertrags in dessen Hauptpunkten oder erst nachher entstanden sein. Es kommt daher, um den Fall mit Sicherheit rechtlich zu beurtheilen, lediglich auf die Unterscheidung zwischen einseitigen und zweiseitigen Obligationen, und auf Vermeidung einer Verwechselung zweiseitiger Verträge mit zweiseitigen Obligationen an; auch aus zweiseitigen Vertragsverhältnissen können einseitige Obligationen entstehen. Die Verbindlichkeit des Erbverpächters zur Reparirung des Wasserlaufs war wesentlich eine einseitige, d. h. eine nicht erst durch unmittelbare Gegenleistung bedingte; und die Verbindlichkeit des Müllers zur Entrichtung des Mortuariums war gleichfalls eine einseitige, in der Erfüllung durch keine Gegenleistung bedingte. Es begegneten sich zufällig zwei, aus dem nämlichen dauernden Rechtsverhältnisse entsprungene, einseitige Obligationen, die sich gegenseitig in ihrer Erfüllung durchaus nicht bedingten; der Fall der exceptio non impleti contractus war mithin nicht gegeben, der Einwand also an sich unbegründet.

№ 7.

Gesinde. Dienstentlassung.

Gesinde, welches aus anderen als gesetzmäßigen Ursachen vor Ablauf der Dienstzeit entlassen ist, kann eine Entschädigung nicht verlangen, wenn die Herrschaft zur Wiederaufnahme des Dienstboten und zur Fortsetzung des Dienstvertrages von der Obrigkeit erst nach verflossener Dienstzeit aufgefordert worden.

Der Satz sollte so lauten: Wenn ein Dienstbote vor Ablauf des Kontrakts von der Herrschaft entlassen wird und bei der Polizei, welche die Rechtmäßigkeit der Entlassung summarisch zu untersuchen und zu beurtheilen hat, nicht bewirken kann, daß die Herrschaft wegen unrechtfertiger Dienstentlassung aufgefordert wird, den Dienstboten wieder aufzunehmen: so findet wegen Nichterfüllung des Kontrakts keine Entschädigungsklage statt. Dabei ist nicht der mindeste Zweifel. Der mitgetheilte Rechtsfall ist nur als ein Kuriosum bemerkenswerth. Ein Dienstbote hatte sich bis zum 1. Oktober vermiethet, wurde aber schon den 1. August entlassen. Darauf verhält er sich bis zum 4. September ruhig; an diesem Tage klagt er ohne Weiteres bei dem Richter auf Schadloshaltung für die nicht ausgehaltene Dienstzeit. Der Richter, statt auf die Klage das rechtliche zu verfügen, ersucht die Polizeibehörde: die Herrschaft anzuhalten, das Gesinde in den Dienst wieder aufzunehmen. Wie kommt der Richter zu einer solchen Requisition?! Auf diese Requisition wird ein Polizei-Kommissarius am 29. September beauftragt, die Herrschaft zur Wiederaufnahme anzuhalten. Den 10. Oktober (also 10 Tage nach Ablauf der Miethszeit) berichtet der Kommissarius, die Herrschaft wolle den Dienstboten nicht wieder annehmen und der Dienstbote sei seit dem 2. Oktober auch schon in andern Diensten. Nun eröffnet der Richter den Rechtslauf. Der Beklagte macht den Einwand, daß der Dienstbote sich nicht zu gehöriger Zeit an die Polizei gewendet habe. Der Richter aber erklärte den Einwand dadurch für beseitigt, daß der Dienstbote den 4. September die Klage angemeldet habe und ihm der Umstand, daß die Polizei erst den 10. Oktober eingeschritten sei, nicht zur Last falle. Er verurtheilte die Herrschaft. Dieses Urtel wird dann auf die Nichtigkeits-Beschwerde ganz mit Recht vernichtet. Selten wird in den Gesinde-Entlassungs-Sachen gesetzmäßig verfahren. Der

§. 160 der Gesinde-Ordnung verordnet: „Eine Herrschaft, die aus andern als gesetzmäßigen Ursachen das Gesinde vor Ablauf der Dienstzeit entläßt, muß von der Obrigkeit (Polizei), dasselbe wieder anzunehmen und den Dienstvertrag fortzusetzen, angehalten werden." Mit dem Anhalten zur Wiederaufnahme kann also die Polizei nicht anfangen, sondern sie muß erst nach den Ursachen der Entlassung fragen. Sind dieselben gesetzmäßig, so kann selbstredend von dem Anhalten zur Wiederaufnahme gar nicht Rede sein. Säumt der Dienstbote so lange, daß die Polizei erst nach Ablauf der Dienstzeit dazu kommen kann, so fällt die Wiederaufnahme unter allen Umständen weg. Gewöhnlich oder doch meistens geht die Polizei, wenn ihre Hülfe gesucht wird, auf die Entlassungsursachen gar nicht ein; sie begnügt sich, die Herrschaft vorweg zur Wiederaufnahme aufzufordern. So eben ist mir das Schreiben eines Landraths, welcher über den Verlauf einer solchen Sache Auskunft geben sollte, vorgekommen, worin er sagt, daß er nichts habe thun können, da es nur sein Amt sei, die Parteien zu einer gütlichen Vereinigung aufzufordern. Seine Obliegenheit war ihm also gar nicht bekannt; auf das Punktum antwortete er auch nicht.

№ 8.

Posen. Erbpacht. Intestat-Erbfolge. Seitenverwandte. Adel. Rekadenzrecht. Altpolnisches Recht.

I. Nach altpolnischen Rechten wird ein Adliger, der weder Descendenten noch Geschwister oder

Geschwisterkinder hinterlassen hat, von den weiteren Seitenverwandten der väterlichen und mütterlichen Linie dergestalt beerbt, daß an jede dieser beiden Linien dasjenige Vermögen zurückfällt, welches der Erblasser aus derselben überkommen hatte.

II. Die Erbfolge-Ordnung unter den entfernten Seitenverwandten in jeder der bezeichneten Linien richtet sich dagegen beim Mangel besonderer Bestimmungen für das eigentliche Polen, die sogenannten Kronlande, nach dem Römischen Rechte.

In den Entscheidungsgründen wird nachgewiesen, daß entstehende Erbstreitigkeiten in den altpolnischen Landen aus vorlandrechtlicher oder vornapoleonischer Zeit nach der Praxis oder Ortsgewohnheit („praxis et consuetudo locorum"), und bei deren Ermangelung nach dem subsidiarisch geltenden R. R. entschieden werden. Vergl. übrigens o. zu Bd. IV, № 4, S. 217.

№ 9.

Pfändung. Pfandgeld. Provinzialrecht.

Die bei Publikation des A. L. R. bestandenen Provinzialgesetze über Pfändungen sind, soweit sie den ausdrücklich einschränkenden oder verbietenden Vorschriften des Abschn. 4, Tit. 14 und den §§. 179 bis 186, Tit. 22, Th. I desselben zuwiderlaufen, außer Kraft gesetzt und nur noch in Betreff der

Höhe des Pfandgeldes von Gültigkeit. Die Frage: in welchen Fällen, in welchem Umfange und auf welche Gegenstände das Pfändungsrecht ausgeübt werden könne, ist daher lediglich nach dem A. L. R. zu beurtheilen.

Der Satz ist nach den geschriebenen Satzungen der neuern Gesetzgeber richtig, die Entscheidung des Geheimen Ober-Tribunals, wodurch ein Waldeigenthümer gegen einen Schäfereibesitzer, der seine Schafheerde in die jungen Haunungen getrieben hatte, auf Grund der vorlandrechtlichen Bestimmungen von jedem Schafe 10 Sgr. Schadensersatz (Pfandgeld genannt) verlangte, angebrachtermaßen abgewiesen wird, ist sonach wohl rechtfertig. Aber diese neue Gesetzgebung ist dem ruhigen Grundbesitzer und Landmann verderblich. Die aus der unhistorischen Suarez'schen Ansicht, wonach das Pfändungsrecht „eine Reliquie des Faustrechts" sein soll, hervorgegangenen landrechtlichen Bestimmungen sind zum Schutze des Eigenthums und Besitzes gegen räuberische Einfälle, gewaltsame Plünderung und Verwüstung der Felder und Wälder entschieden ungenügend; es wird gerade umgekehrt durch dieselben der friedliche Landmann und Grundbesitzer dem Faustrechte der Feldräuber und Strauchdiebe Preis gegeben; sein theuer bezahltes oder mit sauerem Schweiße hervorgebrachtes Eigenthum wird für gute Prise dieser frechen Leute erklärt, die, wohlwissend daß ihnen kein Haar gekrümmt werden darf, es sei denn daß der Beraubte sich der Gefahr aussetze, als Todtschläger oder Gewaltiger behandelt zu werden, im Angesichte des Eigenthümers ihre Beute in Besitz nehmen und noch sehr gutmüthig sind, wenn sie sich mit dessen Verhöhnung begnügen ohne Gewaltthätigkeiten gegen die Person zu verüben. Es giebt viele

Vorkommnisse und Lagen, in welchen die Obrigkeit, die das alte Selbstrichteramt und Schutzrecht entbehrlich machen will, ganz unmöglich Hülfe bringen oder genügenden Ersatz verschaffen kann. In diesen Fällen ist es eine feindselige Richtung gegen die friedlichen Staatsangehörigen, wenn dem freien Manne unter dem Vorwande, daß die Obrigkeit um Schutz angegangen werden müsse, sein Selbstrichteramt und Schutzrecht genommen, oder, was gleichviel ist, wenn ihm der in solchen Lagen an sich unmögliche Beweis, daß er just nach der Elle die Abwehr dem Angriffe angemessen habe, abgefordert wird, was schon eine kriminelle Anklage und die Behandlung als Verbrecher voraussetzt. In der Mitte von Gerichtsdienern und Polizei-Agenten ist gut sagen: „das Pfändungsrecht ist eine Reliquie des Faustrechts" und muß abgeschafft werden; aber allein, auf dem freien Felde oder im Walde, wo der Landmann die Früchte seiner Arbeit verwüsten oder entwenden sieht, da nimmt sich die Sache ganz anders aus. Wem hier die Selbsthülfe genommen wird, der ist rechtlos, weil er den Beweis nicht beibringen kann, den die hohe Obrigkeit fordert und fordern muß, sowohl was die Person des Beschädigers als auch was den Betrag des Schadens betrifft, denn, was die Ermittelung des letztern betrifft, so kommt die Besichtigung und Schätzung immer zu spät und giebt auch an sich kein richtiges Resultat. Hier kann nur das Selbstrichteramt auf frischer That die Ausgleichung treffen.

№ 10.

Pfandrecht. Verpächter. Früchte.

I. Das gesetzliche Pfandrecht des Verpächters erstreckt sich auch auf die im Pachtgrundstück erzeugten, noch auf dem Halme stehenden oder schon geerndteten Früchte.

II. Der Verpächter ist sein gesetzliches Pfandrecht schon vor Beendigung des Pfandvertrags wegen seiner fälligen Forderung geltend zu machen befugt.

Beide Sätze sind nur in Folge der bei Abfassung des A. L. R. beliebten Abänderung der Röm. Rechtsgrundsätze über den Fruchterwerb, und in Folge der Gleichstellung des Pachtverhältnisses mit der Miethe in Frage gekommen. Nach dem Wortlaute haben sie keine Geltung; sie beruhen auf einer gezwungenen Auslegung und auf der Redensart: es sei nicht die Absicht des Gesetzes gewesen, das Recht hierin zu ändern. Damit sucht man sich in vielen Fällen zu helfen, wo man vermeintliche Verbesserungen des Rechts vorgenommen hat, ohne daß man die dadurch an andern Stellen in dem großen Baue entstehenden Brüche und Sprünge alsogleich bemerken und durch positive Einschiebsel wieder einrichten und ausbessern konnte. Ein Fall dieser Art ist der vorliegende. Ein Gläubiger eines Pächters hatte auf dem Halme stehende Früchte durch Exekution für sich in Beschlag nehmen lassen. Der Verpächter hatte noch Pachtzins zu fordern und wollte wegen seines Pfandrechts die Feldfrüchte nicht verabfolgen lassen. Der Exekutionssucher berief sich auf die Worte des A. L. R., wonach der Verpächter und

Vermiether wegen des Zinses auf die von dem Pächter eingebrachten und zur Zeit der Endigung des Kontrakts in dem Gute noch vorhandenen Sachen und Effekten die Rechte eines Pfandgläubigers hat; die auf dem Halme stehenden Früchte wären nicht eingebracht und der Kontrakt noch nicht zu Ende, mithin sei es ungewiß, ob diese Früchte alsdann noch vorhanden sein würden. Nach Gemeinem Rechte ist ein solcher Angriff nicht denkbar; denn die auf dem Halme stehenden Früchte sind, jedem Dritten gegenüber, im Eigenthume des Verpächters, und nur auf Grund eines obligatorischen Verhältnisses zwischen ihm und dem Pächter kann sie der Letztere erndten, was der Verpächter nicht gestattet, wenn ihm der Zins nicht gezahlt wird. Daher kann auch ein Dritter, aus dem Rechte des Pächters, nicht zur Erndte gelangen, wenn er die Bedingung der Gegenleistung nicht erfüllt. Die Bestimmungen des A. L. R. sind, nach ihrem Wortsinne, dem Verpächter offenbar entgegen; denn das Eigenthum der auf dem Halme stehenden Früchte gehört nach dem landrechtlichen Prinzip dem Pächter und ein Pfandrecht hat der Verpächter nur an den eingebrachten Sachen. Hiergegen kommt nun das Geheime Ober-Tribunal mit der Auslegung zu Hülfe: „man kann nicht annehmen, daß es bei der Abfassung des A. L. R. die Absicht gewesen ist, das gemeinrechtliche Pfandrecht des Verpächters auf die invecta et illata zu beschränken; vielmehr ist gerade eine Erweiterung und Ausdehnung jenes Pfandrechts bezweckt, und deshalb ein solches dem Verpächter auch auf die eingebrachten Sachen des Pächters eingeräumt." Und vorher: „Das A. L. R. hat im §. 395 a. a. O. unzweifelhaft nicht beabsichtigt, das gesetzliche Pfandrecht des Verpächters durch Hinweisung auf die eingebrachten Sachen und Effekten des Pächters einzuschränken, viel-

vielmehr nur für nöthig erachtet, auch des Pfandrechts auf die Invekten und Illaten zu erwähnen, weil, abgesehen von den letztern, dem Verpächter auf die Früchte und Nutzungen des Pachtguts ohnehin schon ein Pfandrecht zustand." Aber das ist, wie gesagt, in Beziehung auf die unabgesonderten Früchte ein Irrthum, nur an den geerndteten Früchten hat der Verpächter ein Pfandrecht, nach L. 7 D. in quibus causis pignus (XX, 2); von den fructus pendentes ist er Eigenthümer. Ein Eigenthum hat er seit Publikation des A. L. R. daran nicht mehr und ein Pfandrecht ist ihm dafür nicht gegeben. Der aus §. 475, Tit. 20, Th. I des A. L. R. hergenommene Beweis ist unpassend; dieser Paragraph ist eben auch nur ein positiv eingeschobener Satz, um die Hypothekengläubiger gegen die Folgen des Prinzips über den Fruchterwerb zu decken; ohne diese Bestimmung würde jeder Pächter sein Eigenthum (die Früchte) nehmen können und die Hypothekengläubiger hätten das leere Nachsehen. Der §. 475 gehört also gar nicht hierher.

№ 11.

Darlehn. General-Depositorium. Depositalmäßige Sicherheit. Vertretungsverbindlichkeit. Regreß Votiren.

Wenn bei der Bewilligung von Darlehnen aus dem General-Depositorium in der Beurtheilung der Sicherheit gefehlt worden, so ist die Vertretungs-Verbindlichkeit jedes einzelnen Mitgliedes des Gerichts für einen Ausfall an den ausgeliehenen

Geldern durch ein für die Annehmlichkeit der Sicherheit schriftlich gegebenes Votum bedingt. Ist die vorgeschriebene schriftliche Abstimmung unterblieben, so sind die einzelnen Mitglieder nicht verhaftet.

Der Satz ist nicht echt und die darauf gegründete Entscheidung des Geheimen Ober-Tribunals unrechtfertig. Ein Vormundschafts-Gericht hatte aus dem Pupillen-Depositorium 14,000 Rthlr. so unsicher ausgeliehen, daß 4800 Rthlr. ausfielen. Der Beschluß zur Ausleihung war im versammelten Kollegium auf gehaltenen Vortrag gefaßt worden (ex concluso collegii). Die schriftliche Abstimmung, welche die Deposital-Ordnung §. 47 vorschreibt, war unterblieben. Die auf Ersatz des Ausfalls in Anspruch genommenen Mitglieder machten den Einwand, daß sie nicht schriftlich gestimmt hätten; sie wurden jedoch durch zwei gleichlautende Urtel der beiden Senate des Ober-Landesgerichts zu Breslau verurtheilt. Diese Entscheidung vernichtet das Geheime Ober-Tribunal auf Grund jenes Satzes. Die Entscheidung ist aber vollkommen gerechtfertigt und der angewendete Satz ist nicht zu begründen. Das A. L. R. bestimmt allgemein, daß jedes Mitglied eines Kollegiums für die gefaßten Beschlüsse hafte, außer wenn es seine abweichende Meinung mit Gründen unter den Beschluß gesetzt habe. Jeder andere Gegenbeweis, daß ein gewisses Mitglied nicht mitgestimmt habe, ist damit ausgeschlossen. Die Deposital-Ordnung bestimmt über den Grad des Versehens, also über die Fälle, wo die ausleihenden Mitglieder für den Verlust aufkommen sollen, nichts Näheres, es sind mithin die Bestimmungen des damals geltenden Rechts, in dessen Stelle das A. L. R. getreten ist, vorausgesetzt. Nur das Verfahren bei dem Abstimmen schreibt sie vor. Die Form der Abstimmung in einem Kollegium aber berührt nicht das Verhältniß zwischen der juristischen Person und dem Andern; sie betrifft eine innere Angelegenheit, wobei dem Fremden kein Einfluß gestattet ist: innere Angelegenheiten begründen nur zwischen den Mitgliedern Rechtsverhältnisse. Ist bei dem Stimmensammeln etwas vorgefallen, wodurch Einzelne in den Fall gekommen sind, für die Folgen eines Beschlusses einzustehen, dem sie, wenn sie besser informirt gewesen wären, ihren Beifall versagt haben würden, so mögen sie sich an ihre schuldigen Kollegen halten: gegen die andere Partei wird dadurch kein Einwand begründet. Wie sollten sonst auch Privatpersonen dazu kommen, ihr Vermögen der Verwaltung von Kollegien, zu deren Berathungen sie keinen Zutritt haben und deren Beschlußnahmen sie nicht kontroliren dürfen und können, anzuvertrauen, wenn dergleichen Kollegien nur das ihnen vorgeschriebene Reglement bei Seite setzen dürften, um aller Verantwortlichkeit gegen die Partei ledig zu sein! Die Deposital-Ordnung ist weit davon, etwas der Art, oder überhaupt eine Besonderheit zu Gunsten der verwaltenden Beamten, im Verhältniß derselben zu den Parteien, die sich ihrer Geschäftsbesorgung nicht einmal entziehen können, also um so mehr ein Recht auf Schadloshaltung für fahrlässige Benachtheiligung haben, zu bestimmen. Die den Mitgliedern des Gerichts vorgeschriebene schriftliche Form des Votirens hat nicht den Zweck, die Mitglieder zu begünstigen, vielmehr den Parteien in ihrem Beweise zu Hülfe zu kommen. Verletzen die Beamten hierin ihr Reglement, so ist das vernunftgemäß nicht ein Grund, sie von der Haftung zu befreien, vielmehr ein Grund mehr, sie verantwortlich zu machen. Man kann nicht sagen, die Mitglieder hätten es nicht in ihrer Macht, schriftlich zu votiren: sie müssen ihr mündliches

Votum versagen und auf die schriftliche Form hinweisen. Das hatten die in Anspruch genommenen Mitglieder in dem vorliegenden Falle nicht gethan. Das freisprechende Urtel des Geheimen Ober-Tribunals entbehrt sonach so sehr der rechtlichen Begründung, daß es sogar den allgemein gültigen Rechtssatz, daß jeder Geschäftsführer, welcher von dem ihm vorgeschriebenen Verfahren abweicht, um so viel mehr für alle Nachtheile seiner Handlungen haften muß, in einen Befreiungsgrund für die fahrlässigen Geschäftsbesorger umkehrt. Das geschieht mittelst der grammatischen Auslegung eines einzigen Wortes, einer Auslegung, die ganz augenscheinlich fehl geht. Die Deposital-Ordnung schreibt nämlich vor:

§. 47. Dieser Werth (der Grundstücke) ist nach gerichtlich angefertigten Hypothekenscheinen und unverdächtigen Erwerbungs-Dokumenten, nach landschaftlichen oder gerichtlichen Taxen, aus einzufordernden Pacht- und Miethskontrakten, mehrjährigen Administrations-Rechnungen u. s. w. zu beurtheilen. Ueber diese Beurtheilung der Sicherheit muß jedes Mitglied des Gerichts sein Votum schriftlich abgeben.

§. 59. Wenn ausgeliehene Gelder verloren gehen, so müssen, wenn bei Beurtheilung der Sicherheit gefehlt worden, diejenigen, welche nach Maßgabe des §. 47 für die Annehmlichkeit gestimmt haben, — wegen des Ausfalls haften.

Diejenigen also, deutet das Geheime Ober-Tribunal, welche „nach Maßgabe des §. 47", das heißt *schriftlich*, für die Annehmlichkeit der Sicherheit gestimmt haben, müssen haften, ein anderer Nachweis der Zustimmung ist nicht zulässig. Nicht möglich. Die Form der Gedankenäußerung (Wort oder Schrift) ist kein Maß für eine gewisse Sicherheit. Der §. 47 bestimmt in zwei Perioden zwei verschiedene Dinge:

in der Ersten den Sicherheitsmesser (die Maßgabe für den Werth und beziehlich für die Sicherheit) und in der Zweiten die Form für die Gedankenäußerung darüber. Sagt nun der §. 59: wer nach Maßgabe §. 47 die Sicherheit für annehmlich erklärt, obwohl sie danach nicht annehmlich ist, der soll für den Ausfall haften: so ist damit eben die Werthprobe und der Sicherheitsmesser (die Maßgabe), wonach die Annehmlichkeit der Sicherheit abgemessen werden soll, gemeint, nicht die Form der Gedankenäußerung darüber: diese ist keine Maßgabe. Daß ein anderer Beweis der Zustimmung schlechterdings nicht zulässig sein solle, als der schriftliche, welchen der Geschäftsführer zu geben oder vorzuenthalten ganz in seiner Willkühr hat, zumal hinter dem Rücken des andern Theils, ist nirgend vorgeschrieben und widerspricht allen Grundsätzen von Recht und Gerechtigkeit. So rechtlos können die Privatinteressenten, welche ihr Vermögen von den Angestellten verwalten lassen müssen ohne mit drein reden und für den schriftlichen Beweis sorgen zu können, nicht sein sollen.

№ 12.

Rittergutsbesitzer. Polizeibehörde. Dorfgemeine. Legitimation.

Rittergutsbesitzer sind als Ortspolizeibehörden, auch in Sachen, welche das polizeiliche Interesse berühren, nicht befugt, Klagen für die ihrer Polizeigerichtsbarkeit unterworfenen Gemeinen oder in deren Interesse anzustellen.

Der Satz ist nicht zweifelhaft, wird aber in diesem bisweilen eben so verkannt, wie es in Kirchen- und Schulsachen in Hinsicht des Patrons und des Fiskus vorkommt. S. o. zu Bd. IV, № 15. In dem hier mitgetheilten Falle hatte der Gutsherr gegen den Kretschmer auf Gestattung der Gemeinde-Versammlungen in dem Kretscham geklagt. Das Gericht erster Instanz und der Appellations-Richter (der Erste Senat des Ober-Landesgerichts zu Glogau) hatten ihn als Polizeibehörde dazu für legitimirt gehalten. Diese Entscheidung wird vernichtet.

№ 13.

Legatarien. Konkurseröffnung.

Legatarien sind, gleich den Erbschaftsgläubigern, auf Konkurseröffnung anzutragen berechtigt.

Ist unzweifelhaft und auch per tres conformes anerkannt.

№ 14.

Kolonate. Hofeskinder. Verpflegung. Observanz. Vormaliges Königreich Westphalen.

Die durch die fremdherrliche Gesetzgebung aufgehobene Observanz, daß bei früher eigenbehörigen Kolonaten in den Landestheilen, welche vormals eine Zeit lang zum Königreich Westphalen gehört haben, gebrechliche Hofeskinder lebenslänglich Verpflegung auf der Stätte zu fordern befugt sind, ist durch die Preußischen Gesetze nicht wieder hergestellt.

Das ist doch noch die Frage. Das Land- und Stadtgericht zu Vlotho und der Zweite Senat des Ober-Landesgerichts zu Paderborn haben das Gegentheil angenommen, und in Folge dessen auf Grund der Observanz, wonach die Pflicht, gebrechliche Hofeskinder auf der Stätte zu ernähren, eine Reallast ist, den dritten Besitzer eines Kolonats verurtheilt: eine auf der Stätte geborene, später gelähmte Person aufzunehmen und zu verpflegen. Diese Entscheidung vernichtet das Geheime Ober-Tribunal aus dem Grunde, weil die Observanz durch den Code Napoleon aufgehoben worden sein soll. Ob dieses geschehen, hängt davon ab: ob das Gesetzbuch selbst Bestimmungen über den Gegenstand enthält, sonst würde die Observanz, nach Art. 3 des westphälischen Einführungs-Dekrets, vom 21. September 1808, in Kraft geblieben sein. Eine solche Bestimmung findet das Geheime Ober-Tribunal in dem Art. 732: „Das Gesetz nimmt bei Bestimmung der Erbfolge keine Rücksicht auf die Natur und den Ursprung des Vermögens." Diese Bestimmung bezieht sich auf die Erbfolge in den Nachlaß eines Verstorbenen. Die in Rede stehende Realberechtigung hatte der Kläger nicht von Todes wegen.

№ 15.

Konsolidation. Hypothek. Eigenthümer. Partial-Zahlung. Cession. Priorität.

Ueber die hier aufgestellten Sätze s. oben zu Bd. V, № 6, S. 319.

№ 16.

Vormaliges Königreich Westphalen. Rekonsolidationsrecht. Kolonat. Pertinenzstück.

Die in den Landestheilen des vormaligen Königreichs Westphalen den früher eigenbehörigen Kolonatbesitzern nach Partikularrechten zuständig gewesene Befugniß, die von dem Kolonate veräußerten Pertinenzstücke zurückzufordern — Rekonsolidationsrecht — ist durch die fremdherrliche Gesetzgebung aufgehoben; und kann selbst wegen solcher Pertinenzstücke, deren Veräußerung schon vor Einführung der fremdherrlichen Gesetze stattgefunden hat, nicht mehr ausgeübt werden.

Angenommen von den beiden ersten Richtern (dem Land- und Stadtgerichte und dem Zweiten Senate des Ober-Landesgerichts zu Paderborn) und dem Geheimen Ober-Tribunale.

№ 17.

Sachsen. Lehnsfolge. Mitbesitzer. Mitbelehnte. Gesammthänder.

Nach Sächsischem Lehnrecht gebührt bei der Succession in den Lehnsantheil eines ohne lehnsfähige Descendenz verstorbenen Lehnsbesitzers unter den von der nämlichen Linie abstammenden Mitbelehnten denjenigen, die sich in dem Mitbesitze des Lehns befinden, coinvestitis compossessoribus, der Vorzug vor den bloßen Mitbelehnten, simultanee investitis in specie; jedoch nur unter der Voraussetzung, daß die Letzteren oder deren Vorfahren sich anfangs ebenfalls in jenem Mitbesitze befunden, ihren Antheil aber, unter Vorbehalt der gesammten Hand, den übrigen Mitbesitzern, mit Einschluß des Erblassers, oder deren Vorfahren, abgetreten haben.

Der Satz ist streitig. Die angehängte Beschränkung ist in dem Gesetze (Friedrich August's rc. Befehl, die Entscheidung einiger zweifelhaften Lehnrechts-Fragen betreffend, vom 1. Juli 1797, № 8) nicht ausgedrückt, sondern beruhet auf logischer Auslegung, indem dieser Befehl № 8 die Entscheidung auf eine Anfrage in einem Falle war, wo die Abtretung stattgefunden hatte. Die Entscheidung ist sehr gut motivirt.

№ 18.

Magdeburg. Mannsfeld. Wegebesserung. Land-, Heer- und Poststraßen. Staat. Fiskus. Gerichtsobrigkeiten. Fuhren. Handdienste.

I. Die Verpflichtung zur Besserung und Unterhaltung der Land-, Heer- und Poststraßen liegt in dem Herzogthum Magdeburg und der Grafschaft Mannsfeld, Magdeburgischer Hoheit, nicht dem

Staat ob; vielmehr sind dazu einstweilen — „provisionaliter“ — mit Vorbehalt ihres Regresses an den eigentlichen Verpflichteten, die Obrigkeiten, in deren Gerichten die Wege belegen sind, und mithin der Fiskus nur auf den Domainenämtern, verbunden.

II. Die Fuhren und Handdienste müssen jedoch die Dorfschaften verrichten, welche da, wo die Wegebesserung geschieht, in dem Umkreise von einer und einer halben Meile liegen, wenn dieselben sich des zu bessernden Weges bedienen; wogegen ihnen, falls sie solche Dienste nicht ohne Entgeld zu thun schuldig sind, täglich für jeden Wagen zwölf Groschen und für einen Handarbeiter drei Groschen von denjenigen, welche die Wege zu unterhalten haben, baar bezahlt werden sollen.

So soll es nach Provinzialrecht sein. Die beiden Senate des Ober-Landesgerichts zu Magdeburg sind anderer Meinung. Die Quellen dieses Provinzialrechts sind Kabinets-Resolutionen und Erlasse, welche auf Gegenvorstellungen der Stände, im Widerspruche mit ihnen, ergangen sind. Darnach wird das für die fiskalischen Kassen erhobene Wegegeld nicht für die Instandhaltung der Wege, sondern für die Sicherheit auf der Landstraße bezahlt. Das wäre ein Binnenzoll; Binnenzölle sind aber aufgehoben.

№ 19.

Nothwendige Subhastation. Adjudikatar. Privatdienstbarkeiten. Lasten und Abgaben. Onera perpetua. Wohnungsrecht. Gewährleistung. Löschung.

I. Auch bei einem Kauf in nothwendiger Subhastation kann der Käufer für die auf dem erstandenen Grundstücke haftenden Privatdienstbarkeiten, Lasten und Abgaben, welche nicht allen Grundstücken derselben Art in der Provinz gemein zu sein pflegen, keine Vertretung fordern, sobald ihm deren Dasein bekannt gewesen ist. Dies gilt selbst in dem Falle, wenn ihm deshalb bei der Kaufhandlung eine besondere Anzeige nicht gemacht worden.

II. Ein in das Hypothekenbuch eingetragenes Wohnungsrecht gehört nicht zu denjenigen Forderungsrechten, deren Löschung der Adjudikatar bei einer nothwendigen Subhastation, nach Belegung der Kaufgelder, zu fordern befugt ist.

Der erste Satz ist unbedingt anzuerkennen. Das dagegen erhobene Bedenken, daß die Rubr. II und III eingetragenen Posten nach der Zeit der Eintragung unter sich folgen, welcher Grundsatz aufgehoben würde, wenn die Rubr. II eingetragenen Realrechte bei Subhastationen stets übergingen (Schles. Archiv, Bd. VI, S. 170), wird von dem Geheimen Ober-Tribunal durch die richtige Hinweisung auf das

Recht der ältern Hypothekengläubiger beseitigt, daß sie das ihnen verpfändete Grundstück frei von der jüngern Reallast ausbieten könnten, wenn mit derselben nicht soviel geboten werde als zu ihrer Deckung erforderlich sei. Hiergegen ist noch zu bedenken gegeben (S. 172 a. a. O.), daß dann nicht erfindlich sei, warum der ältere Hypothekengläubiger dieses sein Recht verlieren solle, wenn er im Licitations-Termine nicht erscheine, da er unter der Warnung des Verlustes seines Rechts nicht vorgeladen werde. Doch ist solches aus dem nämlichen Grunde zu erklären, als es sich erklärt, wie eine Partei überhaupt um ihr Recht kommen kann, wenn sie sich daran im Prozesse versäumt. Die Warnungen in den Vorladungen sollten ganz und gar weggelassen werden; in dem Subhastations-Prozesse ist damit ein guter Anfang gemacht. Wer nicht kommt, sollte nach dem Prinzip ganz präkludirt werden (vergl. Plenarbeschluß vom 22. April 1844, № 2, in den Entsch. Bd. X, S. 13); das neue Kaufgelderbelegungs-Verfahren ist darin milder. Darnach folgt nun aus dem Wegbleiben des ältern Realgläubigers noch nicht, daß er sein Recht verloren habe, wenn die jüngere Reallast mit übernommen wird und deshalb weniger Kaufgeld eingeht, indem er sich noch aus dem Werthe der ihm nachstehenden Reallast wird bezahlt machen können.

Eine Frage ist es: was unter den mit übergehenden Privatdienstbarkeiten und Reallasten zu verstehen sei. Darüber ist Meinungsverschiedenheit. In dem hier mitgetheilten Rechtsfalle ist entschieden (№ II), daß ein eingetragenes Wohnungsrecht dazu gehöre. Darin ist beizustimmen, denn es gehört zu den Privatdienstbarkeiten. Auffallender Weise wird es von den Herausgebern zur Klasse der Forderungen gerechnet. Das Geheime Ober-Tribunal hat daran keinen Theil, denn in den Entscheidungsgründen wird dazu kein Anlaß gegeben.

In dem, in dem Schles. Archiv Bd. VI, S. 155 mitgetheilten Falle war man darüber verschiedener Meinung: ob eine, Rubr. II eingetragene Verpflichtung, wonach dem blinden Sohne des Auszugsberechtigten nach Absterben des Auszüglers ein Scheffel Korn rc. und außerdem freie Wohnung und Pflege vorbehalten bleiben sollten, eine dergleichen Reallast, welche bei nothwendigen Subhastationen mit übergehe, sei oder nicht. Diese Verpflichtung gehörte jedoch gar nicht in die Kathegorie der fortdauernden Lasten und Privatdienstbarkeiten, sondern in die der Hypotheken, bis etwa auf die Wohnung, wenn dazu ein ausschließlicher Raum eingeräumt gewesen ist, was sich aus der Erzählung nicht erkennen läßt.

Durch den neuern Plenarbeschluß vom 22. April 1844 (Bd. X, S. 12) ist entschieden: daß unter den im §. 342, Tit. 11, Th. I des A. L. R. erwähnten Lasten, welche bei gerichtlichen nothwendigen Verkäufen durch den Zuschlag auf den Käufer übergehen, nicht bloß die, keiner Eintragung bedürfenden, im §. 48, Tit. I der Hypotheken-Ordnung bezeichneten, sondern auch diejenigen, im §. 49 ebenda gedachten Lasten, zu verstehen, welche aus besondern Kontrakten oder sonstigen speciellen Rechtstiteln auf dem subhastirten Grundstücke eingetragen sind. Dieser Satz ist anzuerkennen.

№ 20.

Uneheliche Kinder. Erbfolge. Geschwister. Halbgeschwister.

Uneheliche Kinder ebenderselben Mutter, wenn sie auch nicht einen gemeinschaftlichen Vater haben, beerben einander als Halbgeschwister.

Der Satz ist ohne juristischen Grund in Frage gestellt worden.

№ 21.

Ehescheidung. Ehebruch. Verdächtiger Umgang. Wiederverheirathung. Rechtsmittel.

Wenn eine Ehe wegen Ehebruchs oder verdächtigen Umgangs getrennt und in dem Scheidungserkenntnisse die Wiederverheirathung des schuldigen Theils nicht von einer besonders nachzusuchenden Erlaubniß abhängig gemacht worden ist, so steht dem beleidigten Ehegatten deshalb kein Rechtsmittel zu.

Schon im Jahre 1835 hat das Geheime Ober-Tribunal nach dieser Meinung erkannt. Durch eine neuere abweichende Meinung war der Satz streitig geworden. Ein Plenarbeschluß von 17. August 1840 bekräftigte ihn. Der Entscheidungsgrund ist, daß der Satz juris publici sei, was seine Richtigkeit hat. Damit ist jedoch für den damaligen Rechtszustand, wo es an einem Organ zur Wahrnehmung des öffentlichen Interesses in Ehesachen fehlte, nichts bewiesen, und namentlich ist der Grund, worauf die entgegengesetzte Meinung beruhet, daß nämlich das Gesetz, in Ermangelung eines öffentlichen Organs, der Privatpartei die Verfolgung dieses Rechts nicht gewehrt, mithin derselben überlassen habe, keinesweges widerlegt; denn diese Verfolgung hatte dieselben Gründe für sich, aus welchen die römischen Popularklagen von einer Privatpartei gebraucht werden konnten. Seitdem nun aber in Ehesachen ein Staatsanwalt für das öffentliche Interesse auftritt, fällt dieser Grund weg. Die Bezugnahme übrigens auf das Römische Recht, sowie die Bemerkung, daß im Grunde das Eheverbot der vorgeschriebenen Aussprechung desselben im Scheidungsurtel nicht bedürfte, und daß schon das Gemeine Recht ähnliche Bestimmungen enthalte, ohne ihre Wirksamkeit an eine in das Scheidungsurtel aufzunehmende Festsetzung zu knüpfen (wozu die Herausgeber die L. 13 D. de his quae ut indignis [XXXIV, 9] notiren), ist nicht passend, da das Pandektenrecht keine Scheidungsurtel kennt.

№ 22.

Sequestration. Exekution. Pacht. Verpächter.

Gegen einen Pächter kann auf Sequestration des Pachtguts im Wege der Exekution nicht angetragen werden, selbst nicht vom Verpächter wegen Forderungen aus dem Pachtvertrage.

Der Satz ist in Beziehung auf den Verpächter nicht anzuerkennen; richtig ist er nur, wenn ein Dritter die

Sequestration ausbringen wollte, denn der Verpächter braucht sich die Sublokation nicht gefallen zu lassen. In der hier mitgetheilten Rechtssache wird ein Verpächter, welcher wegen rückständiger Pacht die Pachtung sequestriren lassen wollte, von dem Geheimen Ober-Tribunale, in Uebereinstimmung mit dem Ober-Appellations-Senate des Kammergerichts, mit dem Antrage zurückgewiesen. Nach R. R. freilich würde ein solches Unternehmen widersinnig sein; aber nach landrechtlichen Ansichten ist ein Pachtrecht, welches von dem Geheimen Ober-Tribunale selbst als ein selbstständiges dingliches Recht angesehen wird, nicht um ein Quentchen weniger Gegenstand einer Sequestration als die Zeit-Emphyteuse, der Nießbrauch, die Superficies und die Erbpacht. Warum meint nun das Geheime Ober-Tribunal das Gegentheil? Aus dem einfachen Grunde, weil die Exekution in ein Grundstück, nach §. 110 flg. der Exekutions-Ordnung, nur gegen den Eigenthümer stattfindet. Dort ist freilich der Fall gedacht, wo der Exequendus Eigenthümer ist; aber daß dieses der einzige Fall sein solle, daß namentlich selbstständige Nutzungsrechte nicht sollten Gegenstand der Exekution sein können, das steht nirgend und folgt auch nicht aus anerkannten Rechtsgrundsätzen. Im Gegentheil, das geltende Recht kennt in der That die Sequestration eines Pachtrechts im Wege der Exekution auf Antrag des Verpächters; denn die Verordnung vom 26. December 1808, §. 42, schreibt vor, daß die verpachteten fiskalischen Grundstücke zur Beitreibung der rückständig verbleibenden Pacht, wenn nicht andere Exekutionsmittel angewendet werden, unter Sequestration gesetzt werden sollen. Doch das macht gar keine Schwierigkeit: das „erscheint als eine Ausnahme von der Regel, welche die letztere nur bestätigt." Mit gleicher Berechtigung muß jedoch gesagt werden: das ist eine bloße Anwendung

eines

eines Rechtsgrundsatzes. Nach der Ansicht des Geheimen Ober-Tribunals sollte man glauben, der Zulässigkeit der Sequestration eines Pachtrechts widerstrebe die rechtliche Natur des Rechtsverhältnisses, etwa wie nach N. N., oder das öffentliche Interesse (das jus publicum) sei entgegen, so daß sich die Sequestration der fiskalischen Pachtungen sehr wohl als Ausnahme von der Regel würden ansehen lassen. Nichts von alle Dem. „Will ein Privatpächter ein gleiches Recht ausüben, so muß er sich dasselbe im Vertrage besonders ausbedingen; außerdem steht es ihm nicht zu." Also das Recht an sich ist geschickt für das in Rede stehende Exekutionsmittel, aber der Exekutionssucher muß seine Hand doch davon lassen. Wer es nicht glauben will, suche sich den Beweis.

№ 23.

Baudienste. Gemessene Dienste. Vormaliges Königreich Westphalen.

In den Landestheilen, welche vormals eine Zeit lang zum Königreich Westphalen gehört haben, können Baudienste bloß um deswillen, weil ihre Leistung auf das Bedürfniß der Wirthschafts- und unentbehrlichen Wohngebäude des berechtigten Gutes beschränkt ist, als gemessene Dienste nicht angesehen werden.

Der streitig gewesene Satz ist durch Plenarbeschluß vom 12. Oktober 1840 nach der neuen Meinung angenommen worden. Beide sich widersprechende Meinungen beruhen auf der Auslegung des §. 6 des Gesetzes vom 21. April 1825.

№ 24.

Westphälische Provinzen. Gütergemeinschaft. Abgeschichtete Kinder. Erbfolge.

Mit der durch die Verordnung vom 8. Januar 1816 in den Westphälischen Provinzen geschehenen Wiedereinführung der allgemeinen ehelichen Gütergemeinschaft hat auch der Grundsatz:

daß abgeschichteten Kindern in dem Nachlasse des schichtenden Vaters oder der schichtenden Mutter, so lange der zweite Ehegatte oder Kinder aus der zweiten Ehe leben, niemals ein Erbrecht zusteht,

wo derselbe vor Einführung des Französischen Rechts bestanden, wieder Gültigkeit erlangt.

Die Verordnung vom 8. Januar 1816 führt nicht, wie es der Satz ausdrückt, die allgemeine eheliche Gütergemeinschaft wieder ein, sondern sie stellt die in den verschiedenen Landestheilen Westphalens vor der Einführung des Französischen Rechts gültig gewesene provinzielle und statutarische eheliche Gütergemeinschaft wieder her. Damit versteht sich der gedachte Grundsatz, wenn er in dem Provinzial- oder Ortsrecht anerkannt ist, von selbst, weil sonst die Gütergemeinschaft nicht die alte, wiederhergestellte, sondern eine ganz andere, neu eingeführte, sein würde, wie das Geheime Ober-Tribunal auch hervorhebt. Die Fassung des obigen Satzes ist nicht ganz entsprechend.

№ 25.

Kompensation. Gegenforderung. Liquidität.

Die Zulässigkeit der Kompensation setzt in allen Fällen voraus, daß die Gegenforderung, sie mag aus demselben oder aus einem andern Rechtsgeschäfte als die Forderung entspringen, liquide ist, oder doch sofort liquide gemacht werden kann.

Der Satz ist unzweifelhaft. Anwendung davon ist gemacht auf einen Fall, wo ein Verpächter rückständigen Pachtzins für die Hälfte einer Grube einklagte und der Pächter mit Vorschüssen und Auslagen, welche er zu Betriebskosten für die ganze Grube (also zur Hälfte für den ihm nicht mit verpachteten Theil) gemacht zu haben behauptete, kompensiren wollte. Diese auf Rechnungen und Abrechnungen beruhende Gegenforderung konnte er nicht alsbald liquide machen.

№ 26.

Verjährung. Fiskus. Staat. Insel. Ufer-Nachbar.

I. Die ungewöhnliche Verjährung von vier und vierzig Jahren, welche gegen den Fiskus, die Kirchen und gleichberechtigte Korporationen stattfindet, ist in den Fällen nicht erforderlich, für welche kürzere als die gewöhnlichen Verjährungsfristen vorgeschrieben sind.

II. Dieser Grundsatz kommt auch bei der dreijährigen Verjährung einer in einem Fluß entstandenen Insel dem entfernter liegenden Ufernachbar gegen den Fiskus zu Statten.

Eine Insel in der Elbe war im Besitze der uferanliegenden Gemeinde, und der Förster von dem am entgegengesetzten Ufer liegenden königl. Forst hatte die darauf stehenden Weiden einschlagen lassen. Die Gemeinde gebrauchte die Eigenthumsklage auf Grund der dreijährigen Besitznahme gegen den Fiskus, und dieser wollte diese Verjährung gegen sich nicht für zulässig halten. Indeß waren die Richter beider Instanzen und auch das Geheime Ober-Tribunal bei Beurtheilung der Nichtigkeits-Beschwerde anderer Meinung. Die Begründung ist lichtvoll und treffend.

№ 27.

Konkurs. Priorität. Kommunkosten.

Wenn ein Konkursgläubiger, welcher der Kreditmasse entzogene Effekten entdeckt und dadurch der Masse einen Zuwachs verschafft hat, auf Grund des ihm gesetzlich zustehenden Privilegiums die Hälfte seines bei dem Konkurs erleidenden Ausfalls aus der Masse vorweg bezahlt verlangt: so kann er dies

Vorrecht nur gegen die Mitgläubiger, nicht aber in Bezug auf die Kommunkosten geltend machen.

Es fragt sich, wer unter den Mitgläubigern verstanden wird. Werden damit die Konkursgläubiger, im Gegensatz zu den Massegläubigern, gemeint, so ist der Satz unzweifelhaft richtig; sollen auch die Massegläubiger, aber mit Ausnahme des Kurators und des Gerichts wegen der Kosten (denn diese beiden gehören auch zu den Massegläubigern), darunter verstanden werden, so ist er nicht richtig. Das in Rede stehende Privilegium giebt nur ein Vorrecht unter den Konkursgläubigern; gegen die Massegläubiger, d. h. diejenigen, welche mit der Masse (dem corpus creditorum) kontrahirt haben, gilt es nicht. Dieser Unterschied war von den Richtern beider Instanzen in der hier mitgetheilten Rechtssache nicht beachtet worden; denn sie hatten den Kurator verurtheilt, von dem Lohne für seine Arbeit einen Theil herzugeben, um den Konkursgläubiger, dem das Privilegium in Rede zustand, zu befriedigen, da die Masse dazu nicht hinreichen wollte. Das Geheime Ober-Tribunal vernichtete denn auch ganz mit Recht eine solche Entscheidung, der es an einer juristischen Begründung gänzlich gebrach. Der Fall giebt übrigens eine überraschende Vorstellung von der Zweckwidrigkeit und Schädlichkeit des Preußischen Konkursprozesses. Die Kommungläubiger hatten von 1300 Rthlr. Masse nur 220 Rthlr. übrig behalten; die übrigen 1100 Rthlr. hatten die Kosten verschlungen. Nun waren noch die Liquidations- und Verificationskosten von jedem Einzelnen für sich zu bezahlen. Wieviel mag da noch Mancher haben zugeben müssen?! Gott besser's. Seitdem ist schon ein Schritt zum Bessern dadurch geschehen, daß die Vindikanten und Pfandgläubiger ausgeschieden sind; denn die Kosten, welche die Verwahrung und Verwaltung der Pfandstücke und fremden Sachen verursachte, mußten früher die Kommungläubiger bezahlen, da die Pfandgläubiger ꝛc. frei von Beiträgen zu den Kommunkosten waren.

№ 28.

Subhastation. Kaution. Meistbietender. Zuschlag.

Wenn sämmtliche, im Bietungstermine erschienene Subhastations-Interessenten einstimmig dem vom Meistbietenden verlangten Zuschlage widersprechen und auf Ansetzung eines neuen Bietungstermins antragen, so muß die letztere erfolgen, ohne daß die Bestellung einer Kaution erforderlich wäre.

№ 29.

Verjährung. Grenze. Affirmative Rechte. Negative Rechte. Holzgerechtigkeit.

Die Befugniß, die durch Gesetze, Verträge oder rechtskräftige Erkenntnisse klar bestimmten Grenzen einer Sache oder eines Rechts zu überschreiten, kann
a. sowohl bei negativen als affirmativen Rechten,
b. mag der Umfang nach den physischen Grenzen des Gegenstandes bestimmt sein oder nicht, nur durch die funfzigjährige Verjährung erworben

werden. Diese ist mithin auch dann erforderlich, wenn ein durch Vertrag auf Lieferung einer bestimmten Holzart — z. B. auf Lieferung von Schirrholz — eingeschränktes Recht ohne Titel auf die Gewährung von andern Holzarten — z. B. von Bauholz — ausgedehnt werden soll.

Beide Sätze sind nicht bestritten.

№ 30.

Pertinenzien. Adjudikatar. Subhastation. Kauf. Vindikation. Ediktal-Citation. Real-Prätendenten. Präklusion. Grundstück.

I. Wenn der Adjudikatar wirkliche Pertinenzien des subhastirten Grundstücks nicht gegen den vorigen, sondern gegen einen dritten Besitzer in Anspruch nimmt, so kann auch von dem Letztern dieser Anspruch durch den Einwand, daß die Pertinenzien in der Taxe nicht mit abgeschätzt seien, nicht abgewendet werden.

Ein Adjudikatar forderte zwei Ackerstücke von einem Dritten ab, weil dieselben von dem ihm zugeschlagenen Grundstück mündlich abverkauft worden. Der Besitzer wendete ein, die Ackerstücke seien nicht mit abgeschätzt worden; ferner daß er dieselben schon lange vor der Subhastation gekauft und übergeben erhalten, daß der mündliche Kontrakt während der Subhastation förmlich anerkannt worden sei, und endlich, daß bei der Gelegenheit, als die beiden Ackerstücke, nach dem

Zuschlage des Hauptguts, besonders sub hasta gestellt worden, alle Real-Prätendenten unter Androhung der Präklusion öffentlich vorgeladen worden seien, der Kläger sich jedoch nicht gemeldet habe, mithin, obgleich das Verfahren nachher rückgängig geworden, doch von selbst, auch ohne ein Präklusionsurtel, ausgeschlossen sei.

Die Richter beider Instanzen wiesen ihn ab, und das Geheime Ober-Tribunal fand zwar die Nichtigkeits-Beschwerde begründet, bestätigte jedoch die Abweisung. Dasselbe nimmt ganz mit Recht an, daß ein Adjudikatar durch den Zuschlag auch Eigenthümer der zur Zeit der Subhastation bei dem Grundstücke noch vorhandenen Pertinenzien geworden sei und daher solche vindiciren könne. Daraus haben die Herausgeber den obigen Satz gebildet. Einen Einwand der Nichtberücksichtigung bei der Taxe giebt es gar nicht. Ferner ist angenommen:

II. Der Käufer eines Grundstücks ist als solcher nicht berechtigt, die vor Abschluß des Kaufsgeschäfts Seitens des Verkäufers durch mündlichen Vertrag davon veräußerten unbeweglichen Pertinenzstücke zu vindiciren.

Auch darin ist unbedingt beizutreten. Die unwissenschaftliche Praxis nahm oft an, daß jeder Käufer alle Klagen, welche der Verkäufer bezüglich auf abverkaufte Grundstücke habe, durch den Kaufkontrakt stillschweigend cedirt erhalten habe. Man stützte sich auf den in Beziehung auf das Wiederkaufsrecht geltenden Grundsatz (A. L. R. Th. I, Tit. 11, §. 313). Fände sich eine Analogie zwischen dem Verkaufe unter Vorbehalt des Wiederkaufsrechts und den mündlichen (wegen Mangels der Form widerruflichen) Verkäufen: so würde die Ansicht jener Praxis weder durch die in den

Gründen wiederholte Redensart des Ministerial-Reskripts vom 2. Februar 1840: „Die früher vorgenommenen Veräußerungen sind in Beziehung auf den Käufer bereits vollendete Thatsachen", widerlegt werden können, denn Thatsachen sind eben der Gegensatz von Recht in der Jurisprudenz; das „fait accompli" thut nichts im Rechtsgebiete; noch durch den, von dem Geheimen Ober-Tribunal angegebenen Unterschied zwischen Verkauf auf Wiederkauf und mündlichen Verkauf, daß es nämlich dem Käufer auf Wiederkauf gleichgültig sein könne, wer zur Zeit der Ausübung des Wiederkaufs der Berechtigte sei, ihre Grundlage verlieren, da sich ebendasselbe auch bei dem Aufrufe eines mündlichen Kaufs sagen läßt. Allein die gänzliche Unähnlichkeit beider Geschäfte liegt in dem Zwecke derselben und in der Absicht der Parteien, indem der Verkauf auf Wiederkauf gerade auf eine künftige Wiedervereinigung des Trennstücks mit dem Hauptgute berechnet, mithin das Recht dazu als ein Zubehör des Hauptguts anzusehen ist, während ein unbedingter, nur wegen mangelhafter Form angreifbarer, Kauf auf das gerade Gegentheil zielt und ein künftig möglicher Treubruch nicht die Grundlage einer Willensauslegung sein, d. h. zur Annahme einer stillschweigenden Cession nicht berechtigen kann. Auch hat das Geheime Ober-Tribunal angenommen:

III. Bei Ediktal-Citationen unbekannter Eigenthums-Prätendenten zu einem im Hypothekenbuche nicht eingetragenen Grundstücke tritt der Verlust des Eigenthums erst mit der Rechtskraft des Präklusionsurtels, nicht schon in Folge der bloßen unterlassenen Anmeldung ein.

Der Appellations-Richter (der Civil-Senat des Ober-Landesgerichts zu Hamm) hatte auf Grund des A. L. R. Th. I, Tit. 15, §. 54 das Gegentheil behauptet. Nach dem Stande der Gesetzgebung ist die Meinung des Geheimen Ober-Tribunals die richtige. An sich aber wäre ein Präklusionsurtel nicht nöthig, da der Termin bei öffentlichen Aufgeboten zu den Erklärungsfristen (s. u. № 42) gehört und nicht dem Termine zur Litiskontestation auf eine angebrachte Klage gleichgestellt werden kann, wie von dem Geheimen Ober-Tribunale geschieht, um zu beweisen, daß es durchaus nicht ohne ein Präklusionsurtel gehen könne. Ganz gut würde es gehen, ebenso wie bei der Verjährung, durch welche der Anspruch oder das Klagrecht des Berechtigten von selbst ausgeschlossen wird. Damit hat ein Prozeß auf eine schon angebrachte Klage keine Aehnlichkeit.

№ 31.

Wechselfähigkeit. Ausland.

Wenn ein Preußischer Unterthan im Auslande mit einem Ausländer Wechselgeschäfte schließt, muß auch die Wechselfähigkeit des Wechselausstellers nach den Gesetzen des Orts beurtheilt werden, an welchem die Wechselgeschäfte verhandelt sind.

Der Satz ist streitig, er muß jedoch als geltend anerkannt werden, nur möchte er anders begründet werden als in der hier mitgetheilten Entscheidung geschehen ist. Der §. 23 der Einleitung zum A. L. R. bestimmt, daß die persönlichen Eigenschaften und Befugnisse eines Menschen nach den Gesetzen der Gerichtsbarkeit beurtheilt werden, unter welcher derselbe seinen eigentlichen Wohnsitz hat; und im Wechselrecht (Th. II, Tit. 8, §. 936) ist verordnet: Außerhalb Landes vorgenommene Wechselgeschäfte sind nach den Gesetzen des Orts, wo sie verhandelt worden, zu beurtheilen. Was das Geheime Ober-Tribunal über die Beziehungen und die Deutung dieser Stellen sagt, ist, wie ich glaube (es ist etwas ausführlich), Dieses: Nach dem A. L. R. giebt es zwei Kategorien von persönlichen Eigenschaften und Fähigkeiten, allgemeine und besondere. Auf die allgemeinen bezieht sich die Bestimmung des §. 23 der Einleitung; die besonderen werden immer nach den Gesetzen des Orts, wo das Geschäft, zu welchem sie erforderlich sind, abgeschlossen wird, beurtheilt. Darnach würde der an die Spitze gestellte Satz nicht, wie das Geheime Ober-Tribunal will, eine Ausnahme von der Regel, sondern selbst die Regel sein und die Wechselfähigkeit doch zu den Statusrechten gehören. Das Letztere halte ich nicht für richtig. Nach der Preußischen Gesetzgebung ist die Wechselfähigkeit für eine Berechtigung und zwar für eine Gewerbsberechtigung zu halten. Alsdann erklärt sich Alles folgerecht. Statt zu wiederholen verweise ich auf mein Lehrbuch des Preußischen Gemeinen Rechts, Bd. I, S. 691 und Bd. II, S. 283 und 289.

№ 32.

Vertrag. Schriftliche Form. Punktation. Analphabet. Notariats-Protokoll.

Den über Verträge mit Analphabeten aufgenommenen Notariats-Protokollen, wobei die Hinsichts der Unterschrift der Analphabeten gesetzlich angeordnete

Form beobachtet worden, kann die rechtliche Wirkung schriftlicher Punktationen nicht um deshalb abgesprochen werden, weil die Ausfertigung der Notariatsurkunden nicht erfolgt ist.

Jeder Zweifel in dieser Hinsicht ist durch die neue Notariats-Ordnung vom 11. Juli 1845, §. 40, beseitigt, wonach die Original-Protokolle dieselbe Beweiskraft und Glaubwürdigkeit wie die Ausfertigungen haben. (G.-S. S. 493.)

№ 33.

Landstraße. Zollgerechtigkeit. Entschädigung.

Wenn einem Privatbesitzer ein nutzbares Recht, welches ihm ausdrücklich in Beziehung auf die Landstraße vom Staate verliehen war, z. B. die Zollgerechtigkeit, dadurch ganz entzogen oder beträchtlich geschmälert wird, daß der Staat, unter Beibehaltung der ältern Straße, in der Richtung derselben eine neue Straße anlegen läßt: so hat der Berechtigte keinen Anspruch auf Entschädigung.

In was für ein Rechtsverhältniß dieser Satz hineingehören soll, ist unklar; in keinem Falle ist ihm ohne nähere Bestimmung Beifall zu geben.

Ein Privatmann legte 1768 auf einer Landstraße über einen Bach eine Brücke an. Der Fiskus, der ihn dazu veranlaßt hatte, verlieh ihm die Mauthgerechtigkeit an derselben zu Erbpachtsrechten; der Erbpächter übernahm die Instandhaltung der Brücke und einen jährlichen Kanon von 230 Rthlr.

Im Jahre 1834 wurde auf Staatskosten eine Chaussee in derselben Richtung, zur Umgehung eines Berges, angelegt und über den nämlichen Bach eine neue Brücke, 363 Ruthen von der alten, gebaut, an welcher, außer dem Chausseegelde, kein Brückengeld erhoben wird. Die Einnahme des Brücken-Mauthpächters wurde dadurch bedeutend geschmälert. Die Erben des Erbpächters klagten nun gegen den Fiskus mit dem Antrage: 1. sie für befugt zu erachten, auch an der neuen Brücke Brückengeld zu erheben; oder 2. den Fiskus zum Ersatze des Ausfalls am Brückengelde zu verurtheilen; oder 3. wenigstens sie für befugt zu erachten, ihre Mauthstelle an die neue Brücke zu verlegen. Der Erste Senat des Ober-Landesgerichts zu Münster wies die Kläger lediglich ab. Der Zweite Senat verurtheilte den Fiskus zur Erstattung des den Klägern durch die Anlegung des neuen Straßenarms entstandenen Schadens; das Geheime Ober-Tribunal wies die Kläger angebrachtermaßen ab. Die Klage gründete sich auf den Erbpachtskontrakt (actio locati) und zugleich auch auf die Bestimmung des A. L. R. Th. II, Tit. 15, §. 6, wo bei Einziehung oder Schmälerung eines, bezüglich auf eine Straße vom Staate verliehenen nutzbaren Rechts durch Verlegung dieser Straße, wegen Entschädigung auf die Vorschriften über Aufhebung der Privilegien verwiesen wird. Dieser zweite Klagegrund wird dadurch beseitigt, daß die Voraussetzung (die Verlegung) fehlt. Der erste Klagegrund aber soll dadurch widerlegt werden, daß der Staat sich der Befugniß, an einer andern Stelle eine Brücke anzulegen, nicht begeben habe, und daß daher der Schade, der aus der Anlage einer neuen Brücke dem Erbpächter entstehe, ein Zufall sei, der mit den kontraktlichen Verpflichtungen des Fiskus in keiner Verbindung stehe. Dieser Grund ist nur alsdann zutreffend, wenn die juristische Person, welche den Erbpachtskontrakt abgeschlossen hat, nicht dieselbe ist, welche die Anlegung des neuen Straßenarms veranlaßt hat. Es hätte also gezeigt werden müssen, daß die Autorität, durch welche die Anlegung der neuen Straße verordnet worden, nicht der Fiskus, sondern die Staatsgewalt gewesen sei; denn nur unter dieser Voraussetzung ist das Ereigniß in Beziehung auf den Erbverpächter (den Fiskus) ein Zufall.

№ 34.

Darlehn. Schuldschein. Valuta. Pactum de mutuando.

Der Darlehnsgeber wird durch die Annahme des Schuldscheins über den ganzen Betrag eines, nicht in rechtsgültiger Form versprochenen Darlehns und durch die theilweise Zahlung der darin verschriebenen Valuta nicht verpflichtet, den Rest der letzteren dem Schuldner nachzuzahlen.

Der Ober-Appellations-Senat des Kammergerichts hatte das Gegentheil erkannt, das Geheime Ober-Tribunal vernichtete deshalb das Erkenntniß. Der Rechtsfall selbst ist nicht mitgetheilt; nur die zur Begründung des Satzes dienenden Entscheidungsgründe des Nichtigkeits-Urtels sind abgedruckt. Der Satz muß jedoch auf uneingetragene Darlehne beschränkt werden, da der Darlehnsgeber, welcher ein Hypotheken-Instrument zur vollen Summe cedirt ohne die Valuta vollständig bezahlt zu haben, zwar nicht aus dem pactum de mutuando, wohl aber aus dem Betruge, haftet. Th. I, Tit. 11, §. 740.

№ 35.

Verjährung.

Die Frage: ob eine Verjährung angefangen habe, ist stets nach den Gesetzen zu beurtheilen, welche zur Zeit des behaupteten Anfangs in Kraft gewesen sind, wenn auch der Ablauf der Verjährungsfrist erst unter der Herrschaft des A. L. R. stattgefunden hat.

Ist nicht zu bezweifeln. Der Rechtsfall, in welchem der Satz zur Anwendung gekommen, ist nicht mitgetheilt.

№ 36.

Ehescheidung. Bösliche Verlassung.

Der Ehemann ist die Scheidung zu verlangen berechtigt, wenn die Ehefrau erst nach Ablauf der ihr auf den Antrag des Mannes vom Richter zur Rückkehr bestimmten Frist sich zu ihm zurückbegiebt, sofern nicht eine Remission des Ehescheidungsgrundes anzunehmen ist. Die Annahme der Ehefrau Seitens des Ehemannes ist ohne den Hinzutritt anderer Umstände für eine Verzeihung nicht zu erachten.

Der Satz ist weniger zweifelhaft als die Anwendung in dem mitgetheilten Falle bezweifelt worden war. Die Scheidungsklage war von der Frau ausgegangen und der Scheidungsgrund der böslichen Verlassung war von der Frau erst in der Appellations-Instanz gegeben worden. Der Mann, der für den allein schuldigen Theil erklärt worden war, machte von diesem ihm gegebenen Scheidungsgrunde zu dem Zwecke noch Gebrauch, um die ihm zur Last gelegte Schuld aufzuheben. Der Appellations-Richter hatte darauf nicht Rücksicht nehmen wollen, weil sonst der andere Theil eine Instanz verlieren würde. Das Geheime Ober-Tribunal änderte dieses Urtel ab und verwies die Sache zur nochmaligen Entscheidung in zweiter Instanz. Wäre dieses nicht geschehen, so würde der Mann um sein Recht gekommen sein; denn nach einmal geschehener Scheidung gab es keine Möglichkeit mehr zur Ausgleichung der beiderseitigen Schuld.

№ 37.

Nachlaßtheilung. Gütergemeinschaft. Ueberlebender Ehegatte. Wahlrecht. Grundstücke. Gerechtigkeiten.

Das nach den Vorschriften des A. L. R. dem überlebenden Ehegatten, bei bestandener Gütergemeinschaft, zustehende Wahlrecht, für eine von seinen Miterben zu setzende Taxe die zum gemeinschaftlichen Vermögen gehörigen Grundstücke und Gerechtigkeiten zu übernehmen oder den andern Erben zu überlassen, findet auch Anwendung:

1. bei der Theilung mit unabgefundenen Kindern, und
2. bei obwaltender provinzieller oder statutarischer Gü-

Gütergemeinschaft, sofern Provinzialgesetze oder Statuten nichts Abweichendes bestimmen.

Juristische Zweifelsgründe gegen die Wahrheit des Satzes giebt es nicht und sind in dem mitgetheilten Rechtsfalle auch nicht vorgebracht. Die Entscheidungsgründe des Geheimen Ober-Tribunals sind zu sehr im Lehrtone gehalten. Zu bemerken ist, daß nach einer jüngern Entscheidung in dem Falle, wo Pflegebefohlene unter den die Taxe (den Annahme-Preis) setzenden Erben sich befinden, eine Abschätzung (Taxe im engern Sinne) erforderlich ist, um der Vormundschaft zum Anhalte zu dienen. Bd. XI (neue Folge Bd. I), S. 333.

№ 38.

Mortifikation. Privatschuld-Verschreibung. Hypotheken-Dokument. Pfandrecht. Einwand. Eingetragene Forderung. Zahlung.

I. Die Verordnung vom 9. December 1809, wegen Mortifikation der an einen gewissen Inhaber und wegen des öffentlichen Aufgebots der an jeden Inhaber ausgestellten Privat-Schuldverschreibungen und Urkunden, findet auf hypothekarisch eingetragene Schuldinstrumente keine Anwendung.

II. Der Besitzer des mit einer Hypothek belasteten Grundstücks ist nicht berechtigt, dem Dritten, welcher ein Pfandrecht auf die eingetragene Forderung erworben hat, den im Hypothekenbuch nicht vermerkten und dem Dritten auch sonst nicht bekannt gewordenen Einwand der Zahlung entgegenzusetzen.

Beide Rechtssätze sind unbedingt anzuerkennen und bei der Berücksichtigung des Preußischen Hypothekenrechts und der damit zusammenhängenden rechtlichen Natur der Hypotheken-Instrumente auch gar nicht in Zweifel zu stellen. Ebenso richtig ist die Anwendung auf den vorliegenden Fall. Jemand hatte ein auf seinen Namen lautendes Hypotheken-Instrument verpfändet, hinterdrein aber auf die Forderung Zahlung angenommen, welche der Schuldner, als er von dem Pfandgläubiger in Anspruch genommen wurde, anrechnen wollte, obwohl er nicht ohne Aushändigung oder Amortisirung des Instruments mit rechtlicher Wirkung zum Nachtheile eines Dritten hatte zahlen können. Die Richter beider Instanzen erklärten den Einwand der Zahlung für erheblich; das Geheime Ober-Tribunal vernichtete die Entscheidung und verwarf den Einwand als unstatthaft. Darin ist unbedenklich beizustimmen, aus dem durchgreifenden Grunde, weil die Zahlung keine Tilgungsart für eine Hypothekenpost ist (s. o. zu Bd. V, № 6, S. 319) und die Hypotheken-Instrumente nicht bloße Beweisstücke sind, sondern als Träger des Rechts, gleich den Sachen, Gegenstand des Verkehrs sind. Nur mittelst der Form der Eintragung in das Grundbuch ist ein dem Besitzer des verpflichteten Grundstücks erworbener Einwand einem Dritten gegenüber wirksam zu machen, in gleicher Weise, wie mittelst dieser Form das Recht selbst entsteht und wieder erlischt. Auch das hat man in Frage gestellt. Die Grundsätze des A. L. R. Th. I, Tit. 20 sind:

§. 422. „Durch die Eintragung des Anspruchs in das Grundbuch verliert der Schuldner noch nicht die ihm sonst gegen dessen Gültigkeit zustehenden Einwendungen."

§. 423. „Einem Dritten jedoch können nur solche Einwendungen, die ihm vor der Erwerbung des Anspruchs bekannt geworden sind, entgegengesetzt werden."

§. 424. „Deshalb muß der Schuldner die Einwendungen, welche er sich gegen einen Dritten erhalten will, ebenfalls in das Hypothekenbuch eintragen lassen."

§. 425. „Ist dergleichen Vermerk binnen 4 Wochen nach geschehener Eintragung der Post selbst in das Hypothekenbuch eingeschrieben worden, so erhält dieselbe die Rechte des Schuldners auch gegen denjenigen, welcher schon vorhin auf Verhandlungen über einen solchen Anspruch mit dem Gläubiger sich eingelassen hatte."

§. 426. „Wer also auf eine eingetragene Post durch Cession, Verpfändung, oder sonst, mit völliger Sicherheit ein Recht erwerben will, der muß die ersten vier Wochen nach der Eintragung abwarten, und sodann sich überzeugen: daß in der Zwischenzeit keine Einwendungen oder Protestationen dagegen im Hypothekenbuche vermerkt worden."

Der §. 425 bestimmt also, daß in dem gedachten Falle die Eintragung des Einwandes eine rückwirkende Kraft haben soll; wird ein Einwand später eingetragen, so bleibt es bei der Regel, daß er demjenigen Dritten, „welcher schon vorhin auf Verhandlungen über einen solchen Anspruch mit dem Gläubiger sich eingelassen hatte", nicht entgegengesetzt werden kann. Allein man hat, wie auch in dem vorliegenden Rechtsfalle von dem Appellations-Richter geschehen war, die Bestimmung der §§. 425 und 426 so gedeutet, daß der im §. 423 enthaltene Grundsatz aufgehoben werden würde, indem die Eintragung von Einwendungen gegen eine Hypothekenpost überhaupt nur in den ersten vier Wochen nach deren Eintragung für zulässig und nothwendig erachtet ist. Gegen diese Deutung nun erklärt sich das Geheime Ober-Tribunal mit Recht. „Man muß nun zwar, sagt dasselbe: dem Appellations-Richter darin beitreten, daß die — Vorschriften (§§. 425, 426) zunächst nur von solchen Einwendungen sprechen, die dem Geschäft, aus welchem sich das Hypothekenrecht herschreibt, von Anfang an entgegenstehen und dasselbe ganz oder zum Theil vernichten. Jene Vorschriften lassen sich daher auch auf den Fall, wo eine Forderung nach erfolgter Eintragung durch Zahlung oder sonst getilgt ist, eigentlich nicht anwenden. Wenn jedoch in den §§. 423 und 424 gesagt wird, daß der Schuldner gegen einen Dritten — von solchen Einwendungen, die er demselben vorher nicht kund gethan hat, oder die nicht im Hypothekenbuche eingetragen sind, keinen Gebrauch machen kann: so ist schon hierin das Prinzip ausgesprochen worauf die Hypotheken-Verfassung wesentlich beruhet, daß nämlich der Glaube des Hypothekenbuchs in allen Verhandlungen unter Dritten aufrecht erhalten werden muß. Dies Prinzip ist hinsichtlich aller Veränderungen, welche sich nach Erwerb und Eintragung einer Forderung mit derselben ereignen, konsequent durchgeführt." Die Ansicht, daß der Besitzer des verpfändeten Grundstücks zu allen Zeiten seine Einwendungen gegen eine Post im Hypothekenbuche mit rechtlicher Wirkung gegen jeden spätern Erwerber vermerken lassen kann, findet auch im §. 53 des Anh. zum A. L. R. (Th. I, Tit. 20, §. 511) ihre Bestätigung: „Doch kann dem Cessionar einer — hypothekarischen Schuldverschreibung ein wider den Cedenten zustehender, vor der Cession entstandener Einwand der Kompensation nur alsdann mit rechtlichem Effekt entgegengesetzt werden, wenn dieser Einwand im Hypothekenbuche vermerkt, oder dem Cessionarius sonst bekannt gewesen ist." Wer also eine Hypothekenpost mit Sicherheit erwerben will, der muß zuvor das Grundbuch einsehen und sich überzeugen, daß bei der Post kein Einwand vermerkt steht; denn ein solcher Vermerk wird natürlich ohne Herbeischaffung des Hypotheken-Instruments gemacht, da sonst der Gläubiger die Eintragung desselben würde nach Willkühr verhindern können.

№ 39.

Jährliche Prästationen. Streitobjekt. Rechtsmittel. Appellation. Revision. Nichtigkeits-Beschwerde. Summa appellabilis et revisibilis.

Jährliche Geld- und Natural-Prästationen, deren Dauer nicht auf immerwährende Zeit festgesetzt worden, sondern unbestimmt ist, werden, wenn es auf die Werthsermittelung des Streitobjekts zur Beurtheilung der Zulässigkeit der Rechtsmittel ankommt, mit vier vom Hundert zum Kapital gerechnet.

Diese durch Plenarbeschluß vom 17. August 1840 angenommene Regel ist, im Sinne der entgegengesetzten Meinung, durch die Verordnung vom 21. Juli 1843, §. 4 (G.-S. S. 298), dahin abgeändert, daß bei Nutzungen, deren künftiger Wegfall gewiß, deren Dauer aber unbestimmt ist, der zwölf= und einhalbfache Betrag einer Jahresleistung als deren Kapitalswerth angenommen wird.

№ 40.

Prioritäts=Einräumung. Hypothekengläubiger.

I. Der von einem Hypothekengläubiger einem, ihm nachstehenden, Gläubiger eingeräumte Vorzug hat nur rechtliche Wirkung auf die besondere Stellung dieser beiden Gläubiger gegen einander, nicht aber auf die, durch die Eintragung entstandene allgemeine Rangordnung sämmtlicher Hypothengläubiger des verpfändeten Grundstücks.

II. Wird die voreingetragene Forderung, welche zurückgetreten ist, sei es auch ohne den Konsens des bevorzugten nacheingetragenen Gläubigers, gelöscht, so rücken die Zwischenforderungen von selbst vor, und die Vertheilung der Kaufgelder erfolgt lediglich nach der allgemeinen Rangordnung. Der durch die Prioritäts=Einräumung bevorzugt gewesene Gläubiger erhält daher seine Befriedigung an seiner ursprünglichen Stelle, ohne Berücksichtigung der nicht mehr wirksamen Prioritäts=Einräumung.

Juristische Zweifelsgründe gegen diese Sätze giebt es nicht, wenn schon sie bisweilen verkannt werden. Die Begründung ist vortrefflich in Anlage und Ausführung.

№ 41.

Gemeinheitstheilung. Hütung. Besitzstand. Durchwinterung.

Bei der Auseinandersetzung gemeinschaftlicher Hütungs-Interessenten ist es zulässig, die Theilnehmungsrechte Einiger nach den letzten, der Einleitung der Theilung vorhergegangenen zehn Jahren, die Theilnehmungsrechte Anderer dagegen nach der Durchwinterung festzustellen, und mithin beide Berechnungsarten nebeneinander zum Grunde zu legen.

Hierüber war in dem betreffenden Senate eine Meinungs-Verschiedenheit entstanden, in Folge welcher das Plenum, durch Beschluß vom 23. November 1840, den Konflikt nach der ältern Meinung entschieden hat.

№ 42.

Wiedereinsetzung in den vorigen Stand. Restitution. Fiskus. Privilegirte Korporationen. Verjährungsfrist. Vorkaufsrecht.

I. Die Wiedereinsetzung in den vorigen Stand innerhalb vier Jahren, welche dem Fiskus und den mit ihm gleich privilegirten Korporationen gestattet ist, wenn außer Prozessen die Gesetze die Befugniß zur Ausübung eines gewissen Rechts oder Entgegensetzung eines Einwandes an eine kürzere als die gewöhnliche Verjährungsfrist gebunden haben, findet nur bei Versäumung wirklicher Verjährungsfristen Anwendung.

II. Sie gilt daher namentlich nicht bei Versäumung der gesetzlichen Fristen zur Erklärung über die Ausübung eines Vorkaufsrechts.

III. Die zur Erklärung über die Ausübung des Vorkaufsrechts bei Grundstücken und Gerechtigkeiten bestimmte zweimonatliche Frist läuft, auch wenn der Fiskus der Vorkaufsberechtigte ist, von dem Tage an, wo die Bekanntmachung des geschehenen Kaufes und der Bedingungen desselben der betreffenden fiskalischen Station zugestellt ist.

Die Sätze selbst sind anzuerkennen. Ein Erbverpächter verkaufte seine Erbpachtsgerechtigkeit, auf welche dem Fiskus das Vorkaufsrecht zustand. Der zuständigen Regierung wurde Abschrift des Kontrakts mit dem Ersuchen, sich über die Ausübung des Vorkaufsrechts zu erklären, durch das instrumentirende Gericht übersendet. Nach fünf Monaten ging die Erklärung, daß man von dem Vorkaufsrechte Gebrauch machen wolle, ein; nun aber wollten die Kontrahenten solches nicht mehr gestatten, weil die zweimonatliche Frist versäumt worden. Der Fiskus klagte und berief sich auf die vierjährige Restitutionsfrist. Der Appellations-Richter (der Zweite Senat des Ober-Landesgerichts zu Stettin) hielt die Restitution für zulässig; das Geheime Ober-Tribunal hingegen erklärte sie für unanwendbar bei Versäumung von Fristen, welche nicht wirkliche Verjährungsfristen sind. Darin ist beizustimmen. Es kommt nun aber auf den Beweis an, daß die zweimonatliche Frist zur Ausübung des Vorkaufsrechts keine wirkliche Verjährungsfrist ist. Dieser Beweis besteht in Folgendem: „Das leitende Prinzip zur Beantwortung dieser Frage liegt in dem §. 500, Tit. 9 a. a. O., nach welchem eine Verjährung vorhanden ist, wenn durch den Ablauf einer bestimmten Frist wegen unterlassener Ausübung gewisser Rechte eine Veränderung an diesen Rechten vermöge der Gesetze entsteht, mithin von dem Begriffe der Verjährung namentlich auch diejenigen Veränderungen in den rechtlichen Befugnissen oder Verhältnissen einer Person ausgeschlossen sind, welche, wenngleich nach einem gewissen Zeitabschnitte, doch schon lediglich mit Ablauf einer, den Anfang oder die Dauer der Ausübung eines Rechts bestimmenden Frist, eines dies a quo oder ad quem, eintreten." Aus dieser Erklärung ist ein unterscheidendes Merkmal zwischen beiden Fristen nicht herauszufinden. Verjährung ist es, wenn ein nicht ausgeübtes Recht durch Ablauf einer bestimmten Frist, wegen der Nichtausübung, sich verändert, also Veränderung eines Rechts durch Ablauf eines Zeitraumes, wegen unterlassener Ausübung. Doch aber sollen die Veränderungen, welche gleichfalls durch fruchtlosen Ablauf der zur Ausübung eines Rechts bestimmten Frist eintreten, wieder keine Verjährungen sein. Worin liegt das Unterscheidende? Diejenigen, zur Ausübung eines Rechts oder einer Befugniß bestimmten Fristen, welche mit einer Aufforderung zur Ausübung oder Erklärung darüber in Verbindung stehen, sind keine wirkliche Verjährungsfristen. Das unterscheidende Kennzeichen der nicht zu den Verjährungsfristen gehörigen Fristen ist also eine Aufforderung an den Berechtigten; die derselben angehängte Frist ist mithin eine Bedenk- und Ausführungszeit, mit deren Ablauf angenommen wird, der Berechtigte wolle von seiner Befugniß keinen Gebrauch machen. Die durch Ablauf dieser Fristen eintretende Veränderung ist das Gegentheil der Verjährung, nämlich eine durch (stillschweigende) Willenserklärung eines Befragten bewirkte Veränderung, wogegen die Verjährung eine Veränderung ist, die durch den eine Zeit lang fortgesetzten Nichtgebrauch entsteht. Der Verjährung bedarf es nicht, wenn der Berechtigte seinem Rechte auf Befragen ausdrücklich oder (durch Ablauf der Frist) stillschweigend entsagt. — Diese Art von Fristen sind jedoch nicht die einzigen, welche Einfluß auf ein Rechtsverhältniß haben, ohne Verjährungsfristen zu sein. Sie lassen sich wegen ihrer Verschiedenartigkeit nicht unter einen Gattungsbegriff bringen. Zur Vermeidung von Wiederholungen verweise ich auf mein Lehrbuch des Preußischen Gemeinen Rechts, Bd. I, S. 275.

№ 43.

Zahlung. Erbschaftlicher Liquidationsprozeß. Condictio indebiti.

Ein Gläubiger, welchem aus einer insufficienten und nicht von dem Erben verwalteten erbschaftlichen Liquidationsmasse durch ein Versehen zwar weniger, als er von dem Erblasser rechtmäßig zu fordern hatte, jedoch mehr, als ihm nach den vorgeschriebenen Vertheilungs-Grundsätzen zukam, gezahlt worden ist, kann zur Erstattung des Zuvielempfangenen mit der condictio indebiti angehalten werden.

Ueber die Frage: ob dasjenige, was aus einer unzulänglichen Kreditmasse einem Gläubiger beziehlich zuviel gezahlt worden, von ihm Seitens eines bevorzugten Gläubigers, der deswegen nicht vollständig hat befriedigt werden können, das Zuvielempfangene abgefordert werden dürfe, ist große Meinungsverschiedenheit und viel Unklarheit gewesen. Auch in dem Geheimen Ober-Tribunale selbst hat sich dieser Meinungsstreit gezeigt und das Plenum hat, zur Beseitigung desselben, durch Beschluß vom 19. Oktober 1840, den Satz angenommen, welchen die Ueberschrift ausdrückt. Dadurch ist man freilich um ein Großes der Wahrheit näher gekommen, aber das Rechte ist mit diesem Plenarbeschlusse doch noch nicht getroffen. In der Klage hat man sich gänzlich vergriffen, die condictio indebiti findet nicht ein einziges ihrer Erfordernisse und das Bemühen, die Voraussetzungen derselben als gegeben nachzuweisen, ist umsonst: die ganze Abhandlung, mit ihrem sehr gelehrten Aufwande, geht fehl. Das Verhältniß, in welches mehrere Gläubiger dadurch treten, daß sie dieselbe Sache ihres Schuldners zum Gegenstande ihrer Befriedigung machen, ist die zufällige Gemeinschaft (communio incidens). Nicht also die condictio indebiti ist es, wenn ein Einzelner mehr erhält als ihm nach seinen Theilnehmungsrechten zukommt, sondern die actio communi dividundo, durch welche eine gehörige Ausgleichung bewerkstelligt wird. Wie das Verfahren des Richters, durch welches die Gemeinschaft entsteht, in der Prozeß-Ordnung genannt werde, ob Konkurs, oder erbschaftlicher Liquidations-Prozeß, oder Kaufgelderbelegungs-Verfahren, oder Revenüen-Vertheilung, oder wie sonst immer, das ist für die Folgen der Gemeinschaft selbst ganz gleichgültig: nicht die Veranlassung zu einem Rechtsverhältnisse, sondern das Rechtsverhältniß selbst ist es, welches den Forderungsrechten den rechtlichen Charakter giebt. Hieraus folgt noch eine andere, ebenfalls viel bezweifelte Wahrheit, die nämlich, daß jeder Theilnehmer die Theilnehmungsrechte jedes Andern zu bestreiten berechtigt ist. Man vergleiche hier die beiden Plenarbeschlüsse vom 12. November 1838 (Bd. IV, № 14) und vom 19. September 1845 (Bd. XI, № 47). Beide erkennen zwar, in Beziehung auf Hypothekengläubiger, die Berechtigung eines nachstehenden Hypothekars an, die Ungültigkeit einer vorstehenden Hypothek zu rügen, aber der erste doch, mit Unsicherheit, nur im Falle des formellen Konkurses, auf Grund der buchstäblichen Vorschrift der Konkurs-Ordnung, ohne auf das Rechtsverhältniß selbst sich einzulassen; der zweite, auch außer dem Falle eines formellen Konkurses bei allen eintretenden Kollisionen, auf Grund der „Gemeinschaftlichkeit des Rechts auf diese Sache", welche durch die Pfandbestellung mit derselben für Mehrere entstanden, aber doch erst mit Hülfe der entstandenen Kollision, wenn das Pfand zu ihrer Aller Befriedigung nicht hinreicht. Der dabei zum Grunde liegende juristische Gedanke ist zwar zutreffend, doch fehlt ihm der angemessene Ausdruck. Denn nicht in der Gemeinschaftlichkeit, welche durch die Pfandbestellung entsteht, liegt die Berechtigung, sondern aus der Beschlagnahme und Veräußerung zum Zwecke der Befriedigung Mehrerer entsteht sie, und daraus folgt, daß auch ein jeder Personalgläubiger, der ein Grundstück subhastiren läßt, die Gültigkeit der darauf eingetragenen Hypotheken bei der Kaufgelder-Vertheilung bestreiten kann, wenn der Erlös für ihn nicht ausreicht. Die Hypothenrechte und deren Alter bestimmen die Theilungsgrundsätze; die Theilnehmungsrechte entstehen aus der Konkurrenz mehrerer Exekutionssucher. Dadurch ist zugleich von selbst die Grenze der Anfechtungs-Berechtigung gegeben und gerechtfertigt. Die zur Rechtfertigung des Plenar-Beschlusses vom 19. September 1845 (Bd. XI, S. 60) zu b angegebenen Gründe für die in dem Beschlusse richtig angegebenen Grenzen sind nicht zutreffend.

№ 44.

Ersitzung. Verjährungs-Titel.

Die gewöhnliche Verjährung durch Besitz erfordert einen Titel, welcher nicht bloß seinem materiellen Inhalte, sondern auch seiner Form nach zur Erwerbung des Eigenthums geeignet ist.

Der Streit über diesen Satz ist durch die mündlichen Kontrakte über Grundstücke entstanden. Nach einer Meinung sollte durch eine zehnjährige Ersitzung auf Grund eines mündlichen Kaufs unwiderrufliches Eigenthum entstehen, weil der §. 579, Tit. 9, Th. I des A. L. R. zur gewöhnlichen Verjährung durch Besitz (Ersitzung) einen „Titel, der an sich zur Erlangung des Eigenthums geschickt ist", erfordert. Eine andere Meinung verlangte dazu einen materiell und formell gültigen Titel. Diese Meinungsverschiedenheit ist im Sinne der zweiten Meinung, durch den Plenarbeschluß vom 15. Februar 1841, entschieden. Dem ist Beifall zu geben. In den Gründen wird nachgewiesen, daß man bei Abfassung des A. L. R. nicht beabsichtigt habe, das bis dahin geltend gewesene R. R. abzuändern und einen widerruflichen oder rechtsungültigen Titel für ausreichend zur Ersitzung zu erklären. Ein Widerspruch entsteht dadurch scheinbar zwischen dem §. 591 und §. 628. Nach §. 591 kann aus einem zur Erlangung des Eigenthums nicht geschickten Titel eine

Verjährung durch Besitz nicht angefangen werden; nach §. 628 aber kann, wenn auch ursprünglich die Besitznehmung auf Grund eines zur Erlangung des Eigenthums nicht geschickten Titels geschehen ist, doch die dreißigjährige Verjährung stattfinden. Aus diesem durch die Auslegung im Sinne der angenommenen Meinung scheinbar entstehenden Widerspruch entnimmt die entgegenstehende Meinung einen Beweisgrund für ihre Richtigkeit. Sie versteht unter dem im §. 591 gemeinten Titel ein Geschäft, welches gar nicht auf Eigenthums-Uebertragung gerichtet ist, und dazu soll der §. 628 stimmen. Wenn aber, nach der andern Meinung, ein rechtsungültiger Titel unter dem im §. 591 gemeinten verstanden werden müßte, so würde der §. 628 damit in Widerspruch stehen. Dieser scheinbare Widerspruch wird jedoch, wie gut ausgeführt ist, durch die richtige Beziehung der beiden Bestimmungen beseitigt: der §. 591 bezieht sich auf die ordentliche (zehnjährige) Ersitzung, und der §. 628 auf die dreißigjährige Verjährung. Bei dieser richtigen Beziehung ist so wenig ein Widerspruch zwischen beiden Bestimmungen, daß vielmehr darin eine Bestätigung der vom Plenum angenommenen Meinung ist. Das A. L. R. hat die sich auf die Verjährung (Präskription der Vindication) beziehenden Bestimmungen mit den Bestimmungen über die Ersitzung zusammengestellt, woraus mancherlei Irrthümer und auch die in Rede stehende Kontroverse entstanden sind.

VII. Band.

Enthaltend 41 Rechtsfälle.

№ 1.

Ehegatte. Pflichttheil.

Auf den Pflichttheil, welchen ein überlebender Ehegatte aus dem Nachlasse des zuerst verstorbenen fordert, finden die allgemeinen Vorschriften vom Pflichttheil überhaupt, welche die Einforderung, Belastung und Entziehung desselben, sowie die Anrechnungen darauf betreffen, Anwendung; nicht aber die Bestimmungen über die Folgen der Uebergehung eines Kindes oder Enkels des Erblassers in der letzten Willens-Verordnung.

Ein Wittwer testirte und berief seine Kinder zu Erben. Darauf verheirathete er sich wieder und starb, ohne eine Aenderung des Testaments vorgenommen zu haben oder Kinder von der zweiten Frau nachzulassen. Die Wittwe gerieth mit den zu Testamentserben berufenen Kindern in Streit über den Betrag ihres Erbtheils. Sie war der Meinung, daß das Testament seine Kraft verloren habe, weil der Erblasser nach errichtetem Testamente noch einen pflichttheilsberechtigten Erben in ihrer Person erhalten habe, und nach Ablauf eines Jahres verstorben sei, ohne in Beziehung auf sie etwas angeordnet zu haben. Diese Meinung hielt sie durch die Bestimmung des §. 454, Tit. 2, Th. II des A. L. R., wonach das eben Gesagte eintreten soll, wenn dem Erblasser Kinder oder zur unmittelbaren Erbfolge berechtigte Enkel nachgeboren worden, und durch die Vorschrift des §. 633, Tit. 1 a. a. O., wonach von dem Pflichttheile der Ehegatten Alles was von der Legitima überhaupt verordnet ist, gelten soll, gerechtfertigt. Die Richter beider Instanzen (das Land- und Stadtgericht zu Magdeburg und der Zweite Senat des Ober-Landesgerichts daselbst) wiesen den Anspruch zurück und das Geheime Ober-Tribunal verwarf die eingelegte Nichtigkeits-Beschwerde als unbegründet. Darin ist ihm unbedingt beizutreten. In den Entscheidungsgründen wird passend auf die Quelle der hier einschlägigen Lehre, nämlich auf das R. R., hingewiesen, und die Abweichung des A. L. R. hervorgehoben, doch hätten die leitenden Prinzipien bestimmter mögen hervorgehoben werden. Der Grundsatz, daß gewisse Personen, wegen ihrer engen Verbindung mit dem Erblasser in Beziehung auf dessen Verlassenschaft berücksichtigt werden müssen und welche man deshalb Pflichttheils-Berechtigte oder Notherben nennt, ist in das A. L. R. aufgenommen. Der daneben stehende, keinesweges davon abhängige Grundsatz aber, daß diese Personen ausdrücklich bedacht oder ausgeschlossen werden müssen (nicht übergangen werden dürfen), ist nicht aufgenommen, worin eine erhebliche Abweichung des A. L. R. von dem R. R. liegt; es ist an dessen Stelle der Grundsatz getreten, daß der übergangene ebenso wie der ohne rechtliche Ursache ausdrücklich ganz oder zum Theil ausgeschlossene Notherbe, gegen den letzten Willen des Erblassers nicht mehr als den Pflichttheil fordern könne. Daraus folgt, daß der Uebergangene nicht, wie nach R. R., die Erbeseinsetzung umstoßen kann, vielmehr nur, daß er dem eingesetzten Erben an die Seite tritt. Von dem Institute der Einsetzung und Uebergehung der Notherben ganz verschieden ist der Fall, wo der Testator über das Dasein einer solchen Person im

Irr-

Irrthume ist. Die darauf beruhende Verfügung müßte, nach allgemeinen Rechtsgrundsätzen, ungültig sein, was bei der wissentlichen und vorsätzlichen Uebergehung ohne einen positiven Grundsatz nicht so ist. In dieser Beziehung findet sich nun im R. R. die Anordnung, daß in der Regel nur die Erbeseinsetzung sich ändern, im Uebrigen aber die letztwillige Verfügung bei Kräften bleiben soll. Die Art der Aenderung in der Erbeseinsetzung war jedoch verschieden, je nachdem die Kenntniß des Daseins des Erben in der Vergangenheit oder in der Zukunft lag, und die eingesetzten Erben gleichfalls Notherben waren oder nicht. In dem erstern Falle, wenn nämlich der Testirer irrthümlich voraussetzte, sein Notherbe sei verstorben, sollte der Notherbe an die Stelle des eingesetzten fremden Erben treten (die Klage ist streitig). In dem zweiten Falle, wenn nämlich der Testirer erst nach der Testaments-Errichtung das Dasein des Notherben kennen lernt, und die eingesetzten Erben gleichfalls Notherben sind, wird in Beziehung auf Kinder unterschieden: ob er nach erlangter Kenntniß das Testament füglich noch hätte abändern können oder nicht. War die Aenderung nicht mehr thunlich gewesen, so trat der Posthumus mit unter die Zahl der Testamentserben, indem man vermuthete, der Testator habe seine sämmtlichen Kinder einsetzen wollen; das Testament blieb mithin sonst ganz bei Kräften. Hätte aber der Posthumus noch berücksichtigt werden können, so nahm man Lieblosigkeit an und das ganze Testament konnte mit der querela inofficiosi testamenti umgestoßen werden (L. 3 C. de inoff. testam. III, 28). Diese Ansichten sind auch bei den landrechtlichen Bestimmungen, und zwar selbst darin, daß nur in Beziehung auf Kinder besondere Folgen an die irrthümliche Uebergehung geknüpft sind, im Wesentlichen ebendieselben, wie im R. R.; denn es soll das irrthümlich übergangene Kind, wenn das Testament nicht mehr hat abgeändert werden können (welches angenommen wird, im Falle der Testator binnen Jahresfrist nach entdecktem Irrthume ohne seine Verfügung zu ändern gestorben ist), in die Reihe der Testamentserben treten; im andern Falle aber soll das Testament null sein. Hinsichtlich anderer Notherben ist im A. L. R. sowenig wie im R. R. eine besondere Bestimmung getroffen. Daraus folgt, daß es bei der Regel bleibt, welche ist, nach dem R. R., daß die querela inofficiosi testamenti, wenn deren Voraussetzungen gegeben sind, stattfindet; nach dem A. L. R. aber, daß nur der Pflichttheil gefordert werden kann. Das ist im A. L. R. in Beziehung auf Ascendenten noch besonders anerkannt im §. 517 a. a. O.: „Vielmehr können diese (die entferntern Ascendenten, falls die eingesetzten unmittelbaren Eltern vor dem Erbanfall starben), wenn ihrer im Testamente nicht gedacht worden, nur den Pflichttheil fordern.“ Nach dieser Darlegung ist der wesentliche Entscheidungsgrund des Geheimen Ober-Tribunals, daß nämlich nach dem A. L. R. die Uebergehung eines Notherben in der Regel der Gültigkeit des Testaments nicht schade und der Uebergangene gegen den letzten Willen nur den Pflichttheil zu fordern habe; ausnahmsweise jedoch bei Kindern und unmittelbaren Enkeln im Falle einer irrthümlichen Uebergehung derselben eine Aenderung in der Erbeseinsetzung oder auch die Ungültigkeit des Testaments eintrete; Ausnahmen aber auf andere Fälle unanwendbar seien, — durchaus juristisch und treffend. Daß „die Quelle dieser Vorschriften, das R. R., dem überlebenden Ehegatten keine Befugniß giebt, eine Präterition im Testamente des verstorbenen Ehegatten zu rügen“, ist unerheblich, weil, wie auch angegeben wird, die heutige Pflichttheils-Berechtigung des Ehegatten jünger ist. Doch würde auch das kein Zweifelsgrund sein, wenn nur den Notherben überhaupt eine solche Berechtigung wie den Kindern im Falle der irrthümlichen Präterition (denn die vorsätzliche ist im A. L. R. ausdrücklich ganz bei Seite gestellt), beigelegt worden wäre. Das ist jedoch nicht der Fall, folglich haben Ascendenten und Geschwister kein anderes Recht als welches die Regel mit sich bringt. Unter diese Regel treten von selbst auch alle jüngern Pflichttheils-Berechtigte, insofern ihretwegen etwas Besonderes nicht festgesetzt worden ist.

№ 2.

Kaufmännische Rechte. Societäts-Handlung. Wechselfähigkeit.

I. Eine kaufmännische Societäts-Handlung ist auch dann anzunehmen, wenn Mehrere zum Betriebe eines Waaren- oder Wechselhandels als Hauptgeschäfts sich nur auf einen, im Voraus bestimmten, Zeitraum verbinden.

Der gegen diesen Satz erhobene Zweifel gründet sich auf die Fassung des §. 617, Tit. 8, Th. II des A. L. R.: „Soll aber eine fortwährende Societäts-Handlung unter einer gemeinschaftlichen Firma errichtet werden: so“ u. s. w. Jemand war auf sechs Jahre in eine Societäts-Handlung getreten und wurde aus einem, mit der Firma der Handlung unterzeichneten Wechsel wechselmäßig belangt. Er machte den Einwand, daß die Societät eine fortwährende nicht gewesen sei, folglich er durch den Gebrauch der angenommenen Firma nicht verbindlich gemacht worden sein könne. Die

Richter beider Instanzen halten den Einwand für unbegründet und das Geheime Ober-Tribunal tritt ihnen darin bei. Es wird ausgeführt, daß unter den „fortwährenden" Societäten nur die allgemeinen oder „eigentlichen Societäts-Handlungen", im Gegensatze einer Handelsgesellschaft zum Zweck einzelner bestimmter Geschäfte, in Uebereinstimmung mit der korrespondirenden Stelle Th. I, Tit. 17, §§. 184, 185, gemeint seien, und daß in der Zeitbestimmung nur eine anticipirte Kündigung zu finden sei. Bis auf die der Zeitbestimmung beigelegte Bedeutung hat die Auslegung keinen Zweifel. Die Zeitbestimmung aber halte ich für eine Verabredung, daß der Austritt nicht früher stattfinden darf, sonst würde der Austritt und die ihm vorausgehende Kündigung in jedem Jahre zulässig sein. Wenn es nur eine anticipirte Kündigung wäre, so würde Keiner der Socien dadurch eine Verbindlichkeit, bis zu deren Ablauf in der Societät zu bleiben, übernommen haben; Jeder könnte auch früher kündigen, denn die anticipirte Kündigung würde den Sinn haben, daß zu der Zeit der Kontrakt ohne besondere Kündigung für gekündigt gelte, wenn er so lange dauere.

II. Diejenigen, welche in Folge einer solchen Vereinigung Waaren- oder Wechselhandel als Hauptgeschäft treiben, haben an Orten, wo Gilden gar nicht vorhanden oder nur für gewisse Arten von Handeltreibenden errichtet sind, die Rechte der Kaufleute, namentlich die Wechselfähigkeit.

Derselbe Beklagte hatte mit Bezug auf den §. 482 a. a. O. seine Wechselfähigkeit bestritten, weil er nicht „einen fortdauernden Waarenhandel oder einen dergleichen Wechselverkehr treibe", sondern nur auf sechs Jahre ein Waarenhandel von ihm unternommen sei. Mit Recht wird diese Auslegung verworfen. In der Appellation war auch wieder auf Grund des Gewerbesteuer-Gesetzes vom 30. Mai 1820 der bekannte, unstatthafte Einwand, daß nur die in der Steuerklasse A eingetragenen Kaufleute kaufmännische Rechte hätten, vorgebracht worden, der noch jetzt ab und zu vorkommt.

№ 3.

Konkurs. Vorzugsrecht. Schuld-Instrument. Gewährleistung. Entschädigung.

Das den nicht eingetragenen, jedoch gerichtlich aufgenommenen oder konfirmirten Darlehns- oder anderen Schuld-Instrumenten zustehende Vorzugsrecht der sechsten Klasse im Konkurs ist nicht davon abhängig, daß die Schuld-Instrumente einseitige sind; wohl aber davon, daß die daraus hergeleitete Forderung in der betreffenden Urkunde selbst und allein beruhe, und darin zu einem bestimmten Betrag in Zahlen ausgedrückt sei. Ansprüche, welche zwar aus gerichtlichen Verträgen, jedoch nur in Verbindung mit außerdem hinzutretenden Handlungen oder Unterlassungen des Verpflichteten hergeleitet werden, z. B. Ansprüche auf Entschädigung oder Gewährleistung, haben jenes Vorzugsrecht nicht.

Hierdurch soll bestimmt werden, was für Instrumente unter „allen nicht eingetragenen, jedoch gerichtlich aufgenommenen oder konfirmirten Darlehns- oder anderen Schuld-

Instrumenten" zu verstehen sind, welche nach §. 454 der Konkurs-Ordnung in die sechste Klasse kommen. Es werden instrumenta guarentigiata (das Geheime Ober = Tribunal nennt sie „guarantigionata", die Form ist mir nicht bekannt) gemeint, deren Wesen wird jedoch vorausgesetzt (S. 21), denn es wird darauf hingewiesen, daß das A. L. R. Th. I, Tit. 28, §. 1 auf das Wesen der instrumenta guarantigionata Rücksicht nehme. Worin das Wesen bestehe ist nicht gesagt, wenn es nicht in dem Vorhergehenden gesagt worden sein soll, wo gelehrt wird: „Bei der Prüfung, ob einem Anspruche nach §. 454 a. a. O. die sechste Klasse zustehe, kommt es nicht sowohl darauf an, ob die ihrer Form nach gerichtliche Urkunde eine ein- oder zweiseitige ist, als vielmehr darauf:

> ob diejenige Leistung, welche auf Grund einer solchen Urkunde gefordert, und für deren Betrag die erwähnte Stelle in dem ausgebrochenen Kreditverfahren geltend gemacht wird, schon mit dem liquidirten numerischen Betrage in der Urkunde selbst bezeichnet ist, dergestalt, daß der Anspruch unmittelbar und allein aus dieser Urkunde abgeleitet wird,

oder

> ob vielmehr zur Geltendmachung eines solchen Anspruchs die Urkunde nur zum Theil als Basis dient, und noch ein anderes, außer ihr liegendes Ereigniß als Rechtsgrund hinzutreten muß, um den Anspruch in Zahlen darzustellen.

Hierdurch wird dem Nichtsehenden schwerlich Licht gegeben werden. Von einer Ableitung des Anspruchs unmittelbar und allein aus der Urkunde und von der Urkunde als Basis des Anspruchs kann überhaupt nicht gesprochen werden, da das Preußische Recht keine formelle Obligationen, außer dem

Wechsel, kennt und die Urkunden nur Beweismittel, nicht Grund des Anspruchs sind. Der wahre Rechtssatz, der hier gemeint wird, ist ganz kurz, er lautet: nur einseitige Forderungsrechte, über deren Grund und Betrag eine gerichtliche oder notarielle Urkunde vorhanden ist, kommen in die sechste Klasse. Also ist bei Prüfung der Frage: ob ein durch eine solche Urkunde bewiesener Anspruch in die sechste Klasse kommen muß oder nicht, bloß darauf zu sehen: ob die Forderung eine einseitige oder eine zweiseitige (nicht zu verwechseln mit zweiseitigen Verträgen) ist. Nur diese juristischen Begriffe haben den Urtheilenden zu beschäftigen. Die Anwendung des Satzes auf den mitgetheilten Fall ist ganz richtig und auch ohne Schwierigkeit. Jemand hatte mit einem Andern einen Vertrag gerichtlich geschlossen, wonach der Andere das Kaufgeld für ein Forstgrundstück, welches Jener gekauft hatte, an den Verkäufer bezahlen, und dagegen sich aus dem Holzbestande, soweit derselbe hinreichen würde, bezahlt machen sollte. Jener, der Käufer des Forstgrundes, starb und über seinen Nachlaß wurde der erbschaftliche Liquidations-Prozeß eröffnet. Der Andere trat in demselben mit einer Forderung von 1591 Rthlr. auf und nahm das Vorrecht der sechsten Klasse in Anspruch. Ohne Zweifel war dieses Vorrecht nicht begründet, aus dem doppelten Grunde, weil die Forderung eine zweiseitige war, denn sie war eben durch richtige Leistung an den Verkäufer und durch gehörige Verwerthung des Holzbestandes bedingt; und weil auch der Betrag nicht durch die Urkunde bewiesen wurde.

№ 4.

Dorfgemeine. Neue Anbauer. Gemeingründe.

Neue Anbauer in einer Dorfgemeine haben auf die Mitbenutzung der Gemeingründe in allen Fällen ein Recht, in denen die der Errichtung ihrer Stellen vorhergehenden Verträge keine ausdrückliche entgegengesetzte Bestimmung enthalten. Aus der bloßen Nichterwähnung dieses Rechts in den Verträgen kann dessen Entziehung nicht gefolgert werden.

In Folge dieses Plenarbeschlusses vom 22. März 1841 traten eine Menge Neuanbauer auf, welche Gemeinde-Rechte und Abfindung in Anspruch nahmen. Dadurch wurde die Erfahrung gemacht, daß die Verhältnisse, unter welchen neu angebauet worden, in den verschiedenen Orten und Gegenden sehr verschieden waren; und es entstanden Zweifel darüber: ob und unter welchen Voraussetzungen der Anbau das Recht der Gemeinde-Mitgliedschaft begründe. Für künftige Fälle beseitigte das Gesetz wegen Zertheilung der Grundstücke und Gründung neuer Ansiedlungen, vom 3. Januar 1845, §§. 9, 24, 25, 29, 30, einen Theil der Zweifel, aber hinsichtlich vergangener Fälle wurde ein neuer Plenarbeschluß nothwendig, welcher am 17. Oktober 1845 dahin ergangen ist:

Ehe das Gesetz vom 3. Januar 1845 — erschienen war, war

I. Der bloße Anbau innerhalb der Gemeinde nicht zureichend, um allein schon das Recht der Gemeinde-Mitgliedschaft zu gewähren.

Ueber die Weise, wie Jemand zum Gemeinde-Mitglied aufgenommen wird, entschieden vielmehr vorzugsweise die Partikular-Rechte. Wo es an Partikular-Rechten ermangelte, bedurfte es jedoch zur Aufnahme als Gemeinde-Mitglied nicht einer ausdrücklichen Erklärung von Seiten der Gemeinde. Es machte zwar

a. beim Anbau keinen Unterschied, wenn er auf der Parcele eines schon vorhandenen Privatgrundstücks eines Gemeinde-Mitgliedes erfolgte. Dagegen war

b. die bisherige Zahlung eines veränderlichen Weidegeldes eine erhebliche Thatsache gegen das Bestehen der Mitgliedschaft in der Gemeinde.

Das Gewicht dieser Thatsache zur Ausschließung dieser Mitgliedschaft und der in ihr begründeten Theilnehmungs-Rechte an der Nutzung des Gemeinde-Vermögens war jedoch in jedem einzelnen Falle von der Beschaffenheit der übrigen ermittelten Umstände abhängig.

II. Zur Ausschließung vom Theilnahme-Rechte an den Gemein-Gründen genügte es, wenn der Anbauer von seinem Verkäufer oder von der Kreisbehörde belehrt war, daß er dieses Theilnahme-Recht erst durch Vereinigung mit der Gemeinde erwerben müsse.

III. Das Theilnahme-Recht eines Neuanbauers bei der Hütung in Folge seiner Gemeinde-Mitgliedschaft erstreckte sich bloß auf die Gemein-Gründe als Korporations-Vermögen.

Neue Folge, Bd. I, S. 74.

№ 5.

Kaufmännische Anweisung. Assignation. Indossatar.

I. Zum Wesen einer kaufmännischen Assignation ist es nicht erforderlich, daß der Assignatar gleich dem Aussteller Kaufmann sei.

II. Auch wenn der Assignatar nicht Kaufmann ist, kann der durch Indossament zum Besitz der kaufmännischen Assignation gelangte Inhaber vom Assignanten Zahlung der in der Assignation verschriebenen Summe verlangen.

Beide Sätze sind richtig, doch aber, in dem mitgetheilten Rechtsfalle, von dem Appellations-Richter (dem Ober-Landesgerichte zu Hamm) verkannt worden. Ein Nichtkaufmann hatte von einem Kaufmanne eine Assignation, über eine Waarenschuld, auf einen andern Kaufmann erhalten und indossirt. Der Assignat verweigerte die Annahme und nun verlangte der Inhaber von dem Aussteller Zahlung. Dieser machte auch keine Einwendungen, er ließ sich in contumaciam verurtheilen und appellirte dann, ohne zur Widerlegung des Anspruchs etwas anzuführen. Das Appellations-Gericht wies den Kläger ab, weil der Assignatar kein Kaufmann war und deshalb die Assignation keine kaufmännische sein sollte. Das Geheime Ober-Tribunal vernichtete diese Entscheidung mit Recht.

№ 6.

Wechsel. Indossament. Simulation.

Der Acceptant eines auf eigene Ordre gezogenen Wechsels kann auch dem Indossatar, welcher durch ein eigentliches Indossament Inhaber des Wechsels geworden ist, den Einwand, daß Letzterer nur der Bevollmächtigte des Ausstellers sei, mit rechtlicher Wirkung entgegensetzen, sofern er sich eines, im Wechselprozesse zulässigen Beweismittels, namentlich der Eidesdelation, bedient.

Die Frage ist: von welcher Art diejenigen Rechts-Einwendungen sein müssen, welche im Wechselprozesse an sich, abgesehen von dem Beweise, zulässig sein sollen. Diese Frage beantwortet das Geheime Ober-Tribunal bei einer spätern Entscheidung (Bd. IX, № 20, III, S. 343) sehr richtig dahin: daß der Einwand den Mangel eines, die Wechselmäßigkeit bedingenden Erfordernisses darstellen müsse. Von dieser Art ist offenbar der Einwand, daß der Indossatar eines auf eigene Ordre lautenden Wechsels nur der Geschäftsbesorger des Ausstellers sei. Denn wenn dieses wahr ist, so ist das Schriftstück kein Wechsel und das Geschäft kein Wechselgeschäft, weil die dritte Person, der Remittent, fehlt. (Vgl. o. zu Bd. IV, № 28, III, S. 259.) Wenn auch das Indossament die Form eines eigentlichen Indossaments hat, so ist deshalb der Beweis des Gegentheils, der Unwahrheit des eigentlichen Indossaments, nicht ausgeschlossen, nur muß das Beweismittel ein im Wechselprozesse annehmbares sein. Ein solches ist die Eidesdelation. Hiernach enthält der oben ausgedrückte Satz eine richtige

Anwendung des von Einwendungen in einem Wechselprozesse geltenden Rechtsgrundsatzes. In dem mitgetheilten Rechtsfalle hatten die Richter beider Instanzen (das Stadtgericht zu Berlin und der Ober-Appellations-Senat des Kammergerichts) den Einwand für unstatthaft erklärt, weil der ihm zum Grunde liegende Umstand nicht aus dem Wechsel ersichtlich sei, und daher einem Dritten nicht entgegenstehe. Zutreffend weiset das Geheime Ober-Tribunal bei der Vernichtung der Entscheidung diesen Einwurf damit zurück, daß es sich hier lediglich um das Verhältniß zwischen dem Aussteller (ersten Indossanten), dem Präsentanten (ersten Indossatar) und dem Acceptanten, also zwischen den ursprünglichen Parteien handele, wobei ein Dritter nicht interessire.

№ 7.

Wechselklage. Arrest. Protest. Frist.

I. Der aus einem Wechsel in Anspruch genommene Verklagte kann um deswillen, weil auf den Wechsel ein Arrest ausgebracht ist, die Einlassung auf die Wechselklage nicht verweigern.

II. Wenn der Inhaber eines nicht acceptirten oder nach erfolgter Annahme nicht bezahlten Wechsels sich mit dem Aussteller oder demjenigen Vormann, an welchen er sich wechselmäßig halten will, an einem Orte befindet: so muß die Mittheilung des Protestes innerhalb vier und zwanzig Stunden erfolgen.

III. Die in den Gesetzen zur Abgabe einer Erklärung oder zur Leistung einer Handlung bestimmte Frist: „binnen vierundzwanzig Stunden", ist für innegehalten anzusehen, wenn die Erklärung oder Handlung im Laufe des nächsten Tages erfolgt.

Ein angelegter Arrest ist Grund zur Deposition, befreit aber nicht von der Verbindlichkeit, folglich hindert er auch die Klage nicht. Darin liegt die Rechtfertigung des ersten Satzes. Der zweite Satz gründet sich auf Analogie. Das Wechselrecht hat keine Bestimmung über die Frist, in welcher der Protest versendet werden muß, wenn beide betroffene Personen sich an demselben Orte befinden. Dagegen findet sich für diesen Fall eine Fristbestimmung, in Beziehung auf kaufmännische Anweisungen, im §. 1273, Tit. 8, Th. II des A. L. R., womit die Fristbestimmung zur Erklärung über die Annahme einer Offerte unter Anwesenden, im §. 95, Tit. 5, Th. I a. a. O. harmonirt. Die Erfordernisse der Analogie sind mithin vorhanden. Der dritte Satz gründet sich auf §. 47, Tit. 3 a. a. O.

№ 8.

Großherzogthum Posen. Landstraßen. Wege. Brücken. Dämme.

Die Polnischen Constitutionen vom Jahre 1576 und 1764, sowie der Reichstagsschluß vom Jahre 1790, welche die Pflicht zur Unterhaltung der Wege, Dämme und Brücken den Dominien auflegen, haben ihre Geltung für das jetzige Großherzogthum Posen seit dem 1. September 1797 verloren.

Gegen die Richtigkeit dieses Satzes ist nichts zu erinnern; durch den §. 12 der Deklaration vom 30. April 1797 ist das A. L. R. in allen nicht ausgenommenen Rechtsmaterien in die Stelle der ältern Polnischen Gesetze, Statuten und Constitutionen gesetzt worden. Der hier mitgetheilte Rechtsfall ist übrigens der zweite Theil der, Bd. II, № 12 mitgetheilten Sache (s. o. S. 89). Der dort mit der Klage gegen den Fiskus abgewiesene Kläger hatte sich mit seinen Ansprüchen nicht gegen die Straßenbeamten gewendet, sondern es vorgezogen, den Gutsherrn der betroffenen Feldmark, auf Grund der oben angegebenen Polnischen Constitutionen, zu belangen.

№ 9.

Vitalitien-Vertrag. Alimenten-Vertrag.

Derjenige, welchem ein ganzer Vermögens-Inbegriff durch einen Vitalitien- oder Alimenten-Kontrakt übertragen worden, ist den Gläubigern des Uebertragenden, auch wenn sie dem Vertrage nicht beigetreten sind, unmittelbar verhaftet

Das folgt aus dem allgemeinen Grundsatz, daß zu einem Vermögensganzen (Inbegriff von Sachen und Rechten, universitas juris) auch die Schulden gehören. Wer also in einen solchen Inbegriff succedirt, der muß auch die darin begriffenen Schulden bezahlen. Daß er persönlich dafür hafte, ist an sich nicht nothwendig, das hängt von der Art der Succession ab. Ist diese eine Singular-Succession, z. E. ein Geschäft unter Lebendigen, wie der Vitalitien-Vertrag, so haftet der Erwerber natürlich nicht persönlich, denn er hat mit den Gläubigern nicht kontrahirt. Aber er muß den Angriff auf den Vermögens-Inbegriff gestatten und sich darauf, als Besitzer, unmittelbar in Anspruch nehmen lassen, gleichwie es der Käufer einer Erbschaft thun muß. Von diesem Gesichtspunkte die Sache angesehen verschwinden alle Zweifel, welche gegen die Statthaftigkeit der Klagen der Gläubiger gegen den Uebernehmer der Masse vorgebracht worden sind. Es ist zur Begründung der Klagen auch keinesweges erforderlich, ja es ist ein Irrthum, den Uebernehmer als Universal-Successor des Abtretenden anzusehen; die Singular-Succession in eine universitas juris ist sehr gut rechtlich möglich und kommt selbst von Todes wegen in dem legatum partitionis vor. Die Anwendung des Grundsatzes auf den mitgetheilten Rechtsfall ist ganz richtig. Jemand hatte sein ganzes Vermögen an seine zweite Frau, gegen das Versprechen, ihn zu erhalten, abgetreten, und seinen Kindern hatte er das ihnen schuldige Muttererbe nicht bezahlt. Eins derselben nahm nun seine Stiefmutter auf Zahlung seines Erbes in Anspruch. Der erste Richter (das Land- und Stadtgericht zu Erfurt) verurtheilte die Verklagte; der Zweite Senat des Naumburger Ober-Landesgerichts hingegen reformirte das Urtel und wies den Kläger ab, weil dieser dem Vertrage nicht beigetreten sei. Diese Entscheidung mußte das Geheime Ober-Tribunal freilich vernichten.

№ 10.

Gewerbeberechtigung. Exklusivrecht. Untersagungs-Recht. Ablösung.

Wenn die Ausschließlichkeit einer Realgewerbe-Berechtigung zur Begründung ihrer Ablösungsfähigkeit durch ein Untersagungsrecht dargethan werden soll: so ist der Nachweis eines gegen den Staat erworbenen Untersagungsrechts erforderlich.

Die Deklaration vom 11. Juli 1822 (G.-S. S. 187) bestimmt, daß auch diejenigen ausschließlichen, vererblichen und veräußerlichen Gewerbe-Berechtigungen in den Städten, welche nicht mit diesen Eigenschaften in den Hypothekenbüchern eingetragen sind, abgelöst werden sollen, insofern jene Eigenschaften, insonderheit das Recht, die Vermehrung der Gerechtigkeiten zum Gewerbe gleicher Art zu untersagen, durch Privilegien oder durch den Besitz eines Untersagungsrechts dargethan würden. Es entstand die Frage: ob das Untersagungsrecht gegen die zur Ertheilung der Gewerbe-Koncessionen berechtigte Autorität (jetzt gegen den Staat), oder nur gegen jeden unbefugten Gewerbsgenossen, durch Ausschließung desselben von Ausübung des gleichen Gewerbes innerhalb der Stadt, ausgeübt worden sein müsse. Das Geheime Ober-Tribunal war bei Entscheidung einer die Stadt Schlawa betreffenden Sache, im Jahre 1827, der zweiten Meinung gewesen. In einer jüngern, Goldberg betreffenden Sache, hatte die erste Meinung die Mehrheit des betroffenen Senats für sich. Deshalb kam die Frage zur Berathung des Plenums,

nums, welches durch Beschluß vom 26. April 1841 der ersten Meinung Beifall gab.

№ 11.

Vermuthete Schenkung. Entsagung. Erlaß. Form.

I. Die gesetzlichen Vorschriften darüber, unter welchen Verhältnissen und Umständen die Absicht zu schenken vermuthet wird, finden in dem Falle, wenn Jemand für den Andern eine Schuld bezahlt, keine Anwendung.

II. Der Erlaß einer Schuld erfordert, selbst bei Aushändigung der darüber sprechenden Urkunde, eine *ausdrückliche* Erklärung, welche bei Gegenständen über funfzig Thaler schriftlich abgegeben sein muß.

Der erste Satz findet darin seinen zureichenden Grund, daß die Bezahlung einer fremden Schuld ein wirkliches Rechtsgeschäft (Besorgung fremder Geschäfte, mit oder ohne Auftrag) ist, mithin eine Ungewißheit darüber, was die Handlung vorstellen soll, gar nicht stattfindet. Bei dem Geben des Einen an den Andern aber, ohne erklärte Absicht, weiß man nicht, was die Handlung vorstellen soll. Um eine darauf gegründete Klage für unstatthaft zu halten, hätte es nicht erst Vorschriften über die Vermuthung einer Schenkung bedurft, Schenkung oder nicht Schenkung, gleichviel, wo kein bestimmtes Rechtsgeschäft geschlossen oder vollzogen worden ist, giebt es keine Klage. Der mitgetheilte Fall erläutert dies. Ein Pflegevater bezahlte eine auf dem Grundstücke seiner Pflegetochter haftende Hypothekenpost von 500 Rthlr. und händigte ihr dann das von dem Gläubiger zurückgegebene und quittirte Instrument ein. Nach seinem Tode forderte sein Erbe Bezahlung dafür von der Pflegetochter, die die Geschäftsbesorgung für eine Schenkung angesehen wissen wollte.

Der zweite Satz soll eigentlich ausdrücken, daß die Erklärung nicht gerichtlich, sondern nur schriftlich gegeben zu werden brauche. Das ist schon durch den Plenarbeschluß vom 24. Februar 1840 (s. o. zu Bd. V, № 23) ausgemacht worden.

№ 12.

Rechtsmittel. Appellation. Revision. Streitobjekt.

Die Zulässigkeit prozessualischer Rechtsmittel in den einer Schätzung nach Gelde fähigen Sachen ist nach dem Interesse der das Rechtsmittel ergreifenden Partei zu bestimmen.

Dieser streitig gewesene, durch Plenarbeschluß vom 22. März 1841 angenommene, Satz hat in der Bestimmung des §. 6 der Verordnung über die Grundsätze, wonach der Werth des Streitgegenstandes in Civil-Prozessen zu berechnen ist, vom 21. Juli 1843 (G.-S. S. 298) seine Bestätigung gefunden.

№ 13.

Nothwendige Subhastation. Miteigenthümer. Auseinandersetzung.

Die Wirkungen einer nothwendigen Subhastation, welche gesetzlich eintreten sollen, wenn der Verkauf auf den Antrag eines Miteigenthümers zum Zweck der Auseinandersetzung erfolgt, beschränken sich in diesem Falle nicht auf diejenigen Verhältnisse, von denen die §§. 62—64, Tit. 52, Th. I der A. G. O. und §. 408 des Anhangs zu derselben handeln.

Dieser durch einen Plenarbeschluß vom 7. Juni 1841 angenommene Satz gründet sich auf eine irrige Auslegung der Verordnung über den Subhastations- und Kaufgelder-Liquidations-Prozeß vom 4. März 1834 und tritt mit den allgemeinsten Rechtsgrundsätzen in Widerspruch. Deshalb ist er auf dem Wege der Gesetzgebung, durch die Verordnung, betreffend die zum Zweck einer Auseinandersetzung eingeleiteten Subhastationen, vom 11. August 1843 (Ges.-Samml. S. 323), beseitigt worden und kommt nicht weiter in Betracht.

№ 14.

Subhastation. Auction. Licitant. Abstandsvertrag. Adjudication. Zuschlag.

Die Verabredung, durch welche sich Jemand bei einer

gerichtlichen oder andern öffentlichen Subhastation oder Versteigerung von einem Andern gegen ein Abstandsgeld versprechen läßt, ihn nicht überbieten zu wollen, giebt dem Eigenthümer der Sache oder dessen Gläubigern, zu deren Befriedigung der Verkauf veranlaßt worden, nicht das Recht, die Aufhebung des Zuschlags und die Fortsetzung des Licitations-Verfahrens zu verlangen.

Auch dieser Satz ist durch einen Plenarbeschluß vom 16. August 1841 festgestellt worden und ist mit dem vorigen, № 13, von ganz gleichem Werthe. Danach soll denn, im Widerspruch mit der ältern Meinung (vgl. Schles. Arch. Bd. V, S. 142), der Konsens in den Verkauf (Zuschlag) rechtsbeständig sein, wenngleich sich hinterdrein findet, daß die Bieter in der Art, daß Einer den Andern zu überbieten gegen eine bestimmte Abfindung sich enthalten hat, kolludirt haben und obschon ein Gesetz vom 14. Juli 1797 diese unmoralische Kollusion sogar mit Strafe bedroht. Wie der vorige Satz № 13 gegen allgemeinste Grundsätze verstößt, in gleicher Weise tritt auch dieser Satz mit der allgemeinen Rechtsregel: daß eine betrüglich veranlaßte Willensbestimmung nichtig ist, in Widerspruch. Die Gründe, durch welche ein solcher Satz Rechtfertigung finden soll, verstoßen nicht weniger gegen die juristische Wahrheit. „Nach allgemeinen Grundsätzen, wird gesagt, können — auch die bei Gelegenheit von öffentlichen Verkäufen vor oder in den Licitations-Terminen angewendeten Bemühungen eines Kauflustigen, die Uebrigen durch Bitten, Vorstellungen oder Versprechungen zum Aufgeben ihrer Konkurrenz zu bestimmen, die Ungültigkeit des hiernächst zwischen den Subhastations-Interessenten zu Stande gekommenen Geschäfts nicht begründen." Die allgemeinen Grundsätze, nach welchen eine solche versteckte, den Verkäufer aus unmoralischem Eigennutz hinterlistig beschädigende Vereinbarung unter den eingeladenen Bietern die Grundlage eines gültigen Konsenses des Verkäufers, welcher mit ehrlichen Leuten zu thun zu haben irrig voraussetzt, und nur in dieser Voraussetzung konsentiren will, sein kann, sind nicht bekannt. Weiter wird gesagt: „sogar die Ungültigkeit der Abstandsverträge würde an sich mindestens sehr zweifelhaft sein. Dies ist in der Verordnung vom 14. Juli 1797 anerkannt und als bis dahin geltendes Recht vorausgesetzt." Ob dergleichen, auf die heimliche Beschädigung eines Andern aus Eigennutz abzielende Pakte für rechtlich geltend anzusehen seien, das ist freilich Sache der Ansicht; aber thatsächlich unrichtig ist es, daß die Verordnung vom 14. Juli 1797 das „Dies" als bis dahin geltend gewesenes Recht anerkennt: das steht nicht in der Verordnung; im Gegentheil: sie nennt dergleichen Pakte unter den Bietern einen „Mißbrauch", welcher „Mißbrauch überhand nehme." Kein Recht irgend eines civilisirten Volkes läßt anerkannte Mißbräuche für Recht gelten. Ferner versichert man: „die Verordnung kündigt die darin enthaltenen Bestimmungen ausdrücklich als neue, durch dieselben erst eingeführte Vorschriften an." Damit soll gesagt sein, daß die Abstandsverträge, an sich ganz rechtlich, erst durch die Verordnung für unerlaubt erklärt worden. Auch das ist unrichtig: neu ist nichts weiter als die Straf-Androhung. „Dergleichen Verabredungen, sagt die Verordnung, gründen sich nun zwar auf einen unerlaubten und unmoralischen Eigennutz, den die Gesetze niemals begünstigen können. — Da es inzwischen an einem positiven Verbotsgesetze gegen solche Winkelverträge bisher noch ermangelt hat, so haben wir nöthig gefunden — festzusetzen: §. 1. Alle Verträge und Verabredungen u. s. w. werden hiermit für unerlaubt und strafbar erklärt." Ein besonderes Gewicht wird auf das „hiermit" gelegt; darin soll der Beweis der Neuheit des Rechts liegen, vorher soll also der „unerlaubte und unmoralische Eigennutz" eine ehrbare Sache (causa honesta) gewesen sein. Davon weiß die Rechtswissenschaft nichts. Was unmoralisch und deshalb unerlaubt ist, das ist darum noch nicht strafbar, aber niemals kann es ein Recht begründen. Das „hiermit" bezieht sich also auf das Strafrechtliche, Dieses ist neu; aber das Unmoralische, die turpetudo, war, nach dem Zeugniß des Gesetzes selbst, schon vorher da. Um also die fraglichen Pakta, in privatrechtlicher Beziehung, unwirksam zu machen, bedurfte es keines neuen Gesetzes. Deshalb augenscheinlich unpassend wird das Gesetz, in dieser Hinsicht, ein Ausnahmegesetz genannt, neben welchem „nach bekannten Regeln über die Auslegung von Ausnahmegesetzen alle diejenigen Grundsätze des Gemeinen Rechts, welche in einem Ausnahmegesetz nicht speciell abgeschafft oder modificirt worden, als beibehalten anzusehen." Daß allgemeine Grundsätze des Gemeinen Rechts durch die Verordnung nicht aufgehoben worden seien, das versteht sich; aber gerade deshalb können, nach den Worten des Gesetzes, „dergleichen Verabredungen, die sich — auf einen unerlaubten und unmoralischen Eigennutz gründen, den die Gesetze niemals (als auch vor der Verordnung nicht) begünstigen", kein Recht begründen; denn die „Grundsätze des Gemeinen Rechts" versagen dem Unmoralischen ausdrücklich jede rechtliche Wirkung zum Vortheil des Handelnden. — Man meint nun zur Rechtfertigung der Meinung weiter: diejenigen, welche die entgegengesetzte Meinung zu begründen versuchten, wendeten die Begriffe von Irrthum und Betrug auf Fälle an, auf welche sie nicht paßten. Gar nicht. Die Fälle, welche nun zum Beweise dieser Behauptung vorgeführt werden, sind nicht die Gegenstände, in welchen der Konsentirende irrt. Es wird gesagt: die Subhastations-Interessenten (die Verkäufer) seien weder über die Person des Käufers, noch über den Betrag des Kaufpreises irgend wie im Irrthum gewesen; sie hätten vielmehr gerade dem, der im Licitations-Termine das höchste Gebot abgegeben habe, und keinem Andern, die Sache zuschlagen wollen. Allein damit sind die Gegenstände des wesentlichen Irrthums noch nicht erschöpft. Das wird auch gefühlt; denn man erwägt weiter: Möglich sei es allerdings, daß die Interessenten, wenn sie um das Verfahren gewußt, daraus ein Motiv entnommen hätten (ich glaube —!), gerade ihm den Zuschlag nicht zu bewilligen. Sollten sie indeß bei Ertheilung ihrer Zustimmung in den Zuschlag auch vorausgesetzt haben, daß ein Abstandsvertrag nicht vorgekommen, diese Voraussetzung aber in der That falsch sein: so sei doch die Rechtsbeständigkeit der Verträge von der Richtigkeit bloß innerer Vorstellungen, sofern sie nicht von dem andern Kontrahenten vorsätzlich veranlaßt seien, oder das Wesen des Geschäfts selbst beträfen, durchaus nicht abhängig u. s. w. Hierdurch versetzt der Verfasser dieser Motive sich von dem Besondern zum Allgemeinen, wohin wir ihm nicht folgen dürfen. Wir haben es hier nicht mit Verträgen überhaupt, sondern im Besondern mit einem solchen Vertrage zu thun, welcher durch den Ausgang eines zufälligen Ereignisses seinen Schluß erhalten soll: denn es ist verabredet, daß derjenige der Käufer sein solle, welcher zufällig das annehmlichste Gebot thun werde. (A. L. R. Th. I, Tit. 11, §. 47.) Zufällig ist bekanntlich Das, was ohne Einwirkung eines der Betheiligten geschieht. Bewirkt nun der Eine heimlich, daß Andere sich des Mitbietens enthalten, und bleibt er in Folge dieser Durchstechereien Meistbietender, so hat er den Konsens nicht, denn der Preis ist nicht nach der Verabredung bestimmt worden, auch läßt sich sehr wohl sagen, daß der Verkäufer überdies in der Person des Käufers irrt, denn es ist nicht ausgemacht, daß dieser Bieter der Käufer geworden sein würde, wenn der Zufall den Ausschlag gegeben hätte. Darum hat ein solcher Bieter, der das Eintreten des Zufalls durch künstliche Beseitigung der Konkurrenten hindert, nach ausdrücklicher Bestimmung des A. L. R. Th. I, Tit. 4, §. 104 gar kein Recht, und der scheinbar (aus Irrthum) gegebene Konsens der Interessenten (der Verkäufer) ist null und nichtig. Hoffentlich wird dieser Plenarbeschluß doch wohl auch beseitigt werden.

№ 15.

Kompetenz. Rechtsweg. Gericht. Polizeibehörde Privatgesellschaft. Geselliger Verein.

Der Beschluß einer, zum geselligen Vergnügen bestimmten, erlaubten Privatgesellschaft über die Ausschließung eines Mitgliedes kann von demselben im Rechtswege angefochten werden. Die Entscheidung über die Rechtmäßigkeit eines solchen Beschlusses gehört nicht zur Kompetenz der Polizei-Behörden.

Ist aus juristischen Gründen nicht zu bezweifeln. Ein durch Gesellschafts-Beschluß ausgeschlossenes Mitglied einer Vergnügungs-Gesellschaft erkannte die Gründe seiner Ausschließung nicht für gültig und klagte auf Wiederzulassung. (Der Antrag ging dahin: die Verklagten zu verurtheilen, den Beschluß über seine Ausschließung aus der Gesellschaft zurückzunehmen und ihn als Mitglied — wieder anzuerkennen. Das war nicht nöthig und auch nicht zu erzwingen; es genügte, wenn der Richter die Ausschließung für ungültig erklärte und die Gesellschaft verurtheilte, den Kläger als Mitglied zuzulassen.) Die Beklagten wendeten ein, daß dem Kläger ein Klagrecht (der Rechtsweg) nicht zustehe, vielmehr nur der Weg der Beschwerde an die Polizeibehörde. Diesen Einwand fand der Richter erster Instanz, nach §§. 43 und 44, Tit. 6, Th. II des A. L. R., wo die Aufsicht des Staats angeordnet ist, begründet. Der Appellations-Richter (der zweite Senat des Ober-Landesgerichts zu Breslau) und das Geheime Ober-Tribunal hingegen verwarfen den Präjudicial-Einwand aus überzeugenden Gründen.

№ 16.

Väterliche Gewalt. Bürgerrecht. Haussohn.

Durch die bloße Erwerbung des Bürgerrechts geht auch der großjährige Sohn nicht aus der väterlichen Gewalt.

Auch hieran ist kein rechtlich begründeter Zweifel, denn die Erwerbung des Bürgerrechts ist keine Art der Aufhebung der väterlichen Gewalt. Wenn also ein Magistrat einem Haussohne das Bürgerrecht ertheilt, so sind dadurch dem Vater seine Rechte über den Sohn nicht entzogen: einem Stadtmagistrate ist die Gewalt nicht gegeben, Privatrechte Anderer aufzuheben; wenn Beides, das Bürgerrecht und die väterliche Gewalt, sich nicht vertragen, so ist das erstere null. Doch war die Deputation des Zweiten Senats des

Ober=Landesgerichts zu Breslau, mit dem Richter erster Instanz, anderer Meinung gewesen. Darin findet das Geheime Ober=Tribunal mit Recht die Verletzung eines Rechtsgrundsatzes.

№ 17.

Pacht. Miethe. Mißbrauch. Exmission.

Die Verwendung einer gepachteten oder gemietheten Sache zu einem andern, als dem im Vertrage ausdrücklich bestimmten Gebrauche, begründet die Entsetzung des Pächters oder Miethers während der kontraktmäßigen Zeit, wenn auch eine Beschädigung der Substanz der Sache nicht zu besorgen ist.

Gemeint ist, daß ein kontraktwidriger Gebrauch ein solcher Mißbrauch sei, wegen welches der Verpächter oder Vermiether den Kontrakt aufheben könne, wenn auch kein Schade für ihn daraus zu besorgen. Jemand hatte ein Stück Weideland zu einer Kohlen=Niederlage gepachtet, ließ aber, anstatt die Niederlage anzulegen, Vieh darauf weiden. Der Verpächter erklärte aus dieser Ursache den Kontrakt wegen Mißbrauchs für aufgehoben und klagte auf Exmission. Der erste Richter erkannte nach dem Antrage; das Ober=Landesgericht zu Hamm wies den Kläger zurück, weil unter Mißbrauch nothwendig ein der Sache schädlicher Gebrauch zu verstehen; das Geheime Ober=Tribunal stellte, mit Recht, das erste Erkenntniß wieder her.

№ 18.

Fiskus. Erblose Verlassenschaft. Erbesentsagung.

Der Fiskus, welchem eine erblose Verlassenschaft anheimfällt, ist als Erbe anzusehen und der Erbschaft zu entsagen befugt.

Unter den gemeinrechtlichen Juristen ist darüber Meinungs-Verschiedenheit: mit welchem Rechte der Fiskus erblose Güter an sich nehme; aber von der landrechtlichen Gesetzgebung ist der Fiskus in dieser Hinsicht durchweg als Erbe behandelt. Nach Preuß. Rechte fällt Alles weg, woraus im R. R. die Zweifelsgründe hervorgehen, man kann mithin, aus eigentlich juristischen Gründen, das Erbrecht des Fiskus nicht bestreiten. In dem mitgetheilten Rechtsfalle hatte der Appellations-Richter für seine entgegengesetzte Meinung auch in der That keinen sachlichen Grund, sondern er hing sich lediglich an die Deutung des Worts „anheimfallen", welches im §. 17, Tit. 16, Th. II des A. L. R. für a n f a l l e n gebraucht ist. Wenn dem Fiskus eine Erbschaft „anheimfalle", so folge, daß er sich derselben nicht begeben könne. Mit dergleichen Wortdeutungen ist in der Jurisprudenz wenig ausgerichtet. Merkwürdiger Weise kommt durch die Auslegung der Richter beider Instanzen etwas ganz Neues und Besonderes heraus: Erbe soll der Fiskus sein, aber er soll nicht die Befugniß des Erben haben, der Erbschaft zu entsagen. Das Geheime Ober = Tribunal erklärt mit Recht diese Auslegung für Verletzung eines Rechtsgrundsatzes und vernichtet die darauf gegründete Entscheidung.

№ 19.

Nichtigkeits-Beschwerde. Adjudikatar. Subhastations-Interessent. Caution.

I. Der Adjudikatar kann den, in einer nothwendigen Subhastation ergangenen Adjudikations-Bescheid mit der Nichtigkeits-Beschwerde nur aus einem solchen Grunde anfechten, der ihn als Bieter, beziehungsweise Käufer, berechtigt, auf Vernichtung des Zuschlagsbescheides anzutragen.

II. Aus dem Umstande, daß ein Kauflustiger ohne Bestellung der gesetzlichen, von den Subhastations-Interessenten verlangten Caution zum Mitbieten zugelassen ist, und hierdurch der Adjudikatar zur Steigerung seines Gebotes genöthigt worden, ist daher der Letztere, auch wenn er zu den Subhastations-Interessenten gehört, einen Nichtigkeitsgrund zu entnehmen nicht befugt.

Hierbei ist nichts juristisches. Es ist ein Curiosum, wenn ein Kauflustiger den Verkäufer verklagt, daß dieser ihm die Sache nicht wohlfeiler lassen will, oder daß er sich auch noch mit einem Andern in Unterhandlungen eingelassen hat.

№ 20.

Pommern. Lübsches Recht. Gewerbebetrieb. Gefährliche und unleidliche Handwerke. Nachbar.

In den Städten des Herzogthums Alt- Vor- und Hinterpommern, in welchen das Lüb'sche Recht zur Anwendung kommt, ist die Anlegung von Brauereien, Schmieden, Töpferwerkstätten und Gerbereien, sowie der Betrieb des Fischweicher-, Talgschmelzer-, Gold- und Kupferschläger-, Grapengießer-, Knochenhauer-, Böttcher-, Seifensieder-, Branntweinbrenner- und Krüger-Gewerbes oder ähnlicher gefährlicher oder unleidlicher Handwerke von der Einwilligung der Nachbarn nicht mehr abhängig.

Die Frage war streitig geworden und wurde durch den Plenarbeschluß vom 19. Oktober 1840, wie angegeben, entschieden. Es wird überzeugend nachgewiesen, daß durch die im öffentlichen Interesse geschehene Einführung einer allgemeinen Gewerbefreiheit die partikularrechtlichen, auf den Vortheil Einzelner (der Nachbarn) berechneten Bestimmungen beseitigt worden sind.

№ 21.

Mühlenbau. Wassermühlenbau. Präklusion. Landespolizeilicher Baukonsens.

I. Wer gegen die Ausführung des beabsichtigten

Baues einer Wassermühle oder der dazu gehörigen Gräben, Schleusen und Wehren auf die in der vorgeschriebenen Art erfolgte öffentliche Bekanntmachung innerhalb der gesetzlichen Präklusionsfrist keinen Widerspruch erhoben hat, ist, nachdem von der Landespolizei-Behörde die Genehmigung zum Bau ertheilt worden, nicht mehr berechtigt, einen solchen Widerspruch zu dem Zwecke geltend zu machen, um die Fortschaffung der ausgeführten Bau-Anlagen zu verlangen.

II. Der in die ertheilte Genehmigungs-Urkunde aufgenommene Vorbehalt: „unbeschadet der Rechte eines Dritten", hat nicht die Wirkung, daß das vorgedachte Widerspruchsrecht gegen den Bau selbst erhalten wird, sondern bezieht sich nur auf etwaige Entschädigungs-Ansprüche.

Ueber die Wirkungen des, von der Landespolizei-Behörde gegebenen Konsenses zur Anlegung einer Wassermühle war der Zweite Senat des Geheimen Ober-Tribunals mit sich in Widerspruch gekommen. Bei Entscheidung einer Sache vom Jahre 1837 hatte er die Meinung gehabt, daß die polizeiliche Genehmigung den dritten Privatberechtigten nicht hindere, die Wegschaffung der Anlage zu fordern. Bei einer gleichen Sache vom Jahre 1841 hatte jedoch die Meinung, daß nach einmal ertheilter polizeilicher Genehmigung der dritte Privatberechtigte, welcher sich auf die öffentliche Bekanntmachung mit seinem Widerspruche nicht gemeldet, nicht mehr der Ausführung des Baues selbst widersprechen oder die Wegschaffung der Anlage fordern, sondern nur auf seine

Entschädigung antragen könne. Diese jüngere Meinung ist durch den Plenarbeschluß vom 24. Juni 1841 bestätigt worden, und hat in der That bessere Gründe als die alte für sich. In diesem Sinne ist auch seitdem, durch das Gesetz vom 28. Februar 1843, §§. 21 und 22, der Rechtszustand bestimmt geordnet.

№ 22.

Schuldforderung. Kündigung. Verjährung durch Nichtgebrauch.

Bei Schuldforderungen, die auf Kündigung lauten, beginnt die Verjährung durch Nichtgebrauch nicht mit dem Tage, wo zuerst gekündigt werden konnte, sondern vielmehr mit dem Ablaufe der von diesem Tage an zu berechnenden Kündigungsfrist.

Ebendasselbe sagt schon der Plenar-Beschluß vom 8. Januar 1838, Bd. III, № 20. Soweit die Gründe hier eine bloße Wiederholung aus demselben sind, sind sie bereits oben, S. 166, gewürdigt. Neu hinzugekommen ist hier eine Betrachtung, die eigentlich der andern Meinung angehört. Es wird gesagt: „Jedem Rechte muß eine entsprechende Pflicht gegenüberstehen; es kann für den Einen nicht ein Recht bestehen, wenn für den Andern nicht eine Pflicht vorhanden ist. Die Zeit zu fordern fällt für den Einen nicht früher als die Zeit zu leisten für den Andern. Nun entspricht aber dem Kündigungsrechte des Gläubigers nicht die Zahlungspflicht des Schuldners, sondern nur dessen Pflicht, die Kündigung anzunehmen.“ Diese Vorstellung von einer, dem Kündigungsrechte entsprechenden Pflicht zur Annahme hat weder juristischen Werth noch praktischen Nutzen. Der Kündigende hat auch kein entsprechendes Rechtsmittel, den Schuldner, der der Kündigung gar keine Aufmerksamkeit widmet, sie ganz unbeachtet läßt als wenn sie ihn nichts anginge, zur Erfüllung dieser Pflicht anzuhalten. Kurz, eine solche Pflicht besteht bloß in der Vorstellung, sie hat gar keine Realität. Der Gläubiger kann aber auch sehr wohl ohne sie fertig werden, da er seine Klage gebrauchen mag, wenn der Schuldner die Forderung nicht anerkennen will. In den Entscheidungsgründen wird zwar die Behauptung wiederholt, daß der Gläubiger, wenn die Schuld nicht auf einem privilegirten Schuldscheine beruhe — beruhen kann sie nie darauf, nur bewiesen werden kann sie dadurch — vor Eintritt der Verfallzeit nicht klagen dürfe. Daß dies ein Irrthum sei, ist schon oben, S. 164, gesagt. Der Gläubiger hat die Wahl: ob er bloß kündigen oder ob er mit dem Antrage: den Schuldner zu verurtheilen, nach Verlauf der ihm zu gestattenden Frist zu zahlen, klagen will. Bezüglich auf den zweiten Fall schreibt die A. G. O. Th. I, Tit. 28, §. 16 vor: „Will hingegen der Gläubiger sich durch das angebrachte Gesuch ein rechtskräftiges Urtel, oder ein gerichtliches Anerkenntniß verschaffen, aus welchem er nach verflossener Aufkündigung Exekution suchen könne: so muß darauf, wie auf jede andere Klage, verfügt, und wenn die Forderung auf einem der §. 2, № 1, 2, 3, 4 beschriebenen Instrumente beruhet, nach der Vorschrift §. 4, № 1, verfahren werden.“ D. h. wenn ein privilegirtes Instrument beigebracht ist, findet der Exekutivprozeß, sonst der ordinaire Prozeß statt. Also nur auf die Prozeßart, nicht aber auf die Zulässigkeit der Klage hat die Beschaffenheit des Schuldscheins Einfluß.

№ 23.

Nichtigkeits = Beschwerde. Justizkommissarius. Obergerichts = Departement.

Eine Nichtigkeits=Beschwerde kann als formwidrig und unstatthaft nicht um deswillen zurückgewiesen werden, weil sie ein Justizkommissarius angefertigt oder legalisirt hat, der nicht in demjenigen Obergerichts = Departement, in welchem der Prozeß in erster Instanz schwebte, zur Prozeßpraxis zugelassen ist.

Zu einer Meinungs = Verschiedenheit hierüber hat der Plenarbeschluß vom 24. August 1840, Bd. V, № 38, geführt, welche einen weitern Plenarbeschluß nothwendig machte, der am 24. Mai 1841, wie angegeben, gefaßt wurde. Mit der Verordnung vom 21. Juli 1843, §§. 1 und 2 (G.=S. S. 295), ist die ganze Frage beseitigt.

№ 24.

Gemeines Gesinde. Hausofficianten. Stillschweigende Vertrags = Verlängerung. Gesellschafts=Beamte.

I. Die Vorschrift der Gesinde = Ordnung, wonach, wenn keine Aufkündigung erfolgt, der Vertrag als stillschweigend verlängert angesehen wird, findet auf Hausofficianten keine Anwendung.

Der Satz hat nach den §§. 177 und 178, Tit. 5, Th. II des A. L. R. kein Bedenken, ist auch unbestritten.

II. Die von erlaubten Privatgesellschaften, z. B. Markgenossen, Gewerkschaften, Aktien-Vereinen u. dgl. angenommenen Beamten können weder zu dem gemeinen Gesinde, noch zu den Hausofficianten gerechnet werden.

Der mitgetheilte Rechtsfall ist entstanden aus dem Dienstverhältnisse eines Försters, der von den Beerbten einer Mark angenommen worden war. Er wollte länger gedient haben als sein schriftlicher Kontrakt lautete, und klagte auf Zahlung seines Gehalts nach Maßgabe des Kontrakts, indem er meinte, daß derselbe dadurch, daß man ihm nicht gekündigt habe, gemäß der Gesinde-Ordnung stillschweigend verlängert worden sei. Die Klage wies der Richter zurück, weil die angerufene Bestimmung der Gesinde-Ordnung auf Hausofficianten nicht Anwendung finde. Das ist, nach den §§. 177 und 178, Tit. 5, Th. II des A. L. R., auch nicht zu bezweifeln. Beigefügt ist die Bemerkung: „es könne ihm nur überlassen bleiben, falls er durch seine spätern Dienstleistungen den Nutzen der Verklagten befördert habe, aus diesem Fundamente eine besondere Klage zu erheben." Dieses beliebte Universal-Rechtsmittel der Preußischen Praktiker ist hier übel angewendet und ganz übrig; der Förster hat eine Kontraktsklage, zwar nicht aus seinem abgelaufenen schriftlichen Dienstkontrakt, aber aus dem Real-Kontrakt von der Form facio ut des. — Gegen die Entscheidung des Appellations-Richters gebrauchte der Förster die Nichtigkeits-Beschwerde; diese wurde jedoch als unbegründet verworfen, weil der Appellations-Richter darin richtig geurtheilt habe, daß er die Bestimmung der Gesinde-Ordnung für unanwendbar gehalten, indem dieselbe sich nur auf gemeines Gesinde, nicht auch auf Hausofficianten beziehe, überdies auch der Kläger überhaupt nicht in einem Dienstverhältniß im Sinne der Gesinde-Ordnung gestanden habe, „weil es bei seinem Dienstverhältniß an dem Begriff einer Familie, in welche der Beamte als Genosse aufgenommen worden, und die eben sein Verhältniß zum Hausvater begründen konnte, durchaus mangelt. Es ist hier eben so wenig von einem Hause, wie von einer Wirthschaft die Rede. — Die Vorschriften der Gesinde-Ordnung, welche einen Theil des Familienrechts ausmacht, dürfen in ein Verhältniß der gedachten Art nicht hineingetragen werden.“ Das scheint ganz richtig zu sein. Wie aber kommen wir damit in Anwendung desselben auf Landwirthschaften solcher Gesellschaften und Corporationen zum rechten Ausgange? Z. E. eine Kommune läßt ihr Landgut verwalten. Der Verwalter ist, wie sich versteht, Kommunalbeamte, nicht Hausofficiant; denn es ist weder Familie, in welche er als Genosse hätte aufgenommen werden können, noch Hausherr, unter dessen Botmäßigkeit er sich begeben konnte, vorhanden. Wie ist es aber mit dem gemeinen Gesinde? Von diesem ist ja das Gleiche zu sagen und doch wendet man täglich die Gesinde-Ordnung auf dasselbe an. Ganz mit Recht: für das Gesinde ist der Verwalter der Hausherr.

№ 25.

Hypothek. Dingliches Recht. Priorität. Vorzugs-Recht. Besitztitel-Berechtigung.

Wenn bei der Berichtigung des Besitztitels für den

neuen Erwerber eines Grundstücks zugleich für den bisherigen, als Eigenthümer der Sache im Hypothekenbuch vermerkten Besitzer ein dingliches Recht mit eingetragen wird: so hat letzteres vor den von dem neuen Erwerber vor der Eintragung seines Besitztitels bestellten Hypotheken auch dann den Vorzug, wenn der bisherige Besitzer den Titel zu dem dinglichen Rechte nicht in dem Vertrage wegen Ueberlassung des Grundstücks, sondern erst später, sei es durch Einräumung Seitens des neuen Erwerbers oder durch richterliche Verfügung, erworben hat.

Der Satz muß jedenfalls beschränkt werden auf Forderungen und Rechte, welche aus dem Uebertragungs-Geschäfte entstanden sind. In dem vorliegenden Falle waren es rückständige Kaufgelder, wofür in dem Kontrakte eine Hypothek nicht vorbehalten oder bestellt worden war. Der Verkäufer hatte gegen den Käufer ein rechtskräftiges Urtel auf Zahlung erwirkt und der Richter verfügte die Eintragung der Forderung im Wege der Exekution, zu einer Zeit, wo der Besitztitel für den Käufer und Schuldner noch nicht berichtigt war. Vorher hatte Dieser aber schon einem Dritten eine Hypothek bestellt, welche dann, bei der Besitztitel-Berichtigung, mit den rückständigen Kaufgeldern gleichzeitig eingetragen wurde. Als später die aus dem subhastirten Grundstücke gelösten Kaufgelder nicht hinreichten, kam es zum Streit über den Vorzug. Der Erste Richter gab dem Verkäufer den Vorzug; der Ober-Appellations-Senat des Kammergerichts hingegen dem Dritten; das Geheime Ober-Tribunal entschied für die Meinung des ersten Richters.

Die Frage ist nicht unzweifelhaft; die Gründe des Geheimen Ober-Tribunals überzeugen nicht. „Vor der Besitztitel-Berichtigung ist mithin jede Hypothekenbestellung Seitens des neuen Erwerbers unkräftig, und erst durch die Besitztitel-Berichtigung gewinnen die von demselben getroffenen — Verfügungen rechtliche Wirksamkeit. Eben dieser Uebergang des Verfügungsrechtes geschieht aber nur zufolge der Einwilligung des bisherigen eingetragenen Besitzers. Hat daher dieser an jene Einwilligung die Bedingung geknüpft, daß ihm statt des bisherigen Eigenthums ein anderes dingliches Recht an der Sache, namentlich eine Hypothek für rückständiges Kaufgeld, bleiben solle: so gebührt einem solchen, von dem Verkäufer reservirten Rechte, der Vorzug vor allen, von dem neuen Erwerber vor der Besitztitel-Berichtigung bestellten Hypotheken, weil nur unter der Bedingung jenes reservirten Rechtes die Besitztitel-Berichtigung überhaupt rechtlich möglich wurde." Gut, aber unpassend, denn die Bedingung fehlte hier ganz, es war keine Hypothek reservirt worden. Das soll jedoch nichts ausmachen. „Ob dem Verkäufer das dingliche Recht schon in dem ursprünglichen Kaufvertrag, oder erst später in der Zwischenzeit bis zur Besitztitel-Berichtigung eingeräumt wurde, und ob dessen Bestellung freiwillig erfolgte, oder durch ein — Judikat erwirkt wurde, muß ganz gleichgültig erscheinen." Das ist nun eben der Punkt des Zweifels. Ein solcher Titel hat mit dem Besitztitel des neuen Erwerbers keinen Zusammenhang mehr und auf faktische Zufälligkeiten kann es in der Rechtswissenschaft nicht ankommen. Jedenfalls meint das Geheime Ober-Tribunal selbst nur solche Forderungsrechte, welche aus dem Besitztitel des neuen Erwerbers für den Vorbesitzer hervorgegangen sind. Mir scheint hier eine Verwechselung der Forderung mit dem Titel zu einem dinglichen Rechte untergelaufen zu sein, oder es hat vorgeschwebt, daß rückständige Kaufgelder einen gesetzlichen Titel zur Hypothek hätten, was nach Preuß. Rechte freilich nicht der Fall ist.

№ 26.

Erkenntniß. Insinuation. Litiskonsorten. Gutsherrlich-bäuerliche Regulirungen. General-Kommission.

In den, zum Ressort der General-Kommissionen gehörigen Sachen, in welchen mehrere Litiskonsorten Deputirte aus ihrer Mitte bestellt haben, genügt zur Feststellung des Fatale die Insinuation der Urtels-Ausfertigungen an diese Deputirte, wenn sie auch zur Empfangnahme des Erkenntnisses nicht ausdrücklich beauftragt worden sind.

Angenommen durch Plenarbeschluß vom 13. December 1841. Die Frage war nur in Beziehung auf die, zum Ressort der General-Kommissionen gehörigen Sachen zweifelhaft geworden; der Satz sollte deshalb lauten: auch in den, zum Ressort u. s. w.

№ 27.

Erbvertrag. Pflichttheil. Kinder. Eltern.

I. Verträge zwischen Eltern und Kindern, durch welche Letztere vom Nachlasse der Ersteren ganz ausgeschlossen, oder im Pflichttheil verkürzt werden sollen, können nur mit volljährigen, der väterlichen Gewalt entlassenen Kindern, und nur vor deren ordentlichen Gerichten geschlossen werden, ohne Unterschied, ob den Kindern durch den Vertrag eine Abfindung, statt des künftigen Erbtheils, ausgesetzt wird oder nicht.

II. Ist hiergegen gefehlt worden: so tritt für das von der Erbschaft ausgeschlossene oder im Pflichttheil verkürzte Kind, wenn es an einer rechtsgültigen letztwilligen Verordnung der Eltern fehlt, die gesetzliche Erbfolge in deren Verlassenschaft ein, und die Beschränkung des Kindes auf den Pflichttheil findet nicht statt.

Gegen die Richtigkeit beider Sätze nach den landrechtlichen Vorschriften läßt sich nichts einwenden. Ein Kaufmann hatte zwei Söhne und eine Tochter. Mit der Letztern schloß er, nach deren Verheirathung, notariell einen Vertrag, wonach sie mit 1550 Rthlr. in Ansehung seines künftigen Nachlasses abgefunden sein sollte, und nicht lange nachher schloß er mit Einem seiner Söhne einen gerichtlichen Vertrag, wonach sein Nachlaß unter beide Söhne gleichmäßig vertheilt werden sollte. Nach seinem Tode traten die Kinder der inmittelst verstorbenen Tochter als Erbprätendenten gegen die beiden Söhne, die die Erbschaft in Besitz genommen hatten, auf und verlangten eine Intestat-Erbportion. Die Verklagten beriefen sich auf die Verträge; der Erste sollte ein gültiger Abfindungs-Vertrag mit der Tochter, und der Zweite sollte eine letztwillige Verordnung der Eltern unter Kindern sein. Der Appellations-Richter (der Zweite Senat des Ober-Landesgerichts zu Münster) trat auch dieser Meinung bei. Das Geheime Ober-Tribunal aber zeigt die Ungültigkeit des Abkommens mit der Tochter, und die Wirkungslosigkeit der Anordnung hinsichtlich des künftigen Nachlasses in dem Vertrage mit dem Sohne. In beiden Beziehungen ist unbedingt beizustimmen.

№ 28.

Ostpreußen. Observanz. Kirchenbau.

Durch das Ostpreußische Provinzialrecht sind die in Ansehung der Kosten zum Bau und zur Unterhaltung der Kirchengebäude bestehenden Observanzen nicht aufgehoben.

Der Civil-Senat des Ober-Landesgerichts zu Königsberg und das dortige Tribunal hatten das Gegentheil angenommen. Das Geheime Ober-Tribunal zeigt jedoch, daß durch die Publikation des Provinzialrechts derjenige Rechtszustand eingetreten sei, welchen der §. VII des Publikations-Patents zum A. L. R. zu schaffen beabsichtigt und in welchem nur diejenigen ungeschriebenen Observanzen und Gewohnheiten noch gelten sollen, auf welche das A. L. R. selbst ausdrücklich verweist.

№ 29.

Verjährung. Guter Glaube. Gemeines Recht. Rückwirkende Kraft der Gesetze. Bona fides.

I. Nach Gemeinem Rechte ist bei der Klagverjährung, namentlich hinsichtlich solcher Ansprüche, die auf eine Zahlung oder Leistung gerichtet sind, guter Glaube (bona fides) nicht erforderlich.

II. In Fällen, wo die Klagverjährung durch Nichtgebrauch schon vor Publikation des A. L. R. vollendet ist, kann auf die Vorschriften desselben, Th. I, Tit. 9, §§. 568, 569, nicht zurückgegangen werden.

Beide Sätze sind aus zureichenden Gründen nicht zu bezweifeln, wohl aber ist es die Anwendbarkeit des ersten Satzes auf den vorliegenden Fall. Der Satz bezieht sich nämlich, auch nach der Begründung, auf die Verjährung von Klagen aus obligatorischen Rechtsverhältnissen. Eine solche persönliche Klage ist in dem vorliegenden Falle nicht Gegenstand der Beurtheilung: es ist die actio confessoria. Ein Gutsbesitzer behauptete eine Holzungsgerechtigkeit auf einen fiskalischen Forst zu haben, welche Servitut ihm schon im Jahre 1724 bestritten worden war. Im Jahre 1837 klagte er mit dem Antrage: „den Fiskus zu verurtheilen, ihm als Besitzer des Ritterguts Köckte jährlich frei und unentgeltlich gehauen 3 Kubikruthen Brennholz, sowie den unumgänglichen Bedarf dieses Gutes an Bauholz, ebenfalls frei und unentgeltlich gehauen, — verabfolgen zu lassen." Zwar tritt gerade der Hauptgegenstand, die Anerkennung des Rechts (der Schutz der Servitut), zurück und nur die Folge davon ist ausgedrückt, aber soviel ist doch klar, daß die Hauptsache, die Anerkennung des Rechts, vorausgesetzt ist und daß, wenn nach dem Antrage erkannt worden wäre, virtualiter die Holzungsgerechtigkeit zuerkannt worden sein würde. In keinem Falle ist hier wegen einer Forderung geklagt. Das Geheime Ober-Tribunal bezeichnet auch selbst das Klagrecht als die actio confessoria, indem es sagt: „hierdurch (durch die Verweigerung des Holzes im Jahre 1724 für alle künftige Zeiten) erhielten die Berechtigten genügende Veranlassung, die actio confessoria gegen den Fiskus sofort anzustellen, da ihnen das Recht auf die Prästation überhaupt bestritten wurde." Nun steht aber die actio confessoria, qualitativ, mit der rei vindicatio auf gleicher Linie, und wenn der Vindikationsbeklagte die Präskription gebrauchen will, so muß sein Besitz allerdings einen redlichen Anfang genommen haben, d. h. die Replik der mala fides ist erheblich. Insbesondere erlöschen Grundgerechtigkeiten durch bloßen Nichtgebrauch, wenigstens nach einer sehr gut begründeten Meinung, noch nicht, vielmehr gehört dazu die Besitzergreifung der Freiheit von der andern Seite (usucapio libertatis), und hierzu wieder bona fides. Wenn aber das Geheime Ober-Tribunal der entgegengesetzten Meinung anhängt, so mußte es auf die Controverse eingehen. Was dasselbe ausführt, paßt bloß auf die Klage wegen einer einzelnen Leistung und berührt das eigentliche Punktum gar nicht. Auf den Grund, aus welchem der Appellations-Richter dem Kläger das Bauholz zuerkannt hatte, weil nämlich der Ablauf der zur Verjährung erforderlichen Zeit und die dazu erforderliche Anzahl von Baufällen nicht erwiesen sei, wird gar nicht eingegangen; es wird bloß gesagt, daß, weil seit 1724 eine wirkliche Ausübung der Servitut nicht stattgefunden habe, es nicht zweifelhaft sein könne, die Extinktiv-Verjährung der Zeit nach für vollendet anzusehen. Aber der Ablauf der Zeit allein genügt bei Rechten, die nur bei gewissen Gelegenheiten benutzt werden können, wie z. B. das Recht auf freies Bauholz, noch nicht.

№ 30.

Miterbe. Erbantheil. Exekution. Nothwendige Veräußerung. Erbesauseinandersetzung. Hypothekenrecht. Präklusiv-Termin. Neu und wieder erworbene Landestheile.

I. Jedem Einzelnen von mehreren Miterben steht, während der Fortdauer ihrer Gemeinschaft, ein bestimmter verhältnißmäßiger Antheil an jedem einzelnen Nachlaßstücke, als sein besonderes Eigenthum, nicht zu.

S. o. S. 196, zu Bd. III, № 35.

II. Die Gläubiger eines Miterben können daher im Wege der Exekution auch nicht auf die Veräußerung seines Erbantheiles, sondern nur auf die Ermächtigung antragen, ihrerseits die gerichtliche Erbsonderung unter den Miterben zu dem Zweck nachzusuchen, um hiernächst die Exekution in die, bei der Erbschafts-Theilung ihrem

Schuldner zufallenden Vermögensstücke vollstrecken zu lassen.

Hierdurch wird den Praktikern ein Weg gewiesen, der sowohl ihnen aus der Verlegenheit als auch den Parteien zu ihrem Rechte verhilft. Wenn ein rechtskräftig verurtheilter Schuldner weiter nichts im Vermögen hatte als einen Antheil an einer noch ungetheilten Erbschaft, so machte man dem Gläubiger, der dieses Vermögen seines Schuldners zum Gegenstande seiner Befriedigung machen wollte, die allergrößten Schwierigkeiten und eine Menge vergeblicher Kosten. Zwar gestand man eine Beschlagnahme zu, aber wie man der Erbtheilung Anfang und Fortgang geben sollte, wenn die Erben die Theilung auf sich beruhen lassen wollten, das wußte man nicht anzugreifen. Was ich in Beziehung auf die Gemeinschaft überhaupt behauptet habe, daß nämlich der Gläubiger eines Gemeinschafters die Ausübung des Rechts desselben zur Theilung, Behufs seiner Befriedigung, müsse erlangen können (Recht der Ford. Bd. III, S. 566), das sagt das Geheime Ober-Tribunal in Beziehung auf die Erbtheilungsklage im Besondern: dasselbe findet es eben so gerechtfertigt als nothwendig, die Vorschriften des Gesetzes vom 4. Juli 1822 anzuwenden und dem Gläubiger die Erbsonderungsklage im Wege der Exekution zu überweisen, um mittelst derselben die Theilung zu erwirken und hiernächst in die auf den Theil seines Schuldners fallenden Gegenstände die Exekution vollstrecken zu lassen. Allerdings. Was der Schuldner freiwillig (durch Verkauf seines Erbrechts) thun könnte, das muß dessen Gläubiger auch durch Exekution erreichen können.

III. Realberechtigte, welche die zur Anmeldung ihrer Ansprüche bei dem Hypotheken-Richter in den neu oder wiedereroberten Landestheilen gesetzlich vorgeschriebene Präklusiv-Frist versäumt haben, können späterhin die Eintragung ihrer Rechte auf das belastete Grundstück, und zwar auf den ganzen Umfang desselben, auch dann noch fordern, wenn das Grundstück in den Händen solcher Erben des ursprünglich Verpflichteten befindlich ist, die es bei der Auseinandersetzung mit ihren Miterben gegen anderweitige Abfindung derselben übernommen haben.

Der Satz, dem transitorischen Rechte in seiner praktischen Anwendung angehörig, beruhet auf der Personen-Einheit des Erben mit dem Erblasser.

№ 31.

Schäferei-Gerechtigkeit. Gutsherrschaft. Dorfbewohner. Hütung.

I. Die gesetzliche Vorschrift:

daß die Schafe der Dorfbewohner in einer gemeinschaftlichen Heerde gehütet werden müssen,

findet keine Anwendung, wenn der Gemeine eine wahre Schäferei-Gerechtigkeit zusteht.

II. Für andere Fälle ist die angeführte Vorschrift dahin auszulegen, daß, abgesehen von den, durch Grundsätze der Landwirthschaft gebotenen Modificationen, die Schafe der Dorfbewohner nur in einer Heerde und nicht in mehreren Heerden oder Haufen gehütet werden dürfen.

Die Unanwendbarkeit der gesetzlichen Vorschrift I auf solche Gemeinden, welchen eine wirkliche Schäferei-Gerechtigkeit zusteht, war erst in neuerer Zeit in dem Geheimen Ober-Tribunale streitig geworden, und ebenso fand die neue Meinung in der Anordnung des Schafhütens der Dorfbewohner „in einer gemeinschaftlichen Heerde" nur ein Verbot des Einzelnhütens, nicht aber das des Zusammenhütens in mehreren Haufen. Diese neue Meinung ist durch den Plenarbeschluß vom 14. März 1842 beseitigt.

№ 32.

Hypothekenschuld. Kaufgeld. Zahlung. Exnexuation. Cession.

I. Durch die bloße Uebernahme hypothekarischer Schulden auf Abrechnung des Kaufgeldes von Seiten des Käufers wird derselbe gegen den Verkäufer persönlich verpflichtet, Zahlung der übernommenen Post zu leisten, oder die Befreiung des Verkäufers von seiner Verbindlichkeit gegen den Hypothekengläubiger zu bewirken.

II. Der Verkäufer kann das hieraus für ihn entspringende Recht auch an den Hypothekengläubiger abtreten, und Letzterer auf Grund dieser Cession gegen den persönlich verpflichteten Käufer sofort auf Zahlung der ihm zustehenden Forderung klagen.

Beide Sätze habe ich schon in dem Uebergange der Forderungsrechte (Breslau, 1837), S. 45, zu begründen versucht. Der erste Satz war schon mehrmals von dem Geheimen Ober-Tribunale immer gleichförmig angewendet (s. o. S. 28, zu Bd. I, № 11), im Jahre 1842 aber in dem betroffenen Senate selbst streitig geworden, worauf er durch Plenarbeschluß vom 14. Februar 1842 bekräftigt worden ist. Der zweite Satz beruhet auf Senatsbeschluß (Revisionsurtel vom 19. März 1842), weil das Plenum keinen Anlaß hatte, der Entscheidung des Senats vorzugreifen. Wegen der Begründung des Satzes kann ich, zur Vermeidung von Wiederholung, auf meine angeführte Schrift verweisen.

№ 33.

Klagegrund. Einwendungen.

Rechtseinwendungen im weitern Sinne, welche den Klagegrund selbst betreffen, und mithin den Mangel eines Klagerechts an und für sich behaupten, ist der Richter befugt, zur Vertheidigung des Verklagten bei der Entscheidung des Prozesses von Amts wegen sofort geltend zu machen. Eigentliche Rechtseinwendungen dagegen, welche den Anspruch des Klägers durch ein entgegenstehendes selbstständiges Recht des Verklagten aufheben sollen, darf der Richter nur berücksichtigen, wenn er vorher die Vernehmung der Parteien über dieselben veranlaßt hat

Die Ungewißheit der Praktiker über diesen Gegenstand entsteht aus der Verbannung der sogenannten formulas actionum; man hat es seitdem nicht mehr mit specifischen Rechtsmitteln zu thun und bewegt sich auf unbeschränkten und unwegsamen Räumen, bloß dem unbestimmten Gefühle als Leiter überlassen. Der Zweifel und die Meinungs-Verschiedenheit über die Anwendung der Bestimmung der Prozeß-Ordnung Tit. 9, §. 11, wonach der Richter, wenn er einen vom Beklagten nicht geltend gemachten Einwand findet, zuvor, ehe er erkennt, die Parteien darauf aufmerksam machen soll, soll durch den oben hingestellten Satz, der durch Plenarbeschluß vom 14. März 1842 angenommen ist, beseitigt werden. Was damit gemeint wird, ist der Unterschied zwischen den Mängeln in den Erfordernissen zur Begründung einer Klage und den gegen eine wohlbegründete Klage möglichen Exceptionen. Ob zu den Mängeln, um sie für den Richter beachtungswerth zu machen, erst noch die Rüge von Seiten des Beklagten erforderlich sei oder nicht: darüber kann Derjenige, welcher die rechtliche Natur beider Rechtsmittel (der Actionen und Exceptionen) gehörig würdigt und den Verlauf der Rechtsgeschichte bis auf den heutigen Tag verfolgt, kaum einen gegründeten Zweifel haben. Der Prätor giebt keine Klage, ohne daß deren Voraussetzungen sämmtlich behauptet werden. Die Bestimmung des Prätors hat heutzutage der Preußische Richter: dieser soll die Klage nicht annehmen, ohne daß deren Erfordernisse behauptet worden sind oder, wie es in der Preußischen Rechtssprache heißt, ohne daß sie substantiirt ist. Hat er gleichwohl eine unsubstantiirte Klage angenommen, so hindert ihn nichts, später, noch bei Fällung des Urtels, die mangelhafte Klage zurückzuweisen. Dadurch holt er nur nach was er gleich anfangs zu thun schuldig gewesen wäre. So wenig er hierzu

die

die Hinweisung des Verklagten auf den Fehler nöthig hatte noch abwarten konnte, so wenig hat er später dazu den Beklagten noch zu befragen. Der Preußischen Jurisprudenz ist mithin zu dem Plenarbeschluß vom 14. März 1842, wonach der unwissenschaftlichen Praxis Licht gebracht wird, Glück zu wünschen.

№ 34.

Herzogthum Westphalen. Wiedereinsetzung in den vorigen Stand. Minderjährigkeit. Restitutio in integrum.

Im Herzogthum Westphalen steht den Minderjährigen, die nach Einführung des A. L. R. die Großjährigkeit erlangt haben, oder für volljährig erklärt sind, hinsichts der unter der Herrschaft des Gemeinen Rechts geschlossenen Verträge die Restitution zu.

Angenommen durch Plenarbeschluß vom 14. Februar 1842, wodurch der älteren Meinung Beifall gegeben worden. Der Satz gehört dem transitorischen Rechte an.

№ 35.

Erbzins. Lehnwaare. Descendent.

Descendenten, welchen das Erbzinsgut unter Lebendigen abgetreten wird, sind von Entrichtung der Lehnwaare befreit, die Abtretung mag mit oder ohne Bezugnahme auf das künftige Erbrecht erfolgt sein.

So hat das Plenum des Geheimen Ober = Tribunals durch Beschluß vom 10. Januar 1842 entschieden. Die Entscheidung beruhet hauptsächlich darauf, daß der §. 717, Tit. 18, Th. I des A. L. R. die Erben in absteigender Linie, auch wenn ihnen das Gut schon unter Lebendigen abgetreten wird, von Entrichtung der Lehnwaare ganz allgemein freispricht, daher jeder Titel, durch welchen die eigenthümliche Abtretung erfolgen kann, einbegriffen, am wenigsten aber ein Unterschied gemacht sei, je nachdem das Abtretungsgeschäft, durch welches das Erbzinsgut auf den Descendenten übergeht, ein reiner Kauf oder ein mit Erbregulirung verbundenes Rechtsgeschäft ist. Warum die Descendenten allgemein von der Lehnwaare frei sein sollen, wird darin gefunden, daß dieselben schon in der ersten Verleihung mit begriffen sind, daher, wenn dieselben in der Folge zum wirklichen Besitze des Erbzinsgutes gelangen, die Wirksamkeit ihres Nutzungsrechts nicht von einem nochmaligen Anerkenntniß des Ober=Eigenthümers (wofür eben die Lehnwaare entrichtet werden muß) abhängig gemacht werden könne, eben weil dieses Anerkenntniß schon in der ursprünglichen Verleihung enthalten sei. Gegen diese Begründung der Entscheidung des Meinungsstreits über die Frage ist juristisch nichts zu sagen; sie ist nicht so zu widerlegen wie die Behauptung, auf welche das im Schlef. Archiv, Bd. V, S. 28 u. flg. mitgetheilte, über dieselbe Frage ergangene Urtel des Geheimen Ober=Tribunals vom 14. Januar 1842, welchem der hier besprochene Plenarbeschluß vom 10. Januar 1842 vorausgegangen zu sein scheint, gegründet wird, daß nämlich die Abtretung eines Gutes an den nächsten Erben, mit Rücksicht auf das Erbrecht, kein eigenthümliches Rechtsgeschäft sei und sich von einem Kaufe wesentlich nicht unterscheide. Hierüber nehme ich Bezug auf meine Bemerk., S. 39, ebend., und u. zu Bd. X, № 32. Auch die Auslegung des Tribunals von dem Ausdrucke „ihnen" im §. 717, worunter nicht die „Erben in absteigender Linie", auf welche sich der Ausdruck bezieht, sondern die Verwandten in absteigender Linie verstanden werden sollen, was doch dem Wortlaute widerspricht, kann auf sich beruhen, da der hauptsächliche Entscheidungsgrund des Geheimen Ober-Tribunals: „weil die Descendenten in der ersten Verleihung mit begriffen sind", auch auf die Verwandten in absteigender Linie (auf die Descendenten überhaupt) paßt, wenn auch der daraus genommene Uebernehmer nicht Erbe des Abtretenden geworden sein würde. Indeß ist nicht zu bestreiten, daß die entgegengesetzte Meinung, welche nur dann das Laudemium wegfallen lassen will, wenn der Uebernehmer das Gut mit Rücksicht auf sein ihm zustehendes Erbfolgerecht in dasselbe schon bei Lebzeiten des künftigen Erblassers antritt, den Wortlaut der Bestimmungen des A. L. R. Th. I, Tit. 18, §§. 716 und 717 für sich, und innere, aus dem Wesen des Instituts hervorgehende, Gründe nicht gegen sich hat, da die erste Verleihung nur die durch Erbfolge berufenen Descendenten in sich enthält und, wenn einem zur Folge nicht berufenen Verwandten aus der absteigenden Linie, mit Uebergehung des nächsten Erben, das Erbzinsgut verkauft wird, sich eben wohl behaupten läßt, daß der Ober-Eigenthümer diesen Erwerber als Nutzungs-Berechtigten erst noch besonders anzuerkennen und ihm seinen Schutz zuzusichern habe.

№ 36.

Schmiede. Schärfgetreide. Rittergut. Dorfgemeine. Gewerbefreiheit.

Das mit den Ritterguts- und Dorfschmieden in den ältern Provinzen des Staats als eine **beständige Gerechtigkeit** verbundene Recht auf das sogenannte Schärfgetreide ist auch in den Fällen, wo kein vor dem Gewerbesteuer-Edikt vom 2. November 1810 geschlossener Vertrag vorliegt, durch Einführung der allgemeinen Gewerbefreiheit **nicht** aufgehoben.

Angenommen durch Plenarbeschluß vom 14. März 1842. S. oben zu Bd. V, № 26, S. 374.

№ 37.

Dispositionsschein. Handelsbillet. Compensation. Cession.

I. Die im kaufmännischen Verkehre üblichen Dispositionsscheine gelten als Handelsbillets, sobald anderweit ausgemittelt ist, daß sie von einem Kaufmann über den Betrag der auf Zeit erkauften Waaren ausgestellt sind.

II. Die Gültigkeit eines solchen Dispositionsscheins, so wie eines Handelsbillets überhaupt, wird dadurch nicht beeinträchtigt, daß der Aussteller den

Betrag für erkaufte oder diskontirte Wechsel schuldig geblieben ist.

Der zweite Satz, daß Wechsel zu den Waaren im kaufmännischen Verkehre zu rechnen, ist nicht wohl zu bestreiten; dagegen ist der erste Satz, daß ein Handelsbillet nicht alle zu seiner Gültigkeit gehörige Erfordernisse in sich enthalten müsse, sondern ein nicht angegebenes Erforderniß auch anderweit ausgemittelt werden könne, doch sehr zu bezweifeln. Ein Handelsbillet ist, wie ein Wechsel, eine formelle Obligation, kein bloßes Beweisstück wie ein Schuldschein, hat auch an manchen Orten Wechselkraft. Nun definirt das A. L. R. Th. II, Tit. 8, §. 1250 Handelsbillets als „Schuldscheine, welche ein Kaufmann über den Betrag der auf Zeit erkauften Waaren ausstellt.“ Nach den Grundsätzen über privilegirte Schuldinstrumente muß daraus alles zu ersehen sein, was zu dem Geschäfte gehört. Die Schrift, welche in dem mitgetheilten Rechtsstreite gegeben worden war, lautete:

„1000 Rthlr. Preuß. Kourant stellen wir hiegegen ultimo dieses Monats zur Verfügung der Herren N. und S. hier, bei uns bereit. Den Werth empfangen. Magdeburg den“ u. s. w.

Daß der Betrag das Kaufgeld sei für Waare, ist nicht zu ersehen; er konnte ein Darlehn, rückständige Miethe oder sonst was sein, und dann war das Skriptum ganz entschieden kein Handelsbillet. Erst im Prozesse wurde hier festgestellt, daß die 1000 Rthlr. rückständiges Kaufgeld für erkaufte Wechsel waren. Nun soll es nach der Meinung des Geheimen Ober-Tribunals „aber klar in dem Sinne der Gesetzgebung liegen, in dieser Beziehung für die zur Cirkulation bestimmten Handelsbillets eine Erleichterung in der

Form eintreten zu lassen. Das Nothwendige, die causa debendi, ist schon durch die Worte: „den Werth empfangen", genügend ausgedrückt." Doch diese Klarheit ist sehr dunkel. „Wollte man dies (die Angabe, daß der Betrag rückständiges Kaufgeld für Waaren sei) für nothwendig erachten, so würde der Schein von einem ganz gewöhnlichen, nicht kaufmännischen Reverse sich gar nicht unterscheiden." Nicht doch. Ein gewöhnlicher nicht kaufmännischer Revers begründet erstlich nach keinem Rechte in der Welt den Wechselprozeß; zweitens begründet er nicht an und durch sich selbst eine Verbindlichkeit, sondern ist nur ein ganz gewöhnliches Beweismittel. Eine formelle Obligation muß aber alle Erfordernisse in sich ausdrücken, wie schon von einem gewöhnlichen instrumentum guarentigiatum verlangt wird, was noch keine formelle Obligation macht.

III. Gegen eine cedirte Forderung kann der Schuldner nur diejenigen, ihm an den Cedenten zustehenden Wechselregreß-Ansprüche kompensiren, deren Zahlung er bereits zu der Zeit fordern durfte, wo ihm die Cession bekannt gemacht wurde; nicht aber erwächst das Compensationsrecht mit dem Tage der Ausstellung des Wechsels oder des Giro.

Der Satz gilt allgemein von Gegenforderungen aller Art, nicht von Wechselregreß-Ansprüchen allein; denn durch die Bekanntmachung der Cession an den Debitor cessus hört die Beziehung zwischen ihm und dem Cedenten auf, daher kann die Liberation von dem Letztern nicht mehr ausgehen.

№ 38.

Bevollmächtigter. Machtgeber. Vollmacht.

I. Auch wenn der Bevollmächtigte mit dem Dritten im eigenen Namen kontrahirt, darf er sich Vortheile aus dem ihm aufgetragenen Geschäft, ohne Einwilligung des Machtgebers, nicht aneignen.

So unzweifelhaft dieser Satz ist, war er von den Richtern beider Instanzen doch verkannt worden. Jemand hatte im mündlichen Auftrage und mit dem Gelde seines Bruders ein Grundstück gekauft, den Kauf aber auf seinen eigenen Namen geschlossen und auch den Besitztitel für sich berichtigen lassen. Die Erben des inmittelst verstorbenen Auftraggebers klagten auf Herausgabe und Rechnungslegung, wurden aber von dem Stadtgerichte zu Berlin und von dem Ober-Appellations-Senat des Kammergerichts abgewiesen, weil es keinem gegründeten Bedenken unterliegen könne, daß der Besitzer für den wirklichen Eigenthümer des Grundstücks zu erachten sei, indem er für sich gekauft habe und der Besitztitel für ihn berichtigt worden sei. Der mündliche Auftrag sei zur Erwerbung von Grundstücken unzureichend. Diese Entscheidung wurde von dem Geheimen Ober-Tribunal mit Recht vernichtet, indem Es auf den oben hingestellten unzweifelhaften Rechtssatz, der ganz unbeachtet geblieben war, hinwies und in Beziehung auf die Form der Vollmacht beifügte:

II. Unerheblich ist es hierbei, ob der Bevollmächtigte mit einer an sich zu dem Geschäfte erforderlichen gerichtlichen oder notariellen Specialvollmacht versehen war oder nicht, sofern nur ein, nach den allgemeinen gesetzlichen Vorschriften zu Recht beständiger Vollmachtsvertrag anzunehmen ist.

Denn die vorgeschriebene Form bezieht sich auf das Verhältniß beider Theile zu dem Dritten, mit welchem das Geschäft geschlossen wird, nicht auf das des Auftraggebers zu dem Auftragnehmer: dieser ist ohne Unterschied der Form für Alles verantwortlich, was er zufolge des Auftrags thut. Eine andere Anwendung des Rechtssatzes findet sich weiterhin, Bd. X, № 3. Vgl. auch Schles. Archiv, Bd. IV, S. 434.

№ 39.

Einkindschaft. Stiefkinder. Erbrecht.

Nach Gemeinem Deutschen, wie nach Preußischem Recht, erstreckt sich das durch Einkindschaft begründete Erbrecht der Stiefkinder auch auf dasjenige Vermögen, welches der Stiefvater oder die Stiefmutter erst nach dem Tode des leiblichen Parens der Stiefkinder erworben hat. Eine Beschränkung dieses Erbrechts auf das während der Ehe erworbene Vermögen des Stiefvaters oder der Stiefmutter kann nur bei einer unzweifelhaften speciellen Festsetzung eines Statuts oder Vertrages angenommen werden.

Der Rechtsfall, bei dessen Entscheidung diese Grundsätze zur Anwendung gebracht worden sind, ist nicht mitgetheilt; gegen die Grundsätze ist nichts zu erinnern.

№ 40.

Gütergemeinschaft. Voreheliche Schulden. Ehegatten.

Eine vor Vollziehung der Ehe gehörig erfolgte, aber entweder gar nicht, oder doch nicht vorschriftsmäßig öffentlich bekannt gemachte Ausschließung der statutarischen oder provinziellen ehelichen Gütergemeinschaft hat in Beziehung auf voreheliche Schulden volle rechtliche Wirkung.

Die Ausschließung der ehelichen Gütergemeinschaft hat, in Beziehung auf voreheliche Schulden, auch ohne alle Bekanntmachung volle rechtliche Wirkung. Darin ist unbedingt Beifall zu geben. Kein Gläubiger kann fordern, daß ihm zu wissen gethan werde, in welche eheliche Güterverhältnisse sein Schuldner zu treten beabsichtige, er muß es sich gefallen lassen: ob derselbe in Gütergemeinschaft oder in keine treten wird; er verliert deshalb auch nichts an seinen Rechten, wenn der Schuldner nicht in Gütergemeinschaft tritt, folglich ist es für ihn rechtlich gleichviel: ob er davon etwas erfährt oder nicht; er kann durch einen möglichen Irrthum darüber nicht mehr in Nachtheil kommen. Ueber die Art der Bekanntmachung wird ein bisher unbeachtet gebliebener Satz behauptet. Nach dem A. L. R. Th. II, Tit. 1, §. 422 soll die Bekanntmachung der Ausschließung durch die Zeitungen oder Intelligenzblätter der Provinz geschehen. In jeder Provinz sind mehrere Ober-Gerichte, nicht aber ist in jedem Ober-Gerichtsbezirk eine Zeitung. Die Bekanntmachungen sind meistentheils durch die Zeitung, welche in der Provinzial-Hauptstadt erscheint, geschehen. Das Geheime Ober-Tribunal hält diese Bekanntmachung nicht für eine vorschriftsmäßig geschehene, weil nach §. 622, Tit. 9, Th. I des A. L. R. die geographischen Grenzen des Bezirks, in welchem sich ein anderes Ober-Gericht befindet, im rechtlichen Sinne den Umfang der Provinz bestimmen. Dasselbe sagt auch das Gesetz vom 15. Februar 1840, §. 10, № 2 (G.-S. S. 21). Wenn daher in dem Bezirk ein eigenes Intelligenzblatt (in dessen Stelle der Anzeiger des Regierungs-Amtsblatts getreten ist) erscheint, so gilt die durch die, in einem andern Ober-Gerichtsbezirk herauskommende Zeitung erfolgte Bekanntmachung nicht. Gegen die Richtigkeit dieses Satzes ist nichts zu sagen. Aber es werden eine große Zahl von geschehenen Ausschließungen der ehelichen Gütergemeinschaft gegen Dritte wirkungslos sein, was schlimme Folgen haben muß.

№ 41.

Cession. Justizbeamte. Streitige Rechte. Anerkenntniß. Exekution.

I. Die gesetzliche Vorschrift,

wonach richterliche Personen und Justizkommissarien streitige Rechte, deren Erörterung vor den Gerichtshof, bei welchem sie angestellt sind, es sei in erster oder in einer der folgenden Instanzen, gehören würden, bei Strafe der Nichtigkeit nicht an sich lösen sollen,

findet nicht Anwendung, wenn es zur Zeit der

Cession bloß an einem ausdrücklichen Anerkenntnisse des Rechts von Seiten des Verpflichteten mangelt, sondern nur dann, wenn das Recht zur Zeit der Cession von dem Verpflichteten ganz oder zum Theil, gerichtlich oder außergerichtlich, bestritten worden.

II. Bei einer hiernach gültigen Cession hat der Umstand, daß die cedirte Forderung zur Zeit derselben in der Exekution befangen ist, nur Einfluß auf die Strafbarkeit des Justizbeamten, der sich auf die Cession eingelassen hat, nicht aber auf die Rechtsbeständigkeit der letzteren.

Der erste Satz ist schon mehrmals von dem Geheimen Ober-Tribunale gleichförmig angewendet worden. (S. m. Lehre vom Uebergange der Forderungsrechte, S. 103.) In der jetzt mitgetheilten Entscheidung ist die Begründung so scharfsinnig, lichtvoll und schlagend, daß dadurch die andere Meinung wohl endlich abgethan sein wird. Auch der andere Satz ist in seiner Begründung anzuerkennen. Eine im Prozesse oder in der Exekution befangene Forderung braucht nicht bestritten, sie kann ausdrücklich anerkannt sein. Dann kann sie gültig cedirt werden, denn nur die Cession bestrittener Forderungen an Justizbediente ist nichtig. Aber Justizbediente sollen doch auch derartige Forderungen nicht an sich bringen; sie machen sich dadurch strafbar. Denn im weitern Sinne des Worts ist jedes Recht streitig, zu dessen Verwirklichung oder Genuß die richterliche Hülfe angerufen worden ist, mithin auch anerkannte Forderungen, welche unter Exekution stehen.

VIII. Band.

Enthaltend XVIII Plenar-Beschlüsse und 30 Senats-Entscheidungen.

I. Plenar-Beschlüsse.

№ I.

Erwerbende Verjährung der res universitatis, besonders nach Gemeinem Rechte.

Nach Sächsischen und beziehungsweise Gemeinen Deutschen Rechten können solche Sachen und Rechte, die zur Benutzung von Seiten einzelner Gemeine-Mitglieder als solcher bestimmt sind, nicht bloß durch die gesetzlichen Vertreter der Gemeine (Repräsentanten und Beamte), sondern auch durch die Mitglieder selbst (alle oder doch die Mehrheit), mit der Wirkung der Erwerbung des Besitzes für die Gemeine, in Besitz genommen werden.

Bei dem Geheimen Ober-Tribunale war eine Meinungs-Verschiedenheit darüber eingetreten: ob Corporationen und Gemeinen nur durch ihre Stellvertreter, Repräsentanten, Vorsteher und Beamte, oder unmittelbar durch ihre Mitglieder als solche, den Besitz, nach Gemeinem Rechte, erwerben können. Die ältere Meinung war, auf Grund der L. 1, §. 22 und L. 2 D. de acquirenda vel amittenda, für den ersten Wechselfall und nahm an, daß darin das

A. L. R. von dem R. R. abweiche. Die jüngere Meinung beschränkte diese Abweichung auf das patrimonium universitatis, woran nicht den einzelnen Gemeine-Gliedern, sondern nur der juristischen Person die Nutzung zusteht; wogegen sie in Ansehung der res universitatis in specie eine Uebereinstimmung des Gemeinen Rechts mit dem A. L. R. in der Art fand, daß die Besitzergreifung der rerum universitatis durch die einzelnen Mitglieder erfolgen könne. Das Plenum hat sich durch Beschluß vom 2. Mai 1842 für die jüngere Meinung erklärt. Der entscheidende Grund ist, weil es an Stellen der Römischen Gesetzbücher fehle, welche die Unzulässigkeit einer solchen Besitzerwerbung durch die einzelnen Gemeine-Mitglieder ausdrücklich aussprechen. Diese Auslegung des R. R. scheint nicht ganz glücklich zu sein. Die vorhin angegebene L. 1, §. 22 D. de acquir. vel amitt. poss. (XLI, 3) sagt:

„Municipes per se nihil possidere possunt, quia uni possidere non possunt",

was von dem Plenum so übersetzt wird: „Die Municipal-Bürger können durch sich selbst nichts besitzen (nicht den Besitz ergreifen) weil die Einzelnen nicht einwilligen können." Auf Grund dieser Uebersetzung wird nun erwogen, daß, wenn nach dem Satze: municipes per se nihil possidere possunt, durch die einzelnen Gemeinde-Mitglieder der Besitz für die Gemeine nicht ergriffen werden könne, doch der von Paulus hinzugefügte Grund: „quia uni non consentire possunt", nicht außer Acht gelassen werden dürfe. Komme es auf die Ratihabition einer durch einen Stellvertreter ausgeübten Handlung an, so könne dieselbe nur von der Gesammtheit, nicht von Einzelnen erfolgen, weil diesen Einzelnen die Befugniß abgehe, für die Gesammtheit eine vollgültige Erklärung abzugeben. Dies könne aber überall da keine

Anwendung finden, wo der municeps — nicht die Handlung eines Dritten, seines Stellvertreters, zu konsentiren hat, sondern wo derselbe, wie bei den rebus universitatis in specie, für sich selbst und zu seinem eigenen Nutzen den Besitz ergreife. Auf letzteres Verhältniß lasse sich somit die L. 1, §. 22 nicht anwenden. — Um dies zu verstehen, muß, wie aus einer Anmerkung zu entnehmen, noch gesagt werden, daß das Geheime Ober-Tribunal unter dem „uni" den Dativ und einen Stellvertreter, durch den der Besitz für die Commune erworben worden, sieht, so daß das „quia uni non consentire possunt" heißen würde: „weil sie Einem (nämlich dem Stellvertreter zu der Handlung der Besitzergreifung) nicht einwilligen können." *) Mit aller Verehrung für die Autorität, aber die Uebersetzung ist unrichtig. Das „Municipes" bezeichnet hier nicht die Municipal-Bürger, sondern die Gesammtheit, das Municipium oder die Stadt, wie in L. 2 D. quod cujusque universitatis nomine (III, 4) und L. 3, §. 4 D. de bon. poss. (XXXVII, 1), und das „uni" ist der Nominativ Pluralis. Deutsch heißt also die Stelle, wenn man den Plural beibehält, was, genau genommen, nicht sein dürfte: „Städte können durch sich selbst nicht besitzen (oder Besitz erwerben), weil sie nicht wie Einzelne (die Gesammtheit nämlich nicht wie eine physische Person) konsentiren können." Damit fällt der ganze Bau der Beweisführung zusammen; der Grund paßt genau eben so auf den Fall, wenn die einzelnen Bürger (zufällig, ohne vorher verfassungsmäßig gefaßten Beschluß)

*) Daß hierbei von einer Zustimmung zu der Handlung eines Stellvertreters die Rede sei, soll unter Andern v. Savigny, Recht des Besitzes, 2te Aufl., §. 26, S. 293, Note 1 bezeugen. Diese Auflage habe ich nicht, aber in der siebenten finde ich diese Note nicht, v. Savigny scheint sie also wieder eingezogen zu haben.

Besitzhandlungen vornehmen, als wenn sie zur Besitzhandlung eines Stellvertreters konsentiren sollen: es sind immer die Handlungen und die Willensbestimmung einzelner physischer Personen, nicht die der Gesammtheit (der juristischen Person), denn „die Gesammtheit kann nicht wie eine einzelne Person konsentiren." Es ist also ein allgemein gültiger Satz, daß juristische Personen nur durch Repräsentanten Besitz erwerben können, ohne Unterschied, ob die in Besitz zu nehmende Sache von den einzelnen physischen Personen, welche die juristische Persönlichkeit vorstellen, oder von der Gesammtheit genutzt werden soll. Der Grund also, warum nach R. R. die res universitatis durch die einzelnen Gemeindeglieder sollen für die Gesammtheit in Besitz genommen werden können, weil sich die betreffende Stelle, ihrem Grunde nach, nicht auf diesen Fall beziehen soll, — ist nicht richtig. Auch der Nebengrund, daß „nicht abzusehen, weshalb der Besitz solcher Sachen und Rechte nicht auch von den einzelnen Gemeinde-Mitgliedern sollte ergriffen und erworben werden können", ist nicht anzuerkennen, da das was Paulus sagt, sehr wohl einzusehen ist. Wenn das wahr wäre, was unmittelbar beigefügt wird: „hier fällt jede Stellvertretung fort; ein Jeder will für sich selbst und zu eigenem Nutzen besitzen", so würde ganz gewiß die Stadt keinen Besitz durch die Handlungen der Einzelnen erworben haben. Doch bin ich der Meinung, daß dieses sich gleichwohl, und ganz in Uebereinstimmung mit den Grundsätzen des R. R., behaupten läßt. Die Gemeine-Sachen in Rede nämlich, welche, wie das Recht auf Laub und Waldstreu, verfassungsmäßig von den Gemeine-Gliedern benutzt werden, befinden sich in eben denselben Besitzverhältnissen, wie Sachen und Rechte einzelner Personen, wenn Substanz und Nutzung in verschiedenen Händen sind: der Nutzungsberechtigte detinirt zugleich für den Eigenthümer. Ergreifen also die einzelnen Gemeine-Mitglieder den Besitz eines solchen Rechts, so treten sie zugleich als verfassungsmäßige Repräsentanten der Gesammtheit auf, ebenso als wenn vorher ein besonderer Beschluß gefaßt worden wäre, daß der Besitz für die Stadt ergriffen werden solle, doch nicht durch besonders ernannte Repräsentanten, sondern durch die Mitglieder selbst. Jedes Mitglied repräsentirt nun, indem es, in seiner Eigenschaft als berechtigtes Mitglied, zu seinem Nutzen das in Besitz zu nehmende und fortzubesitzende Recht ausübt, zugleich die Gesammtheit. Aus diesem Grunde halte ich den Beschluß für rechtfertig.

№ II.

Unterbrechung der Klageverjährung durch Zinsen-Zahlung.

Nach den Grundsätzen des Gemeinen und Sächsischen Rechts wird durch die von dem Besitzer der Hypothek geleistete Zahlung der Zinsen, die Klage-Verjährung gegen den Gläubiger, auch in Beziehung auf den persönlichen Schuldner, gehemmt und resp. unterbrochen.

Die darüber bei dem Geheimen Ober-Tribunale entstandene Meinungs-Verschiedenheit ist in der Art, wie der Satz sagt, durch den Plenarbeschluß vom 2. Mai 1842 aufgelöst. Dabei ist kein Bedenken. Es sollte auch nach Preuß. Rechte so sein, doch ist der juristische Grund des Satzes noch nicht zum Durchbruch gekommen. Vgl. Bd. III, № 10

№ 10 und Bd. IX, № 11, III, und dazu meine Bemerkungen oben S. 148, auch meine Mittheilung im Schles. Archiv, Bd. V, S. 468.

№ III.

Abrechnung der Zahlung auf Verzugszinsen.

Unter den bei der Zahlung vorweg abzurechnenden verfallenen Zinsen sind nicht bloß vertragsmäßige, sondern auch Verzugszinsen zu verstehen.

Den Satz, welchen ein Plenarbeschluß vom 19. September 1842 gegen unwissenschaftliche Anwendungen hat sicher stellen müssen, habe ich schon zwei Jahre früher, Recht der Forderungen, Bd. II, S. 585 zu begründen versucht. Die Entscheidungsgründe sind gut entwickelt.

№ IV.

Wirkung der Lehnspräklusion auf die Nachkommen der präkludirten Agnaten.

Nach dem Edikt vom 4. August 1763 ist nicht anzunehmen, daß die Nachkommen derjenigen Agnaten, welche innerhalb der im Edikt bestimmten Frist ihr Successionsrecht nicht angezeigt und um dessen Eintragung nicht gebeten haben, dadurch ihres eigenen Successionsrechts verlustig gegangen sind.

In dieser Weise ist der Meinungs = Zwiespalt im Geheimen Ober-Tribunale (s. o. S. 139) durch Plenarbeschluß vom 30. Januar 1843 aufgelöst worden. Es ist wahr, das Edikt vom 4. August 1763 bestimmt Etwas, das von allen bis dahin gegoltenen Rechtsgrundsätzen abweicht. Darauf gründet sich hauptsächlich der Plenarbeschluß. Alles dieses begründet die Nothwendigkeit, das Edikt vom 4. August 1763 strictissime auszulegen. Daraus wird gefolgert, daß, wenn auch die Agnaten, welche seit dem Edikt bis zur Verkündigung des A. L. R. (dieses hat mildere Grundsätze) die Eintragung verabsäumt hatten, für ihre Person des Successionsrechts in das Lehn verlustig geworden, doch nicht ihre Descendenz von einer gleichen Präklusion betroffen worden, weil „der Sohn nicht bloß von seinem Vater, sondern zugleich und vorzugsweise vom Stammvater das Familienlehn ererbt", so daß ihm also die omissa des Vaters unnachtheilig sind, wenn schon er die facta des Vaters anerkennen muß. Dieser Grund ist denn auch für gültig und entscheidend, nach Lehnrecht, anzuerkennen.

№ V.

Anwendung der Verordnung vom 9. December 1809 auf Hypotheken = Dokumente.

Die Verordnung vom 9. December 1809 wegen Mortifikation der an einen gewissen Inhaber und wegen des öffentlichen Aufgebots der an jeden Inhaber ausgestellten Privat-Schuldverschreibungen und Urkunden, namentlich der §. 2 derselben, findet auf verpfändete Hypotheken-Forderungen keine Anwendung.

Dieser Satz ist schon bei der Senats-Entscheidung Bd. VI, № 38 angewendet worden. Gegen die spätern Anfechtungen ist er durch einen Plenarbeschluß vom 30. Mai 1842, welcher hier mitgetheilt wird, in Schutz genommen, mit einem Aufwande, den die Zweifelsgründe nicht werth sind. Der Satz ist vollkommen rechtfertig.

№ VI.

Rechtliche Wirkung einer im Wege des Arrestes eingetragenen Protestation.

Eine im Wege des (nachher für justificirt erkannten) Arrestes wegen einer persönlichen Anforderung eingetragene Protestation de non amplius intabulando hat die Wirkung, daß ein erst später auf eben dieses Grundstück eingetragener Hypotheken-Gläubiger bei eintretender Unzulänglichkeit der zur Hypothek verschriebenen Sache zum Nachtheile des Arrestanten von seinem Hypothekenrechte keinen Gebrauch machen kann.

Hiernach war in früheren Fällen erkannt worden. Später sollte davon abgegangen werden, weil der Arrest kein Realrecht begründe, mithin ein später eingetragenes Hypothekenrecht einer bloß persönlichen Forderung, wegen des Arrestes, nicht nachstehen könne. Diese neue Ansicht wird durch den Plenarbeschluß vom 30. Mai 1842 mit Recht verworfen. Die Wirkung des Arrestes besteht eben darin, daß zum Nachtheil des Arrestanten eine Veränderung mit der verkümmerten Sache nicht vorgenommen werden kann, so daß also ein solcher, welcher später als Hypothekengläubiger auf ein mit Arrest belegtes Grundstück eingetragen worden ist, dem Arrestanten gegenüber nur das Recht und den Vorzug geltend machen kann, welches oder welcher ihm vorher zustand. Daß Grundstücke als solche gleichfalls arrestirbare Sachen sind, wird unwiderlegbar nachgewiesen und ist auch nicht streitig. Der Zwiespalt ist lediglich daraus entstanden, daß die Praxis den auf Grundstücke, mittelst Vermerks im Hypothekenbuche, angelegten Arrest unter den Begriff von Protestationen und zwar unter den der s. g. Protestationen de non disponendo oder de non amplius intabulando gebracht hat. Da nun nach der Hypotheken-Ordnung, Tit. 2, §§. 289 flg., die Eintragung einer Protestation den Titel zu einem dinglichen Rechte voraussetzt, so, meinte der Zweifler, könne der Vermerk einer bloß persönlichen Forderung, zum Nachtheil einer wirklichen Hypothek, keine Wirkung haben. Dieser Zweifelsgrund verschwindet, wenn erwogen wird, daß die Hypotheken-Ordnung über den Arrest und wie derselbe auf Grundstücke anzulegen sei, nichts bestimmt, mithin die angeführte Bestimmung, daß wegen bloß persönlicher Anforderungen keine Protestation eingetragen werden soll, dem Vermerke eines Arrestschlages nicht im Wege ist. Der Vermerk des Arrestes gehört überhaupt nicht zu den Protestationen. Der Begriff einer Protestation steht nicht fest; in den Entscheidungsgründen wird nur die Begriffsbestimmung von Grävell, Theorie der hypothekarischen Protestationen S. 2, und von Merkel, Bemerkungen zur Theorie von Protestationen (neuer Commentar zur A. G.-, Depos.- und Hyp.-Ordn. Bd. III, S. 305) wiedergegeben. In den Entscheidungsgründen wird nun gesagt, daß solche Protestationen, welche auf den Antrag eines Dritten eingetragen würden, entweder zur Geltendmachung eines dinglichen Rechts, oder zur Sicherung eines persönlichen Anspruchs an den Besitzer dienen sollten. Der Gerichtsgebrauch nenne Protestationen der ersteren Art pro conservando jure et loco, die der letzteren Art de non disponendo oder de non amplius intabulando. Der Eintheilungsgrund kann jedoch nicht anerkannt werden. Der Legatar z. B., welcher auf Herausgabe eines ihm legirten Hauses klagt, verfolgt gewiß nicht einen bloß persönlichen Anspruch, und doch würde der zur Sicherung desselben eingeschriebene Vermerk in die Klasse der s. g. Protestationen de non disponendo gehören. Indeß gehört es nicht hierher, darauf weiter einzugehen, zur Rechtfertigung des Plenarbeschlusses ist der Grund, daß auch Grundstücke mit Arrest belegt werden können und daß jede spätere Verfügung darüber, dem Arrestanten gegenüber, unwirksam ist, ganz allein genügend.

№ VII.

Vermuthung für die uneheliche Geburt. Illegitimitäts-Erklärung.

I. Die gesetzliche Vermuthung, daß Kinder, die während der Ehe erzeugt oder geboren worden, von dem Manne erzeugt sind, kommt auch den Kindern zu Statten, welche zwar nicht in der Ehe erzeugt, wohl aber in der Ehe geboren sind.

II. Der Ehemann, welcher die Illegitimität eines, von seiner Ehefrau geborenen, Kindes ausführen will, ist auf den Beweis des Zeugungsunvermögens oder der Abwesenheit nicht beschränkt. Ihm ist vielmehr gestattet, auch auf andere Weise überzeugend nachzuweisen, daß er seiner Ehefrau in dem Zwischenraum vom 302ten bis 210ten Tage vor der Geburt des Kindes nicht beigewohnt habe.

In dieser Art ist der Meinungszwiespalt über die Deutung der §§. 1—4, Tit. 2, Th. II des A. L. R. durch den Plenarbeschluß vom 5. September 1842 entschieden worden. Daß, was den ersten Satz betrifft, die Vermuthung der Legitimität auch von den in der Ehe nicht erzeugten aber doch gebornen Kindern gelten soll, und die Bestimmung des §. 1 in diesem Sinne genommen werden muß, ist nicht zu bestreiten, denn der Wortlaut ist klar und die mit der Fassung verbunden gewesene Absicht ist ausdrücklich ausgesprochen worden. Soweit ist also dem Plenarbeschlusse beizutreten. Auch kann man den zweiten Satz, gleichsam als eine Milderung der Strenge des ersten — „bei der, im §. 1 zum Nachtheile des Mannes so weit ausgedehnten Präsumtion erscheint auch die Erleichterung des Beweises hinlänglich gerechtfertigt", heißt es S. 95 — hinnehmen. Indeß halte ich dafür, daß die Gelegenheit glücklicher hätte zur Beseitigung der aus der unklaren Auffassung des R. R. hervorgegangenen Unvollkommenheit der landrechtlichen Gesetzgebung über die Ehelichkeit benutzt werden mögen. Diese Unvollkommenheit besteht nicht bloß in der von dem Geheimen Ober-Tribunale getadelten Fassung, sondern hauptsächlich darin, daß das Prinzip der Legitimität oder der Satz: wer als legitimer Abkömmling angesehen werden soll, gar nicht ausgesprochen, vielmehr dieser Satz mit der davon ganz verschiedenen Präsumtion über die Thatsache der Zeugung vermischt oder verwechselt worden ist. Das ältere R. R. hat den Grundsatz: legitim ist Derjenige, welcher in gültiger Ehe von dem Ehemanne erzeugt ist. Ob ein von einer Ehefrau Geborner von dem Ehemanne erzeugt sei, ist eine Thatsachenfrage, welche unerweislich ist. Deshalb kam man mit der bekannten Präsumtion zu Hülfe: pater est quem nuptiae demonstrant. Später nahm man auch diejenigen Kinder für eheliche an, welche zwar vor der Ehe von dem Manne erzeugt, aber in der Ehe mit ihm geboren worden waren. Auf diese vor der Ehe erzeugten Kinder konnte die nur mit dem Prinzip des alten Rechts zusammenhängende Vermuthung selbstredend nicht angewendet werden; die Zeugung Seitens des Ehemannes ließ sich nur durch dessen Anerkenntniß feststellen. Das Prinzip des neuern R. R. ist: für ehelich gelten alle, welche von dem Ehemanne einer Frau vor oder nach Eingehung der Ehe mit ihr erzeugt sind. Der Beweis der Zeugung ist eine Sache für sich; für die nach der Hochzeit erzeugten Kinder gilt die bekannte Vermuthung; für die vorher Erzeugten muß das Anerkenntniß des Mannes beigebracht werden. Vergleicht man hiermit die Bestimmungen des A. L. R.: so läßt sich erkennen, daß man das nicht ausgesprochene Prinzip des neuern R. R. vorausgesetzt haben mag, wiewohl sich darüber auch noch streiten ließe, wie denn auch das Geheime Ober-Tribunal die dritte Klasse wirklich ausschließt. S. 76. (S. weiterhin.) Nach dem neuern R. R. nämlich gelten für ehelich: 1. die Kinder, welche von dem Manne in der Ehe erzeugt sind, 2. die Kinder, welche von demselben vor der Ehe erzeugt, aber in der Ehe geboren sind, 3. diejenigen, welche weder von ihm in der Ehe erzeugt noch auch in der Ehe geboren, deren Eltern aber zwischen der Zeugung und Geburt irgend eine Zeit lang ehelich verbunden gewesen sind. An diese dritte Klasse der ehelichen Kinder ist nicht besonders und ausdrücklich gedacht worden. Der §. 1 sagt: man vermuthet, daß Kinder, die während einer Ehe erzeugt oder geboren worden, von dem Manne erzeugt sind. Dadurch wird die Vermuthung des R. R., die der Natur der Sache und dem Ausdruck nach nur auf ehelich Erzeugte paßt, auch auf vorehelich Erzeugte ausgedehnt. Darin liegt das Neue. Aber, man bemerke: die Hauptsache, ob beiderlei Kinder für eheliche, legitime gelten sollen, ist nirgend gesagt; man setzt es voraus. Der dritten Art wird hier gar nicht gedacht. Erst der §. 19 sagt: „Ein Kind, welches bis zum 302ten Tage nach dem Tode des Ehemannes geboren worden, wird für das eheliche Kind desselben geachtet.“ Dies wiederholt der §. 40. Hier ist von den Bedingungen der Ehelichkeit weiter nicht Rede; daß jedoch die Zeugung von Seiten des Mannes vorausgesetzt werde, ergeben die §§. 20 und 21. Das Geheime Ober-Tribunal sagt nun S. 76: „In Beziehung auf diese muß der Zeitpunkt der Zeugung in die Ehe fallen.“ Indeß halte ich diese Deutung nicht für richtig. Nach der Fassung sind auch diejenigen Kinder mit verstanden, deren Zeugung in eine Zeit vor der Ehe fällt, und zwar nicht allein in Ansehung der Ehelichkeit, sondern auch hinsichtlich des Beweises der Zeugung. Im vorausgesetzten Prinzip stimmt sonach das A. L. R. mit dem neuern R. R. überein, aber in Ansehung des Beweises über die Zeugung weicht es außerordentlich ab: die rechtliche Vermuthung: pater est etc., soll für alle drei Arten von ehelichen Kindern gelten; diese Vermuthung und das Prinzip über die Ehelichkeit sind identificirt. Daraus erklärt sich das so oft wiederkehrende Unpassende im Ausdruck, bezüglich auf den Gegenbeweis, indem von ehelicher Beiwohnung, von Mann und Frau, von Ehebruch gesprochen wird, ohne zwischen den vor oder nach der Hochzeit erzeugten Kindern zu unterscheiden, während doch die ganze Reihe von Bestimmungen über den Gegenbeweis nur auf ehelich Erzeugte paßt. Doch darin giebt eben die Fassung der Bestimmungen nach, die Widersprüche und die Unpaßlichkeiten durch Annahme des Vernunftmäßigen aufzulösen, indem man die rechtliche Vermuthung, nach der verworfenen Meinung, auf die eheliche Zeugung beschränkt hätte, wozu eben, wie ich oben sagte, bei der Fassung des Plenarbeschlusses, die Gelegenheit günstig gewesen wäre. Ein Grund mehr für solche Beschränkung ist noch, daß die Anwendung der Vermuthung auf die vorehelich Zeugung eine ganz unmoralische, verbrecherische und deshalb beleidigende Voraussetzung dem Gesetzgeber unterlegt, was in der Jurisprudenz niemals gestattet sein kann: ehrbare Ehemänner werden dadurch zu Ehebrechern gemacht! Wenn ein ehrsamer, frommer Ehemann, z. E. ein Geistlicher, Wittwer wird und nicht lange nach dem Ableben seiner Frau eine ihn betrügende Frauensperson heirathet, die ihm bald nach der Hochzeit ein, wer weiß von wem empfangenes, Kind gebiert, so sagt die Gesetzgebung: er sei der Vater, folglich ein Ehebrecher! Mit welchem Rechte soll er die Schmach leiden müssen?

Daß dieser positiv geschaffene Rechtszustand eine handgreifliche Abweichung von dem Gemeinen Rechte ist, das wäre mit so großem Aufwande, wie es weiterhin, Bd. X, № 18, geschehen, zu erweisen nicht erforderlich gewesen.

№ VIII.

Freihäuser. Umfang ihrer Befreiung.

Bei städtischen Privatgrundstücken, welche zur Zeit der Emanation der Städte-Ordnung vom 19. November 1808 mit der Befreiung von städtischen Lasten und Abgaben besessen worden, erstreckt sich diese Befreiung weder auf die nach diesem Zeitpunkte auf diesen Grundstücken aufgeführten neuen Gebäude, noch auf spätere Erweiterungen damals schon vorhandener.

In dieser Weise hat das Plenum des Geheimen Ober-Tribunals, durch Beschluß vom 27. Juni 1842, die streitig gewordene Auslegung des §. 59 der Städte-Ordnung von 1808, bezüglich auf die s. g. Freihäuser in Berlin, die von städtischen auf Häusern haftenden Abgaben und Lasten, namentlich von Servis und Einquartirung, frei, dagegen zur Beherbergung der Dienerschaft fremder fürstlicher Personen verpflichtet sind, festgestellt. Darnach werden die in dem §. 59, der die Ausdehnung des damaligen Umfanges der Befreiung von Lasten verbietet, gebrauchten Ausdrücke „Umfang" und „Ausdehnung" von dem räumlichen Umfang der Häuser, nicht, wie die Freihausbesitzer wollten, von dem Gegenstande der Befreiung (den Lasten und Abgaben) verstanden, so daß die neuen Stockwerke oder Nebengebäude nicht frei sind.

№ IX.

Verträge über Beschränkung der Gewerbe-Freiheit.

Nach der Allerhöchsten Kabinetsordre vom 19. April 1813 sind die vor Publikation des Edikts über die Einführung einer allgemeinen Gewerbesteuer vom 2. November 1810 errichteten Verträge, wodurch die Gewerbefreiheit beschränkt oder gehindert wird, als aufgehoben nicht zu erachten.

Angenommen durch Plenarbeschluß vom 5. December 1842, und schon früher. Vergl. den Plenarbeschluß vom 14. März 1842 a. E., Bd. VII, S. 341.

№ X.

Ablösbarkeit der Gewerbeberechtigungen

Klagen auf Anerkennung der Ablösbarkeit einer Gewerbeberechtigung können nur gegen die betreffende Stadtgemeine, nicht gegen den Fiskus angestellt werden.

Unter dem Fiskus wird hier die Landespolizei, also der Staat als solcher oder als Regierungsgewalt (Majestätsrecht), folglich nicht der wahre Fiskus, verstanden. In der hier gemeinten Eigenschaft kann der Staat überhaupt gar nicht verklagt werden noch auch klagen, er ist in dieser Eigenschaft kein Subjekt von Privatrechten. S. o. S. 238. Der Satz hat mithin nicht den mindesten Zweifel. Der Plenar-

Beschluß vom 30. Mai 1842, durch welchen er angenommen worden, bevorwortet sehr gut ausdrücklich, daß, wenn der wirkliche Fiskus einmal bei einer solchen Ablösung interessiren sollte, ihm dieser Beschluß durchaus nicht entgegenstehe. Es ist nicht beruhigend, daß solche ausgemachte Sachen im Schoße des höchsten Gerichts so in Frage gestellt werden, daß sie durch einen Plenarbeschluß anerkannt werden müssen.

№ XI.

Mündliche Gesellschafts-Verträge.

Die solidarische Verpflichtung eines Gesellschafters aus einem, von einem andern Gesellschafter mit einem Dritten abgeschlossenen Rechtsgeschäft gegen diesen Dritten entsteht zwar nicht aus einem bloßen mündlichen Gesellschafts-Vertrage für sich allein, doch ist dieselbe nicht unbedingt von der Errichtung eines schriftlichen Societäts-Vertrages abhängig. Es tritt vielmehr, namentlich bei Handlungs-Gesellschaften, auch ohne einen solchen schriftlichen Societäts-Vertrag, die gedachte Verpflichtung wenigstens jedenfalls dann ein, wenn die gesetzlich vorgeschriebene Bekanntmachung der Errichtung der Societät stattgefunden, und ein, in Gemäßheit dieser Anzeige als Faktor legitimirter Socius, im Namen der Societät das Rechtsgeschäft mit dem Dritten geschlossen hat.

Ob ein Socius, welcher aus einem von seinem Socius mit einem Dritten abgeschlossenen Rechtsgeschäft solidarisch in Anspruch genommen wird, gegen die Klage den Einwand des mangelnden schriftlichen Gesellschafts-Kontrakts habe oder nicht, darüber sind widersprechende Entscheidungen des Geheimen Ober-Tribunals ergangen. Man hat deshalb die Frage zur Berathung des Plenums gebracht:

wird bei einer, auf Grund eines bloß mündlichen Societäts-Vertrages, faktisch bestandenen Handlungsgesellschaft, jeder Theilnehmer aus dem, von einem einzelnen Socius im Namen der Gesellschaft, oder unter deren Firma, mit einem Dritten eingegangenen Rechtsgeschäfte, diesem solidarisch verhaftet?

oder

ist der Dritte, der sich mit einem vermeintlichen Socius eingelassen hat, nur dann auf den andern Gesellschafter zurückzugehen befugt, wenn ein durch einen schriftlichen Vertrag begründetes Societäts-Verhältniß vorhanden ist?

Das Plenum hat beide Alternativen verneint und den an die Spitze gestellten Satz, durch Beschluß vom 23. Januar 1843, ausgesprochen. Der Spruch ist ein Orakelspruch; ein juristisches Prinzip oder ein Rechtsbegriff wird nicht angegeben. Soviel ich mir aus den Gründen und daraus, daß die gesetzlich vorgeschriebene Bekanntmachung der Errichtung der Handelsgesellschaft Jeden der Gesellschafter gegen Dritte, die sich im Vertrauen auf diese Bekanntmachung mit Einem der Gesellschafter eingelassen haben, solidarisch verbindlich machen soll, abstrahire, ist der Dolus gemeint, der den an sich begründeten Einwand des mangelnden schriftlichen Kontrakts unwirksam macht. Darnach würde der Rechtszustand der sein, daß dem Socius, der aus einem mit einem andern Theilnehmer an der mündlich gegründeten Societät geschlossenen Geschäfte in Anspruch genommen wird, die Exception des mangelnden schriftlichen Kontrakts allerdings zusteht, daß dieselbe jedoch durch die replicatio doli beseitigt wird. Das würde denn auch mit den allgemeinen Rechtsgrundsätzen vollkommen stimmen.

№ XII.

Erweiterungsbau der Schul- und Küsterhäuser.

Die Vorschrift des §. 37, Tit. 12, Th. II des A. L. R. findet auch dann Anwendung, wenn ein Erweiterungsbau eines Küster- und Schulhauses nur der Schulzwecke wegen nothwendig geworden ist.

Der genannte §. 37 bestimmt für den Fall, wenn das Schulhaus zugleich die Küsterwohnung und wenn der Küster zugleich der Schulmeister ist, daß die Unterhaltung des Schulhauses auf eben die Art, wie bei Pfarrbauen vorgeschrieben ist, besorgt werden soll. Wie aber die Kosten eines Erweiterungsbaues, der an einem solchen Schul- und Küsterhause nur der Schulzwecke wegen nothwendig geworden, aufgebracht werden sollen, ist nicht bestimmt. In einem, im Jahre 1829 zur Entscheidung gekommenen Falle, erklärte das Geheime Ober-Tribunal die Bestimmung des §. 37 für unanwendbar und änderte deshalb zwei gleichlautende Erkenntnisse in revisorio ab. Jetzt wird das gerade Gegentheil für Recht erkannt und durch einen Plenar-Beschluß vom 9. Mai 1842 bekräftigt. Nach dem Wortverstande hat die ältere Meinung die gesetzliche Bestimmung ganz für sich, und das Plenum erkennt auch an, daß, wenn man nur nach der Wort-Interpretation entscheiden wollte, der ältern Meinung beizustimmen sein würde. Der Grund, aus welchem der neuern Meinung der Vorzug gegeben wird, ist ein historischer, der nämlich, daß die thatsächliche Bedingung: „wenn das Schulhaus zugleich die Küsterwohnung ist", d. h. wenn der Küster zugleich der Schulmeister ist, bei Emanation des A. L. R. keinesweges ein, nur ausnahmsweise oder selten vorkommender Fall, sondern vielmehr der gewöhnliche, auf dem Lande als die Regel vorherrschende Fall war, und so es sich auch noch jetzt verhalte. Die Verbindung des Küster- und des Schullehrer-Amtes in Einer Person habe von jeher in allen Provinzen, namentlich in der Kurmark, stattgefunden; und es könne als notorisch angesehen werden, nicht nur, daß noch jetzt in den meisten kleineren Städten, und auf dem Lande überall, die Küsterei mit der Schule verbunden sei, sondern auch, daß da, wo eine solche Verbindung stattfinde, in der Regel keine abgesonderten Schulhäuser vorhanden seien, der Schulunterricht vielmehr in demjenigen Hause ertheilt werde, welches dem Küster und Schullehrer als Amtswohnung überwiesen sei. Der Verfasser scheint aus der Mark gebürtig zu sein; denn die für notorisch erklärten Zustände kenne ich auch aus meiner Heimath her nicht aus Studium, sondern durch unmittelbare Erlebnisse; ich habe in meiner Jugend in der Person eines Küsters nur den Schullehrer denken können, so daß mir die Benennung „Küster" der Titel des Schulmeisters war, und dessen Anwesenheit in der Kirche des Sonntags mir keinen andern Zweck zu haben schien als die Schuljugend unter Aufsicht zu haben. Die Notorietät muß ich daher anerkennen. Diese Zustände allein würden jedoch die Auslegung noch nicht rechtfertigen. Allein in den Entscheidungsgründen wird nun weiter gezeigt, daß diese äußere Verbindung beider Aemter auf einer innern Nothwendigkeit beruhe, vermöge welcher die Küsterei und Schule Eins, ein gemischtes kirchliches Institut zum Religions-Unterricht, sei, mithin herkömmlich auch mit den Kirchen- und Pfarrgebäuden nach denselben Grundsätzen behandelt worden. Daher muß in diesem Sinne der §. 37 verstanden werden.

№ XIII.

Eintragung des Allodifikationszinses in Westphalen und Berg.

Der von den Besitzern allodificirter Lehngüter in dem ehemaligen Königreich Westphalen und im ehemaligen Großherzogthum Berg gesetzlich an den früheren Landesherrn zu entrichtende Allodifikationszins gehört nicht zu denjenigen beständigen gemeinen Lasten und Abgaben, die nach Vorschrift der Allmeinen Hypotheken-Ordnung Tit. 1, §. 48 keiner Eintragung bedürfen.

Angenommen gegen die ältere Meinung des Geheimen Ober-Tribunals, durch Plenarbeschluß vom 9. Januar 1843. Der für die verworfene ältere Meinung angegebene Grund, daß das Gesetz vom 21. April 1825 den Allodifikationszins auf das vormalige Lehn gelegt und ihn dadurch ausdrücklich für eine Realabgabe erklärt habe, deren Natur, als einer Reallast, an sich von der Eintragung nicht abhängig sei, scheint mir doch nicht widerlegt. Die neue Meinung erklärt, im Widerspruch mit der alten, diese Reallast für eine solche, welche in die Klasse der im §. 49, Tit. 1 der Hyp.-O. genannten Lasten gehöre und eingetragen werden müsse, weil es ihr sonst an der Erkennbarkeit für jeden Dritten fehle.

Allein

Allein wenn aus dem Hypothekenbuche das Gut als ein vormaliges Lehn zu erkennen ist und ein Gesetz auf die vormaligen Lehen eine Reallast gelegt hat; so ist die Last für Jedermann erkennbar. Ob also die Last in einem besonderen Falle zu der Klasse des §. 48 oder zu der des §. 49 gehöre, das scheint mir danach von einer Thatsachenfrage, nämlich von der Bezeichnung des Guts im Grundbuche, abzuhangen.

№ XIV.

Vertragsmäßiges Verhältniß des Erbpächters zu dem Erbverpächter in Betreff der auf der Sache haftenden Abgabe, in den vormals Bergischen Provinzen.

Die vertragsmäßige Verpflichtung des Erbverpächters, zur Entrichtung der auf der Sache haftenden Abgaben, ist auch nach der Verkündigung des Gesetzes vom 21. April 1825, über die den Grundbesitz betreffenden Rechtsverhältnisse, und über die Realberechtigungen in den Landestheilen, welche zu dem ehemaligen Großherzogthum Berg eine Zeit lang gehört haben, ohne Rücksicht auf die durch dieses Gesetz zum Besten des Erbpächters stattgefundene Verwandlung der Erbpachtsgerechtigkeit in volles Eigenthum an dem Grundstück, für fortbestehend zu achten.

Durch diesen, am 31. Oktober 1842 gefaßten Plenar-Beschluß sind die Grundsätze, welche bei den Entscheidungen

Bd. I, № 7, und Bd. II № 22 (s. o. S. 24 und 101) angewendet worden sind, umgestoßen. Die Gründe aber, wodurch diese neue Meinung gerechtfertigt werden soll, widerlegen die Gründe der alten Meinung (s. o. S. 24) gar nicht. Ein Hauptgrund ist, daß der Werth des Eigenthums an fruchttragenden Sachen sich nach den Nutzungen bestimme. Dadurch wird behauptet, daß der Werth des vollen, ungetheilten Eigenthums und der des Nutzungs-Eigenthums einander gleich seien. Das ist nicht der Fall; es ist nicht anzuerkennen, daß der Erbverpächter den Kapitalswerth seines Eigenthums in dem Betrage des Kanons, nach Abzug der Lasten, habe, wie behauptet wird: der Kapitalswerth des Eigenthums ist höher als das Kapital, welches der Kanon darstellt. Dann aber ist ein Landgut (ein solches wird vorausgesetzt) ein Inbegriff von Sachen, von welchen manche keine Nutzungen tragen, sondern nur Nutzen gewähren, nicht erst derjenigen Rechte zu gedenken, welche unschätzbar und dem Herrn, dem wirklichen Eigenthümer, viel werth sind. Bei diesem Zustande muß es bestritten werden, daß die auf dem Gute haftenden Lasten nur auf den Nutzungen ruhen; denn sie haften an dem Ganzen. Damit verliert die Folgerung, daß derjenige, welcher die Nutzungen fortbezieht, auch alle Lasten von der Sache tragen müsse, ihre Schlüssigkeit. Das Plenum sagt nämlich: der Kanon ist das Aequivalent der Nutzungen. Wenn die laufenden Lasten dem Erbpächter nicht abgerechnet worden sind, weil sie der Erbverpächter zu entrichten übernommen hat, so ist der Kanon um so viel höher ausgefallen. Das kann möglich sein. Nun wird aber weiter geschlossen: da der vormalige Erbverpächter seinen Kanon behalten und ihm nur sein Eigenthum abgenommen worden ist, so muß er auch die Lasten nach wie vor entrichten. Das folgt nicht. Freilich die Lasten, die auf den

Nutzungen und Früchten ruhen, die würden davon zu nehmen sein; aber daß alle und jede Lasten, die auf dem ganzen Inbegriff haften, dem bisherigen Eigenthümer, dem man sein Eigenthum mit allen daraus für ihn fließenden publicistischen und andern Rechten und Annehmlichkeiten weggenommen und nur ein Aequivalent für die Nutzungen gelassen hat, dennoch zur Last bleiben, das folgt nicht. Der Eigenthümer ist derjenige, welcher alle diese Lasten zu tragen hat; ein Anderer kann, ihm gegenüber, nur durch ein besonderes obligatorisches Verhältniß dazu verbunden sein. Daran fehlt es bei den Besitzverhältnissen in Rede. Der alte Erbpachtkontrakt, welcher Bestimmungen über die Entrichtung der Abgaben, nur für die Kontrahenten geltend, enthielt, ist durch die Gesetzgebung zerrissen. Das wird zwar geleugnet, indem gesagt wird: „Die Umwandlung der Erbpacht in Eigenthum involvirt auch keine gänzliche Aufhebung des alten vertragsmäßigen Rechtsverhältnisses, sondern nur eine Abänderung desselben in einzelnen Beziehungen." Doch lohnt es nicht, darauf einzugehen. Wenn Einer dem Andern ein Gut zum Eigenthum verkauft, und darauf ein Gesetz erscheint, wodurch verordnet wird, daß der Käufer nicht Eigenthümer sondern Erbpächter sein oder werden und der Verkäufer Eigenthümer bleiben solle, so sieht Jedermann, daß dies nicht eine Abänderung des vertragsmäßigen Rechts-Verhältnisses in e i n z e l n e n B e z i e h u n g e n, sondern eine gänzliche Aufhebung des vertragsmäßigen Rechtsverhältnisses sein würde. Das Rechtsverhältniß Kauf ist nicht das Rechts-Verhältniß Erbpacht; das macht kein Ableugnen anders als es in Natur wirklich ist. Also, sage ich, der Grund, welchen die alte Meinung für sich hat, daß nämlich das vertragsmäßige Rechtsverhältniß aufgehoben sei (s. o. S. 24), ist thatsächlich wahr. Er ist aber auch erheblich; denn nun giebt es vor der Hand an sich gar kein auf Verabredung beruhendes Verhältniß zwischen dem Erbverpächter und Erbpächter. Dadurch, daß das Gesetz den Erbpächter zum Eigenthümer ernannt hat, ist das Recht des vorigen Eigenthümers auf Vergütung für sein Eigenthum entstanden. Es würde also ein ähnliches Rechtsverhältniß wie bei erzwungenen Veräußerungen und Expropriationen eingetreten sein, so daß der Preis durch Dritte zu bestimmen gewesen wäre. Doch diese Funktion hat der Gesetzgeber selbst übernommen, durch die Bestimmung: der gewesene Eigenthümer soll den Kanon behalten, nach Abzug der Grundsteuer, wenn er diese bis dahin entrichtet hat. Das ist der Preis seines ihm abgenommenen Eigenthums; das Gesetz ist die einzige, das neue Verhältniß zwischen beiden Theilen regelnde, Norm, aus dem alten aufgehobenen Erbpachtkontrakte können keine Einzelnheiten hereingezogen werden, von ihm ist, rechtlich, gar nichts mehr übrig. Daraus folgt von selbst, daß dem jetzigen Realberechtigten keine Verbindlichkeit obliegt, für den neuen Eigenthümer Gutslasten zu tragen, welche ihm die neue lex contractus nicht ausdrücklich auflegt.

№ XV.

Eidesleistung einer Gemeine oder Korporation.

Der §. 276, Tit. 10, Th. I der A. G. O. über die Eidesleistung der Gemeine enthält eine Prozeß-Vorschrift, und keinen Grundsatz des materiellen Rechts.

Der genannte Paragraph schreibt vor, daß, wenn der Gegenstand des Prozesses untheilbar, und einer oder einige der zur Leistung des Eides abgeordneten Mitglieder dazu bereit sind andere aber nicht, diese über die Ursache vernommen, und wenn sie Gewissensskrupel als die einzige Ursache unter eidesstattlicher Versicherung angeben, andere Mitglieder an ihrer Stelle ausgesucht werden sollen. Ob dieses eine Prozeßvorschrift oder ein Satz des materiellen Rechts sei, war zweifelhaft geworden. Das Plenum hat, durch Beschluß vom 27. Juni 1842, die Bestimmung für eine Prozeß-Vorschrift erklärt. Darin kann man beistimmen. Ein unterscheidendes Merkmal einer Prozeßvorschrift wird von der Gesetzgebung nicht angegeben. Im Allgemeinen läßt sich als solches der Zweck einer Vorschrift bezeichnen, wenn er darin besteht, die Handlung des Richters zu bestimmen um ihn in den Stand zu setzen, die Wahrheit der thatsächlichen Voraussetzungen der Angriffs- und Vertheidigungsmittel (Klagrechte, Exceptionen u. s. w.) zu ermitteln oder zu erkennen. Vgl. o. zu Bd. V, № 28, S. 379. Das Geh. Ober-Tribunal läßt sich darüber nicht aus. Die Instruktion vom 7. April 1839, № 11, bezeichnet die Prozeßvorschriften als solche, „welche die Verfolgung des materiellen Rechts vor Gericht normiren." Das kann auch auf wirkliche Rechtssätze passen, je nachdem man unter „Verfolgung des materiellen Rechts vor Gericht" mehr oder weniger, und unter „Normirung" diese oder jene Handlung mit ihrer innerlichen Wesenheit, oder bloß nach ihrer Form, und auch die Bestimmungen über die Berechtigung dazu so wie über die rechtlichen Voraussetzungen zur Vornahme der Handlungen, wie z. B. Gerichtsbarkeit, Competenz, Handlungsfähigkeit, Legitimation u. dergl. versteht. Die Bestimmung, daß eine Partei unter gewissen Voraussetzungen einen Eid de ignorantia zu schwören berechtigt ist, so wie die Bestimmung: ob die Aussage einer Person in Beziehung auf einen Andern beweiskräftig ist oder nicht, könnten nach jener Definition wohl für Prozeßvorschriften genommen werden, zumal in der Instruktion dazu auch die Vorschriften von den Regeln des Beweises einer bestrittenen Thatsache gerechnet werden. Dennoch sind diese Bestimmungen materielle Rechtssätze. S. Schles. Arch., Bd. IV, S. 414 und 518.

№ XVI.

Frist für die Nichtigkeits-Beschwerde in schleunigen Bausachen.

Die Vorschrift im Artikel 14, lit. d der Deklaration vom 6. April 1839, wegen der in Bausachen zur Erlegung der Nichtigkeits-Beschwerde bestimmten Frist, findet auf alle Prozesse Anwendung, welche ihrem Gegenstande nach zu den in den §§. 34—41, Tit. 42 der Prozeß-Ordnung bezeichneten schleunigen Bausachen gehören, sie mögen auf die hier vorgeschriebene Art in den vorgeschriebenen Instanzen behandelt sein oder nicht.

Die Frist zur Einlegung der Revision und der Nichtigkeits-Beschwerde, welche in diesen Bauprozessen, nach der Deklaration a. a. O., zehn Tage betrug, ist nun durch das Gesetz vom 21. Juli 1846, §. 27, Absatz 5, ebenfalls auf drei Tage gesetzt. Zu dem Plenarbeschlusse vom 5. September 1842, wodurch der obige Satz ausgesprochen worden, hat eine schleunige Bausache Anlaß gegeben, welche im langsamen Schritte des ordinairen Prozesses in erster und zweiter Instanz verhandelt worden. In einer früher vorgekommenen, eben so behandelten gleichen Sache, in welcher erst nach einem Jahre das erste Urtel und nach weitern zwei Jahren das Appellationsurtel über die Frage ergangen war: ob ein angefangener Bau seinen Fortgang haben dürfe, war die Nichtigkeits-Beschwerde als verspätet zurückgewiesen worden, weil nicht die für solche Sachen vorgeschriebene Frist beobachtet worden war. Bei der jüngern Sache wollte der Zweite Senat die Beschwerde mit Rücksicht darauf, daß nun einmal in Wirklichkeit durchweg der gewöhnliche Rechtsgang stattgefunden habe, annehmen; das Plenum trat jedoch der ältern Ansicht bei, weil die Förmlichkeiten des Prozesses und vor Allen die Formalien der Rechtsmittel der Privatwillkühr der Parteien nicht unterworfen sind.

№ XVII.

Priorität der Pekulien im Konkurse.

Der §. 418, Tit. 50, Th. I der A. G. O. findet auf eine Schuldforderung an den Gemeinschuldner, welche durch Erbgangsrecht Eigenthum seiner Kinder geworden ist, keine Anwendung.

Ein Plenarbeschluß vom 9. Mai 1842 hat diesen unzweifelhaften Rechtssatz gegen eine neuere Anfechtung in Schutz genommen. Das konnte nicht anders sein. Das Vorrecht ist lediglich durch die väterliche Verwaltung begründet, also kann solches nur dasjenige Vermögen der Kinder haben, welches der Vater, vermöge seiner väterlichen Gewalt, in seine Verwaltung genommen oder dazu in den Händen behalten hat, wie z. B. das Muttergut, was bis dahin als ehefräuliches Vermögen auch nur in der Verwaltung des Mannes gewesen ist. Aber bei einer Schuld ist keine Verwaltung Seitens des Schuldners für den Gläubiger.

№ XVIII.

Kautionsbestellungen in den Licitationsterminen.

Ein Hypothekengläubiger, welcher bei der Subhastation des ihm verpfändeten Grundstücks im Licitations-Termine als Bieter auftritt, oder die Ansetzung eines neuen Termins verlangt, und in diesem oder in jenem Falle die gesetzlich nothwendige Kaution mit seiner eingetragenen Forderung bestellen will, muß im Bietungstermine selbst auch die über seine Forderung sprechenden Urkunden niederlegen. Ein Nachbringen der letztern, nach dem Schlusse des Termins, findet nicht statt.

Angenommen durch Plenarbeschluß vom 9. Mai 1842, gegen die ältere Meinung, welche die Vorschrift, daß ein Hypothekengläubiger mit seiner Forderung Kaution bestellen könne und sodann die darüber sprechenden Urkunden niederlegen müsse, so verstanden hatte, daß die Niederlegung der Urkunden in den Licitationsterminen selbst gerade nicht erforderlich sei, es vielmehr genüge, wenn nur die Verpfändung der Forderung, Behufs der Kaution, im Termine selbst geschiehet und das Instrument noch vor Abfassung der Adjudikatoria, und ohne Aufenthalt der Entscheidung beigebracht wird. Doch ist der neueren Meinung allerdings der Vorzug zu geben, weil ohne Uebergabe des Dokuments die Kaution noch nicht wirklich bestellt ist, die Bestellung aber im Termine selbst geschehen muß.

II. Senats-Entscheidungen.

№ 1.

Zulässigkeit der Klage auf Vertragserfüllung. Gewährsmängel.

I. Wenn der Vertrag von Seiten Desjenigen, der eine Gegenleistung einklagt, in der Hauptsache erfüllt, und die Erfüllung von dem andern Kontrahenten angenommen worden, dieser aber behauptet, daß der Kläger allen seinen kontraktlichen Verbindlichkeiten noch nicht nachgekommen sei, und über den Sinn und Umfang der gedachten Verbindlichkeiten unter den Parteien Streit entsteht, kann die Vorschrift des §. 271, Tit. 5, Th. I des A. L. R. nicht Veranlassung geben, den Kläger zur Zeit abzuweisen; vielmehr muß der obwaltende Streit im Urtel entschieden, und bestimmt werden, was der Kläger noch zu erfüllen und der Verklagte dagegen noch zu leisten hat.

Hierin muß unbedingt beigetreten werden. Jemand kaufte ein Grundstück und versprach bei der Uebergabe Zug um Zug 625 Rthlr. auf das Kaufgeld zu zahlen. Die Uebergabe wurde vollzogen, auf das Kaufgeld zahlte aber der Käufer 425 Rthlr. zu wenig; er stellte ein Schuldbekenntniß aus, daß er zwar bei der Uebergabe an Kaufgeldern 625 Rthlr. habe zahlen sollen, aber nur 200 Rthlr. gezahlt habe, und den Rest innerhalb 8 Tagen nachzahlen werde. Er ließ sich jedoch verklagen und nun machte er den Einwand, daß ihm mehrere, namhaft gemachte, erd-, band-, wand-, niet- und nagelfest gewesene Zubehörungen nicht übergeben worden seien, weshalb er verlangte, daß der Kläger zur Zeit abgewiesen würde. Darauf ging auch der Appellations-Richter (der Zweite Senat des Frankfurter Ober-Landesgerichts) ein, indem er das verurtheilende Erkenntniß des ersten Richters reformirte. Diese Entscheidung vernichtet das Geheime Ober-Tribunal mit Recht. Da der Käufer die Uebergabe angenommen hatte, so mußte er sagen, welchen Ersatz er für den Abgang verlangte; aber die exceptio non impleti contractus war nicht gegeben; die Forderung des Klägers war eine einseitige geworden (s. o. zu Bd. VI, № 6), und der Beklagte konnte nur abrechnen.

II. Zu den im §. 222, Tit. 11, Th. I des A. L. R. bezeichneten Gewährsmängeln gehören nicht bloß diejenigen, welche sich an bereits übergebenen Gegenständen, sondern auch diejenigen, die sich in dem Nichtübergeben versprochener Gegenstände äußern.

Der Appellations-Richter hatte das Rechtsverhältniß so angesehen, als wenn die fehlenden beweglichen Pertinenzstücke als einzelne selbstständige Sachen Gegenstand des Kaufs gewesen wären. Das Geheime Ober-Tribunal zeigt den darin liegenden Fehlgriff: der Mangel einzelner Pertinenzstücke macht die übergebene Sache fehlerhaft, folglich ist er ein Gewährsmangel. A. L. R. Th I, Tit. 11, §§. 207, 210.

№ 2.

Regreß der Mitschuldigen unter einander wegen der Untersuchungskosten.

Wenn in einer Kriminalsache ein Mitschuldiger, aus einer solidarischen Verhaftung für die Gesammtkosten, mehr als seinen Antheil bezahlt hat, so ist derselbe wohl befugt, sich deshalb an denjenigen Mitschuldigen zu regressiren, für den er gezahlt hat.

Der Appellations-Richter (der Zweite Senat des Ober-Landesgerichts zu Stettin) war in dem mitgetheilten Rechtsfalle, mit dem Beklagten, der Meinung gewesen, daß die Vorschrift des A. L. R. Th. I, Tit. 3, §. 36 wonach unter den Theilnehmern an einer gesetzwidrigen Handlung daraus weder Rechte noch Pflichten entstehen, auch auf den Untersuchungsprozeß und auf die Untersuchungskosten Anwendung finde. Das Geheime Ober-Tribunal findet dagegen in dem §. 619 der Kriminal-Ordnung den hierauf passenden Grundsatz, indem dort bestimmt ist, daß mehrere Mitschuldige zu gleichen Theilen für die Kosten haften, wofür sie, dem Gerichte gegenüber, eventualiter solidarisch aufkommen müssen. Das ist richtig. Der Rechtsgrund ist, daß der Kriminalprozeß nicht eine gesetzwidrige Handlung, sondern ein Rechtsgeschäft ist.

№ 3.

Erbschaftsentsagung unter Bedingung.

I. Wenn einer Erbschaft unter Bedingung entsagt worden, so wird die Entsagung selbst, und nicht bloß die beigefügte Bedingung, für nicht geschehen erachtet.

II. Die unter Bedingung geschehene Entsagung erlangt dadurch keine Gültigkeit, daß sie zu Gunsten eines Miterben erfolgt ist.

Da A. L. R. Th. I, Tit. 9, §§. 394, 396 sagt: Der Erklärungen über Antretung oder Entsagung einer Erbschaft können kei. Bedingungen beigefügt werden; Erklärungen, bei welchen geg diese Vorschrift gehandelt worden, werden für nicht geschehen betrachtet. Die beiden Senate des Ober-Landesgerichts zu Ratibor verstehen das so: die Erbeserklärung ist gülkig aber ie beigefügte Bedingung ist wirkungslos. Deshalb hatten sie eine Klage des Kurators einer erbschaftlichen Liquidationsmasse auf Herausgabe einer Erbschaft, welcher der Kridar zum Besten seines Sohnes, unter Bedingung, entsagt hatte, zurückgewiesen. Diesen Richterspruch kassirt das Geheime Ober-Tribunal. Das bedarf keiner weitern Begründung; die Nichtigkeit ist an sich selbst klar. Wenn unter den „Erklärungen" nicht die Erklärungen, sondern die n Bedingungen zu verstehen wären, welche als nicht geschehen zu betrachten, so könnte ein Berufener, welcher unter Bedingungen, mithin nach der Ratibor'er Deutung gültig, entsagt, nicht Benefizial-Erbe sein sollen, wofür ihn der §. 396 und 427 a. a. O. erklärt.

№ 4.

Widerruf der Erbschaftsentsagung von Seiten der Gläubiger des Entsagenden.

Die Bestimmung des §. 1 des Gesetzes vom 26. April 1835 (die Verträge zahlungsunfähiger Schuldner zum Nachtheil der Gläubiger betreffend), wonach das, den Konkurs-Gläubigern nach §. 49, Tit. 50 der Prozeß-Ordnung zustehende Recht, Schenkungen zu widerrufen, auch dem Gläubiger außer dem Konkurse, bei sich ergebender Vermögens-Unzulänglichkeit seines Schuldners, ertheilt worden, verleiht den Gläubigern außer dem Konkurse nicht auch die, den Konkursgläubigern im §. 50 a. a. O. beigelegte Befugniß, Erbschafts-Entsagungen des Schuldners zu widerrufen.

Ein vermögensloser Schuldner wurde zu einer Erbschaft gerufen; er entsagte derselben und nun gelangten seine Kinder zur Erbschaft. Ein Gläubiger, schon lange mit einem exekutorischen Titel versehen, griff die Erbschafts-Entsagung, als in fraudem creditorum geschehen, an. Der Richter erster Instanz wies die Klage zurück; das Appellationsgericht (der Civil-Senat des Ober-Landesgerichts zu Hamm) reformirte das Erkenntniß und erkannte nach dem Antrage des Klägers auf dessen Befriedigung aus der Erbschaft. Das Geheime Ober-Tribunal stellte, mit Hülfe des obigen Satzes, das Erkenntniß erster Instanz wieder her.

Ebenderselbe Satz ist bei der, Bd. X, № 36 mitgetheilten Entscheidung vom Jahre 1845 auf den Fall des erbschaftlichen Liquidationsprozesses angewendet. Eine märkische Ehefrau starb und hinterließ als Intestaterben ihren Wittwer und Kinder. Der Wittwer starb gleichfalls, bevor er sich noch darüber erklärt hatte: ob er mit Einwerfung seines Vermögens Erbe der Frau sein wolle. In diesem Falle hätte er die Hälfte der ehefräulichen Erbschaft erhalten; denn er war überschuldet und hatte nichts einzuwerfen. Die Kinder als Erben des Wittwers erklärten, daß sie nicht Erbe nehmen wollten. Nun hatten sie die mütterliche Erbschaft ganz. Ueber den Nachlaß des Wittwers wurde der erbschaftliche Liquidationsprozeß eröffnet. Die Administration der Masse gab man ab. Der angestellte Kurator griff die Erbschafts-Entsagung des Kridars (erklärt durch dessen Erben) an und forderte die Hälfte des ehefräulichen Nachlasses zur erbschaftlichen Liquidationsmasse ein, wurde jedoch durch die gleichlautenden Erkenntnisse des Instruktions-Senats und des Ober-Appellations-Senats des Kammergerichts abgewiesen. Diese Entscheidung gründet sich wesentlich auf den obigen, damals schon veröffentlichten Satz. Daß die Nichtigkeits-Beschwerde gegen einen, von dem Geheimen Ober-Tribunal selbst ausgesprochenen Satz nichts verschlagen würde, war zu erwarten; sie wurde aber doch angebracht und auch auf den §. 74, Tit. 51 der Prozeß-Ordnung gestützt, wonach im erbschaftlichen Liquidationsprozeß, wenn die Verwaltung der Masse abgegeben worden ist, „überhaupt wegen Festsetzung, Versilberung und Vertheilung, der Inhalt des Tit. 50 befolgt werden soll.“ Die Beschwerde wurde durch das Urtel vom 28. Februar 1845 verworfen, ganz aus demselben Grunde, weil den Gläubigern, außer dem Konkurse, das den Konkursgläubigern beigelegte Recht zum Widerrufe von Erbschafts-Entsagungen des Kridars nicht zustehe.

Wenn die Deutung, welche das Geheime Ober-Tribunal dem Gesetze vom 26. April 1835 giebt, richtig wäre, so würde die Gesetzgebung in Beziehung auf das den Gläubigern gegen die fraudatorischen Handlungen ihres überschuldeten Schuldners zustehende Rechtsmittel noch lückenhaft sein und nicht den nöthigen Rechtsschutz gewähren. Weiter. Die Staatsbürger würden gegen einen zahlreichen Stand schutz- und rechtlos, und Recht und Gehör würde ihnen versagt sein. Denn es ist verboten, einen Antrag auf Konkurs-Eröffnung über das Vermögen eines im Dienste stehenden Offiziers, der außer seinem Gehalte kein der Beschlagnahme gesetzlich unterworfenes Vermögen hat, zuzulassen, folglich könnten die Gläubiger eines solchen Gemeinschuldners niemals zur Anfechtung einer fraudatorischen Erbschafts-Entsagung desselben gelangen. Noch mehr. Der Rechtszustand würde eine lächerliche Absurdität darbieten. Bekannt ist, daß über das Vermögen eines Ueberschuldeten formeller Konkurs nur alsdann möglich ist, wenn er mehr als Einen Gläubiger hat. Dieser Fall tritt gewöhnlich, aber doch nicht immer ein, was eine rein faktische Zufälligkeit ist. Also: wenn ein debitor aere alieno obaeratus, der einer ihm zufallenden reichen Erbschaft in fraudem entsagt, um sie seinen Kindern zu salviren, zwei Gläubiger hätte, so würde ihnen geholfen werden; ein Alleingläubiger aber müßte das leere Nachsehen haben. Alles von Rechts wegen. Da aber der Gesetzgebung, welche gerade durch das Gesetz vom 26. April 1835 die bis dahin unvollkommenen positiven Satzungen, nach dem Vorgange der Praxis (denn das Geheime Ober-Tribunal selbst hatte die actio Pauliana außer dem materiellen Konkurse schon vor diesem Gesetze zugelassen), ergänzen und mit den Anforderungen des Rechts in Uebereinstimmung zu bringen beabsichtigte, nicht beigemessen werden kann, daß sie die Staatsbürger gegen einen ganzen Stand schutz- und rechtlos machen und jene Absurdität als Recht einsetzen wolle, so muß die Deutung, welche dem Gesetze vom 26. April 1835 und dem §. 49, Tit. 50 der Prozeß-Ordnung von dem Geheimen Ober-Tribunal gegeben wird, und der dadurch begründet sein sollende Satz nicht richtig sein. Das meine ich in der That. Der Entscheidungsgrund ist eine bloße Wortauslegung, denn er besteht darin, daß der §. 50 der Konkurs-Ordnung, wonach hinsichtlich der actio Pauliana die Erbschafts-Entsagungen den Schenkungen gleichgeachtet werden, in dem §. 1 des Gesetzes vom 26. April 1835 nicht mit gemeint ist. Dieser §. 1 lautet nämlich, nachdem in der Einleitung gesagt worden, daß, „da die Gesetze zur Verhütung von Verträgen, welche von zahlungsunfähigen Schuldnern zum Nachtheile ihrer Gläubiger geschlossen worden, sich als unzureichend bewiesen haben", dem Uebelstande abgeholfen werden solle, wie folgt:

> „Das im Konkurse den Gläubigern zustehende Recht, die von dem Gemeinschuldner gemachten Schenkungen zu widerrufen (A. L. R. Th. I, Tit. 11, §§. 1129—1133, 1164—1166, 1171 und 1172; Th. II, Tit. 1, §. 312 u. flg., und Anhang §. 74. — A. G. O. Th. I, Tit. 50, §. 49), soll hinfort auch außer dem Konkurse einem jeden Gläubiger zustehen, wenn bei der Exekution gegen den Schuldner eine Vermögens-Unzulänglichkeit sich ergiebt."

Der §. 50 der Konkurs-Ordnung ist also wirklich nicht mitgenannt. Allein mit der bloßen Wort-Interpretation ist die Frage nicht entschieden. Vor dieser Verordnung war das Institut der actio Pauliana nur für den Fall des formellen Konkurses ausdrücklich anerkannt, außer demselben hielt man es nach der gemeinen Meinung nicht für anwendbar,

doch

doch gab es auch eine widersprechende Meinung, nach welcher, wie gesagt, sogar von dem Geheimen Ober-Tribunale im Jahre 1824 in Sachen Wittwe Dörmer wider Geschwister Höher entschieden worden ist. Ueber die Gegenstände des Rechtsmittels, d. h. über die Geschäfte oder Handlungen, welche mit dieser Klage revocirt werden konnten, war kein Zweifel. Ueber die Gegenstände Bestimmung zu treffen, war mithin kein Bedürfniß: nur die Anwendbarkeit der Klage außer dem formellen Konkurse war streitig, hierin also mußte die Gesetzgebung zu Hülfe kommen. Das ist durch das Gesetz vom 26. April 1835 geschehen. Ueber den Gegenstand trifft es auch keine Bestimmung; sie wird hineingelegt wegen der Weglassung des §. 50 der Konkurs-Ordnung. Doch sind dieselben Gründe, aus welchen die Erbschafts-Entsagung im Falle des formellen Konkurses Gegenstand der Klage sein soll, auch außer dem Konkurse vorhanden, weil nämlich nach Preuß. Rechte eine Erbschaft ein ipso jure erworbenes Vermögen ist, dessen sich der Erbe durch die uneigentlich sogenannte Erbschafts-Entsagung nur wieder entledigen kann. Hätte also der Gesetzgeber, in Ansehung eines einzelnen Gegenstandes des Klagrechts, zwischen dem formellen und materiellen Konkurse unterscheiden wollen, so würde eine positive Beschränkung des Klagrechts erforderlich gewesen sein, die nicht gemacht worden ist. Das Appellationsgericht, welches die Klage in dem hier mitgetheilten Falle für begründet erklärt hatte, erwägt ganz richtig, daß die Entsagung der Erbschaft eine Entäußerung eines bereits erworbenen Rechts enthalte und deshalb, nach §. 393, Tit. 16, Th. I des A. L. R., einer Schenkung, hinsichtlich der Wirkung zum Schaden der Gläubiger, gleichstehe. Dagegen sagt das Geheime Ober-Tribunal, daß dieser §. 393 von vertragsmäßigen Entsagungen auf obligatorische

Rechte zu verstehen sei. Das ist zwar richtig, aber deshalb ist der Entscheidungsgrund des Appellations-Richters noch nicht widerlegt. Nicht auf dem Unterschiede der Rechtsgeschäfte noch der Art ihrer Abschließung oder Zuwegebringung liegt das Gewicht, sondern darauf: ob eine Vermögens-Entäußerung gegen oder ohne Vergeltung in der Handlung ist. Ob dieselbe zugleich eine Succession enthält oder nicht, ist für unsere Frage ein ganz gleichgültiger Umstand, der nicht den mindesten Einfluß auf das Rechtsverhältniß zu äußern vermag. Nur insofern es auch auf den Dolus des Erwerbers (des eigentlichen Beklagten) ankommt, könnten die Thatumstände erheblich werden. Gewiß wird ein betrüglicher Schuldner, der sich des Seinigen entäußert ohne es zu übertragen, dafür sorgen, daß der rechte Mann die ohne Vergeltung entäußerte Sache an sich bringt. Oder wie würde das Geh. Ober-Tribunal entscheiden, wenn ein Ueberschuldeter seine werthvolle Habe, um sie seinen Gläubigern zu entziehen und seinem Sohne zuzuwenden, derelinquirte und es so einrichtete, daß sie sein Sohn occupiren müßte: er würfe z. B. das Packet seiner Pfandbriefe, mit der dazu gehörigen Erklärung, sie derelinquiren zu wollen, aus dem Fenster, und sein dazu angestellter Sohn höbe sie auf mit der erklärten Absicht, sie für sich aufzunehmen? Da ist keine Schenkung, d. h. kein Schenkungs*vertrag*, bloß Dereliction von der einen und Occupation von der andern Seite; aber die Geschichte ist lauter Betrug, in fraudem creditorum. Wenn das Geheime Ober-Tribunal konsequent ist, so muß es jeden Angriff der Gläubiger auf diesen Betrug abweisen, weil hier kein Veräußerungs-*Vertrag*, keine *vertragsmäßige* Entsagung ist. Doch glaube ich kaum, daß dieser Betrug in Schutz genommen werden würde. Das könnte aber nur aus dem Grunde nicht geschehen, weil hier eine betrügliche **unentgeltliche** Veräußerung vorliegt. Das demonstrirt, daß die Handlung, welche als mit der actio Pauliana angreifbar zu erachten, nur eine **unentgeltliche** Veräußerung in fraudem creditorum sein muß, gleichviel: ob sie zugleich eine Succession (ein Vertrag) ist oder nicht.

№ 5.

Restitution gegen die Verjährung.

Die vierjährige Restitution gegen die vollendete Verjährung, wegen eines im Laufe derselben eingetretenen Hindernisses, findet nicht statt, wenn der Eigenthümer von dem Besitz und Anspruch des Verjährenden unterrichtet, und im Laufe der Verjährung das Hinderniß zu beseitigen im Stande war.

Angenommen in einem Revisionsurtel vom 24. März 1843. Ein Stadtmagistrat klagte negatorisch gegen Einen, der städtische Wiesen mit den Schafen behütete. Der Beklagte wies einen verjährten Besitz des Hütungsrechts nach. Gegen den Ablauf der Verjährung machte der Magistrat auf die vierjährige Restitution Anspruch, die Demjenigen zu Statten kommen soll, welcher im Laufe der Verjährung verhindert worden ist, die Vollendung der Verjährung abzuwenden. Das Hinderniß hatte darin bestanden, daß die Wiesen seit 1811 wiederholentlich verpachtet gewesen waren. Das Geheime Ober-Tribunal findet es zweifelhaft, ob eine Verpachtung, als ein **selbstgeschaffenes** Hinderniß, in die Kategorie der im Gesetz gemeinten Hindernisse gehöre, läßt es aber dahin gestellt sein, weil die Voraussetzung der

Restitution, daß nämlich der Eigenthümer von dem gegen ihn zu verjährenden Rechte keine Kenntniß gehabt habe, oder daß er davon zwar unterrichtet aber verhindert gewesen sei, die Verjährung zu unterbrechen, fehlte. Denn der Magistrat war durch einen Possessorienprozeß von der Ausübung des Hütungsrechts in Kenntniß gekommen und hatte die Anmeldung der Negatorienklage siebenzehn Jahre darnach verschoben. Dabei kann freilich von der Restitution nicht Rede sein.

№ 6.

Lieferungs-Verträge.

I. Jede Weigerung des Bestellers, die nach einem Lieferungs-Vertrage von dem Lieferanten anzuschaffende Sache anzunehmen, berechtigt Diesen nur zu den, in den §§. 985 und 986, Tit. 11, Th. I des A. L. R. bezeichneten Ansprüchen.

II. War von dem Lieferanten die Sache, welche er zu liefern übernommen hatte, schon angeschafft, so ist der Besteller nach §. 986 a. a. O., doch nur alsdann verpflichtet, selbige anzunehmen, wenn sie zur Ablieferung bereit liegt.

III. Durch die eigenmächtige Veräußerung der Sache verliert der Lieferant seinen Anspruch.

Von diesen, bei der Entscheidung auf eine Nichtigkeits-Beschwerde am 26. November 1842 angewendeten Sätzen ist der erste und der dritte Satz durch den spätern Plenarbeschluß vom 19. September 1845 (Neue Folge, Bd. I, S. 18) verworfen, indem das Plenum folgende Sätze angenommen hat:

1. Die Vorschriften des A. L. R. Th. I, Tit. 11, §§. 984—986 vom Rücktritt des Bestellers bei Lieferungs-Verträgen, finden nur alsdann Anwendung, wenn der Besteller den Nachweis führt, daß ihm die Lieferung zu dem bedungenen Zwecke unnütz geworden, — nicht aber auch alsdann, wenn er aus reiner Willkühr den Vertrag widerruft.
2. Dadurch, daß der Lieferant die angebotene, aber zurückgewiesene Sache durch Privatvertrag anderweit veräußert, wird er noch nicht seines ganzen Anspruchs an den Besteller verlustig.
3. Der Lieferant ist nicht verpflichtet, alternativ auf Annahme oder öffentlichen Verkauf der Sache auf Gefahr und Kosten des Bestellers zu klagen, — sondern darf auch einfach auf Zahlung des bedungenen Preises gegen Uebernahme der versprochenen Sache Klage erheben.

Die Wahrheit ist, daß das Eine wie das Andere Recht sein kann, wenn man nur erst darüber gewiß ist, was Recht sein soll. Denn das „Lieferungsgeschäft" ist seiner Wesenheit nach gar kein besonderes Geschäft, es ist nichts weiter als ein Kauf. Nun will aber die positive Gesetzgebung absolut etwas Besonderes daraus machen, doch läßt sich durch Willkühr nichts schaffen was nicht durch die Natur gegeben ist. Deshalb wird man nie zu etwas Sicherem kommen. In neuester Zeit ist man wieder darüber in Konflikt gerathen:

ob es zu den wesentlichen Erfordernissen eines Lieferungs-Vertrages gehöre, daß aus demselben die Uebereinkunft der Parteien hervorgehe, daß der Eine die Sache erst anschaffen solle, die er dem Andern zu gewähren verspricht,

ob es also nach dem Inhalte des Vertrages feststehen müsse, daß die Kontrahenten annehmen, die Sache befinde sich nicht im Besitze des Versprechenden;

oder

ob es genüge, wenn die Kontrahenten es nicht als ihren Willen verlautbaren, daß die versprochene Sache aus dem Eigenthume des Versprechenden in das des andern Kontrahenten übergehen solle — es vielmehr dahin gestellt sein lassen, in wessen Eigenthume sich die Sache, die der Eine zu beschaffen verspricht, befinde.

Das Ergebniß der Berathung des Plenums hierüber ist der Ausspruch gewesen:

1. Die Thatsache des Besitzes der Sache (d. i. von Sachen der bedungenen Art Quantität) auf Seiten des Versprechenden zur Zeit des Abschlusses des Vertrags schließt für sich allein den Charakter des Geschäfts als eines Lieferungs-Vertrags, beziehungsweise die Anwendung der Regeln derselben, nicht aus.
2. Es ist — zur Erachtung eines Geschäfts für einen Lieferungs-Vertrag — nicht nothwendig, daß das „Verschaffen" der Sache Seitens des Lieferanten ausdrücklich im Vertrage versprochen sei, vielmehr kann die entsprechende Verpflichtung auch aus dem sonstigen Inhalte des Vertrags und überhaupt aus den Umständen entnommen werden.
3. Es ist nicht nothwendig, daß aus dem Lieferungs-Vertrage oder aus den Umständen die Voraussetzung des Bestellers hervorgehe, daß die versprochene Sache sich noch nicht im Besitze des Versprechenden befinde.

4. Es gehört zum Wesen des Lieferungs-Vertrags im Sinne des A. L. R., daß aus dem Vertrage selbst, oder aus den begleitenden Umständen hervorgehe, daß das Verschaffen der Sache einen wesentlichen Theil der von dem einen Kontrahenten übernommenen Verpflichtung ausmache.

Aber was unter dem „Verschaffen" zu verstehen sei, das ließ man wieder dahin gestellt sein. „Das Wort steht im Gesetz und deshalb erklärten auch die Votanten, welche meinten, es komme doch nur darauf an, daß das Gewollte dem Besteller verschafft — in seine Hände gebracht werde, gleichviel woher — für die Bejahung der vierten Frage stimmen zu müssen." Plenarbeschluß vom 15. Juni 1846 (Justiz-Min. Bl. 1846, S. 227). Es fehlt jedes Bedürfniß zu dem Lieferungs-Kontrakte als eines eigenthümlichen Geschäfts, der Kauf reicht vollkommen aus und ein wesentlicher Unterschied zwischen Beiden ist in der Praxis gar nicht festzustellen. Würde das Kapitel vom Lieferungs-Vertrage im A. L. R. gestrichen, so hätten wir eine erhebliche Verbesserung unseres Landrechts.

№ 7.

Erbeseinsetzung in Codicillen.

In vorbehaltenen Codicillen darf die in dem Testamente geschehene Erbeseinsetzung nicht geändert werden.

Ist nicht streitig und in dem mitgetheilten Rechtsfalle gleichförmig von den Richtern beider Instanzen angewendet worden, was das Geheime Ober-Tribunal durch Verwerfung der dagegen erhobenen Nichtigkeits-Beschwerde bestätigt. Ein Testator hatte in seinem Testamente vorbehalten, dasselbe durch außergerichtliche Aufsätze abzuändern und zu ergänzen, mit der Verordnung, daß dergleichen Aufsätze, wenn sie sich in seinem Nachlasse fänden, gleiche Kraft haben sollten, als ob sie dem Testamente wörtlich einverleibt worden. Er machte von diesem Vorbehalte Gebrauch, und ernannte andere Personen zu seinen Universalerben. Diese Erbeseinsetzung wurde für ungültig erklärt.

№ 8.

Einklagung verpfändeter Aktiv-Forderungen.

I. Sind Aktiv-Forderungen verpfändet worden, so muß der Pfandgläubiger, wenn er aus ihnen seine Befriedigung im Wege der Exekution erlangen, und gegen den Schuldner der Forderungen auf Zahlung klagen will, sich die Forderungen zuvor durch den Richter in dem Prozesse zwischen ihm und seinem Schuldner, resp. dem Verpfänder, nach Vorschrift der Verordnung vom 4. Juli 1822, mit den Rechten eines Assignatars, oder Cessionars, zur eigenen Einziehung überweisen lassen.

II. Diese Ueberweisung ist auch dann, zur Begründung der Klage gegen den Schuldner der verpfändeten Forderungen, nothwendig, wenn der Letztere, der ihm geschehenen Bekanntmachung der Verpfändung zuwider, dem Verpfänder, zum

Nachtheil des Pfandgläubigers, Zahlung geleistet hat.

Die Sätze machen kein Bedenken; sie beruhen darauf, daß, nach Preuß. Recht, ein Pfandgläubiger sich nur mit Hülfe des Richters bezahlt machen darf; der Schuldner muß zuvor zur Zahlung verurtheilt und sodann kann die Exekution in das Pfandstück vollstreckt werden, was in Aktiv-Forderungen durch die richterliche Anweisung oder Ueberweisung zur eigenen Einziehung bewerkstelligt wird. Der Appellations-Richter (der Zweite Senat des Ober-Landesgerichts zu Naumburg) hatte in dem hier mitgetheilten Falle gemeint, daß dies nicht mehr möglich gewesen sei, weil der Schuldner der verpfändeten Forderung an den Verpfänder gezahlt hatte. Aber diese Zahlung war in Beziehung auf den Pfandinhaber keine Zahlung, wie auch das Geheime Ober-Tribunal sagt.

№ 9.

Pfandrecht des Afterverpächters.

Auch der Afterverpächter erwirbt an den Illaten des Afterpächters in gleicher Art ein gesetzliches Pfandrecht, wie der Hauptverpächter an den eingebrachten Effekten des Hauptpächters.

Daß auch durch das After-Pachtverhältniß ein gesetzliches Pfandrecht an den eingebrachten Sachen für den After-Verpächter begründet wird, ist, nach den Entscheidungsgründen des Geheimen Ober-Tribunals, klar und unzweifelhaft. Der Grund, womit der Appellations-Richter (das Ober-Appellationsgericht zu Posen) die Aberkennung des Pfandrechts rechtfertigen wollte, war, daß der Afterverpächter aus dem Besitz scheide, mithin auch an den in das Grundstück gebrachten Sachen nicht Pfandbesitz erwerbe. Das ist jedoch, wie das Geheime Ober-Tribunal zeigt, ein Irrthum: der Afterverpächter bleibt vollständiger Besitzer seines Besitz- und Nutzungsrechts. Der streitig gewesene Umfang des dem Verpächter und Vermiether an den Sachen und Effekten des Pächters oder Miethers zustehenden Rechts ist übrigens durch die Deklaration vom 21. Juli 1846 nunmehr bestimmt. S. o. S. 37. (Dort ist aus einem Redactionsfehler die hier besprochene Senats-Entscheidung vom 15. Oktober 1842 als Plenarbeschluß, welcher über das Pfandrecht des Hauptvermiethers an den Illaten des Aftermiethers bestimme, bezeichnet.)

№ 10.

Brau- und Brennereigerechtigkeit.

Das beim Erscheinen des Edikts über die Einführung einer allgemeinen Gewerbesteuer vom 2. November 1810 bestandene, mit dem Besitze gewisser Grundstücke verbundene Recht, auf dem Lande Branntwein zu brennen und zum Absatz an Andere Bier zu brauen, ist von den Grundstücken, auf welchen es haftet, unzertrennlich, und kann, abgesondert von diesen Grundstücken, andern Personen weder eigenthümlich noch zu Erbpachtrechten abgetreten werden.

Durch diesen Ausspruch wird ein, mit dem Urtel erster Instanz übereinstimmendes Appellationsurtel des Zweiten Senats des Ober-Landesgerichts zu Breslau vernichtet, das erste Erkenntniß abgeändert und das kontraktliche Recht eines Gutsbesitzers für null erklärt. Dieser Gutsbesitzer hatte nämlich im Jahre 1818 sein Brau- und Branntwein-Urbar, mit den dazu gehörigen Gebäuden und Utensilien, gegen 700 Rthlr. Einstandsgeld und einen jährlichen Kanon von 100 Rthlr., in Erbpacht gegeben. 300 Rthlr. Erbstandsgeld blieben rückständig und wurden mit dem Kanon eingetragen. 1840 trat der Erbpächter mit dem Antrage klagend auf: den Erbpacht-Kontrakt für null und nichtig zu erklären und die 300 Rthlr. Einstandsgeld sowie den Kanon von 100 Rthlr. zu löschen. Die Gerichte beider Instanzen wiesen ihn ab, aber das Geheime Ober-Tribunal erkannte nach dem Antrage. Dieser Ausspruch ist nicht für rechtfertig zu halten. Er beruhet auf der Behauptung, daß durch das Edikt über die Einführung einer allgemeinen Gewerbesteuer, vom 2. November 1810, die selbstständigen Gewerbe-Gerechtigkeiten (dafür sind die Brau- und Branntwein-Urbare der Schlesischen Gutsbesitzer in der Verordnung vom 11. März 1787, betreffend die Dismembration adliger Güter in Schlesien, anerkannt) aufgehoben worden seien. Davon steht in dem ganzen Edikt nicht eine Silbe. Es wird auch nur gefolgert, daraus, daß der §. 1 dieses Edikts die Befugniß zum Betriebe eines Gewerbes, ohne Rücksicht auf das Bestehen solcher Gewerbe-Gerechtigkeiten und der damit verbundenen Untersagungsrechte, lediglich von der Genehmigung der betreffenden Staatsbehörden, und der Lösung eines Gewerbescheins gegen Zahlung der tarifmäßigen Steuer abhängig mache. Nicht richtig ist es, daß der §. 1 den Gewerbebetrieb lediglich von der Genehmigung der betreffenden Staatsbehörde abhängig macht, vielmehr schreibt er bloß vor: „ein Jeder, welcher — sein bisheriges Gewerbe — fortsetzen oder ein neues unternehmen will, ist verpflichtet, einen Gewerbeschein zu lösen und die — Steuer zu zahlen.“ Dieses Gesetz schreibt also nur eine Steuer vom Gewerbe vor und erlaubt einem Jeden, gegen Entrichtung derselben, ein ihm beliebiges Gewerbe zu unternehmen. Dadurch sind die bestehenden Gewerbe-Gerechtigkeiten nicht aufgehoben; sie sind nur faktisch werthlos geworden, wenigstens größtentheils, Alle auch nicht, wie die Apotheker-Berechtigungen beweisen, die durch dieses Edikt just ebenso betroffen wurden, wie alle übrigen Gewerbe-Gerechtigkeiten; denn auch die Apotheker konnten ihre Kunst nur noch fortbetreiben, wenn sie einen Gewerbeschein lösten. Dennoch ist ihr Fortbestehen unstreitig. S. o. S. 255, und wegen der Brau-Urbare oben S. 368 und 369. Mit Grundlage muß auch der darauf gebaute Satz fallen. Alles was sonst dafür noch gesagt wird, beruhet aber auch nur auf jener Voraussetzung.

№ 11.

Lästige Verträge der Ehefrauen.

Wenn eine Ehefrau neben ihrem Ehemanne, bei zweiseitigen lästigen Verträgen, als Hauptkontrahentin mit aufgetreten ist, und mit Demselben Verpflichtungen übernommen hat, so tritt die Vermuthung, als ob sie nur als Bürgin hinzugetreten, nicht ein, und es finden daher auch in diesem Falle die gesetzlichen Vorschriften über die Bürgschaften der Frauen keine Anwendung.

Dieser, bei Entscheidung auf eine Nichtigkeits-Beschwerde von dem Zweiten Senate des Geheimen Ober-Tribunals, am 18. November 1842, gethane Ausspruch ist durch den jüngern Plenarbeschluß vom 28. Februar 1845 (Neue Folge Bd. I, S. 33) verworfen. Das Plenum hat ausgesprochen:

1. Wenn eine Manns- und eine Frauensperson sich in einer Urkunde als Selbst- oder Mitschuldner verpflichten: so tritt die Vermuthung, daß die Frauensperson nur Bürge sei, ein, die Verpflichtung mag aus einem einseitigen oder zweiseitigen Vertrage herrühren.
2. Auch im Falle dieser Vermuthung haftet die Frauensperson als Bürgin nur, wenn die bei Bürgschaften vorgeschriebene Verwarnung stattgefunden hat.

Das bezieht sich jedoch nicht auf den Antheil, welchen die Frauensperson durch das Geschäft erwirbt und auf die entsprechende Gegenleistung von ihrer Seite, sondern auf ihre solidarische Haftung über ihren Antheil hinaus; denn insofern sie solidarisch auch für den Antheil des Mitkontrahenten haften soll, übernimmt sie in der That die Schuld eines Andern. Dies ist das nämliche, was ich schon im Recht der Forder., §. 376, V, 3, Bd. III, S. 893, gesagt habe: „Insofern sie aber eine Korreal-Verbindlichkeit übernimmt, ohne doch die ganze Gegenleistung zu erhalten, ist das Geschäft für sie zugleich eine Intercession; und wenn die Erfordernisse einer solchen nicht vorhanden sind, haftet sie bloß für den Theil, der ihr von der Gegen- oder Vorleistung zugekommen ist.

№ 12.

Testamentarische Erbfolge des überlebenden Ehegatten bei bestandener ehelicher Gütergemeinschaft.

Wenn bei bestandener ehelicher Gütergemeinschaft der überlebende Ehegatte die Erbschaft aus dem Testament des Verstorbenen angetreten hat, so kann derselbe gegen den darin eingesetzten Pflichttheils-Erben auf den lebenslänglichen Nießbrauch am Pflichttheil, aus dem Gütergemeinschaftsrecht, keinen Anspruch machen.

Der Satz ist unbedingt anzuerkennen. Man kann nie aus zwei verschiedenen Anfallsgründen zugleich Erbe eines Verstorbenen sein oder Successionsrechte in dessen Nachlaß haben: die Gründe des Erbanfalls wirken immer alternativ. Ein Ehemann, welcher mit seiner Ehefrau in Gütergemeinschaft gelebt hatte, war von derselben, neben der auf den Pflichttheil eingesetzten Mutter der Erblasserin, zum Testamentserben berufen und er hatte die Erbschaft angetreten. Er machte nun Anspruch auf den lebenslänglichen Nießbrauch an dem seiner Schwiegermutter ausgesetzten Pflichttheil, auf Grund der stattgehabten Gütergemeinschaft. Ganz mit Recht wurde er damit abgewiesen.

№ 13.

Anfechtung der ehelichen Geburt eines Kindes durch den dem abwesenden Ehemanne bestellten Kurator.

Der Kurator eines abwesenden Ehemannes ist nicht befugt, die Rechtmäßigkeit eines, von der zurückgelassenen Ehefrau geborenen Kindes anzufechten.

Abwesenden müssen Vormünder bestellt werden. A. L. R. Th. II, Tit. 18, §. 19. Der Ausspruch tritt also von Anfang in Widerspruch mit der Gesetzgebung, wenn er sagt, das ein Abwesender nur einen Kurator aber keinen Vormund habe. Von dieser Vorfrage hängt jedoch alles Uebrige ab. Ist die Person, welche einem Abwesenden zum Vertreter bestellt wird, wirklich dessen Vormund, so ist nicht allein der Satz unrichtig, sondern es ist auch wahr, was der Appellationsrichter in dem mitgetheilten Rechtsfalle behauptet, daß nämlich dieser Stellvertreter sogar auf Ehescheidung klagen könne; ja es ist auch die von dem Geheimen Ober-Tribunal in Aussicht gestellte Konsequenz anzuerkennen, daß der Stellvertreter (Vormund) dem abwesenden Ehemann dadurch, daß er die Frist zur Bestreitung der Legitimität eines unehelich erzeugten Kindes verstreichen ließe (die überhaupt doch erst vom Tage der erlangten Kenntniß von der Geburt anfängt, mithin gegen den Abwesenden nicht läuft, wenn er nichts erfahren hat), einen rechtmäßigen Erben besorgen könnte; und es fehlt nur noch an der ebenso folgerecht zu behauptenden Absurdität, daß der Stellvertreter auch die häuslichen Geschäfte des Abwesenden in ihrem ganzen Umfange zu besorgen berufen sei. Diese Konsequenz beweist ohne alle Gelehrsamkeit, daß der s. g. Vormund eines Abwesenden kein Vormund, vielmehr nichts weiter als ein zur Verwaltung des zurückgelassenen Vermögens bestellter Kurator sein kann. Das Nämliche habe ich schon vor zehn Jahren behauptet; ich habe, um nicht mit dem Ausdruck des A. L. R. in Widerspruch zu treten, den Vormund eines Abwesenden als einen Partikular-Vormund bezeichnet, der es lediglich mit den Verwaltungs-Angelegenheiten in Beziehung auf das hier zurückgebliebene Vermögen zu thun habe und der sich eben durch diese seine Partikularität von jedem andern eigentlichen, der Person bestellten Vormunde, wesentlich unterscheide. Schlesisches Archiv, Bd. I, S. 390. Der s. g. Vormund eines Abwesenden ist noch heute nichts anderes und kann nichts anderes sein, als ein Kurator zur Verwaltung des hier im Lande befindlichen und verlassenen Vermögens, der mit den übrigen Angelegenheiten des Abwesenden ganz und gar nichts zu thun hat; und es ist erfreulich, solches von dem höchsten Gerichtshofe anerkannt und ausgesprochen zu sehen.

№ 14.

Alimentationspflicht der Kinder.

Es ist nicht erforderlich, daß die Klage auf Alimentation eines dürftigen Ascendenten durch die Behauptung begründet werde, daß das in Anspruch genommene Kind dazu vermögend sei. Wohl aber muß der Einwand des Letzteren, daß es unvermögend

sei,

sei, zur Instruction gezogen, und kann nicht zur Exekution verwiesen werden.

Die Alimentations-Verbindlichkeit macht den Preuß. Praktikern viele Schwierigkeiten. Sie ist eine bedingte Obligation, bedingt nämlich dadurch, daß auf der Seite des Gläubigers Mangel, und auf der des Schuldners Ueberfluß sei. Hat der Letztere nicht mehr als er für sich und seinen Hausstand, nach Maßgabe seiner bürgerlichen Verhältnisse, gebraucht, so ist er an sich nicht verpflichtet. Daraus folgt, daß zur Begründung der Klage auf Reichung von Alimenten allerdings die Behauptung gehört, der Beklagte habe Ueberfluß. Darnach ist der Ausspruch des Geheimen Ober-Tribunals (Erkenntniß vom 10. Oktober 1842) in seinem ersten Theile nicht richtig. Das scheint auch noch von andern Seiten her behauptet worden zu sein; denn man hat Seitens der Gesetzgebung eine Deklaration, datirt vom 21. Juli 1843 (Ges.-S. S. 296), für nothwendig gehalten, welche den obigen Satz bestätigt. Dadurch ist der Rechtsstand in der Art festgestellt, daß die Verbindlichkeit (und die Klage) schon durch das Verwandschafts-Verhältniß begründet wird, daß jedoch dem Beklagten der Einwand des mangelnden Ueberflusses auf seiner Seite (und des Mangels der Bedürftigkeit auf des Klägers Seite) zusteht. Zwei Erfordernisse des Klagrechts sind also in Exceptionen umgewandelt.

№ 15.

Alimentation unehelicher Kinder durch die Groß-Eltern väterlicher Seite.

Mit der Verpflichtung der Großeltern väterlicher Seite, für den Unterhalt und die Erziehung des unehelichen Kindes zu sorgen, wenn der Vater dazu nicht vermögend ist, geht auch das Recht des natürlichen Vaters, nach zurückgelegtem vierten Jahre des Kindes dessen Verpflegung und Erziehung selbst zu besorgen, auf die Großeltern über.

Der Satz ist schon im Jahre 1836 (Jur. Wochenschrift, S. 812; Recht der Ford., Bd. III, S. 41—43) von mir behauptet und nachzuweisen versucht worden. Der Grund der entgegengesetzten Meinung, daß nämlich das Recht, das Kind selbst zu ernähren und zu erziehen, ein jus personalissimum sei, hat wenigstens in der Rechtswissenschaft keine Wurzel, denn Diese weiß davon, daß die Verbindlichkeit zur Ernährung und Erziehung eines Andern in die Klasse der s. g. jura personalissima gehöre, gar nichts; diese Charakterisirung eines rein obligatorischen Rechts ist ein Phantasiestück, welches nun vielleicht beseitigt sein wird.

№ 16.

Verhaftung eines mit einem Geldfideikommiß beschwerten Grundstücks für die Zinsen.

Die Stiftung eines Geldfideikommisses trägt nach der

Natur dieses Rechtsinstituts die Verzinslichkeit in sich, wenn auch darüber nicht ausdrücklich in dem Stiftungsbriefe stipulirt wäre. Sobald daher nur so viel aus dem Hypothekenbuche eines Grundstücks erhellet, daß es mit einem Geldfideikommiß belastet sei, so haftet es auch für die Zinsen desselben.

Die Richter beider Instanzen (der Erste und Zweite Senat des Ober-Landesgerichts zu Frankfurt) hatten anders erkannt; doch der Ausspruch des Geheimen Ober-Tribunals, welches sothane Entscheidung vernichtete, ist vollständig begründet. Es ist mit einem eingetragenen Geldfideikommiß, das gerade nur in der Verzinslichkeit Etwas ist, wie mit den Pfandbriefen: daß diese verzinset werden müssen, wird gewöhnlich auch nicht ins Hypothekenbuch geschrieben. Deswegen haftet das Gut doch auch für die Zinsen, weil Jedermann die Verzinslichkeit kennt. Das Nähere über den Rechtsgrund s. o. S. 45.

№ 17.

Wechselzeichnung unter dem Namen der Firma.

I. Durch das von einem der Handelsgesellschafter bewirkte Accept eines Wechsels können die übrigen Socien nur dann wechselmäßig verpflichtet werden, wenn bei Unterzeichnung des Accepts die vollständige Firma der Handlung gebraucht worden ist.

Auch in diesem Rechtsfalle waren die Richter beider Instanzen anderer Ansicht gewesen. Ein Socius hatte einen auf seine Handlung gezogenen Wechsel acceptirt, aber das Accept nicht mit der vollständigen Firma unterschrieben. Aus diesem Accept wurde ein anderer Socius wechselmäßig belangt und, unter Verwerfung seines Einwandes der mangelhaften Unterschrift, von dem Land- und Stadtgerichte zu Magdeburg und dem Zweiten Senate des dortigen Ober-Landesgerichts verurtheilt. Das Geheime Ober-Tribunal erachtete den Einwand für erheblich, vernichtete das Appellationsurtel und wies den Kläger ab. Dem muß man beistimmen. Die Firma ist der Name der Handelsgesellschaft. Soll also diese durch Schrift verpflichtet werden, so ist auch ihre Namensunterschrift erforderlich. Fehlt daran etwas, so ist eben nicht der angenommene Name gebraucht. Das ist der Entscheidungsgrund des Geheimen Ober-Tribunals. Aber auf den Verkehr ist diese Theorie nicht berechnet. Wie kann man im Gedränge eines lebhaften Handelsverkehrs in Köln augenblicklich wissen: ob die Handlung in Königsberg, von welcher ein Wechsel präsentirt wird, die unterzeichnete Firma „Bernh. B." führt, oder eigentlich die „Bernhard B." angenommen hat. Wenn das zu wissen erforderlich wäre, so müßte der Wechselverkehr stocken wo nicht gar eingehen. Darum ist der Rechtssatz unpraktisch und deshalb auch schon wieder aufgegeben. S. weiterhin zum II. Satz.

II. Die Bedeutung des §. 777, Tit. 8, Th. II des A. L. R. ist dahin aufzufassen, daß gegen den Inhaber einer Firma nur dann wechselmäßig verfahren werden dürfe, wenn die Unterzeichnung des Wechsels mit der bekanntgemachten Firma übereinstimmt.

III. Die Verbindlichkeit der Acceptanten und Giranten bleibt dagegen durch diese Bestimmung unberührt, und namentlich werden sie von derselben durch den Umstand, daß die Bekanntmachung der Firma nicht vorschriftsmäßig erfolgt ist, nicht befreit.

IV. Bei der Frage, welche Gesetzgebung eintrete, entscheidet ebensowohl für die Gültigkeit eines Accepts oder Giros, wie für die Gültigkeit des Wechsels selbst, der Ort, an welchem das Accept, oder das Giro, oder der Wechsel vollzogen ist.

V. Eine gleiche oder ähnliche Bestimmung wie die des §. 777 a. a. O. ist in dem Französischen oder Rheinischen Handels-Gesetzbuch nicht zu finden.

Zur Begründung und Erläuterung werden zwei Rechtsfälle mitgetheilt, deren Geschichte übergangen werden kann.

Der §. 777, welchen der Satz II deutet, lautet:

„Bei Kaufleuten, die als Eigenthümer, Gesellschafter, oder Disponenten einer Handlung, eine gewisse bekanntgemachte Firma führen, müssen Wechsel, durch welche die Handlung verpflichtet werden soll, unter dieser Firma ausgestellt werden."

In den beiden Rechtssachen stritt man darüber: ob die Gültigkeit eines mit einer Firma unterzeichneten Wechsels von der gehörigen Bekanntmachung der Firma abhange oder nicht. Es wird entschieden, daß die Wechselgültigkeit einer solchen Schrift nicht durch eine vorschriftsmäßig geschehene Bekanntmachung der Firma bedingt sei, weil man einen Mangel in der Bekanntmachung dem Wechsel nicht ansehen kann. Das soll durch den II. Satz ausgedrückt werden. Aber streitig ist auch noch, ob die Unterzeichnung genau alle Buchstaben, aus welchen die, wenn auch nicht gehörig bekannt gemachte, Firma zusammengesetzt ist, wiedergeben müsse. In der, zum I. Satz mitgetheilten Entscheidung wird es, im Widerspruche mit den Richtern beider Instanzen, behauptet, ohne den von dem Kläger hervorgehobenen Umstand, daß ein Dritter nicht wissen könne, daß die niedergelegte Firma des Beklagten eine andere sei als der Beklagte sich in seinen Handelsbriefen bediene, zu würdigen. Doch erscheint derselbe ebenso erheblich als jener der nicht gehörigen Bekanntmachung. Der Gebrauch einer Unterschrift im öffentlichen Handelsverkehr ist auch eine Bekanntmachung. Vorgekommene Abweichungen in einzelnen Buchstaben oder Silben lassen sich einem Wechselpapier ebenfalls nicht ansehen. Diese Rücksichten haben denn auch später einen Plenarbeschluß vom 19. December 1845 veranlaßt, wodurch ausgesprochen worden ist, daß

„der Einwand, daß der Wechsel nicht der Vorschrift der §§. 777 und 778, Th. II, Tit. 8 des A. L. R. gemäß unterzeichnet sei, unstatthaft ist, wenn die Unterschrift von der Art ist, daß sie füglich die einer Firma sein kann."

(Justiz-Min. Bl. 1846, S. 38.)

№ 18.

Wechselunterschrift.

Die Wechselform ist nur dann vollständig vorhanden, wenn der Aussteller seinen Vornamen unabgekürzt dem Geschlechtsnamen beigefügt hat.

Dieser Ausspruch ist ebenfalls durch den so eben gedachten Plenarbeschluß modificirt. Man hat auch für genügend angenommen, wenn von mehreren Vornamen nur einer vollständig ausgeschrieben ist. Rechtsfälle aus der Praxis des Geh. Ober-Trib., S. 3.

№ 19.

Wechselprotest.

I. Zu den wesentlichen Erfordernissen eines Wechselprotestes gehört die Aufnahme der Abschrift des Wechsels in den Kontext der Protest-Urkunde. Die bloße Hinweisung in diesem auf eine, auf der Rückseite des Protestes befindliche Abschrift des Wechsels, genügt nicht.

Nach Vorschrift des §. 1041 des Wechselrechts muß allerdings die Notariats-Urkunde die ganze Wechselschrift enthalten. Das hindert zwar nicht die Anhängung derselben, doch muß diese innerhalb der Unterschrift und des Siegels des Notarius geschehen, weil sonst die Wechselschrift nicht in der Notariats-Urkunde enthalten sein würde.

II. Der Vorschrift, daß der Wechselprotest eine genaue Abschrift des Wechsels enthalten solle, wird nicht genügt, wenn bei Protestirung mehrerer Wechsel in einem Instrumente nur ein Wechsel nach seinem ganzen Inhalte abgeschrieben, der Inhalt der andern aber durch die Bemerkung: „er laute ebenso", oder auch durch Angabe der etwanigen Verschiedenheiten, bezeichnet wird; vielmehr müssen sämmtliche protestirte Wechsel vollständig aufgenommen werden.

Ist nicht streitig.

№ 20.

Verhaftung des Vormundes bei Ausleihung von Mündelgeldern.

Der Vormund, der es unterläßt, zur Ausleihung der Mündelgelder auf Realsicherheit die Genehmigung des vormundschaftlichen Gerichts einzuholen, haftet zwar für alle nachtheiligen Folgen eines bei der Prüfung der Sicherheit begangenen geringen Versehens, nicht aber für den durch einen reinen Zufall herbeigeführten Schaden.

Der Satz ist nicht zweifelhaft und kann auch, aus Rechtsgründen, gar nicht bestritten werden; denn für reinen Zufall haftet, ohne daß man sich dafür durch besondere Eingehung verbindlich gemacht hat, niemals ein Anderer. Wenn einmal ein Gericht, wie in dem hier mitgetheilten Rechtsfalle von Seiten des Tribunals in Königsberg geschehen war, eine irrige Anwendung von ganz unbestreitbaren Rechtsgrundsätzen gemacht hat, so ist das, im Allgemeinen, weiter nicht zu beachten.

№ 21.

Majorennitäts-Erklärung durch Entlassung aus der väterlichen Gewalt.

I. Die Majorennitäts-Erklärung tritt erst von dem Zeitpunkte der erfolgten Aushändigung der gerichtlichen Ausfertigung an in Wirksamkeit.

II. Diejenige Majorennitäts-Erklärung, die in der stillschweigenden oder ausdrücklichen Entlassung aus der väterlichen Gewalt enthalten ist, behält ihre Wirkung, wenn auch nach des Vaters, während der Minderjährigkeit des Sohnes erfolgtem Tode, etwa eine Vormundschaft angeordnet sein sollte.

Der in der Praxis bisher nicht zum Bewußtsein gekommene erste Satz, den auch in der mitgetheilten Rechtssache beide Richter nicht beachtet hatten, ist vollkommen begründet und folgt, wie sehr überzeugend entwickelt ist, ganz nothwendig aus den gegebenen Rechtsverhältnissen und Zuständen, auch ohne eine ausdrückliche Bestimmung, an welcher es in den Gesetzen fehlt. Im R. R. findet sie sich in der L. 5 C. de tempore in integrum restitut. (II, 53). Der zweite Satz ist unzweifelhaft, war aber auch übersehen worden; denn ein, durch Uebernehmung einer Pacht aus der väterlichen Gewalt getretener und dadurch großjährig gewordener Sohn war von dem Richter, nach dem Tode des Vaters, wieder unter Altersvormundschaft gestellt worden, was natürlich ohne alle rechtliche Wirkung bleiben mußte.

№ 22.

Form der Cession in Westpreußen.

In Westpreußen ist zur Gültigkeit einer Cession deren gerichtliche Ausstellung und Bestätigung nicht erforderlich.

Die Frage ist mit der Publikation des Provinzialrechts für Westpreußen, vom 19. April 1844 (G. S. S. 103), ganz weggefallen.

№ 23.

Adel und eheliche Gütergemeinschaft im Netz-Distrikte.

I. Zur Ausschließung der ehelichen Gütergemeinschaft, welche im Netzdistrikte unter Personen adlichen Standes nicht stattfindet, ist der Nachweis solcher Umstände hinreichend, die nach §. 19, Tit. 9, Th. II des A. L. R. die rechtliche Vermuthung begründen, daß den Eheleuten der Geschlechtsadel wirklich zukomme.

II. Die provinzialrechtlich im Netzdistrikte zwischen Eheleuten adlichen Standes ausgeschlossen gewesene eheliche Gütergemeinschaft ist auch durch die Einführung der Französischen Gesetze, zwischen solchen Eheleuten, die bei Einführung dieser Gesetze schon verheirathet waren, nicht eingetreten.

III. Gläubiger eines solchen Ehegatten, deren Forderungen vor Eingehung der Ehe entstanden, können sich daher überall nur an ihren eigentlichen Schuldner oder dessen Erben halten, selbst wenn der andere Ehegatte unter der Herrschaft der Französischen Gesetze gestorben und sein Nachlaß nach den Grundsätzen der ehelichen Gütergemeinschaft regulirt worden ist.

In juristischer Hinsicht ist gegen die Sätze und deren Begründung nichts zu erinnern, aber die Geographen werden gegen die Behauptung (S. 406), daß Lautenburg gleichfalls im Netzdistrikte liege, reklamiren; die Netze reicht nicht bis in das Land, wo Lautenburg liegt, d. i. der Michelauer Distrikt an der Drewenz.

№ 24.

Herzogthum Magdeburg. Mangel des agnatischen Konsenses.

Bei den vormaligen landesherrlichen Lehngütern im Herzogthum Magdeburg kann der im Hypothekenbuche mit agnatischem Konsense eingetragene Gläubiger dem voreingetragenen, dessen Hypothekentitel auf die Substanz der Güter bloß auf der Willens-Erklärung des Lehnsbesitzers beruht, die Priorität und die Befriedigung aus den Kaufgeldern wegen Mangels des agnatischen Konsenses nicht streitig machen.

Der Grundsatz ist schon bei Entscheidung des, Bd. IV, № 19 mitgetheilten Rechtsfalles zur Anwendung gekommen; er beruhet lediglich darauf, daß Jeder seines Rechts eigener Herr ist. Wenn also die Agnaten sich die Verpfändung gefallen lassen, so ist es gut; ein Anderer hat nicht mitzureden. S. o. S. 244.

№ 25.

Sachsen. Verhaftung der Vasallensöhne für die väterlichen Allodialschulden.

Nach Sächsischem Lehnrecht ist der Sohn eines Vasallen, welcher von seinem Vater ein Lehngut durch einen lästigen Titel erworben hat, wenn er nicht Allodialerbe seines Vaters geworden ist, nicht verpflichtet, aus den Nutzungen des Lehns die väterlichen Allodialschulden zu zahlen.

Der Zweite Senat des Ober-Landesgerichts zu Halberstadt hat als Appellations-Richter in der hier mitgetheilten Rechtssache anders geurtheilt. Ein Lehnsbesitzer hatte das Lehngut seinem Sohne verkauft und hinterließ nachher nicht soviel, daß seine Schulden bezahlt werden konnten. Ein Gläubiger nahm den Sohn oder vielmehr, da derselbe unterdeß gleichfalls verstorben war, dessen Söhne auf Grund des Lehnstextes, daß der Sohn zugleich seines Vaters Landerbe sein müsse, wenn er in das Lehn folgen wolle, in Anspruch und verlangte Befriedigung aus den Nutzungen des Lehns. Damit wies ihn jedoch der Erste Senat des Ober-Landesgerichts zu Naumburg zurück, weil dieser Lehnsrechts-Grundsaß nur für den Fall der Lehnerbfolge, wenn der Sohn das Lehn erbe, also umsonst erhalte, nicht aber wenn er es dem Vater abkaufe und bezahle, gelte. Dieses Erkenntniß reformirte der Appellations-Richter aus Gründen, welche in analogischer oder extensiver Interpretation vermeintlicher Rechtssätze bestehen. Das Geheime Ober-Tribunal stellte das erste Erkenntniß wieder her, aus vollkommen überzeugenden Gründen.

№ 26.

Paderborn. Recht der Mahlzähler und Anerben.

I. Wenn vor der Fremdherrschaft im Fürstenthum Paderborn zur Zeit der Gültigkeit der Minden-Ravensbergischen Eigenthums-Ordnung vom 26. November 1741, der Besitzer einer eigenbehörigen Stätte, der aus dem Rechte der Geburt, auf Grund des gesetzlichen Anerbenrechts, zum Besitz des erledigten bäuerlichen Guts gelangt ist, auf der Stätte geheirathet, und die mit Bewilligung des Gutsherrn auf der letztern aufgezogene fremde Person, es sei der Mann oder die Frau, den Weinkauf entrichtet hat, so ist das, dem unverheiratheten Stättebesitzer bis dahin ausschließlich zustehend gewesene Kolonatrecht oder vererbliche Nutzungsrecht am Gute auf den, durch die Aufheirathung auf die Stätte gekommenen Ehegatten mit übergegangen.

II. Beiden Eheleuten steht dieses Recht, so lange die Ehe dauert, gemeinschaftlich und ungetheilt zu. Stirbt einer von ihnen, so verbleibt jenes Recht dem überlebenden Ehegatten allein, so lange er dasselbe nicht ausdrücklich aufgiebt, in ein Mahlzähler-Verhältniß tritt, oder auf die Leibzucht geht. Die Wiederverheirathung allein, und die Festsetzung bestimmter Mahljahre für den zweiten Ehegatten, hebt jenes Recht noch nicht auf.

III. Das den eigenbehörigen Kolonen unter der Fremdherrschaft, nach Aufhebung der Leibeigenschaft, nach dem Dekret vom 23. Januar 1808 verliehene und durch das Gesetz vom 21. April 1815 §. 15 aufrecht erhaltene Eigenthum an ihren Stätten, ist, im Falle eine solche Stätte zur Zeit des Erlasses des vorgedachten Dekrets von beiden Eheleuten, als gemeinschaftlichen Kolonen, besessen wurde, beiden zusammen zu Theil geworden; im Falle aber die Ehe damals schon durch den Tod des einen Ehegatten aufgelöst worden, und der überlebende Ehegatte nur noch als alleiniger Kolon vorhanden war, diesem ausschließlich angefallen.

Diese drei Sätze begreifen das Verfügungsrecht der beiden Eheleute als Besitzer eines Kolonats, wenn der Eine als Anerbe zum Besitz gekommen ist und der Andere aufgeheirathet hat, und besagen, daß sie über dasselbe Beide gemeinschaftlich, oder nach dem Tode des Einen der Ueberlebende allein, dem Anerben gegenüber, frei zu verfügen berechtigt sind. Sie sind nicht unbestritten. Ein Kolone im Paderbornschen hatte geheirathet und starb 1790 mit Hinterlassung seiner Ehefrau mit fünf von ihm geborenen Kindern. Die Wittwe heirathete bald wieder ohne sich mit den Kindern abzufinden, und der zweite Mann zog mit Einwilligung des Gutsherrn auf; Mahljahre wurden nicht festgesetzt. Aus dieser Ehe entsprossen zwei Söhne. Das während der Besitzzeit der Eheleute erschienene Dekret vom 23. Januar 1808 verlieh dem Besitzer das Eigenthum. Im Jahre 1829 übertrugen die Eheleute das Kolonat an einen Sohn aus der zweiten Ehe. Nach dem Tode der Frau trat der ältestgeborene Sohn aus erster Ehe, als berechtigter Anerbe, mit der Klage auf Herausgabe der Stätte gegen seinen Halbbruder auf. Das Gericht erster Instanz wies ihn zwar ab, doch nur auf Grund des ihm gemachten Einwandes der Verjährung. Der Zweite Senat des Ober-Landesgerichts zu Paderborn fand den Einwand nicht begründet und erkannte nach dem Antrage des Klägers. Das Geheime Ober-Tribunal stimmte zwar in Ansehung der Verjährung dem Appellations-Richter bei, stellte aber doch das erste Erkenntniß wieder her, weil es den Uebertragungs-Kontrakt, auf Grund des freien Verfügungsrechts der Mutter, für rechtsbeständig, auch in Beziehung auf den Anerben, erachtete. Die Entwickelung der Entscheidungsgründe ist lichtvoll und man wird zur Beistimmung gedrängt. Das Verfügungsrecht der Eheleute oder des überlebenden Ehegatten bestimmt sich lediglich nach der Beschaffenheit des Anerbenrechts, und in Beziehung auf dasselbe ist bei der Entscheidung dieses Rechtsfalls von dem Geheimen Ober-Tribunal weiter ausgesprochen:

IV. Das den Kindern, resp. Verwandten der Kolonen, vermöge der Geburt zustehende gesetzliche Anerbenrecht hat nur die Natur eines künftigen, bedingten Rechts; eines Erbrechts, das erst dann für den Anerben als ein gegenwärtiges, unbedingtes, vollständig erworbenes Recht auf die Stätte zur Wirklichkeit gelangt, wenn das bäuerliche Grundstück nach dem Absterben beider Eltern, resp. Kolonen, oder auf Grund der Abtretung der Stätte von Seiten der Letztern, zur Wiederbesetzung eröffnet wird.

V. Der Besitzer einer sonst eigenbehörigen, dem Heimfalle noch unterworfenen, in Gemäßheit des Gesetzes vom 21. April 1825 §. 37 und der Deklaration vom 24. November 1833, nach den, vor Einführung der fremden Gesetze in Kraft gewesenen Grundsätzen, vererblichen bäuerlichen Stätte ist, dem gesetzlichen Anerben gegenüber, durch das obige gedachte Gesetz und dessen Deklaration in der Verfügung über das Grundstück überhaupt, und namentlich in der Befugniß, dasselbe an einen Dritten zu veräußern, es geschehe dies unter Lebendigen oder von Todes wegen, nicht für eingeschränkt zu achten.

VI. Die wiederhergestellte alte Erbfolge tritt jetzt nicht mehr als die, nach den Vorschriften der Eigenthums-Ordnung, während des Bestehens der Leibeigenschaft, nur allein in Kraft gewesene, einzige Erbfolgeart in die vormals eigenbehörigen,

dem

dem Heimfall noch unterworfenen Stätten, sondern nur, in Ermangelung einer rechtsgültigen letztwilligen Verordnung des Eigenthümers des Grundstücks, durch welche über Letzteres verfügt worden, als die allgemeine gesetzliche Erbfolge in solche Kolonate ein.

Hier schließt sich bezüglich auf das Erbrecht der Kinder an:

№ 27.

Paderborn. Erbfolge der Kinder bei bestehender Gütergemeinschaft.

Nach den Grundsätzen der Paderbornschen Gütergemeinschaft tritt bei einer Ehe, aus der Kinder nachgelassen sind, durch den Tod des einen Ehegatten keine gänzliche Vereinigung der Rechte beider Eheleute in der Person des Ueberlebenden (Konsolidation) ein. Die Kinder gelangen vielmehr sogleich zum Miterbrecht und Miteigenthum in Betreff des ihnen gebührenden Antheils, und die Rechte des überlebenden Ehegatten auf dieses Erbtheil der Kinder können nur als ein Nießbrauchs- und ausgedehntes Verwaltungsrecht angesehen werden.

Inwiefern aber dem überlebenden Ehegatten unter dieser Voraussetzung eine Veräußerungs-Befugniß zustehe, ist streitig, und es ist über den Zwiespalt nach und nach zu zwei Plenarbeschlüssen gekommen, wovon der erste, vom 9. April 1844 (Bd. X, № XI, S. 282), bestimmt:

Nach den Grundsätzen der Münsterschen ehelichen Gütergemeinschaft ist der überlebende Ehegatte, der mit den Kindern in der Gemeinschaft bleibt, befugt, auch Grundstücke, die zu der Gemeinschaft gehören, unter Lebendigen einseitig — ohne Zustimmung der Kinder, zu veräußern; und der andere, vom 27. Juni 1845 (Neue Folge, Bd. I, № VIII, S. 100) ausspricht:

Wo dem überlebenden Ehegatten bäuerlichen Standes in der Provinz Westphalen nach den Grundsätzen der dort statutarrechtlich geltenden Gütergemeinschaft die ausgedehnteste Administrations- und Veräußerungs-Befugniß, namentlich in Beziehung auf ein zur Masse gehöriges Grundstück, so lange er nicht wieder geheirathet, gestattet war (Minden, Ravensberg, Paderborn, Münster), ist ihm durch das bäuerliche Erbfolgegesetz für die Provinz Westphalen, vom 13. Juli 1836, insonderheit durch dessen §. 18, dieses einseitige Veräußerungrecht in Betreff eines zur Masse gehörigen bäuerlichen Grundstücks, wenn die Veräußerung vor der Wiederverheirathung des Ueberlebenden, vor der Auseinandersetzung und vor Ernennung eines Anerben durch die Eltern oder den Ueberlebenden, erfolgt, nicht entzogen.

Vergl. oben S. 72, 74 und 239.

№ 28.

Veränderungen werden nicht vermuthet.

Vorstehender Grundsatz kann nur dahin verstanden werden:

daß ein erweislich bestehender Zustand der Dinge

als so lange fortdauernd anzunehmen, bis eine eingetretene Veränderung nachgewiesen wird;

nicht aber rückwärts:

daß, weil zur Zeit ein gewisser Zustand bestehe, bis auf geführten Gegenbeweis anzunehmen sei, daß er zu irgend einer frühern Zeit auch schon bestanden habe.

Im Jahre 1805 schenkte Jemand seiner Ehefrau das auf seiner Herrschaft befindliche Mobiliar. Er starb 1833 und über seinen Nachlaß wurde der erbschaftliche Liquidations-Prozeß eröffnet. Die Erben der schon vorher verstorbenen Ehefrau vindicirten gegen die Masse den dazu eingezogenen Mobiliar-Nachlaß auf Grund jener Schenkung. Die Richter beider Instanzen (beide Senate des Ober-Landesgerichts zu Breslau) nahmen mit Hülfe des Satzes: Veränderungen werden nicht vermuthet, die bestrittene Identität des geschenkten Mobiliars für bewiesen an und erkannten nach dem Klageantrage. Diese Entscheidung wird von dem Geheimen Ober-Tribunal, wegen unrichtiger Auffassung des ebengedachten Grundsatzes, vernichtet. Derselbe soll sich nur in der Art anwenden lassen, daß ein erweislich bestehender Zustand der Dinge als so lange fortdauernd angenommen wird, bis eine eingetretene Veränderung nachgewiesen ist; dahingegen soll es nicht zu rechtfertigen sein, jenen Grundsatz, statt vorwärts, vielmehr rückwärts anwenden zu wollen. Denn „in dieser Anwendung widerspräche jener Grundsatz dem Wesen aller irdischen Existenz, wonach alles Erschaffene seinen Anfang gehabt haben muß." Der Satz ist also, rückwärts angewendet, vernunft- und erfahrungswidrig. Aber warum soll er es nur in dieser Anwendung sein? Auch wenn man ihn vorwärts anwenden wollte, „widerspräche er dem Wesen aller irdischen Existenz, wonach alles Erschaffene — sein Ende — haben muß." Alles in der Welt ist der Veränderung unterworfen. Das beweist, daß der Satz als Rechtsgrundsatz gar nicht zu gebrauchen ist, er ist aber auch völlig entbehrlich. Der Gesetzgeber hat mit der Vorschrift im §. 28, Th. I, Tit. 13 der A. G. O.: „Sind keine anderen rechtlichen Präsumtionen vorhanden, so giebt der Satz den Ausschlag: daß keine Thatsache und keine Veränderung vermuthet wird", nichts anderes sagen können und wollen, als: wer eine Thatsache oder einen gewissen thatsächlichen Zustand behauptet, der muß, wenn ihm keine Rechtsvermuthungen zur Seite stehen, seine Behauptung beweisen. Von dem Satze, in welchem man absolut eine Rechtsvermuthung angeordnet sehen will, — als wenn das Recht Präsumtionen haben könnte die dem Laufe der Natur widersprechen; wer dieses behauptet, ist überhaupt kein Rechtsverständiger — werden die lächerlichsten Anwendungen in der Praxis gemacht.

№ 29.

Einfluß der Konkurseröffnung auf das von dem Gemeinschuldner bestellte Hypothekenrecht für rückständige Kaufgelder.

Wenn eine Konkursmasse die Umschreibung des Besitztitels eines von dem Gemeinschuldner schon vor der Konkurseröffnung erworbenen, aber noch nicht auf seinen Namen gebrachten Grundstücks nach der Eröffnung bewirken lassen will: so ist sie auch schuldig, die Eintragung der dem Verkäufer für das kreditirte Kaufgeld stipulirten Hypothek mit geschehen zu lassen. Einer solchen Operation stehet der Grundsatz, daß durch die Konkurseröffnung die Gesammtheit der Gläubiger ein allgemeines Pfandrecht erworben habe, nicht entgegen.

Der Ausspruch ist unbedingt anzuerkennen. Die Gesammtheit der Gläubiger hat eben nur die Rechte des Kridarius bei Verträgen, welche zur Zeit der Konkurseröffnung noch nicht vollständig ausgeführt sind. Entweder müssen sie das ganze Geschäft aufgeben, oder, wenn sie dabei stehen bleiben, d. i. für den Gemeinschuldner eintreten wollen, gegenleisten.

№ 30.

Entdeckungs-Prämie im Konkurse.

Wenn der Konkurs-Gläubiger für Entdeckung verheimlichter Vermögensstücke die Belohnung durch ein Vorzugsrecht in Anspruch nimmt, so findet dieses

1. nur bei entdeckten Effekten im Gegensatz von Geld und Kapitalien statt. Es macht jedoch
2. keinen Unterschied, ob die innerhalb Landes entdeckten Effekten sich beim Gemeinschuldner selbst, oder bei einem Andern befunden haben.
3. Nur bei den außerhalb Landes geschafften Effekten ist die Belohnung an die Bedingung geknüpft, daß die Entfremdung vom Gemeinschuldner selbst erfolgt sei.

So legt das Geheime Ober-Tribunal die §§. 483 und 484 der Konkurs-Ordnung aus, wogegen sich nichts einwenden läßt. Danach wurde ein Gläubiger der siebenten Klasse, der sich durch seine Bemühungen und Entdeckungen um die erbschaftliche Liquidationsmasse des Gemeinschuldners sehr verdient gemacht hatte, mit dem Anspruche auf die Entdeckungs-Prämie abgewiesen. Der Gemeinschuldner war nämlich Theilnehmer an einem, von Mehreren in Gesellschaft übernommenen Lieferungsgeschäft gewesen, und Dasjenige, was bei der Auseinandersetzung der Gesellschafter auf den Gemeinschuldner kam, floß zur Masse. Die Auseinandersetzung zwischen dem Kurator und den übrigen Theilnehmern kam durch Vergleich zu Stande. Nachher aber entdeckte ein Gläubiger, daß die Gesellschafter bedeutende Gewinne verheimlicht hatten. In Folge dessen wurden der Masse 100,000 Rthlr. zugewendet und fast ebensoviel noch in Aussicht gestellt. Der Entdecker des Betrugs machte, wie gesagt, vergeblich Anspruch auf die Belohnung, weil die Bestimmung darauf nicht paßt. Bei dieser Sache ist nur auffallend, wie der entdeckende Gläubiger hat in die siebente Klasse kommen können. Seine Forderung war nämlich aus einem Theilnahmerecht an dem Lieferungsgeschäft entstanden. Der Gemeinschuldner hatte ihm eine Theilnahme auf ein Sechsunddreißigstel des ganzen Geschäfts eingeräumt. Darnach war nun dieser Liquidant kein Konkursgläubiger, der seinen Antheil bei der Kreditmasse zu liquidiren hatte, wo man ihn zur siebenten Klasse brachte, vielmehr war er ein Theilnehmer, mit welchem die Masse sich hätte auseinandersetzen müssen, so daß er vorweg das Seine zu erhalten hatte.

IX. Band.

Enthaltend XVII Plenar-Beschlüsse und 36 Senats-Entscheidungen.

I. Plenar-Beschlüsse.

№ I.

Bau an der Grenze, und Bau auf fremdem Boden.

Unter der wahren Grenzlinie im §. 342, Tit. 9, Th. I des A. L. R. ist nicht die im §. 139 ff., Tit. 8 daselbst vorgeschriebene Baulinie, von resp. 3 und 1½ Werkschuhen, sondern die Eigenthumsgrenze zu verstehen.

Angenommen durch Plenarbeschluß vom 18. April 1843, wodurch die entgegengesetzte Meinung, welcher der Zweite Senat des Geheimen Ober-Tribunals bei einer Entscheidung vom 21. Januar 1842 gefolgt war, verworfen wird, mit Recht.

№ II.

Gerichtliche Zuschreibung. Deren Begriff und fortdauernde Bedeutung bei Entrichtung der Lehnwaare.

1. Unter der „gerichtlichen Zuschreibung" im §. 731, Tit. 18, Th. I des A. L. R. ist die Berichtigung des Besitztitels zu verstehen.
2. Die Vorschrift des §. 731 findet noch jetzt Anwendung.

Das ist der Ausspruch des Plenums nach einer am 4. September 1845 stattgefundenen Berathung. Dadurch wird die ältere Ansicht, wonach unter der „gerichtlichen Zuschreibung" die gerichtliche Verlautbarung und Bestätigung des Vertrags, durch welchen der neue Erbzinsmann das Erbzinsgrundstück erwirbt, zu verstehen, verworfen. Die verworfene Meinung ist aber doch die richtige. Diese soll zuvörderst dadurch widerlegt werden, daß der Ausdruck „gerichtliche Zuschreibung" kein zweiseitiges Rechtsgeschäft bezeichne. Das ist einestheils gar nicht zu behaupten, weil das Wort „Zuschreibung" keine technische Bezeichnung (terminus technicus) für irgend einen bestimmten Begriff ist; anderntheils ist die Behauptung ungegründet, indem nicht nur im gemeinen Leben Kaufsgeschäfte und Gutsüberlassungen allerdings damit bezeichnet werden, wie man täglich hören kann wenn man sich mit Personen aus dem Volke unterhält, sondern auch der Gesetzgeber selbst das Rechtsgeschäft unter den Kontrahenten mit „Zuschreibung" bezeichnet, wie im A. L. R. §§. 742 und 743 a. a. O. zu lesen ist, wo in Beziehung auf die Erb-

Auseinandersetzung die Redeweisen: „das Gut Einem von den Erben „zuschreiben", und „das Gut Einem von ihnen „zuschlagen" gebraucht sind. Ferner setzt das A. L. R., indem es die Fälligkeit des Laudemii von der gerichtlichen Zuschreibung abhängig macht, auch eine außergerichtliche voraus. Die Gattung ist also die Zuschreibung. Diese bezeichnet nach dem gemeinen Sprachgebrauche die Verfertigung einer Schrift, worin der Eine dem Andern Etwas zueignet, überträgt (zuschreibt), also eine Handlung, welche die Urkunde über ein Rechtsgeschäft (Erwerbstitel) hervorbringt. Beide Arten von Zuschreibungen müssen nothwendig den Gattungsbegriff mit einander gemein haben, sie müssen also Beide eine Urkunde über das Uebertragungsgeschäft darstellen; ihr besonderes Merkmal erhalten sie von dem Orte, wo die Handlung vollzogen worden ist. Nach der neuen Auslegung sind aber die gerichtliche und die außergerichtliche Zuschreibung nicht Arten der Gattung der Zuschreibung, denn die gerichtliche soll wesentlich einer andern Gattung angehören, nämlich nicht eine Schrift über die Ueberlassung einer Sache von Seiten des Einen auf den Andern sein. Daran wird die Logik und die Sprache nicht glauben. In dem §. 731 ist nicht auf „Zuschreibung", sondern auf das Beiwort „gerichtliche" das Gewicht zu legen, und es soll gesagt werden: nicht schon die außergerichtliche Zuschreibung, sondern erst die gerichtliche macht das Laudemium fällig. Warum? Weil damals, als das A. L. R. gemacht wurde, die Gültigkeit der Uebertragung und somit der Uebergang des Eigenthums von der gerichtlichen Form abhängig war, und das Laudemium nur im Falle einer wirklichen Veränderung der Person des Erbzinsmannes gefordert werden kann. — Daß die neue Auslegung, obgleich unlogisch, dennoch richtig sein soll, dafür soll der vermeintliche Umstand zeugen, daß bei

Erbfällen eine gerichtliche Zuschreibung nicht würde vorkommen können, wenn darunter die Verlautbarung und nicht die Besitztitelberichtigung verstanden werden sollte. Der vorausgesetzte Umstand tritt jedoch keineswegs allgemein ein. Auch Erbvergleiche mußten, nach §. 3 am Ende, Tit. 1, Th. II der A. G. O., bei dem Richter der Sache besonders verlautbart werden, wenn darin über Grundstücke verfügt worden war. Außerdem ist es ja überhaupt unverboten, außergerichtliche Erbtheilungen vorzunehmen, neben welchen unzweifelhaft die gerichtliche Zuschreibung vorkommen konnte. Nur bei einem Alleinerben könnte der Einwurf Grund zu haben scheinen. Aber auch hier ist er grundlos, weil auch der Alleinerbe, nach §. 732 a. a. O., einen neuen Erbzinsbrief zu lösen, folglich dadurch sich das Erbzinsgut zuschreiben zu lassen, schuldig ist. Also ist klar, daß selbst in diesem Falle eine, von der Besitztitelberichtigung ganz verschiedene und unabhängige „Zuschreibung" vorkommen kann. — Ein anderer Beweis für die neue Auslegung soll aus den §§. 736, 738 a. a. O. zu entnehmen sein. Diese lauten:

> „Wird die Erwerbung auch nach erfolgter Zuschreibung als nichtig und unkräftig wieder aufgehoben: so kann das bezahlte Laudemium wieder zurückgefordert werden. — Auch ein nach geschehener Zuschreibung freiwillig erfolgender Rücktritt der Kontrahenten wird als ein neues Kaufsgeschäft angesehen."

Hieraus soll klar hervorgehen, daß das Gesetz die gerichtliche Zuschreibung des Guts als einen vor dessen Erwerbung und resp. von dem Abschlusse des Veräußerungs-Vertrags verschiedenen Akt angesehen hat. Diese Klarheit ist in der That ganz unsichtbar. Das Eigenthum wird durch Uebergabe übertragen, wenn der Titel rechtsbeständig ist. Ist er das nicht, so tritt der Veränderungsfall nicht ein, folglich kann kein Laudemium gefordert werden; ist er es aber und das Eigenthum soll wieder auf den Vorbesitzer zurückgehen: so muß eine neue Uebergabe auf Grund eines neuen Rechtsgeschäfts geschehen, folglich sind dann zwei Besitzveränderungsfälle vorgekommen. Beide Fälle können sich zutragen, ohne daß die Besitztitelberichtigung dabei mitzuwirken hätte; denn eine außergerichtliche Zuschreibung begründet gleichfalls schon die Erwerbung unter den Kontrahenten, so daß diese als schon vollendet erscheint, wenn die „gerichtliche Zuschreibung" oder die Verlautbarung erfolgt, mithin unter der „gerichtlichen Zuschreibung" bei den §§. 736, 738 nicht nothwendig die Besitztitelberichtigung zu denken ist. — Daß aber mit der „gerichtlichen Zuschreibung" nicht die Besitztitel-Berichtigung gemeint sein kann, ergiebt der Umstand, daß bei Abfassung der Bestimmung (sie steht schon wörtlich im Entwurfe zum Allg. Gesetzbuche) das Hypothekenbuch erst von einem kleinen Theile der Besitzungen vorhanden war (noch jetzt, fast 70 Jahre später, ist es noch nicht überall vollständig regulirt). Man hätte also, nach der neuen Deutung, eine Bestimmung getroffen, welche den größten Theil der Laudemial-Berechtigten rechtlos gemacht hätte; denn Diese hätten überall da, wo über das Grundstück noch das Grundbuch nicht eingerichtet war, ihr Laudemium nicht fordern dürfen. Ein solches Gesetz geben zu wollen darf dem Gesetzgeber nicht beigemessen werden. Ueberdies hat die Bestimmung, im Sinne der neuen Meinung, keine innere Nothwendigkeit und keinen Zweck, steht auch mit allgemeinen Grundsätzen in Widerspruch. Denn die Fälligkeit der schon durch den Uebergang des Eigenthums auf den neuen Erbzinsmann begründeten Forderung des Ober-Eigenthümers soll von einer Bedingung abhängig sein, deren Erfüllung in der

Willkühr des Schuldners ist und von ihm aufgehalten werden kann. Den allgemeinsten Rechtsgrundsätzen ohne allen Zweck widersprechend ist die Prätension, daß der Berechtigte den widerwilligen Schuldner zuvörderst zur Erfüllung der Bedingung zwingen soll, während doch die Regel gilt, daß die Bedingung zum Vortheil des Berechtigten für erfüllt gilt. A. L. R. Th. I, Tit. 4, §§. 105 ff. Müßte also auch, wie nicht der Fall ist, unter der „gerichtlichen Zuschreibung" die Besitztitelberichtigung verstanden werden, so ist doch juristisch unerweislich, daß der Laudemial-Berechtigte den Schuldner zuvörderst zu einer Handlung, die ganz in dessen Willkühr steht, soll zwingen müssen, bevor er sein Laudemium soll fordern dürfen. Warum soll der Berechtigte nicht sein Interesse fordern dürfen, wie es jedem Gläubiger freisteht, wenn der Schuldner nicht thut was er soll? Alle diese Abnormitäten haben überall keinen Grund und keinen Zweck; um so viel weniger ist mithin die weder in sich begründete noch durch äußere Umstände gerechtfertigte neue Auslegung annehmbar.

№ III.

Kollision der Rechte zwischen Hypothekengläubigern und Eigenthums-Prätendenten.

Die §§. 4 und 5, Tit. 19, Th. I des A. L. R. finden in dem Falle keine Anwendung: wenn die Kollision zwischen einem Hypothekengläubiger und einem Eigenthums-Prätendenten dergestalt stattfindet, daß entweder jener zur Zeit der nachgesuchten Eintragung der Hypothek, oder dieser zur Zeit der nachgesuchten Eintragung seines Besitztitels, auf den Grund des, mit dem früheren Besitzer geschlossenen Kontrakts, so wie auf den Grund der geschehenen Uebergabe, von dem früher entstandenen persönlichen Rechte seines Gegners unterrichtet gewesen ist.

Die zur Berathung des Plenums gestellte Frage lautete: ob die Vorschrift der §§. 4 und 5, Tit. 19, Th. I des A. L. R. nur dann zur Anwendung komme, wenn die von Mehreren zu ein und derselben Sache geltend gemachten persönlichen Rechte gleichartig sind, oder ob die gedachten Gesetzstellen auch auf den Konflikt an sich ungleichartiger Rechte Anwendung finden? Der darauf am 12. Juni 1843 gefaßte Plenarbeschluß lautet wie die Ueberschrift, indem die Beantwortung der Frage abgelehnt wurde, weil die §§. 4 und 5 sich auf konkurrirende Eigenthumsrechte überall nicht beziehen. Der durchaus gerechtfertigte Beschluß und seine sehr lichtvolle und tiefgehende Begründung zeigen, wie man bisweilen den Wald vor den Bäumen nicht sieht.

№ IV.

Recht auf freies Brennholz. Dessen Umfang und Unterschied von der Raff- und Leseholz-Berechtigung.

Derjenige, dem als Grundgerechtigkeit ein Anspruch auf Brennholz ohne weitere Modifikation zustehet, ist nicht verbunden, sich seinen Bedarf auf Raff- und Leseholz vorzugsweise anweisen zu lassen.

Diesen Ausspruch hat das Plenum durch Beschluß vom 22. Januar 1844 gethan, um den Konflikt, in welchen der Zweite Senat des Geheimen Ober-Tribunals, der im Jahre 1834 einen Fall nach der entgegengesetzten Ansicht entschieden hatte, aufzulösen. Die Gründe sind überzeugend.

№ V.

Illegitimitäts-Erklärung gegen in der Ehe geborne Kinder.

Die Vorschrift des A. L. R., wonach der Ehemann, welcher die Rechtmäßigkeit eines von seiner Frau während der Ehe gebornen Kindes anfechten will, sich darüber, bei Verlust seines Rechts, binnen Jahresfrist nach erhaltener Nachricht von der Geburt des Kindes, gerichtlich erklären muß, ist zu den suspendirten Stellen des Landrechts zu rechnen, und in der Mark deshalb zur Zeit nicht anwendbar.

Daran ist bei dem Geheimen Ober-Tribunale, welches schon oft danach erkannt und noch am 9. Januar 1843 ein Gutachten darüber an das Justizministerium erstattet hat, nie ein Zweifel gewesen, bis später in dem Ersten Senate die Meinung sich hervorgethan, daß die im §. 7, Tit. 2, Th. II des A. L. R. bestimmte Frist zur Anmeldung der Illegitimitätsklage keine Verjährungsfrist sei, vielmehr durch ihren Verlauf nur ein stillschweigendes Anerkenntniß begründe, daß mithin die Verordnung nicht contra, sondern praeter jus commune sei und deshalb zu den suspendirten

Stellen des Landrechts nicht gehöre. Diese Meinung verwirft der Plenarbeschluß vom 22. Januar 1844, wiewohl der Grund, daß die Frist keine Verjährungsfrist sei, anerkannt wird. Der Entscheidungsgrund wird bloß darin gefunden, daß die Bestimmung ganz entschieden mit den Vorschriften des Gemeinen Rechts in Widerspruch steht und die Unterscheidung zwischen contra und praeter jus commune ungerechtfertigt ist. Wiewohl dieser Grund für sich allein genügt, so ist doch auch nicht anzuerkennen, daß die Frist in Rede nicht eine Verjährung sei; der §. 7 bestimmt nichts weiter als die Dauer der actio de paternitate negativa. Die eigentliche Verjährung durch Nichtgebrauch soll immer mit der „Befreiung eines Verpflichteten" in Verbindung stehen, nach §. 502, Th. I, Tit. 9 des A. L. R. Dort heißt es zwar freilich:

„Soll durch Verjährung nur ein Recht verloren und der Verpflichtete bloß von der daraus fließenden Verbindlichkeit frei werden, so ist in der Regel der Nichtgebrauch des Rechts dazu erforderlich."

Aber wenn damit bewiesen werden soll, daß es nach dem A. L. R. überhaupt keine Verjährung durch Nichtgebrauch, außer in Beziehung auf ein obligatorisches Recht, gebe, so ist die Verjährung der Negatorienklage auch keine Verjährung; überhaupt giebt es dann für Präjudizialklagen, Ehescheidungsklagen und für dingliche Klagen keine Verjährung. Damit befinden wir uns außer den Grenzen der Rechtswissenschaft.

№ VI.

Abfindung der unangesessenen Bürger für ihr Theilnahmerecht an der Gemeinweide.

Unangesessene Bürger, denen ein Theilnahmerecht an der Gemeinweide zusteht, erwerben die dafür zu gewährende Abfindung nicht eigenthümlich.

Dieser Plenarbeschluß vom 4. September 1843 ergänzt analogisch den §. 41 lit. c der Gemeinheits-Theilungs-Ordnung vom 7. Juni 1821; denn eigentlich fehlt die Bestimmung darüber: zu welchem Rechte unangesessene Bürger ihre Abfindung erwerben sollen; nach den Worten des Gesetzes „sind sie den Hausbesitzern gleich zu achten", welchen nach §. 56 das. die Entschädigung zur ausschließlichen und freien Verfügung überwiesen wird, insofern, nach §. 141, ihr Besitzrecht und ihre Schuldenverbindung nicht eine Einschränkung begründen. Analogisch muß danach den unangesessenen Bürgern nur ein persönliches Nutzungsrecht zukommen, wogegen das Eigenthum der Kommune verbleibt.

№ VII.

Stillschweigende Wechselacceptation.

Um gegen einen Wechselbezogenen, der den Wechsel ohne Erinnerung über Nacht bei sich behalten hat, eine stillschweigende Acceptation anzunehmen, muß demselben der Wechsel durch den Inhaber oder

dessen

dessen Stellvertreter unmittelbar vorgezeigt worden sein.

Die Vorzeigung durch einen, mit Prokura nicht versehenen, Kommis des Bezogenen genügt nicht; sollte auch der Inhaber den Wechsel dem Kommis zur Vorzeigung an den Bezogenen übergeben haben.

Diese, die frühere Meinung des Geheimen Ober-Tribunals (Simon und v. Strampff, Rechtssprüche, Bd. I, S. 37) verwerfende, durch den Plenarbeschluß vom 29. Februar 1844 ausgesprochene, Auslegung des §. 993, Tit. 8, Th. II des A. L. R. gründet sich auf die Ansicht, daß der §. 993 eine Ausnahme von der Regel des §. 991, wonach das Accept von dem Bezogenen oder dessen Prokuristen eigenhändig auf den Wechsel geschrieben werden muß, enthalte und deshalb, und weil auf solche stillschweigende Acceptationen ein Wechselverfahren gegründet werden soll, nur eine strenge Auslegung gestatte. Diese Ansicht ist wohl zu bezweifeln. Die §§. 991 und 993 verhalten sich nicht wie Regel und Ausnahme, vielmehr sind sie zwei coordinirte Rechtssätze von gleicher Geltung, entsprechend den zwei Arten von Willenserklärungen, nämlich der ausdrücklichen und der stillschweigenden. Wenn also weiter kein Grund wäre für die neue Meinung des Geheimen Ober-Tribunals, so würde der Plenarbeschluß nicht rechtfertig sein. Doch fehlt es daran keinesweges; er findet sich in den Umständen, welche vorhanden sein müssen, um eine stillschweigende Willenserklärung anzunehmen. Dazu gehört nothwendig, daß derjenige, welcher sich erklären soll, in der Lage sein muß, sich, wenn er wollte, erklären zu können. Wendet man dieses auf die Wechselpräsentation an, so muß der Bezogene im Stande sein, den ihm vorgezeigten Wechsel, wenn er wollte, zurückzuweisen. Daran wird er durch den Präsentanten verhindert, wenn der Präsentant den Wechsel einem Diener des augenblicklich nicht anwesenden Bezogenen zurückläßt und sich entfernt. Wie soll der Bezogene es anfangen, den Wechsel, den ihm sein Diener am späten Abend vorlegt, zurückzuweisen? Wenn er auch den Wechsel wegschicken wollte, was er doch zu thun nicht schuldig ist, so trifft sein Bote den Präsentanten nicht an und bringt den Wechsel zurück; er muß ihn also, er mag wollen oder nicht, bei sich über Nacht liegen lassen. Daraus kann selbstredend keine stillschweigende Annahme entnommen werden. Dagegen denke man sich den Fall, daß der Präsentant den Bezogenen antrifft und ihm den Wechsel vorzeigt; daß der Bezogene den Wechsel nimmt, ihn auf seinen Tisch legt und weder Ja noch Nein sagt, sondern den Präsentanten auf den andern Tag wieder bestellt. Da ist die Sache anders: der Bezogene konnte den Wechsel sogleich zurückgeben, wenn auch ohne ausdrückliche Erklärung; dann konnte der Präsentant Protest erheben. Aber wenn der Bezogene den Wechsel zurückbehält, so ist der Präsentant berechtigt anzunehmen, der Bezogene werde ihn nicht herumführen wollen; darum ist er mithin berechtigt, den Protest zu unterlassen. Darin liegt der Grund, warum die Zurückhaltung des Wechsels über Nacht für Annahme gilt; denn wäre das nicht, so würde der Wechsel-Inhaber um sein Wechselrecht gekommen sein, weil er den Protest zu spät hätte aufnehmen lassen. §. 1006 a. a. O. Danach ist die Auslegung ganz sachgemäß.

№ VIII.

Wechsel an eigene Ordre.

Der Aussteller eines Wechsels auf eigene Ordre erhält durch dessen Einlösung nach dem Verfalltage nicht das Recht, selbigen weiter zu giriren.

Diesen durch Plenarbeschluß vom 26. Juni 1843 ausgesprochenen Satz, wodurch die ältere Meinung des Geheimen Ober-Tribunals bestätigt wird, ist vollkommen begründet. Die neuere entgegengesetzte Meinung beruhet auf der Voraussetzung, daß das zweite Giro des Ausstellers, wodurch er den an ihn zurückgekommenen Wechsel mit dem alten Accept zum zweiten Male in Umlauf setzen will, von derselben rechtlichen Bedeutung wie das erste Giro sei. Das ist, wie auch das Geheime Ober-Tribunal zeigt, ein Irrthum. Das erste Giro ist nur ein sogenanntes Giro, gehört aber wesentlich noch zur Form der Wechselschrift: durch den Hinzutritt der Ernennung des Remittenten in dieser Form wird der Wechsel erst ein Wechsel. Kommt derselbe an den Aussteller mit Protest zurück und bezahlt der Aussteller den Wechsel-Inhaber, so ist das Wechselverhältniß wieder aufgelöst.

№ IX.

Mäkler, deren Taschenbücher.

Es bedarf der gleichzeitigen Gegenwart beider schließender Theile bei der von dem Mäkler vorzunehmenden Aufzeichnung des geschlossenen Geschäfts in sein

Taschen- oder Handbuch zur Rechtsbeständigkeit des Geschäfts nicht, wohl aber der successiven Gegenwart der Kontrahenten.

S. oben S. 14.

№ X.

Verhältniß des Schürfschein-Inhabers zum zufälligen Finder.

Der Schürfschein deckt für die Dauer seiner Gültigkeit das Feld dergestalt, daß dadurch die Muthung eines zufälligen Finders ausgeschlossen wird.

Durch diesen Plenarbeschluß vom 12. Juni 1843 ist die bisherige Praxis des Geheimen Ober-Tribunals gegen eine Neuerung in Schutz genommen. Die Gründe sind so überzeugend, daß kein Bedenken übrig bleibt.

№ XI.

Entschädigungs-Verbindlichkeit des Bergbauenden gegen den Grundeigenthümer.

Der Bergbauende muß den Grundeigenthümer für Alles, was derselbe durch den Bergbau verloren hat, vollständig entschädigen, ohne Unterschied, ob der Bergbau unter dem Grunde des Eigenthümers betrieben wird oder nicht.

Der Satz ist schon bei Entscheidung des Bd. IV, № 36 mitgetheilten Rechtsfalles zur Anwendung gekommen und bereits oben, S. 282, besprochen. Später ist er, wieder in Zweifel gezogen, durch diesen Plenarbeschluß vom 18. April 1843 bestätigt worden.

№ XII.

Schlesische Urbarien.

Um die Existenz eines der Gutsherrschaft zustehenden Rechts, von Rustikal-Grundstücken bei Besitzveränderungen Laudemien zu fordern, anzunehmen, genügt der in einem konfirmirten Schlesischen Urbarium enthaltene Vermerk über das gedachte Recht durch sich selbst, und ohne daß aus dem Urbarium der Rechtsgrund (Titel) dieses Rechts erhellt.

Der Ausspruch des Zweiten Senats des Geheimen Ober-Tribunals, daß ein Urbarium an sich nichts begründe oder beweise, war ein so unerwartetes, den gesammten guts-herrlich-bäuerlichen Rechtszustand in Schlesien in Frage stellendes Ereigniß, daß von allen Seiten Erstaunen und Besorgniß sich öffentlich aussprach (Vgl. unter Anderm Schles. Archiv, Bd. V, S. 297 und Bd. VI, S. 128). Daß es bei dieser Praxis nicht bleiben konnte, ohne einen seit 100 Jahren und länger geordneten und seitdem unzweifelhaften Rechtszustand einer ganzen großen Provinz von Grund aus wieder aufzuwühlen und umzustürzen, war vorauszusehen. Die Wendung ist dann auch sehr bald durch diesen Plenar-Beschluß vom 26. Februar 1844 eingetreten.

№ XIII.

Befugniß des Revisions-Richters rücksichtlich der in zweiter Instanz nicht zur Beurtheilung gezogenen Einreden.

Ist in zweiter Instanz der Kläger nur auf den Grund einer von mehreren Einreden abgewiesen, und sind ausdrücklich nur deshalb die übrigen Einwendungen des Verklagten nicht zur Beurtheilung gezogen worden, so ist der Revisions-Richter, wenn er die Einrede, auf deren Grund die Abweisung erfolgt ist, verworfen hat, befugt, die übrigen Einreden zu prüfen und darnach zu erkennen. Er ist daher nicht verpflichtet, die Sache zu diesem Behuf in die frühere Instanz zurückzuverweisen.

Angenommen durch den Plenarbeschluß vom 23. Januar 1843, wodurch die ältere Praxis beseitigt wird, aus völlig zureichenden Gründen.

№ XIV.

Widerruf der Verträge eines Kridars.

Der Widerruf der vom Gemeinschuldner vor der Konkurseröffnung geschlossenen lästigen Verträge findet auch dann statt, wenn die Insolvenz des Gemeinschuldners erst durch einen solchen Vertrag entstanden ist, und der dritte Kontrahent um diese Wirkung des Vertrages gewußt hat.

Daß zur Feststellung dieses Satzes erst der hier mitgetheilte Plenarbeschluß vom 12. Juni 1843 nothwendig geworden, ist nicht erfreulich. Nach L. 17, §. 1 D. quae in fraudem creditorum (XLII, 8) und L. 10 D. qui et a quibus manumissi (L, 9) ist der Satz unzweifelhaft, und die Preuß. Gesetzgebung enthält nichts, wodurch eine so erhebliche, dem Grunde und Zwecke des Instituts der actio Pauliana völlig widerstrebende Abänderung der bis dahin unzweifelhaften Grundsätze desselben bewirkt worden sein könnte.

№ XV.

Revisionsfähigkeit der Ehrenrechte.

Das Recht der Theilnahme an einer Privatgesellschaft ist als ein schlechthin revisionsfähiger Gegenstand nicht anzusehen.

Plenarbeschluß vom 4. December 1843. Woher dabei ein Zweifelsgrund kommen soll, ist unerfindbar. Das Gesellschafts-Verhältniß erzeugt nur obligatorische Rechte, nicht aber Persönlichkeits- oder Zustandsrechte.

№ XVI.

Prozeßvorschriften. Begriff derselben.

Eine schriftliche Eingabe, womit der Mandatar des Imploranten nach Publikation des beschwerenden Urtels die zur Informations-Einziehung ihm mitgetheilten gerichtlichen Akten zurückreicht, ist als eine Prozeßschrift im Sinne des §. 6 der Verordnung vom 14. December 1833 und № 20 der Ministerial-Instruktion vom 7. April 1839 nicht anzusehen. Es müssen daher die, in der erst nach derselben überreichten Nichtigkeits-Beschwerde gerügten Verletzungen wesentlicher Prozeß-Vorschriften noch berücksichtigt werden.

Durch diesen Plenarbeschluß vom 4. September 1843 wird nur eine einzelne Differenz erledigt, aber eine allgemeine Charakterisirung der nach §. 6 zu beurtheilenden Prozeß-Verhandlungen nicht gewonnen. Dieses wird durch den spätern Plenarbeschluß vom 30. März 1845 (Neue Folge, Bd. I, S. 134) bezweckt, welcher bestimmt:

1. Unter den im §. 6 der Verordnung vom 14. December 1833 bezeichneten Prozeß-Verhandlungen sind solche Verhandlungen und Schriften zu verstehen, deren Zweck auf die Verfolgung oder Abwehr eines erhobenen Rechtsanspruchs die faktische oder rechtliche Begründung, oder die Ausführung desselben, oder endlich die Vollstreckung eines ergangenen Erkenntnisses unmittelbar gerichtet ist.

2. Es sind dazu insbesondere nicht zu rechnen:

a. Verhandlungen über die Aufnahme einer Vollmacht, oder die Berichtigung eines andern Prozeß-Legitimationspunkts, und Eingaben, womit Vollmachten &c. überreicht werden;

b. protokollarische oder schriftliche Anträge auf Vorlegung oder Mittheilung von Akten oder einzelnen Aktenstücken, oder auf Zuordnung eines Rechtsbeistandes zu dem Zwecke, um erst einen Beschluß darüber zu fassen, ob ein Rechtsmittel eingelegt werden solle;

c. schriftliche Eingaben einer Partei oder ihres Bevollmächtigten, wodurch Urkunden (Atteste und dergleichen) nach Behändigung des Urtels zurückgefordert werden.

3. Wohl aber unterliegen dem §. 6 der Verordnung solche Verhandlungen oder Prozeßschriften, in denen die Partei ihre Absicht, ein Rechtsmittel — es sei der Revision, oder der Revision und eventuellen Nichtigkeits-Beschwerde, oder auch der Nichtigkeits-Beschwerde allein — zu gebrauchen, kategorisch ausspricht, oder solches Rechtsmittel schon wirklich anmeldet, — mit der Wirkung, daß jede Geltendmachung der nicht schon in denselben gerügten Verletzungen wesentlicher Prozeß-Vorschriften späterhin ausgeschlossen bleibt.

Doch sind auch durch diesen Beschluß wohl noch nicht alle Arten von Schriften erschöpft. Z. B. fragt sich: in welche Kategorie die Anzeige des veränderten Wohnorts einer im Prozeß handelnden Person, oder der Antrag wegen Verbesserung eines vermeintlichen oder wirklichen Schreibfehlers in der Urtels-Ausfertigung (die kümmerliche Belohnung der Schreibarbeiten hat, zur Bewahrheitung des Spruchs: wie der Lohn so die Arbeit, oft sehr fehlerhafte s. g. Reinschriften zur Folge), oder das Depositionsgesuch zur Abwendung der Exekution, oder der Antrag auf Zurückgabe einer Kaution u. s. w. gehören. Nach dem unter Ziffer 1 angegebenen allgemeinen Charakter würden sie wohl nicht unter den §. 6 fallen.

№ XVII.

Nichtigkeits-Beschwerde wegen Zurückweisung oder Zulassung des Rechtsmittels.

Wird eine Nichtigkeits-Beschwerde auf den Artikel 3 № 2 der Deklaration vom 6. April 1839, also darauf gegründet:

daß ein rechtzeitig angebrachtes, gesetzlich zulässiges Rechtsmittel zurückgewiesen, oder ein gesetzlich unstatthaftes Rechtsmittel zugelassen worden,

so tritt bei Prüfung der Frage über die Zulässigkeit des Rechtsmittels eine völlig freie Beurtheilung des Nichtigkeits-Richters, sowohl in Ansehung des Sachverhältnisses, als der gesetzlichen Vorschriften, ein, und es bleibt der §. 16 der Verordnung vom 14. December 1833, Absatz 2, in solchen Fällen außer Anwendung.

Der Plenarbeschluß vom 9. Oktober 1843, vollkommen begründet, beseitigt eine im Zweiten Senate des Geheimen Ober-Tribunals gegen die Praxis des Ersten und Dritten Senats zum Vorschein gekommene neue Meinung.

II. Senats-Entscheidungen.

№ 1.

Gewähr wegen übernommener Befreiung eines verkauften Grundstücks von darauf ruhenden Lasten.

I. Die von dem Verkäufer eines Grundstücks übernommene Verpflichtung, dasselbe von den darauf eingetragenen Lasten zu befreien, begründet für den Käufer, im Falle der unterbleibenden Erfüllung dieser Verbindlichkeit, wenn er vom Vertrage nicht wieder abgehen will, nur die Befugniß, den Ersatz des Minderwerths, oder des vollen Werths des Kaufgegenstandes zu fordern.

Der Satz ist falsch. Wer Etwas ausdrücklich verspricht, kann gezwungen werden, das Versprechen zu erfüllen. Der Königl. Universitäts-Fonds zu Erfurt verkaufte einen Garten für 1200 Rthlr. und verpflichtete sich ausdrücklich, das für ihn noch im Hypothekenbuche vermerkte Erbpachts-Verhältniß und die protestativisch eingetragenen Realschulden von 5470 Rthlr. und 12,000 Rthlr. löschen zu lassen, auch die für den Kirchen- und Schulfonds, so wie für die Stadtkasse zu Erfurt eingetragenen Reallasten, abzulösen. Der Verkäufer erfüllte diese Verbindlichkeit nicht und ließ sich auf die Klage des Käufers dazu in contumaciam verurtheilen. Die Exekutions-Anträge hatten keinen Erfolg. Der Käufer erklärte, daß er nun sein Interesse fordern wolle, welches in dem Aufwande bestehe, der gemacht werden müsse, um die Löschung aller Intabulate herbeizuführen. Dieser Aufwand wurde auf 42 Rthlr., 5470 Rthlr. und 12,000 Rthlr. berechnet, welche ad depositum gezahlt werden sollten. Der Verklagte widersprach, behauptend, daß das höchste Interesse nur der Werth des Grundstücks sei. In beiden Instanzen wurde der Beklagte nach dem Antrage des Klägers verurtheilt, weil derselbe rechtskräftig verurtheilt worden sei, die Intabulate zur Löschung zu bringen, mithin auch der Aufwand von ihm bestritten werden müsse. Das Geheime Ober-Tribunal vernichtete, mit Anwendung des obigen Satzes, das Appellations-Erkenntniß der Deputation des Zweiten Senats des Ober-Landesgerichts zu Naumburg, und wies den Kläger mit seinem Exekutions-Antrage angebrachtermaßen ab. Diese Entscheidung ist in keiner Beziehung rechtfertig. Der Appellations-Richter hatte angenommen, es sei der Fall da, wo eine Handlung, auf Kosten des Verurtheilten, durch einen Dritten geleistet werden solle, und daß die zum Depositum einzuziehende Summe der erforderliche Vorschuß zu den Kosten sei, welcher, nach §. 9 der Verordnung vom 4. März 1834, von dem Schuldigen eingezogen werden darf. Er war mithin davon ausgegangen, daß die fragliche Handlung, durch welche die Löschung vorzubereiten, durch Dritte verrichtet werden könne. Das erklärt nun das Geheime Ober-Tribunal für ein offenbares Mißverständniß des Gesetzes, welches nämlich eine solche Handlung voraussetze, wobei die Person des Handelnden gleichgültig sei. Das Geheime Ober-Tribunal meint also s. g. fungible Handlungen. Bis hierher ist das offenbare Mißverständniß noch nicht offenbar, denn nirgend sagt das Ober-Landesgericht zu Naumburg, daß die Handlung, die durch einen Dritten verrichtet werden könne, einen andern Charakter haben dürfe. Es findet sich auch sogleich, daß das angeblich offenbare Mißverständniß nicht in einem unrichtigen Verständniß des Gesetzes, sondern in einer Differenz der Meinungen über den Charakter der fraglichen Handlung liegt. Das Geheime Ober-Tribunal hält nämlich dafür, daß fungible Handlungen solche seien, wo es sich z. B. davon handelt, einen Vertrag durch Unterschrift zu vollziehen, einen Konsens zu suppliren, und dergleichen, nicht aber solche, wo die zu vollbringende Thätigkeit der Art, daß sie nur vermöge der rechtlichen Beziehungen, worin der Verpflichtete steht, von diesem ausgehen kann, so daß das Objekt der Verpflichtung nicht als Handlung an sich, sondern als Handlung der bestimmten Person sich darstellt: bei diesen könne von der Verrichtung durch einen Dritten gar nicht Rede sein. Darin ist beizustimmen, doch kann nach dieser Charakterisirung die Supplirung eines Konsenses unmöglich in die Kategorie der fungiblen Handlungen gehören, da es für ein gewisses Geschäft unter bestimmten Personen doch unmöglich einerlei sein kann: ob es Isaak oder ob es Jakob sei, der dazu seinen Konsens giebt. Dies jedoch bei Seite. Das Geheime Ober-Tribunal meint nun weiter: die die Löschung bedingende Handlung gehöre unter die nicht fungiblen Handlungen, die nicht durch eine willkührlich gewählte Person verrichtet werden können. Denn sie bestehen darin, die Rechtsverhältnisse, auf denen die Eintragung beruhet, zu der Entwicklung hinzuführen, daß sie mit der Löschung der Inskriptionen sich endige. Hieraus gehe zugleich hervor, daß speciell die rechtlichen Beziehungen, worin nur der Implorant verflochten sei, es seien, welche die Resultate der verlangten Thätigkeit, nämlich die Löschung, hervorbringen könnten, und daß also von keiner solchen Handlung die Rede sei, deren Verrichtung nicht an die Person gebunden, sondern einem jeden Dritten zuständig (warum just zuständig? Die Zuständigkeit kommt von dem Exekutionssucher; sonst müßte auch ein Holzhauer nicht eine Klafter Holz in Stelle eines Andern spalten können, denn zuständig ist das Spalten meines Holzes nicht jedem Holzhauer). Daraus soll sich denn ergeben, daß der vorliegende Fall gar nicht zur Anwendung des §. 9 sich eigne. Das Mißverständniß scheint hier auf der Seite des Geheimen Ober-Tribunals zu sein. Ganz und gar nicht ist die eigene Thätigkeit des Verurtheilten erforderlich, um den endlichen Erfolg der Löschung herbeizuführen. Ohne alle Schwierigkeit kann der Erste der Beste das Erforderliche thun: er zahle die 5470 Rthlr. und 12,000 Rthlr. gegen Quittung. Damit ist Alles geschehen. Von Auflösung von Verhältnissen und dergleichen ist dabei gar keine Rede, die können bleiben wie sie sind, nur die Hypothek soll erlöschen, und dazu bedarf es nur der Zahlung gegen Quittung (Hyp.-Ordn. Tit. 2, §. 244); die Handlung der Zahlung aber kann jeder Dritte verrichten. A. L. R. Th. I, Tit. 16, §. 49. Wenn sich gegen die Entscheidung des Appellations-Richters etwas sagen ließe, so wäre es Das, daß Er den Fall als vorhanden angenommen hat, wo der Exekutionssucher die Leistung der Handlung durch einen Dritten, und die Einziehung der dazu erforderlichen Kosten von dem Exequendus angenommen hat, während der Exekutionssucher, wie es scheint, in dem dritten Falle war, sein Interesse zu liquidiren, welches freilich eine andere, weit geringere Summe, dargestellt haben würde.

Das Geheime Ober-Tribunal tritt nun weiter auch der Meinung des Exequendus bei, daß der Exekutionssucher überhaupt nichts anderes als nur sein Interesse, das höchstens in dem Werthe des ganzen Grundstücks bestehe, rechtlich fordern dürfe. Denn es liege nur ein Vertretungsfall vor, da hier die Freiheit von Lasten vorbedungen und nicht gewährt sei; in welchem Falle, wenn der Käufer nicht auf den Rücktritt vom Vertrage eingehe, dem Käufer so viel geleistet werden müsse, als die Sache weniger dadurch werth sei. Die §§. 325, 326, 328, 334, Tit. 5, Th. I des A. L. R. ließen hierüber keinen Zweifel. Danach könne es keinem Bedenken unterliegen, den Fall unter diese Bestimmungen zu begreifen. Die Sache unterliegt jedoch gar großen Bedenken. Das Geheime Ober-Tribunal verwechselt den Fall, wo der Käufer nur das Mittel der ädilitischen Klagen hat, mit dem, wo ihm die Kontraktsklage zu Gebote steht. Hat der Käufer die Kontraktsklage, so hat er weder die actio redhibitoria (Rücktritt) noch die actio quanti minoris (Forderung des Minderwerths) nöthig, noch viel weniger kann er, wie das Geheime Ober-Tribunal hier ausspricht, gezwungen werden, seine Kaufkontraktsklage bei Seite zu lassen und eine der beiden ädilitischen Klagen zu wählen. Diese Klagen sind dann, als Ergänzungsklagen, noch zu Diensten, wenn die actio amti nicht gegeben, d. h. keine ausdrückliche Verabredung getroffen ist. Unfindbar ist ein Grund, dem Käufer seine Kontraktsklage abzusprechen. Die herbeigezogenen landrechtlichen Bestimmungen sind theilweis mißverstanden, theils unrichtig angewendet. Der §. 334 bezieht sich auf einen andern Fall. Der §. 325 aber sagt: der Versprechende soll zunächst angehalten werden können 2c. Erst wenn er nicht erfüllen kann, sollen dem Andern die weiter bestimmten Befugnisse (Rücktritt oder Interesse) zustehen. In dem vorliegenden Falle ist das Versprochene möglich. Wie vermag nun der Versprechende von seiner Verbindlichkeit freigesprochen zu werden, bloß weil es ihm viel Geld kosten würde!

II. Die in dem §. 9 des Gesetzes vom 4. März 1834 über die Exekution in Civilsachen gegebenen Bestimmungen sind in soweit als Vorschriften des materiellen Rechts zu betrachten, als die Anwendbarkeit der verschiedenen Vollziehungsarten überhaupt in Frage kommt.

Ist nicht zu bezweifeln; die gemeinten Bestimmungen enthalten die Grundsätze für die actio judicati.

№ 2.

Uebergabe durch bloße Willenserklärung.

Außer dem Falle, daß der neue Erwerber einer Sache dieselbe bereits aus einem frühern Rechtsgrunde in seinem Besitze hat (brevi manu traditio), und dem, wo der bisherige Besitzer der Sache dieselbe für einen Andern besitzen zu wollen erklärt (constitutum possessorium), genügt die bloße Willens-Erklärung des bisherigen Besitzers nicht, um den Besitz auf einen Andern zu übertragen, vielmehr muß von Seiten des Letztern auch noch eine Handlung, die Besitzergreifung, hinzukommen, um ihn in den Stand zu setzen, über die Sache zu verfügen. Nur durch eine derartige Besitzergreifung wird, bei einer Uebergabe durch bloße Willensäußerung, das Eigenthum einer Sache erworben, und die Klage auf Herausgabe der Sache gegen einen dritten Besitzer begründet.

Richtig und unbestritten. Ein Gärtner verkaufte seine Gärtnerstelle „mit dem dazu gehörigen Auengarten.“ Die Uebergabe der Stelle erfolgte, im Besitze des Auengartens war jedoch ein Dritter, der sich auch behauptete. Der neue Erwerber der Stelle vindicirte nun den „Auengarten“ als Pertinenz und wurde von dem Richter erster Instanz abgewiesen. Der Erste Senat des Ober-Landesgerichts zu Glogau änderte das Urtel ab und verurtheilte den Besitzer zur Herausgabe des Grundstücks. Dieses Appellations-Erkenntniß wird von dem Geheimen Ober-Tribunal vernichtet, mit Recht.

№ 3.

Schädliche Bauanlagen.

Zu den Anlagen, welche von den benachbarten Gebäuden, Mauern und Scheunen wenigstens drei Fuß rheinländisch entfernt bleiben müssen, sind auch bewegliche Anlagen zu zählen, wenn sie zu dauernden Zwecken gemacht sind.

Eine sehr glückliche Fortentwicklung des Rechtsstoffes. Ein Lichtfabrikant hatte für den Betrieb seines Gewerbes auf seinem Hofe zwei hölzerne Wasserbehälter von 6 Fuß 2 Zoll Höhe und 5 Fuß im Durchmesser aufstellen lassen, die stets mit Wasser gefüllt unterhalten wurden und bei der Benutzung übergossen. Beide standen nur wenige Zoll von der Giebelwand des Nachbarhauses; und an diese Wand ließ der Lichtzieher auch öfters den ausgelaugten, ganz feuchten Kalk aufschütten, der bisweilen bis auf 15 Fuß hinaufreichte. Der Nachbar klagte auf Abrückung der Wasserbehälter und der Kalkhaufen. Die Richter beider Instanzen erkannten nach dem Antrage und das Geheime Ober-Tribunal wies die gegen das Appellationsurtel eingelegte Richtigkeits-Beschwerde als unbegründet zurück.

№ 4.

Scheidemauern zwischen Gebäuden. Servitus oneri ferendi.

I. Der fünfte Abschnitt des Tit. 17, Th. I des A. L. R. „von Grenzscheidungen" bezieht sich nicht auf Scheidemauern zwischen Gebäuden.

II. Die aus dem Vorhandensein von Blenden in einer Scheidemauer abgeleitete Vermuthung des Eigenthums derselben in den §§. 159—161, Tit. 8, Th. I des A. L. R. findet auch auf Scheidemauern zwischen Gebäuden Anwendung.

III. Die servitus oneris ferendi begründet die Verpflichtung des Eigenthümers der belasteten Mauer, sich einseitiger Verfügungen über letztere zu enthalten.

Alle drei Sätze sind anzuerkennen. Ein Hausbesitzer in Halle hatte die einfache Giebelwand zwischen seinem und seines Nachbars Hause niedergerissen ohne den Nachbar vorher darum zu befragen. Das Nachbarhaus bekam in Folge dessen Risse. Der Nachbar forderte Schadensersatz, darauf gestützt, daß die Mauer gemeinschaftlich gewesen sei. Der Beklagte bestritt das Miteigenthum des Klägers an der Mauer, behauptete vielmehr, Allein-Eigenthümer derselben zu sein und hielt sich deshalb zum Schadensersatz nicht für verpflichtet. Das Gericht erster Instanz erkannte den Beklagten für den Allein-Eigenthümer an und wies den Kläger ab. Der Appellationsrichter (der Zweite Senat des Ober-Landesgerichts zu Naumburg) erkannte die Mauer für eine gemeinschaftliche und verurtheilte den Beklagten. Den Beweis für die Gemeinschaftlichkeit der Mauer entnahm er aus einer praesumtio juris et de jure, welche in der Natur der Sache und in den gesetzlichen Vorschriften über Grenzscheidungen (A. L. R. Th. I, Tit. 17, §§. 362—388) begründet sein sollte. Das erklärt das Geheime Ober-Tribunal für Verletzung eines Rechtsgrundsatzes; die Nichtigkeits-Beschwerde wird deshalb zwar für begründet erachtet, das angefochtene Urtel aber gleichwohl aufrecht erhalten, weil, wenn auch der Beklagte Allein-Eigenthümer der Mauer sei, er dennoch nicht einseitig darüber habe verfügen dürfen, vermöge der dem Nachbar darauf zugestandenen servitus oneris ferendi, weshalb der Entschädigungs-Anspruch wohlbegründet sei. Eine Aenderung des Klagefundaments werde dadurch nicht begangen, denn Letzteres sei nur ein Theil des behaupteten stärkeren Rechts. „Nicht das Miteigenthums-Recht an der Mauer, sondern die widerrechtliche Handlung des Verklagten, die er durch einseitige Verfügung über die Mauer beging, bildet das Fundament der Entschädigungs-Verbindlichkeit des Verklagten; das Miteigenthumsrecht des Klägers sollte dessen Sachlegitimation begründen, die aber auch bei einer bloßen Servitut-Berechtigung für vorhanden angesehen werden mußte, und wodurch also das eigentliche Fundament des klägerischen Anspruchs ganz unberührt bleibt.“ Der Satz, daß hier eine Aenderung des Klagefundaments nicht begangen, ist ganz richtig und dadurch ist die Entscheidung völlig gerechtfertigt; aber der Beweis des Satzes ist durchaus nicht rechtswissenschaftlich. Die Klage ist hier nicht etwa eine Deliktsklage wegen einer unerlaubten Handlung, wie gemeint zu werden scheint; sondern keine andere als diejenige dingliche Klage, welche zum Schutze des verletzten dinglichen Rechts gegeben ist. Behauptet also der Kläger Miteigenthum, so ist es die Eigenthumsklage, welche auf Anerkennung des bestrittenen Miteigenthums und zugleich auf Schadensersatz (dieser ist ein bloßes Accessorium) geht; wird eine Servitut behauptet, so ist die entsprechende Klage die actio confessoria. Danach ist denn, wenn man lediglich auf das R. R. sieht, eine Aenderung des Klagfundaments schwerlich zu läugnen. Allein das Preußische Recht weicht darin von dem R. R. ab, daß es die reivindicatio und die actio confessoria nicht als zwei verschiedene Species unterscheidet, vielmehr beide Klagen als Vindikations-Klagen behandelt, was um so folgerechter ist, als auch an Rechten ein Eigenthum angenommen wird, weshalb die für körperliche Sachen gegebene Vindikationsklage auch auf unkörperliche Gegenstände des Eigenthums angewendet wird. A. L. R. Th. I, Tit. 15, §. 3; Th. I, Tit. 20, §. 118. Das ist der rechtliche Grund, warum in dem vorliegenden Falle in der That keine Aenderung des Klagefundaments begangen war, möglicherweise konnte nur eine Pluspetition vorgekommen sein.

№ 5.

Perfektion des Cessionsgeschäfts.

Zur Rechtsbeständigkeit einer Cession ist ein vorgängiger, in an sich rechtsbeständiger Form abgeschlossener Vertrag nicht erforderlich; das Cessions-

Instrument ist, als die Erfüllung einer mündlichen Verabredung enthaltend, genügend, indem in solchem Falle die Annahme desselben als Vollendung des Cessionsgeschäfts zwischen dem Cessionar und dem Cedenten zu betrachten ist.

Liegt aber nichts weiter vor, als die geschehene Zusendung eines Schuld-Instruments an einen Dritten, nebst einer von dem darin genannten Gläubiger an diesen Dritten ausgestellten Cessions-Urkunde, so kann aus dem Stillschweigen des Letztern, und der nicht erfolgten Zurücksendung jener Urkunden, die geschehene Abschließung eines Cessionsgeschäfts nicht gefolgert werden.

Daran läßt sich aus Rechtsgründen nicht zweifeln. Ein Zimmermeister war einer Handlung für Hölzer 2499 Rthlr. Kaufgeld schuldig. Statt zu bezahlen cedirte er der Handlung eine Hypothekenpost mit der Angabe, daß er den Werth durch an ihn verkaufte Hölzer erhalten habe, und ließ ihr das Instrument mit der Cession zusenden. Die Handlung ließ das Dokument bei sich liegen, klagte aber dann gegen den Schuldner auf Zahlung. Dieser machte nun den Einwand der datio in solutum; die Handlung aber leugnete, je diese Angabe angenommen zu haben. Das Stadtgericht zu Berlin hielt den Einwand für begründet und wies den Kläger ab. Der Ober-Appellations-Senat des Kammergerichts reformirte dieses Urtel und das Geheime Ober-Tribunal bestätigte das Appellations-Erkenntniß in der Revision. In der That ist ganz unerfindbar, wie Jemand dadurch, daß ihm Etwas unverlangt ins Haus geschickt wird, irgend wie soll verpflichtet werden können, eine Handlung zu leisten, einen Brief zu schreiben oder einen Boten zu senden; er ist nur gehalten zu leiden, daß der Einsender sich die Sache wieder abhole, mag dieser also kommen, sich zu erkundigen, und seine Sache mitzunehmen.

№ 6.

Nachforderung von Verzugszinsen.

Verzugszinsen, die nicht auf einem Urtel beruhen, können nicht nachgefordert werden, sobald über das Kapital ohne Vorbehalt quittirt worden, mag über die Zahlung des Kapitals ein Erkenntniß ergangen sein oder nicht.

Ist schon oben, S. 275, besprochen. Ebendasselbe gilt auch von den Judikatzinsen, d. h. von den Verzugszinsen, welche vom Tage des ergangenen Urtels zu laufen anfangen. Solches ist durch den spätern Plenarbeschluß vom 12. September 1845 (Neue Folge, Bd. I, S. 1) ausgesprochen. Derselbe entscheidet noch eine andere Streitfrage, nämlich: ob Verzugszinsen, welche bei der Einklagung des Hauptstuhls der Forderung nicht zugleich mit eingeklagt worden sind und worauf der Richter auch nach §. 58, Th. I, Tit. 23 der A. G. O. nicht von Amts wegen erkannt hat, in einem spätern Prozesse noch nachgefordert werden können, nach der Meinung, welche ich für die richtige halte und schon anderswo zu begründen versucht habe, verneinend. Recht der Forder., Bd. I, S. 117.

№ 7.

Verantwortlichkeit des ohne schriftliche Vollmacht handelnden Bevollmächtigten.

Wer mit einem Bevollmächtigten, der mit schriftlichem Auftrage nicht versehen war, sich eingelassen hat, kann nicht den Bevollmächtigten auf Schadloshaltung in Anspruch nehmen, wenn er den Machtgeber, des Mangels der schriftlichen Vollmacht ungeachtet, sei es wegen hinzugetretener Genehmigung oder aus sonstigen Gründen, auf Erfüllung des mit dem Bevollmächtigten eingegangenen Vertrages hat in Anspruch nehmen können.

Das ist nicht unbedingt zu unterschreiben, vielmehr muß noch die Bestimmung, daß der andere Kontrahent schon vor Eingehung des Kontrakts erfahren haben muß, wer denn der angebliche Machtgeber sei, hinzukommen. Denn ein Jeder muß doch wohl ein Recht haben zu wissen, mit Wem er sich einlassen soll, damit ihm nicht hinterdrein ein Habenichts als Herr des Geschäfts vorgeführt werden darf. Was hilft Das dem Gewerbsmanne, wenn ein solcher Mensch das angeblich in seinem Auftrage geschlossene Geschäft auch genehmigt. Wenn ein angeblicher Bevollmächtigter seinen Machtgeber, in dessen Namen er kontrahirt, nicht namhaft macht, so ist es keinesweges Rechtens, daß der angebliche Bevollmächtigte außer Verbindlichkeit sei. Von dieser Art ist der vorliegende Fall. Jemand hatte für 115 Rthlr. Schweine verkauft und übergeben. Der Abnehmer bezahlte nicht und auf die gegen ihn angebrachte Klage wendete er ein, daß er für einen Dritten, einen gewissen F., gekauft habe, und schwor: daß er bei dem Ankauf der Schweine sich nicht dem Kläger verpflichtet, das Kaufgeld zu bezahlen, überhaupt auch nicht für seine Person die Schweine gekauft habe. Der Kläger wurde nun angebrachtermaßen abgewiesen und nahm darauf den F. in Anspruch. Dieser ließ sich in contumaciam verurtheilen. Das half aber dem Verkäufer nichts, denn die Exekution war vergeblich und die Schweine waren konsumirt. Der Verkäufer klagte von Neuem gegen den Abnehmer auf Schadloshaltung. Der erste Richter wies ihn ab, der Appellationsrichter (die Deputation des Zweiten Senats des Ober-Landesgerichts zu Magdeburg) verurtheilte den Beklagten, weil der von ihm im Vorprozesse beschworene Umstand, daß er nicht für seine Person gekauft habe, ihn nicht gegen die Verantwortung, die er dafür tragen müsse, daß er den Kläger davon, daß er nur als Bevollmächtigter auftrete, nicht in Kenntniß gesetzt habe, in Schutz nehme. Darin hat der Appellationsrichter vollkommen Recht. Der Kläger mußte in die Lage versetzt werden, daß er sich frei bestimmen konnte: ob er mit dem hinter den Coulissen steckenden Dritten kontrahiren wollte oder nicht; wenn ihm das nicht gesagt wurde, so war die handelnde und schließende Person sein Kontrahent. Das Geheime Ober-Tribunal meint jedoch, man brauche seinen Kontrahenten nicht zu kennen; es sei genug, wenn nach abgeschlossenem Geschäfte der Erste Beste herbeikomme und sage: er sei der Machtgeber; denn nun könne der Machtgeber unmittelbar in Anspruch genommen werden. Auf diesen Grund hin wird das Appellationsurtel kassirt. Wenn das Recht ist, so haben die Industrieritter eine neue rechtmäßige Erwerbsquelle; dergleichen Leute, die sich hinterdrein zur Genehmigung von

Verträgen einfinden, um sich als Machtgeber verklagen zu lassen, giebt es in Menge.

№ 8.

Mündliche Bezeichnung eines Bevollmächtigten zum Geldempfange.

Der Rechtsgrundsatz, daß eine von einem Dritten, an einen durch mündliche Eröffnung bezeichneten Bevollmächtigten geschehene Leistung von Demjenigen, welcher in dieser Art die Beauftragung erklärte, anerkannt werden müsse, findet auch auf den Fall Anwendung, wenn der Bevollmächtigte nicht zur Abschließung eines Geschäftes, sondern nur zur Empfangnahme einer bereits feststehenden Zahlung dem Dritten mündlich bezeichnet war.

Die Richter beider Instanzen hatten diese Rechtswahrheit verkannt. Jemand hatte für einen Andern 417 Rthlr. erhoben, um davon 200 Rthlr. für sich zu behalten und die übrigen 217 Rthlr. an einen gewissen N. zu zahlen. Statt an den N. zu zahlen, zahlte er an einen gewissen D., und zwar auf Grund eines mündlichen Auftrags, welchen N. dem D. zur Empfangnahme des Geldes von jenem Erheber, in dessen Gegenwart gegeben hatte. N. klagte später gegen den Erheber auf Zahlung von 200 Rthlr., behauptend, daß er nur 17 Rthlr. erhalten habe. Die Richter beider Instanzen hielten den Einwand des Beklagten, daß D. der mündlich beauftragte Zahlungsnehmer des Klägers gewesen sei, für unerheblich und verurtheilten den Beklagten. Darin findet das Geheime Ober-Tribunal mit Recht eine Verletzung von Rechtsgrundsätzen.

№ 9.

Verhaftung des Benefizialerben für die Nachlaß-Schulden.

I. Wenn nach erfolgter Erbschaftstheilung der einzelne Beneficialerbe nicht über den Betrag des „erhaltenen Erbtheils“ hinaus, für das Ganze belangt werden soll, so ist damit die bei der Theilung ihm abgeschichtete Summe gemeint, und kann auf Verluste, die ihn dabei erst nach der Theilung betreffen, keine Rücksicht genommen werden.

II. Die Verpflichtung zur Rechenschafts-Ablegung erstreckt sich, auch für den einzelnen unter mehreren Beneficialerben, über den ganzen Nachlaß, und nicht bloß über seine Erbportion.

Eine Meinungs-Verschiedenheit ist wohl über diese Sätze nicht; bei Entscheidung des mitgetheilten Rechtfalles, dessen Geschichte nicht ganz einfach ist, scheint ein bloßer Irrthum der Richter beider Instanzen obgewaltet zu haben.

№ 10.

Verwandlung einer Grundgerechtigkeit in ein persönliches Nutzungsrecht.

Durch die Vorschrift des §. 23, Tit. 19, Th. I des A. L. R. kann die Verwandlung einer Grundgerechtigkeit in ein persönliches Nutzungsrecht, ohne Zuziehung des Besitzers des verpflichteten Grundstücks, nicht gerechtfertigt werden. Eine Abtrennung der Grundgerechtigkeit von dem berechtigten Gut, und einseitige Uebertragung an eine Person, ist unstatthaft.

Der Ausspruch wird auf die Schaftrift-Gerechtigkeit angewendet und in dieser Anwendung hat er doch seine großen Bedenken. Der Fiskus zerstückelte einen Meierhof im Regierungsbezirk Minden und veräußerte die Schaftrift-Gerechtigkeit auf die Gründe einer Stadt als eine selbstständige Berechtigung für 400 Rthlr. Die Stadtgemeine wollte nun die Ausübung der Schaftrift nicht mehr leiden und klagte gegen den Inhaber auf Erkennung eingetretener Erlöschung. Der Erste Senat des Ober-Landesgerichts zu Paderborn erkannte nach dem Antrage; der Zweite Senat desselben reformirte und wies die Klägerin ab; das Geheime Ober-Tribunal vernichtete das Appellationsurtel und bestätigte das Erkenntniß erster Instanz. In der That, die Rechtfertigkeit dieser Entscheidung ist nicht klar. Die Schaftrift-Gerechtigkeit ist der Jagd-Gerechtigkeit, in ihrer rechtlichen Natur, wenn nicht gleich, doch sehr nahe verwandt, denn die Zufälligkeit, daß die Jagd-Gerechtigkeit in einem großen Theile des Landes dem Fiskus als ein besonderes

Vorrecht zusteht, ändert die Natur nicht um; in andern Landestheilen hat der Fiskus die Jagd nie gehabt und doch hat sie dort keine andere rechtliche Beschaffenheit als die eines Vorrechts der Gutsherrschaften. Und für ein besonderes Vorrecht der Gutsherrschaften erklärt das A. L. R. Th. I, Tit. 22, §. 146 auch die Schäferei-Gerechtigkeit. Die Römischen Grundsätze von Prädial-Servituten passen auf dergleichen deutschrechtliche Nutzungsrechte an fremdem Eigenthum gar nicht. Freilich, die Wegegerechtigkeit muß erlöschen, wenn das berechtigte Grundstück untergeht, das leuchtet ein. Aber warum die Schafheerde, die bisher auf fremden Weiden ernährt worden ist, von dem Augenblicke an, wo ihr Stall und Hof versinkt, auf ihren Weiden nicht mehr soll fressen dürfen, das ist nicht zu ergründen. Die Sache muß wohl noch weiter erwogen werden.

№ 11.

Verfolgung des persönlichen Rechts bei Hypothekenschulden.

I. Ein Hypothekengläubiger, der seinem Pfandrecht an der, nicht mehr in den Händen des persönlichen Schuldners, sondern eines dritten Besitzers befindlichen, verpfändeten Sache entsagt, oder auch bei eröffnetem Kreditwesen über dessen Vermögen sich nicht meldet, und deshalb von solcher Kreditmasse präkludirt wird, verliert dadurch nicht sein Recht, sich wegen seiner Befriedigung an den persönlichen Schuldner zu halten.

Ist schon zu Bd. V, № 31, oben S. 386 besprochen.

II. Die Pflicht des Pfandgläubigers, dem Schuldner, nach gehörig geleisteter Erfüllung der Haupt-Verbindlichkeit, das dafür gegebene Pfand in eben dem Stande, in dem solches übergeben worden, zurückzugewähren, findet nur bei dem, mit der Gewahrsam der Sache verbundenen Pfandrecht im engeren Sinne statt; erstreckt sich dagegen nicht auf das, unabhängig von dem Besitz der verpfändeten Sache, durch die Eintragung entstandene Hypothekenrecht.

Ist unzweifelhaft. Ein persönlicher Schuldner wollte daraus, daß der Gläubiger sich mit der Hypothek hatte präkludiren lassen, den Einwand hernehmen, daß ihm der Gläubiger das ihm eingeräumte Unterpfand nicht wieder zurückgeben könne. Das Hypothekenrecht ist jedoch nicht das Unterpfand, sondern das Grundstück, und Dieses hatte der persönliche Schuldner verkauft. Das Stadtgericht zu Berlin erachtete aber den Einwand doch für begründet und wies den Kläger ab. Das Appellationsurtel fiel indeß anders aus, und das Geheime Ober-Tribunal bestätigte solches.

III. Die Verjährung der persönlichen Schuldverbindlichkeit des ursprünglichen Schuldners einer durch eine Hypothek versicherten Forderung wird durch die alleinige Verfolgung des Hypothekenrechts von Seiten des Gläubigers gegen den dritten Besitzer des für die Schuld verpfändeten Grundstücks nicht unterbrochen.

Davon ist schon oben, S. 148, gesprochen.

№ 12.

Rechtsverhältnisse bei noch nicht vollendetem Hypothekenbuche.

I. Bei noch nicht vollendetem Hypothekenbuche bleibt die Vorschrift des §. 408, Tit. 20, Th. I des A. L. R. außer Anwendung.

II. Auch der §. 3 der Verordnung, vom 4. März 1834, über den Subhastationsprozeß, kann, wenn dergleichen Grundstücke, deren Hypothekenbuch noch nicht vollendet ist, zur Subhastation gestellt werden, keine Wirkung äußern.

III. Bei eben denselben Grundstücken gewährt nur eine solche Anmeldung eines Realrechts die Priorität, welche die Ertheilung des Interims-Rekognitionsscheins zur Folge gehabt hat.

Dabei ist überall kein Bedenken.

№ 13.

Anwendung des §. 410, Tit. 20, Th. I des A. L. R. bei noch nicht erfolgter Eintragung.

Die, gesetzlich einer jeden, auf den Grund eines an sich rechtgültigen Titels gegen den eingetragenen Besitzer erfolgten Hypotheken-Bestellung auch für den Fall beigelegte dingliche Kraft, wenn sich gleich in der Folge findet, daß dieser eingetragene Besitzer nicht der wahre Eigenthümer gewesen sei, setzt in der Anwendung den Fall der wirklich stattgefundenen Eintragung der Forderung voraus. Dagegen kann der Fall, wenn der Gläubiger, auf den Grund eines gültigen Titels zur Hypothek gegen den eingetragenen Besitzer, die Eintragung zwar nachgesucht, diese aber, wegen eines, von dem dritten Besitzer des Grundstücks gleich nachher eingelegten Widerspruchs gegen die Eintragung, nicht stattgefunden hat, nicht unter die Vorschriften über die Wirkung eines durch die Eintragung entstandenen Hypothekenrechts gestellt werden.

Gegen einen im Hypothekenbuche noch als derzeitiger Besitzer eingetragenen Exequendus wurde von dem Prozeß-Richter die Eintragung der beizutreibenden Forderung nachgesucht. Bevor diese noch geschehen war, meldete sich ein Dritter als Eigenthümer und protestirte gegen die Eintragung. Diese unterblieb. Der Gläubiger wollte jedoch die Eintragung gegen den neuen Besitzer durchsetzen und klagte gegen ihn. Der Richter erster Instanz (in Mühlhausen) war der Meinung: es komme dabei auf die Priorität der Eigenthums-Erwerbung oder der Präsentation des Eintragungs-Gesuchs an, und erkannte auf den (noch durch einen Eid festzustellenden) Fall, daß die Uebergabe des Grundstücks an den neuen Besitzer erst nach der Präsentation des Eintragungs-Gesuchs geschehen, auf Eintragung. So sentirte auch die Deputation des Ober-Landesgerichts zu Halberstadt in der Appellation. Allein das Geheime Ober-Tribunal vernichtete solche Entscheidung und wies den Kläger ab, worin durchaus beizustimmen ist.

№ 14.

Nießbrauchsrecht des Ehemannes an den Illaten.

Ein Ehemann, welcher die Illaten seiner Ehefrau auf sein Grundstück hat hypothekarisch eintragen lassen, kann, wenn er die Cession dieser Illaten an einen Dritten bewilligte, dem Cessionar dieser Forderung nicht entgegensetzen, daß, weil die cedirende Ehefrau nicht mehr Recht habe übertragen können als sie selbst gehabt, ihm der Nießbrauch an den cedirten Illaten belassen werden müsse.

Zu was für Praktiken alle das Recht benutzt und auch wirklich von Manchen für dienlich gehalten wird! Eine Frau cedirt mit Zustimmung ihres Mannes eine auf dessen Grundstück eingetragene Illatenpost, gegen Bezahlung der Valuta. Der Mann will aber darauf seine Schuld nicht bezahlen, weil ihm der ehemännliche Nießbrauch daran zustehe, der nicht mit cedirt worden. Also will er seinen Nießbrauch auf Kosten fremder Leute verdoppeln! Denn die bezahlte Valuta gehört ja auch zu den Illaten, folglich macht dieser Mann Anspruch auf den Genuß der veräußerten Sache und auf das dafür bezahlte Pretium zugleich. Dennoch hatte der Appellationsrichter (der Zweite Senat des Ober-Landesgerichts zu Frankfurt), unter Abänderung des Erkenntnisses erster Instanz, den Cessionarius ab und zur Ruhe verwiesen.

Daß

Daß solche Entscheidung kassirt werden würde, war mit Sicherheit zu erwarten. Die Entscheidungsgründe des Geheimen Ober-Tribunals sind für den Fall viel zu gründlich.

№ 15.

Erwerbung von Grundstücken von Seiten der Korporationen, insbesondere der Kirchengesellschaften.

Die landrechtliche Bestimmung, daß Korporationen und insbesondere Kirchengesellschaften zur Erwerbung von Grundstücken der ausdrücklichen Bewilligung des Staates bedürfen, ist durch neuere Gesetze nicht aufgehoben; sie kommt auch dann zur Anwendung, wenn die Erwerbung des Grundstücks durch Schenkung oder letztwillige Zuwendung erfolgen soll. Ob der Werth desselben 1000 Rthlr. übersteigt oder nicht, macht dabei keinen Unterschied.

Gegen diesen staatsrechtlichen Satz, wonach Veräußerungen von liegenden Gründen an die todte Hand nur mit Genehmigung des Staats gültig geschehen können, ist kein Bedenken; auch haben die Richter in allen Instanzen bei der Entscheidung des mitgetheilten Rechtsfalls darüber gleichförmig geurtheilt. Aber etwas Anderes ist dabei nicht erklärlich. Jemand verkaufte ein Ackerstück von 82 Morgen an den Gutsbesitzer. Als dieser den Acker bestellen wollte, fand er ihn im Besitze des Pfarrers, der ihn auf Grund einer mündlichen Schenkung von dem Verkäufer vor dem

Verkaufe übergeben erhalten hatte. Nun tritt der Käufer gegen den Pfarrer und die Kirche wegen Herausgabe des Grundstücks klagend auf, und die Beklagten werden auch zur Herausgabe verurtheilt. Wie kommt aber der Käufer zur Vindikationsklage gegen einen dritten Besitzer? Eigenthümer war er noch nicht geworden, da ja die Uebergabe unmöglich gewesen war. Zwar klagte er „unter Adcitation seines Verkäufers", dadurch konnte er aber die Klage nicht erwerben; er mußte sie schon haben als er den Richter anging. In diesem Punkt ist der Fall räthselhaft. Daß von Seiten der Beklagten kein darauf gerichteter Einwand gemacht worden sein mag, erklärt die Erscheinung nicht, weil der Mangel eines Klagrechts nicht erst gerügt zu werden braucht, sondern von dem Richter ex officio beachtet werden muß. Pl.-Beschl. vom 14. März 1842, Bd. VII, № 33. S. oben S. 511.

№ 16.

Nutzungsrecht der Pfarreien an den Gemeingründen.

Auch die Pfarreien, deren Aecker und Wiesen auf der Dorfsfeldmark mit den bäuerlichen Grundstücken im Gemenge liegen, sind als Miteigenthümer der Gemeingründe zu betrachten, und namentlich zu deren Nutzung durch Hütung berechtigt, ohne Unterschied, ob die Pfarrgrundstücke von einem im Dorfe belegenen Wirthschaftshofe aus genutzt worden oder nicht.

Das ist noch zu erwägen. Der Fall ist dieser: In der Hemstedter Feldmark besitzt die dortige Pfarre, die jedoch von dem Pfarrer in Lüffingen verwaltet wird und keinen Hof in Hemstedt hat, Aecker und Wiesen. Die bäuerlichen Grundbesitzer wollten sich wegen der gemeinschaftlichen Hutung auseinandersetzen. Der Pfarrer in Lüffingen nahm ein Theilnahmerecht in Anspruch. Von ihm und seinem Amtsvorgänger war ein Hütungsrecht nie ausgeübt worden. Die General-Kommission zu Stendal sprach der Pfarre ein Theilnahmerecht zu. Das Revisions-Kollegium zu Magdeburg änderte diese Entscheidung, und wies die Pfarre ab. Das Geheime Ober-Tribunal stellte das erste Erkenntniß wieder her. Ich meine aber, daß das Revisions-Kollegium zu Magdeburg Recht hat und daß die Entscheidung des Tribunals nicht rechtfertig ist. Der Appellationsrichter gründet sein Urtel darauf, daß der bloße Besitz von Aeckern und Wiesen auf einer Dorfflur ein Miteigenthum an dem der Gemeine zustehenden Hütungsrecht, nach §§. 28, 30, 32, Tit. 7, Th. II des A. L. R., nicht begründe. Dazu sagt das Geheime Ober-Tribunal: „allein unter den Besitzern der in einem Dorfe oder in dessen Feldmark gelegenen bäuerlichen Grundstücken, welche nach §. 18 daselbst die Dorfgemeine ausmachen, und unter den angesessenen Wirthen (§§. 18, 22, 31) sind nicht bloß die Besitzer der im Dorfe vorhandenen bäuerlichen Wirthschaften, sondern auch die auswärts wohnenden Besitzer der, in der Feldmark belegenen bäuerlichen Grundstücke zu verstehen.“ Darin kann man beistimmen. Aber das ist etwas für unsern Fall sehr gleichgültiges: denn die Pfarrwiedemuth ist kein b ä u e r l i c h e s Grundstück. Was für ein Gesicht würde ein Pfarrer, der nicht selten eigene Gerichtsbarkeit hat, zeigen, wenn man ihn zu einem Mitgliede der Bauergemeine machen wollte! Das

Geheime Ober-Tribunal kommt auch auf den Punkt. „Die Grundstücke, für welche die Theilnahme verlangt wird, gehören zwar einer Pfarre; wenn sie aber auch durch diese ihre Eigenschaft gewisse Privilegien genießen mögen, befinden sie sich deshalb doch in ganz gleichem Verhältnisse mit den bäuerlichen Grundstücken, zu deren Feldmark sie gehören, vermöge der Gemeinsamkeit der Benutzung." Das Sagen ist noch kein Beweis; die Pfarrwiedemuthen sind nicht bäuerliche Grundstücke und gehören nicht zur Bauernfeldmark. „Vermöge der Gemeinsamkeit der Benutzung" soll ein ganz gleiches Verhältniß mit den bäuerlichen Grundstücken eintreten. Auch das ist nicht der Fall. Die Gemeinschaft, wenn sie stattfindet, ist ein besonderes Verhältniß, was allerdings möglich ist, ohne daß alle Theilnehmer Bauern sind, aber dann muß der Beweis nicht aus den Bestimmungen über die Mitgliedschaft bei der Bauergemeinde hergenommen werden. Die Gemeinschaft der Hütung ist übrigens in dem vorliegenden Rechtsfalle thatsächlich nicht vorhanden gewesen.

№ 17.

Zeitpunkt des Eigenthums bei regulirten Bauergütern.

I. Die bäuerlichen Besitzer haben durch das Edikt vom 14. September 1811 nur einen Anspruch auf Verleihung des Eigenthums, nicht unmittelbar und Kraft des Gesetzes das Eigenthum selbst erworben.

II. Erst mit der Vollziehung des Auseinandersetzungs-Rezesses tritt das volle Eigenthumsrecht in Wirksamkeit.

III. Stirbt der Besitzer vor vollzogener Auseinandersetzung: so wird die erbliche Nachfolge in den Hof nach der bisher bestandenen bäuerlichen Succession bestimmt.

Alle drei Sätze sind für richtig anzuerkennen. Das dagegen verstoßende Appellations-Erkenntniß des Ober-Landesgerichts zu Cöslin in dem mitgetheilten Rechtsfalle ist deshalb mit Recht vernichtet worden.

№ 18.

Ausschließlicher Gebrauch einer Firma.

Um einer als Firma gebrauchten Bezeichnung den Charakter einer solchen zu verschaffen, welche andere Personen von der Anwendung dieser Bezeichnung ausschließt, muß die Firma eine oder mehrere Personen benennen; wohingegen die Benennung einer Fabrik nach der in derselben fabrizirten Waare, wenn auch diese Waare ihre Bezeichnung nach irgend einer Person erhalten hätte, nicht als ausschließliche Firma gelten kann.

Eine Firma ist der Name einer Handlung, d. h. der angenommene Name, unter welchen Kaufleute Handlung treiben wollen, also nicht eigentlich der Name einer Handlung, d. i. Handelsanstalt, sondern ein Personenname für die Herren der Anstalt. Die Frage ist also: wovon muß der angenommene Name hergenommen sein um als Firma zu gelten? Kann z. B. ein Modenhändler und Compagnie sich „Morgenhaube" und Compagnie oder sonstwie nach einem Modenartikel nennen? In Erfurt hatte ein Glanzwichse-Bereiter als Firma die Benennung: „Fabrik Habermannscher Glanzwichse" angenommen und angezeigt, und in Breslau sind kürzlich unter der Firma „Kassen-Verein" Wechsel oder Zahlungs-Anweisungen ausgegeben worden. Ueber die Firma „Fabrik Habermannscher Glanzwichse" ist ein Prozeß entstanden; denn sie hatte solchen Beifall gefunden, daß auch von einem Kaufmanne die Firma: „Fabrik der Habermannschen Glanzwichse" angenommen und an seinem Verkaufsladen ausgehängt worden war. Der Wichse-Fabrikant klagte gegen ihn auf Einziehung der Firma. Das Land- und Stadtgericht zu Erfurt erkannte nach dem Antrage; doch der Zweite Senat des Ober-Landesgerichts zu Naumburg und das Geheime Ober-Tribunal wiesen den Kläger ab. Der Entscheidungsgrund des Geheimen Ober-Tribunals (das Appellationsgericht hatte den Punkt übergangen) ist: daß „Habermannsche Glanzwichse" oder „Fabrik Habermannscher Glanzwichse" nur die Bezeichnung einer fabrizirten Sache, aber kein Name einer Person, folglich keine Firma sei; eine Firma müsse die Namen einer oder mehrerer Personen angeben. Das ist auch gar nicht zu bestreiten. Denn nicht allein, daß das A. L. R. Th. II, Tit. 8, §§. 620 und 652 sich, wie das Geheime Ober-Tribunal hervorhebt, unter einer Firma den Namen gewisser Personen gedacht hat, so werden auch diejenigen Gesellschaften, welche keinen Eigennamen annehmen, sondern nach dem Gegenstande bezeichnet werden, gerade deshalb unbenannte Gesellschaften genannt, und die Theilnehmer daran sind eben deshalb, weil ihre

Namen durch die Firma nicht ausgedrückt werden, stille Gesellschafter. Vergl. Gesetz vom 9. November 1843, §. 5 (G. S. S. 343). Zwar ist im weiteren Sinne jede Benennung einer Gesellschaft eine Firma; aber die Firmen im Sinne des Handels- und Wechselrechts müssen Personen-Namen und zwar die der Betheiligten ausdrücken. Deshalb ist auch der Breslauer „Kassen-Verein“ keine Firma.

№ 19.

Natur und Wirkung verjährter Wechsel.

Das Erlöschen der Wechselverbindlichkeit nach Ablauf des Wechseljahres hat nur zur Folge, daß das Instrument nicht mehr als Wechsel gilt, und von denjenigen Wirkungen entkleidet wird, die ihm als Wechsel anhingen. Nicht aber verliert es auch seine sonstigen Wirkungen; vielmehr gilt der verjährte, übrigens vollständige, trockene Wechsel als Schuldschein, der verjährte gezogene als Anweisung.

S. oben S. 262 und den Plenar-Beschluß vom 9. September 1844, Bd. X, S. 52 u. ff.

№ 20.

Einreden im Wechselprozeß.

I. Bei Wechseln, die auf Kündigung gestellt worden sind, läuft die Verjährung der Wechselverbindlichkeit von dem, durch die stattgefundene Kündigung festgestellten, wirklichen Verfalltage, nicht von dem, wegen der früheren Möglichkeit der Kündigung schon vorher möglich gewesenen Verfalltage.

Ein Kaufmann stellte in Gemeinschaft mit sechs anderen Kaufleuten am 25. März 1837 einen trockenen Wechsel über 4650 Rthlr., zahlbar nach zweimonatlicher Kündigung, aus. Der Gläubiger girirte denselben am 14. Februar 1843 durch ein vollständiges Indossament. Der Indossatar kündigte und klagte nach Verlauf der Zeit. Der Beklagte machte den Einwand der Verjährung, gestützt auf den in dem Plenarbeschlusse vom 8. Januar 1838 (Bd. III, S. 165 u. oben S. 162 ff.) ausgesprochenen Grundsatz. Allein hier soll dieser Grundsatz keine Anwendung finden, weil auf dergleichen besondere Verjährungen, wie die Wechselverjährung, sich die allgemeinen Grundsätze über Verjährung durch Nichtgebrauch zum Theil nur beschränkt, zum Theil gar nicht anwenden ließen. Darnach giebt es denn, im Preußischen Rechte, nebeneinander verschiedene Theorien der Verjährung, je nach der Dauer derselben. Die Theorie des Geheimen Ober-Tribunals von der Wechselverjährung führt folgerecht dahin, daß die Wechselverbindlichkeit aus Wechseln auf Kündigung für ewige Zeiten unverjährbar ist. Das wird kaum richtig sein, deshalb ist es auch die Theorie nicht.

II. Die im Wechselprozesse nur zulässigen Einwendungen solcher Art, die aus dem Wechselrechte hergenommen worden, sind solche, die auf den Mangel eines, die Wechselmäßigkeit des Anspruchs unter den Parteien begründenden Erforderniſſes ſich beziehen. Auch die Einrede der Simulation kann ein ſolcher Einwand ſein.

Der Beklagte machte den Einwand, daß das Indoſſament ſimulirt ſei. Man ſtritt über die Zuläſſigkeit des Einwandes im Wechſelprozeſſe. S. darüber oben S. 476 zu Bd. VII, № 6.

III. Einer von mehreren ſolidariſch verpflichteten Wechſelausſtellern erlangt durch die Befriedigung des Wechſel-Inhabers gegen ſeine Mitſchuldner keinen wechſelmäßigen Anſpruch Die einem ſolchen Schuldner gegen ſeine Mitſchuldner zuſtehenden Rechte eines Bürgen ſind in ihrer Grundlage verſchieden von den Rechten des, durch die Bezahlung einer Wechſelſchuld in die Rechte des Wechſelgläubigers gegen den Hauptſchuldner, auch ohne Ceſſion eintretenden wirklichen, einfachen Bürgen.

Der Beklagte machte weiter den Einwand, daß ſeine Mitſchuldner den Wechſel eingelöſt hätten und das Giro dazu benutzen wollten, gegen ihn durch den vorgeblichen Indoſſatar wechſelmäßig verfahren zu laſſen. Dieſen Einwand erklärt das Geheime Ober-Tribunal für erheblich. „Zwar, ſagt daſſelbe, legt die Wechſel-Ordnung einem ſolchen zahlenden Mitſchuldner die Rechte eines Bürgen bei, und ein Bürge, der ſtatt des Hauptſchuldners einen Wechſel einlöſt, tritt ohne Ceſſion in alle Rechte des Wechſelgläubigers.“ Dennoch will das Geheime Ober-Tribunal die Rechte des Wechſelgläubigers nicht auf den zahlenden Mitſchuldner übergehen laſſen, weil der Rechtsgrund der Verpflichtung der Mitſchuldner gegen den Zahlenden nicht in dem Wechſelverhältnisse beruhe, vielmehr anderweitig aus einem Vertrage unter den Mitschuldnern, oder aus sonst eintretenden Beziehungen, erst abgeleitet werden müsse. Allein ein Zweifel gegen den ausgesprochenen Satz entsteht daraus, daß, wenn es auf die allgemeinen Grundsätze über das Verhältniß mehrerer Korrealschuldner untereinander ankommen sollte, die Wechsel-Ordnung nicht das Besondere hätte bestimmen können, daß der Zahler alle Rechte eines Bürgen gegen die Uebrigen für ihren Theil habe. Diese Rechte können aber nur wechselrechtliche sein sollen; denn ob nach den gemeinrechtlichen Grundsätzen ein Bürgschafts-Verhältniß unter den Mitschuldnern besteht, das ist die Frage; die Wechsel-Ordnung konnte mithin das Verhältniß, wenn sie nur auf die außer dem Wechselrechte liegenden Beziehungen zwischen den Mitschuldnern sehen wollte, nicht allgemein als Bürgschaft stempeln, sondern sie würde, wenn sie nicht eine wechselrechtliche Bestimmung treffen wollte, geschwiegen oder auf das Gemeine Civilrecht verwiesen haben. Nach der Deutung des Geheimen Ober-Tribunals ist die fragliche Bestimmung des Wechselrechts ganz und gar ohne Wirkung. Denn ein wechselmäßiges Recht soll der Zahler gegen den Mitschuldner nicht haben, obgleich ihm die Wechsel-Ordnung das Recht eines Bürgen beilegt, und außerhalb der wechselrechtlichen Beziehungen kann die Bestimmung nicht ein Verhältniß anbefehlen, was in der That nicht vorhanden ist. Folglich ist diese wechselrechtliche Bestimmung umsonst. Da diese Deutung nicht annehmbar ist, so muß dem Zahler allerdings ein wechselmäßiger Anspruch gegen jeden Mitschuldner pro rata zustehen. Das liegt aber in ihrem wechselrechtlichen Verhältnisse. Wenn dadurch die Ausgleichung nach ihren gemeinrechtlichen Beziehungen nicht bewirkt wird, so bleibt dieselbe dem ordentlichen Auseinandersetzungs-Verfahren vorbehalten.

№ 21.

Nichtgirirte Tratten an eigene Ordre.

Durch die von dem Trassanten eines auf eigene Ordre gestellten Wechsels erwirkte Acceptation Seitens des Trassaten entsteht eine wechselrechtliche Verbindlichkeit, die der Trassant geltend machen könnte, für sich allein noch nicht; vielmehr erhält erst durch die Indossirung eines solchen Wechsels die vorher ausgewirkte Acceptation, als für den künftigen Wechsel-Inhaber zum Voraus geschehen, ihre verbindliche Wechselkraft.

Auch kann der Trassant eines auf eigene Ordre lautenden und acceptirten, aber nicht girirten Wechsels dafür nicht das Vorrecht der sechsten Klasse im Konkurse in Anspruch nehmen.

Ebenso wenig gebührt in solchem Falle dem Trassanten dieses Vorrecht der sechsten Klasse auf den Grund der dem Trassaten dafür gegebenen Deckung.

S. oben S. 262 u. ff. und Bd. X, № V, S. 52.

№ 22.

Wirkung der auf Grund eines nicht rechtskräftigen Urtels geleisteten Zahlung. Wechselbürgschaft.

I. Ein Wechselverklagter, der aus einem, gegen ihn ergangenen Wechsel-Erkenntnisse, gegen das noch ein ordentliches Rechtsmittel zulässig ist, Zahlung an den Wechselkläger leistet, ohne dessen Antrag auf die Vollstreckung der Wechsel-Exekution abzuwarten, und ohne der Zahlung einen Vorbehalt beizufügen, entsagt dadurch dem Rechte, gegen das ihm ungünstige Erkenntniß das Rechtsmittel mit voller Wirkung einzulegen, noch nicht.

Ein Wechselgläubiger indossirte den Wechsel an S. und Dieser girirte ihn weiter an H., worauf der erste Indossant für den Fall, wenn der Aussteller den Wechsel nicht einlöse und der Inhaber Protest gegen den Aussteller erhebe, sich als Selbst-Wechsel-Schuldner, durch eine auf den Wechsel gesetzte Erklärung, verpflichtete. Der Aussteller zahlte nicht. Der Inhaber ließ nicht gegen den Aussteller, sondern gegen den Bürgen Protest aufnehmen und klagte gegen Diesen aus dessen Indossament und aus der spätern Wechselbürgschaft auf Zahlung. Der Richter erster Instanz verurtheilte ihn, seiner Einwendungen ungeachtet. Er zahlte darauf und appellirte dann. In zweiter und dritter Instanz wurde der Kläger abgewiesen. Nun condicirte der Beklagte die gezahlte Summe und der nunmehrige Condictionsbeklagte wurde, Einwendens ungeachtet, von allen Richtern zur Rückzahlung verurtheilt. Die Entscheidung ist richtig, aber ein juristischer Grund dafür wird nicht angegeben. Welche Gründe der erste und der zweite Richter dafür gehabt haben, ist nicht ersichtlich, doch in den Entscheidungsgründen des Geheimen Ober-Tribunals ist nicht ein einziger Rechtsbegriff oder Rechtsgrundsatz ausgedrückt. Drei Seiten füllen die Worte, die wir nicht wiedergeben dürfen, ohne die Geduld des Lesers und den gestatteten Raum zu mißbrauchen. Der einzig richtige Entscheidungsgrund ist in einer Zeile ausgedrückt: die Zahlung war eine Zahlung ob causam; die causa blieb aus, also war die condictio causa data causa non secuta begründet, was sich eben so kurz auf deutsch ausdrücken läßt.

II. Die von dem Wechsel-Inhaber dem Aussteller eines trockenen Wechsels, über den Verfalltag hinaus, ohne schriftliche Einwilligung des Bürgen, verlängerte Zahlungsfrist, desgleichen die Verschiebung der Anmeldung der Klage gegen den Wechselschuldner, länger als drei Tage nach der Verfallzeit, hat nicht bloß die Aufhebung der wechselmäßigen Verpflichtung eines Bürgen aus einer Wechsel-Bürgschaft für die Schuld, als Wechselschuld, zur Folge; jene Zögerung wirkt vielmehr als eine Entlassung des Bürgen von seiner Verpflichtung für die Schuld, auch als gewöhnliche Schuld überhaupt, und es findet dieserhalb gegen den Bürgen auch kein Anspruch im ordentlichen Prozesse mehr statt.

Der Condictions-Beklagte hatte eine Wiederklage aus der Bürgschaft erhoben, meinend, daß, wenn auch die Wechsel-Bürgschaft durch seine Versäumung erloschen, doch eine gemeine Bürgschaft und auch die Gewährleistung aus der Cession übrig geblieben sei. Der Appellations-Richter aber und das Geheime Ober-Tribunal wiesen den Anspruch zurück, insoweit er auf die Gewährleistung gegründet war, deshalb, weil der Wiederkläger nicht der Cessionar des Wiederbeklagten und ein Ueberspringen des unmittelbaren Vormannes in der Regel nicht zulässig wäre; und aus der Bürgschaft deshalb, weil der Wiederkläger die Bedingung, unter welcher Bürgschaft geleistet worden, nicht erfüllt hätte. Diese Gründe sind durchaus zutreffend.

№ 23.

Verantwortlichkeit der Frachtfuhrleute.

Wenn ein Frachtfuhrmann ohne Zustimmung des Absenders die ihm zum Transport anvertraute Waare durch einen andern Fuhrmann fahren läßt, so ist diese Substitution an und für sich nicht für eine solche von den Gesetzen gemißbilligte Handlung zu achten, daß auch der bloß zufällige auf der Reise die Waare betreffende Zufall, z. B. ein Feuerschaden, von dem Frachtfuhrmann vertreten werden müßte.

Man wird den Ausspruch für rechtfertig annehmen müssen, weil der Verdung zum Fortschaffen von Frachtgütern nicht die persönliche Ausrichtung, wegen der Unmöglichkeit, voraussetzen kann. Ein Berliner Frachtfuhrmann übernahm von einer Handlung fünf Kolli Waaren, um sie nach Frankfurt zur Messe zu schaffen. Ein Kollo wurde auf einen von ihm angenommenen Wagen verladen, und dieser Wagen verbrannte in dem Nachtquartier Taßdorf. Das Stadtgericht in Berlin verurtheilte den Frachtfahrer zum Ersatze des Werths von 1251 Rthlr., weil er keinen Andern eigenmächtig hätte substituiren sollen. Der Ober-Appellations-Senat des Kammergerichts und das Geheime Ober-Tribunal hingegen wiesen den Kläger, wegen Mangels eines vertretbaren Versehens, ab.

№ 24.

Aufgehobene Gewerbeabgaben.

I. Abgaben, welche in den dieselben betreffenden Dokumenten als Gewerbe-Abgaben bezeichnet werden, sind durch das Gewerbe-Gesetz vom 2. November 1810 in der Regel für aufgehoben zu achten, wenn auch das dafür verliehene Gewerberecht mit einem Grundstück verbunden ist.

II. Durch den Umstand, daß der Verpflichtete nach der durch die neuere Gesetzgebung erfolgten Aufhebung der Gewerbe-Abgaben, — eine solche, auch ohne Ausübung des verliehenen Gewerberechts, entrichtet oder anerkannt hat, wird die Anwendung des §. 1 der Deklaration des §. 30 des Gewerbe-Gesetzes vom 2. November 1810, d. d. den 19. Februar 1832, auf dieselbe nicht begründet.

Beide Sätze sind nicht wohl zu bezweifeln; für die abweichende Meinung des Richters erster Instanz (der Deputation des Ersten Senats des Ober-Landesgerichts zu Breslau) ist der Rechtsgrund nicht angegeben, sonst aber nicht aufzufinden.

№ 25.

Westpreußen. Actio de pauperie.

I. Die Frage, nach welchen Gesetzen eine Schadens-Vergütung zu leisten, regulirt sich nach dem Orte, wo die beschädigende Handlung vorgefallen ist.

II. In die Stelle der §§. 70 ff., Tit. 6, Th. I des A. L. R. tritt für diejenigen Landestheile, in denen das Preuß. Landrecht von 1721 noch in Gültigkeit ist, die in dasselbe aufgenommene Theorie der actio de pauperie.

III. Die Einwirkung der §§. 18 ff. „wegen der Mitschuld des Beschädigten", findet bei Anwendung dieser Theorie nicht statt.

Der Ausspruch hat seit dem 1. Juli 1844, wo das Provinzialrecht für Westpreußen, mit Beseitigung des Landrechts von 1721 in Kraft getreten ist, kein praktisches Interesse mehr.

№ 26.

Kurmark. Erbrecht der aus einem Incest herstammenden Kinder.

In der Kurmark ist nach den Grundsätzen des R. R. dem außer der Ehe gebornen Kinde das Erbrecht gegen die Mutter und ihre Blutsverwandten um deswillen, weil es aus einem Incest abstamme, nicht abzusprechen.

So haben die Richter beider Instanzen und auf die eingelegte Nichtigkeits-Beschwerde auch das Geheime Ober-Tribunal gleichförmig die Kontroverse des Gemeinen Rechts entschieden. Der Fall liegt außer den Grenzen unserer Aufgabe.

№ 27.

Sachsen. Regalität der Steinkohlen.

In den vormals zu Kursachsen gehörig gewesenen Landestheilen sind auch vor Publikation des Mandats vom 19. August 1743 Steinkohlen zum Bergwerks-Regal nicht gehörig gewesen, und die beim Bergbau üblichen Abgaben für den Betrieb des Steinkohlen-Bergbaues auf eigenem Grund und Boden nicht observanzmäßig erhoben worden.

Der Rechtsstreit, bei dessen Entscheidung dieser Ausspruch von dem Zweiten Senate des Ober-Landesgerichts zu Naumburg und dem Geheimen Ober-Tribunal gethan worden, hatte nicht Steinkohle sondern Braunkohle zum Gegenstande. Man nimmt aber an, daß von Braunkohlen dasselbe was von Steinkohlen gilt. In Schlesien wird darüber gestritten.

№ 28.

Cleve-Mark. Muthung.

I. Wenn über die Rechtmäßigkeit einer, von der Bergbehörde wegen Unfreiheit des Feldes erfolgten Zurückweisung der Muthung unter den Betheiligten Streit entsteht, so sind die Gerichte zur Entscheidung dieses Streits kompetent.

II. Im Bereiche der Gesetzeskraft der Cleve-Märkischen Berg-Ordnung vom 29. April 1766 gewährt sowohl eine, zum Protokoll des Bergmeisters aufgenommene, als auch eine schriftlich beim Bergmeister eingereichte und von ihm präsentirte Muthung, wenn sie nach den übrigen gesetzlichen Vorschriften erfolgt ist, Altersrechte. Insoweit findet daher dort die Vorschrift des §. 161, Tit. 16, Th. II des A. L. R. keine Anwendung.

III. Wenn ein Muther in einer ihm nach den Vorschriften der gedachten Berg-Ordnung nicht zu gewährenden Ausdehnung gestrecktes Feld begehrt, so wird dadurch das begehrte Feld dennoch insoweit bestrickt, als dasselbe das, im §. 3 des

Gesetzes vom 1. Juli 1821 bestimmte Maaß nach Geviertvermessung nicht überschreiten.

Zwei Muther, von welchem der Eine bei dem Bergmeister und der Andere einen Tag später bei dem Bergamts-Direktor in Essen gemuthet hatte, kamen in Streit über den Vorzug. Der Beklagte wendete, auf Grund eines Erlasses des Finanz-Ministeriums vom 18. Juni 1837, präjudiciell ein, daß die Sache vor die Administrations-Behörde gehöre. Dieser Einwand wird in allen Instanzen verworfen, weil zwei Privatpersonen mit einander über Privatrechte stritten. Darin ist beizustimmen. In der Sache wurde der Einwand gemacht, daß die Bestimmung der Cleve-Märkischen Berg-Ordnung, wonach der Bergmeister verpflichtet ist, Muthungen anzunehmen, seit der veränderten Einrichtung der Bergbehörde nicht mehr passe, vielmehr die Berechtigung zur Annahme von Muthungen auf den Direktor übergegangen sei, ebenfalls für unbegründet erklärt. Auch darin steht der Wortlaut der Berg-Ordnung zur Seite. Der dritte Satz gründet sich auf das Gesetz vom 1. Juli 1821.

№ 29.

Wirkung der Litigiosität auf die Rescissionsklage ob laesionem enormem, nach Gemeinem Rechte.

Durch die von dem Verkäufer eines Grundstücks wegen Verletzung über die Hälfte gegen den Käufer angestellte Klage auf Rescission des Verkaufs wird die verkaufte Sache nicht zu einer res litigiosa im

Sinne des Gemeinen Rechts, und die, nach Anstellung der Klage, von dem Verklagten einem Dritten eingeräumte Hypothek behält auch nach erkannter Auflösung des Vertrags und erfolgter Wiederabtretung der Sache an den Verkäufer ihre volle Wirkung.

So entscheidet der betroffene Senat des Geheimen Ober-Tribunals die bekannte Kontroverse des Gemeinen Rechts. Näher darauf einzugehen gestattet der Raum und die Aufgabe nicht. Die Meinung, welcher hierin nachgegangen, ist jedoch die juristisch allein gerechtfertigte.

№ 30.

Einwand der Kompensation in der Exekution.

Ein Erbpächter von Pfarrländereien, welcher dem Pfarrer, dessen sämmtliche Diensteinkünfte die Summe von 400 Rthlr. nicht übersteigen, den Erbpachts-Kanon zu entrichten hat, kann gegen diese Verpflichtung eine, nicht aus dem Erbpachts-Verhältnisse entspringende Gegenforderung, nicht zur Kompensation bringen.

Ein Pfarrer hatte 177 Rthlr. Erbpächte für die Pfarrländereien als Diensteinkommen zu erheben. Der Erbpächter erwarb aber eine rechtskräftige Forderung von 250 Rthlr. an den Pfarrer. Dem Exekutionsgesuch des Pfarrers setzte der Erbpächter den Einwand der Kompensation entgegen, und deponirte zugleich die 177 Rthlr. Da der Kompensations-Einwand abgewiesen wurde, so ließ der Erbpächter sich auf die 250 Rthlr. die deponirten 177 Rthlr. im Wege der Exekution überweisen. Der Pfarrer widersprach jedoch dieser Exekutions-Maßregel aus dem Grunde, daß sein Diensteinkommen, mit Einschluß der Erbpächte', 400 Rthlr. nicht übersteige. Der Richter erster Instanz erkannte nach dem Antrage des Pfarrers; der Zweite Senat des Frankfurter Ober-Landesgerichts sprach zu Gunsten des Erbpächters; das Geheime Ober-Tribunal vernichtete das Appellations-Urtel und bestätigte das Erkenntniß erster Instanz. Diese Entscheidung ist gerechtfertigt, nicht weil, wie das Geheime Ober-Tribunal hervorhebt, Gläubiger und Schuldner der Forderung und Gegenforderung nicht dieselben Personen seien, indem die Erbpächte eigentlich der Pfarre und nicht dem Pfarrer zuständen, denn der Pfarrer ist als Nießbraucher allerdings der Gläubiger der Erbpächte; auch nicht deshalb, weil dem Erbpächter die 177 Rthlr. nicht hätten überwiesen werden können, weil sie ihm als bloß deponirt noch gehört hätten, denn das ist die Frage; sondern lediglich vermöge des beneficii competentiae, welches ein Grund ist, die Kompensation auszuschließen.

№ 31.

Klage ex judicato auf Leistung des Interesse.

Das dem Berechtigten gegen den, zur Leistung einer Handlung verurtheilten Verpflichteten zustehende Wahlrecht, statt der Leistung der Handlung das Interesse zu fordern, ist in der Ausübung von der Dauer des Rechts, auf die Vollstreckung des Urtels zu bringen, abhängig. Findet die Exekution aus dem Erkenntnisse nicht mehr statt, und kann der Berechtigte im Wege derselben nicht mehr auf die Leistung der Handlung gegen den Verpflichteten bestehen, so kann Jener auch nicht mehr das Interesse statt der Handlung liquidiren. Auch eine neue, auf Einforderung dieses Interesses gerichtete, auf den §. 9 der Verordnung vom 4. März 1834 gestützte Klage erscheint insoweit nur als ein Exekutions-Antrag, und ist, wenn zur Zeit der Anstellung derselben das Urtel keine exekutorische Kraft mehr hat, unstatthaft.

Der Ausspruch ist irrig. Jedes Exekutionsgesuch selbst ist materiell die actio judicati; der Gegenstand und Inhalt ist in beiden Fällen immer derselbe, mag der Antrag nach Ablauf des Jahres angebracht werden oder nicht. Das Nähere oben S. 191.

№ 32.

Präklusion im Konkurse.

1. Wenn ein zu dem Konnotations-Termin namentlich vorzuladender Gläubiger zwar erscheint, dennoch aber einzelne bereits bekannte Forderungen mit Stillschweigen übergeht, so muß er mit denselben in der hiernächst abzufassenden Präklusoria namentlich präkludirt werden. Ist solches unterblieben, und er bringt solche For-

derungen noch vor dem Inrotulations-Termin nach, so muß er damit gehört werden.

II. Durch die Verordnung vom 16. Mai 1825 ist der §. 142 der Konkurs-Ordnung wegen Nachbringung der Liquidate bis zum Inrotulations-Termin nicht aufgehoben.

Der Rechtsfall war schon im Schles. Archiv, Bd. V, S. 168, mitgetheilt. In einem erbschaftlichen Liquidations-Prozesse liquidirte ein bekannter und vorgeladener Gläubiger im Konnotations-Termine eine andere Forderung als mit welcher er in den Akten bekannt war. Er wurde nicht präkludirt. Nachdem die Präklusoria längst rechtskräftig war, liquidirte er nachträglich noch die bekannte Forderung. In beiden Instanzen hielt man den Einwand der Präklusion von Seiten des Kurators für erheblich und durchgreifend und verwies das Liquidat post omnes. Diese Entscheidung wird von dem Geheimen Ober-Tribunal vernichtet, was gerechtfertigt ist.

№ 33.

Vorrecht der Gutsliedlöhner vor den Hypothekarien.

I. Das in der Konkurs-Ordnung gewissen uneingetragenen Gutsgläubigern eingeräumte Vorrecht vor den Hypothekarien greift auch außerhalb des Konkurses in dem bloßen Kaufgelder-Belegungs-Verfahren Platz.

II. Das Privilegium der zweiten Klasse für die

Liedlöhner beschränkt sich nicht auf solche Personen, welche in dem gesetzlichen Sinne für Hausoffizianten oder Gesinde zu erachten sind, sondern muß auch für Bedienstete anderer Art — Handlungs-Gehülfen, Handwerks-Gesellen, Wirthschafts-Beamte, — wofern nur sonst die Bedingungen des §. 370 vorhanden sind, anerkannt werden.

Die Sätze sind nicht streitig. Ein Wirthschafts-Beamter wurde, bei Einleitung der Sequestration der Güter, von der Landschaft entlassen und forderte nach erfolgter Subhastation seinen Gehalt aus der Kaufgelder-Masse. Der dadurch betroffene letzte Hypothekengläubiger bestritt ihm das Vorrecht, doch wurde es ihm in Ansehung des verdienten Gehalts von allen Richtern gleichförmig zuerkannt. Die Praxis füllt somit die Lücke sachgemäß aus, welche die Verordnung vom 4. März 1834, §§. 16 und 17, hinsichtlich der uneingetragenen Realgläubiger hat.

III. Der Anspruch eines vor Ablauf seines Kontrakts von der Sequestrations-Behörde entlassenen Gutsliedlöhners auf Entschädigung wegen Nichterfüllung des Kontrakts gehört nicht zur zweiten Klasse, und hat keinen Vorzug vor den eingetragenen Gläubigern.

Derselbe Beamte hatte auch für die noch rückständige Dienstzeit, wegen ungerechtfertigter Entlassung aus dem Dienste, seinen Lohn vorweg gefordert. Der Erste Senat des Ober-Landesgerichts zu Breslau wies ihn damit ab; der Zweite Senat sprach ihm die Forderung zu; das Geheime Ober-Tribunal vernichtete das Appellations-Erkenntniß und bestätigte das Urtel erster Instanz. Die Entscheidung ist rechtsfertig; denn nur den Lohn-Rückständen für geleistete Dienste ist eine Hypothek mit dem Vorrecht vor den eingetragenen Realgläubigern beigelegt. Konkurs-Ordnung, §. 370.

№ 34.

Lokation der Gläubiger im Konkurse, insbesondere der Ehefrau.

I. Alle diejenigen Hindernisse, welche einer Ehefrau bei der Beweisführung und Geltendmachung ihrer Ansprüche an das in cridam verfallene Vermögen ihres Ehemannes gesetzlich entgegenstehen, finden keine Anwendung, wenn sie nicht ihre uxoralischen Vorrechte in erster, vierter oder fünfter Klasse verfolgt, sondern als Darlehns- oder sonstige Gläubigerin auftritt.

Die Ehefrau eines Gemeinschuldners kam wegen eines Darlehns, welches sie ihrem Manne gemacht haben wollte, — denn für ihr schon besitzendes (soll heißen besessenes) und noch zu erwerbendes Vermögen hatte sie sich bei Eingehung der Ehe die Natur des Vorbehaltenen ausbedungen — mit einem Gläubiger in Kollision. Die Verität ihrer Forderung sollte durch ein — wie es scheint schon nach eingetretenem materiellen Konkurse gegebenes — notarielles Anerkenntniß des Gemeinschuldners und durch ein gegen ihn darauf ergangenes Kontumacial-Erkenntniß dargethan werden. Der Mitgläubiger wollte dem Anerkenntnisse gegen sich keine Kraft zugestehen. Die Richter beider

Instanzen waren darüber hinweggegangen; sie hatten sich nur mit der Wirkung des Kontumacial-Erkenntnisses beschäftigt. Das Geheime Ober-Tribunal stellte in Beziehung darauf den obigen Satz hin. Dieser ist aber nicht begründet. Weil der §. 260, Tit. 1, Th. II des A. L. R., wonach „zum Beweise der Einbringung, gegen die Gläubiger des Mannes, die Quittung desselben allein nicht hinreichend ist", in dem Kapitel von dem Eingebrachten steht, und sich unmittelbar an den §. 259, welcher über das Vorrecht bestimmt, anschließt, so meint das Geheime Ober-Tribunal, daß, wenn eine Frau das Vorrecht der Illaten nicht in Anspruch nimmt, „ihr auch nicht der §. 260 vorgerückt werden kann, der sich doch eben nur auf die Geltendmachung jener singulairen Vorrechte bezieht." Da brauchte eine Ehefrau ihre Illaten ja nur zur siebenten Klasse zu liquidiren, um mit dem Anerkenntnisse des Mannes jede beliebige Summe zu beweisen; der verhältnißmäßige Abgang, welcher in Folge der tributarischen Befriedigung an dieser Stelle ist, kann durch beliebige Vergrößerung der Summe reichlich ersetzt werden. Auch läßt sich ein Konkurs, in solchen Fällen, so einrichten, daß die Masse durch die vorgehenden Klassen nicht aufgeräumt wird. Die Voraussetzung des Geheimen Ober-Tribunals fehlt jedoch; nicht auf das Vorrecht bezieht sich der §. 260, sondern auf den Grund der Forderung. Das nämliche Verhältniß, welches der Glaubwürdigkeit des Anerkenntnisses, bezüglich auf andere dadurch beeinträchtigte Gläubiger des Mannes, in Ansehung der einen Forderung der Frau entgegensteht, das steht ihr auch hinsichtlich Anderer entgegen.

II. Bei der Frage, welche zwischen dem Gemeinschuldner und einem Gläubiger vor Eröffnung des Konkurses ergangenen Judikate die Mitgläubiger gegen sich gelten lassen müssen, ist zwischen den kontradiktorisch ergangenen Erkenntnissen, Kontumacial-Bescheiden und Agnitions-Resolutionen kein Unterschied zu machen.

Nach dem Wortlaute des §. 321 des Anhangs zur A. G. O. ist das richtig, doch hat die Anwendung des §. 321 auf Rechtssachen zwischen Eheleuten den schon vorhin besprochenen allgemeinern Grundsatz gegen sich.

III. Die Vorschrift, daß die von einem Gläubiger vor entstandenem Konkurse auf Einklagung seiner Forderung verwendeten Kosten an eben dem Orte anzusetzen sind, wo das Kapital zu stehen kommt, gilt für immittirte Gläubiger, auch wenn die Immission nicht mit auf die Kosten gerichtet war.

Die Kosten sind nur ein Zuwachs der Forderung, nicht eine selbstständige Forderung; sie kommen mithin in der Regel ganz von selbst mit der Forderung an einen Ort.

№ 35.

Special-Konkurs. Kompensation gegen den Anspruch einer Kreditmasse.

I. Unter Umständen, wo die Eröffnung eines Special-Konkurses über das inländische Vermögen eines ausländischen Kridars hätte beantragt werden können, aber nicht beantragt und also auch nicht erfolgt ist, darf der von ausländischen Konkurs-Kuratoren vor inländischen Gerichten in Anspruch genommene Inländer diese seine Eigenschaft bei der Kompensationsfrage nicht geltend machen.

II. Für die Frage über die Zulässigkeit der Kompensation gegen den Anspruch einer Fallitmasse mit einer nach eröffnetem Konkurse durch Cession erworbenen Forderung, ist es außer Einfluß, sowohl, ob der Konkurs im Auslande eröffnet ist, als auch, ob der Beanspruchte von der Eröffnung des Konkurses zur Zeit der Erwerbung Kenntniß hatte.

Weder der eine noch der andere Satz ist so ohne Weiteres anzuerkennen. Ueber die Handlung Geymüller in Wien war am 10. Juli 1841 Konkurs eröffnet worden. Die Kaufleute G. und S. zu Breslau waren an Geymüller 806 Fl. schuldig und die Handlung K. zu Breslau hatte von ihm 763 Fl. zu fordern. G. bezahlte an K. gegen jura cessa, am 13. Juli 1841. Auf die Klage des Konkurs-Kurators gegen G., wegen Zahlung der 800 Fl., machte G. den Einwand der Kompensation durch die von K. cedirt erhaltenen 763 Fl. Das Gericht erster Instanz verwarf den Einwand; die Deputation des Zweiten Senats des Oberlandesgerichts zu Breslau erachtete die Kompensation für statthaft; das Geh. Ober-Tribunal hingegen vernichtet dieses Erkenntniß und stellt das Urtel erster Instanz wieder her. Diese Entscheidung kann vielleicht rechtfertig sein, aber durch die angegebenen Gründe wird sie nicht gerechtfertigt. Der Appellations-Richter gründet sein Urtel auf die §§. 663 ff. der Konkurs-Ordnung, welche lauten:

„Wenn Jemand, welcher zwar seinen gewöhnlichen Wohnort außerhalb Landes hat, der aber in hiesigen Landen bewegliche oder unbewegliche Güter besitzt, dergestalt in Verfall seines Vermögens geräth, daß bei seinem auswärtigen persönlichen Gerichtsstande Konkurs über ihn eröffnet wird, so muß das diesseitige Gericht, unter welchem dies inländische Vermögen — gelegen ist, sobald entweder die inländischen Gläubiger, oder auch auswärtige, die bei dem dortigen Konkurse leer ausgegangen sind, darauf antragen, über dasselbe gleichergestalt Konkurs eröffnen" — Das Geheime Ober-Tribunal sagt, daß dadurch über die Bedingungen der Rechtsverfolgung gegen inländische Schuldner, von ausländischen Konkursmassen unternommen, nichts festgestellt werde, und daß nicht angeordnet sei, daß auch bei unterbliebener Einleitung des Special-Konkurses dennoch derselbe gewissermaßen als existent vorausgesetzt werden müsse. Es fügt bei: „Der Appellations-Richter läßt sogar — die Sache so erscheinen, als wenn die Handlung K. aus dem Aktivum der Geymüller'schen Handlung jetzt ihre Befriedigung nachsuche, und kommt durch einen Sprung in der Deduktion zur Zulässigkeit der Kompensation." Ganz mit Unrecht sind die §§. 663 ff. nach der Meinung des Geheimen Ober-Tribunals hineingezogen. Eine auswärtige Konkursmasse soll einen inländischen Schuldner mit denselben Rechten verfolgen können wie eine inländische und die Kompensation gegen sie unter denselben Voraussetzungen ausgeschlossen sein. Doch ist hiergegen mancherlei zu erinnern. Von der Befugniß zur Rechtsverfolgung Seitens einer ausländischen Konkursmasse gegen einen inländischen Schuldner läßt sich auf die Kompensation weder für noch wider Etwas folgern. Freilich wird dem Ausländer das Recht hier nicht versagt werden. Aber nicht davon ist die Rede, vielmehr ist die Frage umgekehrt: welche Rechte Inländer wegen ihrer Forderungen gegen einen banquerutten Ausländer haben. Die §§. 663 ff. der Konkurs-Ordnung sagen: über das hier im Lande befindliche Vermögen des Ausländers soll hier Special-Konkurs eröffnet werden, wenn darauf angetragen wird. Und wenn nicht darauf angetragen wird? Nun, da wird die gewöhnliche Exekution in dasselbe vollstreckt. Erst das was dann übrig ist, wird ausgeliefert. Also haben die §§. 663 ff. doch eine auf den Rechtsfall anwendbare Bestimmung: das Vermögen wird nicht ausgeliefert; die hiesigen Gläubiger haben das Recht, sich daraus so oder so bezahlt zu machen. Nicht entfernt wird angeordnet oder vorausgesetzt, daß, wenn nicht auf Eröffnung des Special-Konkurses angetragen wird — bis zu welchem Zeitpunkte wäre denn auch anzunehmen, daß nicht darauf angetragen werden wird? — das Vermögen ausgeliefert werden soll, so lange noch ein hiesiger Gläubiger vorhanden, der sich daran halten will. Deshalb waren die Kaufleute G. u. S. allerdings berechtigt, sich durch Abrechnung bezahlt zu machen, so lange hier noch kein Special-Konkurs eröffnet worden war; erst der inländische Special-Konkurs würde die Kompensation verhindert haben. Das Geheime Ober-Tribunal setzt voraus, daß die Zeit der Konkurs-Eröffnung in Wien auch maßgebend für den inländischen Special-Konkurs für alle Rechte, welche sich nach der Zeit der Eröffnung bestimmen, z. B. auch für den Zinsenlauf, sei. Damit kommt dasselbe aber mit der ausdrücklichen Bestimmung des §. 663 a. E. und des §. 665 in Widerspruch. Dadurch ist der zweite Ausspruch, daß die Cession nicht mehr zur Kompensation wirksam gewesen, weil in Wien der Konkurs schon drei Tage früher eröffnet worden, direkt widerlegt. Auf das Datum der ausländischen Konkurs-Eröffnung kommt es, nach §. 665, nur bei ausländischen Cedenten an. Auch die jüngere Uebereinkunft zwischen Preußen und Oesterreich, zur Beförderung der Rechtspflege in Fällen des Konkurses, vom 16. Juni 1844 (G. S. S. 165), geht von dem bis dahin gewesenen Rechtsstande aus, daß das diesseitige Vermögen eines dem andern Staate angehörigen, in Konkurs verfallenen Unterthanen nicht ausgeantwortet werde; denn es wird durch die Uebereinkunft festgesetzt, daß solches in Zukunft geschehen soll, wenn unter dem diesseitigen Vermögen nicht unbewegliches Gut ist. Ist dieses der Fall, so bleibt es wie bisher: das Vermögen wird nicht ausgeantwortet, sondern es wird hier ein besonderer Konkurs eröffnet, wenn darauf angetragen wird. Wird nicht darauf angetragen, so ist der Zustand, hinsichtlich der inländischen Gläubiger und des inländischen Vermögens, eben der, daß kein Konkurs vorhanden ist, d. h. der im Auslande eröffnete Konkurs hat auf das inländische Vermögen gar keinen Einfluß. So war es vor der Uebereinkunft ohne Unterschied: ob nur bewegliches oder auch unbewegliches Vermögen hier besessen wurde. Deshalb erscheint die Entscheidung nicht rechtfertig.

№ 36.

Form der mit Analphabeten aufzunehmenden gerichtlichen Verhandlungen. Passiv-Legitimation der General-Depositorien.

I. Wenn die Verhandlung mit einem Analphabeten von Einem Richter allein, ohne Zuziehung einer zweiten Gerichtsperson oder zweier Schöppen, aufgenommen wird, so ist die Vorlesung des Protokolls in Gegenwart der Partei und des zuzuziehenden Schreibezeugen dergestalt nothwendig, daß in deren Ermangelung die Verhandlung für gültig nicht gelten kann.

Ist schon oben S. 22 berücksichtigt.

II. Die General-Depositorien der Gerichte sind als solche, dritten Personen gegenüber, welche mit ihnen in Rechts-Angelegenheiten verwickelt sind, Recht zu nehmen schuldig und dürfen die Letzteren an die einzelnen betheiligten Massen nicht verwiesen werden. Die General-Depositorien werden durch die Gerichte, denen sie angehören, oder durch ihnen von denselben zu bestellende Assistenten vertreten.

Von dieser Ansicht geht schon die Kabinets-Ordre vom 11. August 1838 (G. S. S. 432) aus.

X. Band.

Enthaltend XIII Plenar-Beschlüsse und 38 Senats-Entscheidungen in zwei Hälften.

Erste Hälfte.

I. Plenar-Beschlüsse.

№ I.

Unvordenkliche Verjährung.

Durch die unvordenkliche Verjährung des Gemeinen Rechts können solche Rechte nicht begründet werden, an denen, als persönlichen, ein juristischer Besitz nicht stattfindet.

Ist schon oben, S. 99, vorgekommen.

№ II.

Uebergang eingetragener dauernder Lasten aus speciellen Rechtstiteln auf den Käufer, bei gerichtlichen nothwendigen Subhastationen. Liquidirung des Rechts auf solche Prästationen im Konkurse.

I. Unter den im §. 342, Tit. 11, Th. I des A. L. R. erwähnten Lasten, welche bei gerichtlichen nothwendigen Verkäufen durch den Zuschlag auf den Käufer übergehen, sind nicht bloß die, keiner Eintragung bedürfenden, im §. 48 (nicht 49), Tit. I der Hypotheken-Ordnung bezeichneten, sondern auch diejenigen, im §. 49 (nicht 48) ebenda gedachten Lasten, zu verstehen, welche aus besondern Kontrakten oder sonstigen speciellen Rechtstiteln auf dem subhastirten Grundstücke eingetragen sind.

Dieser Plenarbeschluß vom 22. April 1844 ist schon zu Bd. VI, № 19, oben S. 427, berücksichtigt.

II. Dagegen sind diese letzteren Lasten keinesweges gleich den erstern von der Einlassung in den, über das Vermögen oder den Nachlaß des Besitzers eines zu subhastirenden Grundstücks eröffneten Konkurs oder erbschaftlichen Liquidations-Prozeß, befreit; vielmehr muß auch das Recht auf solche Lasten selbst, nicht bloß der Betrag der rückständigen und laufenden Prästationen, im Konkurse oder erbschaftlichen Liquidations-Prozesse liquidirt werden, und unterliegt der Präklusion in allen den Fällen, wo nicht die Vorschrift des §. 21 der Verordnung über den Subhastations- und Kaufgelder-Liquidations-Prozeß vom 4. März 1834 und der Verordnung vom 28. December 1840 (G. S. S. de 1841, S. 4), Anwendung findet.

Bezieht sich auf das alte Recht nach der Allgem. G.-O. und ist nicht mehr praktisch.

№ III.

Gewährsansprüche des Pächters.

Wenn der Pächter eines Landguts die gebotene Anzeige an den Verpächter von den wahrgenommenen Gewährsmängeln, vor Ablauf desjenigen Pachtjahres, in welchem diese Mängel sich hervorgethan haben, nicht leistet, so hat solches nicht den gänzlichen Verlust des Rechts auf Entschädigung für den Pächter zur unmittelbaren Folge.

So entscheidet das Plenum des Geheimen Ober-Tribunals, durch den Beschluß vom 28. Mai 1844, den Meinungsstreit über die Auslegung der Vorschriften des A. L. R. Th. I, Tit. 21, §§. 623 — 625. Es soll also unter dem im §. 623 gedachten nicht näher bezeichneten Jahre, vor dessen Ablauf der zum Vorschein gekommene Gewährsmangel angezeigt werden soll, das Pachtjahr verstanden werden. Wenn das ist, so gebietet der Gesetzgeber für die Fälle, wo der Mangel erst unmittelbar vor Ablauf des Pachtjahres hervortritt, und der Verpächter nicht zugegen ist, eine Unmöglichkeit. Deshalb bin ich der Meinung, daß das Jahr erst von da, wo der Mangel sich äußert, anzufangen. Daß die Unterlassung der Anzeige noch nicht den gänzlichen Verlust des Rechts unmittelbar zur Folge habe, halte ich für richtig. Recht der Ford. Bd. III, S. 778.

№ IV.

Unüberwindliche Abneigung als Scheidungsgrund.

Hat ein Ehegatte die Trennung der Ehe wegen unüberwindlicher Abneigung nachgesucht, so kann die Ehescheidung ausgesprochen werden, wenn sich auch der, auf diesen Scheidungsgrund berufende Theil den im §. 718 b, Tit. 1, Th. II des A. L. R. bezeichneten Folgen nicht ausdrücklich unterworfen hat.

S. zu Bd. V, № 16, oben S. 356.

№ V.

Wechsel an eigene Ordre, auf einen Nichtwechselfähigen gezogen.

Ein von einem Nichtwechselfähigen acceptirter, an die Ordre des Ausstellers gezogener, Wechsel gilt auch nicht als Anweisung, wenn zur Zeit des Accepts noch kein Indossament des Wechsels erfolgt war.

S. oben S. 259 flg., zu Bd. IV, № 28.

№ VI.

Dispositionsrecht des Pommerschen in der Gütergemeinschaft des Lübischen Rechts lebenden Ehegatten.

Wo in Pommern die eheliche Gütergemeinschaft des Lübischen Rechts besteht, ist der Ehemann auch solche Grundstücke, die von ihm selbst vor Eingehung der Ehe schon besessen, oder während der Ehe von ihm erworben sind, ohne Zuziehung und Einwilligung seiner Ehefrau zu veräußern nicht befugt.

Dieser Plenarbeschluß vom 23. Januar 1843 ergänzt das Lübische Statut aus dem A. L. R., weil das Statut nicht ausdrücklich das Gegentheil bestimmt, vielmehr nur hinsichtlich der von der Ehefrau eingebrachten Immobilien dem Manne die Veräußerung, ohne Zustimmung der Frau, untersagt.

№ VII.

Schlesien. Große Kanzleitaxe.

Die Vorschriften der pragmatischen Sanction vom 10. April 1693 und des Edikts vom 13. Juni 1744, betreffend die Befreiung der Descendenten und resp. der Wittwen von Erlegung der großen Kanzleitaxe bei Gutserwerbungen, sind für allgemeine Schlesische Provinzialgesetze zu achten, welche an und für sich, und abgesehen von etwanigen speciellen Rechtstiteln, auch die Mediatfürsten und Standesherren in Schlesien verpflichten.

Eine Anwendung davon ist schon bei dem, Bd. I, № 22 mitgetheilten Rechtsfalle, oben S. 47, vorgekommen. Später ist die Geltung der bezeichneten Gesetze wieder streitig geworden und das Plenum des Geheimen Ober-Tribunals hat sich, durch den Beschluß vom 19. Juni 1844, für die ältere Meinung entschieden. Man muß dem beistimmen. Die Geschichte des hierher gehörigen Rechtsstandes ist, soweit sie erzählt worden, treu und klar dargestellt, doch, weil dies für die zu treffende Entscheidung nicht erheblich war, nicht ganz vollendet, weshalb ich das noch Uebrige nachtrage. Nachdem die „Tax- und Sportel-Ordnung vor die Oberamts-Regierungen", vom 4. August 1750, erschienen, und solche im §. 6 derselben auch den Mediat-Regierungen vorgeschrieben worden war, wurden mehrere Mediat-Fürsten, und insbesondere der damalige Fürstbischof zu Breslau, gegen die Einführung dieser Sporteltaxe bei ihren Regierungen, namentlich aber gegen die dadurch angeordnete Herabsetzung ihrer zeitherigen weit höhern großen Taxe auf 3 pro Mille, vorstellig. Endlich erging an die Oberamts-Regierung zu Breslau ein Hof-Reskript vom 21. September 1754, welches festsetzte, daß es bei demjenigen, was ratione der Kanzlei-Taxe bei den Mediat-Regierungen bisher observantiae und üblich gewesen, auch fernerhin sein Verbleiben lediglich behalten und nichts darin geändert werden solle. Dieses Reskripts gedenkt auch das Geheime Ober-Tribunal in den Entscheidungsgründen, „indessen, wird dazu gesagt, können bloße Reskripte nicht einem Gesetze derogiren." In dem unmittelbar vorhergehenden Plenarbeschlusse № VI sagt ebendasselbe

Kollegium: „die Suspension der drei ersten Titel des zweiten Theils des A. L. R. wurde für die Provinz Pommern — schon durch das Reskript des Justiz-Departements vom 20. Juli 1795 — wieder aufgehoben." Ist das nicht ein Widerspruch? Doch kommt darauf hier nichts an. Die Oberamts-Regierung zu Breslau reichte auf das Reskript vom 21. September 1754 einen ausführlichen Gegenbericht ein, erhielt jedoch darauf keinen Bescheid. Wiewohl das Reskript niemals publicirt worden ist und deshalb das Edikt vom 13. Juni 1744 und die Tax-Ordnung vom 4. August 1750 hinsichtlich der Mediat-Regierungen nicht förmlich aufgehoben hat, so hat man doch von Seiten des Staats diese Gesetze seitdem für die Mediat-Regierungen nicht als verbindend angesehen und sich noch im Jahre 1782 mit denselben über ihre Sportelhebungen bei Handlungen der freiwilligen Gerichtsbarkeit in Unterhandlungen eingelassen. Ein Reskript vom 22. Februar 1782 wies nämlich die Ober-Amtsregierung von Ober-Schlesien an, die Erklärungen der Mediat-Regierungen, der Mediatherren und der Stände zu erfordern: ob sie sich die oberamtliche Tax-Ordnung auch in extrajudicialibus, besonders bei Possessions-Veränderungen, gefallen lassen wollten; oder ob sie die bisher genommene frühere Taxe fernerhin zu souteniren gemeint seien. Ersternfalls sollten sie auch wegen der Judizial-Sporteln den Landes-Justiz-Kollegien gleichgestellt werden; andernfalls müßten sie sich in judicialibus mit der, für andere Untergerichte erster Klasse ausgeworfenen zwei Drittel der obergerichtlichen Sportelsätze begnügen. Die Erklärungen fielen dahin aus, daß die Mediat-Regierungen ihre höheren Taxen in extrajudicialibus fernerhin beibehalten wollten. Dabei ist es auch bis 1815 verblieben. Wenngleich danach das Edikt vom 13. Juni 1744 und die Tax-Ordnung vom

4. August 1750 hinsichtlich der Mediat-Regierungen für suspendirt anzusehen ist, so gilt dies doch nur von den darin bestimmten Gebührensätzen, nicht aber von der pragmatischen Sanktion vom 16. April 1693 und denjenigen darin ausgesprochenen allgemein gültigen Rechtsgrundsätzen, welche in dem Edikt vom 13. Juni 1744 wiederholt sind. Diese Suspension der Tax-Ordnung nimmt der Sanktion und dem Edikte durchaus nicht den Charakter allgemeiner Schlesischer Provinzial-Gesetze.

№ VIII.

Privatflüsse, Gräben und Kanäle.

Die landrechtliche Bestimmung, daß in der Regel ein Jeder die über sein Eigenthum gehenden Gräben und Kanäle, wodurch das Wasser seinen Ablauf hat, zu unterhalten verbunden sei, findet auf natürliche Privatflüsse keine Anwendung.

Die streitig gewordene Frage ist durch Plenarbeschluß vom 9. April 1844 für die neuere Meinung entschieden, die auch die allein richtige ist. Die Ausführung ist meisterhaft.

II. Senats-Entscheidungen.

№ 1.

Unzulässigkeit possessorischer Rechtsmittel bei affirmativen Rechten.

Im possessorischen Rechtswege kann der Schutz im Besitze eines affirmativen Rechts, — gleichviel, ob solches dinglich oder persönlich, fortdauernd oder nur unter gewissen Verhältnissen wiederkehrend ausgeübt sein möge, — nicht in Anspruch genommen werden.

Wenn schon der Satz, richtig verstanden, anzuerkennen ist, so ist doch die Anwendung verfehlt. Zwei Kolonen behaupteten, daß seit undenklichen Zeiten die Besitzer ihrer Stellen ein gewisses Quantum Brennholz jährlich aus dem benachbarten Königl. Walde unentgeltlich erhalten hätten, welches ihnen für das laufende Jahr versagt worden sei. Sie klagten possessorisch gegen den Fiskus auf Schutz in dem Besitze ihres Rechts und auf Anweisung einer Anzahl Klafter Holz. Der Erste Senat des Ober-Landesgerichts zu Paderborn erkannte auch nach dem Antrage. Dieses Urtel nun vernichtet das Geheime Ober-Tribunal auf die von dem Fiskus eingelegte Nichtigkeits-Beschwerde, weil ein Besitz an Rechten auf Handlungen in dem Sinne nicht stattfinde, daß er gestört oder entzogen und dagegen geschützt werden könnte. Allein das Recht der Kolonen ist ja gar kein affirmatives Recht, sondern eine Grundgerechtigkeit (Prädial-Servitut). Vgl. zu Bd. VII, № 29, oben S. 505. Dadurch, daß der Forstherr von Polizei wegen vorgeschrieben hat, der Berechtigte solle sein Holz nur auf Anweisung des Waldaufsehers nehmen, wird das Recht in seiner Wesenheit nicht verwandelt; dieses besteht wesentlich darin, daß der Berechtigte hingehen und sein Holz holen darf; von Lieferung Seitens des Belasteten ist gar nicht Rede. Macht der Belastete dem Berechtigten das Holzholen unmöglich, so setzt er ihn dadurch aus dem Besitz der Servitut, die wesentlich darin besteht, daß der Belastete Etwas leiden muß. Sein Aufseher braucht nicht dabei zu sein oder anzuweisen: das gehört nicht mehr zum Charakter der Servitut; er will es aber zu seiner Sicherheit, und der Berechtigte soll es sich, um der öffentlichen Ordnung willen, gefallen lassen. Wenn er das Sicherungsmittel zur Verweigerung der Ausübung des Rechts gebraucht, so begeht er eine Besitzstörung. Die Nachlieferung des Holzes hätte im besondern Prozesse gefordert werden sollen.

№ 2.

Erlöschende Verjährung der Ansprüche aus einem im Auslande geschlossenen Vertrage.

Bei der Beurtheilung der Frage, ob der vor einem inländischen Gerichte geltend gemachte Anspruch aus einem im Auslande abgeschlossenen Vertrage durch Verjährung erloschen sei, kommen die inländischen Gesetze zur Anwendung. Das Eintreten dieser Verjährung ist als eine rechtliche Folge und Wirkung des Vertrages nicht anzusehen.

Daß die inländischen Gesetze über die Verjährung zur Anwendung kommen können, wenn ein Anspruch aus einem im Auslande entstandenen Verhältnisse vor inländischen Gerichten verfolgt wird, läßt sich nicht bezweifeln, doch nicht deshalb, weil das Eintreten der Verjährung als eine rechtliche Folge und Wirkung des Vertrags nicht anzusehen wäre, sondern lediglich zufolge eines Grundsatzes des öffentlichen Rechts. Denn, was die Behauptung in Betreff der Folge und Wirkung des Vertrags betrifft, so ist den Parteien, nach dem A. L. R. Th. I, Tit. 9, §. 565, gestattet, über die Verjährung beliebige Bestimmung zu treffen. Thun sie das in dem Vertrage, so entsteht dadurch ein Accidentale; unterlassen sie es, so bleibt es bei den Naturalien, d. h. bei derjenigen Verjährung, welche durch das Gesetz für das Geschäft auf den Fall, daß nichts Besonderes ausgemacht worden, bestimmt ist. Was zur Begründung des fraglichen Satzes angegeben wird, ist nicht zutreffend. Nach Gemeinem Rechte verändere die Klagverjährung die kontraktlichen Rechte an sich nicht, sondern gebe nur eine Einrede. Aber was thut das? Es ist nicht von der rechtlichen Bedeutung und Wirkung der Verjährung die Rede, sondern davon: ob der Einwand der Verjährung aus dem Rechtsgeschäfte entspringe. Nun muß das allerdings insofern bejaht werden, als die Klagen aus verschiedenen Rechtsgeschäften in verschiedenen Zeiten verjähren, also manche Klagen ihre eigenthümlichen Verjährungen haben. Diese richtet sich mithin nach der Natur des Klagrechts und ist insofern ein Naturale des Rechtsgeschäfts. Wenn also behauptet wird: „bei der Erwägung: ob die Verjährung eingetreten sei oder nicht, kommt es auf die rechtlichen Folgen aus dem Kontrakte gar nicht weiter an", so wird übersehen, daß gerade die Klage mit ihren Eigenthümlichkeiten, also auch mit ihrer rechtlichen Dauer, die hauptsächlichste Folge aus dem Kontrakte ist. Gleich wenig auf den Grund gehend ist die nun folgende Betrachtung des Preußischen Rechts. Darnach, heißt es, begründet die erlöschende Verjährung die rechtliche Vermuthung der Tilgung. Auch hiernach sei gar keine Bestimmung über die rechtlichen Wirkungen des Vertrages zu treffen. Vielmehr trete nur die Vermuthung ein, daß die Verbindlichkeit erloschen sei, eine ganz allgemeine, welche sich auf alle Verbindlichkeiten beziehe. Diese Verjährung sei die rechtliche Folge der Nachlässigkeit des Berechtigten, — aus dem Vertrage entspringe sie nicht. Hierin wird vielerlei Verschiedenartiges zusammengebracht. Die Nachlässigkeit u. s. w. gehört hierher gar nicht; sie ist einer von den vielen Gründen, welche den Gesetzgeber bewogen haben, das Institut der Verjährung überhaupt einzuführen. Die aus der Verjährung entspringende Vermuthung u. s. w. gehört in das Kapitel von den Wirkungen der Verjährung und hat hier auch nichts zu thun. Beiläufig widerspricht das Geheime Ober-Tribunal in der Behauptung, daß die Vermuthung u. s. w. auf alle Verbindlichkeiten sich beziehe, sich selbst, indem dasselbe in dieser Hinsicht bei einer andern Gelegenheit (Bd. IX, № 20) zwischen ordentlichen und besondern Verjährungen (um eine kurze Verjährung handelt es sich in dem vorliegenden Falle) unterscheidet. Mag aber die Wirkung der Verjährung sein welche sie will, so kann daraus die Frage: ob und welche Verjährung in einem bestimmten Falle stattfinde, selbstredend nicht beantwortet werden. Der Rechtszustand ist in dieser Hinsicht nach Preuß. Rechte kein anderer als nach Gemeinem Rechte. Ist sonach auch der besprochene Ausspruch, daß das Eintreten der Verjährung nicht mit dem Vertrage zusammenhange, nicht gerechtfertigt, so kann dennoch der Hauptsatz, daß die inländischen Gesetze maßgebend seien, nicht durchaus bestritten werden. Denn die stillschweigende oder ausdrückliche Verabredung der Parteien über die Verjährung berührt die absolute Berechtigung der Staatsgewalt: ob und wie lange sie eine Klage annehmen oder gestatten will. Rechtlich bindend ist für jeden Prätor (Staatsobrigkeit) nur die von ihm selbst für sein Forum im Voraus bestimmte Zeit. Ist in dem Nachbarlande eine längere Frist bestimmt oder zu bestimmen erlaubt, so ist ihm zwar, vermöge seines Hoheitsrechts, unbenommen, darauf keine Rücksicht zu nehmen, vielmehr die Bewilligung der Klage zu versagen oder nach seinem Edikt dem Beklagten eine Exception zu geben (so ist noch heute der Kern des materiellen Rechts zu denken); allein er muß sich gefallen lassen, daß seine Angehörigen in dem Nachbarlande wieder so behandelt werden. Daraus entsteht dann eine Art von Kriegszustand zwischen beiden Ländern. Auf diesem Fuß stehen die deutschen Bundesstaaten zu einander nicht, mithin ist auch aus diesem einzig rechtlichen Grunde die Entscheidung nicht gerechtfertigt. Ein Preuße hatte bei einem Kaufmann zu Frankfurt a. M. Bestellung auf eine Papierlieferung gemacht. Dieser lieferte 1840 das Papier; der Besteller blieb 126 Rthlr. Kaufgeld rückständig. Als der Frankfurter am 25. Februar 1843 klagte, machte der Schuldner den Einwand der Verjährung auf Grund des Gesetzes vom 31. März 1838. Die Civil-Deputation und die Deputation des Zweiten Senats des Ober-Landesgerichts zu Hamm verwarfen den Einwand und verurtheilten den Schuldner. Diese Entscheidung vernichtet das Geheime Ober-Tribunal aus den vorhin gewürdigten Gründen.

№ 3.

Ueber den Beweis der Unredlichkeit bei der Verjährung durch Nichtgebrauch.

Zur Beseitigung der, nach §. 568, Tit. 9, Th. I des A. L. R. aus der Verjährung durch Nichtgebrauch entspringenden Vermuthung der Tilgung der Schuld, ist der dem Schuldner dahin zugeschobene Eid:

daß die eingeklagte Schuld durch ihn weder durch Zahlung, noch auf irgend eine andere Art berichtigt und überhaupt keine Thatsache eingetreten sei, wodurch sich das Schuldverhältniß verändert habe, auch der Verklagte hiervon vollständig unterrichtet sei,

nicht geeignet.

Bei ganz kurzen Verjährungen ist es mit dieser Vermuthung, die ohnehin von einem bloßen Rechtfertigungsgrunde des Verjährungs-Instituts überhaupt zu einer Wirkung der Verjährung nicht wohl passend erhoben worden ist, nichts; dennoch soll sie, auch nach der Meinung des Geheimen Ober-Tribunals, auch bei den kurzen Verjährungen gelten, wiewohl dasselbe, nach Bd. IX, № 20, doch wieder nicht alle von der Verjährung überhaupt geltenden Grundsätze auf die besondern Verjährungen für anwendbar hält. S. oben S. 684. Damit nun aber die kurzen Verjährungen doch ein anderes Resultat als eine bei kurzen Fristen oft leicht zu widerlegende Vermuthung geben, nimmt man zu andern Hülfssätzen Zuflucht. Dazu gehört auch der in der Ueberschrift enthaltene Ausspruch. Uebrigens bin ich der Meinung, daß es bei der Verjährung durch bloßen Nichtgebrauch, auch nach Preuß. Rechte, auf die Redlichkeit (bona fides) gar nicht ankomme. Lehrbuch des Preuß. Gemeinen Rechts, §. 151, Bd. I, S. 279.

№ 4.

Kollision von Rechten auf das Eigenthum eines Grundstücks. Uebergang des Eigenthums von Bergantheilen.

I. Wenn der Erwerber eines Grundstücks zur Zeit der Eintragung in das Hypothekenbuch oder der

Uebergabe gewußt hat, daß derjenige, von welchem sich sein Titel herschreibt, das Grundstück zwar im eigenen Namen, aber nur auf Grund einer Vollmacht als Mandatar eines Dritten erworben hat, so muß derselbe dem Machtgeber seines Auktors in dem Besitze des Grundstücks weichen.

Damit ist das Rechte nicht ausgesprochen. Im Besitze dem Machtgeber des Auktors weichen muß der Erwerber auch alsdann, wenn er nichts von dem Auftrage gewußt hat; denn wer von einem Nichteigenthümer, obgleich in gutem Glauben, erwirbt, wird nicht Eigenthümer und muß deshalb die Sache dem wahren Eigenthümer herausgeben. Sein guter Glaube hat bloß Einfluß auf seine Gegenforderungen. Daß aber bei Erwerbungen durch einen Stellvertreter nicht der Beauftragte, sondern der Machtgeber erwirbt, wenn auch der Stellvertreter den Namen seines Machtgebers nicht genannt hat, ist unstreitiges Recht. S. oben zu Bd. VII, № 38, S. 519.

II. Der Uebergang des Eigenthums von Berganteilen ist bei deren mittelbaren Erwerbung von der Zuschreibung im Gegenbuch abhängig. Die Vorschriften der Allerhöchsten Kabinetsordre vom 31. Oktober 1831 sind auf Bergantheile nicht anwendbar.

Der Grund ist, weil Bergantheile (Kuxe) unkörperliche Sachen sind, welche nicht übergeben werden können.

№ 5.

Erbeseinsetzung durch einen Nachzettel.

I. Wenn der eingesetzte Erbe den Anfall der Erbschaft nicht erlebt, so treten, ohne eine ausdrücklich darauf gerichtete Disposition, die von dem Erben nachgelassenen Kinder nicht in seine Stelle; und die bloße erweisliche Absicht, daß der Erblasser auch die Kinder habe bedenken wollen, reicht nicht, wie bei Legaten, dazu aus, den Letzteren die Erbschaft zuzuwenden.

Ist nicht zweifelhaft.

II. Die, in einem mit den formellen Erfordernissen eines Testaments errichteten Nachzettel zu einem früheren Testamente, enthaltene Disposition ist für sich selbst, auch wenn dieses frühere Testament aus irgend einem Grunde nicht bestehen könnte, als ein gültiges Testament zu erachten, wofern aus derselben der Wille des Testators, den Inbegriff seines Nachlasses einer gewissen Person zuwenden zu wollen, deutlich erhellt.

Ebenfalls anzuerkennen. Die Verschiedenheit der Richtersprüche in dem mitgetheilten Rechtsfalle lag auch gar nicht in abweichenden Rechtsansichten, sondern in der Auslegung der Willenserklärung. Der Appellationsrichter (die Deputation des Zweiten Senats des Ober-Landesgerichts zu Breslau) fand in dem Nachzettel keine Erbeseinsetzung; das Geheime Ober-Tribunal findet eine solche. Das ist etwas Thatsächliches. Für die

Rechts-

Rechtsentwicklung wird durch diese Entscheidung nichts gewonnen.

№ 6.

Verhältniß eines Justizkommissarius zu der ihn beauftragenden Partei, rücksichtlich der Manual-Akten.

1. Die Stellung des Justizkommissarius als öffentlicher Beamter hindert nicht, ihn, der ihn beauftragenden Partei gegenüber, als deren Bevollmächtigten anzusehen.
2. Die Manual-Akten eines Justizkommissarius sind als eine Sammlung von Schriften und Urkunden, die für die Partei, als Eigenthümerin des Geschäfts, in den Händen des Justizkommissarius aufbewahrt wird, mithin nicht als dessen Eigenthum anzusehen.

Ist von allen Richtern, bei Entscheidung des mitgetheilten Rechtsfalles, gleichförmig ausgesprochen und auch unstreitig.

№ 7.

Anwendung der Realstatuten auf die Lehnfolge-Fähigkeit.

Die Lehnfolge-Fähigkeit der von einem Fremden, in einer nach den ausländischen Gesetzen seines Wohnorts vollkommen gültigen Ehe, erzeugten Söhne ist bezüglich der Succession in dessen hinterlassenen adlichen Lehen im Inlande, nicht durch die in dem A. L. R. für Kinder aus ungleichen Ehen vorgeschriebene landesherrliche Dispensation bedingt.

Der Ausspruch ist vollkommen Rechtens. Die Theorie, daß die s. g. Realstatuten auch in Beziehung auf die Intestat-Succession bei Immobilien zur Anwendung kommen müßten, ist juristisch gar nicht zu begründen. In dem hier mitgetheilten Falle waren Lehnsagnaten zur Folge in ein Pommersches Lehn gelangt, welche aus einer Ehe entsprossen waren, die ihr Vater unter Westphälischer Herrschaft mit seiner Haushälterin geschlossen hatte. Ein Agnat machte ihnen den Besitz streitig, weil sie, nach den Grundsätzen des A. L. R., aus einer unstandesmäßigen Ehe abstammten. Mit Recht wurde dieser Angriff abgewiesen.

№ 8.

Einfluß der Kaufgelder-Belegungs-Verhandlungen bei nothwendigen Subhastationen auf die persönliche Verbindlichkeit des ersten Schuldners.

Bei Subhastationen im Wege der Exekution verliert der Gläubiger insoweit, als seine Forderung durch das Kaufgeld gedeckt wird, sein persönliches Recht gegen den ursprünglichen Schuldner auch durch die, bei der Kaufgelder-Belegung mit dem Käufer vereinbarte Uebernahme seiner Forderung von Seiten des Letzteren. Einer ausdrücklichen Entlassung des bisherigen Schuldners bedarf es dazu nicht.

Ein Hypothekengläubiger hatte in der Subhastation des ihm verpfändeten Grundstücks seine Post dem Adjudikatar stehen lassen. Später kam das Gut wieder zur Subhastation und dabei fiel die Post aus. Nun belangte der Gläubiger den ursprünglichen Schuldner; er wurde aber von den Richtern beider Instanzen abgewiesen und seine Nichtigkeits-Beschwerde wurde verworfen, was vollkommen gerechtfertigt ist.

№ 9.

Wirkung der gegen den titulirten Besitzer eingetragenen protestatio de non amplius disponendo, in Beziehung auf den wahren Eigenthümer.

Eine im Wege des Arrestes gegen den eingetragenen Besitzer im Hypothekenbuche eingetragene protestatio de non amplius disponendo hat keine Wirkung gegen den wahren Eigenthümer, der das Grundstück schon vor der Arresteintragung erworben und übertragen erhalten, aber bis dahin seinen Besitztitel noch nicht hat eintragen lassen.

Ist unzweifelhaft, denn der Arrest hindert nur künftige Verfügungen, hebt aber gültige Veräußerungen nicht auf. Auch aus dem §. 410, Tit. 20, Th. I des A. L. R. ist kein Zweifelsgrund herzunehmen, weil derselbe sich nur auf wirklich eingetragene Hypotheken bezieht. S. Bd. IX, № 13, und dazu oben S. 638.

№ 10.

Hypothekenrecht an Pertinenzien.

Ein Hypothekengläubiger, der nach einer ohne seine Einwilligung geschehenen Trennung eines seinem Pfandrechte unterworfenen unbeweglichen Pertinenzstücks von der Substanz des Guts, gegen die Erwerbung eines neuen Pertinenzstücks, sich an letzteres hält, entsagt dadurch seinem Hypothekenrechte an dem abgetrennten Pertinenzstücke.

Von einem bepfandbrieften Gute war eine Pustkowie, ohne Genehmigung der Landschaft, abgetrennt und in eine Erbzinsgerechtigkeit umgewandelt worden, von welcher gewisse jährliche Abgaben an den Gutsherrn gezahlt werden mußten. Bei der später erfolgten Subhastation des Guts fiel ein Theil der Pfandbriefe aus und die Landschaft cedirte ihren Anspruch gegen den Besitzer der Pustkowie dem Ersteher. Dieser machte ein Pfandrecht gegen Jenen geltend. In erster Instanz wurde der Beklagte verurtheilt; der Appellations-Richter (das Königsberger Tribunal) wies den Kläger ab, weil die Pfandbriefe auf dem Folium des Hauptguts ohne Vorbehalt gelöscht worden und dadurch das Hypothekenrecht auf die faktisch abgetrennten Parzellen erloschen sei. Diese Entscheidung bestätigt das Geheime Ober-Tribunal auf die Revision, aber nicht aus dem eben gedachten Grunde, sondern weil die Landschaft den Erbzins und die andern von der Pustkowie zu zahlenden jährlichen Abgaben, statt des Grundstücks, mit zur Taxe und zum Verkauf gezogen hatte, und dieses, da es nicht wieder rückgängig zu machen, einer Entsagung des Pfandrechts auf das abgetrennte Pertinenzstück gegen Annahme des neuen (der Abgabe) in der Wirkung gleichzustellen. Dem ist beizutreten. A. L. R. Th. I, Tit. 20, §§. 456, 457.

№ 11.

Veräußerung von Immobilien bei bestehender Gütergemeinschaft.

Die Einwilligung der in Gütergemeinschaft lebenden Ehefrau in die vom Ehemanne vorgenommene Veräußerung eines Grundstücks ist wirkungslos, wenn dieselbe nicht schriftlich geschehen ist.

Die Einwilligung aller Interessenten muß in derjenigen Form erklärt werden, welche zur verbindlichen Schließung des Geschäfts vorgeschrieben ist; sonst mangelt eben, wenn diese Form von dem Einen oder dem Andern nicht beobachtet ist, auf der einen Seite die zur Verbindlichmachung erforderliche Form.

№ 12.

Kollision der Gesetzgebungen, bei der Erbfolge der Ehegatten.

Bei der Erbfolge der Ehegatten entscheidet auch wegen der Immobilien die Gesetzgebung des persönlichen Gerichtsstandes, — selbst dann, wenn inländische Gesetze mit ausländischen kollidiren.

Der Ausspruch ist ganz unzweifelhaft. In dem mitgetheilten Rechtsfalle war der Erblasser im Schwarzburg-Rudelstädtschen wohnhaft gewesen und gestorben, und in Gardelegen befanden sich mehrere Grundstücke desselben. Das Land- und Stadtgericht zu Gardelegen hatte die landrechtlichen Bestimmungen Th. II, Tit. 1, §. 495 und Anhang §. 78 für unanwendbar gehalten, weil ausländische Gesetze damit in Kollision träten; denn es meinte, es müsse, um sie anzuwenden, eine Kollision inländischer Partikularrechte eintreten.

№ 13.

Rechtliche Nachtheile der anderweitigen Verheirathung nach Gemeinem Recht.

Nach Gemeinem Rechte gelangt, wenn ein Ehegatte eine Wittwe mit Kindern hinterlassen hat, und von diesen Kindern hiernächst Eins verstirbt, in den Nachlaß desselben die Mutter mit den übrigen Geschwistern zusammen zur Succession; ist sie aber zur zweiten Ehe geschritten, oder erfolgt solches weiterhin, so ist sie in Ansehung der von dem Vater auf das Kind vererbten Güter nur als Fiduziarerbin anzusehen.

Diese Auslegung der Novelle 22, Kap. 46 hat die Meinung der angesehensten Rechtsgelehrten und überzeugende Gründe für sich.

№ 14.
Grundsätze über Kollation.

I. Auch ein Einzelner von mehreren Miterben darf gegen einen andern Miterben auf Anerkennung der Kollationspflicht klagen; und findet der Grundsatz: „daß Erbschafts-Aktiva vor der Theilung nur von den Erben gemeinschaftlich eingezogen werden dürfen", hier keine Anwendung.

Was der Eine oder der Andere von den Miterben zu konferiren hat, ist kein Nachlaß-Aktivum, sondern dient nur zur Ausgleichung unter den Miterben, die einander zu konferiren schuldig sind. Wäre es ein Nachlaß-Aktivum, so müßten alle konkurrirende Miterben, also auch der hinterbliebene Ehegatte, daran Theil nehmen und das Ueberhobene müßte von dem Konferirenden herausgegeben werden. Weder das Eine noch das Andere ist der Fall. Die Konferenda können den Einzelnen der darauf Anspruch habenden Miterben gegenüber ungleich sein, z. B. wenn mehrere zur Kollation Verpflichtete mit einander und mit solchen, welche nichts zu konferiren haben, konkurriren; und das nachtheiligste Ergebniß der Kollation kann nur sein, daß der Konferirende aus der Erbschaft nichts mehr erhält.

II. Es ist unzulässig, von einem Miterben, welcher von dem Erblasser schon zu dessen Lebzeiten höher ausgestattet worden, als sein Erbtheil betragen hätte, und der deshalb von der Theilnahme an der Erbschaft ausgeschlossen bleibt, — zu fordern, daß er das Ueberhobene bei der hiernächstigen Theilung des Nachlasses des Letztlebenden der Eltern einwerfe.

Jemand starb mit Hinterlassung seiner Wittwe und mehrerer Kinder und Enkel. Bei der Theilung seiner Verlassenschaft gingen zwei Kinder leer aus, weil sie von dem Vater eine größere Ausstattung erhalten hatten als ihre Geschwister an Vatererbe erhalten konnten. Nachdem auch die Wittwe, die zugleich die Mutter der Kinder des vorverstorbenen Mannes war, verstarb, sollten die bei Lebzeiten des Vaters ausgestatteten beiden Kinder bei der Theilung der mütterlichen Erbschaft Dasjenige konferiren, was sie von dem Vater mehr als die Geschwister an Vatererbe erhalten hatten. Der Richter erster Instanz verurtheilte sie auch dazu. Der Zweite Senat des Ober-Landesgerichts zu Frankfurt änderte das Urtel und wies die Kläger angebrachtermaßen ab, weil Nachlaß-Aktiva nur gemeinschaftlich eingeklagt werden könnten (es hatten nicht alle Miterben geklagt), und weil der Anspruch nicht aus dem Gesetz, wohl aber noch aus dem Erbrezeß über den väterlichen Nachlaß zu begründen sei. Die hiergegen von den Klägern erhobene Nichtigkeits-Beschwerde verwirft das Geheime Ober-Tribunal, den ersten Grund für eine Rechtsverletzung erklärend (№ I). Der Ausspruch II wird durch den nicht hervorgehobenen Rechtsgrundsatz gerechtfertigt, daß bei jeder Erbtheilung immer nur Dasjenige zu konferiren ist, was der Kollations-Verpflichtete aus dem Vermögen desjenigen Erblassers, dessen Verlassenschaft man eben theilt, erhalten hat.

№ 15.

Pensionirung der Magistrats-Unterbeamten.

Diejenigen Magistrats-Unterbeamten, welche bei der Annahme des remunerirten städtischen Amtes ihren bisherigen hauptsächlichen Beruf, der ihnen ihren Lebensunterhalt gewährte, **beibehielten**, haben keinen Anspruch auf Pension. Darauf, ob der beibehaltene bisherige hauptsächliche Beruf weniger Einkommen gewährte, oder in der Folge weniger gewährt, als die amtliche Remuneration, kommt es nicht an; noch weniger auf die Zahl der Tagesstunden, welche Amt oder Gewerbe zu ihrem Betriebe erfordern.

Der Entscheidung des Geheimen Ober-Tribunals, wodurch in der Revisions-Instanz das Appellationsurtel des Zweiten Senats des Ober-Landesgerichts zu **Stettin** abgeändert wird, ist beizutreten. Ein Kaufmann ward städtischer Klassen- und Gewerbesteuer-Rendant. Bei der Uebernahme der Rendantur behielt er seinen Material- und Taback-Handel bei und setzte ihn auch fort. Nach 20 Jahren verlangte er seine Entlassung mit Pension. Die Pension wurde ihm auf Grund der Kabinetsordre vom 28. December 1837 (G. S. de 1838, S. 7) versagt, weil er das Amt nur als Nebenbeschäftigung verwaltet hatte. Der Appellations-Richter war auf die Ansicht des Klägers eingegangen, daß nach der zur Besorgung erforderlichen Zeit bestimmt werden müsse: welches das Haupt- und welches das Nebengeschäft gewesen sei; denn der Kläger hatte behauptet, daß mit der

Uebernahme des Amts sein Handel ein Nebengeschäft geworden sei.

№ 16.

Domiciliirte Wechsel. Einrede des Bezogenen, daß der Wechsel nur im Auftrage der Remittenten gezogen.

I. Zur Vollständigkeit eines domiciliirten Wechsels gehört die Angabe des Zahlungsorts im Wechselbriefe. Dagegen ist es nicht erforderlich, daß der Zahlungsort im Kontext des Wechsels vermerkt wurde.

Das ist nach der Natur der Wechselbriefe und des Wechselverkehrs vollkommen richtig. Das Wechseldomicil ist nichts Anderes als eine Anweisung für den Wechsel-Inhaber, wo er die Zahlung zu empfangen habe. Fehlt eine besondere Anweisung, so ist der Wohnort des Trassaten der Zahlungs-Ort. Die Stelle, wo dieser besondere Zahlungsort namhaft gemacht ist, kann nicht Bedingung der Wechselkraft sein; denn die besondere Anweisung kann ganz fehlen, und dann muß der Inhaber eben am Wohnorte des Trassaten Zahlung nehmen. Daraus erhellet, daß die Ansicht des Zweiten Senats des Frankfurter Ober-Landesgerichts, welcher als Appellationsrichter einem domiciliirten Wechsel deshalb, weil der Zahlungsort nicht in sondern unter dem Kontext vermerkt war, die Wechselkraft ganz absprach, irrig ist; folgerecht konnte, wenn die Meinung, daß der Vermerk des Domicils unter dem Wechsel nicht gelte, richtig wäre, doch nicht mehr entnommen werden, als daß der Wechsel kein besonderes Domicil hatte.

II. Der Bezogene, der einen vom Aussteller auf einen bestimmten Remittenten gestellten, in dessen Händen verbliebenen Wechsel angenommen hat, kann dem aus dem Accept gegen ihn klagenden Remittenten im Wechselprozesse nicht den Einwand entgegensetzen, der Trassant habe nur im Auftrage und für Rechnung des Remittenten den Wechsel auf ihn gezogen, und es stehe dem Remittenten, als dem Auftraggeber des Trassanten, kein Wechselrecht gegen ihn, den Bezogenen, zu.

Das Accept begründet durch sich selbst eine formelle Verbindlichkeit, gegen welche ein Einwand, welcher außerhalb des Wechselverhältnisses seinen Grund hat, unstatthaft ist. Vergl. den Fall Bd. III, № 19. S. oben, S. 160.

III. Bei gezogenen und angenommenen domiciliirten Wechseln ist, wenn zur Verfallzeit keine Zahlung erfolgt, nur die Aufnahme des Protestes am Zahlungsort, bei der vom Acceptanten bezeichneten Zahlungs-Adresse, nicht auch eines zweiten Protestes gegen den Acceptanten selbst, in dessen Wohnorte, nothwendig.

Das würde auch oft nicht auszuführen sein. Nach §. 1113 des Wechselrechts ist deshalb der gegen den Domiciliaten erhobene Protest, zur Begründung der Wechselverbindlichkeit des Acceptanten, genügend.

№ 17.

Deklaration steuerpflichtiger Waaren durch den Waarenführer.

Der Führer steuerpflichtiger Waaren, welcher diese mit dem betreffenden Frachtbriefe der Steuerbehörde zur Revision übergiebt, haftet dafür, daß die Deklaration in dem Frachtbriefe richtig erfolgt sei und kann sich damit nicht entschuldigen, daß es ihm unbekannt gewesen sei, ob die Waaren in dem Frachtbriefe richtig angegeben worden.

Wahr, aber unter Umständen hart, doch nicht zu ändern, so lange es Contrebande und Zoll- und Steuer-Defraudationen giebt. Ein Karrenbinder hatte in der Nähe von Hamm von einem Schiffer zwei Fässer mit Waaren Ladung erhalten, um sie nach Hamm zu schaffen. Nach dem dazu gehörigen Frachtbriefe sollte in dem Einen gemahlene Kreide, und in dem andern Fasse Reis sein. Der Frachtmann meldet seine Fracht an der Thorkontrolle in Hamm zur Revision und übergiebt den Frachtbrief. Man findet aber in dem einen Fasse statt Kreide Griesmehl und in dem andern statt Reis Stärke, Beides in Hamm mahlsteuerpflichtige Artikel. Der arme Kerl wird, trotz seiner Unwissenheit, sammt dem Absender, in die ganze Steuer-Defraudations-Strafe genommen. Er hätte die Fracht nicht, ohne zu wissen was die Fässer enthielten, annehmen sollen. Aber dann hätte er keine Ladung erhalten, denn der Schiffer hätte ihm sicher die Fässer nicht geöffnet. Doch muß er wohl von dem eigentlichen Defraudanten schadlos gehalten werden.

№ 18.

Mark Brandenburg. Illegitimitäts-Erklärung gegen in der Ehe geborne Kinder.

Die Vorschrift des A. L. R., wonach den in der Ehe gebornen Kindern, ohne Rücksicht auf den Zeitpunkt ihrer Erzeugung, die Vermuthung der Rechtmäßigkeit zur Seite steht, ist zu den suspendirten Stellen des A. L. R. zu rechnen und deshalb in der Mark Brandenburg zur Zeit nicht anwendbar.

Ist unbestreitbar. S. zu Bd. VIII, № V, oben S. 606.

№ 19.

Lübisches Baurecht in Pommern.

1. In denjenigen Pommerschen Städten, welche mit dem Lübischen Rechte in seinem ganzen Umfange ausdrücklich beliehen sind, braucht die Reception der einzelnen Vorschriften desselben nicht besonders nachgewiesen zu werden, sondern muß umgekehrt Derjenige, welcher die Nichtanwendbarkeit einzelner Vorschriften behauptet, beweisen, auf welche gesetzliche Weise sie außer Kraft gesetzt seien.

2. Die Vorschriften des A. L. R. über den bei Errichtung neuer Gebäude zu beobachtenden

Abstand von den nachbarlichen Grundstücken kommen, wo Lübisches Recht gilt, nicht zur Anwendung.

In Demmin hatte Jemand ein Gebäude auf seinem Grunde, nur $1\frac{1}{2}$ Zoll von des Nachbars Hintergebäude, errichtet. Der Nachbar verlangte die Abrückung auf drei Werkschuhe. Der Richter erster Instanz erkannte darauf, nach Vorschrift des A. L. R. Th. I, Tit. 8, §. 139. Der Zweite Senat des Ober-Landesgerichts zu Stettin wies in der Appellation die Klage, auf Grund des Lübischen Rechts, welches nur verbietet, dem Nachbar zu nahe zu bauen, d. i. nach Mevius, die Grenze zu überschreiten, zurück. Die hiergegen erhobene Nichtigkeits-Beschwerde verwirft das Geheime Ober-Tribunal, aus überzeugenden Gründen.

№ 20.

Erfordernisse eines Kompromiß-Vertrages.

Kompromiß-Verträge, worin die Schiedsrichter nicht im Voraus benannt sind, oder worin der Weg, auf welchem das Schiedsgericht zu Stande gebracht werden soll, nicht vorgezeichnet ist, haben keine Wirkung.

Dem ist beizustimmen; es fehlt ein Essentiale, wenn die Schiedsrichter nicht geradezu oder beziehlich bestimmt sind.

Zweite Hälfte.

I. Plenar-Beschlüsse.

№ IX.

Mündliche Nebenabreden.

Der §. 128, Tit. 5, Th. I des A. L. R. ist nicht auf solche mündliche Abreden zu beziehen, welche eine Anfechtung des schriftlichen Vertrages als rechtsungültig begründen.

Dieser Plenarbeschluß vom 31. Januar 1845 beseitigt endlich die ganz unwissenschaftliche Ansicht, daß unter den mündlichen Nebenabreden, auf welche es bei einem schriftlichen Vertrage, nach dem A. L. R. Th. I, Tit. 5, §. 128, nicht ankommen soll, auch solche Abreden, welche wesentliche Erfordernisse des bezüglichen Geschäfts betreffen, zu verstehen, so daß sogar Simulationen Rechtsschutz finden müßten. Das Plenum hat es absichtlich vorgezogen, sich negativ auszudrücken, statt die mündlichen Nebenabreden, welche unberücksichtigt zu lassen, nach ihrem Charakter zu bestimmen, was sehr weise ist. Wegen dieses Charakters s. m. Recht der Forderungen §. 84, Bd. II, S. 160 (nicht 16, wie in dem Plenarbeschlusse, S. 272, aus einem Druckfehler allegirt ist).

№ X.

Ueber die Form der Nachlaß-Inventarien und den Verlust der Rechtswohlthat des Inventars.

Die Verabsäumung des im Th. II, Tit. 5, §. 53 der A. G. O. für Nachlaß-Inventarien vorgeschriebenen Formulars, insbesondere der Rubriken I, II, III, XX und XXI, hat den Verlust der Rechtswohlthat des Inventars nicht zur Folge.

Welcher Erbe die bestimmte Frist verstreichen läßt, ohne das Inventarium gehörig einzubringen, wird der Rechtswohlthat des Inventariums verlustig. Sonst hat das Geheime Ober-Tribunal angenommen, daß ein Erbschafts-Inventarium, durch welches die Rechtswohlthat des Inventariums erlangt werde, nach dem gesetzlich vorgeschriebenen Formular eingerichtet sein müsse. (Einen Fall s. Bd. I, № 30, wo jedoch nur beiläufig die Form in Betracht kommt, denn es war gar kein Verzeichniß eingereicht worden, und die zu entscheidende Rechtsfrage war eine andere. S. oben, S. 62.) Eine neu entstandene Meinung leugnet dies und dieser Meinung hat sich das Plenum, mittelst Beschlusses vom 28. Februar 1845, angeschlossen. Wie ein Inventarium eigentlich beschaffen sein müsse, um das beneficium inventarii zu geben, wird nicht gesagt. Es scheint, daß nach diesem Plenarbeschluß die äußere Beschaffenheit ganz formlos sein darf. Denn für wesentliche Requisite werden, auf Grund der §§. 434 und 435, nur materielle Vollständigkeit und Werths-Angabe oder Beschreibung der Vermögensstücke erklärt. Nicht

ge-

gehöriges Einbringen könne nichts anderes bedeuten, als der Mangel wesentlicher Requisite; diese bestimme der §. 439 durch Hinweisung auf die §§. 434, 435. Denn die formularmäßige Rubricirung des Inventars vermöge niemals für die Prüfung der Vollständigkeit des Inventars eine irgend genügende Grundlage zu gewähren. Ein mit allen 21 Rubriken versehenes Inventarium könne materiell ganz unvollständig sein; die Formularmäßigkeit sei daher gar nicht geeignet, eine Grundlage für die Beurtheilung des im §. 439 vorgeschriebenen Erfordernisses (daß die Beschaffenheit des Nachlasses danach ausgemittelt werden könne) darzubieten. Hätten die Mängel des Inventars nachweislich eine Verdunkelung des Inventars gar nicht zur Folge gehabt, so sei durch einen etwaigen Mangel des Inventars auch kein Schaden entstanden, und alsdann eine Verhaftung der Erben über die Kräfte der Erbschaft gesetzlich nicht zu begründen; der §. 439 knüpfe diesen Nachtheil ausdrücklich nur an die durch die Mängel des Inventars herbeigeführte Unmöglichkeit der Ermittelung des Nachlasses.

Der Plenarbeschluß hat dem Fasse den Boden ausgeschlagen; der bezügliche Rechtsstoff ist nun nicht mehr zu fassen und zu halten. Weit angemessener wäre es gewesen, die Entbehrlichkeit eines Inventariums, wohl zu merken, eines Inventariums, auszusprechen, d. h. auszusprechen und nachzuweisen, daß das A. L. R. unter dem Inventarium ein solches nicht verstehe. Aber wie der Ausspruch formulirt und motivirt ist, steht er mit den Worten und dem Sinne des Gesetzes in Widerspruch. Der Schwerpunkt hierbei ist in den Entscheidungsgründen gar nicht berührt. Der §. 439, auf welchem die Entscheidung ruht, sagt:

„Wenn einem Privat-Inventario die §. 434, 435, vorgeschriebenen Erfordernisse dergestalt ermangeln, daß dadurch die Ausmittelung der Beschaffenheit des Nachlasses unmöglich wird, so findet gegen den Erben die Vorschrift §. 427 Anwendung.

Dort ist der Verlust der Rechtswohlthat ausgesprochen. Die §§. 434 und 435 lauten:

Ein jedes Inventarium muß ein möglichst vollständiges Verzeichniß aller zum Nachlasse gehörigen Vermögensstücke, und aller daran gemachten Ansprüche, soweit beide zur Zeit der Inventur, und durch die bei derselben angestellten Nachforschungen und Erkundigungen bekannt geworden sind, enthalten.

Die Angabe des Werths der Vermögensstücke, oder doch eine solche Beschreibung derselben, woraus der Werth erforderlichen Falls näher beurtheilt werden könne, ist bei einem jeden Inventarium nothwendig.

Der §. 439 schreibt also keinesweges, wie das Geheime Ober-Tribunal vermeint, als Bedingung der Rechtswohlthat nur vor, daß die Schrift über den Nachlaß nach §§. 434 und 435 materiell vollständig sein müsse, vielmehr macht er zweierlei zur Bedingung: 1. Die eingereichte Schrift muß ein Inventarium sein, 2. dieses Inventarium muß nach der Vorschrift der §§. 434 und 435 materiell vollständig sein. Die erste Bedingung übergeht das Geheime Ober-Tribunal ganz, oder vielmehr, es gebraucht den Ausdruck Inventarium und setzt voraus, das eingereichte Schriftstück sei allemal ein Inventarium, es möge äußerlich beschaffen sein wie es sei. So ist es aber nicht. „Inventarium" ist ein aus dem R. R. entnommener technischer Ausdruck, welcher in der Rechtssprache, in dem hier gemeinten Sinne, eine in der vorgeschriebenen Form eingerichtete Uebersicht von einem Inbegriffe bezeichnet. Ein unförmliches Verzeichniß der einzelnen Stücke ist gar kein Inventarium, wird vielmehr unter der Benennung „Vermögens-Verzeichniß“ oder „Vermögens-Specification“ dem Inventarium entgegengestellt. Die Preußische Rechtsgesetzgebung hat den Begriff des Inventariums nirgend neu bestimmt, im Gegentheil, das Inventarium wird ausdrücklich mit einer bestimmten Form in Verbindung gesetzt. Das Inventarium ist also auch nach Preuß. R. ein formelles Schriftstück, mag es ein gerichtliches, mag es ein Privat-Inventarium sein, und es ist, zum Ueberfluß, im §. 438 noch ausdrücklich bestimmt: „Auch Privat-Inventaria sind nach dem — vorgeschriebenen Formular einzurichten.“ Daß sie in eine gewisse Form gebracht sein müssen, bringt schon der Begriff mit sich. Das wird von dem Geheimen Ober-Tribunal ganz übergangen. Nur die materielle Vollständigkeit beschäftigt dasselbe. Diese ist aber die zweite Bedingung der Rechtswohlthat. Zuerst muß die Uebersicht ein Inventarium sein, und dann kommt die Vollständigkeit in Betracht; denn der §. 434 sagt: „Ein **jedes** Inventarium muß ein — vollständiges Verzeichniß u. s. w. enthalten.“ Nirgend wird gesagt: ein jedes vollständiges Verzeichniß ist ein Inventarium. Da sonach das Geheime Ober-Tribunal nach dem Begriffe des Inventariums nicht gefragt hat und ein bloßes Verzeichniß für genügend erklärt, während die Gesetze ein Inventarium zur Bedingung der Rechtswohlthat machen, so ist der Plenarbeschluß unrechtfertig.

№ XI.

Dispositionsrechte des überlebenden Ehegatten während der fortgesetzten Gütergemeinschaft, in Münster.

Nach den Grundsätzen der Münsterschen ehelichen Gütergemeinschaft ist der überlebende Ehegatte, der mit den Kindern in der Gütergemeinschaft bleibt, befugt, auch Grundstücke, die zu der Gemeinschaft gehören, unter Lebendigen einseitig — ohne Zustimmung der Kinder, zu veräußern.

Dieser Plenarbeschluß vom 9. April 1844 ist schon berücksichtigt zu Bd. VIII, № 27. S. oben S. 593.

№ XII.

Münster. Ueber die Rechte des mahljährigen Wirths (Interimswirths) auf das vor Aufhebung der Münster'schen Eigenthums-Ordnung von ihm erworbene Pekulium.

Durch den Plenarbeschluß vom 12. November 1838 ist entschieden worden:

„Ein mahljähriger Wirth" ꝛc. (s. die Worte o. S. 289.)

Was unter diesen Umständen nach der Münsterschen Eigenthums-Ordnung in Beziehung auf das, vor dem Eintritt der fremden Gesetze über die Aufhebung der Leibeigenschaft, erworbene Pekulium Rechtens sei, hat das Geheime Ober-Tribunal in seiner Plenar-Sitzung vom 30. Sept. 1844 dahin entschieden:

„daß der mahljährige Wirth schuldig ist, das Vermögen, welches er während der Interimswirthschaft vor der Aufhebung der Leibeigenschaft aus den Mitteln der Stätte erworben hat, bei dem Ablaufe der Mahljahre auf dem Kolonate zurückzulassen und an den Anerben herauszugeben."

Ist schon oben, S. 289, berücksichtigt.

№ XIII.

Wirkung der eventuellen Eidesdelation.

Wenn eine Partei über eine von ihr aufgestellte Behauptung Beweismittel vorgeschlagen und sich zugleich eventuell der Eidesdelation darüber bedient hat, die erfolgte Beweis-Aufnahme aber nicht zu dem Resultate führt, daß ohne Eid erkannt werden kann, so ist der Richter, der erfolgten Annahme des angetragenen Eides ungeachtet, auf einen nothwendigen Eid zu erkennen befugt.

Dieser Plenarbeschluß vom 11. April 1845 ist eine wichtige Fortbildung des Preuß. Prozeßrechts, welches durch den Satz mit dem Gemeinen Rechte in Uebereinstimmung kommt. Die Begründung des Satzes ist wissenschaftlich.

II. Senats-Entscheidungen.

№ 21.

Verträge zum Vortheil dritter Personen.

1. Der erfolgte Beitritt des Dritten zu einem, seinen Vortheil bezweckenden, Vertrage entzieht den Kontrahenten das Recht, denselben mit gegenseitigem Einverständnisse zu ändern oder wieder aufzuheben, nur in dem Falle, wenn diesem Beitritte eine Aufforderung zu demselben von Seiten der Kontrahenten vorangegangen ist.
2. Hat nur ein Kontrahent sich etwas zum Vortheile eines Dritten versprechen lassen, so kommt es nur auf die Einwilligung dieses Kontrahenten, nicht auf ein Einverständniß beider an.

Beide Aussprüche sind vollkommen begründet, und die Anwendung der Sätze ist rechtfertig.

№ 22.

Scheinverträge.

Auch außer den Fällen des Gesetzes vom 26. April 1835 ist jeder Gläubiger befugt, Veräußerungs-Kontrakte seines Schuldners anzufechten, wenn er den Beweis zu führen vermag, daß dieselben von beiden Seiten ohne die Absicht, das Eigenthum zu übertragen, und lediglich zum Schein abgeschlossen worden.

Der Ausspruch muß wohl näher dahin bestimmt werden, daß jeder Gläubiger, welcher sonst keinen Gegenstand seiner Befriedigung bei seinem Schuldner findet, befugt ꝛc.; denn wenn der Schuldner hinreichende Mittel zur Bezahlung seiner Gläubiger hat, so geht Diesen jedes rechtliche Interesse ab, die simulirten Geschäfte dritter Personen anzugreifen. So ist es auch gemeint. Ein Verkäufer hatte von dem Käufer noch 155 Rthlr. Kaufgeld rechtskräftig zu fordern und die Exekution in das Mobiliar fiel fruchtlos aus. Als er nun auf die Subhastation des verkauften Grundstücks antrug, wurde ihm ein Kontrakt entgegengehalten, wonach der Exequendus das Grundstück schon vorher an eine Wilhelmine M....k weiter verkauft und übergeben hatte. Diesen Kontrakt focht der Gläubiger wegen Simulation an. Die Beklagten bestritten die Simulation und auch das Anfechtungsrecht des Klägers. Der erste Richter wies die Klage angebrachtermaßen ab; der Appellationsrichter (das Ober-Appellationsgericht zu Posen) erkannte, unter dem Beding der Ableistung eines Ergänzungseides, nach dem Antrage des Klägers. Die hiergegen erhobene Nichtigkeits-Beschwerde wird von dem Geheimen Ober-Tribunal verworfen, indem auch außer dem Falle des Gesetzes vom 26. April 1835 jedem Gläubiger freistehen soll, Entäußerungen seines Schuldners anzufechten. Dieses Gesetz behandelt die actio in factum Pauliana außer dem förmlichen Konkurse. Wenn also, außer dem Falle dieses Gesetzes, die Verfolgung von Sachen des Schuldners gegen Dritte, in deren Gewahrsam oder

Besitz solche sich ohne gültigen Rechtstitel befinden, den Gläubigern gestattet ist, so muß es, neben der rescissorischen actio Pauliana, wohl noch eine Klage (actio) für die Gläubiger geben. Das bestreitet der Beklagte durchaus, und ganz alleinig hängt von der Beantwortung dieser Frage die Entscheidung der Richtigkeits-Beschwerde hier ab. Das Geheime Ober-Tribunal bejahet die Frage, im Einverständniß mit dem Appellationsrichter. Gewiß, die Frage ist für die wissenschaftliche Entwickelung des isolirten vaterländischen Rechts von vielem Interesse und man ist gespannt zu erfahren, wie das Geheime Ober-Tribunal das Klagrecht, oder die s. g. legitimatio ad causam, nachweisen werde. Das geschieht nun wie folgt: „Zu den häufigsten Prozessen — gehören gerade Interventions-Prozesse gegen Exekutions-Vollstreckungen, wo dritte Personen auf den Grund von Verträgen mit dem Exequendus das Eigenthum der in Beschlag genommenen Sachen **klagend** in Anspruch nehmen, und hier läßt die Praxis ohne Bedenken überall den Gläubiger, der die Simulation **excipirt**, als legitimirt zum Widerspruche zu. Für das Prinzip, nämlich für die Legitimations-Frage, muß es aber gleichgültig sein, ob der Gläubiger als Verklagter, — Intervent, — oder als **Kläger** die Simulation geltend macht." Das ist genau eben so schlüssig, als wenn man sagte: weil der Nehmer einer Sache auf die Vindikationsklage des Eigenthümers antworten und sagen darf, daß der Kläger nicht Eigenthümer sei, mit demselben Rechte kann ein Jeder, welcher eine, in Gewahrsam eines Nicht-Eigenthümers befindliche Sache weiß, auf Herausgabe derselben an ihn klagen. Darin ist gar kein juristischer Gedanke. Die Requisite einer Klage zu leugnen ist jeder Beklagte befugt; wer Simulation behauptet, leugnet das Klagrecht. Der erste Beweisgrund ist also nichts. Weiter heißt es dann:

„In Fällen der vorliegenden Art hat seine Klage nicht sowohl die Natur einer Vindikations- oder einer Rescissions-Klage, — es soll dem andern Kontrahenten nichts für sich Erworbenes wieder entrissen werden; der Gläubiger will vielmehr nur ein Trugbild wegschaffen; und seine Behauptung geht eigentlich bloß dahin: der andere Kontrahent sei in Wirklichkeit, auch nach seinem eigenen Willen — nicht Besitzer der Sache für sich selbst, nicht Eigenthums-Besitzer, sondern nur Detentor für die Person seines Schuldners, er habe die Sache nur für diesen in Gewahrsam. — Dieses zu beweisen und die Sache als gar nicht aus dem Eigenthum seines Schuldners herausgetreten, sondern als fortwährend im Eigenthumsbesitze seines Schuldners verblieben, zum Verkaufe zu bringen, muß jedem Gläubiger freistehen, sollte der Schuldner auch nicht gerade in Konkurs verfallen sein." Recht. Aber man möchte doch den Rechtssatz, den Rechtsbegriff, die Formel, das Klagrecht, kurz, was der Jurist die causa oder actio nennt, kennen lernen, vermöge welcher der Gläubiger berechtigt (legitimirt) ist, die Ausfolgung der Sache zum Verkaufe, Behufs seiner Befriedigung, zu fordern; die Sache ist nun einmal in den Händen eines Dritten, und Dieser will sie nicht herausgeben, sondern für sich behalten; um sie ihm abzuzwingen, muß ihn der Richter vorher zur Herausgabe verurtheilen, und das geht anders nicht an, als daß dem Kläger ein begreifliches Klagrecht zusteht. In einem ganz ähnlichen Falle, wo ein Gläubiger wegen seiner zur Exekution stehenden Forderung von mehr als 100,000 Rthlr., wegen Mangels anderer Exekutions-Objekte, ein Gut seines Schuldners aus der Gewahrsam eines Dritten herausforderte, um sich daraus bezahlt zu machen, wies ihn das Geheime Ober-Tribunal ab, indem Es sagte, der Kläger jage einem Phantom nach. In dem vorliegenden Falle legt dasselbe Gericht dem Gläubiger ein Klagrecht bei, bezeichnet es aber nicht, denn die als Klaggrund angegebene Absicht: „der Gläubiger will ein Trugbild wegschaffen", und seine Behauptung: „der andere Kontrahent sei in Wirklichkeit — nicht Besitzer der Sache für sich selbst, nicht Eigenthumsbesitzer" 2c. — können für juristische Klagegründe doch unmöglich gelten. Dennoch jagt ein Gläubiger in den Fällen der vorliegenden Art keineswegs einem Phantom nach, vielmehr steht ihm in der That ein namhaftes Klagrecht zur Seite. Ein jeder Gläubiger nämlich, welcher gegen seinen überschuldeten Schuldner mit der Exekution verfährt, hat dadurch, neben der persönlichen rescissorischen Klage (actio Pauliana), zugleich eine actio in rem gegen jeden Dritten, in dessen Gewahrsam sich Sachen seines Schuldners befinden (denn in diesem Falle ist das rescissorische persönliche Klagrecht nicht anwendbar). „Item si in fraudem creditorum rem suam alicui tradiderit, bonis ejus a creditoribus possessis ex sententia Praesidis, permittitur ipsis creditoribus, rescissa traditione eam rem petere, id est, dicere eam rem traditam non esse, *et ob id in bonis debitoris mansisse.*" §. 6. Inst. de act. (IV, 6). Der Klagegrund ist hier das aus der exekutorischen Sentenz entspringende, durch das Exekutions-Verfahren begründete allgemeine Pfandrecht des Gläubigers, und die Klage hält mit der persönlichen actio Pauliana gleichen Schritt. Sie findet auch Anwendung, selbst wenn der der Uebergabe zum Grunde liegende Titel nur ein widerruflicher oder vorübergehender wäre; sonst könnte der Gläubiger nur die seinem Schuldner zustehende Klage utiliter gebrauchen, womit er vielleicht seinen Zweck, wenigstens zur Zeit, nicht erreichen möchte; und nach Preuß. Rechte müßte er sich gar erst ein richterliches Ueberweisungs-Dekret verschaffen. Das gilt auch in Fällen der Simulation, wie der vorliegende ist. Das Geheime Ober-Tribunal meint zwar, daß hier eine solche Ueberweisung nicht nothwendig sei. Doch ohne Grund. Denn der Grund, daß der Exequendus ja Eigenthümer verblieben sei, und der Gläubiger nur das Eigenthum seines Schuldners zum Verkaufe bringen wolle, ist nicht gültig. Ist die Sache mit dem Willen des Schuldners in den Händen eines Andern, und ist der vorgebrachte Titel (der Kauf) simulirt, so muß ein anderer Titel der wahre sein. Hätte also der Gläubiger nicht aus eigenem Rechte eine Klage, so müßte er sich diejenige Klage des Schuldners überweisen lassen, welche durch dasjenige Verhältniß, das unter der Simulation versteckt ist, begründet wird. Dieses kann, selbst wenn der Endzweck der wäre, daß die Sache „bei dem Andern nur gleichsam hat versteckt werden sollen" (das würde ein Verwahrungs-Kontrakt sein der auch mit Gegenleistungen verbunden sein kann), von der Art sein, daß der Geber (der Schuldner) nicht so ohne Weiteres die Sache zurückfordern darf. Ein Gläubiger, ohne eigenes Klagerecht, kann nicht ohne Weiteres hingehen und dem Andern die Sache wegnehmen, vielmehr nur das fordern, was sein Schuldner, dem Andern gegenüber, zu fordern berechtigt sein würde. Aus diesem Gesichtspunkte würde die vorliegende Entscheidung, die auf das unter der Simulation versteckte wahre Rechtsverhältniß nicht achtet, nicht zu rechtfertigen sein, wogegen sie aus jenem Standpunkte vollkommen begründet ist. Da nun das Geheime Ober-Tribunal den Gläubigern in der That ein eigenthümliches Klagrecht zuschreibt, worin beizustimmen ist, so kommt es nur darauf an, die rechtliche Natur desselben zu entwickeln und klar zu machen. Es wäre zu wünschen, daß der ausgesprochene Rechtsgrundsatz sich befestigen und bei anderer Gelegenheit nicht wieder für ein

Phantom gehalten werden möchte. Von der Gesetzgebung anerkannt ist er durch die Ausdehnung des fraudatorischen Rechtsmittels über den Fall des formellen Konkurses.

№ 23.

Schriftliches Anerkenntniß eines mündlich geschlossenen Vertrages.

Damit Derjenige, welcher sich schriftlich oder zum Protokoll zu einem mündlich geschlossenen Vertrage bekennt, des Einwandes der mangelnden schriftlichen Abfassung verlustig erachtet werden könne, genügt es nicht, daß er den mündlichen Abschluß des Vertrages als bloße Thatsache einräume. Das Anerkenntniß muß auch in der Absicht erfolgen, die verbindende Kraft des Vertrages einzuräumen.

Ist vollkommen richtig; das schriftliche Bekenntniß soll ein „Anerkenntniß", nicht bloß das Geständniß einer Thatsache sein. Mit Recht vernichtet daher das Geheime Ober-Tribunal in dem mitgetheilten Falle das Appellations-Erkenntniß des Zweiten Senats des Ober-Landesgerichts zu Magdeburg, wodurch ein Kaufmann aus einem mündlich geschlossenen Kontrakt für schuldig erkannt worden war, weil er in einem Antwortschreiben die Thatsache zugegeben, doch seine Schuld daraus bestritten hatte.

№ 24.

Zurückhaltung der Kaufgelder bei Evictions-Ansprüchen.

Der Käufer kann das Kaufgeld nur wegen solcher Ansprüche dritter Personen an die Sache zurückhalten und deponiren, hinsichtlich deren die Klage gegen ihn entweder schon angestellt oder doch genügend bescheinigt ist, daß sich eine solche begründen lasse.

So muß das „zum Vorschein kommen der Ansprüche eines Dritten" des §. 222, Tit. 11, Th. I des A. L. R., nach der Deutung des Geheimen Ober-Tribunals, verstanden werden; der Verkäufer kann nicht wegen seiner ganz liquiden Kaufgelder-Forderung den Launen und Berühmungen dritter Personen und dem einseitigen Belieben des Käufers, darauf zu hören, Preis gegeben sein. Dem ist beizutreten.

№ 25.

Diligenz des Cessionars zur Erhaltung des Regresses gegen den Cedenten.

1. Wenn der Cessionar, um sich den Regreß gegen den Cedenten zu erhalten, nach A. L. R. Th. I, Tit. 11, §. 434, die Forderung nach Ablauf der Verfallzeit „sofort beitreiben" muß, so ist unter diesem Ausdrucke nicht gerade eine schon am nächsten Tage anzustellende Klage zu ver-

stehen, es bleibt vielmehr die Deutung dem Ermessen des Richters überlassen.

2. Die Pflicht des Cessionars, binnen drei Monaten nach erfolgter Cession die vorbehaltene Kündigung gegen den Schuldner vorzunehmen, tritt bei solchen Forderungen, die bis zu einem gewissen Zeitpunkte unaufkündlich sind, erst mit dem Eintritte dieses Zeitpunkts ein.

Beiden Sätzen ist beizustimmen, wie in dem mitgetheilten Rechtsfalle auch alle Richter einerlei Meinung gewesen sind.

№ 26.

Gesetzliche Vermuthung aus Quittungen.

Die bei fortwährenden Prästationen, aus der Gleichmäßigkeit ihrer Entrichtung und Annahme während einer Reihe von drei Jahren entspringende Vermuthung,

daß die Zahlung auf so hoch vergleichsweise bestimmt sei,

kann durch die bloße Behauptung: es sei kein Vergleich abgeschlossen, beziehungsweise durch einen hierüber zugeschobenen Eid nicht beseitigt werden.

Der Ausspruch ist rechtfertig, weil die Vermuthung nur dann wegfallen soll, wenn nach den Umständen ein Vergleich nicht gedacht werden kann. Th. I, Tit. 16, §. 144.

№ 27.

Schwängerung unter dem Versprechen der Ehe.

Der Anspruch einer Geschwächten auf Beilegung der Rechte einer geschiedenen, für den unschuldigen Theil erklärten Ehefrau, und in weiterer Folge, der Anspruch des Kindes auf die Rechte der ehelichen Geburt, sind davon abhängig, daß derjenige Beischlaf, aus welchem die Schwangerschaft entstanden, nach einem von dem Schwängerer ihr gemachten Eheversprechen vollzogen worden sei. Hieraus folgt einerseits, daß dem befruchtenden Beischlaf das Eheversprechen voraufgegangen sein müsse, und andererseits, daß der Umstand allein, daß dem überhaupt ersten Beischlaf ein Eheversprechen nicht voraufgegangen, der Geschwächten und dem Kinde jene Rechte noch nicht entzieht, wofern nur dem späteren befruchtenden Beischlaf ein Eheversprechen voraufging.

S. zu Bd. IV, № 10, oben S. 230.

№ 28.

Verpflichtung der Großeltern zur Alimentation unehelicher Enkel.

Die den Großeltern väterlicher Seite subsidiarisch auferlegte Verpflichtung zur Alimentation unehelicher

Kinder, tritt für die Eltern, insbesondere auch für die Mutter des Schwängerers, in dem Falle nicht ein, wenn dieser selbst außerehelich geboren ist.

Ebendasselbe hat das Geheime Ober-Tribunal schon bei einer Entscheidung vom 30. Juni 1801 (Stengel, Bd. XV, S. 244) ausgesprochen.

№ 29.

Wechselfähigkeit.

Die Wechselfähigkeit des Ausstellers sowie des Acceptanten eines Wechsels läßt sich nur nach der Zeit der Ausstellung oder der Acceptation beurtheilen; die von dem Aussteller oder Acceptanten erst später erlangte Wechselfähigkeit hat keine rückwirkende Kraft.

Die Wahrheit des Ausspruchs springt noch mehr in die Augen, wenn die Wechselfähigkeit aus dem Gesichtspunkte einer Gewerbe-Berechtigung angesehen wird. Vergl. Lehrbuch des Preuß. gemeinen Privatrechts, §. 415 und 617.

№ 30.

Indossamente — insbesondere bei im Voraus acceptirten Wechseln auf eigene Ordre.

Ein an eigene Ordre gezogener, auf einen bestimmten Verfalltag gestellter, von dem Bezogenen im Voraus acceptirter Wechsel gelangt nicht zur Wechselkraft,

kraft, wenn er erst nach dem Verfalltage indossirt wird.

Der einfache Entscheidungsgrund in der weitschichtigen und wortreichen Ausführung ist, daß ein solcher Wechsel an dem Mangel einer bestimmten Zahlungszeit leidet, folglich kein Wechsel ist. Denn ein Wechsel an eigene Ordre wird erst ein Wechsel durch hinzugekommene Ernennung des ersten Indossatars (Remittenten); erst vom diesem Zeitpunkte an ist die Urkunde ein Wechselbrief. Ist zu der Zeit die Zahlungszeit schon vergangen, so ist es so gut als wäre gar keine Zahlungszeit, die in der Zukunft liegen muß, bestimmt; es ist ebenso als wenn Jemand, um das gebrauchte Beispiel beizubehalten, einen Wechsel, auf einen bestimmten Remittenten, am 1. Januar 1845 zöge und darin die Zahlungszeit auf den vergangenen 1. December 1844 bestimmte. Das ist einleuchtend. Wegen der Wechsel an eigene Ordre s. o. S. 259.

№ 31.

Pommern. Beneficium taxae.

Nach Pommerschen Lehnrechten ist der nicht zu den Abkömmlingen des Lehnlassers gehörende Lehnsfolger, welcher das beneficium taxae ausübt, bei unzureichendem Allodial-Vermögen des Lehnlassers, auch selbst die gesetzlichen Lehnsschulden nur innerhalb des durch die Lehnstaxe festzustellenden Werthes des Lehngutes zu übernehmen schuldig. Nur für solche Schulden, welche er selbst, oder ein durch seine Handlungen ihn verpflichtender Vorfahr konsentirt hat, bleibt der Lehnfolger unbedingt verantwortlich.

Ueber diesen provinzialrechtlichen Satz waren die Richter beider Instanzen einerlei Meinung gewesen und die erhobene Nichtigkeits-Beschwerde wird von dem Geheimen Ober-Tribunal verworfen. Die Frage ist kontrovers, weshalb die mitgetheilte Entscheidung für die endliche Erledigung wichtig ist.

№ 32.

Schlesien. Lehnwaare der Descendenten im Falle eines Kaufs.

Die Vorschriften des A. L. R. Th. I, Tit. 18, §§. 717 und 719 machen sich auch in Schlesien dahin geltend: daß Descendenten, auch bei reinen Käufen, von Entrichtung der Lehnwaare frei sind, und eine Ausnahme von dieser Regel nur durch den ursprünglichen Erbzins- oder Kaufbrief, oder durch eine bei dem Erbzins- oder andern Rustikalgute wohl hergebrachte Gewohnheit begründet werden kann. Ein Vertrag oder Vergleich, welcher nur die Laudemial-Pflichtigkeit im Allgemeinen, oder in Beziehung auf die zu zahlenden Beträge regulirt, ist nicht geeignet, die Anwendung jener Regel auszuschließen.

Gegen die Richtigkeit des zweiten Ausspruchs ist nichts zu sagen, es handelt sich nur um die Echtheit jener Regel. Dieselbe ist eine bloße Anwendung des Plenarbeschlusses vom

10. Januar 1842, Bd. VII, № 35, welchen der Appellationsrichter (die Deputation des Ober-Landesgerichts zu Glogau) nicht für begründet hält, indem die von dem Geheimen Ober-Tribunal verworfene Unterscheidung zwischen Gutsüberlassungen und Käufen dennoch auch nach jenen §§. 717 und 719 gerechtfertigt sei. Daß das Geheime Ober-Tribunal eine solche Entscheidung kassiren würde, war vorauszusehen; das kann jedoch keinen Richter abhalten, nach seiner Ueberzeugung zu erkennen was Rechtens. Dem Ober-Landesgerichte zu Glogau ist darin, daß die Guts-Ueberlassung ein eigenthümliches Geschäft und von dem Kauf zu unterscheiden sei, allerdings beizustimmen. S. oben S. 514. Der allein entscheidende Grund für die Meinung des Geheimen Ober-Tribunals ist der, daß dasselbe in letzter Instanz spricht. Daß überall, wo deutsches Recht gilt, das Institut der Guts-Abtretungen, mit Rücksicht auf das künftige Erbrecht, als ein eigenthümliches Rechtsgeschäft, welches unter keine römische Form gebracht werden kann und selbst in mannigfache Kategorien zerfällt, bekannt und anerkannt ist, wird auch durch das Leugnen des Geheimen Ober-Tribunals nicht aufhören, eine Thatsache zu sein. Anziehend ist die neueste Schrift darüber, vom Präsidenten Bolley, über Vermögens-Uebergaben und Guts-Abtretungen. Stuttgart, 1844. Dazu die Recension in den kritischen Jahrbüchern von Richter und Schneider, Jahrgang 1846, S. 1024 flg.

№ 33.

Herzogthum Sachsen. Gesetzliches Pfandrecht der Pupillen.

Wenn die nach dem früheren Recht begründete stillschweigende Hypothek der Pupillen in dem Vermögen des Vormundes nach Einführung der Preußischen Gesetze im Herzogthum Sachsen gesetzmäßig zum Hypothekenbuch angemeldet und eingetragen ist, so besteht sie als eine eingetragene vormundschaftliche Kaution fort; und diese erstreckt sich auf alle Defekte, die der Vormund zu vertreten hat, auch auf die, welche aus der Zeit vor der Eintragung herrühren.

Der Satz, den der Appellationsrichter, in Beziehung auf die vor der Eintragung entstandenen Defekte, nicht anerkannt hatte, gehört zum transitorischen Recht, ist übrigens völlig begründet, indem die durch die Preußischen Gesetze angeordnete Eintragung weiter nichts als die moderne Form des alten Realrechts ist, welches durch die Annahme der neuen Form in seinem Umfange und Werthe nicht verändert wird. Der Appellationsrichter hatte gemeint, die alte stillschweigende Hypothek des Pupillen sei erloschen und mit der Eintragung beginne eine neue Hypothek.

№ 34.

Herzogthum Westphalen. Beitragspflicht der Zehntherren zur Kirchenbaulast.

Nach der im Herzogthum Westphalen als Provinzial-Gesetz geltenden Verordnung des Kurfürsten und Erzbischofs von Köln, Joseph Klemens, vom 28. August 1715, sind die Zehntherren — decimatores majores — provisorisch, unter Vorbehalt ihres Regresses gegen etwanige sonstige Verpflichtete, zur Hergabe der zum Kirchenbau erforderlichen Beträge, selbst über den Werth der Zehntberechtigung hinaus, verpflichtet.

So versteht das Ober-Landesgericht zu Arnsberg und der Zweite Senat des Ober-Landesgerichts zu Münster die bezeichnete Verordnung des Erzbischofs von Köln, und das Geheime Ober-Tribunal stimmt bei. Die Verordnung ist darin auch hinlänglich deutlich. Darnach kann ein Zehntherr, dessen Zehnten vielleicht nicht 10 Rthlr. jährlich einbringt, angehalten werden, schleunig 100,000 Rthlr. zum Kirchenbau herzugeben, selbst wenn er den ganzen Zehnten Preis geben will. Doch das geschicht nur „provisionaliter", der Schleunigkeit wegen; hinterdrein kann er sich Diejenigen aufsuchen, die ihm die 100,000 Rthlr. wieder geben müssen.

№ 35.

Kontumaz bei summarischen Prozessen.

Das im §. 49 der Verordnung vom 1. Juni 1833 über den summarischen Prozeß enthaltene Präjudiz, wonach das Ausbleiben im Audienz-Termine für den Nichterschienenen den Nachtheil hat, daß alle von ihm in zweiter Instanz angebrachten, streitigen, mit schriftlichen Beweisen nicht unterstützten Thatsachen für nicht angeführt erachtet werden, erstreckt sich nicht auf solche vom Appellanten angeführte Thatsachen, welche wegen Ausbleibens des Appellaten im Termine zur Beantwortung der Appellation für zugestanden zu erachten sind.

Denn diese Thatsachen sind im Audienz-Termine nicht mehr streitig, und wenn auch der Appellat sie jetzt noch bestreiten wollte, so würde darauf nicht mehr gehört werden dürfen, weil das Prinzip der A. G. O., wonach die Kontumaz bis zum Schlusse der Instanz noch abgewendet werden kann, im summarischen Prozeß (und nach dem Prozeß-Gesetz vom 21. Juli 1846 jetzt überhaupt) nicht mehr gilt. Dem ist beizustimmen.

№ 36.

Widerruf einer Erbschafts-Entsagung Seitens der Gläubiger im erbschaftlichen Liquidations-Prozesse.

Die bei Konkursen geltende Bestimmung, wonach die Seitens eines Gemeinschuldners erfolgte Entsagung einer Erbschaft zum Besten seiner Verwandten, Mit- oder nachgesetzten Erben, dem Widerrufe der Gläubiger, gleich einer Schenkung, unterliegt, findet auf erbschaftliche Liquidations-Prozesse, selbst wenn der Benefizial-Erbe sich der Administration der Masse begeben hat, so lange keine Anwendung, als nicht die Umwandlung des erbschaftlichen Liquidations-Prozesses in einen förmlichen Konkurs erfolgt.

Ist schon zu Bd. VIII, № 4, berücksichtigt. S. o. S. 557.

№ 37.

Kompetenz der Kreis-Justiz-Räthe bei Subhastationen.

I. Die nach der Verordnung vom 14. December 1833 angestellten Kreis-Justizräthe sind zur Einleitung von Mandats-Klagen und zu Exekutions-Vollstreckungen, namentlich zur Einleitung von Subhastationen, Aufnahme von Taxen und Abhaltung von Licitations-Terminen, nur auf den Grund specieller Aufträge der Ober-Landesgerichte befugt.

Die Verordnung über die Anstellung von Kreis-Justizräthen (G. S. von 1830, S. 297) ist nicht vom 14. December 1833, sondern vom 30. November 1833. Der Druck- oder Redactions-Fehler ist in dem zwei Seiten langen Fehler-Verzeichniß, welches jedoch noch lange nicht alle in diesem sehr fehlerhaft gedruckten Bande vorkommenden Fehler enthält, nicht angezeigt.

Der Satz ist hinsichtlich der Mandats-Klagen von Anfang nicht, und hinsichtlich der Exekutions-Vollstreckungen nicht mehr, in seiner Allgemeinheit, richtig. Mandats-Klagen, deren Gegenstand 50 Rthlr. nicht übersteigt, konnten die Kreis-Justizräthe schon nach dem Ministerial-Erlaß vom 25. Oktober 1836 (Jahrb. Bd. XLVIII, S. 460) annehmen; und die Befugniß zur Vollstreckung der Exekution in den von ihnen eingeleiteten und beendeten Prozessen, wenn die Parteien sich deshalb an sie wenden, ist ihnen durch die Kabinetsordre vom 15. November 1845 (G. S. S. 747) gegeben. Im Uebrigen ist der Ausspruch richtig.

II. Die Abfassung von Adjudikations-Erkenntnissen kann ihnen gültiger Weise nicht aufgetragen werden.

Ist unzweifelhaft und war in dem vorgetragenen Falle auch nicht geschehen.

№ 38.

Kautionsleistung bei Subhastationen.

Zur Begründung des Widerspruchs gegen den Zuschlag bei nothwendigen Subhastationen genügt die bloße Deposition des zehnten Theils des Gebots als Kaution nur unter der ausdrücklichen Erklärung, für das Gebot, allen Nachtheil, und die Kosten haften zu wollen.

Der Ausspruch ist richtig. Uebernahme einer Verbindlichkeit und Sicherheits-Bestellung dafür, ist zweierlei. Der dem Zuschlage Widersprechende soll Beides bewirken. In dem mitgetheilten Rechtsfalle hatte der Widersprechende nur Kaution für das Gebot, Nachtheil und Kosten bestellt, aber er hatte nicht erklärt, daß er dafür zu haften sich verpflichte; es fehlte mithin der Schuldner für die persönliche Verbindlichkeit, zu deren Sicherung Kaution bestellt worden war. Deshalb war auf seinen Widerspruch mit Recht nicht Rücksicht genommen worden.

Sachregister.

(Die Ziffer bezieht sich auf die Seite.)

B.

C.

D.

F.

G.

N.

Q.

R.

S.

W.

Z.

Gedruckt bei Trowitzsch und Sohn in Berlin.

Kolibri 360 GmbH
Ferdinand-Jühlke-Straße 7
99095 Erfurt, Deutschland
produktsicherheit@kolibri360.de